白银公路管理局志

（1986—2016）

志

甘肃省白银公路管理局 编

甘肃文化出版社

**图书在版编目（CIP）数据**

白银公路管理局志：1986—2016 / 甘肃省白银公路
管理局编. -- 兰州：甘肃文化出版社，2018.9
ISBN 978-7-5490-1631-0

Ⅰ.①白… Ⅱ.①甘… Ⅲ.①公路管理—组织机构—
概况—白银—1986-2016 Ⅳ.①F542.842.3

中国版本图书馆CIP数据核字(2018)第226862号

## 白银公路管理局志(1986—2016)

甘肃省白银公路管理局 | 编

责任编辑 | 周乾隆
责任校对 | 李雯娟
封面设计 | 雷们起

出版发行 | 甘肃文化出版社
网　　址 | http://www.gswenhua.cn
投稿邮箱 | press@gswenhua.cn
地　　址 | 兰州市城关区曹家巷1号 | 730030(邮编)

营销中心 | 王　俊　贾　莉
电　　话 | 0931-8454870　　8430531(传真)

印　　刷 | 兰州新华印刷厂
开　　本 | 787毫米×1092毫米　1/16
字　　数 | 940千
印　　张 | 40.25
插　　页 | 40
版　　次 | 2018年9月第1版
印　　次 | 2018年10月第1次
书　　号 | ISBN 978-7-5490-1631-0
定　　价 | 198.00元

## 白银公路管理局修志工作领导小组

组　　长：燕天宁

副组长：汪生忠　陈旭升　李新虎

成　　员：罗继东　王　斌　汪小东　王朝锋

　　　　　李昱辰　王宝成　魏周军　闫玉仁


## 《白银公路管理局志（1986—2016）》
## 主编、副主编、总纂

主　　编：燕天宁

副主编：汪生忠　陈旭升　罗继东　汪小东　李新虎

总　　纂：王朝锋

编　　纂：郭娟娥　魏　明　周万霞　强晓东


## 《白银公路管理局志（1986—2016）》编纂办公室

主　　任：李新虎

副主任：王朝锋

成　　员：李昱辰　王宝成　魏周军　闫玉仁

　　　　　张兴绪　李金铭　魏兴发　闫利平

　　　　　丁进忠　马进川　周荣斌　沈凌云

　　　　　蒋玉霞　闫受笃

# 序

　　白银市地处西北黄土高原和腾格里沙漠过渡地带，坐标在东经 103°33′～105°34′和北纬 35°33′～37°38′之间，海拔 1275～3321 米，东西宽 174.75 公里，南北长 249.25 公里，全市总面积 21158.7 平方公里。1985 年 8 月经国务院批准，白银市恢复为地级市建制，辖会宁、靖远、景泰三县和白银、平川两区，总人口 170.87 万人（第六次全国人口普查数据）。

　　黄河流经全市 258 公里，南部为中温带半干旱气候区，北部为冷温带干旱气候区，全年无霜期 160～220 天。东依宁夏回族自治区和甘肃平凉市，南界定西市，西邻省会兰州市，北靠内蒙古自治区和武威市。白银市是全国唯一以贵金属命名的城市，又因白银是全国著名的铜工业基地，被誉为"铜城"。白银是省内以提灌为主导的黄河灌溉农业区，有效灌溉面积占全市耕地面积的三分之一左右。境内有包兰铁路主干线和 3 条高速公路（青兰高速、营双高速、京藏高速），以及 3 条国道和 4 条省道等，以京藏高速、国道 109 线为骨架纵横交错辐射全市黄河南北，交通运输便捷畅通，地理位置更显优势。

　　白银公路管理局的前身是白银公路总段，白银公路总段最初成立于 1961 年 5 月，1963 年 11 月 1 日建制撤销，1986 年 1 月 20 日白银公路总段建制恢复，2014 年 1 月 9 日更名为白银公路管理局。

　　中华人民共和国成立后，白银市公路交通事业的发展揭开了崭新的篇章。1954 年 9 月 28 日，白银厂有色金属公司（后改白银有色金属公司）成立后，为了开发矿山资源、建设白银，立即进行了矿山铁路、公路专用线的建设。1957 年银山站至露天矿东厂沟的铁路主干线通车。1958 年白银市成立，在省、市人民政府和公路交通部门的重视下，公路建设得以迅速发展。到 1963 年底，境内兰包、狄家台至白银厂区铁路先后建成通车，兰包、西兰两条干线公路自 1951 年由省交通厅公路局列入计划后，进行了整修和改善。1952 年会宁至定西公路修通，1956 年靖远至会宁公路修通，1957 年靖远至宝积山煤矿的专用公路也投入使用。在此期间，为了适应白银有色金属公司的建设和白银市工农业生产及人民生活的需要，白银市、区人民政府和各工矿企业还修建了水原至魏家店、周家台至金沟口、崖渠川至白银厂区的简易公路3 条，长 130 公里。1958 年中共八届二次会议提出"鼓足干劲，力争上游，多快好省地建设社会主义"的总路线以后，交通部提出了"依靠地方，依靠群众，以普及为主"（即"地、群、普"）发展公路的建设方针。在"地、群、普"方针的指引下，"全党全民办交通"的高潮迅速兴起，公路建设得到较快发展，县乡公路得到普及。

1963年白银市建制撤销，市属县、区分别划归定西、武威、兰州管辖。正值国民经济调整时期，公路部门遵照交通部提出的"切实整顿，加强养护，积极恢复，逐步改善"的方针，调整了建设速度，认真贯彻了公路养护条例，恢复和健全了公路管理制度，加强了公路管理和养护工作。各县人民政府采取教育群众爱路、护路、制订有关路产路权保护奖励办法等措施，公路技术状况得到普遍提高。

20世纪60年代末和20世纪70年代初，甘肃修建的皋营、宜兰两条战备公路，均通过今白银市辖境内，长230公里。其中1969年12月20日开工、1970年5月20日竣工的皋（兰）营（盘水）公路，长165公里，在今白银市辖境内104.9公里。20世纪70年代初开工、1981年建成的宜（川）兰（州）公路，长540.3公里，在今白银市辖境内126公里。1976年10月，国家进入了新的历史发展时期，公路建设贯彻执行了全面规划、加强养护、积极改善、科学管理、保证畅通和普及与提高相结合，以提高为主的方针。在重点抓好提高的同时，依靠区、县政府，充分发动群众，多渠道筹措建设资金，采取发放粮、棉、布，"以工代赈"和"民工建勤"等办法普及县乡公路建设，市辖境内的公路建设规模、质量等都有很大的提高。到1984年底，市辖境内公路通车里程已达1911.43公里，其中省养公路725.1公里。

1986年—2016年的三十年间，白银公路管理局（原白银公路总段）重点发展期有三个阶段。

一是恢复建制后的振兴期（1986年—1995年）。总段恢复建制以来，正是甘肃省公路建设迅猛发展的时期，国家投入巨资建设国道大动脉，其中横贯甘肃省境内的国道109线、312线改扩建工程先后列入国家"七五"和"八五"计划，并成为交通部"两纵两横"公路主骨架建设规划的重要组成部分和省交通厅的重点工程。白银公路总段抓住国道建设的大好机遇，依托主业搞外延，积极投标承揽工程，开拓公路建设市场。积极响应中共白银市委、市政府提出"振兴白银、交通先行"的号召，"七五""八五"共完成投资2亿元，新建、改建国道109线和312线二级公路258.5公里，架设永久性大中型桥梁61座，新建各种涵洞460道，修建高填土坝式路堤4座。同时承担了国道109线和312线90多公里二级公路路基土石方工程的施工任务。

二是西部大开发的战略机遇期（1996年—2005年）。"九五"以来，随着国家"贷款修路，收费还贷"政策的扩展以及西部大开发的战略机遇，甘肃的公路建设和路网改造迎来了又一个春天，白银公路总段先是修建国道312线界嶙段62公里收费路段，成立了界嶙段收费管理所和东、西两个收费站，并于1995年6月正式启动收费。1998年，总段加大公路建设力度，融资2.36亿元，改建国道109线水泉至靖远40公里、省道308线红会至唐家台段24.816公里，改建省道308线白墩子至大岭段、省道

201线营盘水至景泰县城段共80公里二级公路。为拉动地方经济、扩大内需、改善白银地区公路交通条件，促进地方经济发展做出了积极贡献。随后成立了景泰、靖远收费公路管理所，于1999年底前启动收费。2003年底完成省道201线景泰县城至郭家窑64.5公里二级公路改建工程，完成省道201线景泰县城过境段修建工程8.94公里（路基宽度17米），融资1.9亿元。到2004年底，全总段共改建二级收费公路280余公里，加上地方交通部门改造的公路，彻底改善了白银境内主干线公路通行条件。

三是养护维修工程质量的推进期（2006年—2015年）。"十一五"至"十二五"时期，白银公路管理局加强公路养护管理，推动公路转型发展和提质增效，公路安全水平、通行能力显著提高，公路设施和服务软环境得到较大改善。1. 全面开展路面预防性养护，实现了由被动养护向主动防护、预防养护的转变。2009年至2015年，在国6京藏高速公路、国道109线、省道201线、省道217线等多条线路分段展开微表处、同步沥青碎石封层、开普封层、罩面等预防性养护工程。2. 全面加强桥梁预防性养护，将京藏高速公路已老化的伸缩缝橡胶条全部更换，对管养的279座桥的泄水管进行了维修接长，多座桥梁更换桥面铺装、铰缝，梁底喷涂防腐涂装、加固上部结构等，采取多项措施确保桥梁通行安全。3. 全面开展科技信息建设，积极引进新工艺、新材料、新技术，在2015年、2016年省道201线、国道109线、省道308线养护维修工程中，油路重铺项目和部分路面病害处置均采用了全深式就地冷再生技术，达到了保护环境、节约资源、降低工程造价、提高路用性能的效果，养护管理信息化技术逐年提升，养护工程质量得到长足推进。

近年来，随着"十三五"公路养护规划的实施，白银公路管理局将紧紧围绕交通运输部"改革攻坚、养护转型、管理升级、服务提质"的16字方针精准发力，结合省情和白银地区干线公路养护管理实际，着力推动公路养护管理工作由"重点保畅"进入"全面升级"；着力打造"平安、品质、高效、智能、绿色"的公路交通网络；着力加速公路养护技术转型和公路公共服务转型；着力推进公路养护管理体制机制改革；着力推进事企分离改革；着力推进人事分配制度改革。打造好适合白银特色的平安公路、品质公路、高效公路、智能公路、绿色公路，为白银市的经济发展做出新的贡献。

三十年来，白银公路管理局坚持以创建文明单位为主抓手，不断提高公路养护管理的工作质量和服务水平；组织实施素质提升、提质增效、安全保障、文化提升和文明示范"五大工程"，不断夯实文明创建基层、基础和基本功；积极践行社会主义核心价值观，不断深化文明单位创建、行业文明"达标晋级"以及全省公路系统五"十佳"评选表彰等活动，大力倡导甘肃公路行业精神，有力促进了公路文化向文化公路转变，推动全局行业文明创建迈上一个新的台阶。

编史修志，是为"缅怀既往，策励将来"，"上慰先人，下启后代"，《白银公路管理局志》的问世，将会实现这一夙愿，也必将起到"存史、资治、教化"的功用，特别是当前加强对职工的爱国主义教育和优良传统教育，进一步发展我局公路交通事业都是大有裨益的。同时，对于帮助社会各界充分认识和关心白银公路交通建设，具有潜移默化的作用。

今天，回顾白银公路发展的历史，我们深刻感受到广大公路职工艰苦奋斗、自力更生的"路魂"精神，深刻感受到改革开放给公路事业带来的巨大变化，深刻感受到科学发展是公路养护工作的第一要务。栉风沐雨筑通衢，踏平坎坷成大道。白银公路人情系公路、勇于开拓、甘于奉献、勤奋工作，一座座桥梁连通两岸，一条条道路四通八达，从无到有，从小到大，从弱到强，公路路况逐年提升，公路事业成效显著。这些成绩的取得来之不易，得益于甘肃省交通运输厅、甘肃省公路管理局的坚强领导，得益于白银市各级政府的大力支持，得益于广大公路职工的辛勤工作，我们在此表示深深的敬意和衷心的感谢！

展望未来，在上级党政的正确领导下，在白银市发展循环经济模式的引领下，随着国家经济建设的持续发展，科技水平的不断提高，广大公路职工的尽心竭力，未来的白银公路网络结构会更加完善、更加服务于社会、更加服务于人民群众。我们要继续发扬公路人的优良传统，凝聚正能量，开拓新事业，不辱使命、团结拼搏，在任重而道远的征程上谱写更加壮丽的历史篇章。

中共白银公路管理局委员会书记　燕天宁

白银公路管理局局长　汪生忠

2017 年 10 月

会宁会师纪念馆

凤之韵

景泰黄河石林

靖远乌兰山

平川街道

白银区银凤湖

刘白高速公路一段

平定高速公路一段

营双高速公路一段

国道 109 线一段

国道 312 线一段

省道 201 线环城路一段

省道 308 线一段

# 桥梁

靖远黄河铁路、公路两用桥

新田黄河大桥

范家窑桥

靖远黄河大桥

张城堡新桥

白墩子公铁立交桥

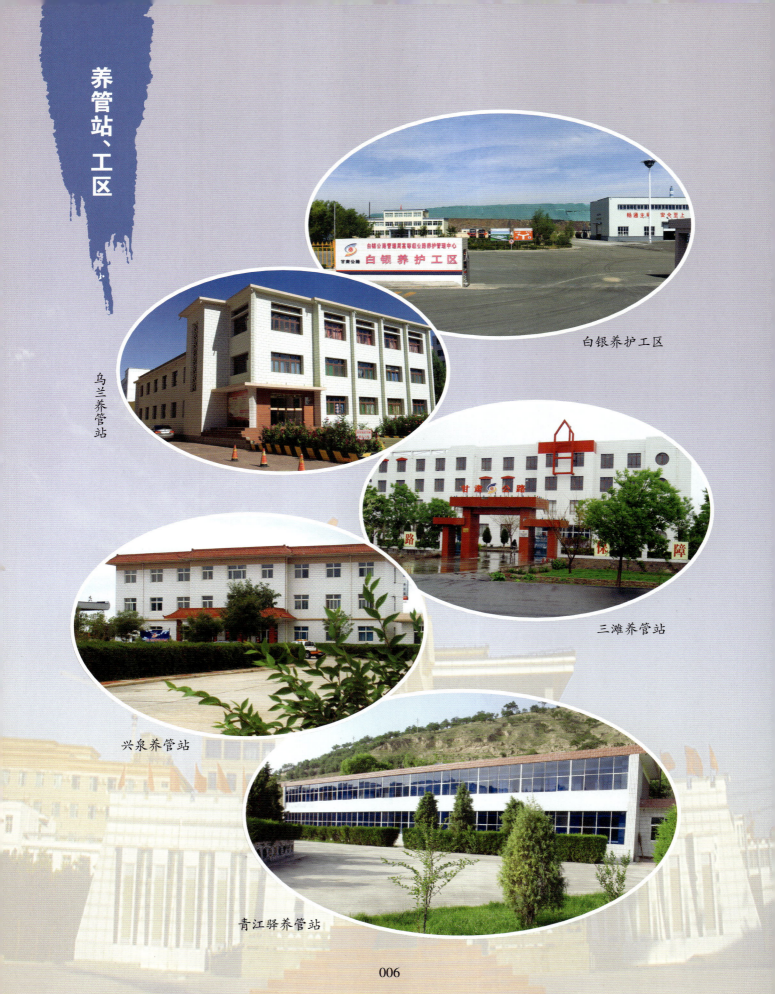

养管站、工区

白银养护工区

乌兰养管站

三滩养管站

兴泉养管站

青江驿养管站

拌合站

会宁甘沟养护料场 2000 型沥青拌合设备

景泰大水磴料场

平川养护料场 七○型拌合机

白银高养工区 2000 型沥青拌合站

会宁张城堡料场

景泰大水磴料场 1500 型拌合站

007

**公路养护**

高速公路路面铣刨提高平整度

铣刨机铣刨路面

清洗波形梁护栏

沥青混凝土路面油路修补

定期涂刷桥梁人行横道警示标志　　　　　　　　安装波形梁护栏

刘白高速公路冬季防滑保畅

油路修补作业

# 维修工程

使用冷再生技术
进行国道维修

水泥稳定基层摊铺碾压

省道201线路面面层铺筑施工

边沟滑模机浇筑混凝土

国道312线改建工程施工

路面基层摊铺现场

旧路面铣刨拉毛处理

旧路面加热软化

新混合料摊铺碾压施工

新混合料碾压施工

沥青路面厂拌热再生施工

省道 201 线长下坡急弯路段设置自救车道

国道 109 线滚轴式防撞护栏

定位监控系统 会宁公路管理段 GPS

交通管制

省道 201 线急弯陡坡路段设置防滑料储备箱

2013 年 7 月，白银公路总段组建抗洪抢险突击队奔赴天水灾区

高等级公路养护管理
中心应急物资储备点

2010 年 8 月，白银公路
总段赶赴灾区修筑河堤

会宁公路管理段应急物资储备

JM206H 全液压组合式振动压路机

维特根 WR2000XL 冷再生机

同步沥青碎石封层车

公路日常养护机械

路面清扫机清洁路面

技术革新

养护现场观摩会

同步碎石封层施工

水泥抗压强度试验检测

高爱军操控沥青混合料生产设备

高飞割草机

015

# 通行费征收

靖远收费站

景泰收费站

会宁收费站

大水磋收费站

收费人员蒙眼识假币

军事化比武

人工收费

收费站设置的便民服务台

收费人员查验绿色通道车辆

# 路政管理

整装待发的路政人员

20世纪80年代的路政管理车辆

路政管理车辆

教官指导军训

养护路政联动，清除公路沿线堆积物

交通部副部长胡希
捷莅临新墩超限监控站

法制宣传日活动

军事比武

召开养护、路政联席会议

查验车辆

兰包公路星星湾路段

国道312线通过华家岭

古景公路绕过明长城

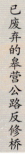

已废弃的皋营公路反修桥

兰宁公路安宁渡口（1947年）

国道 312 线原张城堡旧桥

国道 312 线五里铺桥

废弃的西兰公路五里铺桥

20 世纪 80 年代的公路段段房

大红门道班旧址

小湾道班旧址

会宁段养路工人
曾住过的窑洞

大坝滩道班旧址

长城道班旧址

来家窑道班旧址

20世纪60年代平整道路场面

20世纪60年代毛驴刮路车

20世纪70年代末养路
工在沙漠路段养护公路

20世纪80年代初的公路大会战

20世纪80年代整修路面

20世纪80年代的养护机械

20世纪80年代的养护机械

20世纪80年代的小翻斗车

20 世纪 90 年代的养护机械

人工炒拌沥青砂石料

20 世纪 90 年代初的拌合设备

路面摊铺

20 世纪 80 年代的公路养护检测

20 世纪 90 年代末的沥青混合料拌合站

20 世纪 80 年代的公路养护检查

养护标准化路段

修理机械

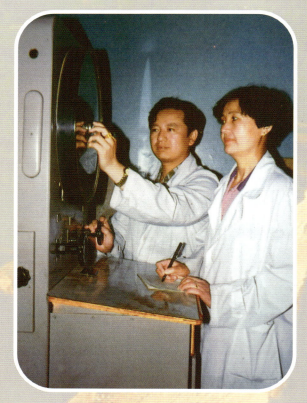

实验室工作人员

20世纪80年代初的养路工

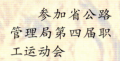

参加省公路
管理局第四届职
工运动会

兴泉道班迎接"五一"劳动奖牌

组织青年志愿者开展公路
法律法规宣传咨询活动

参加省公路管理局运动会

慰问老干部

干净整洁的职工宿舍

会议室

029

职工书屋

兴泉养管站荣获全国五一劳动奖状称号

兴泉养管站荣获全国模范职工小家称号

文化娱乐

白建胜劳模创新工作室团队成员

青江驿养管站荣获青年文明号

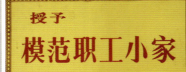

青江驿养管站荣获全国模范职工小家称号

休闲竞技

白银公路管理局党委书记
燕天宁基层调研（左四）

白银公路管理局局长
汪生忠工地调研（左二）

白银公路管理局
副局长罗继东工地调
研（左一）

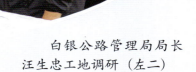

白银公路管理局副
局长汪小东查看收费监
控设施（右一）

1989 年 4 月白银公路总段第一届党代会代表合影

2016 年 11 月白银公路管理局第一届党代会代表合影

# 凡　例

一、《白银公路管理局志（1986—2016）》以辩证唯物主义和历史唯物主义观点为指导，如实客观记述 1986 年至 2016 年白银公路总段恢复建制后的发展变化，重点反映西部大开发以来白银干线公路快速发展的史实，突出行业发展特色，起到"存史、资治、教化"的作用。

二、本志为了更进一步了解白银干线公路的历史状况，在"机构演变"篇章中，对中华人民共和国成立后白银市境内干线公路的发展变化做了必要的追溯，对 1990 年以前白银公路总段的主要工作做了简要的介绍，对一些局属机构的演变和人员变动下延至 2017 年。1991 年以后白银公路总段的各方面工作在其他篇章中分类叙述。

三、本志参照地方志体裁、体例谋篇布局，结构为篇、章、节、目。横向排列，纵向记述，突出重点，兼顾一般。所记地域范围，以现行白银市行政区划为准，地名以正式出版的地图为准。

四、本志以文字记述为主，辅以表、图、录和照片，文体为语体文、记述体。志中所用技术术语、名词、名称均以国家统一公布的简化字和公路交通专用语。

五、本志资料来源于局档案室、资料室、局属有关单位档案室，以及出版发行的图书、报刊，省、市、县（区）地方交通志、年鉴，各单位提供的材料以及一些老同志的口述，经多方考证后载入本志。

六、本志用公元纪年，定型词组、数量词使用汉字，数字以万为单位，度量衡中一般用汉字。

七、大事记记载本局在政治、经济、文化、人事等方面的大事、要事，用编年体记述，辅以纪事本末体，有些事项用"重要事例"的格式在各篇中分别叙述。

八、本志参照《甘肃省志·公路交通志》编纂规程，结合本局实际情况确定了编纂方案，在具体编纂过程中又不断予以完善。

# 目　录

## 大事记（1986 年—2016 年）

# 第一篇　机构演变

## 第一章　机构创建与干线公路的形成 ······ (025)

## 第二章　机构恢复与养护工作的规范化 ······ (041)

# 第二篇　公路养护

# 第四篇　路政管理

# 第五篇 文化教育与职工生活

# 第六篇　综合资料

# 第七篇　重要会议

# 附　录

大事记

（1986年—2016年）

## 1986 年

1 月 20 日　经省交通厅批准成立省白银公路总段，县级建制，编制职工 957 人，下辖白银公路段、景泰公路段、靖远公路段、会宁公路段四个基层单位。由李昌伟、王志贵、周日新等组成省白银公路总段筹备组，组长由李昌伟担任。

8 月 7 日　成立中共甘肃省白银公路总段委员会，由杨临泉、庹述芬、孙学苏组成，杨临泉任党委书记。同日，省交通厅党组聘任庹述芬为白银公路总段段长；聘任孙学苏为白银公路总段副段长。

## 1987 年

4 月 10 日　总段机关办公室、养路计划科、工程技术科、财务科、劳动工资科、职工教育科正式启用新印章。

12 月 19 日　靖远公路段黑城子道班被省交通厅表彰为优秀班组。

12 月 28 日　总段被省交通厅公路局表彰为 1987 年度省养公路先进单位。

同年　景泰公路段大水道班班长寇世续被甘肃省公路运输工会表彰为春运先进生产者。靖远公路段黑城子道班、景泰公路段甘沟道班被甘肃省交通厅表彰为省公路交通系统优秀班组，安清万、陈兆福、张得弟、李禄仁被表彰为先进班（组）长。

## 1988 年

4 月 19 日　总段批复同意会宁公路段、白银公路段成立劳动服务公司，属实行单独核算、自负盈亏的集体所有制企业。

8 月 24 日　靖远公路段李秀被共青团甘肃省委、甘肃省交通厅表彰为全省"筑万里绿色长城"竞赛活动公路绿化标兵，景泰公路段王朝锋、会宁公路段张平原被表彰为全省"筑万里绿色长城"竞赛活动先进个人。

12 月 23 日　经省交通厅党组（甘交党干〔1988〕019 号）聘任庹述芬为总段段长；聘任孙学苏为总段副段长。

同年　总段成立劳动服务公司，科级建制，李秀任经理、李沛富任副经理。

## 1989 年

2 月 22 日　会宁公路段被省交通厅公路局表彰为 1988 年度全省优良公路段，六十里铺道班、黑城子道班、窑沟道班、双墩道班、甘沟道班被表彰为优良道班。

4 月 25 日　景泰公路段双墩道班、白银公路段后长川道班被省交通厅表彰为 1989 年公路养护春运工作先进集体，靖远公路段碾子湾道班杨霞被表彰为先进个人。

同年　彭永恒被省总工会表彰为读书自学积极分子。

## 1990 年

6 月 15 日　交通部法规司司长鲁勤智由厅长秦中一陪同到白银市视察交通工作。

10 月 20 日　景泰、天祝、古浪三县交界处发生 6.2 级地震。震后 40 天内，武威地区共向灾区运送 6000 多吨救灾物资，先后出动车辆 3600 多台次。

同年　甘肃省建设委员会评定总段承建的国道 109 线唐家台大桥为"甘肃省优质工程"。

## 1991 年

1 月 9 日　靖远公路段黑城子道班安清万在交通部工程管理司、中国交通报社和中国公路运输工会联合举办的全国公路系统"双十佳"评选活动中获得"最佳养路工"称号。

4 月 9 日　国道 109 线唐家台至刘寨柯段公路改建工程被省政府列为全省重点建设项目。

5 月 6 日　国道 109 线唐家台至刘寨柯段公路改建工程招（议）标会议在白银市召开，白银、临夏、甘南等 3 个总段工程队中标。

6 月 1 日　会宁公路段彭永恒被中华全国总工会表彰为全国优秀科技工作者，并荣获全国五一劳动奖章。

7 月 18 日　会宁甘沟地段大暴雨致使国道荣兰路 2017 公里加 300 米和 2019 公里加 500 米两处高填方路基被冲毁，3 处边坡出现塌方，2 道涵洞、150 米急流槽和多处路肩被冲垮，靖天公路 4 处路基严重沉陷，5 处路基穿洞，路面上淤积了大面积淤泥，严重危及行车安全。会宁公路段连夜组织力量进行抢修，疏通路面边沟，挖运清理路面淤泥，开辟便道，恢复交通。

8 月 7 日　省交通厅党组（甘交党干〔1991〕44 号）聘任郭隆万为总段总工程师。

是月　国道 109 线唐家台至刘寨柯段公路改建工程开工，该工程全长 85.87 公里，总投资 5991.5 万元。

10 月 30 日　总段被交通部授予"文明建设"先进单位。

12 月 2 日　省交通厅党组（甘交党干〔1991〕70 号）聘任孙学苏为总段段长；聘任郭隆万为总段副段长；聘任王鹏为总段总工程师；解聘郭隆万的总工程师职务；免去庹述芬的总段段长职务。

12 月 5 日　省交通厅党组（甘交党干〔1991〕74 号）李淑英为总段党委委员、副书记；增补郭隆万为总段党委委员；免去庹述芬的总段党委委员、书记职务。

同年　庹述芬被交通部授予全国交通系统劳动模范称号。

# 1992 年

**3 月 10 日至 13 日** 全省交通工作会议在兰州召开，会议表彰总段为全省交通系统 1989 年、1990 年度两个文明建设先进单位。

**9 月 25 日至 27 日** 全省交通系统纠正行业不正之风经验交流会在白银召开。

**12 月 26 日** 1993 年全省公路养护计划会议在白银召开。

**同年** 白银市委、市政府表彰总段为全市社会主义劳动竞赛先进单位、"两个满意在白银"先进单位，表彰总段劳动服务公司为发展城市经济先进企业，表彰景泰公路段为"社会治安综合治理"先进集体，表彰李秀为发展城市集体经济优秀经理。

# 1993 年

**3 月 10 日** 总段被甘肃省档案局授予机关档案管理省一级称号。

**3 月 12 日** 省交通厅党组（甘交党干〔1993〕016 号）聘任吴廷相为总段段长；免去孙学苏的总段党委委员，解聘总段段长职务；免去陈自润的总段党委委员、副书记、工会主席职务。

**5 月 28 日** 省交通厅党组（甘交党干〔1993〕031 号）胡振琦为总段党委委员、书记；吴廷相为总段党委委员。

**6 月 16 日** 省交通厅党组（甘交党干〔1993〕033 号）免去杨临泉的总段党委委员、纪律检查委员会委员、书记职务，退休。

**6 月 23 日** 总段成立发展第三产业办公室，属于总段创办的集体所有制经济实体，实行企业化管理，独立核算、自负盈亏。

**7 月 8 日** 白银新世纪路业公司成立。

**12 月 19 日至 30 日** 国道 109 线唐家台至刘寨柯段公路改建工程通过竣工验收。

**同年** 交通部表彰总段为路政管理工作先进单位。

**同年** 景泰公路段兴泉道班被省总工会授予模范职工小家称号。

# 1994 年

**1 月 6 日至 8 日** 全省交通系统精神文明建设经验交流会在白银召开。

**1 月 18 日** 省交通厅党组（甘交党干〔1994〕008 号）李淑英为总段纪律检查委员会委员、书记；推荐陈自润为总段工会主席候选人，任党委委员。

**2 月 2 日** 白银市委、市政府表彰总段劳动服务公司为 1993 年度发展城市集体经济先进企业，李秀为 1993 年度发展城市集体经济优秀经理。

**10 月 18 日** 白银市道路与桥梁学会成立。

**12 月 26 日至 28 日** 国道 109 线兰州至刘寨柯段文明建设样板路通过验收。

**同年** 白银市委、市政府授予靖远公路段"文明单位标兵"称号。

# 1995 年

**3 月 6 日** 由省交通厅工程处、交通规划设计院、公路局第二工程队研制的架桥机在国道 312 线会静段架桥中试吊成功。

**4 月** 总段正式被省建设委员会核定为主营公路工程、兼营一般房建工程的全民所有制经济性质的"公路二级企业"，并取得公路工程施工二级企业证书。

6月17日 甘肃省国道312线界嶷段管理所成立，隶属总段，科级建制，编制60人。

6月27日 国道312线会嶷段通过初验，工程质量达到优良，符合国家二级公路标准。该段全长66公里，系静嶷段改建工程的一部分，1991年8月开工，1995年5月竣工。

8月31日 会宁公路段参与完成的"国道312线二级公路改建工程桃花山路基松动控制爆破"项目荣获甘肃省交通系统科技进步三等奖。

10月31日 国道312线静宁至嶷口段151公里二级公路改建工程竣工通车，通车典礼在会宁县举行。省人大常委会主任卢克俭、省长助理李宝和、省交通厅厅长胡国斌在通车典礼上讲话并剪彩。

同年 景泰公路段兴泉道班被中华全国总工会授予全国模范职工小家称号。

同年 白银市委表彰总段与白银电视台联合录制的电视专题片《道班、路和家》为白银市党员教育专题片一等奖。

## 1996 年

2月7日 公路段更名为"公路管理段"。

3月20日 原"白银公路总段劳动服务公司"更名为"白银公路总段机械化工程公司"。

9月15日 国道109线吴家川至唐家台段改建工程开工，该工程全长22.2公里，总投资13369万元。

11月 国道312线静嶷段白银境内62公里收费路段被省交通厅验收为省级文明样板路，这是总段继国道109线文明样板路之后，建成的第二条文明样板路。

是月 省交通厅副厅长阎正芳、交通厅纪检组长王集卒在会宁公路管理段青江驿大道班检查道班职工政治学习笔记。

12月3日 省交通厅以（甘交财〔1996〕93号）通知省公路局及各公路总段，从1997年1月1日起，全省车辆通行费票据实施电算化管理。

同年 全省第一期CPMS试点培训工作在总段进行，交通部公路司、西安公路交通大学、省交通厅、省公路局6名专家学者前来授课，为此项技术在全省的推广培养首批基层骨干。

同年 郭武军被省委、省政府表彰为全省法制宣传教育工作先进个人。

## 1997 年

3月17日 交通部原副部长、全国道桥协会名誉会长王展意一行在省交通厅厅长胡国斌、副厅长庹述芬、公路局局长许超杰等陪同下，视察国道312线界嶷段的公路管养及收费管理工作。

4月30日 会宁公路管理段青江驿公路养护管理站被交通部、共青团中央授予1995—1996年度全国交通系统青年文明号。

是月 景泰公路管理段兴泉道班荣获中华全国总工会五一劳动奖状（先进班组）。

5月6日 靖远县三滩黄河大桥正式开工。三滩黄河大桥是我省公路建设史上跨度最大、技术难度最大的桥梁。大桥路段设计里程为2.2公里，于三滩乡渡口处跨越黄河；桥梁全长478.5米，其中主桥跨径140米，桥面总宽16.5米，其中行车道宽15.5米（四车道）。计划工期为700天。

9月25日至10月2日 交通部全国干线

公路检查组在省交通厅厅长胡国斌、副厅长庹述芬等有关人员陪同下，检查总段公路养护管理工作。

**同年** 省道 207 线硝沟坪坡改建工程竣工通车，该项目由总段争取扶贫资金立项，投入 300 万元，总工程量 15 万立方米，1.5 公里长，由会宁公路管理段施工，历时 11 个月。

**同年** 总段参与施工的国道 312 线西兰公路静嶷段改建工程荣获 1996 年和 1997 年度交通部公路工程"三优"评选项目三等奖，"沥青抗剥落剂的推广应用"项目荣获省交通系统科技进步三等奖。

## 1998 年

**7 月 10 日** 国道 109 线水（泉）靖（远）段和省道 308 线唐（家台）红（会）段改建工程开工，该工程全长 64.68 公里。

**7 月 29 日** 省交通厅党组（甘交党干〔1998〕25 号）聘任李文斌为总段调研员。

**8 月 5 日** 交通部副部长胡希捷来白银视察国道 109 线的公路养护、管理和建设情况。

**9 月 15 日** 省道 308 线景泰公路白大段改建项目开工，该工程全长 37.538 公里，总投资 5704.12 万元。

**9 月 21 日** 省交通厅党组（甘交党干〔1998〕38 号）聘任吴廷相为总段调研员；聘任李玉海为总段副段长，任党委委员；免去吴廷相总段党委委员，解聘段长职务。

**是月** 省道 201 线景泰公路改建项目开工，该工程全长 40.295 公里，总投资 7416.88 万元。

**是月** 总段工会被省总工会授予全省模范职工之家称号。

**10 月 20 日** 界嶷段公路管理所提前完成

全年 1220 万元的收费任务，纳税 80 万元，被甘肃省地税局评为"纳税先进单位"。

**是月** 总段被省委宣传部、省经贸委、省总工会、省职工职业道德建设协调小组表彰为甘肃省职业道德建设先进单位，成为全省公路系统唯一获此殊荣的单位。

**12 月 25 日** 总段党委书记胡振琦被省委、省政府表彰为精神文明建设先进工作者。

## 1999 年

**1 月 31 日** 省道 308 线唐红路改建工程竣工，该工程全长 24.7 公里，历时 6 个月。

**3 月 12 日** 总段机关后勤服务中心成立。

**4 月 12 日** 省交通厅党组（甘交党干〔1999〕37 号）聘任郭隆万为总段调研员（正县级），解聘其总段副段长，免去其党委委员。

**是月** 由兰州、白银、张掖、武威、天水 5 个公路总段及甘肃交通劳动服务公司等 6 单位按照股份制联合组建的甘肃五环公路工程有限公司正式开始运作。

**7 月 18 日至 19 日** 中国海员工会主席张士辉在总段调研，看望会宁公路管理段青江驿养护站职工。

**8 月 2 日** 省交通厅党组（甘交党干〔1999〕066 号）聘任贺得荣为总段副段长，任党委委员。

**8 月 12 日** 交通部副部长李居昌视察靖远公路管理段旱平川道班工作。

**9 月 2 日** 景泰收费公路管理所成立，隶属总段，科级建制，核定科级领导职数 4 名，下设上沙窝、长城两个收费站，核定收费管理人员编制 76 人。

**是日** 靖远收费公路管理所成立，隶属总段，科级建制，核定科级领导职数 4 名，下设银三角、新墩、三滩三个收费站，核定收费管理人员编制 98 人。

**9 月 26 日** 兰（州）白（银）高速公路开工典礼仪式在白银四龙路口举行。省委书记孙英，老同志李子奇和省上其他领导郭琨、柯茂盛、朱作勇、李宇鸿等为兰白高速公路开工奠基。

**是月** 总段历时 2 年完成的科技进步项目"312 国道翟所滑坡综合治理研究"和"土工格栅防治沥青路面裂缝研究"通过省交通厅组织的专家鉴定。

**10 月 12 日** 白银公路总段劳动服务公司更名为"白银公路总段机械化工程公司"。

**是月** 省道 308 线唐红段、国道 109 线靖水段二级公路改建工程竣工，该工程全长 66.7 公里，总投资 1.046 亿元。

**11 月 5 日** 国道 109 线靖远三滩黄河大桥主桥顺利合拢，省交通厅厅长徐拴龙、副厅长高更新、韩国杰等参加大桥合龙典礼仪式。该桥全长 520 米，主桥为 3 跨预应力混凝土连续钢构结构，其主跨长 140 米，是目前西北地区同类结构跨径最大的桥梁。

**是月** 总段融资承建的省道 308 线白大段、省道 201 线营景段 86.5 公里二级公路改建工程竣工，该工程总投资 1.46 亿元。

**12 月 9 日** 景（泰）靖（远）公路改建工程竣工通车，省道 308 线唐红段、国道 109 线靖水段二级公路改建路段正式投入收费运营。

**12 月 10 日** 省道 308 线白大段、省道 201 线景营段二级公路改建路段正式投入收费运营。

**同年** 王朝锋家属王桂淑被交通部、中国海员工会、中国公路运输工会表彰为全国交通系统公路职工"贤内助"。

**同年** 会宁公路管理段青江驿养管站被甘肃省精神文明建设委员会表彰为全省"文明之光"精神文明建设先进单位典型。

## 2000 年

**2 月 21 日** 总段国道 312 线界巉段管理所张国强、会宁段金兴恒、贠子辉被甘肃省精神文明建设指导委员会表彰为创建国道 312 线甘肃段文明样板路工作先进个人。

**2 月 29 日** 省交通厅党组（甘交党干〔2000〕003 号）解聘郭隆万的总段调研员职务，退休。

**4 月 1 日** 总段正式实施《公路养护运行机制改革方案》。

**5 月** 总段工会主席陈自润被省总工会表彰为"甘肃省优秀工会工作者"。

**7 月** 国道 312 线会宁段 62 公里部级文明样板路建设通过交通部达标验收。

**9 月 8 日** 交通部部长黄镇东在靖远公路管理段旱平川养护管理站考察指导工作。

**9 月 16 日** 甘肃省精神文明建设指导委员会办公室主任周文武、调研处长思登明及白银市文明办主任蒋伟、区宣传部长马俊明对总段创建省级文明单位工作进行全面检查验收。

**9 月 28 日** 国道 109 线靖远三滩黄河大桥竣工通车，省人大常委会秘书长胡国斌、省交通厅厅长徐拴龙等参加通车典礼。

**10 月 6 日** 总段机械化工程公司成立世纪宾馆。

**同年** 总段机械化工程公司被中国公路运输工会全国委员会表彰为"1999 年度全国公路建设优秀工程施工企业"。

**同年** 李文萍被省总工会表彰为先进女职工。

同年 被甘肃省委、省政府标准为"省级文明单位"。

## 2001 年

2 月 总段被省委、省政府表彰为省级文明单位，国道 312 线会宁县段被评为"文明样板路"。

5 月 24 日 省委宣传部副部长顾军带领省委宣传部干部在白兰高速公路 2 标段参加义务劳动。

5 月 28 日 总段世纪宾馆开始营业。

7 月 8 日 省道 201 线景泰至西槽段公路改建工程开工，该工程全长 101.685 公里，总投资 6583.52 万元。

8 月 25 日 全省公路沥青碎石薄层封面现场观摩会在白银召开，总段独创的油路碎石薄层封面施工工艺石料撒布机首次亮相，将油路薄层封面养护中的人工撒料变为机械撒布，实现油路病害机械连片养护，降低养护成本，减轻劳动强度，提高了公路养护工作效率。

同年 会宁公路管理段青江驿养管站被中华全国总工会授予全国模范职工小家称号，被交通部表彰为"为人民服务、树行业新风"示范窗口单位。贠子辉被省委宣传部、省总工会、省经贸委表彰为第六届甘肃省职工职业道德十佳标兵。

同年 总段机械化工程公司 FM12（路基）、FMC-2（路面）工程项目被甘肃省建设厅列为 2000 年甘肃省建设工程飞天奖工程项目。

## 2002 年

6 月 5 日 总段路政管理机构更名为公路路政管理支队。

同年 总段积极落实帮乡扶贫工作，帮助会宁县土高乡建设希望小学一座，白银市委、市政府表彰总段为全市扶贫开发先进单位。

同年 王宝戎论文《浅谈公路职工职业道德建设》荣获全国公路职工思想政治工作研究会第十三届年会二等奖、全省公路职工思想政治研究会第三届年会论文一等奖。

同年 白银市委宣传部、白银市精神文明建设委员会表彰景泰收费公路管理所为白银市公民道德建设示范点。

## 2003 年

1 月 14 日 国道 109 线吴（家川）唐（家台）段、省道 201 线营（盘水）景（泰）段被省委、省政府命名为省级文明样板路。

2 月 18 日 省交通厅党组（甘交党干〔2003〕10 号）聘任陈自润为总段调研员，免去其党委委员、工会主席职务；推荐贠子辉为总段工会主席候选人。

2 月 19 日 省交通厅党组（甘交党干〔2003〕14 号）陈富诗为总段党委委员、书记；聘任石培成为总段段长，任党委委员，聘任期 3 年；聘任刘芳俊为总段副段长，任党委委员，聘任期 3 年；免去胡振琦的总段党委委员、书记职务；解聘贺得荣的总段副段长职务，免去其党委委员。

3 月 18 日 省交通厅党组（甘交党干〔2003〕25 号）解聘陈自润的总段调研员职务，退休。

4 月 2 日 总段机关设立财务室。

4 月 14 日 吕文全被甘肃省通县公路建设领导小组表彰为全省国债路网建设先进个人。

7月4日　景泰公路管理段金达宾馆开业运营。

7月31日　省交通厅副厅长翟文祥一行到总段视察指导工作。

8月8日　总段世纪宾馆顺利通过三星级宾馆的评审，成为全省交通系统第一家星级宾馆，填补了白银市无星级宾馆和旅游定点宾馆的空白。

8月8日　被国家列入县际公路建设项目的靖远至定西建设工程举行开工奠基仪式。

8月13日　省交通厅纪检组长王吉祥、厅直机关党委副书记赵生跃到总段视察工作。

是月　省交通厅党组成员、纪检组组长王吉祥在总段进行专题调研。

11月8日　省道217线景（泰）白（银）段县际公路工程在武川奠基。

11月28日　总段机械化沥青碎石薄层封面技术获甘肃省职工技术创新优秀成果三等奖。

12月21日　省道201线景（泰）郭（家窑）段改建工程竣工验收合格。

12月25日　省白银公路总段公路养护中心、省白银公路总段路政支队、省白银公路总段收费公路管理处成立。

12月28日　省道201线景泰县城过境段公路改建工程举行开工典礼，省交通厅巡视员宁润田，白银市副市长刘天明参加奠基仪式。

同年　景泰公路管理段被省总工会表彰为全省模范职工之家，总段工会为全省工会财务工作先进单位。

# 2004 年

1月13日　国道312线会宁县太平乡境内1967公里加800米处发生大面积山体滑坡，

32万立方米土倾泻而下，一段长约110米左右的公路连同3台来不及躲避的车辆滑入40多米的深沟，总段组成40多人得抢险队，调集6台装载机抢修便道，很快将被困车辆从深沟中拖出来，经过连夜奋战，便道于当晚12时前顺利打通。

3月16日　总段及所属单位启用防伪入网印章。

3月24日　省交通厅党组（甘交党干〔2004〕7号）任贠子辉为总段党委委员。

4月2日　省交通厅党组（甘交党干〔2004〕9号）聘任姚志明为总段副段长，聘任期3年，第1年为试用期。

4月28日　全省交通工会工作会议在白银召开。

5月6日　会宁公路管理段南苑宾馆开业。

6月11日　中华全国海员工会副主席李全良在总段调研。

是日　省人大常委会副主任、省总工会主席李德奎在白银市委书记孙效东陪同下，调研总段政务公开工作。

7月14日　省交通厅厅长杨咏中、副厅长辛平检查国道109线新墩超限运输监控检测站工作。

7月23日　总段召开"沥青路面冷补技术"应用研究成果鉴定会议，总段沥青路面冷补技术通过省公路局组织的专家鉴定。

8月3日　白银新世纪交通工程有限责任公司成立。

8月18日　省交通厅厅长杨咏中、副厅长康军在白银市委书记孙效东、市长周多明等领导的陪同下，考察国道109线白银过境段的养护管理工作和拓宽改造工程以及省道217线景白公路的建设情况。

12月　靖（远）定（西）公路靖（远）红

（岷）段油路工程建成通车，该工程全长59.693公里，预算投资金额2865.19万元。

同年　省道201线景泰县城过境工程竣工通车，该工程是省道201线景（泰）西（槽）公路的延伸，全长8.94公里，批准预算投资2430万元。省道217线景（泰）至白（银）县际公路建成通车，该工程全长75.227公里，总投资4500万元。

同年　甘肃省人民政府国有资产监督管理委员会、省劳动和社会保障厅表彰白银新世纪路业公司为公司创新创效先进集体。

## 2005 年

1 月 10 日　总段第一届职工运动会开幕。

2 月 21 日　总段被甘肃省档案局批准为全省档案工作示范单位，综合档案管理人员被评为"全省2003—2004年档案管理先进工作者"。

3 月 3 日　全省公路系统公路养护管理培训班学员观摩考察三滩养管站的"两化"（标准化、规范化）建设和基础管理工作。

3 月 9 日　白银公路管理段被人事部、交通部表彰为全国交通系统先进集体。

4 月 22 日　省道308线景郭公路竣工，工程全长64.492公里，投资1.57亿元。

6 月 28 日　国道312线界石铺至鸡儿嘴段大中修改造工程奠基仪式在会宁举行。

7 月 8 日　省交通工会在白银召开"职工小家"建设现场会。

7 月 17 日　省交通厅党组（甘交党干〔2005〕61号）免去李文斌的总段调研员职务，退休。

是月　中国交通海员建设工会副主席李全良在景泰大水礅收费站检查指导工作。

9 月 23 日　总段劲舞快板《班站就是我的家》获全省交通职工文艺调演三等奖。

是月　总段新世纪路业公司孙进玲被共青团甘肃省委、甘肃省青年联合会、甘肃省广播电影电视总台、甘肃日报社评为甘肃省第七届"优秀青年"。

10 月 28 日　省道217线景泰至白银段三级县际公路通过交工验收。

11 月 30 日　刘白高速公路路政管理大队成立。

12 月 16 日　总段工会主席贠子辉被中华全国总工会表彰为全国工会系统"四五"普法先进个人。

12 月 17 日　闫玉仁、李文萍被省总工会表彰为甘肃省技术标兵。

12 月 24 日　省交通厅党组（甘交党干〔2005〕133号）贺得荣为总段党委委员，聘任其为副段长，聘任期为5年；解聘姚志明的总段副段长职务。

是月　总段被交通部表彰为创建全国交通文明行业先进单位，会宁公路管理段青江驿养管站被交通部表彰为全国交通行业文明示范窗口。

同年　省公路局考评靖远公路管理段三滩养护管理站，并确定其为全省第一个标准化养管站示范点。

## 2006 年

1 月 5 日　总段在白银市会展中心举行庆祝建段20周年大会。

1 月 19 日　省交通厅副厅长康军带领厅有关部门负责人调研指导总段工作。

3 月 6 日　省交通厅党组（甘交党干〔2006〕28号）聘任刘芳俊为总段副段长，聘任期5年。

3月21日　省交通厅党组（甘交党干〔2006〕47号）免去陈富诗的总段党委委员、书记职务。

4月18日　省交通厅党组（甘交党干〔2006〕67号）李玉海为总段党委委员、书记。

5月30日至31日　省路政管理总队党委书记、政委李潭检查总段路政管理工作。

7月13日　省交通厅党组（甘交党干〔2006〕110号）聘任石培成为总段段长，聘任期5年。

8月21日　参加白银市平安建设试点工作现场会的市委常委、白银区委书记袁崇俊、市委常委、政法委书记贾承世、市政府副市长、市公安局局长杨成堂及市上有关单位、部门和三县两区的有关人员来总段观摩平安建设试点工作情况。

8月23日　省交通厅厅长杨咏中、副厅长康军调研白银交通工作。

9月20日　国道312线界石铺至鸡儿嘴段收费公路大修工程项目通过交工验收。

12月12日　靖远公路管理段三滩养管站工会小组被省总工会授予甘肃省模范职工之家称号。

12月21日　总段工会被省总工会表彰为全省工会干部教育培训工作先进集体。

12月31日　周荣斌被省总工会表彰为甘肃省技术标兵。

同年　总段被省精神文明建设指导委员会、省广播电视台评为"甘肃电投杯"树立社会主义荣辱观教育知识竞赛优秀奖。

## 2007 年

1月22日　景泰收费公路管理所大水磡收费站被全国创建文明办表彰为2006年度全国学习型先进班组。

1月22日至24日　总段举办第二届职工迎春运动会，白银市政府、省公路局工会、市交通局、运管处、征稽处、银冠集团公司及总段党政工领导参加开幕式。

1月26日　省道217线景泰至白银县际公路改建工程通过竣工验收，该工程主线长65.3公里，支线长14.5公里，总投资3843.96万元。

2月15日　省交通厅总工程师李睿到总段检查国道312线会宁路段春运安全工作。

3月20日　靖（远）定（西）公路靖远至红岘段三级公路改建工程项目顺利通过竣工验收。

4月19日　省交通厅厅长杨咏中一行到白银调研工作，白银市委书记、市人大常委会主任张景辉，市委常委、白银区委书记朱清，副市长张明泰，市长助理杨重存等人参加调研。

5月11日　会宁公路管理段青江驿养管站被中华全国总工会表彰为2006年度全国"安康杯"竞赛优胜班组。

5月24日　省交通厅离退休干部管理处领导到总段靖远、会宁公路管理段检查离退休职工管理工作开展情况。

5月28日　全省公路系统"辉煌之路"文艺调演在兰州金城剧院隆重举行，总段编排的舞蹈《攀登》荣获三等奖。

7月2日　全省公路系统先进典型事迹巡回报告团来总段做报告。

7月11至12日　交通部公路文化课题组第三小组到总段调研公路文化建设情况。

是月　省交通厅党组书记、厅长杨咏中和白银市领导在三滩养管站调研指导工作。

8月5日　陈银瑞被省总工会表彰为全省

工会财会先进工作者。

**8月6日** 省交通厅党组（甘交党干〔2007〕94号）石培成为总段党委书记，解聘其段长职务；聘任李玉海为总段段长，聘任期5年，免去其党委书记职务。

**9月20日** 省治理"三乱"办公室主任刘玉彪、省路政总队队长张敬旗到总段检查指导路政治超工作。

**9月22日** 省道207线靖远至会宁公路暨靖远黄河大桥奠基。省长徐守盛致信祝贺，省人大常委会副主任杜颖、省政协副主席李宇鸿和省交通厅领导杨咏中、王吉祥、辛平、李睿及白银市有关领导出席奠基仪式。

**9月30日** 周荣斌、闫玉仁在2006年至2007年全省交通职工职业技能比赛中荣获甘肃省技术标兵称号。

**10月30日** 陈银瑞被省总工会表彰为全省工会经审工作先进个人。

**11月11日** 省厂务公开民主管理工作检查组到总段检查指导段务公开工作。

# 2008年

**1月16日** 省交通厅党组成员、总工程师李睿，厅长助理、总工办主任何开明慰问总段干部职工和困难户。

**4月22日** 省交通厅党组（甘交党干〔2008〕31号）聘任王鹏为总段调研员，解聘其总工程师职务。

**4月24日** 靖远公路管理段三滩养管站被中华全国总工会授予全国模范职工小家称号。

**5月12日** 四川省汶川县发生地震，总段职工积极为灾区奉献爱心，共计捐款88521.3元，全段党员缴纳"特殊党费"34255元，募集"特殊团费"、抗震救灾捐款共计1950元，参与献血青年志愿者15人。

**5月14至15日** 省交通运输厅老干处瞿学伊处长一行到总段检查离退休职工管理工作。

**5月20日** 省交通厅党组（甘交党干〔2008〕52号）解聘贺得荣的总段副段长职务，免去其党委委员。

**6月20日** 省交通厅党组（甘交党干〔2008〕57号）聘任负子辉为总段副段长，聘任期5年，免去其工会主席职务。

**7月15日** 省"五五"普法检查组到总段检查"五五"普法工作开展情况，市政协副主席刘秀及市司法局领导陪同。

**8月4日** 省厂务公开民主管理工作调研检查组到总段检查指导段务公开工作。

**8月15日** 新版甘肃省行政执法证件正式启用。

**8月18日** "全国模范职工小家"授牌仪式在靖远公路管理段三滩养管站举行。省交通厅党组书记、厅长杨咏中，白银市委副书记宁金辉、副市长张明泰及省市有关单位领导出席授牌仪式。

**8月19日** 省交通厅党组书记、厅长杨咏中在白银市调研指导农村公路建设工作。

**9月1日** 省交通厅党组（甘交党干〔2008〕88号）聘任罗继东为总段总工程师，聘任期5年，第1年为试用期。

**9月24日** 省交通厅党组（甘交党干〔2008〕98号）聘任李淑英为总段调研员，免去其党委委员、副书记，纪委委员、书记职务。

**是月** 总段职工文化季刊——《公路文苑》首刊发行。

**10月12日** 省交通厅党组（甘交党干

〔2008〕101 号）苏培钟为总段党委委员、副书记，纪委委员、书记。

**11 月 20 日** 周荣斌被省总工会、甘肃省精神文明建设指导委员会办公室、甘肃省发展和改革委员会等多家单位联合表彰为 2008 年度全省"创建学习型组织，争做知识型职工"活动先进个人。

**11 月 21 日** 省交通厅"五五"普法中期工作督查组到总段检查 "五五"普法宣传教育工作开展情况。

**12 月 8 日** 白银公路管理段魏周礼、会宁公路管理段彭国饯被省总工会、省劳动和社会保障厅、省人事厅、省人民政府国有资产监督管理委员会、省经济委员会联合表彰为甘肃省技术标兵。

**同年** 景泰收费公路管理所被省委、省政府表彰为省级精神文明建设工作先进单位。

## 2009 年

**3 月 20 日** 总段被甘肃省厂务公开领导小组办公室表彰为甘肃省厂务公开民主管理先进单位，李玉海被表彰为先进个人。

**6 月 8 日** 省白银公路总段高等级公路养护管理中心成立，科级建制。

**7 月 9 日** 省交通厅党组（甘交党干〔2009〕85 号）免去李淑英的总段调研员职务，退休。

**7 月 21 日** 省交通厅党组（甘交党干〔2009〕92 号）杨向军为总段党委委员，推荐其为工会主席候选人，试用期 1 年。

**7 月 24 日** 白银至四龙公路维修改造暨省消防总队训练基地道路建设工程开工奠基仪式在白银举行。省交通厅党组书记、厅长杨咏中，省消防总队政委陈兴发和白银市有关领导出席开工仪式。

**7 月 30 日** 总段沥青碎石封面现场会在景泰召开。

**8 月 4 日** 总段工会主席贠子辉被省总工会表彰为甘肃省优秀工会工作者。

**8 月 5 日** 省公路局党委书记任忠章在景泰收费所检查指导二级公路计重收费工作。

**10 月 23 日** 由省教育厅副厅长李贵富带队的甘肃省厂务公开民主管理工作调研检查组到总段检查指导推行厂务公开民主管理工作。

**10 月 26 日** 省交通运输厅检查组检查考核总段行政执法和"五五"普法工作。

**10 月 26 日** 由省交通运输厅体改法规处副处长王洪武带队、省征稽局、质监站、运管局、路政总队组成的检查组，对白银公路总段、市交通局、征稽处、运管处等单位进行考核。

**11 月 4 日** 省、市文明办检查组对总段"省级文明单位"保持建设情况进行复核验收。

**12 月 9 日** 闫玉仁被中华人民共和国人力资源和社会保障部表彰为全国交通运输系统先进工作者。

**12 月 18 日** 省交通厅党组（甘交党干〔2009〕139 号）罗继东总工程师试用期结束，任总段党委委员。

**12 月 29 日** 谭东霞被中国海员建设工会全国委员会授予全国公路系统第九届"金桥奖"。

## 2010 年

**4 月 23 日** 省交通厅党组（甘交党干〔2010〕73 号）免去王鹏的总段调研员职务，退休。

**4 月 26 日** 景泰公路管理段兴泉养管站

白建胜被省委、省政府表彰为甘肃省先进工作者。

**5月18日** 甘肃省副省长、省依法治省工作领导小组副组长张晓兰带领省"五五"普法检查验收第三检查组检查验收总段"五五"普法工作。白银市委书记肖庆平、市长吴仰东等有关领导陪同。

**7月8日至10日** 省交通运输行政执法监督检查组对总段路政支队、平川高速公路路政大队、新墩超限检测站、平川运管所等交通行政执法机构的依法行政和执法工作情况进行检查指导。

**7月13日** 省交通厅党组书记、厅长杨咏中在高等级公路养护中心白银工区调研指导工作并看望慰问养护生产一线人员。

**是日** 总段网络信息化管理平台正式启用。

**7月15日** 省交通厅党组（甘交党干〔2010〕110号）杨向军的总段工会主席试用期结束。

**8月7日** 总段组织全段职工向舟曲人民、舟曲公路段职工捐款献爱心，总段为灾区捐款5万元，全段职工捐款3.8987万元（其中党员捐款1.8486万元），共计捐款8.8987万元。

**8月12日** 陇南地区发生特大暴雨灾害，造成316国道江洛至徽县道路交通中断，总段组织在陇南灾后重建江武路二标施工的新世纪路业公司成立抗洪抢险突击队、党员突击队，于8月13日赶赴灾区，对国道316线江徽公路进行抢险保畅工作。

**8月15日** 刘白、白兰高速公路养护维修工程顺利完工，该工程全长135.4公里，总投资7469.52万元，

**8月19号** 总段国省干线公路养护维修工程全面竣工。

**8月23日** 总段应急抢险队连夜赶赴舟曲开展抢险救灾工作。

**9月3日** 省交通厅党组成员、纪检组组长艾玉德一行在国道316线江（洛）徽（县）段抢险现场，慰问总段抗洪救灾一线干部职工。

**9月4日** 省文明办调研处处长张正权一行到景泰收费所检查验收景泰所省级文明单位创建工作，市委宣传部副部长、文明办主任高子强陪同调研。

**9月11日** 省交通厅党组（甘交党干〔2010〕153号）免去石培成的总段党委委员、书记职务。

**11月17日** 省交通厅党组（甘交党干〔2010〕164号）聘任苏培钟为总段调研员，免去其总段党委委员、副书记，纪委委员、书记职务。

**11月26日** 省交通厅党组（甘交党干〔2010〕176号）免去刘芳俊的总段党委委员，解聘其副段长职务。

**是日** 省交通厅党组（甘交党干〔2010〕177号）贺得荣任总段党委委员、书记。

**12月1日** 总段总工办被中国海员建设工会全国委员会表彰为2009年至2010年度全国交通建设系统"工人先锋号"。

**12月8日至9日** 省交通运输厅检查组检查考核总段2010年度党风廉政建设工作。

**12月16日** 白银市政府纠风办检查总段政风行风建设工作。

**12月21日** 高爱军沥青混合料搅拌操控法被甘肃省百万职工职业技能素质提升活动组委会办公室命名为甘肃省职工先进技术操作法。

**是月** 高等级公路养护管理中心张启成被中国海员建设工会全国委员会表彰为全国加快

交通基础设施建设重点工程劳动竞赛先进个人，会宁公路管理段会宁养管站被中国海员建设工会全国委员会表彰为全国公路交通系统优秀"五型班组"。

同年　总段在国道 109K1581+000—K1582+000 段进行改性乳化沥青同步碎石封层，对沥青路面进行预防性养护，这是省内第一次应用改性乳化沥青同步碎石封层技术。

同年　国道 312 线界巉段管理所闫玉仁被省总工会表彰为甘肃省技术标兵。

同年　景泰收费公路管理所被省委、省政府表彰为省级文明单位。

# 2011 年

1 月 18 日　白银市依法行政考核组检查考核总段 2010 年度依法行政工作。

2 月 1 日　全国"五一劳动奖章"获得者、全国交通运输系统劳动模范、新时期产业工人杰出代表许振超在省交通工会负责人的陪同下，深入靖远公路管理段三滩养管站慰问养护一线职工。

3 月 11 日　白银公路管理段被中华全国总工会表彰为全国工会"职工书屋"示范点达标单位。

4 月 1 日　白银市委检查组到白银公路管理段检查"五星级"党支部创建工作。

4 月 19 日　省道 207 线靖远黄河大桥通车暨黄河大桥至吴家川二级公路开工仪式在新建成的靖远黄河大桥桥头举行。省委书记、省人大常委会主任陆浩，省委副书记、省长刘伟平等省上领导为靖远黄河大桥通车剪彩。省委常委、省委秘书长、省委统战部部长刘立军，副省长石军，省政府秘书长李沛文出席通车仪式，白银市领导及省交通运输厅领导杨咏中、

赵彦龙参加通车仪式。

4 月 20 日　靖远公路管理段三滩养管站被全国安康杯竞赛组委会表彰为 2010 年全国"安康杯"竞赛优胜班组。

6 月 14 日　全国干线公路养护管理检查路况检测组到总段开展检测工作，对省道 308 线辘轳坝至银三角、国道 6 线京藏高速刘白路 K1423—K1523 路段的养护工作和高养中心白银养护工区建设工作进行检查。

6 月 17 日　李玉海被省委表彰为 2006 年至 2010 年全省法制宣传教育先进个人。

6 月 23 日　省交通运输厅离退休老干部会宁参观学习并检查指导会宁公路管理段工作。

7 月 2 日　交通运输部"双百"检查验收组在靖远公路管理段三滩养管站查看"双化"建设情况。

7 月 8 日　省交通厅党组（甘交党干〔2011〕89 号）免去杨向军的总段党委委员、工会主席职务。

8 月 4 日　省交通厅副厅长王繁己带领厅相关处（室）负责人，在总段高等级养护管理中心白银养护工区检查指导工作。

8 月 17 日　省交通厅党组（甘交党干〔2011〕106 号）李新虎任总段党委委员，推荐为工会主席候选人。

9 月 7 日　白银市政务公开督查组来总段检查指导段务公开工作。

是日　省交通运输厅副巡视员盖宇仙到总段检查指导工作。

9 月 30 日　靖远公路管理段三滩养管站被交通运输部、中国海员建设工会全国委员会授予全国模范道班称号，景泰公路管理段兴泉养管站白建胜被授予全国模范养路工称号。

11 月 13 日　省交通运输厅工程质量安全

大检查大整改活动运营检查组深入白银片区检查指导工作，对总段收费运营、行业管理、服务保畅、日常及桥梁养护、安全管理、路政管理工作进行现场检查指导。

**11月14日至16日** 省交通运输厅原厅长秦中一行到总段调研指导工作。

**12月8日至9日** 省交通运输厅纪检组组长艾玉德带领党风廉政建设检查组检查考核总段2011年度党风廉政建设工作。

**12月14日** 总段通行费征收特殊车辆管理系统和高速公路桥梁泄水孔改造两项成果荣获"科研杯"全省交通运输系统职工"五小发明"三等奖和优秀奖。

**12月21日** 白银市政府依法行政考核组检查考核总段2011年依法行政工作。

**同年** 总段工会被中华全国总工会授予全国模范职工之家称号。

# 2012年

**3月14日** 位于会宁县大沟乡境内的国道309线刚坪危桥重建工程开工。

**4月6日** 高爱军被交通运输部表彰为全国交通技术能手。

**4月15日** 省公路管理局人劳处处长郭朝阳一行到总段对2011年以来劳动工资工作开展情况进行调研。

**4月22日** 省交通厅党组（甘交党干〔2012〕45号）聘任贺得荣为总段段长，聘任期5年。

**4月24日** 省公路管理局党委书记任忠章到总段调研高速公路养护管理体制构架工作。

**4月27日** 全省公路系统五"十佳"先进事迹巡回演讲团到总段举行先进事迹报告会。

**5月4日** 省交通厅党组（甘交党干〔2012〕64号）张志芳为总段党委委员、书记；免去贺得荣的总段党委书记职务。

**5月10日** 总段组织全段职工向岷县灾区捐款献爱心，共捐款2.4910万元。

**6月8日** 白银市总工会督查组检查指导总段上半年工会重点工作完成情况。

**6月12日至13日** 省交通运输厅副巡视员盖宇仙、省公路局副局长李建元、省高管局副局长俞祯源一行调研环青海湖国际公路自行车赛白银赛段道路状况和公路畅通情况。

**8月16日** 省公路管理局党委书记任忠章一行到京藏高返刘白段察看塌方处置工作。

**9月7日** 省文明办副主任高巨珍一行在景泰县委、县文明办有关领导的陪同下检查验收景泰公路管理段省级文明单位创建工作。

**10月7日** 省公路管理局副局长孙俊福一行检查指导景泰收费公路管理所"双节"期间收费保畅工作。

**10月19日至20日** 省公路管理局思想政治建设工作督查组检查总段2012年思想政治建设工作，并验收白银高养中心"示范性基层党组织"创建和靖远公路管理段旱平川养管站"三星级行业文明集体"创建工作。

**10月24日** 省交通厅党组（甘交党干〔2012〕152号）免去贠子辉的总段党委委员、解聘其总段副段长职务。

**12月10日至12日** 省交通运输厅检查考核总段党风廉政建设工作。

**12月29日** 市纠风办副主任武正钢一行对总段2011年政风行风建设工作进行检查考评。

**同年** 闫利平荣获中国海员建设工会全国委员会、交通部精神文明建设办公室联合授予的全国公路交通系统"金桥奖"。

# 2013 年

**1 月 16 日** 省交通运输厅工会主任桑吉才让一行，在总段工会主席李新虎的陪同下，看望慰问靖远公路管理段病困职工。

**2 月 20 日** 白银公路总段后勤服务中心成立，科级建制事业单位。

**3 月 6 日** 会宁公路管理段会宁养管站被中华全国总工会授予全国五一巾帼标兵岗称号。

**3 月 16 日** 总段举办公开竞选副科级干部考试，共有 38 名职工参加考试。

**4 月 22 日** 省交通运输厅安全检查组到总段检查"五一"节前安全保畅工作。

**5 月 8 日至 12 日** 总段举办沥青拌合站现场操作培训班。

**6 月 30 日** 白银新世纪公路工程勘察设计所成立，前身为白银公路总段设计室，全民所有制。

**7 月 11 日** 会宁公路管理段党支部与北京交通大学交通运输学院第一党支部在会宁开展"重走红军路"主题党日活动。

**7 月 15 日** 由高养中心负责实施的国 6 高速白兰段养护维修工程开工。

**7 月 16 日** 交通运输部国省干线公路路况检测组到总段对国道 312 线会宁段公路路况进行检测，省公路管理局副局长赵鸿德陪同。

**7 月 22 日** 定西市岷县、漳县交界发生 6.6 级地震，总段组织职工向岷县、漳县地震灾区捐款献爱心，共募集捐款 3.7220 万元。

**7 月 25 日至 28 日** 交通运输部桥梁检测专家组对国道 109 线三滩黄河大桥进行检测评估。

**7 月 28 日** 总段按照省交通运输厅的紧急通知，组织抢险突击队奔赴天水国道 310 线 K1412—K1433 段参加抗洪抢险，于 8 月 15 日圆满完成抢险任务。此次抢险累计清理泥石流、塌方 16.2 万立方米，帮助受困车辆脱困 30 多起，帮助 20 多名群众安全通行。

**8 月 27 日** 省交通运输厅党的群众路线教育实践活动第五督导组组长张炜、督导组成员谷松、陈爱萍一行到总段采取个别谈话方式听取意见建议。

**8 月 29 日** 景泰公路管理段工会被中华全国总工会授予全国模范职工小家称号。

**12 月 2 日至 3 日** 交通运输厅党风廉政建设工作第三检查考核组对总段 2013 年度党风廉政建设责任制落实情况开展检查考核。

**12 月 4 日** 白银市总工会第三检查考核组对总段 2013 年工会工作目标责任制完成情况进行全面检查考核。

**12 月 10 日** 省交通厅党组（甘交党干〔2013〕339 号）汪小东任总段党委委员、纪委委员。

**是日** 省交通厅党组（甘交党干〔2013〕340 号）汪小东任总段纪委书记。

# 2014 年

**1 月 8 日** 甘肃省白银公路总段更名为甘肃省白银公路管理局。

**1 月 9 日** 省交通厅党组（甘交党干〔2014〕3 号）张志芳为管理局党委委员、书记；贺得荣为管理局党委委员、局长；罗继东为管理局党委委员、副局长；汪小东为管理局党委委员、纪委书记；李新虎为管理局党委委员、工会主席。原任省白银公路总段职务随机构更名自行免除。

**同日** 省交通厅党组（甘交党干〔2014〕

16 号）总段调研员苏培钟不再重新任命，继续在更名后的单位工作，享受原职级待遇。

**1 月 17 日** 省交通厅党组书记、厅长康军带领厅有关处室负责人到管理局走访慰问退休老职工姜振基。

**5 月 5 日** 管理局被中华全国总工会、国家安全生产监督管理总局表彰为 2013 年度全国"安康杯"竞赛优胜单位。

**5 月 29 日** 管理局委托甘肃省交通科学研究院有限公司对国道 109 线靖远三滩黄河大桥进行全面检查。

**6 月 4 日** 省公路局党委书记任忠章带领综合规划处等部门人员到管理局调研督查国道 312 线界石铺至鸡儿嘴段、国道 246 线靖远至会宁两个二级公路改建项目进展情况。

**6 月 23 日** 平川公路管理段成立，科级建制事业单位，编制 70 名，下辖旱平川、孙寨柯两个养管站。担负国道 109 线、省道 308 线、乡道 489 线等共 114.156 公里的养护任务。

**7 月 23 日** 白银公路管理局试验检测技术服务中心成立，科级建制事业单位，承担管理局管养路线技术状况的检测和评定；公路养护工程的试验和检测；技术咨询、技术服务；参与公路工程质量事故的调查分析工作。

**是日** 白银公路管理局应急抢险保障中心成立，副县级建制事业单位，负责组织实施计划下达的公路养护大中修工程，承担公路水毁、冰雪灾害、道路保畅等突发事件的应急抢险工作。

**7 月 30 日** 由景泰公路管理段实施的省道 217 线安保工程顺利完工。

**9 月** 国道 247 线靖远至会宁段公路改建工程开工，该工程全长 145.375 公里。

**10 月 28 日** 2014 年全省交通运输系统职工羽毛球比赛在白银（体育中心）举行。省直机关工委副书记周天佑、省总工会副巡视员宋艳丽、省交通运输厅党组成员、纪检组长艾玉德、省直机关工委工会主任何少云、白银市总工会副主席周明成及厅直机关党委、省交通工会和厅属各相关单位的负责同志出席开幕式。厅直机关党委专职副书记桑吉才让主持开幕式，管理局党委书记张志芳致欢迎词。

**11 月 20 日** 省公路管理局党委书记任忠章、副局长田周义一行在景泰调研 11 月 15 日 4.7 级地震灾损情况。

**12 月 12 日** 景泰公路管理段兴泉养管站被中国海员建设二会全国委员会表彰为全国交通基础设施重点工程劳动竞赛优胜班组。

## 2015 年

**1 月 28 日** 管理局在第六届全国交通运输行业筑养路机械操作工技能竞赛、甘肃省百万职工职业技能素质提升活动中获参赛组织奖，高等级公路养护管理中心张明山被表彰为甘肃省技术标兵。

**2 月 13 日** 国道 109 线水泉下砂河桥维修加固工程竣工通车。

**4 月 21 日** 管理局团委组织优秀青年职工代表赴革命圣地会宁开展"五四"红色教育活动。

**5 月 7 日至 8 日** 省公路局督查组到管理局检查督导"创建平安公路大干 150 天"竞赛活动开展情况及第一季度养护生产工作。

**7 月 4 日** 省交通工程质量安全监督管理局督查组到管理局对国道 312 线界石铺至鸡儿嘴（界南段）维修改建工程项目进行质量安全综合督查。

**7 月 9 日** 省公路局局长李潭、副局长寇学聪一行到管理局督导"迎国检"及安全生产等工作。

**7月13日至14日** 省公路局工会主席张明一行检查管理局"创建平安公路大干150天"竞赛活动和上半年公路养护管理工作。

**是月** 国6线京藏高速公路养护维修工程完工，该工程实施路面重铺2.5公里，微表处164.6公里，工程费用共计5989.90万元。

**8月24日** 省交通厅质量安全专项督查组到管理局对国道312线界石铺至鸡儿嘴（界南段）维修改建工程质量安全进行专项督查。

**8月27日** 国道312线巉口至界石铺段二级公路停止收费，该路段纳入正常公路养护管理。

**9月28日** 省交通厅党组（甘交党干〔2015〕40号）王斌为管理局党委委员，副局长，聘任期5年。

**是月** 省道201线养护维修工程完工，该工程共完成油路重铺9.07公里、碎石封层95公里。

**10月15日** 管理局组织离退休干部职工代表现场观摩白银高速公路养护工区、平川水泉公路养护料场以及京藏高速公路和国道109线新实施养护维修工程路段。

**10月20日** 省交通厅党组第二巡察组到管理局巡察工作动员会召开。

**是月** 国道109线养护维修工程完工，该工程共完成油路重铺47.3公里、开普封层4公里，总投资额达11010.6万元。

**11月9日** 省公路局纪委书记杨征一行督查管理局思想政治建设工作，并对行业文明单位（集体）达标晋级进行验收。

**11月17日** 省交通厅（甘交人劳〔2015〕92号）撤销省白银公路管理局国道312线界巉段管理所。

**12月10日** 省道217线景泰大水磨至白银区段二级公路改建工程开工，该工程全长61.94公里。

**12月14日** 高等级公路养护管理中心白银工区被中国海员建设工会表彰为全国公路交通系统"模范班组"。

## 2016年

**2月26日** 省交通厅党组（甘交党干〔2016〕9号）陈旭升任管理局党委委员，聘任为局长，聘任期5年；免去贺得荣管理局党委委员，解聘其局长职务。

**3月11日** 省交通厅党组（甘交党干〔2016〕11号）聘任张廷才为局应急抢险保障中心主任（副县级），聘任期5年，第1年为试用期。

**4月23日** 管理局组织在银单位38名青年职工，参加共青团白银市委和市体育局主办的以"重走长征路·圆梦助学行"为主题的公益徒步活动。

**5月5日至6日** 省公路局党委书记李潭，党委副书记、工会主席张明一行到管理局调研指导工作。

**5月4日** 管理局举办"中国梦·青春梦·我与公路共成长"主题演讲比赛。

**6月25日** 管理局组织领导班子成员及党员代表参加省委宣传部、省直机关工委、省文明办、省交通运输厅、甘肃日报社联合举办的"重走长征路·看陇原交通巨变"主题宣传活动闭幕式。

**7月1日** 省交通厅党组（甘交党干〔2016〕26号）燕天宁任管理局党委委员、书记；免去张志芳的管理局党委委员、书记职务，退休。

**7月5日** 白银市总工会党组书记、常务副主席关成兴带领市总"送清凉"慰问团，到国道 109 线东长沟桥维修加固施工现场，为一线养护职工"送清凉"。

**9 月 8 日至 9 日** 省公路管理局局长杨碧峰一行到管理局调研指导公路养护管理工作。

**9 月 13 日** 管理局成立《甘肃省志·公路交通志》分纂暨《白银公路管理局志》领导小组，并下设编纂办公室。

**9 月 7 日至 9 日** 管理局何家骏、李泰年、刘云灿在省交通运输厅、省总工会、省人社厅联合主办的甘肃省职工职业技能大赛交通职工筑养路机械操作比赛中分别获得总分第三名、第十名、第十一名的好成绩。其中，何家骏取得交通职工筑养路机械操作全国总决赛资格。

**是月** 局党委书记燕天宁、纪委书记汪小东带领局双联办工作人员，深入会宁县党岘乡上秀、吕堡两个联系村调研双联及精准扶贫工作。

**10 月 10 日** 党委书记燕天宁、局工会主席李新虎带领靖远片区基层单位党组织负责人到平川区"两学一做"学习教育示范点参观考察。

**10 月 20 日** 局党委书记燕天宁、局长陈旭升、工会主席李新虎带领局属各单位党支部书记、政工干事，局机关党务工作人员到白银市检察院、市国税局、工农路社区等单位现场参观，学习"两学一做"学习教育及党建工作先进经验。

**11 月 18 日** 中国共产党白银公路管理局第一次代表大会在高养中心召开，来自局属各单位的 78 名正式代表、4 名列席代表和 1 名特约代表参加会议，局长陈旭升主持大会。大会选举产生了中共白银公路管理局第一届委员会和第一届纪律检查委员会。

**同年** 交通运输部、中央电视台《通途》纪录片摄制组来景泰拍摄。摄制组对获得交通运输部"模范养路工"和甘肃省"劳动模范"称号的景泰公路管理段兴泉养管站白建胜进行采访拍摄，从养护现场、应急防滑、生活现场等多方位多角度真实反映了当代一线养路工人的风采。

第一篇

# 机构演变

# 第一章　机构创建与干线公路的形成

JI GOU CHUANG JIAN YU GAN XIAN GONG LU DE XING CHENG

中华人民共和国成立前，白银地区的公路交通十分闭塞，白银至景泰、靖远至会宁之间主要靠大车道通行，交通不便，经济落后，人民生活贫困。现白银市政府所在地仅郝家川和矿山老君庙有几户农民，其余则是一片荒原，"山是和尚头，沟里没有水流，十年九不收，吃穿发忧愁"是人民贫困生活的真实写照。

中华人民共和国成立后，随着白银有色金属和煤炭资源的开发，白银地区的各项事业发生巨大的变化，公路交通事业也得到迅速发展。

自1951年起，贯穿白银全境的兰（州）宁（夏）和经过会宁县南部的西（安）兰（州）干线公路列入国家计划养护管理。干线公路的建设和养护在国家"迅速恢复、逐步增建公路"的方针指引下，县乡公路的建设和养护得到各级人民政府的重视，一些驿道、大车道得到整修，一些连接县城的主要公路，如靖（远）会（宁）、会（宁）华（家岭）、靖（远）宝（积山）等公路路况得到改善，公路交通的落后面貌开始改变。

1958年，白银市成立时，正值全省公路部门贯彻交通部提出的"依靠地方、依靠群众、普及为主"公路建设方针，在全省范围内掀起县乡公路建设第二次筑路高潮之际，白银市公路部门在"乡乡有公路，村村通汽车"奋斗目标的鼓舞下，全党全民办交通，修筑县乡公路的声势和规模之大前所未有。到1963年，市境内以兰宁公路上的白银区为起点，南至水川、四龙，北至景泰县黑山和武威等地；以靖远为起点南经会宁同西兰公路相接可至平凉和定西；以唐家台为起点可至宝积山。由兰宁公路西南行可至兰州、东行可至宁夏回族自治区首府银川市。上述线路尽管因资金短缺，改善、新修公路标准过低，桥梁设施少，且无永久性桥梁，但与民国时期相比，发展速度是快的，成就是明显的，特别是这一时期的公路建设为以后公路建设的继续发展和技术标准的提高奠定了基础，并为工农业生产的恢复和发展起到了重要作用。

# 第一节　白银公路总段成立前的追溯

## 一、公路抢修与交通恢复

1949年8月，白银市境内公路沿线群众，为了支援中国人民解放军解放兰州、银川，抢修常年失修和被破坏的公路。在黄河沿岸一些重要渡口建立秘密交通点，保护通往兰州的虎豹、红咀子、安宁等重要渡口和渡河工具。同年8月26日，中国人民解放军第一野战军解放兰州后，为了积极开展工作，保证人民解放军北上解放银川和西进新疆的交通畅通，保证军粮、弹药等军用物资运输的需要，尽快恢复交通，并迅速恢复工农业生产服务。今白银市辖境内会宁、靖远县人民和西兰、兰宁公路员工，在兰州军管会交通处的领导下，动员组织大量的人力、物力，整修境内的主要公路，同时还组成支前运输队随军北上和南下，为完成人民解放军进军运输任务做出应有的贡献。

1951年初，西北军政委员会交通部公路局成立后，加强了对公路恢复和养护工作的领导。西兰、兰宁公路被列为重点。为了改善兰宁公路安宁黄河渡口（现平川区水泉镇附近）的设施条件，提高过渡能力，国家在财政十分紧张的情况下，投资上万元增置双车机动渡船2艘，改人力摆渡为机动渡船，提高了渡口通过量。

1951年，全省第一次交通工作会议以后，

公路的恢复和建设迈出了新的步伐，取得了明显的成就。1952年，会宁县为了适应恢复工农业生产和经济建设、文化恢复的需要，县人民政府在技术力量非常薄弱的情况下，发动群众，组织劳力，以"民工建勤"的方式，仅用70天就修通了西兰路545公里处为起点至会宁县城，长34公里的慢（湾）会（宁）公路，结束了会宁县没有公路的历史。1954年，白银有色金属公司为与矿区联系，开发矿山资源，解决职工生活需求等问题，先后修筑了白银厂至金沟口长20公里，至矿山长15公里的简易公路。

## 二、公路整修与交通条件的改善

中华人民共和国成立后，今白银市境内的公路不仅数量少，而且标准低，通车能力差，与工农业生产的恢复和发展，以及人民生活的需要很不适应。1953年，国民经济建设第一个五年计划开始以后，今白银市境内各县人民政府根据政务院、交通部和省交通厅有关大搞"民工建勤""民办公助""逐步增建公路"的指示和尽快实现县县通公路的奋斗目标，采取统一规划、分期实施和"民工建勤"的方式，首先对市境内的驮道、大车道进行了整修。在整修的基础上，在急需发展的地区新修、改建了一批干线公路和县乡公路。

1952年，会宁县发动群众，用70天的时间整修了华家岭至会宁县城的大车道，经过整修达到简易路的要求，可勉强通行汽车，为会宁县工农业生产带来极大方便。会宁县北部山区交通不便，仅有沿祖历河谷经甘沟、河畔、郭城驿至靖远县的大车道1条。为了打通靖、会、定之间的交通，方便靖远矿区煤炭资源的开发、外运，便于粮食等农产品的运输。1956年，会宁、靖远两县人民政府和广大群众在省交通厅和定西专署的支持下，曾先后两次组织

人力进行勘测和设计，同年 11 月，又详细修订整修方案，组建筑路委员会，发动沿线群众开工整修。到 12 月底因天寒停工，次年 4 月复工，两次共用 250 天，于 1957 年 12 月整修竣工，整修后的大车道可通行汽车。两次整修共投入劳力 2.92 万个工日，移动土石方工程量达 79.48 万立方米，投入资金 13.4 万元。

1955 年 10 月，靖远县宝积山煤矿股份有限公司转为公私合营后，煤炭开采规模扩大，为了适应宝积山煤炭输出量增多的需要，对原有大车道进行整修。并在整修的基础上修建了唐家台至宝积山长 13.5 公里的简易公路，较好地解决了宝积山煤炭运输问题，支援了采煤业的发展。

1956 年，整修了白银区经武川、景泰至黑山长 134 公里的大车道，整修后，可以通行汽车。

1950 年至 1957 年修复的主要大车道，还有以县（区）人民政府所在地为起点，连接兰宁、西兰、靖会公路，通往各乡镇的道路有：会宁县城—候川，会宁—青江，会宁—中川，会宁—韩集，河畔—刘寨，水泉—石门，水泉—川口，靖远县城—甘盐池（靖远及海原的交界地），杨稍沟—种田，白银—金沟口，白银—四龙口。景泰县先后动员群众对县城至兰州、武威和靖远等地的大车道进行整修和改善。三县共整修、改善大车道 23 条，长约 876.5 公里。这些驿道、大车道经过整修以后，路况较前大有改善，可以通行汽车，运输量大增。对发展工农业生产，沟通城乡物资交流和人民群众的往来等方面都发挥了重要作用。

大量整修驿道、大车道以行驶汽车是解放初期及第一个五年计划时期公路建设的特点，这是因当时国民经济恢复，工农业发展，特别是工业发展较快，而国家经济实力不强，资金短缺的社会条件决定的。也体现了工农业生产要发展，交通建设必须先行，必须跟上经济发展的客观规律。

### 三、干线公路形成

20 世纪 50 年代，甘肃的干线公路基本上是按路线和地、州、市行政区划设立公路段、公路总段，又按县（市）建制设立公路分段（后改为公路段），道班则是公路养护的基层生产单位。公路总段或地级的公路段直接归省交通厅领导，分段或县级公路段归地级公路段或公路总段直接领导。为了弥补专业养护力量的不足，中央曾颁布了建立和完善"民工建勤"养护公路的制度。1950 年 3 月，政务院决定实行"民工建勤"修养公路制度。1951 年 5 月，又制定了民工整修公路的暂行规定，使公路养护工作有了人员保证和经费来源，并引起了各级人民政府的重视。省交通厅和定西、白银市，以及靖远、会宁县人民政府，为了提高西兰、兰包国道公路的通行能力，做了大量的工作。1952 年，会宁县采取国家补助的办法，发动北部贫困山区农民 200 人，利用 1 个月的时间整修和改善西兰公路，同年 11 月 30 日开工，12 月 30 日竣工，共投入劳力 7203 个工日，完成采运砂石料 559.5 立方米。靖远县曾多次动员沿路群众，采取"民工建勤"的办法对兰包公路进行季节性养护，改善了一些路段，提高了公路通行能力。20 世纪 50 年代初，养路工多来自农村，不但无养路专业知识，而且文化水平低，养路工人生活艰苦，工作条件差。部分道工在二地改革中分得田地，想回农村务农，思想情绪不安，给养护工作带来一定的困难。1952 年，公路部门开展对养路道工进行整编的教育工作，加强了思想政治教育，开展扫盲活动，举办业务培训学习班。靖远公路段自 1955 年开始，用两年时间，每年冬季集中 3 个月扫除文盲，并选拔一些文化基础好的养路工人到总段进行业务培训，要求结业成绩达到领工员或技术员的水平。同时组织养路职工开展社会主义劳动竞赛，开展评选先进班组和劳动模范、先进生产者活动，在抢修公路水毁和较大的整修、改善工程中组织突击队，以多种形式不断提高养路职工的思想觉悟，激发修路、养路热情，大力开展技术革新和技术革命，不断提高劳动水平和劳动效率。如 1955 年，水泉工务段养路职工用集体智慧，在高台段创造畜力刮路车的基础上，在刮刀前面安装铁齿，先耙松路面砂石，再用刀片刮平路面，使工效比原来提高了 5 倍。到 1957 年，列入养护计划的干线公路路况质量普遍得到提高。

兰宁公路是 1944 年兴修，1946 年通车。由于原计划修至今内蒙古自治区包头市，故中华人民共和国成立后简称兰包公路。这条公路穿过白银市南北辖境，长 188.5 公里，是境内主要干线公路，由于修建标准低、路况差，已适应不了白银有色金属资源和靖远矿区煤炭资源开发规模日益扩大的要求，因此，省、市公路部门都十分重视改善这条公路的路况，以适应矿山建设和国民经济发展需要。1950 年，在国家财政十分紧张的情况下，省交通厅投资万余元，为安宁渡口新增双车机动船 2 艘，使机械渡船代替了人力摆渡船，增强了车辆、行人过渡的安全系数，加快了过往速度，提高了渡运能力。

1956 年，兰包公路靖（远）吴（家川）支线祖历河桥和靖（远）宝（积山）公路修通。同年，因安宁渡口河床来回变迁，夏季河底淤砂，冬季黄河结冰封冻，渡船无法正常摆渡，影响全线车辆通行。因此，省交通厅决定将安宁渡口移至碾子湾红咀子渡口，并成立红咀子渡口管理所。从此，兰包公路改道，由吴家川至靖远支线公路行驶，在靖远县城附近红咀子渡口跨越黄河行经靖远县城至水泉，与老路衔接。

兰包公路自修通后，经过多次整修和改线并于 1958 年全线铺上沙砾路面，通行能力较大提高。据 1959 年统计，昼夜交通量平均为 126 辆次，为白银有色金属资源、靖远煤炭资源的开发提供了交通运输保证。

**四、管理机构初创**

1949 年 8 月 12 日和 9 月 7 日、11 月 15 日，今白银市境内的会宁、靖远、景泰 3 县先后解放。兰州军管会交通处接管了国民党时期的道路管理、养护机构、人员、财产。主要是：境内的西兰公路自静宁县新庄入会宁境内，经双城岘、党家岘、慢湾等地进入定西境内的公路 88 公里，2 个道班和道工 30 余人。兰宁公路自皋兰县后长川进入今白银市境内，经周家台、王家岘、白银区、范家窑、吴家川、安宁渡、水泉、兴仁堡、白圈子等地进入今宁夏回族自治区境内的公路共 188.5 公里，以及水泉工务段和关山劳池峡、范家窑、水泉等 5 个道班，道工 80 余人。共计接管两段公路 276.5 公里，1 个工务段、7 个道班，养路员工 110 余人和一个交通管理站。接管后划归第七区公路工程管理局领导。同年 10 月，西北公路局在兰州成立后，其业务归西北公路局主管。

1950 年，今白银市境内的靖远、会宁两县属定西地区，景泰县属武威地区，白银区属兰州市的皋兰县。此时西兰公路，长 88 公里的一段，归定西管养；兰宁公路中皋兰至范家窑段 56.5 公里，归石洞寺工务段管养；范家窑至刘寨柯段 132 公里，归定西管养。

1951 年 6 月，全省第一次交通会议以后，市境内靖远、会宁、景泰 3 县都先后成立了交通科或工交科，加强了对县区公路建设工作的领导。1958 年以后，先后改为交通局或工交局，其主要任务是领导县乡公路建设，主管全县公路交通工作。

白银市境内的公路养护道班是民国二十四年（1935 年），西北国营公路管理局在西安成立并接管西（安）兰（州）公路后，为了加强西兰公路的养护，在西兰公路上设置的，到民国二十九年（1940 年）始建道班房。民国三十五年（1946 年）兰宁公路竣工后，在靖远县境内的水泉成立了工务分段。

中华人民共和国成立后，西兰公路白银市境内的道班划归华家岭工务段辖属。1956 年，安宁渡分段段址迁至靖远县城后更名为靖远公路段，划归定西公路段领导。道班由原来的 3 个增加到 10 个，这 10 个道班是范家窑、朱家窑、吴家川、碾子湾、城关、沙梁、新墩、大红门、大红沟、孙寨柯等，共有养路道工 280 人，承担兰包公路的养护任务。

## 第二节　白银公路总段成立与管理工作的初步形成

1958 年白银市成立后，境内公路养护与管理均由白银市交通局管理，各县区设交通科管理具体业务。1961 年 5 月，随着全省交通体制调整，甘肃省交通厅批准成立白银公路总段，县级单位，直属省交通厅领导。当时的总段办公地址在白银市五星街 89 号，有 3 间平房，建筑面积约 3600 平方米，内设机构有办公室、养护科、财务科等科室。总段长由施玉麟担任，下属白银、靖远 2 个公路段和 1 个渡口管理所，共辖 15 个道班，有养路道工 322 人，主要管养兰包、吴（家川）靖（远）两条公路。境内的其他公路，如后长川至景泰公路、靖远至宝积山公路、靖远至海原公路、东湾至水泉公路，计 258 公里，列入计划外养护路段，配

备养管职工 10 人。1961 年冬季，省交通厅、公路局决定把靖远至会宁公路的养护任务交由白银、定西公路总段承担，共设置 3 个道班，配备养路职工 34 人。养护工具主要是洋镐、铁锨、架子车、驴拉刮板车等。至此，白银公路总段方承担起白银市境内的主要干线公路。

## 第三节　白银公路总段撤销与管理工作的调整

1963 年 10 月 23 日，国务院决定撤销白银市，将皋兰、靖远两县划归定西地区，景泰县划归武威地区。白银郊区的武川公社划归皋兰县，其余社队组成白银区归兰州市领导。1964 年 7 月 5 日，甘肃省人委决定将靖远县刘川公社的崖渠水大队，雒家滩大队的雒家滩、苏家湾两个生产队，金山公社的永兴、民乐、梁庄、四龙、永丰、双河、民勤 7 个大队划归白银区。同时将王岘公社的宋家梁、西沟、川口 3 个大队划归皋兰县。此种状况一直延续至 1985 年白银市再次成立，行政区划再无大的变更。

白银市建制撤销后，公路管理机构也随着行政区划的变化而变化。1963 年 11 月 1 日，撤销了白银公路总段，将所辖靖远、白银公路段管养的线路，以及所属的人员、财产也按行政区划分别移交给定西、武威、兰州等地、市公路部门管养，白银保留公路段驻白银区，由兰州公路总段领导，主要管养兰包公路白银区境内路段。

白银市撤销时，正值国民经济调整时期。1962 年 6 月，国务院发出《关于加强公路养护和管理工作的指示》以后，交通部于同年 8 月颁布《公路养护和管理工作的若干规定试行草案》（即养路 40 条），重申加强公路管理工

作，并对公路管理体制、养护计划、养护技术、财务管理等方面都做出全面而详细的规定。各级公路部门遵照国务院的指示精神和交通部的规定，加强公路养护和管理，恢复、健全公路管理制度，组织试行公路养护社队包养制（即：公路包给公社和生产队由社队抽出劳力管养），或民工建勤代表工养护制。公路由亦工亦农或代表工养护，弥补了公路养护固定工不足的问题，固定工可随时集中突击抢修紧急工程，平时分散指导群众养护。既培养了沿路群众爱路护路的精神，又节约了养路经费，同时，也为公路的发展培养了技术力量。

## 第四节　干线公路改善与改建

1964 年至 1984 年，今白银市境内的三县一区分属定西、武威、兰州三地、市领导。1964 年，白银市撤销后，正值国民经济调整时期，今白银市境内的会宁、靖远、景泰县和白银区公路部门的广大职工，认真贯彻执行中共中央关于对国民经济"调整、巩固、充实、提高"的方针和交通部提出的"切实整顿、加强养护、积极恢复、逐步改善"的要求。公路建设为农业生产、为矿区建设服务的方向逐步发展，加强了县乡公路建设和国道干线公路的养护工作。在重点改善境内国道干线公路的同时，又先后修建了宜兰干线公路和为白银矿区、靖远煤矿建设服务的专用公路。为了解决市区用水、蔬菜供应和黄河沿岸农区运输困难问题还修建了白银—金沟口、靖远—北湾、四龙—白银等县乡公路，使公路事业的普及程度逐步得到提高。1969 年以后，对境内的西兰、兰包、靖会等干线公路进行了旧路改造工程，拓宽路基，改善路面，补修桥梁和涵洞。尤其将靖会公路列入全省重点进行改造，旧路经过

改造以后，为全面实现干线公路油路化奠定了基础。石油工业和汽车制造业的发展和战备任务的提出，以及白银有色金属工业生产的稳产、高产，靖远煤炭工业基地的扩建等大大促进了白银区和各县公路事业的全面发展。1976 年 10 月，国家进入新的历史发展时期，中共十一届三中全会以后，景泰、白银、靖远、会宁公路部门以经济建设为中心，坚持改革开放的路线，认真执行"全面规划、加强养护、积极改善、重点发展、科学管理、保证畅通"的具体要求，使公路事业提高到一个新的水平。到 1984 年底，三县一区公路通车里程已达1907.5 公里，其中省养国道干线公路 725.1 公里；市县管养县乡公路 1182.4 公里（即景泰县153.6 公里，靖远县 474.9 公里，会宁县 507.3公里，白银区 46.6 公里）。以县、区为起点通往省城和专署所在地以及各乡镇的公路网络已基本形成。

**一、西兰公路**

自 1965 年以后，省、地公路部门把西兰公路改善的重点放到排除路障，改善局部路段路况，保证公路晴雨畅通方面。把纵坡由原来的 13%，普遍降到 5%和 9%左右，对一些危及安全的路段进行了改线，路基加宽到 8.5 米以上。1964 年以后，在改善路基、疏通边沟的基础上，重点改善了路面，并在基础好的路段上试铺了部分渣油路面，使通车能力不断得到提高。

1966 年至 1980 年的 15 年间，又集中力量进行了旧路改造工程。经过旧路改造，路基普遍加宽到 8.5~11 米以上，在岠沟、砚梁路段浆砌了片石护坡，修筑了防护墙，降低缩短长坡，并全部铺筑了渣油路面。还在双城岘、党家岘、沙家湾等乡镇附近把路基加宽到 13 米左右，改善了视距不清和车辆拥挤的状况。境

内长 88 公里的路段，最小平曲线半径达到 13 米，最大纵坡达到 9%。1970 年，沙家湾道班自力更生改造旧路，加宽路基长 10 多公里；裁弯取直，提高路基 6 处，长 760 米；降坡 10 处，长 300 米；修筑涵洞 25 道，长 121 米；完成土方工程量达 38 万立方米；备运养路砂 179 立方米。

1980 年以后，交通部把西兰公路列入国道 312 线的组成部分进行重点改造，并按标准普遍进行改善工程，通过改善达到了三级公路标准。并在沙家湾道班创建苗圃，为公路绿化提供路树苗。西兰公路通过白银市境内会宁县的路段，地处海拔 2000~2457 米的华家岭一带，属黄土高原丘陵沟壑区的山脊梁峁地带，部分地带为花岗岩外露，地势高，气候寒，雾浓风大，为西兰公路的险关路段。为了保证行车安全，积极开展了艰苦的路树栽植工作，到 20 世纪 70 年代末，已大见成效，在长达 88 公里的路段上，路树成荫，白杨参天，郁郁葱葱，荒凉满目的"风雪华家岭"已成为历史陈迹。到 20 世纪 80 年代初，全段好路率达 72.6%。20 世纪 50 年代西安至兰州需用 5 天才能到达，自 1980 年下半年开始起白银—西安、西安—兰州每天对开旅客班车，只用 2 天即可到达，大大缩短了旅途时间，方便了旅客，促进了沿路各县同省城，以及省际间物资、文化交流，带动了城乡经济。

## 二、兰包公路

兰包公路在中华人民共和国成立前称兰宁公路，是省会兰州市连接白银、靖远，通往宁夏回族自治区首府银川和内蒙古自治区包头市的国道 109 线（北京—拉萨）的一部分。兰宁公路于民国三十一年（1942 年）修建（属于整修），民国三十三年（1944 年）元月兰宁公路甘肃段开始改善，民国三十五年（1946 年）改

善工程竣工通车。由于受技术力量和资金不足等条件的制约，仅靖远至唐家台长 28 公里路段中，就有杨稍沟、砂梁、东湾、唐家台等多处河流没能修建桥梁，车辆必须涉水通过，每逢汛期，洪水泛滥，经常阻断通车。中华人民共和国成立后，尤其在 20 世纪 50 年代中期，靖远县各级党委和人民政府曾动员沿线群众采取"民工建勤"的方法，进行了多次改善，公路部门投资近万元，增建黄河渡口设施，并健全机构，充实力量，加强养护工作，使公路通车条件得到了改善，通车能力有所提高。但是，随着工农业生产的恢复和经济建设的发展，公路的通车能力同社会经济对运输量需求的增长速度很不适应。1958 年，靖远矿区开始建设后，行车密度逐年增大，1970 年宝积山、大水头煤矿投产后（两矿设计能力均为 45 万吨），白银有色金属公司的工业用煤均要由这条公路运进。加之，在靖远过黄河时，过往车辆、行人需排队等候过渡，不仅运输十分不便，而且也很不安全。

为了改善兰包公路的通车条件，公路员工和沿线群众在各级党委、人民政府及有关部门的重视下，进行了路基加宽、降坡和裁弯取直、铺路面砂等一系列改善工程。对关山劳池峡（即猩猩湾）、白银区、刘川等处，计长 30 余公里的路段，按二级公路标准进行了改善。

自 1971 年，兰包公路开始铺筑渣油路面，同时进行路基改造工程。靖远公路段辖线长 132 公里，用 5 年的时间进行改造，每年都列入大中修计划进行路基改造工程，其中 1971 年完成改造路基长 50 公里。1977 年，省交通厅公路局投资 17.3 万元，对 158 公里+850 米至 174 公里+940 米处，计长 16.09 公里路段的路基进行改造，改造后路基宽达到 10 米以上，基本达到二级公路标准。1983 年，省交通厅

投资 300 万元，对猩猩湾长 7.9 公里的路段进行改造，由三级公路改建为二级公路，改建工程由省交通厅规划设计院设计，兰州公路总段工程施工队修建。在重点改善路基和提高路面等级的同时，新修了一大批桥梁。从 1962 年开始，到 1980 年，先后在祖历河、丁家窑、石板沟、杨稍沟、砂梁、暗门、大坝滩等河流上修建了中小型梁式、拱形桥梁 10 余座。并于 1979 年，全线实现了路面黑色化。

兰包公路经过 34 年的修复和改善，尤其是 20 世纪 70 年代初到 20 世纪 80 年代前期，经过 10 多年的改造，技术标准不断提高，通车条件大大改善，车辆时速由 1946 年竣工通车时的 28 公里提高到 45 公里（系指白银至兰州段），并在境内设白银、靖远两个公路段，配备道工 190 余人，专门进行养护。但是仍不能适应交通量增长的需要，有待继续进行改造和提高。

### 三、靖远渡口

安宁渡口是黄河上的一个较大渡口，以往凡横渡黄河去靖远县城，均由红咀子过渡。民国三十三年（1944 年），开始测设修建兰（州）宁（夏）公路时，为了缩短里程，决定由吴家川向北直抵硝滩，跨河到水泉。并在修建兰宁公路的同时，修了 1 条由吴家川跨红咀渡到靖远县城的 26 公里支线。民国三十五年（1946 年）兰宁公路通车后，即在硝滩设立安宁渡口所，专门管理济渡往返车辆。渡口开始用人力摆渡，后因车辆递增，人员由 20 人增加到 31 人，仅有 1 只完好单车渡船不能适应需要，过渡困难，1946 年将原损坏的 4 只单车渡船重新整修后使用。

民国三十六年（1947 年），甘肃省建设厅决定由四川省华兴机器造船厂承制双车渡船 1 只，机动拖轮 4 艘，其中 2 艘调拨给宁夏仁存

渡使用。于同年 6 月 27 日开始建造，11 月 13 日竣工下水，机动拖轮为 2 台汽油引擎装置，双车渡船每次可承载 2 车过渡，基本上满足了行车需要。民国三十五年（1946 年）兰宁公路工程竣工通车后，成立了水泉工务分段，管辖三个道班（水泉、杜寨柯、刘寨柯，俗称 6、7、8 道班），段址设在水泉镇。

中华人民共和国成立后，公路交通部门对安宁渡口加强了管理，改进了渡运制度，调整了人员，制定了渡运安全措施。1953 年，水泉工务分段与安宁渡口所合并，成立安宁渡分段，段址设在硝滩，系定西公路段管辖。

1956 年，因安宁渡口河床反复变迁，夏季河底淤砂，冬季黄河结冰封冻，渡船无法正常摆渡，影响全线车辆通行，省交通厅决定，兰包公路（原兰宁公路）改线绕道靖远县城，遂将安宁渡口废弃，渡口所有设备全部迁至红咀子渡口（碾子湾上游），因此，安宁渡分段迁往靖远县城，改名叫定西公路段靖远分段。靖远分段专门成立渡口班，主要负责红咀子渡口事宜。1957 年底成立红咀子渡口所，靖远分段不再管理渡口事宜，直到 1972 年。渡口所成立后，增添了设备，新建了办公房及渡口住宅，并根据渡运量，新打制机轮 4 艘，日夜轮

20 世纪 50 年代兰包公路安宁渡口

1956年定西公路段安宁渡分段
登记表封面

流值班济渡。1958年，宝积山煤炭量增大，行车密度不断增加，为了保证车辆随到随渡，渡口工作人员从原有的50人增加到73人，分成三班昼夜摆渡。到20世纪60年代中期，渡口主要机具设备有汽划渡船3只，引擎8台。据渡口所1972年的统计资料表明，红咀渡年内渡运汽车5万余辆，比1950年增加4.37万辆。此外，渡口每年还渡马车2000余辆，牲畜8000余头，货运量达12万余吨，客运量达8万人次。但仍无法适应昼夜增长的交通量，河岸两边，昼夜聚集着候渡的车辆、牲畜和行人。

1959年初，省上决定在靖远黄河上游修建1座公路、铁路两用桥，以缓解交通紧张状况。但在完成下部工程后，在1960年下马停建。1969年，由原承建单位复工，1972年12月竣工通车。

大桥建成后，定西地区交通局于1972年11月20日上报地革委，要求撤销靖远渡口，地革委于12月7日通过主任办公会议讨论研究，同意撤销红咀渡口所，全部人员、财产交靖远公路段，加强道班力量，同时将渡运设备移至靖远县糜滩公社刘家湃农用渡口，用于支援农业生产。

**四、宜兰公路（7201工程）**

陕西宜川至甘肃兰州市焦家川公路，是1972年在"加强战备，准备打仗"的形势下修建的"309"国道战备公路。这条公路由宜川县圪针滩黄河大桥（山西陕西交界处）起，经英旺、直罗镇、天白镇的瓦川口进入甘肃庆阳地区，穿越子午岭，经老合水、板桥、桐川，由小塬子马城河桥进入宁夏回族自治区境内，经固原、西吉至会宁县掌里祁家南山后入甘肃境内，再经会宁、定西、榆中至兰州焦家川，全长949.8公里，其中甘肃境内路段全长542公里，白银市会宁县境内长126公里。

1972年定西地区成立了"7201工程"指挥部，征雇民工，组建成定西、会宁、临洮等公路工程队（时称民兵营），于1973年3月，开始修建定西县中庄至会宁县铁木山殿湾口，长40.5公里的路段和马衔山北部长16公里的路段。由定西公路总段大中修工程队修建马家堡双曲拱桥。该修建工程历时4年多，于1977年10月竣工。共完成路基工程量土石方270.76万立方米；加固边沟1.75万立方米；铺筑渣油路面工程量26.86万立方米；修建涵洞67道，长694.94米；建成马家堡双曲拱桥1座，长75.35米；共完成投资1111万元。

殿湾口至掌里祁家南山出界路段，长85.22公里的修建工程，由交通部第二工程局第六工程处承担。第六工程处技术力量雄厚，机械化程度高，拥有26台土方机械，其他各类工程机械共130台（辆），路基填挖、材料拌和、振捣及桥、涵构件的吊装等均由机械完成，因而工程进度快，质量高。全线工程于1973年6月开工，1978年10月竣工。共完成路基土方工程量287.5万立方米，石方8万立方米，加固边沟1.4万立方米，铺筑路面工程量达 59.5 万立方米，共完成投资 2036 万元。

1978 年，第六工程处对已修建的路段又进行了渣油路面铺筑工程。1979 年定西工程指挥部完成长 64 公里的渣油铺筑工程，以及宜兰路的收尾工作。同年底，省交通厅公路局进行初步验收，属合格工程。1980 年 1 月，定西工程指挥部撤销，境内路段交定西公路总段代管。为了使宜兰公路境内路段顺利通过交通部验收，定西总段专门成立宜兰公路工程养护队，沿线设 12 个道班，平均每公里配备 0.55 人，对境内路段进行了修补及各项完善工程，共修补渣油路面长 10.5 公里；修建排水流槽沟长 455.6 米；修补涵洞 25 道，长 265.7 米；补砌边沟、截水沟长 3402.4 米；栽植行道树 21.93 万株；在沿线设置标志牌、公里桩、安全护桩等 4356 根（块），共完成投资 194.74 万元。这条公路于 1981 年全线通过交通部和国家建委组织的宜兰公路验收委员会的验收，正式交付定西公路总段管理和养护。

已废弃的皋营公路东京大桥

### 五、皋营公路（705 工程）

皋营公路起自皋兰县石洞寺即兰包公路 43.3 公里处，经西岔、喜泉、景泰至甘宁交界的营盘水，全长 164 公里，其中皋兰境内长 40.4 公里，永登县境内长 18.7 公里，白银市景泰县境内长 104.9 公里。这条公路是 1969 年由甘肃省革命委员会、省军区批准新建和改建的一条战备公路，又叫 705 工程。武威地区革命委员会成立 705 工程指挥部。地区革委会从武威地区汽车运输公司、大修厂、公路总段、医院，以及景泰县等单位抽调干部、医生、驾驶员等 70 余人，组成政工、生产、后勤三个组，配备汽车 10 辆，并从武威、天祝、永昌、景泰、民勤、古浪 6 县动员民工 7000 余人，以民兵组织形式组成 2 个民兵团（武威县为 1 个民兵团，其他 5 县合为 1 个团，每县设 1 个营），团以下设置营、连、排、班作为施工单位。全线工程于 1969 年 12 月 20 日开工，正值天寒地冻，施工十分困难。但修路民工发扬艰苦奋斗的精神，不畏严寒，采取因地制宜，就地取材，就地扎营的办法，克服了筑路材料、施工技术力量不足等困难，经过 8 个月的苦战，1970 年 7 月 1 日，土路全线竣工通车。共移动土石方 103.6352 万立方米；架设永久性石拱桥 3 座（74 米），设计负载均为汽-13 吨，拖-60 吨；建涵洞 74 道（687 米）；修建过水路面 12 处（478 米），挡风墙 3910 米。后又用 45 天的时间整修路面，疏通边沟和排水系统，并修建 7 座道班房，为公路养护提供了必要的生活、工作条件。

皋营公路因地处黄土高原和戈壁干旱地区，风沙、山洪等灾害较多，通车中断情况较频繁。为了加强养护，保证正常通车，省交通厅决定成立景泰公路段。1970 年 11 月 26 日景泰公路段成立，接管皋营公路长 106 公里的养护任务。景泰公路段本着预防为主的原则，先后采取了一系列防洪、防沙和治沙措施。为了有效防止洪水对路基的破坏，1973 年，地区总段投资 1 万元，在 70 公里+603 米处新建路基驳岸 1 处。1975 年 6 月 30 日，山洪暴发，90 公里+842 米处的圆管涵被洪水冲毁，路基被冲断，景泰公路段进行涵洞改建，加长涵洞，并

20世纪80年代的皋营公路

已废弃的皋营公路反修桥

在91—92公里处清除流砂，工程量达2200立方米。1976年春季，风沙异常，146公里+750米和147公里+149米处堆积流砂约9000立方米，流砂覆盖路面厚达30~80厘米，严重阻车。为了根治沙害，景泰公路段用75型推土机投入35个台班彻底清除了周围2000多个大小沙丘。经过10多年的治理和改善，该路段的技术标准和抗灾能力得到提高，路基普遍加宽到8~10米，纵坡降低到8%以下，转弯半径平曲线在25米以上。1984年，全线基本改造了渣油路面，达到三级公路标准。

### 六、会慢公路

会慢公路北起靖天公路115公里+340米处，跨越祖历河，经燕家岔、荔家峡南至西兰路545公里处，全长34公里，是会宁至定西的捷径公路。

1952年10月，会慢公路是在会宁县人民政府动员全县6个区47个乡的民工1000余人在原大车道的基础上修建的。但是由于当时是冬季施工，填方多用冻土块叠起，夯实程度差，次年开春冻土消融塌方严重，加之修建标准过低，无桥涵设施，通行能力很差。1955年，会宁县人民政府动员民众采取"民办公助""民工建勤"的办法对不合格路段进行较为彻底的改造，修建了部分涵洞，铺筑砂砾路面，使之达到六级公路标准。同年10月24日，兰州汽车运输公司由定西首次开放客运班车，并在会宁开办了客运业务。

会慢公路自1958年开始组织农民代表工养护，1963年定西公路总段又在燕家岔、荔家峡设置道班。到1964年，经过6年的改善和养护，技术条件不断改善，全线修建涵洞50道，路面拓宽到5~8米，并达到晴雨畅通的要求。1972年，省交通厅投资20万元修建跨越祖历河的南河桥。1973年，定西公路总段以大会战的形式，把路面拓宽到现在的8.5~10米。1974年开始铺筑渣油路面。1978年至1979年，省交通厅公路局投资47.5万元，全线铺筑渣油路面。随后，又由定西公路总段测设并施工，共投资16.9万元，对自1公里+600米到5公里+305.5米的盘龙山5处回头弯道改造成为一个弯道，并加修涵洞，浆砌边沟，较好的治理了此段路的险情。

会慢公路是会宁县最早修建的一条县乡公路，它的兴修和改善，不仅为修建和发展县乡公路积累了经验，打下了基础，而且为全县工农业生产的发展，繁荣城乡经济起到了重要的作用。

### 七、靖会公路

靖会公路自靖远县城经大芦、郭城、河畔、甘沟到会宁，计长128公里，同慢会公路相连接后，又称慢靖公路，全长150.6公里，是靖远、会宁通往定西的"207"线省道公路。这条公路是 1959 年由定西专署交通运输管理局在原大车道的基础上按六级甲等公路标准设计和改建的。路基宽 8 米,路面宽 6~7 米,全部铺筑砂砾路面。其中会宁至峡门长 52 公里,一般按山岭区设计,平曲线最小半径 30 米,最大纵坡 5%,行车时速 30 公里/小时。修建桥梁 8 座,涵洞 107 道,过水路面长 90 米。改建工程于 1959 年开始,历时 3 年,于 1961 年竣工,共投资 103 万元。完成土方工程量 148.22 立方米,石方 1.21 万立方米。公路修通以后,对会宁县城乡煤炭供应和北部山区粮食送入和调出均起着重要作用,并成为以粮食和煤炭运输为主的省道干线公路,列入省养公路计划。随着工农业生产的发展和煤炭、粮食运输量的增加,到 20 世纪 70 年代初期,已不适应交通量增长的需要。省交通厅将其列入重点公路进行旧路改造工程。改造工程自 1971 年至 1981 年的 10 年间,累计投资 208.24 万元,对路基进行加宽,对险要路段进行改建,并修建了东河、苦水河、甘沟、河畔等多座拱形桥梁。1981 年又全部铺筑了渣油路面,达到了三级公路标准。

在靖会公路改建和改善过程中,定西公路总段和会宁、靖远公路段领导、工程技术人员、养路职工,以及沿路群众付出了艰苦的劳

20 世纪 80 年代初的公路大会战

动和无私的奉献。1971 年总段修建了东河、南河二桥和硝沟坪高填石拱涵。1972 年,建成了北苦水河桥。1974 年开始铺筑渣油路面以及土门改线工程。1975 年在韩家砭(即 82—85 公里处)险要路段改造工程中,定西公路总段集中道工 92 人、机关干部 21 人、民工 130 人苦战 60 天,削平山咀 19 处,填平沟壑 11 处,移动土石方工程量 11.46 万立方米。改造险路路基长 0.74 公里,路基加宽至 8.5 米,公路里程缩短 169 米;仅用资金 4.24 万元,比工程预算节约 7.4 万元。不仅使人称"阎王砭"的险要路段达到了三级公路的标准,而且在公路建设史上谱写了一曲自力更生、艰苦奋斗的凯歌。

会宁和靖远公路段的职工,自 1974 年开始到 1981 年渣油路面铺筑竣工,自力更生,艰苦奋斗达 7 年之久,先后完成土门金华沟改线工程,六十里铺高填土涵工程,以及甘沟驿、河畔两桥的修建工程,累计完成投资 168 万元,使全线里程由 128 公里缩短为 118 公里。

**八、古景公路**

从古浪双塔到景泰一条山镇,全长 151 公里。自景泰县红水乡牦牛圈 98.6 公里处入县境,途径红水、上沙窝、梁家槽、黑嘴子、长城、一条山镇到芦阳,境内线路长 67.4 公里。1964 年在旧马车路的基础上重新修建宽为 7 米的砂砾路,全线总投资 12.7 万元,用民工建勤修筑。1970 年景泰公路段成立后,在古景公路设置红水、白墩子道班进行专门养护,并选派技术施工人员吃住工地,克服了气候、施工技术、生活等困难,在 1971 年 9 月建成实腹式石拱桥 2 座、空腹式石拱桥 1 座。之后 5 年间,在该路段修建涵洞 120 道(1191 米),过水路面 20 处(410 米),防护 21 处(2173 米),基本上保障了该路段的畅通。

已废弃的古景公路一段

1980 年以后，古景公路被调整为海古公路的一部分，由于该路段坡陡弯多，一部分在天然沙沟设置，夏天洪水肆虐后，公路面目全非，每年春季景泰公路段组织全段职工在红水道班集中进行大会战，组织突击队裁弯取直降坡，广大养路职工发扬艰苦奋斗、吃苦耐劳的精神，将这段简易砂路改造成三级砂砾路，直到 1988 年以后该路段全部修建成简易渣油路面。这段路地质复杂，坡大沟深，国家投资甚少，且是甘肃、宁夏连接河西的重要线路，景泰公路段广大养路工人通过数十年自力更生的拼搏，为提高公路的通行能力付出艰辛的努力，做出了巨大的贡献。

### 九、景白公路

景白公路（即省道 217 线）是景泰县通往白银市的一条主要通道，北接省道 201 线，南通白银市与国道 109 线，是区域网的重要组成部分，也是白银市通往河西地区的一条主要干线公路。省道 217 线起点位于景泰县大水磴，接省道 201 线自北向南，经野狐水、赵家水、大水、红岘台、独山子、武川、红砂岘、西铜厂至终点白银市，经城区与国道 109 线连接，全长 65.227 公里，编号 S217。

1956 年，省道 217 线原有公路是大水磴至西铜厂在马车便道的基础上修筑的路面宽 6 米的砂砾简易公路。路线沿天然河床行驶，没有人工构造物，也没有道班房。1970 年前由当地交通局负责管理，1971 年后交景泰、白银公路段管养，设置大水、吴川道班，人员由原先的亦工亦农农民工转为正式养路工组成。1989 年省交通厅列入以工代赈公路改建项目，由白银市交通局负责实施，等级为三级公路。2003 年，省道 217 线油路改造工程被列入国债项目县际油路工程，由甘肃省通广公路勘察设计有限公司承担此段公路的测设任务，全长 65.227 公里，工程造价 3843.960 万元，于 2003 年 11 月开工，2007 年 1 月 26 日竣工，建设单位为白银公路总段。路线等级为山岭重丘三级公路，行车时速为 30 公里，车辆荷载：汽车-20，挂车-100，路基宽 7.5~12 米，路面宽 7~9 米，平曲线最小半径 45 米，最大纵坡 6.6%。

### 十、靖远黄河公路铁路两用桥

靖远黄河公路铁路两用桥（"工"字钢桁架及钢筋混凝土"T"梁组合桥），横跨黄河北岸的石板沟与靖远火车西站之间（兰包公路 153 公里处，白宝铁路 61 公里+640 米）。为 1 孔 32+3 孔 64 米的栓焊连续工字钢桁架及 3 孔 31.7 米的预应力钢筋混凝土"T"梁组合桥。下部由两个岸墩和六个钢筋混凝土桥墩组成，由沉井最低处到乔墩顶面高达 30.3 米。为考虑通航需要，设计净跨度 60 米，洪水期净空高度为 9 米。桥全长 350.28 米。其结构布局公路桥以铁路桥为轴，桥面各净宽以 4.72 米的单车道并列于铁路桥上下游两侧，并高于铁轨约 50

厘米，桥面罩厚 3 厘米的沥青碎石混凝土。公路两侧引线则以环形展线至两桥头和铁路会拢后跨桥过河。

桥位地质：桥跨红咀黄河谷地，桥址河床顺直，两岸台地陡立，有第三纪砂岩外露，构成 20 多米高的岩石峭壁。桥位上游约 200 米的河床中心，有砾石砂滩隆起，形成一个三角陆洲；桥位下游北岸有石板沟时令河在台墩附近注入黄河，南岸有黄河支流祖历河（又名苦水河）流入，水质浑浊。

施工情况：此桥始建于 1959 年初，当时协商计划投资为 220 万元。由省交通厅从基建项目内投资 50 万元，其余由铁路部门投资，在下部工程开工后，即将 50 万元如数划拨。

工程由兰州铁路局第二工程处负责施工，定西专区组成筑路指挥部，调动民工近万人，下设四个县的筑路营，承担两岸引道工程的土石方任务。工程开始时，因施工技术复杂，兰州铁路局设备不足，委托乌鲁木齐铁路局桥梁工程队协助施工。下部工程除白银方向墩台采用明挖基坑外，其余均采用沉井挖基，混凝土圬工体积的为 1.7 万立方米。当年因汛期提前，6 月初将 3 号桥墩钢桩冲空，围堰内所填砂石几乎被冲光，致使桥墩及钢架位移，被迫停工。从 1959 年 4 月开工至 1960 年 6 月，下部工程基本完工后，恰逢国民经济调整，工程下马停建。

1969 年复工后，由兰州铁路局桥梁工程队负责施工，靖远方向岸墩，因洪水冲击变形，又重新拆除修复。钢桁架由宝鸡桥梁厂制造，在制造过程中，对原设计图纸提出了 22 条改进意见，其中有关利用样板节约材料 4 条，简化工序 5 条，修改设计图纸错误部分 9 条，补充设计 4 条。这些合理化建议对大桥的设计、施工等方面都起到了积极作用。如对桁架制造采用栓焊，省钢材，刚度大，施工工艺比铆接

简单，也能达到质量标准。经过 3 年多的努力，1972 年 4 月，铁路桥首先竣工通车，12 月 12 日公路桥完工试车，1973 年 1 月正式交付使用。

建桥过程中，定西地区、靖远县各级政府和群众曾给予大力支持，甘肃、新疆、陕西三省的铁路、交通以及桥梁工厂多方面配合协作，给大桥的建设进度、质量要求均提供了很多方便。

靖远黄河大桥建成通车，结束了这一带黄河上划船摆渡的历史，促进了甘宁两省（区）物资交流和经济发展，尤其对白银冶炼工业和靖远煤炭工业的发展起了关键性作用。

## 第五节　油路建设的兴起与发展

利用渣油（即慢凝液体多蜡石油沥青）材料在公路上进行路面处置，使公路路面达到稳定，延长使用年限，提高公路通车能力和行车速度的目的，是公路养护技术向科学化迈进的标志。

在公路上铺筑渣油，要求公路路基要相对稳定，必须达六级以上（包括六级）标准。铺筑前要根据路段地质水文等情况做好排水与底部基层的处理，对不符合标准的路基要进行改善，施工前要进行测量，并对渣油表处置、修建涵洞和衬砌边沟等工程一并进行设计，然后铺筑，方可保证质量。

白银市境内的国道、省道和县乡公路铺筑渣油路面，自 1970 年开始到 1984 年的 14 年间，从试铺到全面铺开，先后在兰包、西兰、慢靖、皋营、宜兰、唐红等公路上铺筑渣油路面总长 655.79 公里，境内国道、省道公路全部实现路面油路化，一部分县乡公路也铺筑了渣油路面。

1970 年 10 月，全省油路工作会议以后，

省交通邮政局对全省油路建设做出安排，由省革委会向各地（州）市党委和革委会发出通知，要求各级党委和革委会加强领导，健全机构，确保油路建设任务的完成。自此，白银市境内的油路建设进入全面发展时期。随着石油工业和科学技术的发展，特别是加强国防和战备任务提出以后，不仅公路建设得到大发展，而且，用渣油铺筑黑色路面也形成了高潮。各县（区）都成立了油路会战指挥部或办公室，投入大量的人力、物力，首先在国道干线公路上进行油路会战，取得了可喜成就。

兰包公路，当时分别由定西地区和兰州市管辖。1971年白银和靖远两个公路段同时在兰包路面上铺筑渣油路面。至1972年兰州辖段全部竣工。1971年靖远段在定西专署的统一安排和指挥下，当年在兰包和东宝两线路上铺筑渣油路面长50公里。为了加快兰包公路油路建设的速度，加强施工管理，采取分段包干的办法，开展比、学、赶、帮群众性的劳动竞赛，加快了工程进度，提高了工程质量。到1975年底，完成了兰包、东宝两条公路渣油路面铺筑任务，计长187.7公里。至此，兰包公路白银市境内长191.2公里路段全部铺筑了渣油路面。

皋营公路油路的铺筑也是1971年开始的。景泰公路段当时属武威地区。1971年计划铺筑20公里，由于县境内石膏厂至长城（即69—97公里）和古景公路县城至皋营路（即0—10公里）两处路段，沿线厂矿单位多，行车密度大。为此，景泰公路段在原计划的基础上，又增铺了两段计长18公里的渣油路面，当年铺筑渣油路面计长38公里，共用投资30余万元。1972年，武威地区公路总段投资17.7万元，在108—118公里、125—126公里两段铺筑计长11公里的渣油路面。1974年至1975年又投资29.5万元，在86—108公里，120—127公里，128—133公里3段铺筑了计长34公里的渣油路面。1976年，皋营路全线铺筑渣油路面。

自1971年到1976年的6年间，白银市辖区的主要干线，如兰包、皋营、西兰、唐红等公路计379.79公里，均将砂砾路面改建成渣油路面。

慢靖公路全长150.6公里，于1974年开始铺筑渣油路面，但因改建和改善路段多，修建桥梁、涵洞任务大，加之投资和劳力不落实等原因，直到1981年渣油路面铺筑工程才全部竣工。

宜兰公路渣油路面铺筑工程于1979年开始，到1981年全部竣工。

在油路建设中，公路部门在各级党委和人民政府的支持下，依靠沿路群众，加强计划管理，充分发挥工程技术人员和广大职工的智慧，不断探索，研究适应铺筑甘肃中部干旱山区地理条件的油路铺筑技术，积极推广"基层采用天然级配砂砾补强，双层式先油后料层铺法"等新技术、新经验，使境内的油路铺筑质量逐渐提高，减少乃至消灭了由于技术措施不当而引起的拥包、陷凹、龟裂等现象，延长了渣油路面的养护周期和使用寿命。

## 第六节　干线公路养护

1963年白银市撤销后，白银公路总段相继撤销。市区内管养的线路和靖远、白银2个公路段也随行政区划的变更移交给定西地区和兰州市。列入省养计划的国道公路有兰包、西兰和省道公路慢靖、靖吴共4条线路，计长404.2公里。后夂川—景泰、靖远—宝积山、靖远—海原、东湾—水泉等公路计长285公里，也列入省养公路。随着公路建设事业的不断发展，公路养护事业得到重视，养护机构逐渐健全，队伍逐步扩大，技术力量、机械装备等也得到相应发展。景泰县于1970年皋营公路建成后，成立公路段。1973年12月会宁县成立公路段，至此省养国道、省道公路的养护均由公路段负责。县乡公路由地方交通（工交）局管养。20世纪80年代初，由于县乡公路发展迅速，各县（区）先后成立县乡公路管理站，站下设养护道班，道班以农工为主，负责县乡公路的建设和养护。到1984年，今白银市辖境内已有公路段4个，干线公路设养路道班41个，共管养国道、省道公路725.1公里。

中华人民共和国成立后，为了使公路养护工作正常化、制度化，白银市境内各县（区）公路主管部门根据交通部和省交通厅、市、县人民政府有关规定，制定了一些管理办法和制度，使公路养护计划和技术、财务、路政等管理工作不断改进和加强。

公路养护计划是公路养护工作的重点。包括养护线路、机构设置、人员配备、养路费用以及大中修工程和绿化等。全省公路养护年度计划由省交通厅公路局制定，地、市公路总段和交通局（处）根据全省的养护计划结合本地辖区管养线路的实际情况提出实施方案，然后经省交通厅公路局综合平衡批准后实施。在实施过程中，再编制季度、月度和旬度实施方案。同时采取"民工建勤"和"民办公助"的办法，坚持自力更生、艰苦奋斗、艰苦创业的原则，组织实施国道、省道和县乡公路的养护工作。公路养护资金来源于养路费，是遵照"以路养路、专款专用""统收统支、统一管理"的原则，取之于路用之于路的。

技术管理是保证养护质量的先决条件。公路部门在公路养护实践中，通过不断积累资料，总结经验，逐渐认识到先进技术对公路养护所产生的效果，逐渐加强了技术管理和培训等工作。先后制定《公路养护全优路段条件》《公路工程技术人员技术责任制》《公路工程管理办法（试行）》《大中修技术管理办法（试行）》以及职工业务培训制度和奖罚制度。这些技术管理制度和办法的实施，不但提高了工程质量和养护质量，延长了公路使用寿命，而且为国家节约了开支。

在实施计划和技术管理的同时，加强了财务管理工作。制定养护定额，实行岗位责任制，把养护效果同职工的奖惩、工资福利结合起来，实行定额考核、奖勤罚懒等，严格考勤，提高了工效，降低了养护成本，节约了养护资金。同时，充实、完善管理制度，加强思想政治工作，开展社会主义劳动竞赛和路面养护百日优胜杯竞赛等活动，充分调动养路工的积极性，保证了公路养护工作的顺利开展。

在公路养护工作中，广大养路工人以路为业，以道班为家，辛勤劳动，不怕苦不怕累，克服和战胜困难，为保证公路畅通而默默奉献。如靖远红咀子渡口所，为了提高所辖路段的通车能力，在人员紧缺、工作繁忙、资金不足的情况下，人人出谋献策，革新养护工具6种，提高工效33%。东湾道班，在1964年采取集中力量打歼灭战的办法，消灭差等路，养路工人披星戴月，早出晚归，填平坑槽，铲除搓板，铺筑砂砾，使长22公里的管养线路好路率在较短的时间内，由50%提高到95.6%。白银公路段所辖兰包公路段，管养线路长、又无交通工具，上班主要靠搭顺道汽车，常常很难拦到车，但职工们风雨无阻，长年奔波在40余公里长的线路上，用勤劳的双手保证了公路的畅通。辖区管养路线路面平整，边沟畅通，线型顺适，行道树成荫，标号志醒目齐全，到1984年，全线好路率达64%。

# 第二章 机构恢复与养护工作的规范化

JI GOU HUI FU YU YANG HU GONG ZUO DE GUI FAN HUA

1985 年白银市恢复建制以后,市委、市人民政府为了把白银市的工农业生产搞上去。使其与国家改革、开放、国民经济全面发展的大好形势相适应,把发展公路事业提到重要议事日程,提出"振兴白银、交通先行"的口号。在较短的时间里,完成了与定西、武威、兰州等地、市的交接工作,组建市、县、乡三级行政领导和公路管理等机构,衔接了公路交通工作的有关业务关系。主管公路交通的副市长带领市交通局局长及有关人员对辖区所有公路、桥梁、车站、码头的状况进行全面察看和检查,并根据白银市人民政府发展经济的战略部署,结合现状制订"七五"公路建设规划,开始了艰苦创业。在短短的五六年时间里,取得丰硕成果,公路面貌发生了深刻变化。

公路建设:横穿白银市全境的国道 109 线(即北京—拉萨线)于 1986 年进行技术改造,到 1990 年共完成投资约 7000 万元,使 106.16 公里的三级公路达到二级公路标准。县乡公路建设用发放粮、棉、布和中低档工业产品为投资,采取"以工代赈""民工建勤""民办公助"的办法,新建县乡公路长 228.14 公里,改建公路长 351.08 公里,铺筑渣油路面长 79 公里。新建大中小桥梁 41 座,长 1350.38 米;涵洞 847 道,长 8664.16 米;共完成投资 3300.96 万元。整修和改善了白银东西南北 4 条出口路段,建成了科学、合理的公路网络,全市公路事业得到了全面发展。

公路养护:认真贯彻"全面规划、加强养护、积极改善、重点发展、科学管理、保证畅通"的方针,实行经济承包,坚持两个文明,以"创优争良减次差"为奋斗目标,开展"百日路面养护优胜杯"竞赛活动,使公路路基整洁、路面平整、边沟畅通、线型顺适、标号志醒目齐全。到 1990 年底，国道、省道公路好路率达到 72.9%，次高级路面里程为 663.79 公里，占总养护里程的 90.2%。

公路建设的迅速发展，公路养护质量的提高，是重视科学技术，发展机械化的结果。到 1998 年底，白银公路总段拥有各种养路筑路机械 188 台 (辆)，固定资产为 2988 万元。

## 第一节 白银公路总段建制恢复

### 一、机构设置与管辖路线

1985 年 8 月，白银市建制恢复后，省交通厅决定恢复白银公路总段建制，于 1986 年 1 月 20 日成立白银公路总段，为便于开展工作，由李昌伟、王志贵、周日新等组成白银公路总段筹备组，组长由李昌伟担任，同时从定西、兰州、武威总段各抽调 2 名干部作为筹备组的工作人员。在中共白银市委和市人民政府及省交通厅、省公路局的大力支持下，于 1 月 26 日完成了交接手续。筹备组成立后，面临工作繁、任务重、时间紧、人员少的具体困难，工作千头万绪，在将近 8 个月的时间内，筹备组加班加点做了大量工作，一是完成 4 个公路段的人、财、物接交工作，职工队伍得到稳定；二是全面开展公路养护管理工作，在消除次差等级路方面取得显著成效，提高了公路的通行能力；三是将兰包公路改建提到重要的议事日程，完成设计及部分路段的开工，征地拆迁与其他基建工程全面展开。筹备组组成后未设内部科室，行政事务、人事劳资、养护、财务、基建工程等各项工作确定专人负责。

1986 年 8 月，省交通厅任命杨临泉为总段党委书记，庹述芬为总段长，孙学苏为副总段长。总段机关设办公室、劳资科、养路计划科、工程技术科、材料科等职能科室，后又陆

白银公路总段办公楼

续设立了设备材料科、路政管理科、组织科、宣传科、教育科、纪律监察，以及工会、团委等群众组织。

总段辖白银、景泰、靖远、会宁 4 个公路段和 1 个劳动服务公司，共有 41 个养路道班，共配备养路道工 440 人。管养 7 条路线，总里程为 725.1 公里，其中二级公路长 5.56 公里，三级公路长 614.85 公里，四级公路长 8.29 公里，等外公路长 86.4 公里。等级公路占总养护里程的 88.8%；次高级路面 620.5 公里，占总养护里程的 85.57%；桥梁 35 座，长 194.26 米；涵洞 1284 道，长 15480.38 米。

1987 年 4 月，为了准确掌握所辖线路的基本情况，总段根据省交通厅公路局关于对全省公路进行全面路况调查登记的通知，组织路况调查小组，用 2 年的时间完成了所辖路线的走向、编号、行政等级等情况的调查登记工作。经主管部门规划，白银公路总段管养路线确定为：

国道 2 条：G109 线，即北拉线，全长 3894.49 公里，其中白银总段管养长 218.99 公里；G309 线，即荣兰线，全长 2210.57 公里，其中白银总段管养长 126 公里。

省道 3 条：S201 线，即营兰线，全长 191.3 公里，其中白银总段管养长 104.9 公里；S207 线，即靖天线，全长 325.093 公里，其中

白银总段管养长 115.3 公里；S308 线，即海古线，全长 319.6 公里，其中白银总段管养长 62.51 公里。

县道 4 条：X321 线，即麦（窝）景（泰）线，全长 10.04 公里；X322 线，即景（泰）白（银）线，长 63.9 公里；X323 线，即会（宁）慢（湾）线，长 30.5 公里；X343 线，即红（会）白（土梁）线，长 3.29 公里。总里程为 735.93 公里。

到 1990 年，二级公路里程为 51.43 公里，三级公路为 616.8 公里，四级公路 1 公里，等外公路 66.7 公里。等级公路占总养护里程的 90.94%，比 1986 年上升 2.86 个百分点。次高级路面里程为 663.79 公里，占总养护里程的 90.2%，比 1986 年上升 4.63 个百分点。

**二、整顿与经济承包责任制**

白银公路总段所辖 4 个公路段原属兰州、武威、定西 3 个公路总段，其管理特点各不相同。在维持各段原有管理办法的基础上，总段提出"两严""两整顿"，即从严治路，从严治段和整顿劳动纪律、整顿机关作风。对道班养护生产采取"四定"（定人员、定养护里程、定路料消耗、定养护成本）和集体承包、个人划段承包、分组作业承包的办法，推行经济承包责任制起到了积极的作用。1986 年 8 月，总段筹备工作结束后，立即制订《推行经济承包责任制实施办法》，其承包的主要形式有两种。一是总段对公路段实行目标管理，签订主要指标责任书。以省公路局核定全年奖金的 20% 作为基数，根据各公路段主要指标完成情况进行奖罚；二是道班以公路段下达的各项指令性生产计划为主，向公路段签订责任书，实行浮动工资，即每人每月从基本工资中抽出 15 元，另以午餐补贴 12 元，奖金 10 元，共计 37 元作为奖罚资金。道班根据道工个人完成生产作业的数量、质量以及其他定额记分，以得分的多少核发浮动工资。为了使经济责任制切实起到促进工作和生产的目的，总段对公路段进行半年、年终两次全面检查，每季定期抽查和平时不定期检查制度。1988 年又在总结、完善的基础上制定《公路养护承包责任制试行办法》共 8 章 23 条，详细规定了干部岗位责任制及考核办法，明确奖罚细则，增加浮动工资额度，由 1986 年的 37 元增加到 1989 年的 57 元。经济承包责任制的实施，有效地调动了职工生产劳动和工作积极性，无论在公路养护或公路改建中都发挥了很好的作用。

**三、养护工作的加强**

1986 年白银公路总段建制恢复后，全市省养公路的好路率为 64%，综合值为 68，差等路里程为 40 公里，按交通部部颁标准检查评定养护（质量好跨率）时，抽查合格率只有 85%。为了加强养护管理、提高养护质量、编好养护计划，严格审批、检查、考核等管理制度，完善经济承包责任制，落实各项计划指标，总段从 1987 年开始采取了多种措施。主要有：（一）坚持深入开展以养好路面为中心的"百日路面养护优胜杯竞赛"活动。（二）坚持道班"月度"作业计划由公路段审批，公路段季度作业计划由总段审核的制度。（三）推行标准化养路，总段制定了《标准化养路检查评定实施细则（试行）》，并于 1987 年 7 月在会宁公路段进行了标准化养路评定。这些措施和活动推动了"以养好路面为中心，疏通排水系统为重点，深挖沟、广修面、缓改线"养护工作的进展。使路面整洁，排水畅通，桥涵维护完好，增强了公路的抗灾能力。到 1990 年，完成标准化养护里程达 377 公里，占养护总里程的 51.23%。

1986 年全市已有省养油路里程为 620.5 公

里，大部分是 20 世纪 70 年代铺筑的，油面老化、超期服役，而国家每年投入油路罩面的资金不足，每年罩面不到 40 公里，按此计算需 18 年才能罩一次面。因此，总段全体职工和各级领导、根据养护工作的特点，结合线路情况，大力开展群众性的"百日路面养护优胜杯""争创优良道班"等劳动竞赛活动，推动了各项养护工作的开展，同时也涌现出一大批先进集体和模范人物。到 1990 年底，评出优良道班 8 个，会宁县公路段 1987 年被省交通厅公路局评为"优良公路段"，总段被交通部评为"双文明建设先进单位"，连续 4 年被省交通厅公路局评为公路养护先进单位。使省养公路好路率达 72.9%，比 1986 年提高 8.9 个百分点；综合值达 71.3，比 1986 年提高 4.9%；差等路比 1986 年减少 16.05 公里。

### 四、大中修工程的管理

随着民用汽车、拖拉机大幅度的增加，公路交通量增长很快，公路损坏率升高，为了确保各条线路的畅通，公路总段加强科学养护，严格大中修工程管理，不断提高公路等级。截至 1990 年底，共完成渣油路面铺筑、道班房、段（队）房修建、桥涵、路基等大中修工程计 48 项。工程质量合格率达 100%，优良品率每年都在 65% 以上。其主要做法是：（一）每项工程均由工程技术人员主持施工，签订责任合同，实行工程承包。（二）对工程质量实行监理，严格施工程序。监理人员坚决做到对每道工序的质量检验，凡不合格者，总段不予拨款。（三）总段成立"质量检查评定小组"并坚持质量否决权。（四）严格按《公路工程施工技术规范》的要求不断总结经验，改进施工工艺，提高工程质量。如在油路罩面工程中，1986 年至 1990 年，白银总段共完成油路罩面里程 185 公里，其中自力更生罩面 17 公里。

在油路罩面施工中全部改变了过去洒铺施工法，采用拌铺或炒铺方法铺筑，还推广了会宁公路段用水冲洗油路矿料的方法，集中熬油、集中拉运、集中操作、及时碾压的经验，既节省了燃料又提高了效益，还保证了质量。

（五）开展"安全施工、文明施工"活动。1989 年 2 月，总段对公路工程施工安全操作规程进行整理，汇编了《白银公路总段公路工程常用安全技术操作规程》，印发给职工学习并贯彻执行。由于领导重视，制度和措施健全，在公路养护工程施工中未发生重大工伤和死亡事故，荣获省交通厅安全先进单位称号。

### 五、道班建设

道班是公路养护机构中最基层的组织，是道工学习、生产、生活的场所。在过去几十年的历程中，道班为公路养护做出了重要贡献，截至 2000 年，原来的道班由大道班变成了养管站，发生了翻天覆地的变化，但对道班的历史，特别是艰苦奋斗的经历，每个公路人没有理由去忘记。为了起到"存史、资治、教化"的作用，编者通过有关资料的整理，对白银境内道班历史简述如下：

白银市地方志中记载，1939 年以前，公路上没有道班房，租用沿路民房居住。1940 年开始修建道班房，道班房均为一字形建筑，共 5 间，除两端各隔开 1 间供监工、工头居住外，其余 3 间为通间房，供道工居住，冬冷夏热。道工大都由农村招来，衣单被薄，有些甚至连起码的铺盖都没有。"做道工乃为生活所迫而为之"，道工有"不识字者"，有"不知自己省籍者"。道工工资很低，生活困苦。

中华人民共和国成立后，党和人民政府及公路管理部门十分重视道班建设和道工的思想建设，除树立主人翁思想外，想方设法改善道工生活环境。当时，国民经济十分困难，在资金十分有限的情况下，各公路段采取集资的办法，解决工人的穿衣、铺盖、吃饭等问题，公路段还抽出一定的资金，发动道工利用业务时间维修旧房，大部分道工都有了比较固定的住所，同时在道班工人中确定平等、互助、互学的新型关系。

从 20 世纪 60 年代开始，公路部门有计划、有步骤地对道班房进行维修改善和彻底翻新，并将原一字形的道班房改为小单间，通铺大炕改为一人一张床。有些道班，利用业余时间，寻找砖瓦，自打土坯、院墙，自己动手改善住宿条件。1961 年起，省交通厅给一线养路工开始发放皮大衣，并依靠地方政府和各方面的帮助，解决了道工的冬装、冬煤。公路部门大力发展农副生产，好多道班蔬菜达到自给，减少了伙食费用的支出。1963 年，国民经济开始好转，国家决定提升职工工资，职工生活水平进一步提高。20 世纪 80 年代开始，全总段公路养护结构发生根本变化，道班建设突飞猛进。过去被人们戏称为"一〇七九部队"（一根扁担、一对箩筐、一把铁镐、一把铁锹）的养路工拥有了拖拉机、翻斗车、工程车和小型养路机械，大多数道班工人上下班已不再徒步往返数十公里，运砂交通工具由人力架子车变为拖拉机，养路工人从繁重的体力劳动中被解放出来。20 世纪 80 年代后期，养路工上下班工具由手扶拖拉机变成了农用四轮车，极大地提高了交通安全性能。居住条件也进一步得到改善，原来土木结构的房屋基本改建成砖木或

青江驿养管站

钢筋混凝土盖板平房，两人一个单间。房内窗明几净，一人一床，并配有办公桌和床头柜。班内设有文化室，配备了体育用品。有些公路段给道班工人修建了家属宿舍，如景泰公路段给西藏内调工人专门修建了一栋家属房，解决了养路工人的后顾之忧。为了使道工安心工作，将"以道班为家、以养路为业"的精神落到实处，景泰公路段在不通电的边远道班，安装风力发电机或太阳能照明设施，还为道班设置了先进的通信设施——对讲机，拓宽了段与道班、道班与道班之间的信息渠道。20 世纪 80 年代，在当地乡村组织的大力支持下，不但满足了养护工作与地面积的需求，还配给一定数量的菜地。道班也是培养人才、锻炼人才的地方，据不完全统计，全局 2000 年以前一些科级干部都是养路工出身，有的还担任了县处级职务。

道班这个公路部门最基层的组织，是公路上闪闪发光的璀璨明珠，照亮着南来北往的车辆，守护着祖国经济建设的交通命脉。道班从无到有，从小到大，从简陋到舒适，无不渗透着一代又一代养路工人的汗水和心血，也印证了甘肃公路人艰苦奋斗精神的真实写照。

1986 年白银公路总段成立时共辖养路道班 41 个，有养路道工 440 人。养路道工工作、生活条件比较艰苦，道班房舍陈旧、用具不全、缺桌少椅、住危房、喝咸水、无电、无厕所。一般距县城都比较远，子女入托、上学、就业、医疗等都很困难。公路总段成立后，在省交通厅公路局的支持下，采取一系列的改善措施，经过几年的努力，解决了一些比较重大的问题，使养路道工的工作、生活条件有了很大改善，福利有所提高。自 1986 年至 1990 年的 5 年间，共改建和新建道班房 7 处，计 1966 平方米，共完成投资 33.38 万元。其中改建会宁

公路段高寒山区荔峡道班房 1 处，计 245 平方米，并安装了太阳能；在北拉路石板沟建道班房 1 处，350 平方米，为两层砖混结构。还添置了改善职工学习、生活、工作条件的部分设施，实现了班班通电，班班有电视、书柜、面柜、碗柜、饭桌、会议室、桌椅、乒乓球台等，人人有椅子，两人一间房，一张桌、有茶杯、水壶等。部分道班还配备了洗衣机、压面机。为无食用淡水的道班修建了蓄水池，由各段统一供水。这些基础设施的配备，温暖了道工的心，调动了道工养好公路的积极性。

白银公路总段是一个新建的单位。为了顺利完成总段的基本建设任务，公路总段组建了房建办公室。到 1990 年，先后建成食堂、锅炉房、办公室、库房、车库、家属楼等，建筑面积为 4314 平方米，共投资 302.88 万元。总段公路养护业务楼于 1988 年 6 月开工，同年 10 月接省交通厅指示停工，1990 年 4 月再度开工。工程面向社会招标，经评议白银有色一建二公司中标，负责施工。总段公路养护业务楼为砖混结构，建筑面积 3796 平方米，投资 168.93 万元。

**白银公路总段道班班长、养管站站长情况统计表**

| 单位 | 线路 | 道班 | 设置时间 | 设置地点 | 撤销时间 | 班长（站长） |
|---|---|---|---|---|---|---|
| 景泰公路管理段 | S201线 | 小干沟道班 | 1970年 | 大安乡小干沟村 | 1981年 | 胡忠年　王　槐　俞在金　刘生光　陈兆福　段生林 |
| | S201线 | 大水磋道班 | 1970年 | 喜泉镇大水磋村 | 1981年 | 白棣本　戴　玑 |
| | S201线 | 大格达道班 | 1970年 | 大格达村 | 1981年 | 李　柱　汪胜山　李福德 |
| | S201线 | 白墩子道班 | 1970年 | 白墩子村 | 1981年 | 陈兆福　李福德　段生林　袁　炬 |
| | S201线 | 双墩道班 | 1970年 | 正路镇双墩村 | 2001年 | 袁正昌　徐克俊　汪胜山　李怀智　马庆吉　张树林　齐高升 |
| | S201线 | 条山道班 | 1970年 | 一条山镇 | 2001年 | 王登泰　王正祥　丁斌山　陈兆福　戴　玑　袁　炬　魏晋武　黄　甫　查宗发 |
| | S201线 | 长城道班 | 1970年 | 草窝滩镇 | 2001年 | 任大贵　白棣本　张永兵　赵俊成　魏晋武　黄　甫　代　华　陈兆福　董永刚 |
| | S308线 | 红水道班 | 1970年 | 红水村 | 2001年 | 张世曾　齐开元　韩守山　周光玉　段生林　王立刚　曹玉堂　赵其俊　段才奎 |
| | S217线 | 大水道班 | 1977年 | 大水村 | 2001年 | 赵文存　王正祥　魏晋武　杨在智　寇世续　白建胜　段才奎 |

**续表**

| 单位 | 线路 | 道班 | 设置时间 | 设置地点 | 撤销时间 | 班长（站长） |
|---|---|---|---|---|---|---|
| 景泰公路管理段 | S201线 | 英武道班 | 1989年 | 英武村 | 2001年 | 陈兆福　李怀智　刘泽林　代元信　曾万祥 |
| | S201线 | 兴泉道班 | 1982年 | 兴泉村 | 2001年 | 刘正浩　代　华　卢守元　桂方国　李怀智　赵其俊　魏佑宇　赵　云 |
| | S308线 | 新村养管站 | 2001年 | 上沙窝镇 | | 代元信　魏佑宇　白建胜　杨斌 |
| | S201线 | 兴泉养管站 | 2001年 | 大水磆村 | | 赵　云　白建胜 |
| | S201线 | 条山养管站 | 2001年 | 一条山镇 | | 白建胜　赵　云　代元信　高　飞　朱积魁 |
| 白银公路管理段 | S217线 | 武川 | 1989年 | 武川乡 | 2000年 | 吕国森　曾述才　魏周礼　耿建军　张成俊　马玉宏 |
| | G109线 | 后长川道班 | 1986年 | 后长川村 | 2002年 | 魏列忠　吕国森　许兰珍 |
| | G109线 | 范家窑道班 | 1986年 | 范家窑 | 1997年 | 梁希学　张得弟　许国栋　郭德宝　张义芳　陈　明 |
| | G109线 | 白银道班 | 1986年 | 王岘 | 2001年 | 陈其军　汪旺凤 |
| | G109线 | 红库托道班 | 1986年 | 红库托 | 2002年 | 刘东孝　陈秉志 |
| | S207线 | 石板沟道班 | 1986年 | 二泵房 | 1998年 | 郭德泉 |
| | G109线 | 来家窑道班 | 1986年 | 来家窑 | 2001年 | 魏振统　许真著　魏　中　陈永泉　郭德宝　耿作武　陈其军 |
| | G109线 | 来家窑养管站 | 2001年 | 来家窑 | | 徐真著　龚珍钱　陈永泉　张意芳　郭德宝 |
| | G109线 S217线 | 王岘养管站 | 2001年 | 王岘 | | 汪旺凤　陈其军　曾永强　张振强 |
| 靖远公路管理段 | 原G109线 | 碾子湾道班 | 1968年 | 糜滩乡碾子湾坪 | 1985年 | 魏正统　陈　发　黄箐勇 |
| | 原207线 | 黑城子道班 | 1966年 | 大芦乡庄口村 | 2002年 | 赵金成　安清万　魏国平　杨卫东　陈永强 |
| | 207线 | 二十里铺道班 | 1964年 | 乌兰乡二十里铺 | 1999年 | 刘文奎　刘仲贵　马彦清　王永强 |
| | 现322线 | 砂梁道班 | 1961年 | 东湾乡砂梁村 | 1998年 | 金国安　马彦清　安清万　王永强 |
| | | 吴家川道班 | 1983年 | 刘川乡吴家川 | 1998年 | 魏正统　陈　发　敬永宝　李守根 |

**续表**

| 单位 | 线路 | 道班 | 设置时间 | 设置地点 | 撤销时间 | 班长（站长） |
|---|---|---|---|---|---|---|
| 公路靖远管理段 | X322线 | 乌兰养管站 | 1961年 | 靖远县乌兰西路 | | 杨怀和　师怀孝　敬永宝　高俊文 |
| | G109线 | 三滩养管站 | 1999年 | 三滩乡 | | 王　昆　郭嘉万　滕　羽　王建荣 |
| 公路平川管理段 | S308线 | 旱平川养管站 | 2017年 | 靖远县东湾镇银三角开发区 | | 陈　海（站长）　杨卫星（副站长） |
| | G109线 | 孙寨柯养管站 | 2017年 | 孙寨柯村 | | 滕　平（站长） |
| 会宁公路管理段 | G312线 | 青江驿养管站 | 1996年 | 会宁县太平镇青江驿村青江驿社 | | 沈作旺　张兴绪　孙作义　张胜利<br>李太平　马　强　张维东 |
| | G312线 | 会宁养管站 | 1996年 | 会宁县会师镇遵义路 | | 金兴恒　张润成　焦淑霞 |
| | G312线 | 翟所道班 | 1996年 | 会宁县翟所乡翟所村西门社 | 2000年 | 李富宽　肖向东 |
| | G309线 | 大沟养管站 | 1977年 | 会宁县大沟镇大沟村杨李社 | | 王德华　孙仕坡　朱耀荣　孙克昌<br>靳宗勇　祁建国　沈作旺　孙俊成<br>孙俊仁　王国斌 |
| | G309线 | 甘沟养管站 | 1977年 | 会宁县甘沟驿镇甘沟驿村三社 | | 张　铭　魏光普　袁世伟　王兴爱<br>张胜利　李太平　文世虎　李富宽<br>张志国　马　强　沈作旺　任小军 |
| | G309线 | 马家堡养管站 | 1977年 | 会宁县头寨镇马家堡村石坪社 | | 邢万华　李成武　邢耀雄　王作金<br>王世泰　周国太　李世峰 |
| | G309线 | 庄湾道班 | 1977年 | 会宁县大沟镇庄湾村庄湾社 | 2000年 | 宋怀德　炳少艾　朱耀荣　魏兴仓<br>张作义　刘志有　孙俊成　孙作义<br>韩国义　蒲金虎　杜宝忠 |
| | G309线 | 北庄道班 | 1977年 | 会宁县四方镇三房吴村北庄社 | 2000年 | 王海山　李春胜　王治和　韩国义<br>吴海席　王国斌　宋怀德 |
| | G309线 | 梅岔道班 | 1977年 | 会宁县甘沟驿镇中岔村上梅社 | 2000年 | 李树森　魏光普　张希信　韩国义<br>魏兴仓　张春生　孙俊成　马金贵 |
| | G309线 | 罗家山道班 | 1977年 | 会宁县汉岔镇花儿岔村小岔社 | 1984年 | 张世清　王海山 |
| | G309线 | 窑沟道班 | 1977年 | 会宁县汉岔镇花儿岔村窑沟社 | 2000年 | 周子乾　王士坡　周国泰　焦崇沂<br>雷怀林　王海山　高　华　张润成<br>祁建国　朱怀鼎 |
| | G309线 | 汉岔道班 | 1977年 | 会宁县汉岔镇汉岔村汉岔社 | 2000年 | 马炳忠　王一虎　路　伟　高　华<br>段怀忠　刘智全　李世峰　丁　骥 |

**续表**

| 单位 | 线路 | 道班 | 设置时间 | 设置地点 | 撤销时间 | 班长（站长） |
|---|---|---|---|---|---|---|
| 会宁公路管理段 | G309线 | 铁木山道班 | 1977年 | 会宁县头寨镇香林村大湾社 | 1984年 | 张世宗　马炳忠 |
| | G309线 | 小湾道班 | 1977年 | 定西市安定区白碌乡复兴村大湾社 | 2000年 | 朱明有　王一虎　李树森　王　锡　焦崇沂 |
| | G309线 | 白土岇道班 | 1977年 | 定西市安定区白碌乡中山村大方圈社 | 2000年 | 马良彪　段怀忠　周荣斌　王建元 |
| | X207线 | 康家河道班 | 1958年 | 会宁县柴家门镇二十铺村康家河社 | 2000年 | 王永泰　李禄仁　张步义　康子洲　陈宪林　张春生　王一虎　王　义　叶建文　张维东 |
| | X207线 | 六十铺道班 | 1958年 | 会宁县甘沟驿镇六十铺村六十铺社 | 2000年 | 张　铭　张世清　王世泰　李绿仁　倪大林　孙作义　孙俊仁　李生成　张举祥　张志国　马世军 |
| | X207线 | 张坪道班 | 1958年 | 会宁县甘沟驿镇大窑村张坪社 | 2000年 | 张世清　魏光普　袁世伟　刘智全　何　军　张德全　张　明 |
| | X207线 | 蒋家大路道班 | 1958年 | 会宁县河畔镇两迎水村大路社 | 2000年 | 朱耀荣　周仰富　蒋生旺　李旺清　李树森　王彦斌　焦崇沂 |
| | X207线 | 新堡子道班 | 1958年 | 会宁县郭城镇新堡子村新堡子社 | 2014年移交靖远段 | 起明连　周仰富　李旺清　魏国峰　李太平　王彦斌 |
| | X076线 | 沙家湾养管站 | 1938年 | 会宁县新添乡沙家湾村沙家湾社 | 2014年从通渭接交 | 张旭东 |
| | X076线 | 三条岘道班 | 1938年 | 会宁县中川乡三岘村钱去社 | 1996年 | |
| | X076线 | 油房道班 | 1938年 | 会宁县党岘乡专项村油房社 | 1996年 | |
| | X076线 | 白庄道班 | 1938年 | 会宁县杨集乡魏岔村北庄社 | 1996年 | |
| | X323线 | 荔峡道班 | 1961年 | 会宁县会师镇荔峡村中梁社 | 2000年 | 李成林　万俊福　周高彦　马文汉　王国斌 |
| | X323线 | 燕岔道班 | 1961年 | 会宁县会师镇西岩村燕岔社 | 2000年 | 张步义　何玉林　蒲在池　张　岐　刘智军 |

## 第二节　国道 109 线全面改建

兰包公路是白银通往省会兰州和宁夏回族自治区的国道 109 线（北京—拉萨）公路的一段。1986 年交通部和甘肃将其列入"七五"计划重点改建项目，兰包公路贯穿白银市全境，长 196.54 公里，列入"七五"改建路段为唐家台至后长川，长 106.16 公里。改建工程于 1986 年 5 月开工，经过 5 年的努力，于 1990 年 11 月全线竣工。

兰包公路"七五"改建工程主要由省交通厅和省交通厅公路局统一领导和主持，由省交通规划设计院和兰州公路总段承担设计任务。白银市境内路段按二级公路标准设计，路基宽为平原微丘区 12 米，山岭重丘区 9 米。白银市区过境路段长 4.3 公里，设计路基宽 15 米，路面宽 14 米，路面结构为面层沥青碎（砾）面混合料。4 厘米加沥青砂 1 厘米（次高级路面），基层级配碎（砾）面掺灰，垫层为天然级砂砾。平曲线最小半径 60 米，最大纵坡 5%。竖曲线最小半径凸 3000，凹 2000。

为了提高投资效益，加强施工工程管理，确保改建任务的完成，白银市成立了国道改建指挥部，由白银市副市长王松龄任总指挥，白银市交通局副局长党启业、白银公路总段总段长庹述芬任副指挥。下设办公室，组织工程质量监理、财务、计划、统计等各职能人员负责改建工程的具体业务。工程实行面向社会招标，投标者 10 余家，经评议，中国核工业部西北地质勘探局武威 212 大队、甘肃省建五公司五〇二处、天水公路总段工程队、甘南公路总段工程队、白银区第二建筑工程公司、靖远县人民政府、白银公路总段以及总段所属景泰、靖远、白银公路段等单位中标，承担白银

市境内路段的改建工程。

兰包公路"七五"改建工程的施工是分段实施。加宽改造路基长 19.04 公里的路段，分 3 段施工，即 58 公里+420 米—87 公里+780 米，92 公里+0.80 米—93 公里+960 米，159 公里+200 米—173 公里+840 米 3 段。工程于 1985 年 5 月开工，1990 年 8 月竣工，共完成路面工程 171.36 万平方米；修石拱桥 1 座，长 12.36 米；涵洞 56 道，长 197.9 米，其中钢筋混凝土管涵 47 道，长 180 米，钢筋混凝土盖板涵 9 道，长 17.29 米；修筑挡墙护坡工程量 4528 立方米。新修长 12.04 公里的新线工程分为两段，即 149 公里+717 米—156 公里+30 米，177 公里+224 米—182 公里+640 米两段。两段工程于 1989 年 11 月开工，1990 年 11 月竣工。完成工程量：路面 11.09 万平方米；修建桥梁 4 座，长 225.354 米；涵洞 53 道，长 1249.5 米；修筑挡墙护坡工程量 4140.14 立方米；边沟衬砌工程量 5714.76 立方米。

兰包公路改建工程投资大、任务重、参与单位多、面广、线长。工程初期，白银市国道改建指挥部为解决好工程管理、质量监理以及资金使用等各方面的问题，曾多次组织工程管理人员与施工单位进行学习探讨，并与施工单位签订施工合同，明确责任，理顺关系，建立了一套工程管理制度和办法，对保证工程质量，节约投资，提高投资效益和缩短工期都起到了积极作用。

在整个施工过程中，省交通厅、省交通厅公路局给予了大力支持。白银市委、市人民政府及靖远县、白银区人民政府在征地、拆迁等工作中做了大量工作。动员教育沿线农民和有关单位，从国道改建大局出发，并解决了不少实际问题。在修建石板沟路段时，靖远县无偿划拨耕地 121.88 亩，荒地 469.16 亩，节约征

地费用43.08万元。

各施工单位严格工程质量管理，坚持安全文明施工。白银公路总段在国道109线靖白段的改建中，不仅承担全线工程的联络、协调、监督和工程技术管理等工作，而且承担了长70公里路段的改建工程（包括下属公路段工程）。总段2/3的领导和工程技术管理人员现场指挥，吃、住在工地，与民工同甘共苦。唐家台沙河桥工程是一项难度比较大的桥梁工程，在水下挖空、封壁护水、灌注水下混凝土时，工地负责人日夜坚持盯在现场。在靖会渠桥施工期间，为了确保4月下旬渠道通水，不误农民农田春灌，采取白天夜晚连续施工的办法赶进度，使工程按期完成，保证了农田春灌。为了保证质量，各施工单位成立了质量检验小组，配备专职检验员和常用试验仪器、工具等，对每个工序、每个构件都进行验收，严字当头，一丝不苟。规定：一个工序达不到要求不准进行下一道工序；工程材料不合格，不准进入现场；质量不合格者，财务部门不拨款。经过5年的努力，共完成投资约7000万元。其中白银公路总段完成投资3942.6万元。共修建桥梁39座，长1352.524米。其中大桥1座，长164.864米；中桥8座，长556.05米；小桥30座，长631.61米；涵洞347道，长5075.86米；完成土石方工程量257.03万立方米。

1990年11月工程竣工后，由省交通厅、省交通厅公路局、省交通厅质量监理站、省交通规划设计院、省建设银行、兰州和白银公路总段、白银市交通局、城建局、土地管理局以及靖远县各有关部门和施工单位共同组织验收。验收组对路基、路面、桥涵、防护以及财务决算等均依照《公路工程质量检查评定标准》进行了检查和评定。认为国道109线改建工程质量较好，路基密实稳定，路面平整坚

实，混凝土工程质量、浆砌工程石料质量都比较好，且路容整洁，标号志齐全，评为合格工程，并于同年12月通过了国道109线验收委员会的验收，其中唐家台沙河桥工程被评为优良工程。

## 第三节 桥梁建设迅速发展

桥梁是公路上的主要建筑物，桥梁建设的发展是提高公路通过能力和技术等级的主要方面。中华人民共和国成立后，随着公路建设事业的发展，白银市桥梁建设也采取因地制宜、就地取材、便于施工的原则，修建了大批各种形式的桥梁。1985年白银市建制恢复后，辖区的桥梁建设在各级党委、人民政府和公路交通部门的重视下，迅速朝着经济、安全、永久、美观的方向发展，数量增加，质量提高，造型新颖。在1986年至1990年的5年间，公路部门（含地方道路）共新建桥梁81座，长2746.9米。到1990年底，全市共有各式桥梁132座，总长4666.64米，其中大桥7座、长960.79米；中桥36座、长2220.43米；小桥89座、长1485.42米。

上述桥梁分布在国道公路上的有51座，计长2111.26米，其中坐落在国道109线白银至靖远段上，共48座，计有大桥3座，中桥11座，小桥34座，共长1929.08米。

省道公路上有桥24座，计长690.65米。其中坐落在靖（远）天（水）公路的靖会之间，共有10座桥，计有中桥4座，小桥6座，共长307.89米，在海（原）古（浪）公路上有桥8座，长240.25米。

## 1990年白银公路总段管养主要桥梁统计（I）

| 路线名称 | 桩号（公里+米） | 桥梁名称 | 全长（米） | 跨径（孔-米） | 净宽（米） | 结构型式 | 荷载 | 所在地名 | 竣工时间 | 备注 |
|---|---|---|---|---|---|---|---|---|---|---|
| 兰包公路 | 1559+747 | 唐家台沙沟桥 | 164 | 10-16 | 9 | 微弯板I型组合桥 | 汽-20挂-100 | 平川 | 1990年 | 1989年开工 |
| 兰包公路 | 1562+047 | 红柳沟桥 | 84.04 | 5-16 | 9 | 微弯板I型组合桥 | 汽-20挂-100 | 靖远 | 1989年 | 1987年开工 |
| 兰包公路 | 1565+780 | 沙梁桥 | 18 | 1-8 | 9 | 斜钢筋混凝土板桥 | 汽-20挂-100 | 靖远 | 1987年 | 1987年开工 |
| 兰包公路 | 1570+439 | 杨稍沟桥 | 68 | 4-16 | 9 | 微弯板I梁组合桥 | 汽-20挂-100 | 靖远 | 1981年 | 1980年开工 |
| 兰包公路 | 1574+944 | 七里沙河桥 | 65.18 | 3-20 | 9 | 钢筋混凝土T型梁桥 | 汽-20挂-100 | 靖远 | 1987年 | |
| 兰包公路 | 1581+077.85 | 靖会主干渠桥 | 18 | 1-10 | 9 | 斜T型梁桥 | 汽-20挂-100 | 靖远 | 1990年 | 1990年开工 |
| 兰包公路 | 1581+437.91 | 祖历河桥 | 70 | 6-10 | 7 | T型梁桥 | 汽-13挂-100 | 靖远 | 1962年 | 1957年开工 |
| 兰包公路 | 1587+800 | 黄河公铁桥 | 350.28 | 1×32+3×64+3×31.70 | 2×4.72 | 下沉式桁架桥 | 汽-13挂-100 | 靖远 | 1971年 | 1959年开工 |
| 兰包公路 | 1588+900 | 石板沟桥（下游） | 46.66 | 2-16 | 7 | 钢筋混凝土T型梁桥 | 汽-20挂-100 | 靖远 | 1988年 | |
| 兰包公路 | 1594+900 | 石板沟桥 | 101.62 | 2-15+1-16+1-20+2-16 | 7 | 钢筋混凝土下T型梁桥 | 汽-20挂-100 | 靖远 | 1988年 | |

## 1990 年白银公路总段管养主要桥梁统计（Ⅱ）

| 路线名称 | 桩号（公里+米） | 桥梁名称 | 全长（米） | 跨径（孔-米） | 净宽（米） | 结构型式 | 荷载 | 所在地名 | 竣工时间 | 备注 |
|---|---|---|---|---|---|---|---|---|---|---|
| 兰包公路 | 1596+300 | 武家沟桥 | 44.56 | 1-9.54+1-10+1-9.54 | 9.14 | 钢筋混凝土空心斜板桥 | 汽-20挂-100 | 靖远 | 1988 年 | 1987 年开工 |
| 兰包公路 | 1600+950 | 金子沟桥 | 30.5 | 1-16 | 7 | 钢筋混凝土T型梁桥 | 汽-20挂-100 | 靖远 | 1987 年 | 1987 年开工 |
| 兰包公路 | 1629+5.30 | 赵家窑桥 | 25.3 | 1-15 | 9 | 双曲拱桥 | 汽-15挂-80 | 白银 | 1976 年 | |
| 兰包公路 | 1641+838 | 刘家梁桥 | 28.26 | 1-16 | 11.5 | 钢筋混凝土T型梁桥 | 汽-20挂-100 | 白银 | 1988 年 | |
| 兰包公路 | 1644+585 | 大坝滩桥 | 71 | 1-40 | 7 | 双曲拱桥 | 汽-15挂-80 | 白银 | 1972 年 | |
| 兰包公路 | 1653+385 | 后长川桥 | 28 | 2-10 | 11 | 斜钢筋混凝土空心板桥 | 汽-20挂-100 | 白银 | 1988 年 | 1986 年开工 |
| 兰包公路 | 1654+374 | 后长川桥 | 18.82 | 2-9.30 | 12 | 装配式矩形斜板桥 | 汽-20挂-100 | 白银 | 1988 年 | 1986 年开工 |
| 兰包公路 | 1656+098 | 后长川桥 | 18.4 | 1-5 | 11.4 | 石拱桥 | 汽-20挂-100 | 白银 | 1988 年 | 1986 年开工 |
| 慢会公路 | 0+460 | 南河桥 | 59.2 | 2-20 | 7 | 双曲拱桥 | 汽-13挂-60 | 会宁 | 1972 年 | 1971 年开工 |
| 宜兰公路 | 2083+892 | 马家堡桥 | 75.3 | 2-25 | 7 | 双曲拱桥 | 汽-13挂-60 | 会宁 | 1976 年 | 1974 年开工 |

## 1990 年白银公路总段总段管养主要桥梁统计（Ⅲ）

| 路线名称 | 桩号（公里+米） | 桥梁名称 | 全长（米） | 跨径（孔−米） | 净宽（米） | 结构型式 | 荷载 | 所在地名 | 竣工时间 | 备注 |
|---|---|---|---|---|---|---|---|---|---|---|
| 皋营公路 | 18+763 | 11 号公路桥 | 13.2 | 1−12 | 7 | T 型梁桥 | 汽 −20 挂 −100 | 景泰 | 1987 年 | 1987 年开工 |
| 皋营公路 | 84+200 | 反修桥 | 30 | 1−15 | 7 | 混凝土拱桥 | 汽 −13 挂 −60 | 景泰 | 1970 年 | |
| 皋营公路 | 87+243 | 东方红桥 | 22 | 1−10 | 7 | 混凝土拱桥 | 汽 −13 挂 −60 | 景泰 | 1970 年 | 1970 年开工 |
| 皋营公路 | 90+060 | 红旗桥 | 22 | 1−10 | 7 | 石砌拱形桥 | 汽 −13 挂 −60 | 景泰 | 1970 年 | |
| 靖会公路 | 7+390.50 | 廿里铺靖会桥 | 11.6 | 1−5.5 | 7 | T 型梁桥 | 汽 −15 挂 −80 | 靖远 | 1978 年 | 1977 年开工 |
| 靖会公路 | 56+573.89 | 河畔桥 | 97.38 | 3−25 | 7 | 空腹式双曲拱桥 | 汽 −15 挂 −60 | 会宁 | 1977 年 | 1975 年开工 |
| 靖会公路 | 78+415 | 甘沟小河桥 | 50.87 | 1−30 | 7 | 空腹式双曲拱桥 | 汽 −15 挂 −80 | 会宁 | 1977 年 | 1976 年开工 |
| 靖会公路 | 114+840 | 东河桥 | 78.1 | 3−20 | 7 | 空腹式双曲拱桥 | 汽 −13 挂 −60 | 会宁 | 1971 年 | 1971 年开工 |
| 海古公路 | 32+400 | 党家水桥 | 16 | 2−8 | 8 | 斜 30 筒支板桥 | 汽 −20 挂 −100 | 平川 | 1984 年 | 1984 年开工 |
| 海古公路 | 37+260 | 大水头桥 | 135.96 | 11−10 | 7 | 斜 31 筒支板桥 | 汽 −20 挂 −100 | 平川 | 1984 年 | 1984 年开工 |

## 1990 年白银公路总段总段管养主要桥梁统计 (Ⅳ)

| 路线名称 | 桩号（公里+米） | 桥梁名称 | 全长（米） | 跨径（孔-米） | 净宽（米） | 结构型式 | 荷载 | 所在地名 | 竣工时间 | 备注 |
|---|---|---|---|---|---|---|---|---|---|---|
| 海古公路 | 93+230 | 二期上水工程19 号桥 | 12.5 | 1-7.85 | 7 | T 型梁桥 | 汽 -20 挂 -60 | 景泰 | 1987 年 | 1987 年开工 |
| 海古公路 | 217+225 | 万年沟桥 | 17.5 | 1-5 | 7 | 实腹式石拱桥 | 汽 -13 挂 -60 | 景泰 | 1971 年 | |
| 海古公路 | 217+540 | 大砂河沟桥 | 17.2 | 1-5 | 7 | 实腹式石拱桥 | 汽 -13 挂 -60 | 景泰 | 1971 年 | |
| 海古公路 | 218+726 | 小沟河沟桥 | 17.2 | 1-5 | 7 | 空腹式石拱桥 | 汽 -13 挂 -60 | 景泰 | 1971 年 | |
| 界定公路 | 38+092 | 五里沟桥 | 18 | 2-5 | 7 | 石拱桥 | 汽 -20 挂 -100 | 会宁 | 1964 年 | |
| 界定公路 | 45+944 | 张城堡桥 | 70 | 1-35 | 7 | 双曲拱桥 | 汽 -20 挂 -100 | 会宁 | 1983 年 | |
| 界定公路 | 47+414 | 游子沟桥 | 24 | 1-15 | 6.50 | 空腹式石拱桥 | 汽 -20 挂 -100 | 会宁 | 1969 年 | |
| 界定公路 | 52+350 | 七里铺桥 | 48 | 1-30 | 7 | 双曲拱桥 | 汽 -20 挂 -100 | 会宁 | 1978 年 | |

## 第四节　养护工作着力改进

### 一、养护机械的增加

加强机械化配套，不断提高机械化养护程度，是提高养护效率，保证公路畅通，加强公路养护工作的方向，也是提高科学养路和规范化管理的有效措施。逐渐实现机械化养路，不仅把养路工从繁重的体力劳动中解脱出来，而且可以促进养路组织形式和管理方法不断优化和改善。1985年以前，白银市公路养护没有配套设施，只有一些小型的普通机械，尤其地养公路全凭铁锹、铁镐和双手干活，顶烈日，战严寒，工作条件十分艰苦。白银市恢复建制以后，全总段公路机械化程度进展迅速，截至1990年底，共有各型压路机11台，载重汽车14辆，自卸汽车2辆，大中小型拖拉机49台，以及沥青洒布机、摊铺机、推土机等。这些机械设备的增加，在公路建设和养护中发挥了很大作用。然而，从养护任务的艰巨程度来看，已有的机械设备仍不适应公路建设和养护良性循环发展的需要。

20世纪80年代的养护机械

20世纪80年代的养护机械

20世纪80年代的养护机械

20世纪80年代的翻斗车

20世纪80年代的养护机械

20世纪80年代的养护机械

20世纪80年代的养护机械

公路养护检查车

20世纪80年代末的养护机械

20世纪80年代的压路机

20世纪80年代的推土机

**二、养护技术的提高**

随着公路建设事业的发展，公路养护越来越重要，"修路不养路，等于没修路"的道理逐渐被人们认识。20世纪50年代，白银市辖段兰包公路上的养路工，艰苦奋斗，自力更生，在养护资金短缺的情况下，群策群力，用集体的智慧革新和改进养路工具，提高了工效，并在兰包路上采用"砂土封层"的办法，增强公路路面的稳定系数，减少了坑槽和搓板。为了探索出一条加快渣油路面铺筑速度的新工艺，养路工人们对渣油、沥青的黏度，油石级配比，石料规格及基层厚度等比例不断进行实验、探索，总结出了油路养护和建设的规律，为油路建设的发展奠定了基础。20世纪六七十年代所铺筑的渣油路面，一般为单层表面处置，质量比较差，随着使用年限增长，会出现龟裂、脱皮、松散、拥包等损坏现象。公路部门通过科学管理，加强养护，采取增加小修和重点改善相结合的办法，对渣油路面病害进行防治和处理，保证了公路的畅通。

路基碾压

20世纪80年代后，公路养护部门开始研究小修和大中修项目的承包和施工指标，按照企业管理办法和按劳取酬的原则，把公路养护中的责、权、利挂起钩来，使公路养护工作得到加强。1985年，白银公路总段依据《公路养护全优路段条件》《公路养护质量检查评定暂行办法》建立健全了一套管理、检查、评定和奖罚制度。

国道、省道公路的养护实行省交通厅公路局与公路总段，总段与段，段与道班之间的层层承包责任制，把养护计划包括任务、质量、工期、资金等分解到基层，严格规范化、标准化管理。在实施计划的同时，认真开展"百日养护路面优胜杯"竞赛活动，调动了养路工的积极性。大面积人工拌铺工艺，砌块预制养护等先进工艺得到推广，科技兴路得到发展，好路率逐年提高。景泰公路段大水道班试行家庭承包养护砂砾路面的方式得到省公路局的肯定。各公路段和乡镇人民政府及沿线群众，为了发展交通，繁荣农村经济，改变交通落后状况，积极修路和养路，并在砂砾路面上采取"盐渍封层""松散保护层"等工艺，使路面保持良好状况。

## 第五节 "双文明"建设初见成效

1985年以来，公路部门根据"十二大"提出的在建设高度物质文明的同时，一定要建设高度的社会主义精神文明的方针，结合公路建设和养护的实际情况，广泛深入开展以"树行业新风、创优质工程，建文明窗口"为主要内容的创建"双文明"单位和争当文明职工的竞赛活动。

在争创"双文明"单位的活动中，把提高职工队伍素质和坚持社会主义管理方向放在首位，利用广播、电视、讲演会、知识竞赛、文艺演出等多种形式，歌颂中华人民共和国成立以来和10年改革的伟大成就及巨大变化。通过讲国情、讲市情、讲党史、讲家史、讲社会主义发展史，激发公路职工爱党、爱国、爱社会主义，热爱本职工作的热情。树立立足公路建设事业，不怕艰苦，勇于拼搏，乐于奉献的无私精神。激励职工树立正确的苦乐观和价值观，做公路建设上的"有文化、有道德、有理想、有纪律"的优秀职工。

公路部门为把"双文明"建设落实到基层班组和个人，各单位坚持抓典型、树标兵，大力开展学雷锋、学严力宾的群众性活动，使职工学有榜样，赶有目标。同时实行"双文明"承包，即物质文明包公路养护任务、工程建设项目、安全生产、经济效益、质量、技术等指标的完成；精神文明包党风、行业之风、思想教育等工作的效果，使思想教育与经济手段结合起来，达到"两个文明同步提高、同步发展"。从而提高了职工群众自觉抵制歪风邪气和创建"双文明"的自觉性。

通过创建"双文明"活动,职工的思想和精神面貌发生了很大变化,涌现出一大批先进单位和先进个人,白银公路总段在1989年、1990年连续两年荣获交通部"两个双文明建设先进单位"的光荣称号;会宁公路段助理工程师彭永恒荣获全国"五一劳动奖章";白银公路总段段长庹述芬荣获交通部"劳动模范"称号。

**一、职工生活逐步改善**

公路职工常年顶风冒雪,野外劳动,工作条件十分艰苦。中华人民共和国成立后,随着公路建设事业的发展,养路工人队伍逐年扩大,养路职工的生活得到各级党委和人民政府的关注,有了较大的提高和改善。但是,公路职工的生活、福利、生产设备、住房条件、文化娱乐等方面仍然很困难。如饮水、吃菜、照明、住房、子女上学、就业、职工就医等方面,问题仍然很突出。

1986年以后,公路总段把为职工办实事,改善职工生活、工作条件,作为承包经营责任制中的一项主要内容进行长规划,短安排,以求逐年改善提高。到1990年,先后投资40.18万元改建、新建道班房9处,计2334平方米。为高寒山区道班工人安装了太阳能取暖设备,给49个道班配备了彩色或黑白电视机。50%以上道班建立了文化学习室,订有报纸、杂志,购置了图书等。公路总段和公路段为职工修建家属楼1座,计2757平方米,30户职工搬入新居。随着改革、开放政策的深入贯彻,公路部门不断改革,充分利用路产路权和自我优势发展,自力更生开办农场、林场、公路工程构件预制厂及劳动服务公司,发展多种经营,既发展了经济,增加了收入,缓解了养护和办公经费不足问题,又安排了职工子女的就业,消除了职工的后顾之忧。

**二、职工教育得到加强**

职工教育工作是公路事业的一个组成部分,职工教育的好坏,直接关系到职工队伍政治、业务、技术素质的提高和公路事业的发展。十一届三中全会以后,各级党委和政府把职工教育当作发展国民经济、强国富民的重要工作来抓。各级公路部门也把职工教育工作提到重要议事日程,予以加强和重视。

"六五"期间,公路部门重点抓了青壮年职工文化、技术的补课,为提高职工队伍的素质,适应改革形势打下了基础。1985年以来,公路部门根据中共中央在《关于教育体制改革的决定》中,对岗位培训进一步作了指令性规定,要求一切从业人员,首先是专业性、技术性较强的从业人员,都要经过考试取得合格证书后才能上岗工作。公路总段根据省交通厅、公路局的有关规定和要求,结合公路部门职工文化素质低,技术人员缺乏和技术力量薄弱的实际情况,逐步建立健全职工教育机构,在总段成立职工教育科。根据省交通厅制定的各工种工人应知应会的要求,编制职工教育及业务培训计划,增设必需的文化、政治理论和职业道德培训内容,并结合各个时期的中心工作,开展国情、市情教育。

在教育计划的实施中,采取灵活多样的方式,始终坚持正确的教学方向,提倡政治与技术、长期与短期、业余与脱产、内培与外培相结合的方法,坚持以短期、业余、内部培训为主,做到干部培训岗位对口,工人培训专业对口,学期短,收效大,同时严格结业考核,注意学习质量,收到了较好效果。1986年至1990年,白银公路总段积极组织职工参加各类培训班,脱产培训半年以上的人员达44人,函授2人,取得各类大专文凭的14人,各类中专文凭的 30 人，通过自学取得大专文凭的 3 人，中专文凭的 2 人，参加半年以下短期培训的 485 人次。

通过教育和培训，职工的业务技术、文化水平、政治素质、职业道德意识均有较大提高。职工教育工作的开展，使职工增长了知识，提升了能力。职工文化素质的提高，为公路建设事业的发展增添了力量，发挥了良好作用。

## 第六节　公路养护工作规范化

自中华人民共和国成立后到 1996 年，公路养护工作走过了艰苦奋斗的历程，广大养路工人以及公路管理者通过不断总结完善，形成了一整套公路养护管理的规范，有效地指导公路管理的计划、组织、实施，既顺应了公路交通发展的需求，也紧跟了国民经济发展的步伐。

（一）小修保养是养好公路的基础，主要包括路基、路面、排水系统、防护工程的维修、公路安全设备、交通标志的维护、翻浆防治和水毁抢修，以及行道树的护植等，小修保养主要工作由专业道班来完成。小修保养又分为砂砾路的养护和油路养护，油路养护一般分为初期、中期和后期三个阶段。（二）民工建勤养护是中华人民共和国成立后，国家劳动制度的一项重大改革，公路养护实行"民工建勤"制度，有效地发挥了地方和群众的积极性，促进了公路技术等级的提高。白银市境内公路部门在 20 世纪六七十年代期间，在地方各级政府的大力支持下，通过"民工建勤"方式，特别是在路面整修和砂砾材料的采运方面取得显著成绩，缓解了公路养护经费投资不足和劳动力缺少的状况。"民工建勤"又分秋后季节性建勤、经常性建勤、临时建勤三种类型。"民工建勤"的工作方式是由公路部门向当地政府申报需要完成的公路养护任务以及投入的人力、物力等，以政府文件下达给公路沿线各社队定期完成，然后由政府交通主管部门验收督促。白银公路总段的"民工建勤"养护公路的形式到 1980 年后农村实行联产承包责任制后逐渐减少。（三）大、中修工程是公路养护的重要组成部分，是提高公路技术状况的主要手段。通常情况下，小修保养力所不及的公路工程，如路基路面改建，桥涵、防护设施的新建和改建，以及房屋的新建等，均称之为大、中修工程。大、中修工程计划由上级主管部门直接下达，基层养护部门组织施工队伍负责完成。工程投资主要来源于养路费。20 世纪 50 年代，大、中修工程主要由省专业施工队伍完成，基层部门仅承担一部分中修业务；20 世纪 60 年代，随着公路改善项目的增多，各总段均成立了"大、中修工程队"；20 世纪 70 年代，各地公路部门相继成立了大、中修工程施工队；20 世纪 80 年代，这些施工队伍趋于专业化、规范化，为提高公路技术等级，确保工程质量，起到了积极的促进作用；20 世纪 90 年代，由于各公路部门工程队的不断壮大，发展成为施工企业，有些施工企业承担起二级公路建设的施工任务。

**一、砂砾路面养护**

（一）砂土封层、松散保护层铺筑的前期准备工作

调查研究、消除病害，对路面原有病害按路线、桩号进行调查登记，逐项分析，并建立翻浆档案，研究对策。对于路基偏侧、路拱不适、坑槽、车辙及沉陷等病害要分别采取技术措施予以消除，翻浆必须根治。

对于路拱不适、偏侧，路面坑槽、车辙等病害可用最大粒径不超过 3 厘米的砾（碎）掺配黏土（掺配比例砾石 60%，黏土 40%）来处

置，用铺天然砂砾整平压实来调整路肩横坡，使路面横坡达到3%~4%，路肩横坡比路拱横坡大1%~2%。

对于河西地区的砂砾路面，为增加基层稳定性能，有条件的路段可采用级配砂石掺灰修补坑槽、处置车辙等病害，并利用行车辗轧，在保证路基稳定的前提下，铺筑松散保护层。

发扬自力更生精神，改善路况，做好道工的技术交底和思想发动工作，以班或段为单位自力更生降低大纵坡，调好平曲线超高，完善排水设施，并按指令性计划检查工程质量。

（二）砂土封层的铺筑

甘肃公路段砂土封层一般在春、秋两季各铺一次。

1. 材料的选择与配合比

材料要根据当地粒料种类来决定，应尽量利用当地可能采集或供应的货好价廉的天然材料（小砾石、天然砂砾、砂、黏土、礓石等）和工业废渣（矿渣等）。公路沿线施工所用的黏土、砂砾样品要分别编号进行土的塑性指数及颗粒分析试验，以便确定最佳配合比，为铺筑砂土封层提供可靠的科学依据。

（1）粒料。应尽量选用坚硬耐磨且多棱角的粒料，扁平状、圆滑料、长条颗粒含量多于20%的粒料不能使用。

（2）黏土。应采用塑性指数较高，土颗粒不大于10毫米的黏土，黏土的塑性指数低于10或大于25的不宜选用。干旱地区如果黏土塑性指数较低（不大于12），黏土用量可达20%~30%；湿润多雨地区如果黏土的塑性指数较高（超过20），黏土用量可达10%~15%。各类黏土塑性指数变化较大，应根据具体情况正确选定黏土用量，黏土不能有草木杂物等。

（3）砂土封层用的小砾石（或石屑）和砂土材料的级配成分，应符合规定。

（4）砂土封层用工业废渣、礓石和风化石等软质石料时，小于0.5，毫米的粒料不超过30%，最大粒径一般不超过2厘米，粒料和黏土的体积比一般是7:3或6:4。风化石不宜采用，但在取料困难而使用风化石时，应根据其土的塑性指数确定配合比，一般采用8:2或7:3，混合料的塑性指数应在10~12之间。总之，砂土封层要尽量做到最佳级配。

2. 厚度确定

砂土封层的厚度视所有材料性质、规格、种类、原有路面组合形式及路面强度和地区干湿条件而定，采用坚硬的小砾石或石屑为骨料时，以2~3厘米厚为宜；采用砂、土混合料时以1~2厘米厚为宜。

3. 铺筑工艺

砂土封层的铺筑应严格执行操作规程，按下列工序进行：

（1）放样清底，按设计规定和标准化养路要求，划出路面边线，把原路面上的浮土及松散材料清扫干净，并将坑槽修补整齐，压实，使路面平整坚实。

（2）扫浆，在路面铺筑宽度以内洒水，并用扫帚或用扫浆器扫起一薄层泥浆，如路面扫不起泥浆，可撒一薄层细黏土，然后适量洒水，再进行扫浆，在泥浆表面未干之前进行铺料。

（3）配料拌和，根据材料性质及干湿地区气候与季节等因素，通过试验后，确定材料的配合比，按5~10米铺筑长度的用料数量，把各种材料堆放在路边，拌料时一般干拌两遍，湿拌两遍，边拌边洒水，达到均匀为止，用水量应较最佳含水量高1%~2%。拌和炉渣等粒料时，应先将粒料洒水湿润，然后才可与黏土拌和，有条件的地方，闷料应在24小时以上。拌和方法：可用机械拌和或人工拌和，当较长路段加铺砂土封层时，宜采用机拌法。

（4）铺料，扫浆之后，摊铺拌和料，然后用木刮板或轻巧耙轻轻耙平，防止大颗粒集中，如出现耙底大颗粒集中，应用耙头击碎散开，不许横向撒料或扬铲撒料，以免摊铺不匀，每隔 20 米用直尺和路拱板校正平整度和路拱度，铺料时还应注意混合料的含水量，没有试验条件时，混合料含水量的简易控制办法是混合料手捏成团从一米高处自由落下后能撒开，一般松铺料的厚度是压实厚度的 1.3~1.4 倍。

（5）培肩与辗压，在辗压前，要先做好路肩培筑和整平工作，使路肩与砂土封层同时被压实，以保护砂土封层边缘。辗压工作应在混合料最佳含水量时进行，并要和铺筑工序紧密衔接，用轻型压路机或石碾辗压 2~3 遍，辗时要先由两边向中心辗压，每辗重合一半，以保证路面拱度和平整度，在辗压过程中要用 3 米直尺校验平整度。

（6）滚浆，砂土封层经过初步压实，开放行车辗压，达到基本稳定时，即进行滚浆。具体操作是：为便于行车，采取一面滚浆，一面通车，由路中心向两边进行，首先在路面中心洒水，湿润后及时进行辗压，随压随在辗子上洒水，逐渐向外顺延辗压，等路面出现泥浆时，再用扫帚拖平，待干湿适度即撒砂引导车辆辗压，在缺水地区，可采用湿拌、闷料、摊铺、压实的办法以减少用水量。

（7）初期养护，砂土封层铺好后，第一周为初期养护期，必须每天洒水一次，第二周隔天洒水一次，但要根据地区气候不同情况适当进行，洒水的同时还要引导车辆辗压，并适当加以修理，当砂土封层全面压实后，即转入正常养护阶段。

（三）松散保护层铺筑

河西地区松散保护层一般采用 6~10 毫米

粒径的粗砂、砂砾、石屑材料，均匀撒铺在磨耗层上，松铺厚度一般为 10~15 毫米，个别情况最大粒径可采用 15 毫米。要求材料颗粒大小均匀，粒径小于 0.5 毫米的颗粒含量应不超过 15%。在铺设松散保护层时，应先将路面整平并清除浮土，洒水湿润后将粒料撒铺均匀即成。若有条件，可用黏土为结合料，先铺厚度为 2 厘米的砾石级配磨耗层，洒水拌和辗压成型，用 3 米直尺检验其平整度，使其路面分值在 38 分以上，后再铺筑松散保护层。

（四）松散保护层和砂土封层的养护

1. 松散保护层的养护

松散保护层的养护应做到勤添砂、勤回砂、勤梳匀、勤除细粉，其操作要求如下：

（1）勤添砂。砂子要颗粒匀称，质地坚硬。经过车辆辗压磨损，砂砾逐渐变细、变少，需要及时添加，保持松散保护层的厚度，添加量根据交通量大小、气候、季节等特点而定，保护层一般厚度为 10~15 毫米。

（2）勤回砂。把被车轮辗飞到路肩上的砂子及时扫回到路面上，采用机械回砂或辅以人工回砂的办法，将路肩和路面两边的粗颗粒搂到路面上并纵向梳匀。

（3）勤梳匀。为使保护层均匀平整，不起波浪，要经常梳匀。一般用人力橡皮梳砂器顺路方向把砂梳均匀，或用机械牵引三角回梳砂器和橡胶板梳砂器拖刮。梳匀砂工序要掌握添砂后多梳，砂层厚多梳，雨前、雨中及雨后多梳（用较重的梳砂器）。交通量在每昼夜 100 辆以上，梳砂不超过三天，随着交通量的增大要相应增加梳匀砂的遍数。

（4）勤除细粉。保护层颗粒被车轮辗压磨损后，细粉增多，继而会出现搓板、坑槽，影响路面的坚实平整，对路面危害很大，必须及时清除，其方法：一般用人工刮平器或机械刮平器清除，也可以把砂子集中起来，筛出细粉后，再撒到路面上使用，交通量大于 100 辆车的路线宜两个月除一次细粉，交通辆小的路线宜 3~4 个月除一次细粉。

2. 砂土封层的养护

砂土封层的养护，首先是适时的修补，这是延长磨耗层使用周期的主要方法。但是在砂土封层出现病害时，必须及时处置，使路面保持经常完好。

20 世纪 70 年代砂砾路面养护

（1）季节性养护：在旱季又是缺水地区不能经常洒水养护的路段，路面常出现松散等病害，应将浮动的砂石扫集起来，并酌加黏土，拌和均匀，堆放在路肩上，待雨后撒铺压实；在雨季，对水毁的砂土封层应及时修补并清除淤泥杂物；在冬季，路面积雪应及时扫除路基以外，尤其陡坡、急弯、桥头、岔口等处的积雪和积冰应首先清除。如因清除积雪有困难而形成积冰滑溜的路段，应及时撒铺砂砾等防滑材料，以保证行车安全。

（2）坑槽、搓板等病害的处置：清底，首先将松散、坑槽、搓板等需要修补的部分全部

清除干净，较大的波峰要先洒水铲平。清底范围要大于破损面边缘 5~10 厘米，凡修补的地方均要洒水，并用竹帚扫刷拉毛，以利结合。清除的原路面材料，凡是能用的，都要收集利用，不得抛弃。拌料，应用与原路面相同的材料和配合比，干拌、湿拌各两遍，拌和均匀。如无原路面的技术资料时，宜选用塑性指数为 15 以上的黏土和颗粒为 2~10 毫米的粗砂、石屑、小砾石等粒料，黏土一般为混合材料体积的 20%~40%，用水量是黏土重量的 15%~18% 和粒料重量的 2%~3%。铺料，将拌好的混合料摊铺在需要修补的地方，要稍高于原砂土封层表面，以便压实后与路面层相平。辗压，用轻型压路机或石碾辗压，或控制行车压实，一般辗压 2~4 遍，先边后中，每次轮迹重叠二分之一并有专人跟辗小修，辗压时应用三米直尺检查，如有过高或过低的地方应及时修整。

**二、油路修补**

油路修补前道班用 3 米直尺找病害，10 米线绳找沉陷，并用油漆以方正、矩形、矩形组合的形状为准标出病害的范围，其纵横边线应分别与路面中心线平行或垂直。由公路段主管小修保养的领导、技术人员逐班进行检查，检查管理站（道班）所找的病害是否彻底、所标的形状是否规则、是否有大坑小标、方坑圆标或其他不规则标的现象，验收合格后，经签字进行下一步工序作业。

由管理站（道班）在所标的病害形状内挖坑进行基层补强，要求垂直挖坑，其深度根据基层的强度确定，翻浆必须挖彻底。挖好后由公路段主管小修保养的技术人员和道班班长（管理站站长）进行检查，检查合格签字后进行下道工序作业。

由管理站（道班）进行垫层，基层的补强，公路段供给如石灰、水泥等材料，要留够

4厘米面层厚，基层厚度河西20~25厘米，陇东、陇南25~40厘米，基层以下无论多深都要用天然级配砂砾填筑。填筑天然砂砾垫层和基层补强时，如果面积较大，要挖巷道用压路机进行分层填筑分层碾压，如面积较小则要用打夯机或人工夯实机具进行分层填筑分层夯实，分层填筑的厚度要遵照路面基层施工技术规范进行。基层补强要用级配砾石掺灰或水泥稳定土进行，面层用2.5+1.5厘米分两次进行铺筑，一般为下贯上拌，下面层也可用热拌热铺进行铺筑，上面层必须用热拌热铺法进行。

通过管理站（道班）基层补强，经公路段验收合格后，由公路段统一组织、统一安排进行下面层和上面层的铺筑，面层必须用压路机进行碾压。所修补的面层表面要达到致密平整，按茬平顺，形状规则，修补面与原路面接茬处高差不得大于5毫米。

严格控制修补面层的油石比，尤其是下贯面层的油石比必须控制好，严防修补处产生严重泛油。河西地区油石比宜控制在5%~6%之间，陇东、陇南宜控制在5.5%~6.5%之间。严禁采用100#沥青和渣油修补路面，经掺配后的油料标准以针入度控制，一般（25℃）针入度控制在180℃~240℃之间为宜。炒拌温度控制在100℃以上为宜，防止因油温过高而致使油路老化，以保证摊铺质量。

油路修补要按补好、补早的原则随坏随修，从标线、挖坑、处理基层到修补完面层原则不得超过三天时间，做到挖填与修补同步。对于基层完好的路面松散和坑槽按上述挖好坑后修补面层，严禁贴膏药式的修补油路。在原有旧油路某一区间或一段落内，修补面积达25%以上者，必须处理完破损面积后再进行半幅或全幅式封面，以达到路面平整、整洁美观。

从标线查找病害起，管理站（道班）要建

20世纪80年代，养路工在自制沥青土炒盘上拌和沥青料

立油路修补的台账，各总段每年三月底前，以管理站（道班）为单位上报油路修补面积及用油量以便公路局检查和统一调配用油量。如所报用油量经局实地丈量核实没有用完者，局将根据所剩油量的多少扣减单位经费。

凡出现不标线、不开槽、不补强、不规则，挖坑深度不够，级配不符合要求，油料不符合要求，杂物、浮土清扫不干净，摊铺温度达不到标准，混合料拌和不均匀，基层补强不掺灰、不夯实或不碾压，修补接茬不平顺及贴膏药等均视为油路修补不合格。

冬季要用沥青混凝土预制块或乳化沥青进行修补。从标线找病害到修补完油路，总段要设质量监督组巡回进行检查和指导，对每一个工序和环节都要坚持原则、实事求是的进行质量把关。公路局将由常年检查组进行巡回检

20世纪90年代末，滚筒式沥青
混凝土搅拌设备拌和沥青料

查，对于油路修补不合格者，除扣减其单位养护经费外还要责成其返工。

每年建立起所有路线油路修补的档案，具体内容是：在图上标画出修补的位置坐标、长宽尺寸、修补采用的路面结构及其厚度和标出病害、挖坑、补强基层、垫层以及铺筑面层的时间等，修补完后于七月底以前报公路局一式一份备查。

### 三、标准化养路

路基宽度除特殊情况外，按规定的技术等级以公里为单位宽度一致。路肩平整、边线顺适、横坡达到规定的坡度、油路路肩砂砾化（厚度不小于 5 厘米），土质边坡破面平顺，坡度符合技术标准，路肩、边坡（1 米以内）无高草，设护坡道的路基高不小于 50 厘米。土质边沟尺寸一般为口宽 1.2 米，底宽 0.4 米，深 0.4 米（干旱地区深不小于 0.3 米，已建成的圬工除外），沙漠地段可设置三角边沟，石质地段可设置底宽不小于 0.4 米的矩形边沟，要求沟底平顺，有一定纵坡，排水畅通，无积水，挡水土埂顶宽 0.4 米，边坡 1:1，线型顺适，坡面平顺。

按部颁"公路养护质量检查暂行办法"，路面最低分：油路 26 分，砂路 20 分，油路路牙石逐步设置齐全，砂砾路面的路拱，超高逐步符合规定。要求路基边缘成线，线型清晰，土质坡度成面，直线顺适，曲线圆滑。路面路基边缘、砂堆、标志、行道树五条线。栏杆、护桩、指示标志、里程碑构造物齐全完好，设置及颜色符合国际规定。

### 四、优良公路段

（一）领导班子团结，作风正派，能坚持原则，坚持改革，勇于开拓，率领全体职工为开创公路养护工作新局面做出一定贡献，当年被总段评为先进单位。

（二）所管养的路线干线内无差等路，全年路况评定好路率平均达到 65%，其中干线 70% 以上，山区砂砾路面不低于 50%，养护综合值不低于 70，其中干线 75，山区砂砾路面不低于 60，养护里程中标准化达标优良里程不低于 60%，山区公路不少于 40%，合格里程不低于 80%，山区公路不低于 60%。

（三）全面完成上级下达的养路生产计划，及时完成上级交办事项。

（四）认真推行公路养护承包经济责任制，加强作业计划管理，实行好路率和综合性作业计划双控考核。管理站（道班）之间的分配拉开档距，检查及时，考核严格，奖罚兑现。

（五）段和管辖管理站（道班）的各种养路生产图表齐全，资料数据填写真实（包括交调）、准确，上报及时。

（六）全年各种小修保养经费综合平均降低 6%，养路大中修工程成本降低 5%。

（七）严格遵守安全生产操作规程，杜绝重大伤亡事故。要求一般工伤事故频率不得超过 6‰，经济损失不超过一万元。

（八）在设计洪水频率内在一般水毁情况下，全年阻车时间不超过 5 天，其中每次阻车时间不得超过 24 小时。

（九）坚持全面养护，加强路政管理。积极配合路政管理部门，保证公路路产路权的完好。

（十）两个文明一起抓，加强政治思想教育，组织职工学科学、学技术、学文化、学法律、因地制宜搞好文体活动，环境和个人卫生经常保持清洁。

### 五、优良道班

（一）养护质量：按照《公路养护质量检查评定暂行办法》评定好路率，全年平均达到 80% 以上，山区砂砾路段全年平均 60% 以上，养护路段中没有差等路，养护质量综合值不低于 75，山区砂砾路段不低于 60%，养护路段标准化达标里程不低于 60%，山区砂砾路面不低于 40%。路况评定合格率不低于 95%，新重铺油路三年内不得列评全优路段。

（二）完成任务：全面完成上级下达的指令性计划和道班制定的指导性计划，综合平均工效达到全省统一养路定额。

（三）工日利用：全年平均出勤率不低于 90%，出工率不低于 80%。

（四）生产图表：各种养路生产图表齐全，资料数据填写准确、报送及时。

（五）养护成本：全年各种小修保养生产费用综合平均降低 6%。

（六）生产管理：积极推行公路养护经济责任制，考核真实，制度健全，路况相对稳定，道工收入有所增加，积极组织职工学习公路养护技术规范、文化技术，因地制宜开展文体活动，环境和个人卫生经常保持清洁。

（七）积极主动搞好路政管理，路产路权保持完好，桥涵及其他设施完整，桥栏、护桩里程碑鲜明齐全。

（八）严格执行安全操作规程，在养护生产中杜绝重伤和死亡事故。要求一般工伤事故频率全年平均不超过 6‰，险路、危桥和交通事故多发地段安全防范措施齐全。

以上八条如有一条达不到不能评为全优路段。

**六、文明建设样板路**

（一）路基、路面、桥涵构造物及其附属设施必须达到和保持部颁《国省干线 GBM 工程实施标准》的规定和要求。新建、改建工程和养护工程必须符合部颁有关设计、施工和养护技术标准、规范的要求，体现公路自身的建筑美。因地制宜，采取多种措施和手段，坚持

人工造景与自然景观相结合，进行沿线公路绿化，以合理覆盖公路两侧边坡、分隔带及公路用地范围内的可绿化空地。常年保持路面整洁、路拱适度、排水通畅、行车舒适，公路养护无差等路，年平均好路率保持在 90% 以上。常年保持与路面中心线相适应的流畅、顺适、鲜明的分车道线、路缘石线、路肩外缘线等公路特征线型。

（二）沿线标志、标线、里程碑、路边线轮廓标等一律按 GB5768-86 国家标准设置。交通标志大小应不小于相应公路等级计算行车速度的尺寸要求，做到位置适当、准确、完整、醒目、美观。路边线轮廓标设置间距为 100 米，弯道部分可酌情加密，路边线轮廓标与百米桩相结合设置时，应在桩下部标明百米桩号。凡设置示警桩、防撞栏和护栏路段，路基宽度小于 12 米的路段，以及两侧已种植整齐行列式乔木的路段，可不再设路边线轮廓标。

（三）禁止在公路上设置非公路交通标志标牌，公路用地范围以内确需设置广告牌、店名牌、宣传标语等，须经省级公路管理机构或其授权的单位审查批准，方可设置，此类标志牌的设置应做到统一规划，美观大方。公路两侧必须严格控制建筑红线，制止并清理违章建筑，防止公路街道化。穿越村镇路段，应当采取半封闭等措施，消灭脏、乱、差，基本达到路、景、物交织协调，构成畅通、安全、舒适、优美的公路交通环境。

（四）养路工上路作业必须着安全标志服，上路作业的各种养护工程机械设备均以橘黄色或黄色与黑色相间为标志色，并设置黄色标志灯饰。在车辆和机械的显著部位应喷涂大小适应、清晰醒目的公路路徽标记。道班面向公路的正面院墙，一律涂以淡黄色标志色，道班房院门两侧分别按黄底红字书写"养好公路、保

障畅通"八个大字。交通量观测站房屋采用红白相间色彩标记，在所有公路养护管理单位的办公和生产用房屋的正面或大门正上方应设置公路路徽标记，其直径规定为60~100厘米，应与房屋或大门的大小相协调。大、中修养护工程作业现场，应当实行作业交通安全控制。作业交通控制方式，应符合部颁《高速公路及汽车专用一级公路养护工程作业交通控制图示》和《汽车专用二级公路及一般公路养护工程作业交通控制图示》要求，小修保养工程作业现场，应设置锥形标进行交通控制。

（五）公路通行费收费站（点）的设置，必须符合交通部、财政部、国家计委联合颁布的《关于在公路上设置通行费收费站（点）的规定》（交公路发〔1994〕686号）的要求，凡经省级人民政府批准设立的公路通行费收费站（点），须使用省级交通部门统一制定的"收费站"标牌。在公路通行费收费站收取通行费，必须严格执行有关收费标准和收费期限的规定，不得在公路、桥梁、隧道正式竣工通行前，提前收取通行费。经批准收费还贷（集资）的公路、桥梁、隧道，在贷款（集资）还清后，应立即停止收费。

（六）各收费站（点）必须悬挂"收费站"标牌，并应设置宣传牌板，做到审批机关公开、主管部门公开、收费标准公开、收费单位公开。收费人员要做到着装整齐、挂牌上岗、文明执勤、礼貌服务、依法收费、按章处罚，提高工作质量，接受社会监督。

（七）公路收费站（点）的设施应与该路的技术标准、交通量大小相适应，做到规范齐全，美观实用。逐步设置自动收费、检票、检测设置，尽量减少停车交费的时间，保证车辆顺利通行，禁止设置强制性减速障碍装置收取车辆通行费。经省级人民政府批准设置的公路

通行费收费站、检查站、征费稽查站、木材检查站，应当严格按国发〔1994〕41号文件的规定，统一规划，合理布局。收费、罚款应当使用由省级人民政府财政部门统一制发或监制的票据，罚款要按照有关规定全额上缴。

（八）在公路通行费收费站、检查站、征费稽查站和木材检查站执行收费和执法任务的工作人员，应分别持有省级人民政府核发或省级人民政府授权部门核发的收费证和检查证。持证人员仅限于在本站区内工作，必须做到严格履行职责，秉公执法，不得超越工作地点拦车检查、罚款。未经省级人民政府批准，任何单位和个人不得在公路上设置站（卡）或站（点），对违反规定擅自设置各种站（卡）或站（点）的，应在省级人民政府统一领导下，由省级交通部门会同有关部门予以查处。

**七、"文明路段"实施**

（一）标准化养路全部达到优良标准。

（二）好路率全年平均达到90%以上，并无差等路。

（三）建筑红线内不出现新的违章建筑。

（四）路上无打场晒粮，无"三堆"，无挖沟引水，无填挖边沟、路堤等侵占公路用地现象。

（五）发生翻浆水毁，迅速抢修。发生翻浆不得阻车，水毁阻车时间不超过12小时/次。

（六）路面平整，路面分值38分以上，实现路面路肩边缘、边沟边缘、行道树等八条线线型顺适美观。行车舒适，路肩整洁，边沟畅通，构造物完好，标志标线齐全鲜明，标线达到路中线、路面过缘、路肩缘石五条线，路容路貌常年保持整洁美观。

（七）时限要求，路面损坏修补不过周；水毁清理不过旬；标志、桥栏、构造物随坏随修；路容每月清扫一次；路肩、边沟每季挂线

整修一次；并用拍板拍实，四棱见线，线型顺适流畅；标志、标线、桥栏、里程碑、轮廓桩每半年粉刷一次；路况全年保持基本稳定。

（八）凡实施 GBM 标准和国道改建的路线（段）应保持验收时水平。

## 第七节　GBM 工程

20 世纪 90 年代实施的 GBM 工程标准适用于公路技术标准达到二级和二级以上的国家干线公路、省级干线公路和旅游公路的新建、改建和养护工程及管理。对边远、贫困地区的一般二级公路，近期内准备改建的二级公路和因新建汽车专用公路，原有二级公路准备用作辅道的路段以及目前交通量较少的二级公路，可暂不执行此标准，其他等级公路的 GBM 工程可参照本标准执行。

干线公路新、改建工程和养护工程必须符合部颁有关设计、施工和养护技术标准、规范的要求，体现公路自身的建筑美。公路沿线要因地制宜，采取多种措施和手段，突出一个"畅"字，保持一个"洁"字，实现一个"绿"字，注重一个"美"字，基本达到路、景、物交织协调，构成流畅、安全、舒适、优美的公路交通环境。公路养护无差等路，年平均好路率保持在 90% 以上，并应具有较大抗洪能力（路基设计洪水频率不低于五十分之一）。现有公路桥梁承载能力不足汽–20 级，挂–100 标准的，要逐步采取改建或加固措施，保障安全畅通。公路全线常年保持以路面中心线相适应的流畅、顺适、鲜明的分车道线、路缘石线、路肩外缘线等公路特征线型，公路养护与公路管理工作实现规范化。

### 一、路面

视十五年远景交通量大小，公路路面一律采用相适应的高级或次高级路面结构。公路应常年保持路面整洁，路拱适度，排水畅通，行车舒适，平整度必须符合《公路养护技术规范》日常保养标准规定值要求。路面与路肩分界顺直、醒目，在新铺或翻修路面时，应结合工程同步埋设与路面中心线相协调、顺适的路缘石。公路管理机构要定期测定并掌握沿线路面破损情况、路面现有整体强度、路面平整度、路面抗滑能力四项指标。并以此做出养护对策，安排养护工程计划，及时消除影响行车舒适、安全和各种病害。

### 二、路基

路基要达到标准宽度、线形清晰、稳定坚实，弃土堆、取土坑、堆料台应设置整齐。除汽车专用公路的路肩采用草皮等措施加固外，其余公路路肩要求全部硬化并铺砌路肩边缘石，路肩边缘整齐平顺，横坡适度。对人烟稀少混合交通量小，及边远贫困地区的路段可适当降低标准。路基边坡稳定，上下边坡刷修整齐、顺适，凡破碎、松软的石质和土质边坡段视具体情况，设置相应的防护设施，如浆砌挡墙、植物防护等。排水设施齐全、配套、完整，穿越村镇路段，易淤泥、易冲刷路段，填方路段应视具体情况采取浆砌坡脚，端墙和开挖、铺砌边沟，实行田路分家。

### 三、桥涵等构造物

圬工体表面平整坚实，外形轮廓清晰，线条直顺，勾缝整齐美观、无空洞、脱落现象。涵洞纵坡平顺、水流畅通、无淤塞，自然沟纵坡太陡时，根据需要可在涵洞上下游增设铺砌或设置消力设施。所有桥涵的帽石、栏杆、扶手必须经常保持完整无缺，顺直美观，桥梁两端示警桩按公路养护技术规范要求油漆。小桥涵要与路基同宽，防护工程设施应与当地自然环境相协调，做到坚实、美观、耐用。

## 四、沿线设施

公路沿线标志、标线、里程碑、百米桩、界碑等按部门分工，属于交通部门负责设置的，一律按照 GB5768-86 国家标准设置，交通标志大小应不小于相应于计算行车速 70~90 公里/小时要求，属于公安部门负责设置的，应商情公安部门予以实施。交通标志设置要做到位置适当、准确、完整、醒目、美观。属于国际公路和重要旅游公路的，应同时标注汉英两种文字。公路标线要按国家标准和交通与公安部门确定的分工负责划设，并保持完整鲜明。公路路肩两侧均设置路边线轮廓标，其设置间距为 100 米，弯道部分可酌情加密。凡设置示警桩和护栏路段，以及路肩上已种植整齐的行列式乔木路段，可不再设路边线轮廓标。路边线轮廓标与百米桩结合设置时，应在桩下部表明百米桩号。

平原地区路基高 4 米以上路段、山岭区路堤高 6 米以上和危险路段应在路肩边缘埋设示警桩（桩距 6 米，断面 15×15 厘米），高出地面 80 厘米，一律涂红白相间油漆（顶端为红色）或按公路养护技术规范要求设置护栏。在公路沿线，应根据需要与可能逐步设置各种服务设施，包括长途客车停靠站、停车场等。公路沿线道班房及段房围墙，一律涂浅黄标志色，道班房院门两侧分别按黄底红字书写"养好公路、保障畅通"八个大字。交通量观测站房屋采用红白相间标记。在所有公路用房屋的正面或大门正上方设置公路路徽标记，路徽直径规定为：道班房 60 厘米、段房 80 厘米、总段房 100 厘米。

## 五、绿化

公路绿化应根据"因地制宜、因路制宜"的原则，进行路段绿化总体设计，在可绿化路段以绿色植物合理覆盖公路两侧边坡、分隔带及公路用地范围为的一切可绿化的空地。坚持人工造景与自然景观相结合，路段两侧有森林、竹林、果园等景观的，要充分利用自然景观，不搞人工造景，以展示其原始风光美。公路两侧有整齐水田和易发生雪阻路段，一般不搞行列式种植，可栽植灌木或花草。高速公路应以种植人工草皮为主，护栏内种植绿篱或花、灌木。汽车专用公路应按线形走向，采取"点、线、面"结合方式配置绿色植物，并注意增加透视性。

汽车专用二级公路应采取乔、灌分段单列方式，乔木树种株距不小于 6 米。一般二级公路采取乔、灌结合方式或灌木与草皮结合方式，有护坡道的二级公路，可以乔木栽植为主。

公路绿化要坚持"栽、管、护"相结合，要求种植成活率 90%以上，保存率 85%以上。路树应栽植整齐，不得侵占公路建筑限界，树冠不得妨碍视距和交通安全，灌木及花草要定期修饰、剪理。路旁雕塑及绿化要与环境和公路本身相协调，防止公路沿线文化污染。

## 六、管理

认真贯彻执行《中华人民共和国公路管理条例》，坚持依法治路，强化路政管理，保护公路路产，维护公路路权，达到公路无路障，路面、路肩及沿线设施无侵占、无损坏。严格控制公路两侧建筑红线，防止公路街道化。穿越村镇路段，可采取半封闭等措施，消灭脏、乱、差，保障安全畅通。公路沿线道班的设置应以专业化、机械化养护大道班（或工区）形式为主，每 30~50 公里设置一个。本着布局合理、设施适用、环境整洁、方便生活的原则，建设道班房。

公路管理机构组织实施公路养护工程作业时，应掌握交通运行情况，根据作业场地的总长度、宽度及作业时间，采取措施、维持交通，并按照保障作业人员安全的原则，选定养护作业方案。公路路面部分、桥上和桥头两端50米内全路幅、弯道内侧的路肩均严禁堆放砂石料等堆积物，其余路段的路肩，因养护工程作业，需临时堆料的，应整齐堆置；桥涵、挡土墙等大中修工程作业只允许单侧路肩堆料，长度不超过50厘米，路面工程在路肩上堆料连续长度不得超过500米。

因养护工程作业，使现有工程不能正常通行时，应当实行作业交通安全控制，并在作业处或施工路段设置明显的施工标志。必须实行单向行车且作业路段较长，影响会车视距者，在路段两端还须增设交通警戒员，以红绿旗或红绿灯等信号指挥来往车辆，影响行车安全的，夜间还需要设置绿灯警视信号。作业交通控制方式，详见《高速公路及汽车专用一级公路养护工程作业交通控制图示》和《汽车专用二级公路及一般公路养护工程作业交通控制图示》。在交通流量大的公路上进行大中修或改善工程，可能造成交通堵塞时，公路管理机构应选定绕行路线或修筑行车便道，并维护使之处于良好状态。同时函告当地公安交通管理机关，共同疏导交通，需中断交通时，应与当地公安交通管理机关共同发布通告。

铺筑路面基层时，要严格遵守操作规程，严禁靠行车碾压的施工方法。公路遇有水毁或其他自然灾害损毁，公路管理机构要及时组织抢修，因水毁或其他灾害断绝交通时，在阻车地两端要设立阻车标志和绕道标志。养路工上路作业必须着安全标志服，经常上路作业的各种车辆和机构均以橘黄色为标志色涂漆，并设置黄色标志灯饰。在车辆和机械的显著部位应有公路路徽标记、在作业现场，要加强施工车辆、机械管理、禁止乱停乱放，夜间停放现场

的机械前应设置警告标志。

逐步建立有线或无线通信设施，解决道班（或工区）抢险救护等方面的通讯问题，并根据公路技术状况配置相应的养护机械、巡路车和检测试验仪器设备，逐步实现科学化、机械化养路。道班应建立健全政治、文化、业务学习制度，劳动考勤制度，生产检查验收制度，巡回查路抢修制度，材料机具管理制度、安全生产劳动保护制度。并设置以下图表：管养公路示意图、出勤出工统计表、公路养护月计划完成情况表、材料耗存登记表、成本核算表、公路养护质量示意图、晴雨记录表、道班基本情况图。各级公路管理机构系统地观察公路使用情况，做好交通量调查，掌握各项技术经济指标，充实和修订公路路况技术档案，逐步建立现代化数据库管理系统。

公路沿线不宜设置道路交通标志以外的其他标志，如确需设置广告牌、店名牌、宣传标语等标志时，须经县级公路管理机构审查批准，方予以设置，标志设置应做到整齐划一，美观大方。审批、设置工作只收取工本费，严禁经营性管理。

## 第八节　道班"三化"实施

（一）道班（管理站）围墙一律涂浅黄色标志，道班（管理站）房院门两侧分别按黄底红字书写"养好公路，保障畅通"八个大字，字的规格宽75厘米，高120厘米，道班大门正上方悬挂"建设甘肃"四个大字，路徽在四个大字中间，或在道班（管理站）房屋正面设置公路路徽标志，其直径为60厘米，并与大门或房屋的大小相协调。

（二）道班（管理站）门口两侧的边沟要用片石浆砌或混凝土浇筑，最小长度达到正面

20世纪90年代的兴泉道班

围墙长，路肩用旧油皮硬化。

（三）道班（管理站）庭院绿化：本着统一规划、因地制宜、布局合理、乔灌花草相结合，春、夏、秋三季常青，二季开花的原则设置，要突出一个"美"字，保持一个"洁"字。

（四）道班（管理站）会议室的布置：道班（管理站）会议室的正面墙上方，采用黄底红字嵌上交通部"建养并重，协调发展，深化改革，强化管理，提高质量，保障畅通"的二十四字方针，字的规格为宽18厘米，高28厘米，在二十四字下张贴或悬挂六种图表：道班（管理站）二长五员岗位责任制；公路管养图；养护质量及出工出勤表；作业计划完成表；经费与材料消耗考核表；道班（管理站）双文明建设目标管理图。各种图表裁去原有图表框，

图表的标题用大红吹塑纸剪贴，四周嵌金属的装饰框，大小为65厘米×440厘米。会议室两侧面墙为管理制度栏和精神文明宣传栏，尺寸为高80厘米，宽300厘米，形式上要求美观大方。门右侧为道班管理的六种制度，六种制度下面挂各种统计报表及原始记录；左侧为精神文明宣传栏，宣传栏上面挂本年度各种奖状，栏内主要内容为宣传党的方针、路线，宣传总段的工作，反映职工精神风貌，精神文明栏下挂记录本6种：政治学习记录；会议记录；党团、工会小组活动记录；业务学习记录、好人好事记录；公路巡视安全生产记录。

（五）公寓式道班（管理站）宿舍及食堂建设：公寓式道班（管理站）有班长（站长）室、统计员室、更衣室、浴室，全部配备彩电；宿舍一房一桌、一衣架和一洗脸盆架、一人一床、一凳一柜、房间布置要美观、协调一致、清洁、卫生。公路段统一配发床、床单、被子等日常生活用品，达到整齐美观。道班（管理站）食堂：道班（管理站）厨房与餐厅分开，保证食堂的卫生，方便职工生活。

道班（管理站）机具：道班（管理站）机械完好、清洁；卡具摆放整齐。

# 第三章　机构更新与管理工作的升级

JI GOU GENG XIN YU GUAN LI GONG ZUO DE SHENG JI

20世纪90年代，白银公路总段历届党委班子带领全体职工解放思想、抓住机遇、加快发展，在工作中制定了坚持一业为主（公路养管建收），培育两大支柱（公路工程施工、第三产业），落实三级责任制（总段统一领导，分级管理段、所，道班、站），建立健全四大保证体系（安全质量保证体系，经济效益保证体系，标准化管理保证体系，思想政治工作保证体系）这一总的经济管理方针和工作思路。在公路养护管理工作中，贯彻交通部的"二十四字"方针，坚持以"建养管并重，以养管为主"的原则，突出重点，兼顾支线，加强公路的全面养护和管理。始终坚持一个中心（以养护为中心），突出两个重点（质量管理和路政管理），采取三项措施（依靠科技进步、落实经济责任制、强化各项管理），大力开展一抓（抓学习和思想教育）、二树（树立务实作风和

新时期干部形象）、三比（比干劲、比安全、比路况）、四创（创优质工程、优良公路段、优良班组和一流工作水平）、五无（管理上无软散懒现象，职工无违法违纪，工作上安全无事故，养护上无失修失养路段，所有公路无差等路）活动，促进了各项工作的快速发展。

2000年以后，总段按照省交通厅"一分局四实体"的安排，内设机构及管理模式发生了重大变化，特别是建、养、管、收等方面的工作在规范化程度上有了很大提高。2014年至2017年期间按照省编委"三定方案"对原有内设机构和人员编制做了统一调整，特别是在交通部"改革攻坚、养护转型、管理升级、服务提质"的公路工作方针指导下，管理局的各方面工作迈向管理升级的新轨道。

## 第一节 白银公路总段内部科室

从 1991 年起，总段机关相继内设科室有：行政办公室、养路计划科、工程技术科、财务科、劳动工资科、职工教育科、设备材料科、监察科、路政管理科、发展办（发展第三产业办公室）。内设的党群机构有：党委、纪委、工会、团委，党委下设党委秘书室、组织科、宣传科。到 1998 年 1 月，成立了老干部科、党委秘书室更名为党委办公室。

根据甘肃省交通厅《关于省白银公路总段机构设置和人员编制的批复》（甘交人〔2003〕56 号）文件精神，从 2004 年 1 月起，总段机关内设党委办公室（加挂离退休职工管理科牌子）、行政办公室、劳动安全科、财务资产管理科、科学技术教育科（加挂总工办牌子）、养护计划监理科、监察审计科（与纪委合署办公）、纪委、工会、团委，原总段内设机构大部分撤并。总段机关核定人员编制 46 名，其中县级领导职数 7 名、单列调研员职数 1 名、科级职数 15 名。成立了省白银公路总段路政支队，支队机关内设综合办公室、审理科、稽查科，核定编制 8 名，其中科级职数 3 名；组建了白兰高速公路路政大队、新墩超限运输监控站，核定编制 31 名，其中科级职数 3 名，隶属路政支队；组建了会宁、靖远、白银、景泰路政大队，分别与所在四个公路段合署办公，共核定编制 60 名，其中科级职数 12 名。成立了省白银公路总段收费公路管理处，编制 3 人，科级职数 1 名。到 2010 年底，以上多数内设机构仍在运行。

1996 年 3 月，根据省交通厅、省公路局的通知，将总段下设的"××公路段"统一更名为"××公路管理段"。

## 第二节 白银公路总段的更名

2014 年 1 月 10 日，省交通运输厅召开全省交通运输工作暨交通运输系统党风廉政建设视频会议，宣布省交通运输厅厅属各市（州）的公路总段更名为公路管理局。2014 年 1 月 9 日，省交通运输厅党组（甘交党干〔2014〕3 号）文件通知，张志芳任省白银公路管理局党委委员、书记，贺得荣任省白银公路管理局党委委员、局长，罗继东任省白银公路管理局党委委员、副局长，汪小东任省白银公路管理局党委委员、纪委书记，李新虎任省白银公路管理局党委委员、工会主席，以上原任省白银公路总段职务随机构更名自行免除。

2014 年 6 月 16 日，省交通运输厅（甘交人劳〔2014〕45 号）关于印发《甘肃省白银公路管理局主要职责内设机构和人员编制规定》的通知：根据甘肃省机构编制委员会《关于核定全省公路系统机构编制的通知》（甘机编发〔2013〕24 号）及《关于成立 14 个公路管理局应急抢险保障中心的通知》（甘机编办通字〔2014〕35 号）精神，设立甘肃省白银公路管理局，为正县级建制的事业单位，隶属省交通运输厅管理。

**一、主要职责**

在省交通运输厅及省公路管理局的领导下，主要负责辖区内国省干线公路及高速公路的养护管理工作。具体为：

（一）贯彻执行国家和省有关公路建设、养护管理和车辆通行费征收管理的方针政策、法律法规和技术规范，依法做好公路保护管理工作。

（二）负责公路日常养护、大中修工程、路网改造工程的组织实施和管理。

（三）负责公路水毁抢修、自然灾害抢险保通、公路交通战备等应急保障工作，上报并发布有关路况信息。

（四）负责财务资产管理、内部审计及所辖二级收费公路车辆通行费的征收管理工作。

（五）负责基层党组织建设、党风廉政建设、思想政治建设及职工队伍建设等工作。

（六）完成上级交办的其他工作。

**二、内设机构**

省白银公路管理局内设 8 个职能科室。

（一）办公室

负责局机关的综合协调工作，承担信息、档案、信访、政务公开、提案办理、政策法规及综合治理等工作，起草重要报告和综合性文件材料。

（二）党委办公室

负责党委文秘、机要、保密、新闻宣传工作。负责党的建设、思想政治建设、基层单位领导班子建设及干部任免等工作。

（三）养路计划科

负责分解落实上级主管部门下达的各项计划任务，组织实施公路日常养护、大中修工程及危旧桥梁改造、安保工程、灾害防治工程等工程项目。负责公路养护质量技术评定、统计、路况信息收集等工作。

（四）财务资产管理科

负责编制年度经费预算建议计划并组织实施。负责财务管理、国有资产管理、机械设备管理、二级收费公路车辆通行费征收管理等工作。

（五）人事劳资科（加挂离退休职工管理科）

负责人事管理、职称评聘、机构编制、劳动工资、社会保障、干部职工教育培训、离退休职工服务管理等工作。

（六）安全管理科（加挂应急办公室）

贯彻落实安全生产的方针政策、法律法规和规章标准，负责安全生产管理、应急保障体系建设及应急值守、保障等工作。

（七）审计科

拟定内部审计工作计划，组织实施财务收支审计、预算执行审计、公路养护及建设项目审计、经济责任审计及专项审计等工作。

（八）技术科

负责科技项目研究、信息化建设及新技术、新材料、新工艺的推广应用；负责公路养护、公路工程建设项目、桥梁隧道养护及危旧桥梁加固改造工程的技术管理及质量监督管理等工作。

纪委（监察室）、工会、团委机构按有关规定设置。

**三、下设单位**

省白银公路管理局下设 12 个直属单位，分别为：

局应急抢险保障中心（副县级建制）；

局高等级公路养护管理中心；

局试验检测技术服务中心；

局后勤服务中心；

局白银公路管理段；

局平川公路管理段（新增）；

局靖远公路管理段；

局会宁公路管理段；

局景泰公路管理段；

局国道 312 线界岘段管理所；

局靖远收费公路管理所；

局景泰收费公路管理所。

**四、人员编制及领导职数**

核定省白银公路管理局事业编制 941 名，县级领导职数 8 名，科级领导职数 77 名。具体为：

局机关编制 55 名，局领导班子县级职数 7 名，内设机构科级领导职数 23 名，其中正科级 11 名（含纪委、工会、团委各 1 名），副科级职数 12 名；

局应急抢险保障中心编制 45 名，副县级领导职数 1 名，科级领导职数 5 名，主要负责组织实施计划下达的公路养护大中修工程，承担公路水毁、冰雪灾害、道路保畅等突发事件的应急抢险等工作；

局高等级公路养护管理中心编制 56 名，科级领导职数 6 名；

局试验检测技术服务中心编制 26 名，科级领导职数 4 名；

局后勤服务中心编制 17 名，科级领导职数 2 名；

局白银公路管理段编制 135 名，科级领导职数 5 名；

局平川公路管理段编制 70 名，科级领导职数 5 名；

局靖远公路管理段编制 80 名，科级领导职数 5 名；

局会宁公路管理段编制 138 名，科级领导职数 5 名；

局景泰公路管理段编制 90 名，科级领导职数 5 名；

局国道 312 线界巘段管理所编制 70 名，科级领导职数 4 名；

局靖远收费公路管理所编制 72 名，科级领导职数 4 名；

局景泰收费公路管理所编制 87 名，科级领导职数 4 名。

## 第三节　局属单位

### 一、直属事业单位

（一）景泰公路管理段：1970 年 11 月 26 日成立，科级事业单位。1991 年，该段职工人数为 125 人，养护里程 187.74 公里，内设人秘股、生产股、车机股、后勤股、财务股、路政股，下辖道班 7 个。到 2010 年，该段职工人数为 100 人，科级干部 5 人，养护里程 191.24 公里，内设综合办公室、生产股、财务股、后勤股、路政大队，下辖 3 个养管站。到 2016 年底，该段职工人数为 88 人，科级干部 5 人，管养路段：省道 201 线 0 公里—104.57 公里、省道 201 线过境段 32.93 公里—42.24 公里、省道 308 线 186.98 公里—224.37 公里、县道 336 线 39.65 公里—48.21 公里、省道 217 线 0 公里—31.40 公里，合计养护里程为 191.24 公里。内设综合办公室、生产技术室、设备材料室、财务资产室、安全后勤保障室，下辖兴泉养管站、新村养管站、条山养管站。

（二）白银公路管理段：1958 年成立，前身为白银市交管局养护队，科级事业单位。1991 年，该段职工人数为 95 人，养护里程 89.5 公里，内设生产股、办公室、财务股、路政股、后勤股，下辖道班 6 个。到 2010 年，该段职工人数为 130 人，科级干部 7 人，养护里程 111.59 公里，内设办公室、生产股、财务股、后勤股、路政大队，下辖 2 个养管站。到 2016 年底，该段职工人数为 127 人，科级干部 5 人，管养路段：国道 109 线 1579 公里—1631 公里+500 米（其中国道 109 线 1611 公里—1623 公里为市政路段）、省道 217 线 31 公里+400 米—65 公里+232 米、省道 207 线 0 公里—16 公里+777 米。内设综合办公室、生产技术室、设备材料室、财务资产室、安全后勤保障室，下设王岘养管站、来家窑养管站。

（三）靖远公路管理段：1956年成立，是原安宁渡分段迁到靖远县城后改名为靖远分段（属定西公路段），1961年随白银公路总段成立更名为靖远公路段，科级事业单位。1991年，该段职工人数为196人，养护里程为215.69公里，内设办公室、财务股、生产股、后勤股、车机股、路政股，下辖道班14个。到2010年，该段职工人数为155人，科级干部5人，养护里程199.07公里，内设办公室、财务股、生产股、后勤股、机械股、路政大队，下辖4个养管站。到2016年底，该段职工人数为99人，科级干部5人，管养路段：国道109线1556公里—1579公里、国道247线（原省道207线）16公里+777米—79公里、县道322线0公里—24.4公里，合计养护里程为109.62公里。内设生产技术室、安全后勤保障室、综合办公室、财务资产室、设备材料室，下辖三滩养管站、乌兰养管站、新堡子养管站、长滩料场。全段拥有各种机械（车辆）设备43台（辆），设置沥青混合料拌合站1处，占地面积13亩。

（四）会宁公路管理段：1973年12月7日成立，科级事业单位。1991年，该段职工人数为197人，养护里程241.8公里，内设办公室、生产室、财务室、三产办、路政室，下辖道班18个。到2010年，该段职工人数为126人，科级干部7人，养护里程303.51公里，内设办公室、生产室、财务室、三产办、后勤保障室、机务室、路政大队，下辖6个养管站。到2016年底，该段职工人数为190人，科级干部9人，管养路段：国道309线1978.18公里—2104.79公里、国道312线1913.54公里—1975.53公里、省道207线76公里—136.41公里、县道323线0公里—30.50公里、县道076线14.33公里—65.69公里，合计养护里程为330.87公里。内设综合办公室、财务资产室、生产技术室、设备材料室、后勤安全保障室，下辖青江驿养管站、会宁养管站、甘沟驿养管站、沙湾养管站、大沟养管站、马家堡养管站。全段拥有各种机械（车辆）设备50台（辆），设置沥青混合料拌合站3处。

（五）平川公路管理段：根据甘肃省交通运输厅《关于印发〈甘肃省白银公路管理局主要职责内设机构和人员编制的规定〉的通知》（甘交人劳〔2014〕45号）文件精神，经局党委2014年6月23日会议研究决定，成立省白银公路管理局平川公路管理段，隶属白银公路管理局管辖。科级建制，下辖旱平川、孙寨柯两个养管站。科级领导职数5名，编制70名。到2016年底，该段职工为58人，科级干部5人，管养路段：国道109线1471.01公里—1556公里、省道308线22.74公里—47.88公里、乡道489线0公里—4.02公里，合计养护里程为114.15公里。内设综合办公室、财务资产室、生产技术室、后勤保障室、设备材料室，下辖旱平川养管站、孙寨柯养管站。

（六）高等级公路养护中心：2005年12月临时组建白银高速公路机械化养护中心筹备组，2009年6月8日正式成立白银公路总段高等级公路养护管理中心，科级建制。到2010年，该中心职工人数为39人，科级干部9人，承担G6京藏高速公路134.4公里养护任务，内设综合部、养护工程技术部、设备材料部、财务资产管理部，下设1个养护工区（即高速公路专业化养护生产基地）。养护工区具备原材料储备、加工生产、试验检测、机械设备维修停放、职工办公休息的综合功能，占地60余亩。到2016年底，该段职工人数为61人，科级干部 5 人，管养路段：国道 6 京藏国家高速 1423 公里—1557 公里+400 米，合计养护里程为 134.40 公里。内设综合部、财务资产管理部、设备材料部、工程技术部，下辖白银养护工区。

（七）国道 312 线界嶷段管理所：1995 年 6 月 17 日成立，科级建制。建所当年该单位核定编制人数 60 人，负责国道 312 线嶷口—界石铺段 62 公里的公路车辆通行费征收任务，内设稽查室、办公室、票据室、财务室、机车股、治安队，下设会宁东、西 2 个收费站。2008 年 4 月 17 日撤销会宁西收费站，将会宁西收费站并到会宁东收费站。到 2010 年，该所职工人数为 65 人，科级干部 4 人，内设稽查室、办公室、票据室、财务室、治安队、机车股，下属会宁东收费站。2015 年，该所职工人数为 53 人，科级干部 4 人，负责国道 312 线界石铺—嶷口段共 62 公里的公路车辆通行费征收任务，内设办公室、财务室、票据室、稽查队、监控室，下设会宁东收费站。按照白银公路管理局《2015 年第七次局务会议纪要》（白公发〔2015〕97 号）要求，会宁东收费站于 2015 年 8 月 27 日 12 时停止收费，并于 2015 年 9 月 7 日拆除了收费设施。根据 2015 年 11 月 17 日省交通运输厅《关于撤销省白银公路管理局国道 312 线界嶷段管理所的通知》（甘交人劳〔2015〕92 号）精神，该所建制予以撤销，人、财、物全部移交会宁公路管理段。

（八）靖远收费公路管理所：1999 年 9 月 2 日成立，科级建制。建所当年该单位核定编制人数 98 人，负责国道 109 线水泉至靖远段、省道 308 线红会至唐家台段计 97 公里公路车辆通行费征收任务，内设办公室、财务室、票据股、监控室、稽查队、治安队，下设银三角、新墩、三滩 3 个收费站。2001 年 8 月 9 日撤销国道 109 线水靖段新墩收费站，将原规划的三滩收费站移至唐家台后，调整为 2 个收费站。2010 年 1 月 22 日，省道 308 线银三角收费站合并至国道 109 线三滩收费站，2010 年 11 月 5 日撤销国道 109 线三滩收费站，终止该站收费工作。2010 年 11 月 26 日设置省道 207 线靖远至会宁段黄河大桥靖远收费站。到 2010 年底，该所职工人数为 72 人，科级干部 5 人，内设机构未变，下设 1 个收费站。到 2016 年底，该所职工人数为 55 人，科级干部 4 人，负责省道 207 线靖远至会宁公路黄河大桥段共 119.81 公里公路车辆通行费征收任务，内设综合办公室、财务室、票据室、监控室、稽查队，下设黄河大桥收费站。根据省公路管理局 2017 年 5 月 22 日召开的取消全省政府还贷二级公路收费工作会议精神，靖远收费公路管理所的靖远收费站于 2017 年 5 月 30 日下午 6 时停止收费，2017 年 6 月 4 日拆除所有收费设施。根据通知精神，该所建制予以撤销，按白银公路管理局的有关规定办理了人、财、物的移交与安置。

（九）景泰收费公路管理所：1999 年 9 月 2 日成立，科级建制。建所当年该单位核定编制人数 76 人，负责省道 201 线营盘水至条山镇、省道 308 线白墩子至大岭段计 86.4 公里的公路车辆通行费征收任务，内设办公室、财务室、票务室、后勤股、路政股、治安队、稽查队，下设上沙窝、长城 2 个收费站。2004 年 4 月 19 日设置省道 201 线景泰至西槽大水闸收费站，2010 年 1 月底，省道 201 线长城收费站与省道 308 线上沙窝收费站合并后迁址，新址设在省道 201 线 12 公里+600 米处，更名为景泰收费站。到 2010 年底，该所职工人数为 88 人，科级干部 4 人，内设办公室、财务室、票据室、稽查队、监控室、后勤股，下设 2 个收费站。到 2016 年底，该所职工 85 人，科级干部 4 人，负责省道 201 线景泰至西槽公路、省道 201 线营盘水至景泰公路、省道 308 线白墩子至大岭段共 150.9 公里公路车辆通行费征收任务，内设综合办公室、财务资产室、稽查队、监控室、后勤股，下设景泰收费站、大水磴收费站。根据省公路管理局 2017 年 5 月 22 日召开的取消全省政府还贷二级公路收费工作布置会议精神，景泰收费公路管理所的景泰收费站、大水磴收费站于 2017 年 5 月 30 日下午 6 时停止收费，2017 年 6 月 1 日至 6 日拆除了所有收费设施。根据通知精神，该所建制予以撤销，按白银公路管理局的有关规定办理了人、财、物的移交与安置。

（十）试验检测技术服务中心：根据中共甘肃省白银公路管理局委员会《关于成立白银公路管理局试验检测技术服务中心的通知》（白公党发〔2014〕35 号）精神，2014 年 7 月 23 日，白银公路管理局试验检测技术服务中心成立，隶属白银公路管理局管理，科级事业单位。到 2016 年底，实有职工 24 人，科级干部 6 人，其中副高级工程师 7 人，内设机构有综合办公室、财务资产室、督查考核室、试验检测技术服务室。主要职责是承担全局管养路线技术状况的检测和评定；公路养护工程的试验和检测；技术咨询、技术服务；参与公路工程质量事故的调查分析工作。

（十一）应急抢险保障中心：根据中共白银公路管理局党委《关于成立白银公路管理局应急抢险保障中心的通知》（白公党发〔2014〕36 号）精神，2014 年 7 月 23 日，白银公路管理局应急抢险保障中心成立，副县级建制事业单位。到 2016 年底，实有职工 30 人，副县级领导职数 1 人，科级干部 5 人。内设机构有综合办公室、财务资产室、工程技术室、材料设备室、应急大队。主要职责是负责组织实施计划下达的公路养护大中修工程，承担公路水毁、冰雪灾害、道路保畅等突发事件的应急抢险等工作。应急中心以发展为第一要务，以"反应迅速、保障有力、安全高效"为目标，以白银东区应急抢险保障基地建设为基础，以白银公路管理局抢险保障应急预案为指导，不断深入推进单位改革和优化转型，认真践行"团结协作、创新进取、敬业奉献、甘当路石"的甘肃公路行业精神，牢固树立"团结、奋进、求实、创新"的团队精神，着力打造高素质、专业化公路养护维修施工和应急保畅队伍，力争为全省交通事业和地方经济的发展做出贡献。应急中心拟在白银东区建设应急储备仓库，离省会兰州 80 公里，交通便利，通往周边地区的高速公路可连接陇南地区、陇东地区、河西地区，能够满足公路快速应急反应的需要。

（十二）后勤服务中心：根据中共白银公路总段党委《关于成立白银公路总段后勤服务中心的通知》（白总党发〔2013〕4 号）精神，2013 年 2 月 20 日，白银公路总段后勤服务中心成立，科级事业单位。到 2016 年底，实有职工 17 人，科级干部 2 人。内设机构有综合办公室、财务资产室、物业管理室、督查考核室。主要职责是承担局机关后勤保障和服务工作；负责机关办公用房及办公设施的改造、维修、管理；局机关食堂管理、来客接待和食宿安排；机关公务车辆的管理维修、审核监管、车辆购置调配；机关办公区域和生活区域的物业管理等工作。

**二、下属主要企业**

（一）白银公路总段劳动服务公司：1988 年 7 月成立，是年 10 月 27 日在当地工商部门注册并批准为集体所有制企业，注册资金 30 万元，主营公路工程、小型桥梁、油路工程铺筑以及建筑材料的代购代销。该公司成立后，白银公路总段选派管理干部，解决 42 名待业青年的就业问题。1999 年 10 月 12 日，为妥善安置转岗分流人员，将白银公路总段劳动服务公司更名为白银公路总段机械化工程公司。

（二）白银新世纪路业公司：1993 年 7 月，经白银市总工会批准成立，2003 年 10 月 14 日企业法人注册，集体企业，具有公路工程施工总承包二级资质，同时取得了公路路基工程专业承包二级、公路路面工程专业承包二级资质，注册资金 6118 万元。到 2010 年，该公司管理人员为 87 人，内设综合办公室、工程技术部、经营开发部、财务资产管理部。2017 年 4 月 20 日，为认真贯彻落实省交通运输厅、省公路管理局《关于加快推进厅属单位事企分离工作的指导意见》（甘交政法〔2015〕5 号）《甘肃省公路系统所属企业改制脱钩工作实施方案》（甘公发〔2015〕87 号）文件精神，白银公路管理局批复《白银新世纪路业公司改制方案》（白公发〔2017〕30 号），按照方案白银新世纪路业公司进行了资产核实、评估、整合等改制脱钩工作，于 2017 年 4 月 26 日成立白银新世纪路业有限责任公司。

（三）白银公路总段机械化工程公司：1999 年 10 月 12 日成立，前身为白银公路总段劳动服务公司。注册资金 100 万元，集体所有制。主营建筑机械设备、矿产品、农副土特产品、餐饮服务等。到 2010 年，该公司职员为 27 人，内设机械化管理中心等 5 个部门。2003 年，该公司将全部资产评估后注资路业公司，实质是和路业公司合并，以后没有实施经营业务，营业执照一直保留至 2017 年上半年未予注销。

（四）白银公路总段试验室：1992 年成立，全民所有制，拥有公路工程试验检测综合乙级资质，2008 年 5 月 23 日注册经营，主营建筑工程试验、检测，兼营技术服务，注册资金 70 万元。到 2010 年底，该试验室试验检测的实用面积为 288 平方米，各类试验检测设备达到 126 台件，工作人员为 11 人，下设沥青、水泥、土工、集料、化学、力学等标准试验室，是白银市境内唯一具有公路综合乙级资质的检测机构。2017 年 4 月 18 日，根据白银公路管理局《白银公路总段试验室等局属四家企业改制及资产整合工作方案》的通知精神，白银公路总段试验室将事业性固定资产划拨局试验检测技术服务中心承继，将企业性质固定资产划拨白银新世纪路业有限责任公司，由白银新世纪路业有限责任公司承继原试验室账面债权债务及净资产，并将原试验检测综合类乙级资质"平移"到新世纪路业有限责任公司新的试验检测公司。按有关规定办理了白银公路总段试验室营业执照注销手续。

（五）白银新世纪公路工程勘察设计所：2013 年 6 月 30 日成立并注册经营，该所的前身为白银公路总段设计室。全民所有制，具有甘肃省住房和城乡建设厅颁发的公路行业（公路）专业丙级资质，注册资金 50 万元，主要从事二级公路以下公路与桥梁的勘察设计工作。到 2010 年底，该所拥有从事工程设计专业人员 9 名，各类勘测设备 10 台，以及设计、造价软件等先进装备。2017 年 4 月 18 日，根据白银公路管理局《白银公路总段试验室等局属四家企业改制及资产整合工作方案》的通知精神，一是根据清产核资报告，对设计所事业性质固定资产做剥离；二是分别承建监理分公司和物业公司债权债务及净资产；三是将资产整合后的设计所划拨白银新世纪路业有限责任公司，作为全资子公司对外开展业务。

（六）白银新世纪路业有限责任公司：公司前身为白银新世纪路业公司，成立于1993年，为白银公路管理局下属集体所有制企业。为进一步深化事企分离改革，顺应公路养护市场化和养护管理体制改革，按照省交通运输厅、省公路管理局和白银公路管理局企业改制脱钩工作总体部署，按照《公司法》要求对局属其他企业进行整合改制，于2017年4月26日组建白银新世纪路业有限责任公司。公司注册资金3000万元，净资产5000余万元。公司现有职工52人，其中中共党员10名，具有高级职称的专业技术人员16名，拥有一级建造师、二级建造师、试验检测工程师等多名高级管理人才。公司内设综合管理部、财务资产部、生产经营部、质量安全部、工程技术部、设备材料部6个职能部门。公司拥有2000型沥青拌合站2套、厂拌热再生设备、摊铺机、冷再生拌合机等大型路基路面设备12台，下设白银新世纪公路工程检测有限公司和白银新世纪公路工程勘察设计有限公司两个全资子公司。公司拥有公路施工二级总承包及实验综合乙级资质，主要经营范围涵盖路基路面施工、公路养护、试验检测、公路工程设计、材料销售、设备租赁、宾馆经营等多个方面。

## 白银总段机械化工程公司历年完成工程项目（I）

| 序号 | 项目名称 | 起讫点（合同段） | 里程长度（km） | 技术等级 | 开竣工日期 | 合同价（万元） | 项目描述 |
|---|---|---|---|---|---|---|---|
| 1 | S308线红会至唐家台段公路改建工程 | K22+700—K47+400 | 24.70 | 三级 | 1998年—1999年 | 2526.80 | 该合同段长约24.7千米，起讫桩号：K22+700—K47+400，完成工作量2526.8万元；主要工程量：沥青混凝土路面269790平方米，路肩88729平方米，收费站2处及安全设施工程。 |
| 2 | G109线水泉至靖远段公路改建工程 | | | 二级 | 1998年—1999年 | 825.13 | 该合同段工程量：825.13万元，工程内容有路基工程，路面工程。 |
| 3 | G312线凤翔路口至媚岘公路 | FMC合同段 K1756+000—K1766+000 | 10.00 | | 1999年—2000年 | 3063.40 | 该合同段长约10千米，起讫桩号：K1756+000—K1766+000，完成工作量3063.4万元；主要工程量：沥青混凝土路面440.59平方千米，水泥稳定砂砾230.22平方千米，预制安装C15砼砌路缘石2007.4方。 |
| 4 | S308线白墩子至大岭段，省道201线营盘水至景泰段 | S308线 K0+000—K38+007 S201线 K0+000—K40+295 | 78.30 | | 1999年—2000年 | 11990.47 | 该合同段起讫桩号：S308线 K0+000—K38+007，S201线 K0+000—K40+295；完成工程量11990.47万元，主要工程量：路基工程，桥涵工程。 |
| 5 | G312线凤媚路向家坪利用段改造工程 | K4+658.78—K8+658.4 | 3.999 | | 2000年—2001年 | 1411.60 | 该合同段长约3.999千米，起讫桩号：K4+658.78—K8+658.4，完成工作量1411.6万元；主要工程量：边沟盖板涵253米，粗粒式沥青混凝土路面97.6平方千米，中粒式沥青混凝土路面18.95平方千米，水泥石屑碎石填筑17135.59方，平面交叉22处。 |

# 白银总段机械化工程公司历年完成工程项目（II）

| 序号 | 项目名称 | 起讫点（合同段） | 里程长度（km） | 技术等级 | 开竣工日期 | 合同价（万元） | 项目描述 |
|---|---|---|---|---|---|---|---|
| 6 | S202线庆西公路土建工程 | QX1合同段 K0+000—K7+045 | 7.045 | 二级 | 2000年—2001年 | 590.00 | 该合同段长约7.045千米，起讫桩号：K0+000—K7+045，完成工作量590万元，主要工程量：路基土石方工程，路面底基层，涵洞工程，防护工程，桥梁工程。 |
| 7 | 省道201线景西二线公路路面工程 | JXM1合同段 K40+300—K97+000 | 57.00 | 二级 | 2002年—2003年 | 5393.00 | 该合同段长约57千米，起讫桩号：K40+300—K97+000，完成工作量5393万元，主要工程量：沥青混凝土路面123.3平方千米，水泥稳定土基层70.4平方千米，C15砼路肩1.23万方。 |
| 8 | 景泰至白银二级公路路路基工程 | JB2合同段 K35+000—K66+800 | 31.86 | 三级 | 2000年—2001年 | 1498.00 | 该合同段长约31.857千米，起讫桩号：K35+000—K66+800，完成工作量1498万元，主要工程量：涵洞771.16m/29道，小桥27.2m/2座。路基土石方466425.3立方米。 |
| 9 | S201线景中段二级公路改建工程 | JZ2合同段 K63+000—K85+000 | 22.00 | 二级 | 2001年—2001年 | 1285.00 | 该合同段长约22k千米，起讫桩号：K63+000—K85+000，完成工作量1285万元，主要工程量：涵洞24道，小桥34.36米/3座。路基土石方44.2万立方米，防护工程881方。 |
| 10 | S304线径川至崇信二级公路改建工程 | JC4合同段 K25+900—K32+500 | 6.60 | 二级 | 2003年—2004年 | 689.00 | 该合同段长约6.6千米，起讫桩号：K25+900—K32+500，完成工作量689万元，主要工程量：防护工程8570方，路基土石方40万立方米。 |

白银总段新世纪路业公司历年完成工程项目（Ⅰ）

| 序号 | 项目名称 | 起讫点（合同段） | 里程长度（km） | 技术等级 | 开竣工日期 | 合同价（万元） | 项目描述 |
|---|---|---|---|---|---|---|---|
| 1 | 永昌至山丹段一级改高速公路天桥工程 | K2634+000—K2655+000 | 21 | 一级改高速 | 2003年—2003年 | 691.2795 | 该合同段全长21千米，合同价为691.2795万元，有汽车天桥177.4米/3座，机桥天桥49.2米/座，人形天桥85.6米/2座及其他工程。 |
| 2 | S304线泾崇段二级公路改建工程 | JC4合同段 K25+900—K32+500 | 6.6 | 二级 | 2004年—2004年 | 688.74 | 该合同段长约10.5千米，起讫桩号：K29+500—K40+000，完成工作量1648万元；主要工程量：涵洞771.16米/29道，小桥27.2米/2座。路基土石方466425.3立方米。 |
| 3 | S201线景泰过境段二级公路改建工程 | K33+150—K42+240 | 8 | 二级 | 2004年—2004年 | 1458 | 该合同段全长8千米，起讫桩号：K33+150—K42+240，完成工作量1458万元；主要工程量：水泥稳定土基层14.7万平方米；细粒式沥青砼27.7万平方米，C15砼路肩14090米，中桥65.4米/1座。 |
| 4 | G211线甜水堡至木钵公路路基工程 | K29+500—K40+000 | 10.5 | 二级 | 2005年—2006年 | 1648 | 该合同段长约10.5千米，起讫桩号：K29+500—K40+000，完成工作量1648万元；主要工程量：涵洞771.16米/29道，小桥27.2米/2座。路基土石方466425.3立方米。 |
| 5 | 安西至敦煌段改建工程 | K107+500—K115+800及连接线K0+000—K4+625 | 12.9 | 一级 | 2005年—2006年 | 2571.3314 | 该合同段全长12.9千米，合同价为2571.3314万元，有小桥39.36米/4座，路基土石方346159立方米，排水工程24754米，涵洞1901.7米等。 |

## 白银总段新世纪路业公司历年完成工程项目（II）

| 序号 | 项目名称 | 起讫点（合同段） | 里程长度（km） | 技术等级 | 开竣工日期 | 合同价（万元） | 项目描述 |
|---|---|---|---|---|---|---|---|
| 6 | S207线靖远至会宁县际扶贫公路 | JH4合同段 K75+200—K112+200及支线 K0+000—K1+321.23 | 38.321 | 二级 | 2008年—2009年 | 4676 | 该合同段全长38.321千米，起讫桩号K75+200—K112+200，及支线K0+000—K1+321.23，合同价4676万元；主要工程量：路基土石方879454立方米，涵洞工程45道，大桥1座，中桥1座，底基层（200毫米）71503平方米，基层（200毫米）86380平方米，沥青混凝土（30毫米、40毫米）171180平方米，防护、排水工程24096米。 |
| 7 | S205线江洛至武都灾后重建工程 | | 67 | 二级 | 2009年—2010年 | 10347.765 | 该合同段全长67千米，桩号为：K50+000—K117+000，合同总价为10347.7657万元；主要工程量：路基土石方95562立方米，防排水工程56871米，路面工程157143平方米，桥梁工程1座。 |
| 8 | S219线祁山堡至成县灾后重建工程 | | 34 | 二级 | 2009年—2010年 | 7885.2099 | 该合同段全长34千米，桩号为K35+000—K697+000，合同总价为7885.2099万元；主要工程量：路基土石方370570立方米，排水工程19992米，防护工程77588.9立方米，路面工程211972平方米，桥梁工程7座。 |
| 9 | 白银南市区基础设施建设工程路基工程 | C01合同段 | 28.56 | 市政道路 | 2010年—2011年 | 7360 | 该合同段全长28.56千米，合同总价为7360万元；主要工程量：路基土方505230立方米，1~10米空心板桥15.6米2座，3~20米预应力箱梁桥67.4米1座，涵洞67.4米/1道、涵洞47米/1道，涵洞86米/2道、涵洞42米/1道，涵洞29米/1道。 |

## 白银总段新世纪路业公司历年完成工程项目（Ⅲ）

| 序号 | 项目名称 | 起讫点（合同段） | 里程长度（km） | 技术等级 | 开竣工日期 | 合同价（万元） | 项目描述 |
|---|---|---|---|---|---|---|---|
| 10 | X507线青河沿至黄渚段陇南暴洪灾后恢复重建工程 | | 15.46 | 二级 | 2011年—2011年 | 2447.2 | 该合同全长15.46千米，段起讫桩号为K0+000—K15+440，合同价为2447.2万元；主要工程量有：路基土石方15430立方米，片石混凝土防护工程22348.45立方米，浆砌防护工程6753.77立方米，排水工程3513米，砂砾垫层29878立方米，水泥稳定砂砾底基层27622平方米，基层27241平方米，水泥混凝土路面23362平方米，新建涵洞11道，修复利用涵洞21道。新建小桥34.02米/2座， |
| 11 | S205线江洛至武都段陇南暴洪灾后恢复重建工程 | | 67 | 二级 | 2011年—2011年 | 208.8 | 该合同段全长67千米，起讫桩号为K50+000—K117+000，合同价为208.8万元；主要工程量有：路基土石方8139立方米，排水工程1941米，防护工程444立方米，砂砾垫层1770立方米，水泥稳定砂砾底基层4239平方米，水泥稳定碎石基层4194平方米，透层4194平方米，粘层5618平方米，细粒式沥青混凝土面层5618平方米，热拌沥青碎石4194平方米，改性乳化沥青下封层4194平方米。 |
| 12 | S219线祁山堡至成县段陇南暴洪灾害重建工程 | | 34 | 二级 | 2011年—2012年 | 495.2 | 该合同段全长34千米，起讫桩号：K35+000—K69+000，合同价为495.2万元；主要工程量有：路基土石方15476立方米，砂砾垫层1540立方米，水泥稳定碎石基层40632平方米，透层4063平方米，粘层4063平方米，细粒式沥青混凝土面层4063平方米，中粒式沥青混凝土面层4063平方米，改性乳化沥青下封层4063平方米，排水工程5954立方米。防护工程1499米， |

## 白银总段新世纪路业公司历年完成工程项目（IV）

| 序号 | 项目名称 | 起讫点（合同段） | 里程长度（km） | 技术等级 | 开竣工日期 | 合同价（万元） | 项目描述 |
|---|---|---|---|---|---|---|---|
| 13 | G109线水泉下砂河桥维修与加固工程 | | | 二级 | 2014年 | 360.6205 | 防震挡块：C40混凝土3.9立方米；防童护栏：C30混凝土78.4立方米；预制安装预应力箱梁：C50混凝土603.8立方米；湿接缝：C50混凝土37.3立方米；调平层及铺装层：C40混凝土133.4立方米；圆形板式橡胶支座：267.3立方米；拆除旧构造物：757立方米；桥头锥坡拆除重建：M7.5浆砌片石50立方米。 |
| 14 | S201线养护维修工程 | K0+000—K104+570段 | 104.57 | 二级 | 2015年—2015年 | 3691.031 | 20厘米厚冷再生底基层102110平方米，水泥稳定碎石基层105670平方米，沥青混凝土上面层AC-10（3厘米）181660平方米，沥青混凝土下面层AC-16（4厘米）106040平方米，C20混凝土护肩31791.4立方米，改性乳化沥青1厘米厚碎石封层944400平方米，热熔标线40939平方米。 |
| 15 | G109线养护维修工程 | K1471+000—K1497+000 | 26 | 二级 | 2015年—2015年 | 6201.2146 | G109线K1471+000—K1497+000段，26千米重铺20厘米厚冷再生底基层307499平方米，20厘米厚水泥稳定碎石基层250420平方米，透层250420平方米，粘层250420平方米，沥青碎石AM-16下面层250420平方米，沥青混凝土AC-13上面层250420平方米，红砖砌筑路缘石42054米，C20现浇混凝土护肩756立方米，培砂除土路肩20065立方米。 |

第二篇

# 公路养护

# 第一章　公路建设

GONG LU JIAN SHE

公路是国民经济的重要组成部分，对国民经济具有举足轻重的促进和制约作用。改革开放以来，我国公路建设得到了持续、快速、健康的发展，取得了举世瞩目的成就。国家和地方一直致力于公路管理体制的建设、完善，为最终建立科学合理的公路管理体制和强化公路的行业管理，积累了宝贵的经验，奠定了扎实的基础。

中华人民共和国成立以来，全国的公路交通建设大致经历了四个阶段，一是中华人民共和国成立初期，由于对公路运输在国民经济中的基础性和先导性认识不足，公路长期滞后于国民经济的发展。二是20世纪80年代以后，随着经济的全面发展，公路基础设施成为国民经济建设中的最薄弱环节，出现了"全面紧张"的局面。三是20世纪90年代以后，中央将交通运输事业尤其是公路的发展作为国民经济发展的全局性、战略性和紧迫性任务，公路建设得以迅速发展。四是21世纪以来，国家继续加大基础建设投资力度，公路建设获得了前所未有的大发展，使"全面紧张"的交通状况在几年内得到根本改变，取得了一系列新的成就。

## 第一节　高速公路

### 一、京藏高速公路

白银公路管理局养护的京藏高速公路由刘白段（刘寨柯至白银）、白兰段（白银至兰州）两部分组成，全长134.4公里。京藏高速公路，即北京—拉萨高速公路，国家高速公路编号G6。该高速公路起点为北京，终点为西藏自治区首府拉萨，途经北京、河北、内蒙古、宁夏、甘肃、青海、西藏7省区，全长约3724公里。途经城市：北京、张家口、乌兰察布、呼和浩特、包头、巴彦淖尔、乌海、银川、吴忠、中卫、白银、兰州、西宁、格尔木、拉萨，其中银川至中卫段与福银高速公路重线。

（一）白兰高速公路

白银至兰州高速公路是国家高速公路网规划的 G6 京藏高速公路在甘肃的一段，也是全国综合运输大通道的一部分，具有完善的安全设施、服务设施、管理设施和监控、通信及收费系统，设备完好、先进，功能实用、齐全。白兰高速公路自 1999 年 9 月 26 日开工建设，2002 年 10 月 26 日竣工，2003 年 1 月 19 日开始运营收费。

白兰高速公路起于白银市东南约 5 公里四龙路以东约 300 米处，一期工程接原国道 109 线，二期工程完成 B 型单喇叭互通立交向东延伸。路线由东向西经苏家墩北、银光化学工业公司生产区和生活区结合部，再经高家台、川口、红丰，过鹿角岘，进入皋兰县石洞乡境内，再向杨家窑，经果川左侧山坡，在石洞、中庄北侧跨过蔡家河，在水阜乡红圈沟车站以北约 1 公里处跨过包兰铁路转西行，经燕儿坪再转东南，至忠和立交以东，接柳忠高速公路终点。沿线布设白银东、白银西、皋兰、忠和 4 处互通式立交，与国道 109 线相连接。

白兰高速公路全长 60.76 公里，其中白银市境内 23.6 公里，兰州市皋兰县境内 37.16 公里，另建白银西互通立交连接支线 2.2 公里，忠和连接线 2.8 公里，白兰高速公路建成后里程比原国道 109 线缩短约 15 公里。

根据交通部公路发〔1999〕285 号文《关于国道主干线丹东至拉萨公路白银至兰州段高速公路初步设计的批复》及初步设计审核意见确定的技术标准，全线采用全封闭双向 4 车道高速公路标准，计算行车速度 80 公里 / 小时，全段路基宽 24.5 米，设中央分隔带。路面为沥青混凝土面层，桥涵设计荷载为：汽 –20 级，挂车 –120 级。各项技术指标均按部颁《公路工程技术标准》（JTJ001–97）的规定采用。

白兰高速公路的勘察设计任务，由省交通厅分别委托具有甲级设计资质的甘肃省交通规划勘察设计院（白银至杨家窑段）和铁道部第二勘察设计院（杨家窑至忠和段）承担。土建工程、路面工程及其他附属工程施工单位和监理单位，均通过公开招标的方式选定。

白兰高速公路开工前，建设单位做了大量细致的前期准备工作，严格规范和控制本项目建设行为，在建设过程中发挥重要作用。白兰高速公路概算总投资 15.89 亿元。

（二）刘白高速公路

刘白高速公路起点于甘（肃）宁（夏）交界的靖远县五合乡刘寨柯村（宁夏郝家集）国道 109 线以北约 750 米处，接宁夏中（宁）—郝（家集）高速公路终点，经五合（板尾沟村）、贺寨柯、王家山、石碑子沟、新墩、鸦沟水、新田、川岘沟、省稀土公司、吴家川、涝坝湾、范家窑至终点白银东（雒家滩），接白（银）兰（州）高速公路，路线全长 110.8 公里，所经过的主要城镇为平川区王家山镇、白银市平川区、白银东等，所经过的主要河流为黄河、大沙河及沿线跨越的各种冲沟。另建王家山、响泉口连接支线 5.006 公里，全线全封闭双向四车道，路基宽度 24.50 米，计算行车速度 80 公里 / 小时。路面设计为 15 厘米厚沥青混凝土路面。全线桥涵与路基同宽，桥涵设计车辆荷载汽车 – 超 20 级，挂车 –120 级。沿线设有通讯监控分中心 1 处，服务区及养护工区 3 处（分别为新墩服务区、白银公路管理局高等级公路养护工区、白银东服务区），互通立交收费处站 6 处，并设置了完善的联网收费、通讯、监控、供电系统及安全设施。

刘寨柯至白银高速公路是甘肃省利用日本政府贷款建设的高速公路项目，是国家"五纵七横"主骨架国道主干线丹东至拉萨公路在甘肃省境内的组成路段，同时也是甘肃省干线公路网"四纵四横四重"主干线的重要组成路段。它的建成对完善国道主干线，加快甘肃省干线公路网实施步伐，加强省会兰州与我省北部各地市的联系，沟通宁夏、内蒙古等省市的交通，加强各省会城市之间以及各省与首都的联系、促进甘肃省白银地区有色金属、能源工业以及地区经济的发展具有十分重要的意义和作用。

建设项目于 2003 年 3 月开工，2005 年 12 月交工通车。经过工程决算、财务决算，实际完成总投资为 23.27 亿元。

主要完成工程数量：全线路基土石方共完成 2091.1 万立方米；完成特大桥 860 米 /1 座，大桥 1718.46 米 /8 座、中桥 1539.94 米 /25 座、小桥 662.54 米 /51 座及涵洞通道工程 14479.18 米 /365 道；完成天桥渡槽 862.27 米 /19 座，互通式立交 6 处，分离式立交 8 处；全线防排水工程完成 25.93 万米。同时，完成沿线联网收费系统及安全防护等交通设施，建成白银东、新墩服务区 2 处，新墩养护工区 1 处，刘寨柯等主线、匝道收费站 6 处及新墩通讯、收费、监控分中心，共完成房建 16137.8 平方米，机井 4 眼。沿线设置了较完善的交通安全设施和沿线管养设施，并配备了先进的监控、通信、供电照明系统及联网收费系统。

刘白高速公路的建设单位是甘肃长达路业有限责任公司，设计单位是甘肃省交通规划勘察设计院有限责任公司，质量监督单位是甘肃省交通基建工程质量监督站。为确保现场管理，经甘肃省交通厅批准长达公司成立了"刘白高速公路建设项目管理办公室"，代表建设单位甘肃长达路业有限责任公司对该项目从"质量、进度、安全、效益"等方面进行全面协调管理。项目参建单位共有 29 家，其中施工单位 18 家，监理单位 11 家。

**二、平定高速公路**

平凉至定西高速公路是甘肃省第一条利用亚洲开发银行贷款建设的公路项目，也是目前我国最大的两个使用亚行资金建设的交通项目之一。这一项目横贯甘宁两省区，在陕、甘、宁三省区的国家公路网中起着承东启西的作用，是国家高速公路网中青岛至兰州高速公路的组成部分，也是甘肃省公路建设实施"东部会战"的战略重点。

平定高速公路由东西两段组成。东段起于庆阳市宁县长庆桥，途经平凉市泾川县罗汉洞、郦岘、崆峒区，止于甘宁界沿川子；西段起于静宁县司桥，途经静宁县城、会宁县城、止于定西市安定区的十八里铺。全长 285.484 公里（含使用国内资金修建的长庆桥至罗汉洞连接线 26 公里，不含宁夏段）。全线采用全封闭、全立交、双向四车道高速公路标准。新建路段设计行车速度为 80 公里 / 小时，改造路段行车速度为 100 公里 / 小时，路基宽度相应为 24.5 米和 25.5 米。全线有大桥 65 座，总长 22833 米；隧道 6 座，单洞总长 19470 米；互通式立交 10 处。亚行贷款 3 亿美元，折合人民币 24.9 亿元，交通部补助 16.26 亿元，国家开发银行贷款 21.8 亿元，其余为国家银行贷款。平定高速公路项目建设总工期 4 年，于 2005 年 10 月奠基，2009 年 10 月建成通车，项目法人为甘肃长达路业有限责任公司。

**三、营双高速公路**

营盘水至双塔高速公路，是国家高速公路网规划中定边至武威联络线的重要组成路段，是京拉高速公路与连霍高速公路的连接线。营双高速公路是甘肃省在沙漠地区修建的第一条高速公路。该路段建成后，使北京、青岛等地经银川至拉萨、霍尔果斯及甘肃省河西地区的高速公路里程缩短约190公里，打开了甘肃省中北部的大门，打通了兰白都市经济圈、河西新能源区、宁夏银川地区和内蒙古"呼包鄂城市群"北向经济带的交通大动脉，将陕、甘、宁三省区在陇中地区紧紧地连接在一起，架起陕西、宁夏、甘肃、青海四省区之间交流与合作的桥梁和纽带，对密切甘肃、宁夏、青海、新疆等省（区）与华北、东北各省、市的经济交流合作具有十分重要的意义。

路线起点位于甘肃省白银市景泰县营盘水，接宁夏在建的孟家湾至营盘水高速公路，终点位于武威市古浪县，与古永高速公路相接。线路全长157.56公里，白银市境内全长62.72公里，全线采用四车道高速公路技术标准建设，设计速度为80公里/小时，路基宽24.5米。项目总投资73.9亿元，于2010年11月开工建设，2013年11月20日通车试运营。项目由长达路业有限责任公司负责建设。

## 第二节　普通干线公路

### 一、国道

（一）国道109线

1. 国道109线改建工程

兰包公路设计标准为182公里+200米—221公里+550米段路基宽度12米，路面宽度9米，面层采用沥青碎石混合料4厘米+沥青砂1厘米（高级路面），基层为级配天然砂砾。221公里+550米—267公里段路基宽度12米，路面宽度7米，面层为3厘米沥青表面处置，基层为级配碎石掺灰，垫层为天然砂砾。设计荷载为汽-20级，挂-100级。主要工程量：

国道109线甘肃省与宁夏回族自治区交界处

新铺热拌沥青碎石混合料路面690.38平方米/84.95公里，新建大桥255.16米/2座，中桥376.38米/6座，小桥289.53米/18座，涵洞2824.08米/181道，倒虹吸200米/13道，渡槽35米/1道，土石方180.01万立方米/84.95公里，护坡7832.81立方米/3897.7米，浆砌边沟6893.83米，边沟盖板涵1193.5米，挡土墙9206.4立方米/1012.1米，完成公路与铁路立体交叉四处。施工单位为白银公路总段、兰州公路总段、陇南公路总段、甘南公路总段、临夏公路总段、公路局三队，白银公路总段和白银市国道改建指挥部在工地设立了现场办公室，甘肃省公路局工程处也派驻了工作组。甘肃省交通厅成立了交通工程建设监理公司，甘肃省监理公司相继成立了兰包公路监理组。工程于1991年8月开工，1993年10月竣工，总

国道109线1507公里处路段

投资 5991.5 万元。

2. 国道 109 线吴家川至唐家台段改建工程

国道 109 线吴家川至唐家台段起于靖远县吴家川，沿大沙河，途经陆家台子、陈家大房子，跨大沙河后经稀土公司烧碱厂南侧、川岘沟，在三滩黄河新渡口处跨越黄河至唐家台，终点与已改建的国道 109 线 1558 公里 +298 米相接，全长 22.217 公里。全线按平原微丘区二级公路标准建设，设计行车速度 80 公里 / 小时，路基宽 12 米，路面宽 9 米。主要工程量有：路基土石方 135 万立方米，大桥 520 米 /1 座，中桥 101 米 /1 座，小桥 92.51 米 /4 座，通道 3 处，涵洞 3021.48 米 /133 道，纵向排水 3416.73 米，防护工程 14831.72 立方米 /3934.3 米。该项目主管部门为甘肃省交通厅，建设单位为交通厅工程处，设计单位为甘肃省交通规划勘察设计院，质量监督单位为省交通基建工程质量监督站，监理单位为省交通工程建设监理公司和省交通工程监理事务所，施工单位为白银公路总段、交通部二局一处、省交通厅服务公司建安总队等九家。工程于 1996 年 9 月开工，2000 年 9 月竣工，总投资 13369 万元。

3. 平川公路改建项目

平川公路改建项目位于甘肃省白银市平川区和靖远县境内，东与宁夏海宁县相通，西出靖远县与白银市区相连，国道 109 线水靖段 1539 公里—1579 公里全长 40 公里，为平原微丘区二级公路，改建重点为路面改造及排水、安全、防护设施完善。完成主要工程数量：2 厘米沥青砂罩面 45.6 万平方米，挖补 10.08 万平方米，混凝土护肩墙 3.16 万延米，纵向排水 522.18 米。该项目建设单位为白银公路总段，设计单位为甘肃省公路局设计所，监理单位为甘肃省交通工程建设监理公司和北京双环工程咨询有限责任公司。甘肃省交通基建工程质量

监督站对该项目进行工程质量监督。施工单位为省公路工程总公司、昌通公司、兰州公路总段、白银公路总段。工程于 1998 年 7 月开工，1999 年 10 月竣工，总投资 1861 万元。

国道 312 线会宁与定西交界处

（二）国道 312 线

1. 国道 312 线西兰公路界石铺至会宁县鸡儿嘴段二级公路改建工程

国道 312 线西兰公路界石铺至会宁县鸡儿嘴段二级公路改建工程是甘肃省“八五”重点建设项目。主要工程量有：新建二级公路 62.174 公里，新铺沥青路面 57.3 万平方米，新建大桥 127.54 米 /1 座，中桥 338.86 米 /4 座，小桥 9 米 /1 座，新建涵洞 231 道，土石方 576.74 立方米，护坡 3611 立方米 /730 米，挡土墙 2433 立方米 /181 米，浆砌边沟 78.657 公里，平面交叉 175 处，立交 1 处。设计单位为甘肃省交通厅规划设计院，监理单位为甘肃省交通厅监理公司，施工单位为白银、定西、平凉、庆阳、甘南、临夏 6 个总段和公路局直属三个工程队。白银公路总段受主管部门委托代理部分建设单位责任。工程于 1991 年 10 月开工，1995 年 10 月竣工，总投资 9272.68 万元。

2. 国道 312 线大修工程

国道 312 线 1964 公里 +920 米—1965 公里 +480 米段公路大修工程，局部改线 0.56 公里，路基宽度 12 米，行车道宽度 9 米，行车道部

国道 312 线 1918 公里处路段

分面层为 4+1 厘米，热拌沥青混合料，基层为 25 厘米级配砾石掺灰，垫层为 15 厘米天然级配砂砾，路肩硬化部分为 15 厘米天然级配砂砾掺灰 +3 厘米沥青表处。施工单位为会宁公路段，监理单位为甘肃省白银公路总段养计科，项目于 2001 年 4 月开工，2001 年 9 月完工，总投资 161.41 万元。

### 3. 国道312线界石铺至鸡儿嘴收费公路大修工程

国道 312 线界石铺至鸡儿嘴收费公路大修工程起点桩号 1943 公里，经界石铺、青江驿、太平、翟所、会宁至鸡儿嘴，终点桩号 2005 公里，路线全长 62 公里。该次大修改造中，路线平纵横基本维持原旧路不变，路面上面层采用 2.5 厘米细粒式沥青（AC-13），下面层采用 4 厘米中粒式热拌沥青碎石（AM-16），坝式路堤路段基层采用 20 厘米水泥稳定砂砾，路基下沉及路面破坏严重路段基层采用 15 厘米水泥稳定砂砾，路况较好路段采用 2.5 厘米细粒式沥青砼罩面，全线主要工程量：处理陷穴 2.22 万立方米，换填砂砾 2.71 万立方米，石灰砂桩 722 立方米，防护工程 2310 立方米，纵向排水工程 9849 立方米，盲沟 1261 米，沥青混凝土面层 71.33 万平方米，水泥稳定砂砾基层 3.53 万平方米，级配砂砾掺灰基层 5.24 万平方米，旧桥加固 8 座，新建涵洞 3 道，旧

涵加固 98 道。该项目设计单位为甘肃省交通规划勘察设计院，监理单位为甘肃省交通工程建设监理公司，施工单位为白银新世纪路业公司、甘肃万泰建设工程有限公司、甘肃恒和安装工程有限公司。工程于 2005 年 6 月开工，2006 年 9 月竣工，总投资 4868 万元。

### 4. 国道312线界石铺至鸡儿嘴维修改建工程

国道 312 线界石铺至鸡儿嘴（界南段）维修改建工程，起点位于静宁县与会宁县交界处界石铺（桩号为 1913 公里 +500 米），途径太平店、翟所、张城堡村，终点位于会宁县翟家所南家湾村（桩号为 1955 公里 +800 米），路线全长 42.3 公里。采用设计时速 40 公里 / 小时的二级公路标准，路基宽度为 12 米，行车道宽度为 7 米，硬路肩宽度为 3.5 米，土路肩宽度为 1.5 米，路面结构形式：对基层较好路段，路面结构采用 3.5 厘米 AC-13 细粒式沥青混凝土 +5 厘米 AM-16 中粒式热拌沥青碎石 +20 厘米厚水泥稳定碎石基层 +20 厘米冷再生底基层。对路基有沉陷、路面起伏较大、破损严重路段，路面结构采用 3.5 厘米 AC-13 细粒式沥青混凝土 +5 厘米 AM-16 中粒式热拌沥青碎石 +20 厘米厚水泥稳定碎石基层 +20 厘米厚水泥稳定砂砾底基层，并设 10 厘米天然砂砾找平层，对新建路段路面结构基层增设 15 厘米厚天然砂砾垫层。新建大桥 157.16 米 /1 座，维修利用桥梁 190.86 米 /2 座；新建重建涵洞 221 米 /13 道，维修利用涵洞 132 道，新建钢筋混凝土圆管涵 144 米。项目主管单位为甘肃省公路管理局，建设单位为甘肃省白银公路管理局，质量监督单位为甘肃省交通工程质量安全监督管理局，设计单位为甘肃省交通科学研究院有限公司，监理单位为甘肃新科建工监理咨询有限公司，施工单位为甘肃弘盛路桥建筑

工程有限公司、吉林省东吉公路建设有限公司、甘肃新路交通工程公司。项目于 2015 年 3 月 1 日开工建设，2016 年 6 月 30 日建成通车，项目建设工期为 16 个月，总投资 33446.37 万元。

（三）国道 309 线

国道 309 线荣兰线是荣城—济南—宜川—兰州的国家干线公路（编号 G309），全长 2210.57 公里。白银公路管理局管辖 1978.183 公里—2104.793 公里，共 126 公里，由会宁公路管理段管养。

1. 国道 309 线汉家岔至定远段公路工程

国道 309 线汉家岔至定远段公路起点位于会宁县汉家岔顺接国道 309 线，终点位于榆中县定远镇接国道 309 线与国道 312 线交汇处，路线全长 120.222 公里。全线按二级公路标准建设，起点至金崖段（0 公里—109.435 公里）设计速度 40 公里 / 小时，路基宽度 8.5 米，其中铁木山自然保护区段（6.6 公里—11.46 公里）维持原有路基宽度不变，金崖至定远段（109.435 公里—119.77 公里）完全利用原有二级公路，设计时速 60 公里 / 小时，路基宽度 12 米。新建桥涵采用公路 –I 级，利用桥涵维持原有荷载。其他技术指标按《公路工程技术标准》（JTGB01–2014）规定执行。主要工程数

国道 309 线甘肃会宁与宁夏西吉交界处

国道 309 线一段

量有：路基土方 1512958 立方米，石方 166364.4 立方米，拦坝渣 540 立方米，挡土墙 10465.6 米，SNS 主动防护网 495 米，16 厘米厚 4% 水泥稳定碎石底基层 891015.14 平方米，20 厘米厚 4% 水泥稳定碎石底基层 49960.72 平方米，20 厘米厚 5% 水泥稳定碎石基层 910307.86 平方米，透层 879463.86 平方米，粘层 879463.86 平方米，封层 879463.86 平方米，AC–13 细粒式沥青混凝土 4 厘米厚上面层 879463.86 平方米，AC–16 中粒式沥青混凝土 5 厘米厚下面层 879463.86 平方米，边沟、排水沟 111763.6 米，平台排水沟 14628 米，边沟急流槽 1789.59 立方米，混凝土急流槽 21.42 立方米，平台排水沟急流槽 2713.09 立方米。全线新建小桥 70.06 米 /3 座，中桥 66 米 /1 座，大桥 186 米 /1 座。完全利用小桥 75 米 /4 座，中桥 134.1 米 /3 座。新建钢波纹管涵 1908.8 米 /162 道，钢筋混凝土盖板涵 95.43 米 /6 道，拱涵 6 米 /1 道。完全利用涵洞 27 道。全线共设置平面交叉 39 处，其中与等级路平面交叉 6 处，与乡村道路交叉 33 处，完全利用分离式立体交叉 3 处。全线设置交通标志、标线、护栏、里程碑、百米牌等交通安全设施及 1 处养护道班修复。该项目预算金额为 50567.1242 万元，由甘肃省交通建设集团有限公司组织实施，采用代建制，通过全

国公开招标选择甘肃省交通工程建设监理公司为项目管理单位。2016 年 6 月 21 日，项目前期工作正式启动，项目计划总工期 15 个月。

### 二、省道

#### （一）省道 201 线

省道 201 线位于甘肃省中部白银市所辖景泰县中北部，北与内蒙古、宁夏两区接壤，西与武威地区古浪县相接，东北与靖远县相连，南为白银市，南经永登、皋兰与兰州相通。省道 201 线营盘水至郭家窑段长 114.1 公里（0 公里—104.79 公里），其中长链景泰县城过境段 9.3 公里，路线为由北向南经过大格达、白墩子、长城、景泰县城、陈庄、兴泉、马家滩、大水，路线跨越包兰铁路折向西行，经英武、小甘沟至双墩，路线折向南沿双墩川经沙河井、朱家庄至终点郭家窑。主要技术指标：平微区二级公路，计算行车速度 80 公里 / 小时，车辆荷载汽车 –20 级，挂车 –100 级。设计洪水频率大中桥 1/100，小桥涵 1/50。路基宽度 12 米，路面宽度 9 米。停车视距 >100 米，平曲线最小半径 308.98 米，小于一般最小半径的平曲线 7 个，最大纵坡 4.4%，竖曲线极限最小半径（凸曲线）3000 米，竖曲线极限最小半径（凹曲线）4000 米。全段地震列度构造物按 8° 设防。

省道 201 线甘宁交界处

省道 201 线 102 公里处路段

1. 省道201线公铁立交桥引线工程

省道 201 线公铁立交桥引线工程 4.884 公里均按一般二级公路平原微丘区标准设计，路基宽 12 米，路面宽 9 米。主要工程量：土石方 53.3 万立方米 /4.884 公里，C20 混凝土路肩墙 1490.8 立方米 /7374 米，5 厘米上拌下贯沥青路面 42970 平方米 /4.884 公里，涵洞 15 道。工程于 1995 年 4 月开工，1996 年 11 月竣工。总投资 590.63 万元。

2. 省道201线大水闸立交桥改建工程

省道 201 线大水闸立交桥改建工程，设计单位铁路第一设计院，施工单位景泰段，工程于 1995 年 9 月开工，1996 年 6 月竣工，总投资 137.1 万元。

3. 省道201线大格达立交桥改建工程

省道 201 线大格达立交桥改建工程，设计单位铁路第一设计院，施工单位甘肃省白银公路总段景泰公路管理段，工程于 1996 年 4 月开工，11 月竣工，总投资 248.93 万元。

4. 省道201线白墩子立交桥改建工程

省道 201 线白墩子立交桥改建工程，设计单位铁路第一设计院，施工单位甘肃省白银公路总段景泰公路管理段，工程于 1996 年 4 月开工，11 月竣工，总投资 171.28 万元。

5. 省道201线景泰至西槽公路改建工程

省道 201 线景泰至西槽公路改建工程地处

大格达公铁立交桥

甘肃省中部白银市景泰县及兰州市永登县境内，起点位于景泰县城南端40公里+300米，经郭家窑，终点为永登县西槽乡141公里+985.62米，与尹中高速公路相接，路线全长101.685公里。按平原微丘区二级公路设计，设计行车速度80公里/小时，路基宽度12米（其中40公里+300米—49公里+600米路基宽度为17米），路面宽度为9米，设计荷载为汽-20级，挂-100级。完成的主要工程数量有路基土石方136万立方米，中桥160.78米/3座，小桥438.84米/17座，涵洞3682.62米/261道，沥青混凝土路面100.61万平方米。设计单位为甘肃省交通规划勘察设计院，工程质量监督单位为甘肃省交通基建工程质量监督站，景郭段建设单位为白银公路总段，监理单位为甘肃省交通工程建设监理公司通勤分公司，由武威通达建筑路桥工程有限公司、白银公路总段

白墩子公铁立交桥

机械化工程公司、甘肃省水利水电工程局、甘肃五环公路工程有限公司中标承建。郭西段建设单位为兰州公路总段，监理单位为成都久久公路工程监理有限公司、甘肃省交通工程建设监理公司通勤分公司，由兰州公路总段、甘肃恒达实业发展集团有限公司和甘肃圆陇公司联营体、甘肃五环公路工程有限公司中标承建。工程于2001年7月开工，2003年9月竣工。总投资6000万元。由于2003年白银地区降雨较为集中，景西路原设计矮路堤路段水毁较为严重，为确保路基稳定增加防护、改移河道、疏通河床，追加投资559.86万元，为美化路容，对收费站处1.23公里路基两侧进行绿化，费用为23.66万元。

6. 省道201线景泰县城过境段改建工程

省道201线景泰县城过境段位于甘肃中部地区白银市景泰县城境内，为省道201线的重要组成部分，全长8.94公里，后由于路线改线增长0.37公里，变更为9.31公里。路线由北向南走向，起点32公里+940米位于景泰县城北端，自北向南经北环路口，路线穿越景电一期西干渠渡槽南行，经民航景泰导航站、南环路东口，路线又折向西南跨越条山砂河至终点。南接省道201线42公里+240米。按宽幅二级公路等级设计，路基宽17米，设计行车速度80公里/小时，设计荷载汽-20，挂-100，桥面宽14-2×1.5米，全线中桥59.06米/1座，平面交叉4处，立体交叉1处，涵洞22道。路面上面层采用3厘米厚细粒式AC-13沥青混凝土，下面层采用4厘米厚中粒式AC-20沥青混凝土，基层为水泥稳定砂砾25（20）厘米，垫层为天然砂砾20（15）厘米。主要工程数量包括路基土石方30.68万平方米，中桥59.06米/1座，涵洞382.82米/24道，砂砾垫层16.29万平方米，水泥稳定砂砾基层

省道 201 线景泰过境段

16.42 万平方米，沥青混凝土面层 16.42 万平方米。本工程由甘肃交通规划勘察设计院协同白银新世纪公路工程勘察设计所共同承担设计任务，由甘肃省交通质量监督站进行工程的全面监督，甘肃省交通建设监理公司庆阳分公司承担监理任务，土建工程由白银新世纪路业公司承建，交通工程由甘肃省康道佳通设施有限责任公司承建，绿化工程由白银区大坪苗圃承担。工程于 2003 年 12 月 28 日开工，2004 年 11 月 23 日全面完成建设任务，总投资 2430 万元。

7. 景泰公路改建项目

省道 201 线营景段改建工程自营盘水、白墩子、长城至景泰县城，主线长 40.295 公里。本项目全部采用平原微丘二级公路的技术标准，设计行车速度 80 公里 / 小时，路基宽度 12 米，路面宽度 9 米，设计荷载汽 –20，挂 –100。完成的主要工程量有：省道 201 线路基土石方 40.4 万立方米，石方 3.38 万立方米，挡土墙 1659 米，2+6 厘米沥青混凝土路面 36.98 万平方米，1.5 厘米沥青表处 11.78 万平方米，中小桥 212.94 米 /10 座，涵洞 823.45 米 /56 道。该项目建设单位为白银公路总段，设计单位为甘肃省公路局设计所，监理单位为甘肃省交通工程建设监理公司和北京双环工程咨询有限责任公司。甘肃省交通基建工程质量监督站对该项目进行工程质量监督。施工单位为景泰公路管理段、兰铁工程总公司、武威水电工程队、兰州总段工程队、省公路工程总公司嘉峪关公司、明达交通工贸公司、昌道公路工程公司、省公路工程总公司三公司、西峰市一建总公司、武威总段通达路业公司、白银总段机械化工程公司、景泰县二建四处。工程于 1998 年 9 月开工，1999 年 10 月竣工，总投资 7416.88 万元。

（二）省道 308 线

省道 308 线辘古公路位于甘肃省中部白银市平川区、靖远县与景泰县境内，北与内蒙古、宁夏接壤，西与武威地区古浪县相接，南北为靖远县所辖，南为白银市，南经永登、皋兰与兰州相通。与国道 109、省道 201 线有重复路段。靖远公路管理段管养唐红段，起讫桩号：22.742 公里—47.888 公里，景泰公路管理段管养白大段，起讫桩号：186.981 公里—224.378 公里，全程：62.543 公里。红唐段东起红会矿区公路与省道 308 线岔路口西 200 米，西至国道 109 线唐家台，为省道 308 线中的一段，沿途经过白土梁、党家水、大水头桥南，翻过山口至化工厂北，由平川区外围过境经墩墩滩跨唐大沙河至唐家台。白大段自白墩子起，沿途经过三个山、上砂窝、高家墩村、红水村至终点大岭（至古浪县分界处）。公路

省道 308 线景泰与古浪交界处

等级：二级，荷载标准：汽车–20，挂–100，路面宽度：9~16米。

1. 平川公路改建项目

平川公路改建项目位于白银市平川区和靖远县境内，东与宁夏海宁县相通，西出靖远县与白银市区相连，设计行车速度为80公里/小时，22公里+700米—38公里+360米段路基宽度12米，路面宽度9米，38公里+360米—47公里+400米段路基宽度17米，路面宽度14米。设计荷载为汽–20，挂–100。完成的主要工程量有：路基土方50.24万立方米，路基排水17785.94米，防护5829.22立方米/3116米，涵洞2135.55米/114道，大桥171.8米/1座，中桥91.1米/1座，小桥123.58米/9座，沥青路面29.07万平方米。该项目建设单位为白银公路总段，设计单位为甘肃省公路局设计所，监理单位为甘肃省交通工程建设监理公司和北京双环工程咨询有限责任公司。甘肃省交通基建工程质量监督站对该项目进行工程质量监督。施工单位为省公路工程总公司、昌通公司、兰州公路总段、白银公路总段。工程于1998年7月开工，1999年10月竣工，总投资6942.43万元。

2. 景泰公路白大段改建项目

省道308线白大段改建工程自白墩子途径三个山、上沙窝、红水至大岭，全长37.538公里，岔道8.302公里，其中省道201线与省道308线之间的连接线，0公里—6公里+380米，长6.38公里，全部新建。连接线与省道308线的交点6公里+380米20公里+700米，长13.85公里，利用旧路改造。20公里+700米33公里，长12.3公里，废弃原有公路，全部新建。33公里—38公里，长约5公里，基本利用旧路改建。省道308线路基土石方41.82万立方米，石方16.24万立方米，挡土墙1702米，2+6厘米沥青混凝土路面33.32万平方米，1.5厘米沥青表处10.92万平方米，中小桥355.32米/11座，涵洞2024.72米/94道。1998年9月15日正式开工对白大段进行改建，1999年10月竣工，工程总造价5704.12万元。项目建设单位为白银公路总段，设计单位为甘肃省公路局设计所，监理单位为甘肃省交通工程建设监理公司和北京双环工程咨询有限责任公司，甘肃省交通基建工程质量监督站对该建设项目进行工程质量监督。

（三）省道207线

省道207线靖天公路纵贯陇中腹地，连通国道109、国道309、国道312、国道Z45及国道316五条国道干线，是甘肃省中东部地区的经济大动脉，宁夏、内蒙古、白银等地的煤炭、有色金属、地方农副产品的南销及西安、宝鸡、天水、平凉等地的大宗工业轻纺、日用小商品北运均依赖本公路。

原省道207线在白银市境内系原慢靖公路（32.797公里—150.6公里）、通会公路（51.41公里—74.4公里）在会宁城南连接组成，总长138.3公里。全线山岭重丘区约占27%，平原微丘区约占73%，自然区划属二级区划Ⅲ3区。平曲线超限65处，最小半径13.28米1处，纵坡超限15处，最大纵坡11.3%，长310米。

至2010年，省道207线靖远至会宁段（0

省道207线石板沟公铁立交桥

公里—136.77 公里）长 136.77 公里，以机械为主人工为辅的养护方式养管，路线起于靖远县吴家川乡，由北向南沿石板沟经靖远县城闸门、黑城子乡，经会宁郭城驿镇、河畔镇、甘沟驿乡、柴家门乡到会宁县城。靖远闸门至会宁为 20 世纪 50 年代打通的路基，1956 年由地方政府以民工俭勤形式，开始对原有大车道进行改建。至 1958 年，部分路面铺筑砂砾，靖远至会宁基本通车。后于 20 世纪 80 年代按三级公路技术标准进行了改造。靖远闸门—黑城子、会宁郭城驿—会宁县城两段于 90 年代进行了 3 厘米沥青表处罩面。吴家川至闸门段原是老兰包公路的一段，吴家川至闸门石板沟段于兰包公路"七五"改建时，于 2000 年并入省道 207 线。2002 年省道 207 线靖远黑城子—会宁郭城驿段 21 公里列入"通县油路"工程，按三级公路技术设计、改建。

**1. 靖定公路靖红段改建工程**

北起靖远县大芦乡黑城子，接省道 207 线 22 公里 +300 米，途经会宁县郭城驿镇新堡子村后沿郭巉公路向西南终止于会宁县头寨镇红岘村，全长 59.693 公里。按山岭重丘区三级公路标准设计，路基宽度 6.5 米 ~12 米，桥涵设计荷载为汽 -20，挂 -100。主要工程量有：土石方 18 万立方米，纵向排水工程 2.86 万延米，防护工程 1.98 万立方米 /1.14 万延米，15 厘米水泥稳定土基层及 3 厘米沥青表处路面 18.34 万平方米，15 厘米水泥稳定土基层及 3+2 厘米沥青碎石路面 25.41 万平方米，中桥 192.08 米 /2 座，新建涵洞 135.5 米 /13 道，旧涵加固维修 456 米 /56 道。项目建设单位为白银公路总段，设计单位为甘肃省交通规划勘察设计院，监理单位为甘肃省交通工程建设监理公司路通分公司，施工单位为白银新世纪路业公司、甘肃五环公路工程有限公司、甘肃金路交通设施

有限公司，质监单位为白银市交通工程质量监督站。工程于 2003 年 8 月开工，2004 年 10 月竣工，总投资 2865.21 万元。

**2. 省道 207 线靖远至会宁扶贫公路项目**

省道 207 线靖远至会宁扶贫公路项目主线路线起点为靖远县石板沟，顺接老国道 109 线于 1589 公里 +000 米，终点为会宁县城北的北河坪，顺接现在城市道路。路线起点（石板沟）至靖远县城段沿石板沟从北向南布设，并设靖远黄河大桥跨越黄河到达靖远县城西门，靖远县城西门至终点会宁县城的北河坪段沿祖厉河东岸展线，路线自北向南布设，并在会宁县北的北河坪与现有城市道路相接，途经靖远县城西门、十里铺、小芦子、黑城子、大芦乡、郭城驿镇、河畔镇、甘沟驿乡、柴家门乡。主线全长 111.34 公里。该项目经省发改委以甘发改交运〔2007〕612 号文批复开工报告，以甘发改交运〔2008〕129 号批复初步设计，批复概算投资 2.59 亿元。项目于 2008 年 7 月开工，2010 年 11 月完工。建设单位为：甘肃省公路局；设计单位为：甘肃省交通规划勘察设计院；质量监督单位为：甘肃省交通基建工程质量监督站；监理单位为：JHJ1 甘肃省交通工程建设监理公司，JHJ2 甘肃省恒科交通工程监理有限公司；施工单位为：JH1 中交一公司第五工程有限公司，JH2 甘肃恒达路桥工程集团有限公司，JH3 四川武通路桥工程局，JH4 白银新世纪路业公司。

**3. 国道 247 线靖远至会宁段公路改建工程**

国道 247 线靖远至会宁段，原属省道 207 线。始建于 1981 年，2014 年国家将靖天公路规划为国道 247 线甘肃景泰至云南昭通公路靖远至会宁段。国道 247 线靖远至会宁段公路改建工程路线主要位于甘肃省中部的白银市境内，主线路线起点桩号 0+000 公里，位于靖远

县黄河南岸，与已建成的滨河路顺接，以互通连接靖远黄河大桥，途经闇门、二十里铺、黑城子、大芦乡、红堡子、郭城驿、河畔、甘沟驿、柴家门、会宁县城，道口村、新添堡乡、沙家湾村、涧滩铺村、侯家川乡，终点位于会宁县与通渭县交界处，终点桩号144公里+531.254米，顺接省道207线，主线总长149.665公里。支线起点位于靖远县闇门平交口，终点顺接主线0+000公里，支线长0.716公里（含起点交叉口改造被交路）。该项目全线采用二级公路标准建设，设计速度为60公里/小时，路基宽度12米，桥梁宽度12米，路面宽度11.4米，其中55公里+400米—56公里+200米段路基宽度20米，76公里+060米—76公里+560米段路基宽度24米，142公里+400米—143公里+000米段路基宽度14米，新建桥涵设计汽车荷载等级采用公路-I级，桥涵设计洪水频率：特大、中桥1/100，小桥、涵洞1/50，其他技术指标按《公路工程技术标准》（JTGB01-2014）规定执行。该项目主要工程数量（不含会宁县城过境段）：该项目路基填方25.85万立方米，挖土方564.4万立方米，挖石方10.02立方米，挡土墙16211.47立方米，护坡3719.7立方米，驳岸19874.4立方米，护面墙14396.64立方米，内护墙11173.64立方米，护岸4712.02立方米，路基排水200.768公里，基底换填处理14.41万立方米，路床处理45.99万立方米。该项目一般路段路面结构为4厘米AC-13细粒式沥青混凝土+5厘米AM-20中粒式沥青碎石+20厘米水泥稳定碎石+20厘米水泥稳定碎石。侯家川连续下坡路段为4厘米AC-13细粒式沥青混凝土+7厘米ATB-25粗粒式密级配沥青碎石+20厘米水泥稳定碎石+20厘米水泥稳定碎石。全线路面4厘米AC-13细粒式沥青混凝土上面层1472319平方

米，5厘米AM-20中粒式沥青碎石下面层1313446平方米，7厘米ATB-25粗粒式密级配沥青碎石下面层158873平方米，20厘米水泥稳定碎石基层1444162平方米，20厘米水泥稳定碎石底基层1603369平方米。该项目共设桥梁3132.02米/24座，其中新建大桥2098米/9座，新建中桥615.5米/11座（含加宽旧桥97.5米/1座），新建小桥22.52米/1座，直接利用大桥307.5米/1座，检测利用中桥66.5米/1座，直接利用小桥22米/1座。共设置涵洞353道，其中新建涵洞341道，接长利用4道，直接利用8道。共设置平面交叉11处。设置交通标志、标线、护栏、里程碑、百米牌等交通安全设施。全线设置养护工区、服务区及收费站各2处。核定项目预算金额为182642.8167万元（含会宁过境批复概算10660.2677万元）。该项目采取代建模式进行项目管理，代建单位为甘肃省交通工程建设监理公司。项目建设总工期24个月。由甘肃路桥公路投资有限公司负责工程施工，项目于2014年9月全线开工建设，计划于2017年年底建成通车。

（四）省道217线

1.2003年省道217线油路改造工程

2003年省道217线油路改造工程被列入国债项目县际油路工程，由甘肃省通广公路勘察设计有限公司承担此段公路的测设任务，全长65.227公里，工程造价3843.97万元，2003年3月完成外业勘测，8月完成内业设计。工程于2003年11月8日开工，2007年1月26日竣工。起点景泰县大水接省道201线62公里+300米，自北向南，经野狐水、赵家水、大水、红岘台、独山子、武川、红砂岘、西铜厂至终点白银，经城区与国道109线连接。工程起点0公里，终点65公里+232米，长65.232公里。公路等级三级，设计行车速度30公里/

小时，行车道宽度 7~9 米，路基宽度 7~12 米，车辆荷载汽 -20，挂 -100。主要工程量：挖除旧路面 26.69 万平方米，路基土方 10.3 万立方米，涵洞 190.24 米 /21 道，路基防护 3203 立方米，路基排水 5396 立方米 /10864 米，砂砾垫层 26.15 平方米，水泥稳定砂砾基层 24.7 万平方米，沥青碎石路面 23.81 万平方米。建设单位为白银公路总段，设计单位为甘肃通广公路勘察设计有限公司，监理单位为甘肃交通工程建设监理公路路通公司，质监单位为白银市交通工程质量监督站，施工单位通过公开招标的方式确定，分别由甘肃五环公路工程有限公司、白银新世纪路业公司、兰州金路交通设施有限公司等单位承建。2005 年 7 月 1 日至 4 日，由白银市交通基建工程质量监督站负责，会同有关单位进行交工验收。2007 年 1 月 26 日由省发展改革委员会会同有关单位进行竣工验收。

**2. 省道217线景泰大水磴至白银区段一级公路改建工程**

（1）2015 年 12 月 10 日，省道 217 线景泰大水磴至白银区段二级公路开工建设。该项目是白银市首条采用政府和社会资本合作模式（PPP）建设的项目。该线路是白银交通网络的大动脉，是连接黄河石林 4A 级景区的唯一一条干线公路，也是连接营双、景中高速公路、省道 101 线、省道 308 线和京藏高速公路、国道 109 线的重要通道。项目起于景泰大水磴，途径景泰县野狐水、赵家水、大水、红岘台、白银区独山村、武川镇、红砂岘，利用白银城区靖远路，至于国道 109 线 1623 公里 +100 米处，路线全长 61.94 公里。全线按二级公路标准建设，设计行车速度 80 公里 / 小时，路基宽度 15.5 米。工程内容包括道路、桥涵、防护、交通设施等分项工程，项目投资估算 14.33 亿

元。全线设大桥 1 座、中桥 15 座（其中完全利用靖远路中桥 76 米 /2 座）、涵洞 169 道、渡槽 1 座、通道涵 3 座、隧道 1 座、分离式立交 2 处、平面交叉 6 处、收费站 2 处，服务区 1 处。路面主要结构层为 4 厘米 AC-13 细粒式 SBS 改性沥青混凝土 +5 厘米中粒式 AC-16 沥青混凝土 +20 厘米水泥稳定碎石基层 +20 厘米水泥稳定砂砾底基层 +20 厘米天然砂砾垫层。该项目于 2015 年 11 月 2 日由省发改委甘发改交运〔2015〕1173 号文批复，项目按"贷款修路，收费还贷"的方式建设。该项目采用 PPP 合作模式。白银市交通投资有限公司和山东华达建设集团按 1：9 的比例成立项目公司，取得 33 年合作期内所有道路资产的使用权和经营权，并承担项目整体的投资、建设、运营和维护。该项目建设单位为白银市交通投资有限公司，施工单位为山东华达建设集团，设计单位为苏交科集团股份有限公司，监理单位为陕西建通工程监理有限公司。项目于 2016 年 5 月开工，计划于 2017 年 10 月完工。

（2）2017 年 5 月 27 日，中共白银市委、市政府就正值实施的省道 217 线景泰大水磴至白银二级公路提升为一级公路有关事宜召开专题会议。会议认为：省道 217 线景泰大水磴至白银公路由二级标准改为一级标准势在必行。一是适应国家政策的调整，充分利用"PPP"合作模式加快公路建设步伐。二是顺应县县通高速的要求，尽快打通白银市连接景泰县的快速通道。三是加快黄河石林 4A 级景区开发步伐，提升旅游服务品牌形象。会议决定：同意采纳 5 月 26 日省交通运输厅专项咨询会议建议，采用双向 4 车道一级公路技术标准，设计时速 80 公里 / 小时，路基宽 25.5 米的方案实施，有条件的情况下修通辅道。

主要建设内容与技术标准：路线全长

67.84 公里，全线共设桥梁 17 座 1206.6 米（含加宽桥梁），涵洞 188 道，互通式立体交叉 1 处，分离式立体交叉 4 处，平面交叉 18 处，收费站 2 处，服务区 1 处，养护工区 1 处。路面采用沥青混凝土结构，桥涵设计汽车荷载等级采用公路 -1 级。全线按规范设置必要的防排水设施和交通安全设施。项目估算总投资 284872 万元，其中一期工程（原二级公路）97948 万元，二期工程 186923 万元。本项目由白银市申请交通产业投资基金或社会投资人筹集，其他建设资金通过多渠道措施解决。本项目由白银市交通运输局报省交通运输厅批复并作为项目法人组织实施。项目建设工期计划 24 个月，本项目为收费公路。

### 三、县道

县道 322 线路线起点位于靖远线唐家台，终点位于靖远县阊门村，路线总长 22.9 公里，主要控制点为：靖远线唐家台、红柳泉、东湾镇、沙梁、杨梢沟口、靖远县城、阊门村。

全线按二级公路技术标准设计，设计行车速度 60 公里 / 小时，路基宽度为 12~14 米，路面 0 公里—3 公里 +200 米、4 公里 +200 米 7 公里、8 公里—8 公里 +980 米、19 公里 +200 米—21 公里段采用 ES-3 稀浆封层进行处理，其余路段采用 6 厘米沥青上拌下贯路面（2 厘米厚细粒式 AC-10 沥青混凝土 +4 厘米厚沥青下贯层）+20 厘米厚水泥稳定砂砾基层（水泥含量 5%），新建涵设计荷载采用公路 - I 级，旧桥涵利用维持原设计荷载。主要工程量为：土方 1.89 万立方米，防护工程 19211 米 /701.1 立方米，排水工程 8510.5 米 /1976 立方米，2 厘米厚细粒式沥青混凝土 27.57 万平方米，4 厘米厚沥青下贯层 27.57 万平方米，20 厘米厚水泥稳定砂砾基层 27.57 万平方米，新建涵洞 7 道，修复利用旧桥 1 座，平面交叉 5 处。项目于 2009 年 4 月开工，2009 年 10 月完工。本项目监理单位为甘肃省交通建设监理公司白银分公司，施工单位为白银新世纪路业公司。总投资 1612.6 万元。

### 四、乡道

白银公路管理局管养的乡道 489 线红白公路，起讫桩号 0 公里—4.02 公里，全程 4.02 公里，公路等级三级，荷载标准汽车 -13，拖 -60，路面宽度 7 米。红会—白土梁公路系原唐红公路 24 公里 +910 米—28 公里 +700 米，该路段在民国时期为大车道，将红会等地小煤窑的煤运往靖远等地。1966 年红会建矿，遂由矿上投资建为矿山道路。1976 年靖远矿务局投资，靖远公路管理段将该段铺筑为油路。1983 年为适应矿区建设，对该路进行改建，由省交通规划设计院设计，标准为三级平微区公路，省公路工程公司机械队施工，于 1985 年 10 月竣工。1998 年作为平川公路改建项目省道 308 线的支线，由白银公路总段机械化工程公司对该线进行了路面大修及防排水构造物的完善。

### 五、专用公路

Z136 黄河公铁两用桥专用道长 2.08 公里。黄河公铁两用桥位于甘肃省白银市靖远县境内，省道 207 线 17 公里 +953 米处，是沿线主要交通枢纽，该桥中心桩号为 17.953 公里，竣工桩号为 1587.18 公里，于 1960 年 12 月开工，1971 年 12 月竣工。

# 第二章  公路养护

GONG LU YANG HU

随着国家经济发展，公路建设不断进步，交通量逐年增加，公路运输承受的压力也越来越大。在长期交通荷载和气候环境因素作用下，特别是公路交通运输中超载、重载现象不断增加，极大地降低了公路运输效益，公路路面不断出现问题，并由此埋下许多安全隐患。公路作为公益事业，养护主要依靠的是管理，只有不断创新，完善管理措施，提高防护能力，才能通过公路科学养护、降低交通意外事故概率，达到提升公路使用功能的目标。在"以建代养"观念占据主导地位的时代，公路养护被放在了次要位置。随着养护问题的暴露，公路管理的思路逐渐趋向"建养并重"的理念。坚持"以养护保证畅通，以改造提高等级"的方针，坚持日常养护与集中养护、重点养护与全面养护相结合，对公路养护体制和制度进行改革，使养护工作实现了由单纯追求路面平整度养护向路面病害处置、公路大中修、桥涵养护、路面保洁等全面养护的转变；加强了预防性养护，实现了由被动养护向主动防护、预防养护的转变；强化了安全保畅工作，实现了由单一服务理念向人性化服务的转变；改变了传统的养护组织方式，实现了由粗放型养护向集约化养护的转变；提高了养护机械化程度，实现了以人工作业为主向以机械化作业为主的转变。

## 第一节  高速公路养护

### 一、养护线路

（一）养护线路变化情况

至 2016 年，白银公路管理局高等级公路养护管理中心养护路线为国 6 京藏高速公路刘白段（刘寨柯至白银）1423 公里—1532.794 公

104

里路段、白兰段（白银至兰州）1532.794 公里至 1557.4 公里路段，全长 134.4 公里。

国 22 线平定高速在白银市会宁县境内 1693 公里—1741 公里共计 48 公里，在 2010 年 1 月 1 日至 2011 年 12 月 31 日期间由白银公路管理局管养，2012 年 1 月 1 日至 2017 年 1 月 9 日由平凉公路管局管养。根据省公路管理局的通知，自 2017 年 1 月 10 日零时起由白银公路管理局承担平定高速会宁段养护管理主体责任。

2007 年、2008 年，甘肃省白银公路总段养护高速公路 135.4 公里，养护线路为国道 025 线丹拉公路 1471 公里 +010 米—1606 公里 +410 米，高级公路。

2009 年，甘肃省白银公路总段养护高速公路 183.485 公里，其中国 6 线京藏高速公路 1423 公里 +000 米—1557 公里 +394 米，全长 134.394 公里。国 22 线青兰高速公路 1691 公里 +265 米—1740 公里 +356 米，全长 49.091 公里。

2010 年，甘肃省白银公路总段养护高速公路 182.4 公里，其中国 6 线京藏高速公路 1423 公里 +000 米—1557 公里 +400 米，全长 134.4 公里。国 22 线青兰高速公路 1693 公里 +000 米—1741 公里 +000 米，全长 48 公里。

2011 年，甘肃省白银公路总段养护高速公路 182.4 公里，其中国 6 线京藏高速公路 1423 公里 +000 米—1557 公里 +400 米，全长 134.4 公里。国 22 线青兰高速公路 1693 公里 +000

米—1741 公里 +000 米，全长 48 公里。

2012 年—2016 年，甘肃省白银公路总段养护高速公路 134.4 公里，养护线路为国 6 线京藏高速公路 1423 公里 +000 米—1557 公里 +400 米。

2017 年 1 月 10 日，按照省厅《省公路管理局关于 G22 平定高速会宁段养护管理主体责任变更的批复》（甘交高养〔2017〕10 号）文件安排，决定将国 22 线平定高速会宁段 1693 公里—1741 公里，主线长 48 公里，匝道 4.651 公里，连接线 0.237 公里，从 2017 年 1 月 10 日零时开始，由白银公路管理局承接养护工作。

2017 年 1 月 21 日，按照省厅《关于金武、营双、雷西、武罐高速公路养护管理模式变更的批复》（甘交公路〔2016〕174 号）文件安排，金武、营双、雷西、武罐高速公路市场化养护合同 1 月 20 日期满后，不再进行市场化养护试点运营，小修保养等基本公共服务及养护责任主体回归至各属地公路管理局，白银公路管理局承担营双高速公路 321 公里 +500 米—384 公里 +900 米段 63.4 公里小修保养、灾毁抢修、应急保通基本公共服务及养护责任主体。

（二）养护线路基本情况

1. 京藏高速公路 1423 公里—1557.4 公里路段路基宽度 24.5 米，路面宽度 21.5 米，至 2016 年白银公路管理局管养路段共有涵洞 425 道，桥梁 125 座、其中（大桥 3385.75 米 /14

**京藏高速公路管养里程及桥隧涵统计**

| 名称 | 里程（公里） | 起讫桩号 | 桥隧涵数量 |
| --- | --- | --- | --- |
| 京藏高速公路<br>刘寨柯至白银 | 109.79 | 1423 公里—<br>1532 公里 +794 米 | 桥 97 座<br>涵洞 338 道 |
| 京藏高速公路<br>白银至兰州 | 24.60 | 1532 公里 +794 米—<br>1557 公里 +400 米 | 桥 28 座<br>涵洞 87 道 |

座、中桥 2034.08 米 /33 座、天桥 1284.562 米 /26 座、小桥 935.73 米 /52 座）。

2. 营双高速321.5公里—384.9公里路段设计路基宽度 24.5 米，路面宽度 23.0 米，设计行车速度 80 公里 / 小时，桥涵设计车辆荷载为公路 I 级。主线长 63.4 公里，匝道及连接线长 5.408 公里，桥梁 53 座，其中大桥 6 座，中桥 25 座、小桥 22 座，涵洞 143 道，收费站三处，分别为寺滩收费站、景泰收费站、营盘水收费站，服务区两处，为景泰服务区、临时停车休息区。

3. 平定高速（会宁段）1693公里—1741公里路段设计路基宽度 24.5 米，路面宽度 23 米，设计行车速度 80 公里 / 小时，桥涵设计车辆荷载为公路 I 级。主线长 48 公里，匝道长 4.651 公里，连接线 0.237 公里。桥梁 52 座，其中大桥 18 座，中桥 21 座、小桥 13 座，涵洞 126 道。收费站二处，分别为太平收费站，会宁收费站。服务区一处，为会宁服务区。

### 二、养护队伍

高速公路养护管理工作的有序进行是保障高速公路可持续发展的必要条件，做好高速公路养护管理工作，提高高速公路的使用效率和服务水平，是高速公路管理部门和经营企业一项长期而艰巨的任务。为确保高等级公路养护管理中心养护管理事业健康发展，白银公路管理局和高等级公路养护管理中心高度重视专业人才的培养，把高学历、高素质、年轻化的专业技术人才，充实到养护部门或一线上，使高速公路养护人员的技术素质和年龄梯度形成了合理结构，实现了较好的可持续发展的人力资源配置。

白银公路管理局高等级公路养护管理中心有干部职工 50 人，其中具有专业技术职称的技术人员 21 名（高级工程师 5 人，工程师 13 名，助理工程师 3 人），本科以上学历 15 人，大专学历 10 人，中专及高中 4 人，中共党员 23 人。

白银公路管理局高等级公路养护管理中心 2009 年至 2016 年养护队伍增长变化情况：

2009 年 6 月至 2010 年 1 月中心养护队伍人员 15 人；

2010 年 1 月至 2010 年 7 月中心养护队伍人员 19 人；

2010 年 7 月至 2012 年 1 月中心养护队伍人员 39 人；

2012 年 1 月至 2013 年 1 月中心养护队伍人员 42 人；

2013 年 1 月至 2014 年 12 月中心养护队伍人员 45 人；

2014 年 12 月至 2015 年 12 月中心养护队伍人员 49 人；

2015 年 12 月至 2016 年底中心养护队伍人员 50 人。

### 三、养护工区

甘肃省白银公路管理局高等级公路养护管理中心白银养护工区设立于 2009 年，位于国 6 京藏高速公路 1529 公里 +900 米处，是白银公路管理局下设的高速公路专业化养护生产基地，是集高速路段的日常养护，养护维修工

白银公路管理局高等级公路养护管理中心
白银养护工区生活、办公区域

程，原材料储备、加工生产，试验检测，养护机械设备维修停放，职工办公、休息于一体的综合性厂区，主要分为办公区和生产区。

白银养护工区承担着京藏高速公路 134.4 公里的养护任务，养护工区以"双化"建设为载体，优化美化工作、生活环境，配有试验室、乳化沥青生产车间、会议室、职工食堂、职工宿舍、职工娱乐活动室、澡堂等生产生活设施。

养护工区在编职工 33 人，招聘临时人员 30 人，占地 58 亩，建筑面积 36000 平方米。主要机械有 SLB2000 型沥青混合料拌合站、摊铺机、铣刨机、稀浆封层车、微波综合养护车、压路机、路面清扫车、挖掘装载机、撒盐车、乳化沥青生产设备，改性沥青生产设备等各类高速公路养护专用机械化设备 30 余台套。

**四、养护实施**

**（一）养护范围**

高等级公路养护管理工作包括高等级公路的路基、路面、隧道、桥涵、路线交叉、防护设施、沿线设施（包括交通安全设施、标志、标线等）的养护、维修，以及绿化和水土保持等工作。

**（二）养护基本要求**

路容路貌整洁美观，绿化良好；路基边坡稳定，排水设施完善畅通；路面平整无明显跳车，病害处置及时有效；桥涵、隧道等构造物保持完好状态；沿线设施规范齐全，恢复及时；防汛抢险、除雪防滑措施到位，反应迅速；养护作业规范，安全设施齐全，现场管理有序；实现机械化作业，保证养护质量，提高工作效率。建立健全各类管理台账，完善内业资料。应用公路数据库、路面管理系统（CPMS）、桥梁管理系统（CBMS），建立科学的评价、决策体系。

白银公路管理局高等级公路养护管理中心
白银养护工区混合料拌合生产区域

**（三）日常养护**

**1.公路巡查**

白银公路管理局负责高等级公路的养护监督和管理，高等级公路养护管理中心（以下简称高养中心）具体实施养护工作，养护工区负责公路日常养护巡查工作。养护工区长负责组织安排公路养护日常巡查工作，及时掌握公路路况水平及其沿线设施的运营状况，及时处理和报告存在的问题。

公路巡查分为日常巡查、夜间巡查和特殊巡查。

（1）日常巡查主要内容

路基：检查路肩边缘是否顺适，护肩是否破碎、下沉。边坡是否有冲毁、坍塌或冲沟，护坡坡度是否正常。边沟、排水沟、急流槽、墙顶截水沟是否淤积、积水，进出口维护是否完好，有无裂缝、断裂及勾缝脱落等情况。挡土墙、护坡等防护设施有无裂缝、沉降等病害，泄水孔是否堵塞。

路面：调查各种病害的详细情况，是否有裂缝、坑槽、翻浆、沉陷等影响行车安全的病害。路面是否有积雪、有污染、抛弃物和路障等堆积物。巡视中央分隔带、路肩等设施状况。

交通安全设施：检查护栏、隔离栅、防落

网、标线、导流桶等交通安全设施是否有缺损、变形、污染、锈蚀等情况。

巡查频率：每天不少于一次（如遇恶劣天气可改为特殊巡查）。

（2）夜间巡查

主要巡查标线、轮廓标、突起路标、分流桶的反光情况和完好状况，检查路面是否有抛弃物。每旬不少于一次。

（3）特殊巡查

主要在发生风沙、暴雨、大雪、地震等自然灾害或突发事件后，应对路基、路面、桥梁、隧道、涵洞（通道）、防护工程、交通安全设施、附属设施等进行全面检查。应在自然灾害或突发事件发生后 24 小时内巡查。

（4）处理措施

在巡查时，对于路面堆积物、抛撒物、落石、积水、边沟堵塞、影响行车的树木树枝等能及时处理的，应立即清理。对于路基缺口、边坡水毁等病害，要及时采取措施处理，避免病害加大。

对于出现路面病害（如坑槽、翻浆、较大沉陷等），发生水毁等对行车造成影响而无法及时处置的，要先行设置明显的警示安全标志进行必要的交通渠化或管制措施，然后组织专业养护队在规定时限内修复，并及时上报。

养护人员整修中央隔离带

养护人员日常保洁

2. 定期检查

定期检查是指为掌握公路及其附属设施的技术状况、拟定养护生产计划和评定公路养护质量而实施的检查。

按照《公路技术状况评定标准》检查评定，并填报相应表格。其中桥梁、涵洞（通道）按照《公路桥涵养护规范》检查，隧道按照《公路隧道养护技术规范》检查。

3. 经常性养护

（1）主要内容包括日常保洁、整修路容、清洗维护标志、清理疏通排水设施、打冰除雪和绿化管护等。

（2）按照经常化、制度化的要求，落实养护人员和机械设备。通过巡查、保养、维修，达到路容路貌整洁、排水畅通、构造物完好、标志醒目齐全，保障道路安全畅通。

（3）公路绿化实行专业化养护，绿化管护内容包括对成形绿化路段进行浇水、施肥、治虫、修剪、移植、补植和枯枝处理等，达到稳固路基，美化路容，保护环境，减轻噪声的作用。白银公路管理局负责绿化管护的监督和检查。

4. 预防性养护

（1）预防性养护是指采用预防性养护措施，将公路病害消除在萌芽状态，以保持公路的使用性能，延长公路使用寿命，降低养护成本。

（2）预防性养护的主要内容及要求。对轻微开裂破损的边沟、排水沟、急流槽、导流堤、桥（隧）涵进出口构造物、路肩墙等防排水设施及时维修。积极采用微表处、碎石封层、雾封层、稀浆封层等薄层封面技术以及灌缝、封缝等措施及时处置路面表层料散失、沥青老化和各种路面裂缝，防止地表水下渗引发各类病害。及时疏通桥梁泄水孔，清理伸缩缝，保证桥梁安全使用。对沿线安全设施及时完善、刷新等。

（四）小修保养

小修保养是指及时修复公路及其附属设施局部轻微损坏部分，使其经常保持完好状态。

1. 认真分析损坏的原因，根据损坏类型、维修季节等实际情况，采取相应的维修措施。

2. 制定周密的作业计划，做到材料合格，工序合理，工艺精细，满足作业时限。

3. 路面病害处置应采取机械作业，所使用的混合料应集中厂拌，配合比设计应不低于原结构设计指标，按要求摊铺碾压成型。雨天、冬季及特殊情况下，可采用冷补料修补，但原则上面积不能超过1平方米。过后，应及时挖除重新修补。路基、构造物修复后的总体质量，不得低于原设计标准。

养护人员清洗桥梁防撞墙

4. 维修保养时限。维修保养时限是指从病害发现之日起到处置完成的时间。

（1）路面维修保养时限

①坑槽、拥包、松散应及时处置，在3日内修复完成。

②路面裂缝必须及时处置，根据缝宽采用开槽灌缝和抹缝二艺处置，对裂缝及龟裂较多路段，可采用微表处等方法在雨季前集中处置。

③对行车有严重安全隐患的沉陷，要求当日进行处置。对于沉降量不大且对行车无较大影响的沉陷应在分析原因的基础上尽早处置。

④路缘石、拦水带的缺损更换修复应在3日内完成。

（2）路基维修保养时限

①翻浆处置7日内完成。

②排水构造物（截水沟、排水沟、急流

机械化清扫路肩

路面坑槽的处置

养护人员在做微表处预防性养护

槽、边沟、蒸发池及集水井等）局部损坏3日内修复。

③防护构造物（护面墙、拱形骨架护坡、挡土墙等）勾缝、抹面局部脱落及损坏等5日内修复。

④路肩隆起、沉陷及断裂2日内修复。

（3）桥梁、涵洞（通道）及其附属设施维修保养时限。

①桥梁伸缩缝局部损坏2日内修复，整体损坏15日内修复。

②泄水孔箅、防落网丢失当日补齐。

③桥梁栏杆、涵洞帽石损坏15日内修复，期间要采取临时安全防护措施。

④桥梁、涵洞（通道）防护构造物勾缝、抹面脱落、基础掏空等病害5日内修复。

修复碎落台

⑤桥梁、涵洞（通道）混凝土构件表面发生侵蚀剥落、蜂窝麻面等病害7日内修复。

（4）交通安全设施维修保养时限。

①标志牌、支柱如有松动及时加固，一般损坏或缺损7日内修复。

②防撞护栏线型不顺畅的，当日调整。松动、损坏的，2日内修复或更换。

③交通标线损坏3日内补划完成。

④轮廓标、突起路标、隔离栅缺损2日内更换。

⑤中央分隔带活动栅栏发现损坏或未封闭的，立即更换或封闭。

（五）养护维修工程

高等级公路养护维修工程是指对公路及其附属设施的一般性磨损、局部损坏及较大损坏进行周期性的中修和大修，以恢复或提高公路通行能力的工程项目，包括大中修工程、交通设施工程及水毁修复工程等。高等级公路养护维修工程要认真履行基本建设程序，坚持先设计、后施工的原则，严格实行设计审批制度。公路养护工程的管理要全面实行项目法人责任制、招标投标制、工程监理制、合同管理制。

1.基本要求

高等级公路养护维修工程实施的同时应坚持日常保养，及时修复公路及沿线设施损坏部分，保持公路完好、整洁、美观，保障行车安全畅通；采取技术经济合理的工程技术措施，加强预防性养护和周期性养护，延长公路使用年限，提高公路整体服务水平和经济及社会效益，逐步提高公路的使用年限、安全性、服务水平和抗灾能力。高等级公路养护维修工程施工时，应按照有关标准、规范的规定在养护工程施工路段设置标志，必要时还要安排专人进行管理和疏导交通，以确保工程实施路段的行车安全。高等级公路养护维修工程管理工作要把工程质量作为重点，建立、健全质量控制体系，认真落实质量责任制，加强中间环节的质量控制与管理，严格检查验收制度，保证工程质量，提高公路整体服务水平和投资效益。

2. 维修计划编制与审批

公路管理局每年年底根据所辖路段的日常巡查记录、路况评定结果、交通量和经济发展情况等，在科学分析公路病害产生原因的基础上，拟定下一年度养护维修工程建议计划，并及时报送省公路局。省公路局在每年的第一季度结束之前依据当年公路养护财政支出预算情况，审核上报的建议计划，并报省交通运输厅批准后下达实施计划，由公路管理局组织实施。

3. 维修工程设计管理

单项工程勘测设计费超过 50 万元的维修工程项目，应按照《招投标法》的有关规定进行招投标。设计完成后，经公路总段（分局）养护维修工程评审专家组审查修改后，报省公路局（附审查会议纪要）。高等级公路养护维修工程设计变更应当符合国家有关公路工程强制性标准和技术规范的要求，符合公路工程质量和使用功能的要求，符合环境保护的要求。高等级公路养护维修工程设计变更需经公路管理局审查论证确认后，由施工图设计批复单位批复，报省公路管理局核备。对需要进行紧急抢险的高等级公路养护维修工程设计变更，项目法人可先进行紧急抢险处理，同时按照规定的程序办理设计变更审批手续，并附相关的影像资料说明紧急抢险的情形。设计变更工程的施工，原则上由原施工单位承担，原施工单位不具备承担设计变更工程的资质等级时，项目法人应通过招标或委托选择施工单位。经过批准的养护维修工程设计变更，其费用变化纳入决算。未经批准的设计变更，其费用变化不得进入决算。

4. 招投标管理

从事高等级公路养护维修工程施工的企业，应符合《甘肃省公路养护工程市场准入暂行规定》《甘肃省公路养护工程招投标管理实施办法》规定。超过 100 万元以上的高等级公路维修工程项目，公路总段（分局）应按照《招投标法》的有关规定进行招投标。高等级公路养护维修工程招投标管理工作由省公路局受省交通厅委托负责监督、指导、协调；公路管理局承担法人职责，具体负责本辖区内养护维修工程的招投标工作。高等级公路养护维修工程招标可采用公开招标、邀请招标两种形式。

5. 合同管理

高等级公路养护维修工程的勘察设计、施工、监理以及与工程建设有关的重要设备、材料的采购，应遵循诚实信用的原则，依法签订合同。高等级公路养护维修工程合同包括勘察设计合同、施工合同、监理服务合同、设备材料采购合同等。高等级公路养护维修工程必须按照工程计量的规定、方式、程序和文件要求来计量支付。工程的计量应以合同约定为准，但合同对部分工程另有约定的除外。工程的支付应按规定的内容、时间、方式等进行，不满足合同要求的工程，不得计量。公路管理局每月向省公路局上报经确认的"工程计量支付月报表"及"质量责任卡"。上报工程计量表中项目法人、驻地监理工程师对数量及质量必须签字确认。质量责任卡中，驻地监理工程师必须写出质检评语。高等级公路养护维修工程合同发生变更时必须按要求履行变更审批手续。

6. 工程监理

高等级公路养护维修工程施工监理是指监理单位依据国家法律、技术经济法规和交通部

《公路沥青路面养护技术规范》（JTJ073.2-2001）、《公路工程质量检验评定标准》（JTGF80/1-2004）、《公路技术状况评定标准》（JTGH20-2007）等技术规范、标准，以及监理委托合同文件对公路养护维修工程质量、费用、进度、安全、环保、施工合同等进行的全面监督与管理。中修以上高等级公路养护维修工程（包括桥梁加固维修工程及隧道维修工程）项目必须实行工程监理制度，严禁以管代监。监理单位必须根据监理服务合同，建立相应的现场监理机构，健全工程监理质量保证体系，配备足够的、合格的技术人员和设备，确保对工程进行有效监理。施工单位在履行公路养护维修工程合同时应接受监理单位的监督管理，配合搞好监理工作。对达不到质量、进度、安全、环保等要求的工程，监理人员有权责令返工处理，并向主管部门报告情况。

7. 质量管理

高等级公路养护维修工程项目应建立"省公路局监督、建设单位管理、监理单位监理、施工单位自检"四级质量保证体系，建立质量抽检和验收制度。参加高等级公路养护维修工程的建设、设计、施工、监理单位负责人，对工程质量负领导责任。工程项目负责人对工程项目的质量工作负直接责任，参加公路养护维修的专业技术人员，应当取得相应资格证书。在设计使用年限内实行质量责任制。设计单位必须具有相应资质和经验，加强设计全过程的质量控制，对工程设计质量负责。施工单位必须依据有关公路养护维修工程建设的法律、法规、规章、技术标准和规范的规定，按照设计文件、施工合同和施工工艺要求组织施工，并对其施工的工程质量负责。监理单位必须严格执行《公路工程施工监理规范》及相关技术标准和规范，按规定频率抽检，严格履行监理合同，监督工程施工承包合同的实施。公路养护维修工程试验检测与评定工作实行"统一领导、分级负责"的原则，由试验室和省公路局公路检测中心负责工程质量的检测与评定。

8. 竣（交）工验收

高等级公路养护维修工程验收分为交工验收和竣工验收两个阶段。交工验收是检查施工合同的执行情况，评价工程质量是否符合技术标准及设计要求，是否满足通车要求，对各参建单位工作进行初步评价。竣工验收是综合评价工程建设成果，对工程质量、参建单位和工程项目进行综合评价。公路管理局负责主持交工验收工作，省公路局负责组织竣工验收工作。特大桥、大型桥梁和隧道工程项目应申请省质量监督机构进行质量监督。质量监督机构应当出具质量鉴定报告。高等级公路养护维修工程实行质量保修制度。工程交工验收后由项目法人按合同造价的5%缴质量保证金，缺陷责任期满并通过竣工验收后，返还质量保证金。

高等级公路养护维修工程验收合格后，应及时完成交工验收报告并报送省公路局。对交工验收合格的工程应交付使用，进入质量缺陷责任期，并安排养护管理，缺陷责任期满两年后进行竣工验收。交工验收提出的工程质量缺陷等遗留问题，由施工单位限期完成。

## 第二节　普通干线公路养护

### 一、养护线路

1991年至1994年，甘肃省白银公路总段普通干线公路养护路线共计707.13公里，大桥586.14延米/3座，中桥1218.37延米/18座，小桥872延米/53座，涵洞21095.25米/1563道。

国道。国道 109 线北拉公路 217.79 公里（二级路 113.1 公里，三级路 104.69 公里），路面结构为沥青路面。国道 309 线荣兰公路 126 公里，三级路，路面结构为沥青路面。

省道。省道 201 线营兰公路 104.9 公里，三级路，路面结构为沥青路面。省道 207 线靖天公路 115.3 公里，三级路，路面结构为沥青路面。省道 308 线海古公路 61.91 公里，三级路，路面结构为沥青路面。

县道。县道 321 线麦景公路 10.04 公里，三级路，路面结构为沥青路面。县道 323 线景白公路 63.9 公里，三级路，路面结构为沥青路面。县道 323 线会慢公路 a. 3.5 公里，三级路，路面结构为沥青路面。县道 343 线红白公路 3.79 公里，三级路，路面结构为沥青路面。

1995 年至 1996 年，甘肃省白银公路总段普通干线公路养护路线共计 796.13 公里，大桥 713.68 延米 /4 座，中桥 1627.23 延米 /23 座，小桥 881 延米 /54 座，涵洞 25927.51 米 /1796 道。

国道。国道 109 线北拉公路 217.79 公里（二级路 113.1 公里，三级路 104.69 公里），路面结构为沥青路面。国道 309 线荣兰公路 126 公里，三级路，路面结构为沥青路面。国道 312 线上伊公路 62 公里，二级路，路面结构为沥青路面。

省道。省道 201 线营兰公路 104.9 公里，三级路，路面结构为沥青路面。省道 207 线靖天公路 115.3 公里，三级路，路面结构为沥青路面。省道 308 线海古公路 61.91 公里，三级路，路面结构为沥青路面。

1997 年，甘肃省白银公路总段普通干线公路养护路线共计 797.93 公里，大桥 713.68 延米 /4 座，中桥 1627.23 延米 /23 座，小桥 881 延米 /54 座，涵洞 25927.51 米 /1796 道。

国道。国道 109 线北拉公路 217.79 公里（二级路 113.1 公里，三级路 104.69 公里），路面结构为沥青路面。国道 309 线荣兰公路 126 公里，三级路，路面结构为沥青路面。国道 312 线上伊公路 62 公里，二级路，路面结构为沥青路面。

省道。省道 201 线营兰公路 104.9 公里，三级路，路面结构为沥青路面。省道 207 线靖天公路 115.3 公里，三级路，路面结构为沥青路面。省道 308 线海古公路 61.91 公里，三级路，路面结构为沥青路面。

县道。县道 321 线麦景公路 10.04 公里，三级路，路面结构为沥青路面。县道 323 线景白公路 63.9 公里，三级路，路面结构为沥青路面。县道 323 线会慢公路 30.5 公里，三级路，路面结构为沥青路面。县道 343 线红白公路 3.79 公里，三级路，路面结构为沥青路面。

1998 年，甘肃省白银公路总段普通干线公路养护路线共计 796.73 公里，大桥 1103.4 延米 /7 座，中桥 2273.73 延米 /36 座，小桥 1056.96 延米 /65 座，涵洞 28220.88 米 /1922 道。

国道。国道 109 线北拉公路 217.79 公里（二级路 113.1 公里，三级路 104.69 公里），路面结构为沥青路面。国道 309 线荣兰公路 126 公里，三级路，路面结构为沥青路面。国道 312 线上伊公路 62 公里，二级路，路面结构为沥青路面。

省道。省道 201 线营兰公路 104.9 公里（二级路 4.7 公里，三级路 100.2 公里），路面结构为沥青路面。省道 207 线靖天公路 115.3 公里，三级路，路面结构为沥青路面。省道 308 线海古公路 61.91 公里，三级路，路面结构为沥青路面。

县道。县道 321 线麦景公路 10.04 公里，三级路，路面结构为沥青路面。县道 323 线景白公路 63.9 公里，三级路，路面结构为沥青路面。县道 323 线会慢公路 30.5 公里，三级路，路面结构为沥青路面。县道 343 线红白公路 3.79 公里，三级路，路面结构为沥青路面。

1999 年，甘肃省白银公路总段普通干线公路养护路线共计 799.17 公里，大桥 1103.4 延米 /7 座，中桥 2273.73 延米 /36 座，小桥 1056.96 延米 /65 座，涵洞 28220.88 米 /1922 道。

国道。国道 109 线北拉公路 217.79 公里（二级路 196.49 公里，三级路 21.3 公里），路面结构为沥青路面。国道 309 线荣兰公路 126 公里，三级路，路面结构为沥青路面。国道 312 线上伊公路 62 公里，二级路，路面结构为沥青路面。

省道。省道 201 线营兰公路 104.9 公里（二级路 4.7 公里，三级路 100.2 公里），路面结构为沥青路面。省道 207 线靖天公路 115.3 公里，三级路，路面结构为沥青路面。省道 308 线海古公路 64.72 公里（二级路 24.82 公里，三级路 39.9 公里），路面结构为沥青路面。

县道。县道 321 线麦景公路 10.04 公里，三级路，路面结构为沥青路面。县道 323 线景白公路 63.9 公里，三级路，路面结构为沥青路面。县道 323 线会慢公路 30.5 公里，三级路，路面结构为沥青路面。县道 343 线红白公路 4.02 公里，三级路，路面结构为沥青路面。

2000 年，甘肃省白银公路总段普通干线公路养护路线共计 777.73 公里，大桥 1103.4 延米 /7 座，中桥 2273.73 延米 /36 座，小桥 1056.96 延米 /65 座，涵洞 28220.88 米 /1922 道。

国道。国道 109 线北拉公路 198.71 公里，二级路，路面结构为沥青路面。国道 309 线荣

兰公路 126 公里，三级路，路面结构为沥青路面。国道 312 线上伊公路 62 公里，二级路，路面结构为沥青路面。

省道。省道 201 线营兰公路 104.9 公里（二级路 41.6 公里，三级路 63.3 公里），路面结构为沥青路面。省道 207 线靖天公路 115.3 公里，三级路，路面结构为沥青路面。省道 308 线海古公路 62.36 公里，二级路，路面结构为沥青路面。

县道。县道 321 线麦景公路 10.04 公里，三级路，路面结构为沥青路面。县道 323 线景白公路 63.9 公里，三级路，路面结构为沥青路面。县道 323 线会慢公路 30.5 公里，三级路，路面结构为沥青路面。县道 343 线红白公路 4.02 公里，三级路，路面结构为沥青路面。

2001 年至 2002 年，甘肃省白银公路总段普通干线公路养护路线共计 828.02 公里，大桥 1760.3 延米 /9 座，中桥 2425.2 延米 /37 座，小桥 1699 延米 /93 座，涵洞 1983 道。其中：

国道。国道 109 线北拉公路 170.88 公里，二级路，路面结构为沥青路面。国道 309 线荣兰公路 126 公里，三级路，路面结构为沥青路面。国道 312 线上伊公路 62 公里，二级路，路面结构为沥青路面。

省道。省道 201 线营兰公路 104.79 公里（二级路 40.3 公里，三级路 64.49 公里），路面结构为沥青路面。省道 207 线靖天公路 136.77 公里（二级路 21.47，三级路 115.3 公里），路面结构为沥青路面。省道 217 线景白路 63.9 公里，三级路，路面结构为沥青路面。省道 308 线海古公路 62.36 公里，二级路，路面结构为沥青路面。

县道。县道 322 线唐靖公路 24.62 公里，二级路，路面结构为沥青路面。县道 323 线会慢公路 30.5 公里，三级路，路面结构为沥青路

面。县道 336 线大景公路 8.56 公里，三级路，路面结构为沥青路面。

乡道。乡道 487 线碾吴公路 21.3 公里，三级路，路面结构为沥青路面。乡道 488 线麦景公路 10.24 公里，三级路，路面结构为沥青路面。乡道 489 线红白公路 4.02 公里，三级路，路面结构为沥青路面。

专用公路。专用线路 316 线 2.08 公里，四级路，路面结构为沥青路面。

2003 年至 2004 年，甘肃省白银公路总段普通干线公路养护路线共计 796.48 公里，大桥 1760.26 延米 /9 座，中桥 2425.28 延米 /37 座，小桥 1667.62 延米 /92 座，涵洞 1954 道。

国道。国道 109 线北拉公路 170.88 公里，二级路，路面结构为沥青路面。国道 309 线荣兰公路 126 公里，三级路，路面结构为沥青路面。国道 312 线沪霍公路 62 公里，二级路，路面结构为沥青路面。

省道。省道 201 线营兰公路 104.79 公里（二级路 40.3 公里，三级路 64.49 公里），路面结构为沥青路面。省道 207 线靖天公路 136.77 公里（二级路 21.47，三级路 115.3 公里），路面结构为沥青路面。省道 217 线景白路 63.9 公里，三级路，路面结构为沥青路面。省道 308 线海古公路 62.36 公里，二级路，路面结构为沥青路面。

县道。县道 322 线唐靖公路 24.62 公里，二级路，路面结构为沥青路面。县道 323 线会慢公路 30.5 公里，三级路，路面结构为沥青路面。县道 336 线大景公路 8.56 公里，三级路，路面结构为沥青路面。

乡道。乡道 489 线红白公路 4.02 公里，三级路，路面结构为沥青路面。

专用公路。专用线路 316 线 2.08 公里，四级路，路面结构为沥青路面。

2005 年至 2006 年，甘肃省白银公路总段普通干线公路养护路线共计 799.797 公里，大桥 1760.26 延米 /9 座，中桥 2751.71 延米 /42 座，小桥 1954.34 延米 /102 座，涵洞 1954 道。

国道。国道 109 线北拉公路 170.88 公里，二级路，路面结构为沥青路面。国道 309 线荣兰公路 126 公里，三级路，路面结构为沥青路面。国道 312 线沪霍公路 62 公里，二级路，路面结构为沥青路面。

省道。省道 201 线营兰公路 104.79 公里（二级路 40.3 公里，三级路 64.49 公里），路面结构为沥青路面。省道 207 线靖天公路 136.77 公里（二级路 21.47，三级路 115.3 公里），路面结构为沥青路面。省道 217 线景白路 65.227 公里，三级路，路面结构为沥青路面。省道 308 线海古公路 62.35 公里，二级路，路面结构为沥青路面。

县道。县道 322 线唐靖公路 24.62 公里，二级路，路面结构为沥青路面。县道 323 线会慢公路 30.5 公里，三级路，路面结构为沥青路面。县道 336 线大景公路 8.56 公里，三级路，路面结构为沥青路面。

乡道。乡道 489 线红白公路 4.02 公里，三级路，路面结构为沥青路面。

专用公路。专用线路 316 线 2.08 公里，四级路，路面结构为沥青路面。

2007 年至 2009 年，甘肃省白银公路总段普通干线公路养护路线共计 943.157 公里，大桥 1760.26 延米 /9 座，中桥 2769.83 延米 /43 座，小桥 1958.02 延米 /102 座，涵洞 1954 道。

国道。国道 025 丹拉公路 135.4 公里，一级路，路面结构为沥青路面。国道 109 线北拉公路 170.88 公里，二级路，路面结构为沥青路面。国道 309 线荣兰公路 126 公里，三级路，路面结构为沥青路面。国道 312 线沪霍公路 62

公里，二级路，路面结构为沥青路面。

省道。省道 201 线营兰公路 114.1 公里，二级路，路面结构为沥青路面。省道 207 线靖天公路 136.77 公里（二级路 21.47，三级路 115.3 公里），路面结构为沥青路面。省道 217 线景白路 65.227 公里，三级路，路面结构为沥青路面。省道 308 线海古公路 63 公里，二级路，路面结构为沥青路面。

县道。县道 322 线唐靖公路 24.62 公里，二级路，路面结构为沥青路面。县道 323 线会慢公路 30.5 公里，三级路，路面结构为沥青路面。县道 336 线大景公路 8.56 公里，三级路，路面结构为沥青路面。

乡道。乡道 489 线红白公路 4.02 公里，三级路，路面结构为沥青路面。

专用公路。专用线路 316 线 2.08 公里，四级路，路面结构为沥青路面。

2010 年至 2012 年，甘肃省白银公路总段普通干线公路养护路线共计 806.47 公里，大桥 1689.26 延米 /8 座，中桥 2659.76 延米 /41 座，小桥 1927.72 延米 /101 座，涵洞 1848 道。

国道。国道 109 线北拉公路 168.978 公里，二级路，路面结构为沥青路面。国道 309 线荣兰公路 126.61 公里，三级路，路面结构为沥青路面。国道 312 线沪霍公路 62 公里，二级路，路面结构为沥青路面。

省道。省道 201 线营兰公路 114.1 公里，二级路，路面结构为沥青路面；省道 207 线靖天公路 136.77 公里（二级路 21.47，三级路 115.3 公里），路面结构为沥青路面。省道 217 线景白路 65.232 公里，三级路，路面结构为沥青路面。省道 308 线海古公路 63 公里，二级路，路面结构为沥青路面。

县道。县道 322 线唐靖公路 24.62 公里，二级路，路面结构为沥青路面。县道 323 线会

慢公路 30.5 公里，三级路，路面结构为沥青路面。县道 336 线大景公路 8.56 公里，三级路，路面结构为沥青路面。

乡道。乡道 489 线红白公路 4.02 公里，三级路，路面结构为沥青路面。

专用公路。专用线路 316 线 2.08 公里，四级路，路面结构为沥青路面。

2013 年至 2016 年，甘肃省白银公路管理局普通干线公路养护路线共计 856.793 公里，大桥 2387.88 延米 /10 座，中桥 2980.76 延米 /46 座，小桥 1893.72 延米 /98 座，涵洞 1907 道。

国道。国道 109 线北拉公路 168.978 公里，二级路，路面结构为沥青路面。国道 309 线荣兰公路 126.61 公里，三级路，路面结构为沥青路面。国道 312 线沪霍公路 62 公里，二级路，路面结构为沥青路面。

省道。省道 201 线营兰公路 114.1 公里，二级路，路面结构为沥青路面。省道 207 线靖天公路 136.77 公里（二级路 21.47，三级路 115.3 公里），路面结构为沥青路面。省道 217 线景白路 65.232 公里，三级路，路面结构为沥青路面。省道 308 线海古公路 63 公里，二级路，路面结构为沥青路面。

县道。县道 322 线唐靖公路 24.62 公里，二级路，路面结构为沥青路面。县道 323 线会慢公路 30.5 公里，三级路，路面结构为沥青路面。县道 336 线大景公路 8.56 公里，三级路，路面结构为沥青路面。

乡道。乡道 489 线红白公路 4.02 公里，三级路，路面结构为沥青路面。

专用公路。专用线路 316 线 2.08 公里，四级路，路面结构为沥青路面。

**二、养护队伍**

1991 年至 1997 年，甘肃省白银公路总段

下设白银、靖远、景泰、会宁 4 个基层养护单位，共有公路养护人员 685 人。其中固定养路职工 491 人，合同制养护职工 194 人；道班工人 545 人，工程技术人员 44 人，管理人员 96 人。

1998 年，甘肃省白银公路总段下设白银、靖远、景泰、会宁 4 个基层养护单位，共有公路养护人员 953 人。其中固定养路职工 435 人，合同制养护职工 599 人；道班工人 774 人，工程技术人员 85 人，管理人员 94 人。

1999 年，甘肃省白银公路总段下设白银、靖远、景泰、会宁 4 个基层养护单位，共有公路养护人员 1022 人。其中固定养路职工 283 人，合同制养护职工 678 人；道班工人 473 人，工程技术人员 112 人，管理人员 171 人。

2000 年，甘肃省白银公路总段下设白银、靖远、景泰、会宁 4 个基层养护单位，共有公路养护人员 1016 人。其中固定养路职工 410 人，合同制养护职工 606 人；道班工人 733 人，工程技术人员 79 人，管理人员 123 人。

2001 年，甘肃省白银公路总段下设白银、靖远、景泰、会宁 4 个基层养护单位，共有公路养护人员 945 人。其中固定养路职工 427 人，合同制养护职工 518 人；道班工人 559 人，工程技术人员 79 人，管理人员 90 人。

2002 年，甘肃省白银公路总段下设白银、靖远、景泰、会宁 4 个基层养护单位，共有公路养护人员 957 人。其中固定养路职工 439 人，合同制养护职工 518 人；道班工人 495 人，工程技术人员 61 人，管理人员 198 人。

2003 年，甘肃省白银公路总段下设白银、靖远、景泰、会宁 4 个基层养护单位，共有公路养护人员 961 人，其中固定养路职工 283 人，合同制养护职工 678 人，道班工人 473 人，工程技术人员 112 人，管理人员 171 人。

2008 年，甘肃省白银公路总段下设白银、靖远、景泰、会宁 4 个基层养护单位，共有公路养护人员 965 人。其中固定养路职工 747 人，合同制养护职工 218 人，道班工人 465 人，工程技术人员 130 人，管理人员 500 人。

2010 年，甘肃省白银公路总段下设白银、靖远、景泰、会宁 4 个基层养护单位，共有公路养护人员 1003 人。其中固定养路职工 758 人，合同制养护职工 245 人，道班工人 489 人，工程技术人员 140 人，管理人员 514 人。

2011 年，甘肃省白银公路总段下设白银、靖远、景泰、会宁 4 个基层养护单位，共有公路养护人员 997 人，其中固定养路职工 752 人，合同制养护职工 245 人，道班工人 489 人，工程技术人员 268 人，管理人员 508 人。

2012 年，甘肃省白银公路总段下设白银、靖远、景泰、会宁 4 个基层养护单位，共有公路养护人员 911 人。其中固定养路职工 662 人，合同制养护职工 249 人，道班工人 425 人，工程技术人员 172 人，管理人员 456 人。

2013 年，甘肃省白银公路总段下设白银、靖远、景泰、会宁 4 个基层养护单位，共有公路养护人员 932 人。其中固定养路职工 667 人，合同制养护职工 265 人；道班工人 442 人，工程技术人员 163 人，管理人员 240 人。

2014 年，甘肃省白银公路管理局下设白银、靖远、景泰、会宁、平川 5 个基层养护单位，共有公路养护人员 677 人。其中固定养路职工 386 人，合同制养护职工 291 人，道班工人 488 人，工程技术人员 123 人，管理人员 158 人。

2015 年，甘肃省白银公路管理局下设白银、靖远、景泰、会宁、平川 5 个基层养护单位，共有公路养护人员 1022 人，其中固定养路职工 742 人，合同制养护职工 280 人；道班工人 735 人，工程技术人员 156 人，管理人员 168 人。

2016年，甘肃省白银公路管理局下设白银、靖远、景泰、会宁、平川5个基层养护单位，共有公路养护人员1003人。其中固定养路职工742人，合同制养护职工280人，道班工人735人，工程技术人员156人，管理人员168人。

### 三、养管站

1991年，甘肃省白银公路总段下设白银、靖远、景泰、会宁4个基层养护单位，共45个道班。

1996年，白银公路总段共46个道班，其中：

会宁公路管理段19个，分别为梅岔、甘沟、窑沟、汉岔、马家堡、小湾、白土洼、桃花山、青江驿、荔峡、燕岔、新堡子、蒋家大路、张家坪、六十里铺、康家河、庄湾、大沟、北庄。

靖远公路管理段14个，分别为刘寨柯、大红沟、大红门、旱平川、砂梁、城关、碾子湾、吴家川、石板沟、二十里铺、黑城、白土梁、党家水、墩墩湾。

白银公路管理段6个，分别为来家窑、范家窑、红库托、白银、后长川、武川。

景泰公路管理段7个，分别为长城、兴泉、英武、双墩、红水、大水、条山。

1998年，撤销靖远公路管理段大红门、石板沟道班。

2001年，撤班建站，共建成15个养管站，分别为景泰公路管理段的（3个）条山养管站、兴泉养管站、新村养管站。白银公路管理段的（2个）来家窑养管站、王岘养管站。会宁公路管理段的（6个）甘沟驿养管站、会宁养管站、大沟养管站、马家堡养管站、青江驿养管站、新堡子养管站。靖远公路管理段的（4个）孙寨柯养管站、旱平川养管站、三滩养管站、乌

平川公路管理段

孙寨柯养管站

### 1991年白银公路总段道班设置情况

| 公路段名称 | 道班名称及数量 |
| --- | --- |
| 会宁公路管理段 | 大路、张坪、六十里铺、康河、燕岔、荔峡、北庄、庄湾、甘沟、大沟、梅岔、汉岔、白土洼、窑沟、青江驿、小湾、马家堡、翟所（18个） |
| 靖远公路管理段 | 孙寨柯、大红沟、大红门、旱平川、吴家川、碾子湾、白土梁、党家水、墩墩湾、黑城、二十里铺、石板沟、白土梁，党家水（14个） |
| 白银公路管理段 | 后长川、白银、红库托、范家窑、来家窑、武川（6个） |
| 景泰公路管理段 | 双墩、甘沟、兴泉、城关、长城、红水、大水（7个） |

兰养管站。

2013 年，会宁公路管理段接养了沙湾养管站。

2014 年，白银公路管理局新增平川公路管理段，孙寨柯养管站、旱平川养管站归平川公路管理段管辖。

2015 年，靖远公路管理段接养由会宁公路管理段管养的新堡子养管站。

至 2016 年，白银公路管理局共 16 个养管站。

会宁公路管理段 6 个：甘沟驿、会宁、大沟、马家堡、青江驿、沙湾。

靖远公路管理段 3 个：三滩、乌兰、新堡子。

白银公路管理段 2 个：来家窑、王岘。

景泰公路管理段 3 个：条山、兴泉、新村。

平川公路管理段 2 个：孙寨柯、旱平川。

来家窑养管站

甘沟养管站

### 2013 年白银公路管理局养管站设置情况

| 公路段名称 | 养管站名称及数量 |
| --- | --- |
| 会宁公路管理段 | 甘沟驿、会宁、大沟、马家堡、青江驿、新堡子、沙湾（7 个） |
| 靖远公路管理段 | 孙寨柯、旱平川、三滩、乌兰（4 个） |
| 白银公路管理段 | 来家窑、王岘（2 个） |
| 景泰公路管理段 | 条山、兴泉、新村（3 个） |

### 2014 年白银公路管理局养管站设置情况

| 公路段名称 | 养管站名称及数量 |
| --- | --- |
| 会宁公路管理段 | 甘沟驿、会宁、大沟、马家堡、青江驿、沙湾、新堡子（7 个） |
| 靖远公路管理段 | 三滩、乌兰（2 个） |
| 白银公路管理段 | 来家窑、王岘（2 个） |
| 景泰公路管理段 | 条山、兴泉、新村（3 个） |
| 平川公路管理段 | 孙寨柯、旱平川（2 个） |

### 四、养护实施

（一）日常养护

普通干线公路及其沿线设施应经常处于良好的技术状态，确保公路安全畅适，公路管理局负责所管养公路的养护监督和管理，各公路管理段具体实施养护工作，养管站隶属公路管理段管理，负责公路养护日常巡查工作。养管站站长负责组织安排公路养护日常巡查工作，及时掌握公路路况水平及其沿线设施的运营状

大沟养管站

### 2015 年白银公路管理局养管站设置情况

| 公路段名称 | 养管站名称及数量 |
|---|---|
| 会宁公路管理段 | 甘沟驿、会宁、大沟、马家堡、青江驿、沙湾（6 个） |
| 靖远公路管理段 | 三滩、乌兰、新堡子（3 个） |
| 白银公路管理段 | 来家窑、王岘（2 个） |
| 景泰公路管理段 | 条山、兴泉、新村（3 个） |
| 平川公路管理段 | 孙寨柯、旱平川（2 个） |

### 2016 年白银公路管理局养护机构情况统计

| 序号 | 单位名称 | 人数 | 占地（亩） | 养管站桩号 | 管养里程（km） | 机械设备 |
|---|---|---|---|---|---|---|
| | 景泰公路管理段 | 58 | | | 191.244 | |
| 1 | 条山养管站 | 19 | 6.6 | 省道 201 线 K38+600 | 191.244 | 依维柯 1 辆、东风小霸王 2 辆、铣刨机 1 辆、摊铺机 2 辆、双钢轮压路机 1 辆、单钢轮压路机 2 辆、胶轮压路机 1 辆 |
| 2 | 兴泉养管站 | 16 | 22.5 | 省道 201 线 K61+700 | 95.977 | 金龙客车 1 辆、农用车 2 辆 |
| 3 | 新村养管站 | 23 | 9 | 省道 308 线 K199+500 | 95.267 | 少林客车 1 辆、农用车 2 辆 |
| | 白银公路管理段 | 85 | | | 99.597 | |
| 4 | 来家窑养管站 | 40 | 116.28 | 国道 109 线 K1588+620 | 48.777 | 少林客车 1 辆、农用车 1 辆 |
| 5 | 王岘养管站 | 45 | 108.8 | 国道 109 线 K1617+600 | 50.82 | 金龙客车 2 辆、农用车 1 辆 |
| | 会宁公路管理段 | 83 | | | 332.193 | |
| 6 | 甘沟驿养管站 | 27 | 6.4 | 国道 309 线 K2024+100 | 79 | 通勤车 1 辆、小霸王车 1 辆、打草机 4 台、电脑 1 台 |
| 7 | 会宁养管站 | 23 | 1.3 | 国道 312 线 K1964+700 | 77.771 | 通勤车 1 辆、三轮车 2 辆、打草机 4 台 |
| 8 | 大沟养管站 | 5 | 1.7 | 国道 309 线 K1993+200 | 31.817 | 小霸王车 1 辆、三轮车 1 辆、打草机 3 台 |

### 2016 年白银公路管理局养护机构情况统计

| 序号 | 单位名称 | 人数 | 占地（亩） | 养管站桩号 | 管养里程（km） | 机械设备 |
|---|---|---|---|---|---|---|
| 9 | 马家堡养管站 | 6 | 10.2 | 国道 309 线 K2074+600 | 56.793 | 小霸王车 1 辆、打草机 3 台 |
| 10 | 沙湾养管站 | 5 | 19.5 | 县道 076 线 K48+600 | 51.36 | 通勤车 1 辆、小霸王车 1 辆、打草机 3 台、电脑 1 台 |
| 11 | 青江驿养管站 | 17 | 10.3 | 国道 312 线 K1925+600 | 35.452 | 通勤车 1 辆、小霸王车 1 辆、打草机 3 台、电脑 1 台 |
|  | 平川公路管理段 | 31 |  |  | 114.156 |  |
| 12 | 孙寨柯养管站 | 5 | 3.4 | 国道 109 线 K1487+000 | 28.99 |  |
| 13 | 旱平川养管站 | 26 | 33.46 | 省道 308 线 K47+300 | 85.166 | 农用车 2 辆、折叠式扫路机 3 台 |
|  | 靖远公路管理段 | 45 |  |  | 116.146 |  |
| 14 | 三滩养管站 | 19 | 6 | 国道 109 线 K1562+900 | 23 | 少林客车 1 辆 |
| 15 | 乌兰养管站 | 24 | 0.5 | 省道 207 线 K23+200 | 69.148 | 金龙客车 1 辆 |
| 16 | 新堡子养管站 | 2 | 4.2 | 省道 207 线 K63+07 | 24 |  |

况，及时处理和报告存在的问题。

1.巡查时限

坚持每天（法定节假日除外）上路巡查，偏远山区路段至少每周一次，雨（雪）天气坚持上路巡查，雨天巡查时重点检查桥涵、防护构造物有无由于降雨造成险情发生，边沟等排水系统是否畅适，有无高边坡垮塌、滑坡和泥石流发生等情况。特殊情况下进行夜间巡查，并及对填写巡查记录。

2.巡查内容

（1）路基：路肩是否有坑洼、积水、沉陷、缺口、水冲沟、水穿洞及堆积物；边坡是否有冲沟、松散、裂缝和水穿孔；边沟、排水沟、截水沟、跌水井、泄水槽等排水设施是否淤塞，排水是否畅通，进出口维护是否完好；挡土墙、护坡及防护构造物等是否损坏，泄水孔是否堵塞；山区公路、泥石流多发路段、湿陷性黄土路段、沙漠地区要做好落石、泥石流、塌方、山体滑坡、沉陷、冲沟、洞穴、沙丘移动等的巡查与抢修工作，尽力缩短阻车时间。

养管站职工整修土质边沟

扫路机清扫路肩

粉刷一新的示警桩

养护一线职工在公路沿线就餐

（2）路面：路面是否有裂缝、积水、落石、抛撒物和堆积物，以及是否有坑槽、翻浆、沉陷等影响行车安全的病害。

（3）桥涵构造物：桥面是否清洁，是否有积水，有无杂物堆积，杂草蔓生，有无裂缝、局部坑槎、波浪；桥头涵顶有无跳车；泄水管是否堵塞或破损；伸缩缝是否绪塞卡死，连接部件有无松动、脱落、局部破损；人行道、缘石、栏杆、扶手、防撞护栏和引道护栏（柱）有无撞坏、断裂、松动、错位、缺俘、剥落、锈蚀等；翼墙（侧墙、耳墙）有否开裂、风化剥落和异常变形；锥坡、护坡是否局部塌陷，铺砌面是否塌陷、缺损，是否有垃圾堆积、灌木杂草丛生：桥头排水沟和人行踏步是否完好；桥涵构造物基础是否冲刷外露。

路面清扫车清扫路面

（4）隧道：检查衬砌的变形和裂缝情况，洞内渗漏水状况；检查路面、人行道是否损坏；检查各种标志、标线知反光设施是否污染、缺损；检查隧道内外排水系统是否畅通；检查隧道附属设施，通风、照明、遥讯、监控、消防、消音等设施是否处于完好状态。

（5）沿线设施：检查波形护栏有无异常情况，是否损坏或变形，立柱与水平构件是否紧固，油漆是否剥落；检查防护栅是否损坏或变形，油漆损坏、金属锈蚀情况；里程碑、百米桩、防撞墩（墙）和示警桩有无歪斜、变形、缺少、损坏、油漆是否剥落；标志牌、支柱是否受到损坏、污秽及腐蚀，油漆及反光材料的褪色、剥落，标志牌是否被遮挡、缺失等情况；路面标线是否磨损或脱落，局部缺损或被污秽；避险车道的养护砂是否板结或结冰等。

（6）公路绿化：行道树是否被人、畜、自然灾害损坏，是否有影响行车的树枝需修剪。

（7）汛期巡查：主要是做好雨前、雨中、雨后巡查，按照本办法要求填写巡回记录。

3.处理措施

（1）在巡查时，对于路面堆积物、抛撒物、落实、积水、边沟堵塞、影响行车的树木树枝等能及时处理的病害，应立即清理。对于路基缺口、洞穴等病害，要及时采取措施处

养护一线职工清理边沟

养护人员校正标志牌

理，以免病害加大。

（2）对于出现路面病害（如坑槽、翻浆、较大沉陷等），发生水毁等对行车造成影响而无法及时处置的，要及时上报公路管理段，由公路管理段负责组织专业养护队在规定时限内修复。公路管理段对专业养护队的修复工作实施监督管理。

（3）如遇路断、桥毁等特殊情况，要先行设置明显的安全警示标志，并立即报告公路管理段，必要时开设便道，安排人员现场看守，疏导交通。

（4）如遇重大公路突发事件，按照《甘肃省公路局突发事件应对工作管理办法》要求的程序和内容立即上报省公路局，并启动本单位突发事件应急预案。

4.巡查要求

养护职工上路巡查时，必须穿安全标志服，戴安全帽，增强自我保护意识，做到安全生产。

（二）小修保养管理

1.公路小修保养是指对管养范围内的公路及其沿线设施经常进行维护保养和修补其轻微损坏部分的作业。公路小修保养应遵循"预防为主、防治结合"的原则和坚持"科学养护、规范管理、提高质量、保障畅通"的工作方针。积极采用现代化管理手段，大力推广和应用先进的养护技术和装备，不断提高公路养护管理技术水平，努力实现小修保养"零返修"目标。

2.加强小修保养安全管理，严格执行《甘肃省省养公路养护施工作业安全管理规定》和《甘肃省公路养护安全作业八不准》等规定，确保安全生产无事故。

3.管理局是所管养公路小修保养管理的责任单位。负责编制、报送和执行小修保养预算计划，对养护质量进行监督、控制和考核。公路管理段具体负责公路小修保养的组织实施。应积极推进专业化、机械化、精细化养护，组建路面、路基、桥涵构造物、交通工程及沿线设施专业养护队（各单位根据管养实际并结合《公路养护技术规范》要求合理设置专业化养护队）。养管站（养护工区）是公路养护的基层生产部门，主要负责公路的日常巡查和保养工作，须严格按照《甘肃省干线公路日常巡查制度》的规定，落实日常巡查制度，及时发现公路出现的各类问题，为公路管理段编制养护作业计划提供依据。

4.养管站主要工作职责

（1）负责养护路段路基、路面、桥涵构造物、交通工程及沿线设施等日常巡查，并及时

省道201线沙漠路段防砂墙

记录和报告巡查发现的问题（含突发事件信息）。

（2）及时清扫保洁路面，保持路面经常性处于干净状态。

（3）经常性维护保养公路路肩、边坡、排水设施及防护构造物。

（4）负责养护路段内公路绿化、修剪灌木花草。

（5）组织间歇式交通量调查、水毁修复、道路防滑和绩效考核工作等。

5. 公路管理段管辖内路面、路基、桥涵、交通工程及沿线设施专业养护队主要工作职责。

（1）路面专业养护队主要工作职责。

①执行有关公路路面小修保养管理制度、规范、规程，落实路面病害处置目标任务。

②根据全年目标任务，结合生产进度和路况调查，协助编制路面养护作业计划。

③在规定的时限内，对管养路段内的路面病害按养护操作规程进行处置和维修。

④负责路面病害的调查、路况的评定工作，收集、整理各种原始资料，建立健全路面小修保养档案。

⑤承担养护机械设备的使用、保养、维护、安检等任务。

⑥按时报送相关统计资料。

⑦实行质量责任追究制和绩效考核，实现"零返修"和全天候养护。

⑧负责公路的应急保障工作，按时完成交办的其他工作。

（2）路基专业养护队主要工作职责。

①负责辖区内路基、防护及排水设施病害的处置，对发现的病害查明原因，采取有效措施进行修复或加固，消除病害根源。

②及时清除零星塌方，填补路基缺口，对路肩进行局部加固。

③及时准确上报相关报表资料，收集、整理各种原始资料，按时完成交办的其他工作。

④负责管养路段的公路畅通信息报送工作，紧急情况按有关办法及时向上级汇报。

⑤负责全队车辆机械设备的管理使用和维修保养。

⑥负责公路的应急保障工作，按时完成交办的其他工作。

（3）桥涵专业养护队工作职责。

①严格执行养护技术规范和上级管理部门有关公路桥涵养护工作的要求和各项规章制度。

②负责辖区内桥涵及其附属构造物的维修，确保维修质量。

③加强辖区内桥涵经常性检查工作，发现较大问题及时上报桥梁工程师采取措施，以确保桥涵的安全使用。

④加强桥涵预防性养护，及时修复伸缩缝破损、混凝土裂缝等常见病害。

⑤负责公路的应急保障工作，按时完成交办的其他工作。

（4）交通工程及沿线设施专业养护队主要工作职责。

①负责维修辖区内各类交通安全设施，确保交通设施完好。

②及时对因交通事故、自然灾害或其他原因造成的交通设施损伤进行修复。

③根据全年目标任务，结合交通设施损坏情况和日常巡查，协助编制维修生产作业计划。

④在规定的时限内对管养路段损坏的交通设施进行更换和维修，及时对标线进行局部补画，使标线具有良好的可视性。

⑤负责交通设施损坏调查、评定工作，收集、整理各种原始资料，及时准确上报相关报表资料。

⑥负责公路的应急保障工作，按时完成交办的其他工作。

6. 小修保养管理

①管理局根据公路养护里程，结合公路技术状况评定结果，编制小修保养年度支出预算，报省公路管理局审核。

②小修保养实行质量责任制。根据《公路养护技术规范》等有关规定和办法，结合实际开展小修保养施工作业，并不得降低公路术标准，一般情况下，路基、路面维修方案应与原设计保持一致。

③小修保养作业应根据路况，制定符合实际的作业计划。小修保养作业计划由公路管理段技术部门负责制定，下达养管站执行，并跟踪检查考核完成情况。

④养管站根据下达的小修保养计划，制定小修保养实施方案，确保计划按时完成，并确保质量，同时对养管站人员进行考核。

⑤在进行小修前要认真分析损坏的原因，根据损坏类型、维修季节等实际情况，制定周密的作业计划，满足保养时限，小修保养作业质量必须达到合格。

⑥公路管理段加强对专业养护队的监督和技术指导。严格控制小修保养质量，严把原材

养护人员进行沥青混凝土路面油路修补

料的进场关和施工工序检验关，加强原材料、构件、成品、半成品等的试验检测以及相关试验工作，用科学的试验数据指导养护作业。

⑦公路管理段应保证专业养护队伍的稳定，确保小修保养机械设备和经费的投入。加强小修保养内业资料的收集、整理，建立健全各类小修保养技术档案，做到填写准确、详细、真实，逐步实现信息化管理。

⑧专业养护队要严格按照规定的时限要求，对公路路面、路基、桥涵、交通工程及沿线设施出现的病害及时维修，并认真做好施工原始记录。同时，在完成阶段性小修保养任务后，应有计划的自行储备小修保养所用材料。

⑨沥青混合料应采用机械拌和，控制好拌和温度和出料温度。沥青混合料运输过程中应采取适当的保温措施，确保沥青混合料的摊铺和碾压温度。铺筑面层前必须浇洒透层油或粘层油，碎石封层泄料撒布要均匀。

⑩路面养护应贯彻全寿命周期养护理念，以预防性养护为主，必须采取经常性、预防性的维修措施。加强小修保养施工管理，本着节能降耗，保护环境的原则，对施工过程中产生的废料应妥善处理，不得随意废弃。积极探索公路废旧材料的循环利用，以节约养护材料，降低养护成本。积极推广应用新技术、新工

艺、新材料、新设备，改善养护生产手段，提高养护技术水平。

7.公路路面修补质量控制

（1）路面修补主要指养护单位对路面出现的坑槽、拥包、松散、沉陷、车辙、龟裂等病害，按照原路面设计标准或有关规定进行的复原工作。

（2）按照"分工专业化、养护精细化、作业规范化"的养护要求，各公路管理段应成立路面专业养护队，配备适用高效的路面修补机械设备，对路面出现的各类病害及时维修，并确保维修质量。

（3）养管站应加强公路巡查，对发现的路面病害应及时上报公路管理段。路面专业养护队应对路面病害分析其产生的原因，并根据原路面结构类型、设计使用年限、维修季节、气温等实际情况，按照《公路养护技术规范》（JTGH10-2009）采用相应的措施进行维修。

（4）修补作业前应制定周密的计划，提前做好材料准备，保证工序之间的合理衔接。对路面坑槽、拥包、松散等病害，遵循早补、补好的原则进行及时修补。

（5）路面修补必须确保热接缝、热材料、热界面的"三热"工艺，以彻底消除弱接缝问题。要求达到新旧路面衔接紧密、材质统一、

路基翻浆处置

接缝平顺，严禁出现跳车现象，鼓励使用就地热再生技术和设备。

（6）要落实质量责任制，建立健全所有养护线路路面修补档案。

（7）沥青路面的损坏类型根据《公路技术状况评分标准》（JTGH20-2007）分11类21项，常见的主要病害有坑槽、沉陷、龟裂、松散、拥包和翻浆等。处置方法可根据其损坏程度具体制定，基层和面层全部损坏的，则要挖除重做。仅面层损坏而基层完好的，则只对面层处置即可。

（8）沥青路面修补技术要求。

①路面修补应以"圆坑方补、斜坑正补"为原则，其纵横边线应分别与路面中心线相平行或垂直。

②修补面积应大于病害的实际面积，修补范围的轮廓线应在病害面积范围以外10~15厘米。坑槽深度大于7厘米时，应分层修补，并与原路面相应结构层形式不小于10厘米的错台。

③基层补强时，应根据原路面基层损坏情况，确定基层修补面积，要采用同结构、同材料的水泥稳定类基层或大粒径沥青稳定碎石基层进行处置，应符合《公路路面基层施工技术规范》（JTJ034-200）的要求。

④水泥稳定类基层达到要求强度后，表面应清除干净无浮尘，浇洒0.7~1.1kg/m²透层油，渗入深度须达到3~5毫米。沥青混合料必须在透层油完全渗入基层后方可铺筑。在上、下面层间浇洒0.3~0.6kg/m²粘层油（上、下面层如无污染，可不用浇洒），并在原路切割面侧壁喷涂0.3kg/m²左右粘层沥青，确保修补面与原路面的紧密衔接，防止路面水下渗。

⑤沥青面层修补时，其沥青混合料的技术指标要根据原路面实际情况，按照原设计标准

或结合路面病害产生的原因做具体设计，为防止水损坏，上面层一般宜采用密级配沥青混合料。

⑥严格控制沥青混合料温度，路面修补时，普通沥青混合料的拌合出料温度应控制在140℃~160℃，运输到现场温度应不低于135℃，摊铺温度应不低于125℃，开始碾压的混合料内部温度不得低于120℃，碾压完毕时的表面温度不低于65℃，当混合料温度高于190℃时应当废弃，以保证修补质量。

⑦混合料碾压时，应遵循"高温、紧跟、慢压、高频、低幅"的原则，采用双钢轮振动压路机与重型胶轮压路机相结合碾压的方式进行，达到要求的压实度，并无明显的轮迹为止。不允许压路机碾压中途急停、转向，以免发生推挤、拥包现象。对小面积修补下面层碾压应采用满足压实要求的小型压实机具压实，上面层采用重型胶轮压路机碾压成型。

⑧严禁在雨天和气候恶劣的环境下进行路面修补。原则上室外温度低于5℃的情况下，不允许采用冷挖热补的方式进行沥青路面修补，而应采用沥青路面就地热再生技术或热挖热补的方式进行。在雨天、冬季及其他特殊情况下，必须进行路面修补时，可采用冷补料，原则上修补面积不得超过1m²，待天气转好和气温转暖后，需重新挖除并采用热拌混合料进行修补。

⑨对因路基不均匀沉降引起的局部路面沉陷，若路基和基层已经密实稳定，不再继续下沉，可对上面层拉毛、扫净、喷洒粘层沥青后，用沥青混合料将沉陷部分填补到与原路面平齐，并压实平整。

⑩对因土基或基层结构遭破坏而引起的沉陷，应先将土基和基层修整好后，再铺筑面层。对桥涵台背因填土不实出现的不均匀沉

养护人员维修破损路肩墙

降，应挖除沥青面层，在沉陷的部分加铺基层后重做面层，也可视具体情况选择符合规范要求的其他处理方式。

（9）水泥混凝土路面修补技术要求。

①水泥混凝土路面局部板块破碎、角隅断裂、沉陷、掉边、缺角等病害，必须用破碎机（液压镐）凿除，清除混凝土碎屑后，整平基层，并夯压密实，然后浇筑与旧板块等强度的水泥混凝土，其标高控制与旧板面齐平。

②整段水泥混凝土路面修复时，应严格按照《公路水泥混凝土路面施工技术规范》（JTGF30-2003）要求进行施工，在新旧混凝土接头处安设传力杆和拉杆，使新旧混凝土板形成整体，以提高水泥混凝土的传荷能力。

（10）养护单位在日常巡查时，应密切注意路基沉陷的发生、发展情况，及时分析原因，采取措施防止和延缓沉陷的发展，并及时处置沉陷路面。

（11）路面应以预防性养护为主，对路面出现的裂缝必须及时进行灌缝处置，做到"有缝必灌、随裂随灌、灌早灌好"，并建立沥青路面裂缝处置档案。路面灌缝材料应根据当地气候条件合理选用。由于土基、基层强度不足或路基翻浆引起的严重龟裂，应先处置好基层后再作面层处置。

养护人员更换里程碑

（12）对裂缝及龟裂等病害较多路段，可根据实际情况采用微表处、稀浆封层、碎石封面等薄层封面技术进行处置。

（13）沥青路面修补前必须委托具有资质的试验机构进行配合比设计，养护单位要进行配合比验证，并确定最终的施工配合比。

（14）沥青、粗集料、细集料和填料的规格、质量技术要求、级配组成等应符合现行《公路沥青路面设计规范》和《公路沥青路面施工技术规范》的相关规定。粗、细集料应洁净、干燥、无风化、无杂质、具有足够的强度、耐磨性和良好的颗粒形状。其中粗集料压碎值应小于26%，针片状颗粒含量应不大于15%，粗集料与沥青的黏附等级不小于4级。细集料中含泥量不大于3%，砂当量不小于60%。热拌沥青混合料中严禁以水洗砂代替石屑。

（15）面层修补要密实平整，接茬平顺，形状规则，油路修补面平整度不得大于5毫米。原则上某一区间或一段落内，油路破损面积达20%以上者，处理完破损后进行半幅或全幅封面，以达到路面平整、美观。

（16）没有严格按照上述要求进行的路面修补均视为修补质量不合格。

8. 监督检查验收及考核

（1）管理局定期对公路管理段的小修保养质量、完成情况、内业资料整理情况进行检查评比，按季、年进行绩效考核。公路管理段依据小修保养作业计划，对专业养护队和养管站每周至少检查一次，按月进行绩效考核。

（2）管理局根据年度考核结果对局属各公路管理段小修保养经费进行年度预算调节。并按照未完成项目所占百分比扣减下年度养护预算相应经费。

（3）管理局对辖区内的日常巡查工作进行考核，对于巡查不及时造成责任事故者，应当给予相关责任人行政或经济处罚。

（4）各公路管理段必须高度重视小修保养作业质量，指派专人负责，对每道工序和环节实施监督，确保维修质量符合技术要求。

（5）管理局将对路面修补工作进行定期或不定期检查和考核，对不严格执行操作规程、修补质量不合格、修补档案数据不真实、返修率高的单位进行通报批评。

（6）因路面破损、翻浆、坑槽等病害较多而未及时处置，被省级以上（含省级）新闻媒体曝光或社会反响强烈的，经查证属实，将对该养护单位在全局进行通报。

（7）因路面破损未及时修补或对出现的较大拥包未及时进行铣刨而造成安全事故的单位，将给予通报批评，情节严重的将对公路段

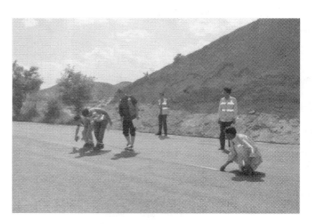

养护生产工作计量验收

主要领导、分管领导和相关
责任人进行问责，并取消年
度评先资格。

（三）养护维修工程管
理

1. 白银公路管理局主要
负责本辖区内公路养护维修
工程的政策、法律法规、标
准规范的贯彻落实和相关制
度、办法的制定，按批准的
设计文件和项目建设程序组
织工程实施。承担本辖区内
公路养护维修工程的项目法

省公路局检查养护管理内业工作

人职责，对项目建设的工程质量、工程进度、
资金管理和安全生产负总责，并接受上级主管
部门和项目主管部门监督，负责依法对工程项
目的设计、监理、施工和材料及设备等组织招
标。负责成立项目管理办公室，承担项目管理
的第一责任。负责组织编制工程竣工财务决
算，申报工程审计和竣工验收。负责工程项目
档案资料收编整理工作。负责编制本辖区内公
路养护维修工程建议、计划，组织设计文件的
编制审核、报批等工作。与公路交警管理部门
在工程实施前共同向社会发布施工公告。

2. 养护维修工程项目办代表建设单位对项
目的实施行使施工管理职能，并接受建设单位
及上级主管单位的检查和社会各界的监督。负
责协调指导施工过程中各方面工作，及时向建
设单位汇报工程总体情况，认真传达落实各项
要求、指令等，并督促养护维修工程施工、监
理、设计等参建单位，认真履行工作职责，按
照合同的约定，保质保量完成工程任务。负责
从"安全、质量、进度、环保"等方面对工程
进行全面管理，加强工程的现场管理工作，实
现安全生产、文明施工。负责对监理、施工单

位进行检查考核。负责审核项目施工过程的计
量工作，对工程实施过程中出现的工程变更进
行核实和初审。

3. 养护维修工程设计单位根据与建设单位
签订合同的约定，对养护维修工程进行方案设
计。在对路面病害进行详细调查和必要的试验
的基础上，针对病害类型、危害程度提出经济
合理的预防和修复措施。工程实施前，向委托
方提交详细的施工设计文件，应对使用的材
料、设备等提出明确要求，并应在施工过程中
进行必要的技术服务。鼓励采用国内外先进的
科学技术成果，提高经济和社会效益。完善工
程设计变更的相关工作，参与工程的交竣工验
收工作，向养护维修工程项目办提交设计工作
总结。

4. 中心试验室受白银公路管理局委托，客
观、公正地进行养护质量抽检及评定工作，按
要求向白银公路管理局提交检测评定报告；确
保试验检测人员业务熟练，检测仪器设备按时
标定，检测结果及时准确。

5. 养护维修工程施工监理单位严格执行
《公路工程施工监理规范》及相关技术标准和

水泥稳定砂砾基层摊铺

规范，按规定频率抽检，严格履行监理合同，监督工程施工承包合同的实施。根据监理任务和监理合同的要求，向工程施工现场派驻相应的监理机构、人员和设备，监理人员应持证上岗，并应具有公正、有效开展监理业务的能力和责任心。对施工全过程的质量控制进行监督，及时纠正不符合工程设计要求、施工技术标准和承包合同的施工行为，按照规范要求进行工程质量检测，对合格工程计量支付，参加工程质量事故处理和工程验收。及时提交监理月报及年度监理工作总结，并按要求完成工程监理资料的编制与整理工作。

6. 养护维修工程施工单位依据有关公路养护维修工程建设的法律、法规、规章、技术标准和规范的规定，按照设计文件、招投标文件和施工合同等要求组织施工，并对其施工的工程质量负责。制定切实可行的施工组织计划，建立健全施工质量保证体系，根据工程规模大小和性质建立相应的工地试验室，加强原材料的试验检测及施工全过程的自检、互检和交接检工作，严把工序关，落实质量责任制。负责按施工合同要求配备项目负责人、技术负责人、质检负责人及专业技术人员和机械设备、试验器材等，并向项目办、监理单位报备。杜绝工程转包和非法分包行为，对监理下达的各项指令必须坚决执行；建立完善技术档案，妥

善收集和整理归档各类资料；编制合同段竣交工验收资料。负责工程计量工作的具体编制和上报工作。

7. 维修计划编制。白银公路管理局每年9月底前根据所辖路段的路况评定结果，在科学分析公路病害产生原因的基础上，通过技术经济比选，推荐下一年度最优建议计划方案，并及时报送省公路管理局。建议计划的依据为：公路技术状况评定结果、日常巡查记录、中长期养护规划、寿命周期费用预测、养护需求分析、养护投资效益、交通量和经济发展情况等。

8. 招投标管理。施工单项合同估算价在100万元人民币以上和勘察、设计、监理等服务单项合同估算价在50万元人民币以上的维修工程项目，管理局应按照《中华人民共和国招标投标法》的有关规定进行招标。养护维修工程应采用竞争方式选择设计、施工、监理单位。招投标工作执行《甘肃省公路养护工程市场准入实施细则》《甘肃省公路养护工程招投标管理实施办法》。对于资金、信誉、技术状况等不符合要求的设计、施工和监理单位，拒绝投标，中标的施工单位不得违法转包与分包。

9. 养护维修工程设计

（1）养护维修工程设计工作由白银公路管理局负责组织。设计原则是因地制宜，适度超前，注重新技术、新材料、新工艺、新设备的运用，重在路面，完善排水。

①路线设计。原则上不进行路基横断面和平面线型的调整，大修工程可对纵断面进行微调，尽量保持路基的稳定，避免诱发新的病害。

②路面设计。养护维修工程投资重点是路面，应根据路况评定结果、路段交通量、原路

技术等级和沿线气候因素（普通干线公路重铺工程必须对原路面弯沉进行检测），科学选择适当的维修方案。

③安保工程设计。对公路急弯、陡坡、连续下坡、视距不良和路侧险要路段采取有效防护措施，包括增设失控车辆自救车道，防撞护栏，加设减速装置及反光镜，增设标志牌，喷划路面标线，设置公路线形诱导标志，局部进行改造等，以提高公路安全通行能力。

④水毁修复工程设计。重点是完善和修复路基路面防排水设施、路基缺口和已破坏的防护与支挡工程，使其能满足使用需求。湿陷性黄土地区，路基外排水宜采用PVC管等耐变形材料。

⑤公路养护大中修专项工程进行施工组织和安全作业设计，合理安排施工工期。

⑥路面维修工程须进行材料设计，应明确所使用的各种原材料的技术指标，碎石应指明来源及具体料场。

⑦沥青应根据交通量、气候条件、施工方法、沥青面层类型、材料来源等情况科学选用。

⑧沥青路面碎石宜采用碱性石料，碎石与沥青的粘附性符合公路沥青路面施工技术规范要求，当使用不符合要求的粗集料时，宜掺加消石灰、水泥或用饱和石灰水处理后使用，必要时可同时在沥青中掺加耐热、耐水、长期性能好的抗剥落剂，也可采用改性沥青的措施，使沥青混合料的水稳定性检验达到要求。

⑨预防性养护：对于路况水平较好（PQI≥80，PCI＞80），且大修或改建时间≥4年的路段，积极实施预防性养护。

（2）预算编制执行《甘肃省公路养护维修工程预算编制办法》。

（3）设计文件中施工图设计和预算说明应包含以下重点内容。

①施工图设计说明内容：养护维修工程概况，设计依据，项目所在地水文、地质、地形、气候等自然地理特征，原公路技术状况和维修历史以及设计中采用的技术指标（包括公路技术等级、路基宽度、路面宽度、路面结构等），旧路现状描述（主要病害必须附照片及说明），病害调查、检测结果及病害产生原因分析。处置方案比选、推荐方案的确定，包括路面、路基病害处置方案，工程设计使用年限，工程路段桥梁的情况，主要材料技术指标要求及材料供应情况，项目施工工艺和要求，旧油皮的存放方案，施工组织设计（包括投入的机械设备、现场布局、安全、基层养生、交通控制、施工便道、存在的问题和施工注意事项等），普通干线公路重铺工程施工图中必须附路面检测情况说明及相关检测数据。

②预算编制说明内容：养护维修工程预算编制采用的定额、费用标准，人工、材料、机械台班单价的依据或来源，补充定额及编制依据的详细说明；与预算有关的委托书、协议书、会议纪要等内容，预算金额，人工、钢材、水泥、沥青总需要量情况，其他与预算有关但不能在表格中反映的事项。

③设计完成后，经白银公路管理局养护维

沥青昆凝土面层全幅摊铺

修工程评审专家组审查修改后，报省公路局（附审查会议纪要）。

（4）已经批准的公路养护维修工程项目，其维修规模、技术标准、维修方案、批准费用等需要变更时，需经白银公路管理局审查论证确认后，报省公路局审核批复执行。

（5）公路养护维修工程设计变更的申请，需提交以下材料：

①设计变更说明和形成变更的会议纪要。

②设计变更的勘察设计文件及预算（工程量清单调整或改移桩号，整体方案未变的不需要提供图纸）。

③工程量、费用变化对照清单。

（6）对需要进行紧急抢险的公路养护维修工程设计变更，项目法人可先进行紧急抢险处理，同时按照规定的程序办理设计变更审批手续，并附相关的影像资料说明紧急抢险的情形。

（7）设计变更工程的施工原则上由原施工单位承担。原施工单位不具备承担设计变更工程的资质等级时，项目法人应通过招标选择施工单位。

（8）审批养护工程设计变更文件时，工程费用按《公路基本建设工程概算、预算编制办法》《甘肃省公路养护维修工程预算编制办法》及该养护维修工程批复单价核定。

（9）经过批准的养护维修工程设计变更，其费用变化纳入决算，未经批准的设计变更，其费用变化不得进入决算。

（10）水毁修复经费申报要求：

①超过10万元的水毁工程，须报送水毁处置方案会议纪要、图片及影像资料。

②超过30万元的水毁工程，须报送修复工程设计文件和预算。

10. 合同管理

（1）公路养护维修工程的勘察设计、施工、监理以及与工程建设有关的重要设备、材料的采购，应遵循诚实信用的原则，依法签订合同。

（2）养护维修工程的计量应以合同约定为准，但合同对部分工程另有约定的除外。不满足合同要求的工程，不得计量。

（3）参与养护维修工程的施工单位每月20日前向白银公路管理局上报经确认的"工程计量支付月报表"及"质量责任卡"。计量的项目应符合合同要求，质量必须达到合同规范标准的要求，验收手续必须齐全。上报工程计量表中项目法人、驻地监理工程师对数量及质量必须签字确认。质量责任卡中，驻地监理工程师必须写出质检评语。

11. 工程施工管理

（1）施工单位应严格按照设计文件及相关技术规范和标准要求组织施工。建立健全质量保证体系，实行质量管理岗位责任制，并加强三大负责人的培训教育。建立工地试验室，加强自检工作。加强各工序的质量控制和工序验收工作，保证各道工序紧密衔接质量合格。及时向建设单位和监理提交试验检测报告和真实完整的原始记录、实验数据、分项工程自检数据等资料。及时纠正和处理工程施工过程中出现的质量隐患。

（2）施工单位应加强施工所需各类原材料的管理，尤其应加强沥青、碎石的质量检验，沥青要做到每车必检的同时，留样备检，碎石按要求频率抽检。

（3）注重施工工艺、严格施工程序。

①路基工程要确保地基承载力和填筑料的压实度。

②沥青路面面层采用机拌机铺，路面重铺

工程拌和楼和摊铺机要相匹配，并满足沥青混合料生产和摊铺要求，碎石封层、粘层、透层等必须用机械洒布。

③基层要求采用机拌机铺。水泥稳定类基层水泥用量根据试验确定，一般应控制在5%以下。高度重视基层养生工作，养生期至少为7天，待基层强度达到要求后方可开放交通和铺筑面层。

④石灰稳定类基层石灰用量根据试验确定，一般应控制在8%~12%以内。

⑤混凝土、砂浆施工中严格按试验确定配合比并按施工技术规范要求施工。

⑥对边通车、边施工路段，要合理确定施工时间，做好交通管制，严禁在路面基层和面层未成型前大吨位车辆行驶。

（4）做好施工现场管理工作。

①项目负责人、技术负责人和质检负责人要满足合同承诺要求。施工期间要佩戴胸牌，坚守现场，认真履行工作职责。

②施工现场标志牌的布设要严格执行《甘肃省公路养护作业区安全设施布设规定》，做到标志牌齐全，摆放规范，内容清晰。施工人员要统一服装，规范作业行为。机械设备要统一标识，规范作业行为。

③各类材料堆放整齐、标识清晰，用途明确。要注意消除二次污染，做好防水、防潮等工作。

④合理配置施工资源，保证人力、材料和机械达到最佳组合。

⑤认真做好试验路段，掌握工程的质量控制要点，主要技术参数、施工进度、机械组合等。

⑥适时调整机械组合，提高机械使用率，降低成本，保证进度，提高质量。

⑦切实做好防洪排水，消除自然因素对工程施工的影响。

⑧重点治理质量通病，确保工程内在和外在质量满足技术要求。

⑨加强进度控制，科学合理安排施工程序，正确处理分部、分项工程及工序之间的衔接关系，保证施二组织设计的客观。

⑩搞好成本核算，降低工程成本，提高经济效益。

（5）施工单位要接受建设、监理、检测中心、上级单位和社会各界对工程质量和服务质量的监督检查。

## 第三节　工作任务完成情况

### 一、小修保养

1991年，巩固和完成标准化养路433公里，修补油路17.78万平方米。

1994年，完成修路修补19.45万平方米，处置翻浆4.58万立方米，完成松散保护层3公里，采备养护砂9250立方米，油路加宽1公里，油路薄层封面43.7公里计31.43万延米，巩固标准化养路442公里。

1995年，油路修补面积12.09万平方米，处置翻浆7.73万平方米，完成砂路松散保护层3.74公里，道工采备养护砂1.92万立方米，油路薄层封面41公里，完成标准化养路375公里，新增修边沟涵251米/83道。

养护人员整修路容路貌

1996 年，边沟开挖 1.9 万立方米 /81 公里，路基填挖 2.68 万立方米，处置翻浆 1.71 万平方米，路肩铺砂 6.27 万平方米，清除淤泥 1.08 万立方米，清除路面积雪 14.21 万平方米，除冰 165 立方米，撒防滑砂料 580 立方米，道工采运养护砂 1.07 万立方米（其中砂砾路养护砂 250 立方米，油路养护砂 9091 立方米，天然砂 1421 立方米）。油路修补 19.16 万平方米，油路基层处置 2.86 万平方米，砂砾路面保护层 9.52 万平方米 /3.74 公里，桥涵防护坞工修补 895 立方米，基础设防 130 立方米，抢修便道 400 米，完成标准化养路 549 公里（其中新增 174 公里）。

1997 年，边沟开挖 2.18 万立方米，路基填挖 2.64 万立方米，处置翻浆 2.07 万平方米，路肩铺砂 483 立方米，培路肩 13.82 万立方米，清塌方 1.51 万立方米，采备砂 357 平方米，油路砂 7670 立方米，天然砂 180 立方米，路面除雪 3177 立方米，除冰 155 立方米，撒防滑料 650 立方米。油路面层修补 24.32 万平方米，油路基层处置 3.79 万平方米 /1.3 万平方米，砂砾路面保护层 6.04 万平方米 /3.74 公里，挖油包 1.88 万平方米，桥涵防护坞工修补 588.5 立方米，疏通涵洞 309 立方米，巩固标准化养路 549 公里。

春季翻浆处置

1998 年，边沟开挖 9967 立方米，路基填挖 3.09 万立方米，处置翻浆 7.05 万平方米，路肩铺砂 89 立方米，路面除雪 7894 立方米，除冰 104 立方米，撒防滑砂料 1200 立方米，道工自备砂石材料 2.2 万立方米。油路面层修补 20.97 万平方米，占完成计划的 106%，油路基层处置 6.02 万平方米，国道 312 线完成油路修补（含基层处置）6.31 万平方米，完成砂砾路面保护层 2.6 万平方米 /3.74 公里，桥涵基础设施 158 立方米，防护坞工修复 801 立方米，疏通涵洞淤积物 556 立方米，标准化养路计划 549 公里。

1999 年，翻浆处置 1.65 万平方米，油路修补 16.27 万平方米，边沟开挖 5.96 万立方米，路基填挖 1.61 万平方米，基层处置 6.67 万平方米，路肩铺砂 473 立方米，路肩挖培 467 立方米，清理塌方 2.6 万立方米，砂路铺砂 1.4 万立方米，桥涵防护坞工修补 46 处，采筛各类养护砂 1.4 万立方米，标准化养路 549 公里。公路水毁翻浆阻车时间国道未超过 24 小时 / 次，省道未超过 36 小时 / 次。保持优良公路段 1 个，优良道班（管理站）5 个。

2000 年，完成边沟开挖 408 公里、路基填挖 1.7 万立方米、翻浆处置 6.09 万平方米、路肩铺砂 550 立方米、路肩挖培 0.9 万立方米、清理塌方淤泥 2.3 万立方米、修补油路 20.25 万平方米，基层处置 6.67 万平方米，防护坞工修补 126 处，路面除雪 85.9 万平方米，撒防滑料 67 万平方米。薄层封面计划 24 公里，完成 30.96 公里。

2001 年，共完成路基填挖 2.65 万立方米、翻浆处置 1.79 万平方米、油路修补 19.18 万平方米、基层处置 3.23 万平方米、砂砾路保护层 1.2 万平方米、桥涵防护污工修补 120 处、采筛油路砂 9300 立方米、天然砂 1700 立方米、路面除雪 19.92 万平方米、除冰 700 立方米、撒防滑料 2777 平方米、标准化养路 552 公里、薄层封面 55.96 公里。

2002 年，完成边沟开挖 88 公里，路基填挖 4.08 万立方米，清理塌坍方 6800 立方米。完成砂砾路面保护层 1.4 万平方米 /2 公里，采筛运养护砂 6400 立方米，路面除雪 3.1 万平方米，撒防滑料 7.1 万平方米，处置翻浆 6.14 万平方米，正常养护路段油路修补 28.86 万平方米，超计划 17.37 万平方米，收费公路油路修补 12.3 万平方米，超计划 7.55 万平方米。完成薄层封面 24.07 万平方米 /31.2 公里、挖补罩面 4.45 万平方米 /5.2 公里，重点病害处置 1.35 万平方米 /1.2 公里；标准化养路完成 552 公里，超计划 3 公里；桥涵防护构造物维修主要完成涵洞修复 20 米 /2 道，防护及砼边沟 1885 米，砼路肩墙修复 7729 米，补换里程碑 38 块、护柱 323 根、桥栏扶手 45 根、百米桩 224 块。

2003 年，完成公路翻浆处置 2.88 万平方米、采备运各类养护砂 7300 立方米。完成正常养护路段油路修补 17.6 万平方米，占计划的 234%，收费公路油路修补 15.41 万平方米，占计划的 429%。完成薄层封面 17.71 公里、重点病害处置 3.066 公里。层铺法罩面 3 公里。标准化养路 552 公里，超计划 3 公里。桥涵防护构造物维修主要完成防护及砼边沟 7713 米、路肩墙 8479 米、急流槽 384 米、挡墙 121 米、里程碑 25 块、路缘石 1737 块、警示桩 285 根、百米桩 230 块、倒虹吸涵洞 57 米 /5 道。

2004 年，处置翻浆 6.27 万平方米，油路修补面积 32.3 万平方米，标准化养路 552 公里。

2005 年，完成翻浆处置 4.61 万平方米，油路修补 16.45 万平方米，标准化养路 552 公里。

2006 年，标准化养路 552 公里，完成翻浆处置 6500 平方米，油路修补 5.67 万平方米，基层处置 8200 平方米。采备各类砂石材料

养护人员维修防排水构造物

1.01 万立方米，清理塌方 9000 立方米，路肩挖培 1800 立方米。

2007 年，普通干线公路完成翻浆处置 8500 平方米，油路修补 13.03 万平方米，清理塌方 3290 立方米，洒铺 4.2 公里 /4.87 万平方米，对省道 201 线、县道 322 线 16.8 公里路面严重裂缝进行灌缝处理，标准化养路 552 公里。白兰高速公路已完成油路病害处置 5.06 万平方米，沉陷处置 1 万平方米，沥青灌缝机灌缝 2.35 万延米，水毁修复、浆砌片石砌筑 112 立方米 /2 处，路基沉陷 1296 平方米 /2 处，修复损坏波形梁 1648 米，中央隔离栅维修 50 米 /4 处，增补里程碑 3 块、百米桩 300 块，设置沉陷警示标志 8 块 /4 处，投入沥青搅拌机、摊铺机、压路机、铣包机等机械设备 35 台。

2008 年，省养公路完成翻浆处置 3.02 万平方米，油路修补 8.8 万平方米，路面裂缝处

养护人员在刘白高速公路进行灌缝作业

清理边沟

治 21.5 万米。完成白兰、刘白高速公路路面松散、坑槽、沉陷处置 1.41 万平方米，灌缝 6 万米，维修波形梁 5789.3 米，更换防眩板 850 块，调整防眩板 1.54 万块，更换标志牌 114 块，维修封闭网 3029 米，采备冬季防滑料 780 立方米，融雪剂 40 吨。

2009 年，干线公路完成油路修补 12.5 万平方米，碎石封面 40.2 万平方米，翻浆处置 5856 平方米，路面灌缝 17 万延米，路肩墙维修 9300 米，边沟维修 9900 米，边沟清理 413 公里，涵洞疏通 410 道，标准化养护 549 公里。刘白、白兰高速公路完成沉陷处置 5810 平方米，坑槽修补 2922.04 平方米，路面灌缝 3.84 万延米，维修调整波形梁 5715 米、防眩板 1571 块、防阻块 1141 套。

2010 年，省养干线公路完成修路修补 21.2 万平方米，路面灌缝 5.9 万延米。

养护人员整治路域环境

2011 年，完成路面病害处置 1.01 万平方米，维修构造物 380 立方米。填补路基缺口 80 立方米，疏通排水系统 126 公里，清淤桥涵 520 立方米。清洗标志、标牌 244 块、波形梁 182 公里；维修波形梁护栏 2307 米，增设标志 81 块，矫正防眩板 855 块。完成水毁修复工程回填土方 1.15 万立方米、勾缝抹面 360 平方米、抛石挤淤 4170 立方米。完成防滑料储备 4200 立方米，生产冷补料 70 吨。对两座桥梁进行桥面铺装维修和预防性养护。

2012 年，普通干线公路完成油路修补 12.1 万平方米，处置翻浆 2.1 万平方米，铣刨车辙、拥包 9.6 万平方米，沥青灌缝 13.5 万延米，维修路肩墙、边沟 13950 米。补栽更换警示桩 1819 根，维修里程碑 214 块、百米桩 1902 根，粉刷交通安全设施 5.6 万平方米，喷划标线 7.3 万平方米，桥涵清淤 2245 立方米，清理塌方 8085 立方米，整修路容 710 公里，创建标准化养护示范路 2 条 127 公里。采备防滑料 6193 立方米，储备融雪剂 20 吨、冷补沥青混合料 34 吨。高速公路完成全线路容路貌整修 3 次，路面坑槽处置 5005 平方米，沉陷处置 3.92 万平方米，路面灌缝 10.23 万延米、贴缝 4.36 万延米，补划标线 1860 平方米。桥涵构造物维修 401 立方米，回填土方 1.92 万立方米，更换、校正波形梁 1.13 万延米，更换活动护栏 217 米，更换隔离栅 807 米，维修桥梁伸缩缝 355 米，采备防滑料 3500 立方米，储备融雪剂 25 吨、冷补料 20 吨。完成全线 24 处水毁抢修，其中浆砌片石 1179 立方米，现浇混凝土 651 立方米，土方 3.86 万立方米，石方 2.98 万立方米，路面铣刨 2150 平方米。

2013 年，整修路容路貌 976 公里，维修路肩墙 2446 平方米，翻浆处置 1.6 万平方米，油路修补 10.7 万平方米，裂缝处置 25.5 万延米，维修拦水带 2706 米，勾缝抹面 2487 立方米，维修边沟 946 立方米，维修急流槽 1215 立方米，桥面铺装 526 平方米，标线 11.6 万平方米，维修波形梁护栏 12312 米，维修隔离栅 2880 米，更换防眩板 955 根，调整、更换示警桩 4797 根、里程碑 237 块、百米桩 1926 块，粉刷各类构造物 11.9 万平方米，增设交通标志 372 块，清洗波形护栏 21.8 万米。

2014 年，共完成路容整修 780 公里，"标准化"养路 551 公里，创建"平安公路"示范路段 67 公里。完成油路修补 23 万平方米，路面灌缝 52 万延米。

2015 年，完成油路修补 9.85 万平方米，处置翻浆 1.31 万平方米，路面灌缝 31.45 万延米，干线公路路容整修 749.7 公里，高速公路路容整修 134.4 公里。

2016 年，完成油路修补 18.6 万平方米，路面灌缝 125.57 万延米，修复各类防排水构造物 2443 立方米，更换里程碑、百米桩 1574 块，新建、维修波形梁 5987 米，清理塌方 1.8 万立方米。

**二、建设文明样板路**

1994 年，完成油路重铺 4 公里，挖补罩面 4.75 公里，修补油路病害 68000 平方米，修补路肩墙 11 公里。刷新护柱 16073 根，增设标志 46 根，喷划路面标线 196.49 公里。

1995 年，巩固文明样板路 196.49 公里。

1996 年，巩固整修国道 109 线文明样板路 197.49 公里，新建国道 312 线文明样板路 62 公里。文明样板路建设中，喷划标线 1292350 米，恢复补增各种标志牌 294 块，刷新标志牌、桩 9096 块（根），新修 GBM 工程 47.9 公里，整修全线路容及排水系统，路容路貌焕然一新，完成建安工作量 160.41 万元。

1997 年，通过开展"铜城杯"等养护竞

灌缝施工作业

赛，使国道 109 线和国道 312 线 258.49 公里文明样板路在巩固建路成果的基础上有了新的提高。完成油路罩面 37 公里，薄层封面 31.76 公里，油路病害处理 58490 平方米，新增涵洞 14 米 /1 道，修复急流槽 813 立方米 /20 处，急流槽接涵洞出口 72 立方米，刷新各类标号（桩、栏）24060 根（夹），喷划标线 258.49 公里，浆砌（片石、混凝土）边沟 1000 米，制止和清除各类违章建筑 5032.6 平方米 /45 起。

1998 年，通过开展"铜城杯"百日养护竞赛和"文明窗口"的创建活动，使国道 109 线和国道 312 线 258.49 公里文明样板路在巩固建设路成果的基础上有了新的提高，达到了"七全一新一最好"的要求。并按照省交通厅、公路局的要求，特别加强了国道 312 线的创建力度，从公路文化的角度，在"美"和"精"上做文章，使国道 312 线 62 公里文明路按期达到部级文明样板路的标准。

1999 年，国道 312 线文明样板路建设完成处置沉陷 84873 平方米，路肩硬化 62 公里，砼路肩墙 55.05 公里，油路罩面 28.82 公里，薄层封面 6 公里，砼边沟涵预制盖板 102 米 /34 道，处置平交道口 6447 平方米 /375 处，路基加宽 1.92 公里。

2000 年，为文明样板路创建沿线青江驿、

孙寨柯、旱平川、来家窑、新村5个养管站全部配备办公、生活用品，加大了环境建设，实现统计管理微机化，达到"两化"标准。在创建的省部级文明样板路上共完成公路绿化55.5公里、桥栏杆修复404米，喷划标线、里程碑、护柱、行道树粉刷共362.35公里，完成混凝土路肩墙、边沟、道牙共12108米，整修路缘弃土堆47万平方米，清理土方、建筑垃圾1.4万立方米。

2005年，对管养的国道109线170.88公里全部实施部级文明样板路建设工程，使国道109线线型顺适，路容整洁，设施齐全，标志标号鲜明，路外形象明显改观，路面平整度有较大提高，顺利通过了交通部全国干线公路检查检测车IRI值的检测。

**三、水毁抢修工程**

1991年，共修复水毁路基土方2.53万立方米，路面1.7万平方米，涵洞34米，急流槽、边沟、过水路面圬工砌体1212立方米，护坡398.48立方米，挖运淤泥、清理坍方6281立方米。

1994年，修复水毁浆砌片石挡墙、边沟、加高路肩墙327立方米/7处，修水毁涵洞21米/1道，增设边沟涵690米/238道，清理水毁塌方1047立方米。

1995年，抢修新改建路段大型水毁路基工程2处，完成土方15.42万立方米。

1998年，完成工作量82万元，桥梁32米/3座，涵洞12米/1道，护坡1436立方米/4处，急流槽140立方米/1处。

1999年，水毁修复1099立方米/15处。

2000年，完成国道309线、省道207线水毁修复板涵15米/1道、土方30491立方米、圆管急流槽76米、浆砌片石防护、急流槽1178立方米。

2001年，水毁修复2项7.5万元。

2002年，完成水毁修复工程11处，主要工程量为：路基土方1.74万立方米、恢复油路面1378平方米，浆砌片石急流槽142.8立方米/120米，砼边沟16.28立方米/40米、涵管急流槽100米/3道、浆砌片石过水路面99立方米/50米，现浇砼50立方米。

2003年，完成路基土石方10.3万立方米、浆砌片石急流槽263立方米、混凝土边沟711立方米、油路面2.76万平方米，天然砂砾垫层1518立方米、片石基层处置1524立方米，工作量约307.8万元。

2004年，完成省道207线马鞍桥、尚家湾和五麻咀3处水毁修复。

2008年，完成白兰高速公路1649公里+720米处拱涵水毁处置、白银西连接线边沟修复工程。

2012年，完成省道201线水毁修复工程3项108.76万元。省道308线水毁修复工程1项7.5万元。省道207线公路水毁修复工程4项119.26万元。国道312线水毁修复工程两项168.77万元。

2013年，完成县道322线水毁修复工程4处8.2万元。国道309线35处公路水毁121.1万元。

2014年，及时有效地处置了京藏高速1552公里+350米路面沉陷、白银西出口匝道水毁、国道109线1505公里处300米路基水毁、省道217线37公里+350米路基水毁和国道312线1938公里+300米处山体滑坡等地质灾害，并对国道109线1534公里+120米水泉下砂河桥进行了加固改造。

**四、安全保障工程**

2004年，完成国道312线太平1处滑坡治理，省道308线景泰段安保工程（2条紧急避险带）。

2005年，安保工程完成国道109线、省道201线、省道207线、省道308线四条线路，累计工作量374万元。

2006年，安保工程计划三项已全部竣工，涉及国道309线、国道312线、省道308线三条线路，累计完成工作量532.4万元。

2008年，完成省道308线避险车道改建工程和省道201线防风挡沙墙工程。

2013年，投资1005万元实施国道109线安保工程168.98公里。

2014年，在省道217线实施了安保工程，安装标志牌57块，波形梁护栏2600米，开挖视距台3处。在国省干线公路桥梁两头设置桥梁限速、限载和桥梁告示牌960块。处置省级、市级道路交通安全隐患4处。

2016年，国6高速公路、国道109线一期二期、省道308线3项安保工程全部完成。

**五、大中修工程**

1991年，油路罩面4项28公里，新铺简易油路1项8.5公里。

1994年，油路罩面加宽36公里，重铺罩面2.2公里。

1995年，完成油路挖补加宽罩面22公里，新增修涵洞24米/1道，新修护坡工程386立方米/1处，维修路肩墙2.2公里，景白公路重点病害处理和增修防护设施共完成投资60万元。

1996年，完成油路罩面100公里，油路重铺一项8公里，

省道201线三处公铁立交修建工程竣工通车，国道109线、312线路肩硬化67.18公里。省道207线硝口坪改建工程完成投资90万元。国道109线黄河桥公路部分大修工程，工作量75万元。

1997年，完成油路罩面39.46万平方米/47公里，薄层封面60.56公里，防护工程1处301.3立方米/186.6米，桥栏28.8立方米/192米，标线196.49公里，新建涵洞72米/6道，边沟涵176道，混凝土边沟3854米，浆砌边沟200米，完成工作量532.92万元。省道207线硝口坪路基改建工程全部完工，完成工作量300万元。

1998年，完成油路工程重铺9公里。挖补罩面26公里，共完成工作量341万元。

2000年，油路大中修工程：完成国道109线、县道322线工作量203万元，其中重铺1.4万平方米/2公里、重点病害处置3.78万平方米/3.02公里，罩面16.05万平方米/17公里。

2001年，总段机械化工程公司和基层各段、所共完成工程量6000多万元，其中完成G312线何家坪利用段改建工程5厘米沥青混凝土5.9万平方米，工作量240万元。G312线凤嵋段一级公路改建工程工作量461万元。省道202线庆（阳）西（峰）段二级公路改建路基及整修、修复工程，工作量591万元。省道201线景郭段二级公路改建工程，完成土石方44.9万立方米、浆砌片石边沟875米、小桥下部构造物及空心板预制、涵洞795米/60道，工作量1160万元。各段、所完成工程量600多万元。白兰高速公路路基工程600万元、路面工程2300万元。白银公路总段负责建设的景（泰）郭（家窑）段64.5公里二级公路改建工程，完成石方16万立方米、挖土方32万立方米、填方71万立方米，路基成形54公里，完成涵洞1944.12米/143道、桥梁工程完成总量的66%，总计完成工作量3140万元，占总工程量的87.2%。

2002年，收费公路养护大中修工程三项

140 万元。完成油路病害处置 5.51 万平方米，薄层封面 10 公里。

2003 年，完成国道 109 线收费路段沉陷处置 1 万平方米、省道 308 线事故多发路段改善 0.8 公里、道路指示牌 31 块。

2004 年，完成国道 109 线靖远段 57 公里薄层封面（其中收费路 9 公里）、1 公里挖补罩

国道 312 线基层铺筑碾压

省道 207 线基层铺筑

混凝土护面墙施工

面和白银段 18.1 公里薄层封面（含 3 公里试验路段）、0.95 公里重铺工程以及省道 201 线（收费路）4 公里油路罩面工程。

2005 年，完成油路重铺 5.4 公里、油路罩面工程 27 公里、碎石封面工程 62.2 公里、砼路肩墙维护 9333 米，硬化路肩维护 1.03 万平方米。

2006 年，省道 201 线挖补罩面工程完成 15.9 万平方米 /14 公里。

2007 年，省道 201 线 4.1 公里的油路罩面工程、国道 309 线 20 公里的沥青碎石封面工程。

2008 年，养护维修工程完成国道 109 线猩猩湾段 12.3 公里和靖远段 2 公里油路重铺。

2009 年，完成七项养护维修工程，其中重铺 1.5 公里，沥青碎石封面 76.56 公里，工程总体质量良好。

2011 年，高渗透乳化沥青雾封层 15.8 万平方米，沥青碎石封面 147.4 公里，挖补罩面 23.3 公里，重铺 10 公里。白兰高速公路养护维修工程完成灌缝 21 万延米，铣刨路面 6.9 万平方米，微表处路面 38.4 万平方米，热熔型涂料路面标线 2.4 万平方米。刘白高速公路养护维修工程完成灌缝 25 万延米，铣刨路面 19.9 万平方米，微表处路面 80.9 万平方米，雾封层

养护人员在刘白高速公路微表处施工

82.3 万平方米，热熔型涂料路面标线 10.3 万平方米。

2012 年，全面完成省公路局下达的油路重铺 2.7 公里和沥青碎石封层 29.832 公里任务。完成国道 109 线、省道 217 线、省道 201 线实施沥青同步碎石封层 54.2 公里，投资 561 万元。

2013 年，国 6 高速公路：投资 2988 万元完成油路重铺工程 9.52 公里。国道 109 线：投资 82.5 万元完成 168.978 公里路面重点病害处置。省道 207 线：投资 3308.161 万元实施油路重铺工程 18.5 公里，投资 299.4776 万元实施 2 公里沥青路面热再生重铺工程。

2014 年，共完成省公路局下达的国道 109 线油路重铺 18 公里、沥青碎石封层 15 公里和国道 312 线路面重点病害处置 8613 平方米。另外，利用路政返还款在国道 109 线 1563 公里—1568 公里、1579 公里—1589 公里段和省道 308 线 23 公里—33 公里 +300 米段实施沥青碎石封层 15.5 万平方米。

2015 年，完成国 6 京藏高速公路微表处 177 公里，油路重铺 2.2 公里，国道 109 线油路重铺工程 49.3 公里、开普封层 5 公里、微表处 35 公里，挖补罩面 2 公里，省道 201 线油路重铺 9.07 公里、碎石封面 95 公里。

对底基层养生路段施行交通管制

沉陷路基回填段补强

2016 年，省道 308 线 9 公里重铺全面完工，国 6 高速公路养护维修工程年内完成工作量 700 万元，剩余工程任务因气候原因，上报省公路局结转至 2017 年完成。

## 第四节　公路绿化

### 一、公路绿化的主要内容

（一）主线绿化

主线绿化主要是为了提高行车安全性和舒适性，首先充分考虑沿线景观、地形特点和交通特点，保证景观较长距离的连续性，同时结合地方特色、人文历史、文化古迹、旅游名胜、重要城市等强化设计的重点和亮点。公路弯道外侧栽植能诱导视线，使公路线形更加清晰明了；中央分隔带进行遮光种植可以防眩；路口附近进行标志栽植可以提示位置；隔离网附近进行栏式栽植，可以有效地防止行人穿行。

（二）道路外部绿化

在公路两侧建设缓冲绿化带以保护环境。

1. 边坡种植植被，可以固土护坡，减少水土流失，提高路基稳定性。填方高路堤：以不同品种间种，条播密植草皮。矮路堤：高度小于 2~2.5 米，且坡度小于 1：2，又比较缓的地段时，应满铺草皮，可适当点缀一些草本花卉。路堑边坡：土质边坡以铺长绿草皮为主，石质边坡可采取挂网植草。石方码砌边坡：应在边坡上设置二层以上花槽（一般要求1米一层），种植长绿下挂植物，使边坡从路外看是一条绿色的花卉风景带。

2.路侧栽植，可以起到防雪、防风沙等作用。

3.与城区过渡地带的绿化，具有景观与防护功能的结合，林带宽度市内以6~15米、市区15~30米为宜，林带高度10米以上，林带结构以乔、灌、草结合为好，阔叶树比针叶树有更好的减噪效果，特别是高绿篱防噪音效果最好。

（三）取土场、弃土场、便道等绿化

采用喷草籽、种草或植树等措施恢复被破坏的植被，美化环境，保护水土。

（四）生活区绿化

服务区、管理区、收费站区和段、站的庭院是驾乘人员和管理、养护人员工作、休息的场所，因此进行细致的绿化是必要的，绿化必须与当地背景和景观特点相结合。可利用树木和花卉来美化环境，增强季节感，也可以采用桌子、凳子、水池、喷泉以及娱乐设施等，为人们提供良好的工作和休息空间。

**二、公路绿化设计**

公路绿化的设计应以科学发展观为统领，努力构建和谐交通，不断促进公路事业的全面协调可持续发展，本着一条路的绿化是一个整体，在服从动态景观设计原则的基础上，要点线结合、以线带面，形成统一、协调的景观空间，做到统一规划、分段设计、分段施工，人工造景要适应地形、气候、土质、公路横断面的变化。

公路绿化设计的具体要求：沿道路主线两侧的绿化设计是公路连续景观"线"的主要表现形式，构成了道路景观的基础。由于这一部分具有跨地区、地形地貌起伏变化大的特点，设计时应根据所跨区域的土壤、水文、气象、地形、护坡结构、涵洞、桥梁等条件及分布特点，划分典型设计断面、标出起讫点的位置，并确定道路全线植物品种的基调树种、搭配树种以及功能性隔离品种。同时，要处理好重点与一般的关系。

**三、公路绿化用地范围**

国道、省道及重要的县道，挖方路基保留至截水沟以外1米，无截水沟的地段，自坡顶起留2米，作为公路取土及造林用地；填土路基保留至取土坑以外1米，在原取土坑消失或无取土坑的地段，自路基斜坡坡脚起，每边各留3米，作为公路取土及造林用地；大桥上、下游各长200米，中、小桥涵各长100米、宽3米的河岸内侧；公路分隔带、边坡、护坡道；公路苗圃、园林地；公路其他防护林带以及公路管养单位的机关、庭院及四周属地。

**四、公路绿化的养护管理**

公路绿化的养护管理应坚持经常浇水、松土除草、修枝打杈、涂白防晒、培土防寒及病虫害防治等措施，严格管理，促进植物健康生长。

（一）因我省大部分公路分布在干旱、半干旱地区，天然降水量少，故要以水为中心，因地制宜逐步使用先进技术建立免灌公路生态系统，要研究土壤沙地覆盖技术，如：地膜、纤维、粒石营养体、旱地龙、有机材料等技术。移植可使用保水剂、防蒸发剂及植物生长促根剂等。

（二）在春、夏植物生长旺盛季节要对绿化植物进行松土和除草，除草、松土应结合进行。松土深度随植物种类、大小而定，以5~6厘米为宜，应除掉杂草根系，注意不伤

国道 109 线 1487 公里处两侧绿化路段

国道 312 线两侧绿化路段

害绿化植物根系。风沙较大的地区，可不松土。对土壤瘠薄、生长不良的绿化植物，尤其是果树和珍贵苗木种类，应予施肥，促进生长。各类苗木如栽后枯死，应急时补植。补植的苗木应与原栽植苗木的种类相同，其规格应大于原植苗木规格。对于已基本成材的行道树，除株距大于 20 米补栽后不影响生长者外，可不补栽。

（三）路树及花、草，要严防病虫害的发生，做到"防重于治"。根据各类绿化植物病虫害发生、发展和传播蔓延的规律及时进行检查。一旦发生病虫害，应采取相应防治措施，确保绿化植物正常生长

（四）要定期给路树修枝整形，保持正常的冠幅，坚决防止把树冠剪成"腊杆形"，灌木及花、草也要根据景观的需要，定期进行修饰和管理，增进路容路貌的美观。

**五、高速公路绿化基本情况**

甘肃省白银公路总段管养的国 6 京藏高速公路绿化工程线路全长 170.748 公里，绿化总投资 2607.7 万元，分为刘白段、白兰段。

（一）绿化工程实施情况

1. 主要景观生态理念

绿化是高速公路建设的重要组成部分。它能改善道路景观、美化环境、调节气候、延长公路的使用寿命。净化空气，改善大气环境。

降低交通噪声。稳固斜坡，防止水土流失，保持路基稳定。诱导视线，防眩遮光，确保行车安全。高速公路的绿化，应围绕"回归自然、拥抱绿色"的主题和"安全、舒适、环保、和谐"的原则来布置和规划高速公路绿化。同时注意公路绿化设计重点应放在主线和路基边坡的绿化，色彩基调以绿色、红色和青色为主，图案则主要采用线条流畅、简洁传统装饰图案为主，绿化工程要进行总体规划，体现经济与实用、绿化与美化、近期与远期相结合的原则。

2. 主要设计树种

白兰路：中央分隔带栽植侧柏、刺柏、红柳等。两侧栽植旱柳、刺槐、国槐、红柳等，共栽植乔木、灌木 43.569 万株，草灌混播面积 37.958 万平方米，植草 9.6101 万平方米，藤本类 2921 株。

刘白路：刘白高速公路绿化工程共完成栽植各种苗木 44 个品种，共计 779.246 万株，其中乔木 5.3158 万株，灌木 773.9302 万株，完成草灌混播绿化面积 7055 平方米。开挖换填种植土 12.5692 万立方米。建成绿地喷灌管道累计 1.04 万延米。

（二）公路绿化投资情况

1. 白兰高速公路绿化工程 BLLH 合同段全长 60 公里，绿化工程合同价款 1878.5 万元。

2. 刘白高速公路绿化工程 LB-11-D 合同段全长 110.748 公里，绿化工程合同价款 729.2 万元。

（三）参建单位

1. 白兰高速公路建设单位：交通厅工程处。设计单位：甘肃省交通规划勘察设计院。绿化施工单位：甘肃华运园林绿化工程有限公司。

2. 刘白高速公路建设单位：甘肃长达路业有限责任公司。设计单位：甘肃交通规划勘察设计院。绿化施工单位：甘肃圆陇路桥机械化公路工程有限责任公司施工。

**六、公路绿化里程**

1991 年，甘肃省白银公路总段养护公路里程 735.93 公里，可绿化路段 113.9 公里，完成绿化 113.9 公里，共植树 2.25 万株。

1995 年，甘肃省白银公路总段养护公路里程 735.93 公里，可绿化路段 113.9 公里，完成绿化 113.9 公里，共植树 2.5 万株。

1996 年，共种植各种灌木树 4800 株，植绿离 600 米，种花草 1200 平方米，绿化面积达 7200 平方米，成活率 70% 以上。

1999 年，公路绿化植树 2.26 万棵 /52.1 公里，种植柠条和紫花苜蓿 17 处、2.1 万丛、4.2 万平方米，青江驿养护站美化完成植树 139 棵，种植草坪 2000 平方米。

养护人员在公路两侧植树

2000 年，甘肃省白银公路总段养护公路里程 827.6 公里，可绿化路段 139 公里，完成绿化 114 公里，共植树 6 万株。

2010 年，甘肃省白银公路总段养护公路里程 987.8 公里，可绿化路段 918.3 公里，完成绿化 482 公里，共植树 30.97 万株。

2011 年，甘肃省白银公路总段养护公路里程 987.8 公里，可绿化路段 886.9 公里，完成绿化 482 公里，共植树 30.97 万株。

2013 年至 2016 年，甘肃省白银公路总段养护公路里程 1079.7 公里，可绿化路段 955.3 公里，完成绿化 550.4 公里，共植树 30.97 万株。

## 第五节　交通量调查

公路交通量数据是公路规划、建设、管理和养护工作的基础。自 20 世纪 70 年代末交通量调查工作开展以来，全国公路交通情况调查已形成一套比较规范的工作体系。公路交通情况调查统计工作的目的和任务是通过对国道、省道、县道、乡道及专用公路的交通状况进行定期或不定期调查，掌握各级公路的交通流量、构成、分布和车辆运行速度等交通流特性，并进行统计、分析和预测，为各级公路规划、设计、建设、管理、养护和科研部门及社会公众提供公路交通信息。可以说，公路交通情况调查工作发展状况已成为体现一国或一个地区公路管理水平和信息化水平的重要标志。

**一、交通量调查管理**

省公路局负责交调工作的宏观管理和监督检查，并汇总有关数据报送相关部门。各市（州、地）交通主管部门和省属公路总段（分局）分别负责所辖路段观测站（点）的具体管理工作。交通量调查工作遵循"忠职守则，务实求真，科学规范，准确及时"的工作方针。

**二、交通量观测站设置**

观测站分连续式和间隙式两类。连续式观测站作为控制观测站，一般设在主要干线有代表性的路段上或重要的运输和旅游道路上。间隙式观测站设在调查区间范围内能代表其所在路段交通量的地点，且每一调查区间只设一个观测站（一个观测断面）。

省养公路观测站（点）设置或调整，国道按照《公路交通情况调查统计技术规范》和有关标准的要求提出方案，报交通部公路交调统计管理部门批准执行。省道按照有关标准的要求提出方案，报交通部公路交调统计管理部门备案。

连续式或间隙式观测站（点）的设置或调整，应在满足《公路交通情况调查统计技术规范》和有关标准要求的前提下，充分利用已有的公路养护道班（站）或已建立的公路养护、管理、收费站等设施，并应保持公路交通情况调查站（点）的相对稳定原则。

**三、交通量观测**

连续式观测站要全年分小时连续不断地对交通量进行统计。观测数据直接存储于仪器中，并用软盘随时备份，将结果拷入软盘后，利用微机中的交调程序打印报表。

配备观测仪器的间隙式观测站（点）必须用仪器在每月的5日、15日、25日三天连续进行24小时不间断观测。观测数据存储到IC卡后，输入计算机中的交调程序打印报表。

间隙式观测日遇地方性集会或一般的雨雪天气时，应照常进行，但应在记录表附注栏内加以说明。遇大雪、暴风雪、严重沙尘暴等特殊气候，应改期观测，并应在三日内进行。三日内仍无法补测者，可取消本次观测。

在夜间交通量稀少的路段或严寒季节，间隙式观测站（点）在充分积累资料，取得昼夜交通量换算系数的基础上，观测白天十二小时或十六小时的交通量，计算夜间交通量，观测时间一般为6时至18时或6时至22时。

由于公路施工等原因阻断交通，而预计短期内不能恢复通车的路段，经省公路局批准后，连续式或间隙式观测站（点）可停止观测，直至恢复通车后再继续观测，但应在附注栏内说明情况。

比重调查、车速调查作为常规性调查内容，应每年进行一次。

车速调查时间应选定在一年中交通量饱和或较大的月份，气候正常条件下的任一日期，即上午高峰时间、下午高峰时间及非高峰时间（避开节假日与赶集日）。

比重调查日应避开星期日和节假日，选择运输旺季中的任一天。一般选择运输旺季中的5日、15日或25日间隙式观测日作为调查日，分小时、分车型记录通过观测断面的机动车交通量，车型分类与交通量常规调查的规定相同。调查时间为早上6时至次日6时的24小时。

应逐步实现常规公路交调统计的仪器自动化调查与统计工作，并落实仪器设备的购置费用。对于连续式观测站的仪器维修及部件的更换以及间隙式仪器的更换，其费用由省公路局支付。更换仪器时，由白银公路管理局报省公路局处理。

新建公路的公路交通情况调查站（点）应与公路沿线设施同步建设并投入使用，其建站（点）费用应从该公路的建设费中列支。

实施改造工程建设的县乡公路要设点进行间隙式交通量观测。

**四、交通量报表报送**

国道主干线公路，应当按照《公路交通情况调查统计报表制度》规定，报送国道主干线交通量报表。

一般的县乡公路，在每年 9 月 5 日、15 日、25 日三天进行二十四小时连续观测，并将观测结果报省公路局。

连续式、间隙式交通量调查报表的时限为：当月 10 日前报送上月报表。季度末的下一月 10 日前报送季报表。每年的 1 月 10 日前报送年报表。

连续式观测站报表为：月报表、季报表、年报表及年数据软盘。间隙式观测站报表为：季报表、年报表及年数据软盘（包括重要县乡公路）。

一般县乡公路应在每年 10 月底前报送比重调查表。

## 交通量观测站信息

| 序号 | 路线编号 | 养管单位 | 观测站名称 | 路线名称 | 位置桩号 | 观测站类型 | 调查站编号 | 车道数 |
|---|---|---|---|---|---|---|---|---|
| 1 | S207 | 新堡子养管站 | 新堡子 | 靖天线 | 62.7 | 间隙式 | S207J102620422 | 2 |
| 2 | G309 | 甘沟养管站 | 甘沟驿 | 荣兰线 | 2024.1 | 间隙式 | G309J100620422 | 2 |
| 3 | G309 | 马家堡养管站 | 马家堡 | 荣兰线 | 2074.683 | 间隙式 | G309J102620422 | 2 |
| 4 | G312 | 会宁养管站 | 会宁 | 泸霍线 | 1964.65 | 间隙式 | G312J108620422 | 2 |
| 5 | X323 | 会宁养管站 | 荔峡 | 会慢线 | 25 | 间隙式 | X323J100620422 | 2 |
| 6 | S308 | 新村养管站 | 新村 | 辐古线 | 195 | 连续式 | S308J102620423 | 2 |
| 7 | X322 | 乌兰养管站 | 砂梁 | 唐靖线 | 7.5 | 间隙式 |  |  |
| 8 | G109 | 旱平川养管站 | 旱平川 | 京拉线 | 1546 | 间隙式 |  |  |
| 9 | G109 | 孙寨柯养管站 | 孙寨柯 | 京拉线 | 1487 | 间隙式 | G109J100620421 | 2 |
| 10 | G6 | 白银养护工区 | 刘寨柯 | 京藏高速 | 1426.48 | 连续式 | G6L101620401 | 4 |
| 11 | G6 | 白银养护工区 | 王家山 | 京藏高速 | 1456.65 | 连续式 | G6L106620401 | 4 |
| 12 | G6 | 白银养护工区 | 白银西 | 京藏高速 | 1544.8 | 连续式 | G6L116620401 | 4 |
| 13 | S207 | 乌兰养管站 | 小芦 | 靖天线 | 32.4 | 连续式 |  |  |
| 14 | S308 | 三滩养管站 | 魏家地 | 辐古线 | 33.5 | 连续式 | S308L101620403 | 2 |
| 15 | G109 | 王岘养管站 | 白银 | 京拉线 | 1610.2 | 连续式 | G109L106620402 | 2 |
| 16 | G109 | 王岘养管站 | 红龟子 | 京拉线 | 0 | 连续式 |  |  |
| 17 | S217 | 王岘养管站 | 西北铜北 | 景白线 | 59.8 | 连续式 | S217L101620402 | 2 |
| 18 | G109 | 三滩养管站 | 三滩 | 京拉线 | 1561.9 | 连续式 | G109J100620421 | 2 |
| 19 | G109 | 孙寨柯养管站 | 孙寨柯 | 京拉线 | 1487 | 间隙式 | G109J100620421 | 2 |
| 20 | S201 | 兴泉养管站 | 陈桩 | 营兰线 | 41.7 | 连续式 | S201L101620423 | 2 |

**续表**

| 序号 | 路线编号 | 养管单位 | 观测站名称 | 路线名称 | 位置桩号 | 观测站类型 | 调查站编号 | 车道数 |
|---|---|---|---|---|---|---|---|---|
| 21 | S207 | 乌兰养管站 | 二十里铺 | 靖天线 | 28 | 间隙式 | | |
| 22 | S308 | 三滩养管站 | 党家水 | 辘古线 | 32 | 间隙式 | | |
| 23 | G6 | 白银养护工区 | 白银东 | 京藏高速 | 1530.6 | 连续式 | G6L111620401 | 4 |
| 24 | X076 | 沙湾养管站 | 沙湾 | 界红线 | 48.6 | 间隙式 | X076J100620422 | 2 |
| 25 | S308 | 旱平川养管站 | 魏家地 | 辘古线 | 33.5 | 连续式 | S308L101620403 | 2 |
| 26 | S207 | 乌兰养管站 | 新堡子 | 靖天线 | 63 | 间隙式 | S207J102620421 | 2 |

# 第三章 桥梁、涵洞

随着交通运输事业的发展，交通运输量大幅度增长，行车密度及车辆载重越来越大，尤其是拖挂运输、集装箱运输、个体户载重货物运输等重型车辆日益剧增，许多公路桥梁的安全性能已不适应公路交通发展的新需求。特别是时间较长的低等级载荷桥，远远不能满足使用上的要求，危桥数量逐年增多，导致近年来桥梁坍塌事故频繁发生，所以必须加强桥梁日常养护检查，维修加固及改造，延长其使用寿命，以满足交通运输发展的需要。白银公路管理局针对管养公路桥梁多、部分桥梁超负荷运行、病害较多的实际，在广泛调研的基础上，不断优化桥梁管养措施，切实加强桥梁养护管理，把桥梁养护工作摆在公路养护工作的重中之重，变被动养护为主动养护，实现由"重养路轻养桥"向"路桥管养并重"观念的转变。

## 第一节 桥梁

### 一、桥梁简介

1991年以来，甘肃省白银公路总段主动作为，积极争取资金，逐年对部分病害严重桥梁进行拆除改建和维修加固。至2016年，白银公路总段管养公路桥梁达到16246延米/279座。

（一）桥梁大、中、小桥比例

至2016年，白银公路管理局管养大桥38座、中桥97座、小桥144座。

（二）当前桥梁技术状况

依据《公路桥梁技术状况评定标准》（JTG/TH21-2011），白银公路管理局2016年针对管养桥梁进行定期检查并将评定结果统计如下：1类桥122座，占总数的43.73%；2类桥112座，占总数的40.14%；3类桥19座，占总数的 6.81%；无 4 类以下桥梁，由于道路改建　　等原因未评级桥梁 26 座，占总数的 9.32%。

## 桥型分布数量统计表

| | | |
|---|---|---|
| 工字形梁 | 1 座 | 22 延米 |
| T 梁 | 23 座 | 1516 延米 |
| 板拱 | 8 座 | 72 延米 |
| 刚架拱 | 5 座 | 266 延米 |
| 空心板梁（预制） | 107 座 | 4167 延米 |
| 肋拱 | 3 座 | 52 延米 |
| 实心板梁（预制） | 68 座 | 1158 延米 |
| 双曲拱 | 13 座 | 700 延米 |
| 箱型梁 | 22 座 | 4811 延米 |
| 斜腿钢构 | 13 座 | 608 延米 |
| 整体现浇板 | 3 座 | 90 延米 |
| 组合式梁 | 10 座 | 865 延米 |

## 大中小桥数量统计表

| 线路 | 桥梁数量 | | |
|---|---|---|---|
| | 大桥 | 中桥 | 小桥 |
| G6 京藏高速 | 15 | 33 | 77 |
| G109 北拉线 | 6 | 18 | 38 |
| G309 兰荣路 | 0 | 2 | 1 |
| G312 连霍线 | 6 | 0 | 1 |
| 省道 201 兰营线 | 0 | 13 | 14 |
| 省道 207 靖天线 | 4 | 11 | 7 |
| 省道 217 白景线 | 0 | 0 | 3 |
| 省道 308 线 | 6 | 6 | 8 |
| X322 线 | 1 | 4 | 3 |
| X323 线 | 0 | 1 | 0 |
| 乡道 489 线 | 0 | 0 | 1 |
| 合计 | 38 | 88 | 153 |
| 占总数比例（%） | 13.62 | 31.54 | 54.83 |

## 桥梁技术状况评定结果统计表

| 线路 | 桥梁总数 | 技术评定结果 | | | | | | 各线路3类及以下桥梁比例（%） |
|------|---------|------|------|------|------|------|--------|------|
| | | 1类 | 2类 | 3类 | 4类 | 5类 | 未评级 | |
| G6 | 125 | 63 | 61 | 1 | 0 | 0 | 0 | 0.80 |
| G109 | 62 | 24 | 24 | 7 | 0 | 0 | 7 | 11.29 |
| G309 | 3 | 1 | 1 | 0 | 0 | 0 | 1 | 0.00 |
| G312 | 7 | 0 | 0 | 0 | 0 | 0 | 7 | 0.00 |
| S201 | 27 | 17 | 10 | 0 | 0 | 0 | 0 | 0.00 |
| S207 | 22 | 4 | 5 | 3 | 0 | 0 | 10 | 13.64 |
| S217 | 3 | 0 | 2 | 1 | 0 | 0 | 0 | 33.33 |
| S308 | 20 | 8 | 6 | 5 | 0 | 0 | 1 | 25.00 |
| X322 | 8 | 5 | 2 | 1 | 0 | 0 | 0 | 12.50 |
| X323 | 1 | 0 | 1 | 0 | 0 | 0 | 0 | 0.00 |
| Y489 | 1 | 0 | 0 | 1 | 0 | 0 | 0 | 100.00 |
| 合计 | 279 | 122 | 112 | 19 | 0 | 0 | 26 | 6.81 |

### 二、代表性桥梁

（一）三滩黄河大桥

位于国道109线京拉公路1561公里+260米处，建于2000年，设计荷载汽-超20级，挂-120。设计洪水频率1/300，设计地震烈度8度，通航标准Ⅴ级，桥孔布设自吴家川开始78米+140米+78米（主桥）+6530米（引桥），桥梁全长520米，主桥为三向预应力砼连续钢结构，其主跨长140米，总投资8600万元，建成初期为西北地区同类结构中跨径最大的桥梁，该桥建设单位为甘肃省交通厅工程处，由交通部公路二局承担大桥施工，建设总工期共4年。该桥的建成通车对改善白银地区的交通状况，发展区域经济，疏通我国东西大通道，具有极其重要的意义。

（二）新田黄河大桥

位于国6线京藏高速公路1485公里+460米处，建于2004年10月，新田黄河大桥桥长860米，桥面总宽24.5米，主桥跨径组合为52米+3×90米+52米五跨变截面连续箱形刚构桥，由上、下行分离的两个单箱单室截面组成，梁根部高5.2米，箱梁顶板宽11.75米，箱梁底板宽6.25米。该桥建设单位为甘肃省长达路业有限公司，由中铁四局集团第二工程有限公司施工，建设总工期共3年，总投资2.06亿元。该桥的建成通车对发展区域经济，疏通我国东西大通道，具有极其重要的意义。

（三）靖远黄河大桥

位于省道207线靖天公路19公里+430米处，建于2008年，桥长620米，桥面总宽11.75米，主桥跨径组合为1—70米+3—90米+1—70米+7—30米箱梁，设计标准荷载标准为公路Ⅰ级，总投资1.519亿元。该桥的建成通车使靖远县城与白银刘川工业集中区、刘白高速公路融为一体，构筑起靖远乃至白银全市更加便捷、快速、高效的南北交通大动脉，对

省道 207 线 K19+430 靖远黄河大桥

省道 207 线 K17+953 靖远黄河公铁两用桥

发展区域经济具有极其重要的意义。

（四）靖远黄河公铁两用桥

靖远黄河公路铁路两用桥，横跨黄河北岸的石板沟与靖远火车西站之间，位于原省道 207 线 17.953 公里处。其结构布局为公路桥以铁路桥为轴，桥面各净宽以 4.72 米的单车道并列于铁路桥上下游两侧，并高于铁轨约 50 厘米，桥面罩厚 3 厘米的沥青碎石混凝土。桥全长 350.28 米，为 1 孔 32 米 +3 孔 64 米的栓焊连续工字钢桁架及 3 孔 31.7 米的预应力钢筋混凝土"T"梁组合桥。该桥始建于 1959 年初，投资 220 万元。1972 年 4 月，铁路桥首先竣工通车，12 月 12 日公路桥完工试车，1973 年 1 月正式交付使用。

该桥设计载重为原汽－13 级，自建成投入使用以来，由于超负荷运行，桥体出现严重安全病害。至 2005 年，公路桥部分梁体病害严重，公路桥梁端剪切断裂、梁端断裂处钢筋锈蚀，梁体有随时在载重车荷载下压溃梁端坠落桥下的危害。2005 年由省交通厅组织白银市人民政府、靖远县人民政府、兰州铁路局、甘肃省公路局等大桥管委会成员单位，对靖远黄河公铁两用桥部分病害进行了现场检查并召开会议，一致认为该桥公路桥梁体部分伤损严重，由兰州铁路局裁设限高 2.5 米防护架对大型车辆进行过桥限制，同时由甘肃省公路局在公路

设置限载通行告示牌，对该桥公路桥部分限载 5 吨运行。2011 年 4 月 19 日，省道 207 线靖远黄河大桥通车后，甘肃省公路局对该公铁两用桥公路桥部分两端封闭，禁止车辆通行。

（五）张城堡大桥

张城堡大桥位于国道 312 线 1955 公里 +095 米处，桥梁全长 157.16 米，上部结构采用 5×30 米预应力混凝土箱梁，下部结构采用柱式墩，桩基础。共有桩基 14 根，墩柱 8 个，墩身最高 25.5 米，30 米预应力混凝土箱梁 20 片。设计汽车荷载等级采用公路－Ⅰ级，设计洪水频率：1/100。总投资 746.7025 万元。于 2015 年 1 月开工建设，2016 年 6 月 30 日完工，7 月底完成该项目交工验收检测工作。由于原国道 312 线张城堡双曲拱桥修建年限久远，超负荷运营 至 2014 年该拱桥病害较多，严重影响行车安全。在 2015 年国道 312 线改建工程中，经多次研究、多方案比选决定在 1954 公里—1955 公里段利用旧路裁弯取直，改善原路线形指标，在 1954 公里 +026 米—1955 公里 +126 米段平行张城堡双曲拱桥上游新建 5~30 米张城堡大桥一座，提高桥梁标高，改善纵面指标。项目主管单位：甘肃省公路局。项目建设单位：甘肃省白银公路管理局。项目质量监督单位：甘肃省交通安全监督管理局。项目设计单位：甘肃省交通科学研究院有

国道 312 线原张城堡旧桥

国道 312 线 K1955+095 改建后的张城堡大桥

限公司。项目监理单位：甘肃新科建工监理咨询有限公司。项目中心实验室：甘肃新瑞交通科技发展有限公司。项目施工单位：甘肃弘盛路桥建筑工程有限公司。

### 三、桥梁养护管理基本特点

（一）桥梁数量众多。白银市属腾格里沙漠和祁连山余脉向黄土高原过渡地带，地势由东南向西北倾斜，全境呈桃叶形狭长状，黄河呈"S"形在腰中贯穿全境，将增内地形分为西北与东南两部分。自西北向东南，景泰、靖远、会宁三县城呈一字形构成桃叶主茎；自西向东，白银区、靖远、平川区呈一字形横列桃叶中心。海拔 1275~3321 米。由于地形复杂，公路桥梁跨河、跨沟较多，其中跨黄河大桥 3 座。

（二）桥型结构复杂。管养桥梁基本涵盖了实心板、空心板、箱梁、工字梁、T 梁、板拱、双曲拱、刚架拱、肋拱、组合梁、刚构桥等技术要求不一，特别是跨黄河大桥，由于检测设备缺乏，对主体结构常见病害的观测、处理难度大。

（三）桥梁病害处于高发期。部分桥梁建设年代较久，特别是当时建设设计荷载等级较低、技术条件有限，经过多年运营，已陆续出现主体结构混凝土裂缝、腐蚀碳化、单梁受力、钢筋锈蚀、桥面渗水等多种病害，特别是年代较远的拱桥及现浇板桥，潜在隐患已不容忽视。

（四）超限超载运输形势仍很严峻。超限超载现象很难在短时间内根除，对各类桥梁承重结构有直接损伤。

### 四、近年桥涵管理的主要措施

白银公路管理局根据桥涵主要病害情况，结合实际对管养桥梁病害进行了分类综合处置。

（一）针对技术状况等级在四类桥以下的，因其承载能力不能满足现行要求，主要采取更换上部构造进行维修改造，2013 年至 2016 年共进行更换上部构造改造维修桥梁 6 座，完成改造费用 2545 万元。

桥梁专家进行桥梁检测评定

（二）针对技术状况等级为二类、三类桥的，主要采取维修加固措施及预防性养护措施进行维修处置，延缓桥涵病害发展，保证结构处于良好的工作状态。近年来主要采取的维修加固及预防性养护措施有：

1. 桥面铺装层破损维修：采用混凝土修复剂混凝土坑槽修补法，针对混凝土桥面铺装破损及坑槽病害，凿除破损铺装，在梁体上植筋，铺筑钢筋网片，用混凝土快速修复剂进行修补。

2. T梁横隔板破损维修：采用扩大横截面加固法和粘贴钢板法。扩大横截面横隔板加固法，采用快凝混凝土及钢筋网架，增大横隔板的横截面，提高横隔板的刚度，从而增加桥梁的横向联系。粘贴钢板法、加固横隔板法，利用钢板的刚性增强横隔板受力，使桥梁整体同步受力，提高桥梁运营安全。

3. 空心板桥单板受力处置法：采用受力夹板法，在空心板单板受力梁板的铰缝处采用锚杆及钢板在梁体的1/2、3/4、1/4处夹钢板，使单板受力梁板与其他梁板整体受力，提高梁体的承载力。

4. 空心板梁渗水处置：采用铰缝植筋注胶法，在铰缝处植U型钢筋，浇筑混凝土修复，在梁底铰缝处采用压力注胶封闭铰缝，增强梁板之间的横向联系，延长桥梁运营使用寿命。

5. 桥梁预防性养护，近几年在桥梁预防性养护方面白银公路管理局结合对成熟的"四新"技术经验，先后采用粘贴碳纤维布，BJ200制作桥面连续，桥梁混凝土防腐涂层，更换大型组合式伸缩缝。桥面铺装局部破损修补；采用抗裂贴制作桥面防、梁底挂网聚合物砂浆抵抹等新技术、新工艺，使桥梁预防性养护质量有了显著改善，不断提高桥涵养护工作的科技

桥梁加固维修人员清洗翼板

甘沟桥挂网喷射混凝土加固拱圈

桥面铺装钢筋网

采用碳纤维布加固桥梁

含量和技术水平。

## 第二节　涵洞

### 一、涵洞简介

2016 年底，白银公路管理局管养涵洞 2690 道，其中盖板涵 1477 道、拱涵 405 道、管涵 808 道。

### 二、涵洞养护

#### （一）堵漏和修理

涵底和涵墙，出水口的跌水设施与洞口结合处开裂，管涵的接头处出现裂缝或填料脱落而发生开裂，浆砌砖石涵洞洞顶漏水，管涵的管节由于基础沉落发生严重错裂等破损现象时，及时进行堵漏和修理，并采取下列措施：疏通水道，使洞口铺砌与上下游水槽坡道平齐顺适，保持洞中底面平顺和一定纵坡，使水流不发生旋涡，并用水泥砂浆勾缝、铺底等。

#### （二）疏通清理

当涵洞洞口或洞身淤积有泥砂或杂物、积雪时，应及时进行清理，疏通孔道，以保持流水畅通。洞底铺砌层、洞口上下游路基、护坡、引水沟、泄水槽、沉砂井等处如发生淤积、变形、塌陷，致使排水受阻，应及时清理，疏通所有排水设施，并对破损部分加以修

涵洞定期调查

理。

#### （三）加固

对有些破损，必须采取加固措施。有的部件破损严重时应予更换。砖石、混凝土及钢筋混凝土端墙和翼墙，如有离开路堤向外倾斜或鼓肚现象，应视情况采取开挖填土更换或加固基础等措施；管节因基础沉降而发生严重错裂，则可采取开挖填土加固基础并重做砂垫层；砖石拱涵的加固，一般可采取拱圈上加拱的方法；对涵洞出水口处冲刷严重，可采取浆砌片石铺底，并加水泥砂浆勾缝，铺底末端设置混凝土或浆砌片石挡水墙，或在出口加做缓流的消力池等设施处理。

总之，对涵洞开挖修理加固时，应采取边施工边维持通车方式，并应设立标志、护栏以确保安全。

### 三、重点养护措施

涵洞维修方面采用自密实混凝土套拱法加固涵洞，在原涵混凝土表面植筋制作钢筋网，安装整体模板，利用大气压将自密实混凝土压入套拱内，新浇筑混凝土与原有拱涵结合成为一体，共同受力。

## 第三节　桥涵养护管理

### 一、基本原则

桥梁隧道养护管理贯彻"预防为主，安全至上"的工作方针，实行"统一领导，分级管理，事权一致，责任清晰"的原则，努力提高桥梁的耐久性和安全性。

省公路局履行全省公路桥梁隧道养护管理的监管职能。白银公路管理局具体负责辖区内国、省干线公路桥梁隧道养护管理工作。白银公路管理局及其公路管理段（养护中心）应高度重视桥梁隧道养护管理工作，严格执行桥梁

隧道养护管理的各项规章制度，采取科学有效的管理手段和技术措施，对所辖公路桥梁隧道及时组织检查、检测和养护维修，确保公路畅通和桥梁隧道安全。

公路桥梁隧道养护技术工作实行专职养护工程师制度。公路桥梁养护工程师和有关技术人员应认真执行《公路桥涵养护规范》和《公路隧道养护技术规范》，及时掌握桥梁的技术状况，保障桥梁正常运行。桥梁养护管理费用应当专项列支，专款专用。普通干线公路桥梁养护管理经费从公路养路费中专项列支。收费公路桥梁养护管理经费在通行费中专项列支。

**二、桥梁养护工程师制度**

省公路局设置 3 名专职桥梁工程师。白银公路管理局及公路管理段（养护中心）分别配置 1~2 名专职桥梁养护工程师，并保持相对稳定。

（一）白银公路管理局桥梁养护工程师职责

1. 制定、安排辖区内桥梁年度定期检查计划，负责实施辖区内桥梁养护的定期检查和桥梁技术状况评定工作。根据定期检查结果，提出桥梁养护、维修、改建方案和对策措施，并向本单位主要领导或分管领导报告。

2. 向省公路局专职桥梁养护工程师提出年度需作桥梁特殊检查的申请报告，并协助检测单位完成特殊检查工作。

3. 审核辖区内桥梁小修保养年度计划，提出辖区内桥梁隧道养护大、中修、改建工程项目年度建议计划。

4. 负责监督检查桥梁日常养护及养护大中修、加固、改建工程计划的落实和组织实施。

5. 审查中小桥的加固、改造设计方案，参与审查特大桥、大桥和中桥的加固、改造设计方案，负责组织桥梁、隧道大、中修、改建工程的中间检查，参与辖区内桥梁隧道大、中修和加固改建工程的（交）竣工验收，并将（交）竣工验收结果报省公路局备案。

6. 负责辖区内桥梁技术档案的补充、完善和保密工作，定期对辖区内桥梁技术状况做出综合评价与分析。

7. 协调、监督完成辖区内桥梁隧道管理系统（CBMS）的数据采集、数据更新、系统维护、系统运行以及桥梁隧道养护报告的编写等工作。

8. 主持对基层桥梁养护工程师的技术业务培训、考核工作。

9. 审查超限运输车辆通过桥梁的方案，并协助完成安全通过。

（二）公路管理段（养护中心）桥梁养护工程师主要职责

1. 主持桥梁、隧道的经常检查，并详尽记录检查结果。

2. 根据经常检查结果，评定桥梁技术状况，并负责向白银公路管理局专职桥梁养护工程师和本单位主管领导报告三类以上桥梁的病害状况及养护建议。

3. 负责主持辖区内桥梁小修保养工作，考核桥梁养护质量，及时上报辖区的桥梁受自然灾害和其他因素损坏的情况，并根据白银公路管理局审定的超限车辆通过桥梁方案，组织和指导超限车辆通过，其后详细检查有无破损，记录在案。

4. 提出辖区内桥梁小修保养年度工作建议计划。

5. 参与辖区内桥梁养护大中修、改建工程的交（竣）工验收。

6. 协助白银公路管理局专职桥梁养护工程师作定期检查及其他工作。

（三）公路桥梁养护工程师任职条件

公路管理段（养护中心）桥梁养护工程师

应具有三年以上从事桥梁养护管理工作经历，具有助理工程师以上技术职称，并经过桥梁养护管理培训取得桥梁养护工程师任职资格。

白银公路管理局桥梁养护工程师应具有五年以上从事桥梁隧道养护管理工作经历，具有工程师及以上技术职称，并经过桥梁养护管理培训取得桥梁养护工程师任职资格。

（四）桥梁养护工程师实行定期培训考核制度

省公路局定期对持证桥梁养护工程师进行技术培训后，由省交通主管部门核发、审验上岗证。桥梁养护管理技术人员经培训并参加考核合格后，方可持证上岗。

**三、实行养护、管理和监管单位责任制**

公路桥梁养护管理工作实行养护、管理和监管单位责任制。

（一）养护责任单位是指具体承担公路桥梁养护任务的公路管理段、养护中心和其他具有相应资质的桥梁专业养护单位等。主要职责是：

1. 认真贯彻落实上级关于桥梁隧道养护管理的制度、措施和任务，对所管养的桥梁隧道承担使用安全的责任。

2. 按照规范要求组织日常养护和检查，发现问题及时上报，对存在安全隐患的桥梁隧道及时采取处置措施。

3. 定期听取、研究专职桥梁工程师的有关工作情况报告，支持、管理、监督本单位专职桥梁工程师的工作。

4. 建立和完善桥梁隧道养护管理档案资料等。

（二）管理责任单位是指具体承担公路桥梁隧道养护管理任务的白银公路管理局。主要职责是：

1. 认真贯彻落实上级关于桥梁养护管理的

制度、措施和任务，对所管养的桥梁承担使用安全的责任。

2. 督促养护责任单位的桥梁日常养护管理工作。

3. 编制上报桥梁养护、检测、专项整治（维修、加固、改造）人员培训经费建议计划，确保各项桥梁养护专项资金的正确使用。

4. 及时上报桥梁的使用状况，承担公路桥梁的养护、检查、检测、鉴定工作，制定处置方案和临时保通措施，并按上级批准方案组织实施。

5. 定期听取、研究专职桥梁工程师的有关工作情况报告，支持、管理、监督本单位专职桥梁工程师的工作。组织培训桥梁养护工程技术人员。

6. 做好管养桥梁的技术档案管理工作，建立、完善动态的桥梁隧道管理评价系统。

（三）监管责任单位是指依照有关法律、法规的规定，由主管全省桥梁养护管理工作的省交通厅委托承担全省桥梁养护管理的省公路局。主要职责是：

1. 根据上级有关规定，制定全省公路桥梁养护管理制度、措施和任务，具体负责全省公路桥梁养护管理的监管工作。

2. 审核、上报全省公路桥梁日常养护、检测、专项整治（维修、加固、改造）人员培训经费建议计划。

3. 审批危桥的整治方案，并监督桥梁整治工程的实施。

4. 组织评审桥梁的检查、鉴定、整治方案并主持其竣工验收。

5. 按时向省交通厅上报本辖区桥梁的使用状况。

（四）桥梁养护管理责任单位疏于养护管理，不按相关规定准确掌握桥梁技术状况，或未及时采取相关措施，而导致的桥梁安全事故，由桥梁管理养护责任单位承担主要责任，管理单位承担管理责任，监管单位承担监管责任。

（五）桥梁养护、管理和监管单位必须明确建立桥梁养护管理工作由主要领导、分管领导、桥梁工程师和相关技术人员层层抓落实的工作机制，保证桥梁养护管理的各项职责得到落实。

### 四、桥梁检查与评定

桥梁检查分经常（日常）检查、定期检查、特殊检查，对桥梁检查结果实行专题报告制度，各级专职桥梁工程师应将每次检查结果专题书面报告上级专职桥梁工程师和本级主管或分管领导。

（一）经常（日常）检查

组织实施单位：公路管理段、养护中心。

组织实施人员：桥梁养护工程师（或技术员）或有合同约定的承担养护任务的施工单位桥梁养护技术人员。

检查内容：主要对桥面设施、上部结构、下部结构及附属构造物和隧道洞口、洞门、衬砌、路面、检修道、排水设施、吊顶、内装的技术状况进行日常巡视检查。经常性检查以直接目测为主，配合简单工具进行测量，确定桥梁结构功能是否正常。

检查频率：每月不少于1次，汛期应增加检查频率。高速公路大型桥梁时间应不少于1次。

检查工作要求：认真填写"经常性检查记录表"，现场记录所检查的项目和缺损类型，估计缺损范围和养护工程量，并提出相应的小修保养措施。确定上报一、二类技术状况桥梁评定结果，制定保养、小修建议计划。对发现重要部（构）件明显达到三、四、五类技术状况的桥梁及时提出定期检查建议，并及时更新

桥梁养护管理系统数据。

（二）定期检查

组织实施单位：白银公路管理局。

组织实施人员：本级和公路养护单位桥梁养护工程师。

检查内容：以目测结合仪器检查为主，按照规定周期对桥梁隧道主体结构及其附属构造物的技术状况进行定期跟踪的全面检查，评定桥梁技术状况等级。一般安排在有利于检查的气候条件下进行。

检查频率：每年不少于1次。

检查工作要求：专职桥梁养护工程师在每次组织定期检查前，要认真查阅所检查桥梁的技术资料以及上次检查报告，以便有充分的准备和做对比分析。

发现桥梁三类以上的病害以及难以判明原因和程度的病害应拍照记录在案。定期检查外业完成以后，专职桥梁工程师要按下列要求提出检查报告：

1. 整理并填写"桥梁隧道定期检查记录表"等资料。

2. 填写定期检查附录说明。检查中发现的四、五类及新发现的三类以上桥梁的破坏以及难以判明损坏原因和程度的病害，做出附录说明，并附照片，多项病害应加以编号。

检查结果处理：确定上报三类以上桥梁的评定结果，提出养护维修状况评价和实施特殊（别）检查或专项检查桥梁隧道的申请报告，制定中、大修及改建计划和对四、五类桥梁的交通限制等处置措施。及时更新本级桥梁养护管理系统数据。

（三）特殊检查

组织单位：省公路局。

实施单位：具有相应等级资质的专业检测评定单位。

检查方式：通过仪器、检测设备进行检测、试验测试和理论分析、科学判定。

检查内容：完成桥梁技术状况、结构材质状况、病害成因、破损程度、承载能力和抗灾能力等的检查检测与评定。

检查工作要求：特殊检查前，专职桥梁工程师应充分收集资料，包括竣工图、施工记录、历次桥梁定期检查报告等。

桥梁的特殊检测评定要符合《公路桥梁承载能力评定规程》等有关标准和技术规范的规定。

受委托的检测单位应按规定的时间、检测内容及标准完成检查任务，并提出检查报告，检查报告应包括以下主要内容：

1. 概述检查的一般情况。包括桥梁的基本情况、检查的组织、时间、背景和工作过程等。

2. 描述目前桥梁技术状况。包括现场调查、试验与检测的项目及方法、检测数据与分析结果和桥梁技术状况评价等。

3. 详细叙述检查部位的损坏程度及原因，明确检测评定结论，并根据检测评定结果提出结构部件和总体维修、加固或改建及费用等处置措施建议方案。

（四）特大（长）桥、特殊结构桥梁和单孔跨径 60 米及以上大桥的检测评定工作应符合以下规定：

在桥梁上下部结构的必要部位埋设永久性位移观测点，并定期进行观测。一、二类桥每 3 年至少 1 次，三类桥梁每年至少 1 次，四、五类桥梁每季度至少 1 次，特殊情况时应加大观测密度。

（五）应安排专项经费委托有资质的检测单位进行定期特殊检查。一、二类桥每 5 年至少 1 次，三类桥每 3 年至少 1 次，四、五类桥

应立即安排进行特殊检测。

（六）对特别重要的特大桥梁，应建立符合自身特点养护管理系统和健康监测系统。

（七）桥梁技术状况等级评定结果分为一至五类。

1. 一类桥：技术状况处于完好或良好状态，仅需对桥梁进行保养维护。

2. 二类桥：技术状况处于良好或较好状态，仅需对桥梁进行小修或保养。

3. 三类桥：技术状况处于较差状态，个别重要构件有轻微缺损或部分次要构件有较严重缺损，但桥梁尚能维持正常使用功能。

4. 四类桥：技术状况处于差的状态，部分重要构件有较严重缺损或部分次要构件有严重缺损，桥梁正常使用功能明显降低，桥梁承载能力降低但尚未直接危及桥梁安全。

5. 五类桥：技术状况处于危险状态，部分重要构件出现严重缺损，桥梁承载能力明显降低并直接危及桥梁安全。

（八）评定为四类和五类的按以下规定进行复核。复核期间，管养单位应采取应急保障措施，保证桥梁运营安全。

技术状况为四类的中、小桥梁以及结构较简单、病害清楚的大桥，由白银公路管理局专职养护工程师负责组织复核。

技术状况为四类的特大桥、结构或病害较复杂的大桥或五类桥梁，由白银公路管理局桥梁工程师提出初步复核意见后报省公路局，由省公路局桥梁养护工程师负责组织提出最终复核意见。

**五、应急处置**

桥梁突发事件处置工作实行"条块结合、以块为主"。白银公路管理局在当地人民政府的统一领导下，具体负责制定以预防和处置桥梁坍塌事故为重点的突发事件应急预案，明确

信息上报、分级响应、交通保障与恢复、事故调查等工作的职责和程序。

（一）白银公路管理局应单独制定具体的针对重要和特大型桥梁的应急预案。对技术状况为四、五类的桥梁以及危旧桥梁，除采取相应的管理措施外，还应分别制定应急交通组织方案，确保一旦发生事故，交通组织工作井然有序。

（二）白银公路管理局接到公路桥梁突发信息后，应立即向省公路局报告并启动应急预案，及时有效地进行处置。应急处置过程中，要按相关规定向省公路局续报有关情况。

（三）发生下列突发事件，白银公路管理局在接到有关信息后，应立即上报省公路局和省交通厅，由省交通厅上报交通部。

1. 桥梁损毁中断交通的。

2. 大型、特大型桥梁出现严重病害危及安全的。

3. 车辆与桥梁设施相撞，造成严重后果的。

（四）各级公路管理机构要按照职责分工和相关预案切实做好应对桥梁突发事件的人员、物资、资金保障工作，确保应急工作正常有序进行。

（五）白银公路管理局应随时追踪观测危旧桥梁的发展态势，切实掌握桥梁的技术动态，保证安全。

（六）白银公路管理局发现危险桥梁应立即采取限载、限速或封闭交通等交通管制措施，并及时上报省公路局，险桥报告时限不超过 12 小时。必要时，应安排专人实施昼夜不间断监视观测，落实安全责任人。

具体应急处理措施是：

1. 先行设置禁止通行的标志，专人值守，并确定安全责任人。

2. 按职责权限尽快向上一级公路管理机构报告。

3. 积极组织，及时处理，确保车辆、行人安全。因危桥抢修而中断交通时，应向社会发布公告，并安排车辆绕行，同时组织抢修便桥（道），尽快恢复交通。

4. 经上级批复后进行相应的维修加固或改造。

（七）特大型桥梁、新型结构桥梁出现安全隐患后，原设计单位、施工单位有责任和义务配合当地养护部门共同进行检测、鉴定，查明原因、分清责任。

**六、桥梁改造程序**

（一）根据桥梁检查和评定结果，需要对桥梁进行加固和拆除重建的，由白银公路管理局提出加固或重建的申请并附上加固或新建方案，以文件形式报省公路局审批。

（二）省公路局委托检测单位对白银公路管理局提出的危桥维修、改造初步方案进行逐项检查，分析桥梁病害的确切原因和程度，进一步确定桥梁技术状况，提出相应的维修、改建方案。对技术结构复杂的危桥，组织有关专家进行论证，根据特殊检查报告，提出具体方案，提交省公路局研究后批复，白银公路管理局根据批复意见方可组织实施。

（三）桥梁加固前后的技术资料要统一归档保管，并及时更新相关标志。

（四）白银公路管理局对废弃桥梁应及时向社会发布公告，公布绕行路线，并尽快实施拆除和环境恢复。对部分限制通行桥梁应在桥梁两侧设置限载、限速或其他限制标志，并设置限制设施，确保通行安全。

（五）对超限车辆通过桥梁的处理按照交通部《超限运输车辆行驶公路管理规定》执行。

### 七、桥梁养护工程管理

（一）桥梁养护工程分为小修保养、中修、大修、改建。

对技术状况为一、二类桥梁，应加强小修保养，防止出现明显病害。

对技术状况为三类桥梁，应及时进行中修，防止病害加快扩展，影响桥梁安全运营。

对技术状况为四、五类桥梁，应及时采取交通管制措施，保证安全。并依据桥梁特殊检查结果和技术论证分析，安排大修或改建。

对荷载等级、宽度、抗灾能力、安全防护标准等技术指标低于所在公路技术标准的桥梁，应有计划地进行技术改造。

（二）桥梁小修保养、中修工程由公路管理段（养护中心）具体组织实施，大修、改建工程由白银公路管理局组织实施。

（三）大修、改建工程应通过竞争方式选择施工单位，并视工程具体情况推行招标投标制度。对情况特殊不招标投标的项目，应对被委托人的业绩和信誉等有关情况进行审查。对从业单位及其人员实行信用管理，逐步加强桥梁检测评定、加固维修设计、施工和监理等市场管理工作。

（四）桥梁大、中修、改建工程完工后，应按照相关规定进行验收。工程实施后的桥梁技术状况必须恢复至一、二类。

（五）白银公路管理局应采取有效措施，切实加强桥梁养护工程的施工管理。对需要封闭交通或长时间占用行车道施工的桥梁养护工程，除紧急情况外应在项目开工前15天，发布相关信息。高速公路和国道线上阻断交通施工信息及时按有关规定报交通部备案。

（六）桥梁养护工程施工单位应按照《公路养护作业安全规程》规定，合理布设施工作业区，设置标志和安全防护设施，保证施工车辆、人员和过往车辆的安全，必要时还应协助有关部门做好交通疏导工作。

（七）桥梁养护维修作业应当遵守下列规定：

1. 根据桥梁的技术等级采取相应的安全保护措施，设置必要的交通安全设施和安全警示标志。

2. 养护维修作业人员应当穿着统一的安全标志服。

3. 养护维修作业车辆、机械设备应当设置明显的作业标志。

4. 在夜间或者恶劣天气作业的，现场必须设置醒目的警示信号。

5. 养护物料应当堆放在作业区内，养护维修作业完毕后，应当及时清除遗留物。

6. 除紧急抢修外，养护维修作业应当避让交通高峰时段。

养护维修作业车辆进行作业时，在不影响过往车辆通行和保障安全的前提下，其行驶路线和方向不受交通标志、标线的限制。

（八）桥梁加固维修设计单位除应具有相应的设计资质外，还应具有桥梁加固设计的业绩，尤其是同类型桥梁的设计业绩，设计单位同时还应具有长期（不低于3年）从事桥梁加固设计的专业技术人员。

（九）桥梁加固维修施工单位应选择具有相应施工资质的专业施工单位，并且应有桥梁加固维修的业绩，尤其是同类型桥梁的加固维修施工业绩，施工单位同时还应具有长期（不低于3年）从事桥梁加固施工专业技术队伍和专门的施工机具设备。项目负责人和技术负责人应具有不低于3座桥梁的加固维修施工经历。

（十）大桥、特大桥的特殊检查（检测）单位应具有交通部颁发的甲级检测资质，并且应具有桥梁特殊检测的业绩，尤其是同类型桥梁的检测业绩，检测单位同时还应具有长期（不低于 3 年）从事桥梁检测的专业技术队伍和检测仪器设备。其他桥梁的特殊检查（检测）单位应具有乙级检测资质，并具有桥梁特殊检测的业绩。

（十一）桥梁养护管理部门必须全过程参加桥梁的交（竣）工验收工作。交（竣）工验收荷载试验的检测单位应具有检测资质。大桥、特大桥和采用新工艺施工或新型结构型式的桥梁的交（竣）工验收荷载试验，应具有交通部颁发的甲级检测资质的检测单位实施；其他桥梁的交（竣）工验收荷载试验单位应具备乙级检测资质。

（十二）加固维修施工监理单位除应具有相应的监理资质外，还应具有桥梁加固施工的监理业绩，同时还应具有长期（不低于 3 年）从事桥梁加固施工监理的专业技术人员。

**八、技术档案管理**

（一）各管养单位应建立健全公路桥梁技术档案管理制度，大力推广应用公路桥梁管理系统，及时更新桥梁技术数据，保证公路桥梁技术档案真实完整，实现电子化管理。

特别重要的特大型桥梁应建立符合自身特点的电子档案管理系统和养护管理系统。

（二）公路桥梁技术档案应包括桥梁基础资料、管理资料、检查资料、养护维修资料、特殊情况资料等。

（三）桥梁基础资料包括以下内容：

1. 桥梁设计施工图及竣工图，结构计算分析报告；

2. 施工过程中的试验检测及科研资料；

3. 工程事故处理资料；

4. 施工全过程的结构位移或变形测试资料；

5. 观测或监测点（部件）资料；

6. 交（竣）工验收资料。

对新建桥梁，接养单位应参与交（竣）工验收。桥梁建设单位应向接养单位移交桥梁基础资料，并协同做好接养工作。

（四）桥梁管理资料包括桥梁养护管理责任单位、监管单位及其分管领导、桥梁养护工程师等基本资料。

（五）管理资料中对桥梁养护工程师除应归档个人基本资料外，还应归档其业务考核情况和年度主要工作情况。

（六）桥梁检查资料包括桥梁经常检查、定期检查结果、养护对策建议、特殊检查建议报告、养护建议计划等技术资料，以及检查的时间、实施人员等基本资料。

（七）特殊检查还应包括检测（试验）方案、检测（试验）报告、照片及多媒体材料，检测（试验）方的资质证书（复印件）、业绩证明（复印件）以及主要检测人员的资格证书（复印件）等。

（八）桥梁养护维修资料应包括以下内容：

1. 小修保养工程的实施技术资料和养护质量评定结果，以及工程实施的时间，组织实施人员等。

2. 桥梁的中修、大修、改建、重建工程的设计图纸、竣工图纸、施工资料、监理资料、监控（监测）资料、质量事故处理报告、交竣工验收等技术资料，以及设计、施工、监理和监控（监测）等各方的资质证书（复印件）、业绩证明（复印件）及其主要检测人员的资格证书（复印件）等。

3. 桥梁特殊情况资料主要包括地质灾害、气象灾害、超限运输等特殊事件的具体情况、损害程度、处置方案等。

4. 基本资料缺失的桥梁，应根据历年检

查、养护资料，逐步建立和完善其技术档案。必要时，专门安排有针对性的特殊检查，摸清桥梁的基本技术状况。

5. 业主单位应及时向有关公路管理机构提供桥梁技术档案。

（九）桥梁养护检查技术档案实行定期逐级上报制度，公路管理段（养护中心）每季度向白银公路管理局上报一次桥梁基本技术状况表，白银公路管理局每年向省公路局上报一次桥梁基本技术状况表和桥梁管理系统最新数据，省公路局每年向省交通厅上报一次桥梁基本技术状况表。

### 九、监督检查

（一）省公路局应根据有关法律法规的规定，对辖区内公路桥梁的养护管理工作进行监督检查。白银公路管理局、公路管理段（养护中心）应自觉接受省公路局的监督检查，不得以任何理由推诿、拒绝。

（二）对公路桥梁养护管理工作实施监督检查时，应当深入桥梁养护管理工作现场，并采取必要的技术检测手段，不得流于形式。监督检查应包括以下主要内容。

1. 各项规章、制度和技术规范的执行情况；

2. 人员、经费的落实情况；

3. 桥梁检查、评定工作的开展情况；

4. 养护计划执行和养护工程管理情况；

5. 桥梁技术档案和管理信息系统的建设维护情况；

6. 各项应急预案的制定和执行情况：

7. 省公路局规定的其他监督检查项目。

（三）对监督检查发现的问题，应当责令有关单位立即改正。监督检查结束后，应向有关单位反馈书面意见。

### 十、责任追究

（一）桥梁养护管理单位的主要领导是桥梁养护管理工作的第一责任人，分管领导是主要责任人，专职桥梁工程师是直接责任人。

（二）对桥梁养护管理工作薄弱、技术状况评定不规范、安全隐患突出的单位，应给予通报批评或扣减经费。

（三）对桥梁病害不能及时报告的，包括谎报、瞒报、漏报的，或者不按上级指示及时维修改造而造成责任事故或造成严重后果的，按有关规定严厉追究有关人员的责任。

（四）对不能履行岗位职责的专职桥梁工程师，由其所在单位视责任大小予以批评教育、调整工作岗位或行政处分。

## 第四节　养护任务完成情况

### 一、桥梁维修加固

1995 年，完成国道 309 线 1979 公里 +500 米刚坪桥加固工程一项，总投资 18 万元。

1996 年，完成会宁小河桥防护加固和祖历河桥加固维修工程。

2003 年，完成桥梁伸缩缝 48 米。

2004 年，完成省道 308 线 2 处危桥、省道 207 线祖历河、靖会渠危桥维修加固工程。

2005 年，完成国道 109 线南山尾桥和刘川桥两座桥梁维修加固工程。

2006 年，完成国道 109 线丁家窑桥、荒草砂河桥、荒树滩桥、刘寨柯桥、红嘴子桥和省道 207 线苦水沟桥、吴家川桥等 7 座危桥加固工程。完成国道 109 线 6 座 T 型梁桥伸缩缝维修工程，累计工作量 29.2 万元。

2007 年，完成国道 309 线甘沟驿危桥加固改造工程、国道 109 线红嘴子桥加固改造工程，国道 312 线、省道 308 线、省道 201 线 14

座桥梁桥面维修工程。

2008年，完成国道309线马家堡桥、国道109线郝家川桥、氟化盐桥、国道312线五里铺桥、省道201线、省道308线大岭2号桥等5座桥梁的加固维修。

2009年，完成危桥加固共13座。

2014年，完成15座危桥维修加固，其中京藏高速公路7座，普通干线公路8座。

2015年，完成县道322线18公里+500米七里沙河桥等二座桥梁维修加固工程，国道109线1526公里+140米大营水2号桥等五座桥梁加固改造工程，省道201线32公里+920米军区农场桥等四座桥梁维修加固工程，国6线京藏高速公路1435公里+100米板尾沟大桥等21座桥梁维修加固工程，完成工作量1367.05万元。

2016年，完成省道308线49公里+220米

唐家砂河桥等2座桥梁加固工程，工作量71万元。

## 二、桥梁预防性养护

2007年，完成国道312线5座，省道201线和省道308线9座桥梁伸缩缝更换工作。

2008年，完成白兰高速公路6座桥梁伸缩缝维修更换。

2014年，完成桥梁预防性养护44座，京藏高速公路已老化伸缩缝橡胶条全部更换，对管养的279座桥的泄水管进行维修接长。

2016年，完成高速公路17座桥梁养护维修及预防性养护二程，总造价314万元。

## 三、涵洞维修加固

2006年，完成危旧涵洞加固计划129米/9道，累计工作量二3.2万元。

2014年，完成涵洞预防性养护16道。

# 第四章　公路养护施工技术、机具革新

GONG LU YANG HU SHI GONG JI SHU JI JU GE XIN

在公路日常养护中，甘肃省白银公路管理局结合生产实际，积极引进公路养护施工新工艺、新材料、新技术、新设备，促进了科学养护。

## 第一节　养护施工技术革新

### 一、采用洞室松动爆破技术

在国道 312 线改建工程路基土方爆破中，全省首次采用洞室松动爆破技术获得成功。1997 年进行了一次大型爆破，各药室装置达 6000 公斤，开炸石方约 2.5 万立方米；11 月 8 日装药 1.6 万公斤，分两次完成 6.5 万立方米土石方爆破任务。洞室爆破作为一门新技术，可节省劳动力及施工机械，缩短工期、安全可靠，并且使用方便。

### 二、抗硫酸盐水泥的应用

完成了国道 109 线 1641 公里 +900 米桥体抗酸腐蚀加固工程外观测试试验，该项目是省公路局下达的 1993 年科研任务，主要解决矿区排放工业污水对公路构造物的腐蚀，并就采取的几种加固治理措施进行了试验、观测对比和分析。

靖天公路 1 公里 +100 米—400 米处护坡根据祖厉河地质、水质复杂等因素，经过分析对比，借鉴国道 109 线 1641 公里 +900 米桥体抗酸加固工程的新材料，采用抗硫酸盐水泥浆砌片石处理护坡基础和抗硫酸盐混凝土板处置护坡表面的方案，收到了一定的抗腐效果。

### 三、碎石封层预防性养护技术的应用

2001 年 8 月 25 日，全省公路沥青碎石薄层封面现场观摩会在白银召开。观摩会上，经白银公路总段调试改装的石料撒布机首次亮相，该工艺为白银公路总段在全省首创，将油路薄层封面养护中的人工撒料变为机械撒布，

实现了油路病害机械连片养护。降低了养护成本，减轻了劳动强度，提高了公路养护工作效率。

这一施工工艺对于路面龟裂、网裂等病害的处置具有较显著的效果。该工艺是利用沥青和碎石按层铺法，铺筑厚度为 0.5~1 厘米之间的一种单层式沥青表面处置方法。其施工工序主要包括清扫沥青路面、喷洒沥青、撒铺石料、碾压、交通控制、补洒和初期养护，全部为机械作业。石料撒布机由东风自卸车改装而成，在车厢尾部安装可以升降的小胶轮，撒布时，小胶轮与路面接触摩擦转动，带动石料撒布器均匀撒铺石料，石料的撒铺速度由料口位置的圆盘形档位控制。一台机器的工作量相当于 20 人的劳动工作量。充分利用现有运输机械进行改装，这在当时全省公路养护费用极度紧张的情况下，对实现机械化养护、降低养护成本是一种积极有益的探索。采用沥青碎石薄层封面新工艺，可以节约二级公路每公里投资养护费用 3.8 万元，能较好地防止路面水侵入面层或基层，以减少公路病害的产生；能有效地处置网裂并增加路面的抗滑能力，可延长路面的使用寿命，且施工工艺简单，施工工期短，具有推广价值。

### 四、路面灌缝预防性养护技术的应用

国道 312 线 1943 公里—2005 公里段，建成于 1993 年。2005 年，白银公路管理总段对该路段进行了养护维修，采用 3 厘米厚沥青混凝土进行罩面。自 2007 年开始，沥青路面出现部分裂缝，其中大部分为纵向裂缝，横向裂缝较少，纵横裂缝宽度在 1~3 毫米范围内，裂缝分布规律。裂缝产生之初对路面的使用无明显影响，但随着表面雨、雪水的渗入，在行车荷载的作用下，路面病害日趋严重。2007 年 4 月，部分路段翻浆、网裂严重，部分路段路基下沉，严重影响沥青路面的使用性能。为了保持公路的使用功能，减少、消除水损坏，防止扩大病害面积，白银公路总段决定加强沥青路面的预防养护，采用早期裂缝处置。通过对实施的灌缝效果进行分析总结，路面灌缝预防性养护措施取得显著效果并总结出丰富的施工经验。裂缝宽度在习春时为最大值，此时灌入密封胶，在气温升高时，裂缝逐步变小，在雨季起到良好的阻水作用。

### 五、设置失控车辆自救车道

省道 308 线 207 公里—224 公里段为连续长下坡路段，该路段货车数量多且超载现象严重。重载车辆由于制动系统随着载重的增加致使制动系统的负担随之增加，而在连续长下坡路段易造成制动系统失灵，不能保证有效的刹车致使车辆失控。同理，事故发生后对超载车辆的防护难度也相对要大，由于车辆速度快、质量大、惯性大，其对道路防护设施例如路侧护栏的冲击力非常之高，经常会突破护栏的强度上限。为了消除安全隐患，景泰公路管理段分别于 2004 年和 2006 年在 212 公里 900 米和 209 公里 400 米设置 2 处失控车辆自救车道。2008 年，景泰公路管理段又对 2 处车道进行改造，并将车道养护纳入日常养护工作。新村养管站结合日常养护巡查情况，详细记录自救车道事故发生情况，每月适时整修自救车道，及时清除杂物，翻松整平制动床填料，确保自救车道处于良好的技术状态。数年来，已使数十辆货车成功避险。

### 六、薄层罩面预防性养护技术的应用

省道 201 线 6 公里—10 公里、13.5 公里—17.5 公里段修建于 2002 年，自 2005 年末开始，沥青路面出现大面积裂缝及网裂，破损、坑槽、沉陷等病害占总面积的 15%，虽经大量修补，但病害面积仍不断增加。由于路面病害严

重，碎石封层已不能解决问题，为提高路面的设计指标，采用薄层罩面。

经跟踪观测，以上路段在未实施罩面前，存在路面平整度差、表面抗滑力严重不足、路面横坡不适、路面裂缝严重等问题。实施后分别在春融、夏季高温、长时间降雨、冬季降雪冰冻时期对路面变化情况进行跟踪观测，与同类病害未进行罩面的路段相比，罩面后路面平整度和表面抗滑力得到有效提高，路面破损、裂缝、轻微车辙等也得到一定程度的治理。

通过对实施的薄层罩面工程效果进行分析得出，薄层罩面在提高路面整体平整度、修复路面缺陷和轮廓、处置路面综合病害、提高行车舒适性上效果较碎石封层好，能有效延长路面的使用寿命，但造价较高，工期长。

### 七、路面材料循环利用技术

白银公路管理局管养干线公路里程为882.359公里，绝大多数修建于"七五"期间，超期服役现象严重，至"十二五"期间均已进入养护维修和改、扩建阶段，每年都会产生大量的废旧路面材料。这些废旧材料是可再生利用的资源，废弃不仅会造成资源浪费，同时也会污染环境。白银公路管理局充分认识到路面材料循环利用的重要性和必要性，为有效利用这些废旧沥青材料，从2013年起，管理局依托养护维修工程项目，在工程方案设计中分别采用热再生、冷再生等路面材料循环利用技术，购置热再生、冷再生生产必须设备，在工程实施中大力推广应用，取得了较好的应用效果。

#### 1. 全深式就地冷再生技术

2014年国道109线1517公里—1525公里、1545公里—1550公里、1596公里—1601公里段养护维修工程油路重铺项目中，引进WR2000XL型就地冷再生机，采用沥青路面全深式就地冷再生技术铺筑底基屋，共铺筑20cm厚的就地冷再生底基层11.891万平方米/18公里，旧路面材料回收利用率达到100%，再生后路面各项指标达到设计要求，工程质量达到合格。

2015年管理局在总结2014年就地冷再生施工经验的基础上，分别在省道201线养护维修工程中应用全深式就地冷再生技术铺筑底基层11.607万平方米/9.47公里，就地冷再生处置路面沉陷8000平方米；在国道109线安保工程项目中应用全深式就地冷再生技术铺筑底基层1.334万平方米/2公里；在国道109线养护维修工程中应用就地冷再生技术铺筑底基层44.87万平方米/47.3公里；在国道312线改建工程项目中应用全深式就地冷再生技术铺筑20厘米厚底基层34.06万平方米/29.62公里，共计完成冷再生91.73万平方米/88.39公里，路面旧料回收利用率达到100%。

在沥青路面就地冷再生技术的实施过程中，管理局严格控制试验检测、重要工序、技术关键等各个环节，通过对再生后的路段进行现场压实度、无侧限抗压强度、现场钻芯、弯沉检测等一系列试验检测，均满足规范及设计要求，再生料利用性能良好，再生效果符合规范设计要求，达到了再生的效果和目的要求。2014年实施路段经一年多的跟踪观测，在行车荷载作用下，路面平整密实无车辙，路况良好。

#### 2. 沥青路面场拌热再生技术

2013年，根据省公路局的要求，在长安大学的技术支撑和指导下，管理局开展了沥青路面场拌热再生技术科研项目，采用北京加隆公司CL-1500型沥青拌合楼、福建铁拓RLB-1000型再生设备及西安路泰公司生产的RAP料二次破碎筛分设备等，在省道207线O

公里—2 公里段铺筑再生沥青混合料下面层 1.4 万平方米 /2 公里。该项目利用白兰高速公路养护维修工程中回收的旧路面材料，分别以再生料 15%、20%、25% 的掺配量与新集料、新沥青拌制成再生沥青混合料，划分为三个试验路段铺筑沥青路面下面层，废旧沥青材料的利用率达到 25%。

在项目实施的过程中，管理局严格控制施工质量的技术关键，在前期及施工过程中，进行了大量的试验检测工作，以确定各种材料的性能、用量、物理力学技术指标等，确保技术指标不低于全部使用新料拌制的沥青混合料，路用性能满足路面的使用要求。该项目在 2013 年底进行交工验收时，各项检测指标均符合验收标准要求。2014 年 7 月、11 月，局试验室两次对项目路段进行了路面平整度、路面渗水性能、路面车辙及外观质量的检测，各项指标稳定，符合要求，表面平整、密实、无油迹、无车辙等现象。经过一年多时间的跟踪观察检测，场拌热再生路面质量稳定、效果良好、充分证明了热再生技术是一门成熟的路面材料循环利用技术。

**八、预防性养护中新材料、新技术的应用**

"十一五"至"十二五"期间，管理局认真贯彻落实"预防为主，防治结合"的公路养护方针，在普通干线公路上全面推行预防性养护技术，选择有利时机和科学养护措施，有计划、有步骤、有重点地应用"四新"技术，有效提高了预防性养护效果。

（一）高分子聚合物双面贴

高分子聚合物双面贴是一种单结构的、常温下使用的密封材料，起到有效紧固密封，防止建筑构造的漏水、渗水及减震缓冲作用，施工简易方便。2014 年白银公路管理局在省道 217 线及桥面的坑槽修补中采用该种新材料，有效防止了在路面坑槽处理时，坑槽四壁新旧混合料黏结不紧密、接缝处混合料脱落、周围出现裂缝、渗水等病害，提高了油路修补质量。

（二）油路修补技术

2005 年，针对景泰公路管理段养护路线坑槽、沉陷等病害处置后连年产生推移、开裂、松散等现象，时任景泰公路管理段副段长高启正带领技术攻关小组经过认真分析，吸取经验，针对景泰地区沙漠地段气候温差大、交通量大、土质松散无黏性等特点，在省道 201 线、省道 308 线及省道 217 线改进油路修补技术，制定出切合实际的施工方案，严格执行"画线、开槽、清底、铺油、压实"等工艺要求，对进场的沥青、碎石严格按照规范要求和频率逐项进行检查和检测，保证了进场的原材料合格。对比较容易出问题的油温、油石比、砂石级配等，由专人管理监督、检查落实，确保了油路修补各项指标符合规范要求。有效杜绝了前补后坏、修补不规则等现象发生，切实提高了油路修补质量。

（三）路面纵缝防治技术

为了避免水泥稳定基层半幅施工时产生的纵向接缝反射到沥青面层，白银公路管理局在 2014 年国道 109 线养护维修工程 18 公里油路重铺项目中采用沿基层纵缝方向铺设玻纤格栅。经跟踪观测，路面中缝处无纵向裂缝产生。

**九、桥涵养护与加固新材料、新技术的应用**

"十二五"期间，省公路局共下达白银公路管理局危旧桥梁加固改造及预防性养护工程 2095.4 万元，白银公路管理局投入养护材料费 900 余万元，对近 60 座桥进行小修保养和预防性养护，并注重桥梁日常养护；积极应用中国公路桥梁管理系统，加强桥梁检查检测工作；加大桥梁小修保养和预防性养护，狠抓桥梁加固维修工程质量。采取 T 梁横截面增大法、铰缝植筋加固、裂缝注胶处置等多种新技术、新工艺，探索和总结出一整套切实可行的维修方法，切实保证了管理局普通干线公路 154 座桥梁处于较好的技术状况，桥梁技术状况水平明显提升，未发生安全运营事故，桥梁养护整体水平达到近年来的较高水平。

（一）对于 T 型梁桥横隔板破损，传统维修方法效果不理想，采用加大横隔板混凝土断面尺寸的新工艺取得了较好效果。

（二）采用 AC 坑洞修复剂、聚合物砂浆、裂缝封闭胶，AC-CRG 防水防盐保护剂等新材料、新技术解决桥梁养护中出现裂缝、桥面铺装破损、漏筋、腐蚀老化等的问题。

（三）采用粘贴碳纤维布。对于因通行超载重型车辆而造成的桥梁承载力不足，梁板出现裂缝，破损等问题，管理局采用粘贴碳纤维布的加固方案，使碳纤维与原结构钢筋共同受力，增加梁板强度，恢复和提高桥梁承载力，改善使用性能，提高桥梁通行能力。此项技术具有抗拉强度高、抗腐蚀性好、重量轻、工程施工质量更易保证等优点。

（四）穿筋锚固法。针对解决桥梁单板受力而引起的桥面铺装破损等问题，经采用此法处理，原有单板受力病害得到解决，原有铰缝的反射裂缝亦彻底处置。

（五）更换 BJ200 柔性伸缩缝。近年来管理局对中小桥伸缩缝损坏采用 BJ200 柔性伸缩缝，该伸缩缝是一种高分子聚合体改性沥青，具有黏结性强，弹性大，韧性好的特点，免除了传统伸缩缝复杂的锚固结构，与路面衔接平整，可完美地解决因国内接缝料缺陷而出现的各种问题。通过使用观测，BJ200 柔性伸缩缝

的特点是完全防水、全方位高韧性、汽车驶过无噪音、施工速度快、维修简单、免维护。适应范围是桥梁伸缩量小于 5 厘米的中小型桥梁、桥梁跨径为 30 米~100 米的中桥、桥梁跨径为 8 米~30 米的小桥。

（六）涵洞全截面加固法。对于涵管混凝土出现的腐蚀剥落、破裂等问题，采用在涵洞管内部依托既有涵体浇筑一圈砼衬砌层，整体成环与既有涵洞共同承担土体压力。这样，在起到共同受力作用的同时，可以封闭剥蚀面，起防腐蚀的作用，施工时也不需封闭交通。

**十、交通安全新材料的应用**

（一）滑动式防撞护栏

2013 年 8 月，管理局在国道 109 线猩猩弯路段急弯陡坡处安装长 96 米的新型滑动式防撞护栏，其原理为：一是利用撞击后滑动导向消能的运动原理，当车辆与滑动护栏发生碰撞时，首先通过护栏上设置的滑动转子矫正车辆的行驶方向，使其恢复到正常行驶轨道，避免冲击反弹，造成二次事故；二是利用在互动护栏上设置的高位、高强度抗撞保护横梁，有效阻止车辆翻出路侧，造成重大落崖事故，从而对车辆、人员提供有效保护。安装路段适用于山区急弯路段，陡坡悬岩路段。经跟踪观测滑动式防撞护栏警示效果强，发生事故时对车辆的拦截作用明显。

（二）双组份道路标线漆

2013 年，管理局在省道 217 线 65.232 公里路面标线喷划中应用双组份道路标线漆，喷划过程中材料混合均匀，线形深亮，标线薄厚均匀。经质量跟踪观察，双组份道路标线漆在使用过程中不会产生低温断裂，高温软化的问题，几乎无老化现象产生。

（三）反光示警桩

2017 年，景泰公路管理段在原有钢筋混凝

土示警桩上面加装反光膜保护套，因其反光性能强，可有效改善因夜间行车可视性差而存在的安全隐患，同时，外形美观、易清洗，并可减少因粉刷而造成的重复性工作和上路作业的安全隐患，降低成本。

（四）PVC 里程碑、百米桩

采用 PVC 和玻璃钢材质做成的里程碑、百米桩替换普通材质的百米桩，其优点是施工便捷、更换容易、外形美观、使用寿命长。

## 第二节 养护施工管理革新

### 一、水毁调查研究和防治

白银公路总段根据管养的荣兰、靖天、会慢公路地处湿陷性黄土区，每年雨季水毁次数多、工程量大，要投入全总段 70% 的水毁经费才能维持交通通畅的实际情况。从 1988 年开始，即选定"会宁黄土路段公路水毁调查及防治措施的探讨课题"，确定专人负责。经过 3 年多的调查和分析，基本上总结出湿陷性黄土地质山岭地形路段涵洞出水口、急流槽、填方路基边坡、弯道内侧路边坡的设施发生水毁的原因及规律，并采取一些行之有效的防治措施。如修建钢筋混凝土悬臂式滴水，在涵洞和急流槽出水口增设消力池，接长山坡处的急流槽引入沟底，改变急流槽设计断面，取消槽内设置的消能石桩，用钢筋混凝土管涵代替急流槽，对坡度大于 3% 的边沟分段修建多级跌水，浆砌片石门坎，经过计算加大坞工边沟、断面尺寸，改移涵洞、急流槽位置，在急弯路堤内侧和填方边坡修建坞工边沟和急流槽，开挖路肩横向排水沟，夯实陷穴，填堵地表裂缝等，减少了水毁损失，增强了公路防洪抗灾能力。

采取上述措施后，水毁损失每年减少 15% 左右。其中修建钢筋混凝土悬臂式滴水代替急流槽排水一项，不仅造型简单，使用效果好，而且价格低廉，成本只有同类材料修建急流槽所需费用的 1/3。至 1991 年，白银公路总段建成 13 处钢筋混凝土悬臂式滴水工程，节约资金 3.1 万元。

### 二、公路科技工作

1993 年，甘肃省白银公路总段根据科技工作发展的需要，制定了《白银公路总段计算机推广应用规划》，培训了 10 名操作人员，购置了 5 台微机打印机、绘图仪，建立了白银公路总段微机室。

### 三、全省第一期 CPMS 试点培训

1996 年，全国重点推广项目 CPMS 路面评价管理系统引进我省，并在白银公路总段举办第一期推广应用试点工作培训班。交通部公路司、西安公路交通大学、省交通厅、省公路局 6 名专家学者前来授课，为此项技术在我省推广培养了首批基层骨干。这标志着我省公路养护管理进入一个新的发展阶段。

CPMS 路面评价管理系统是对现有公路养护管理方面的技术方法科学化、系统化、标准化，并经研究开发使其转化为路面检测、路面评价、费用分析、优化决策的成套技术。其主要用于路面管理系统网及系统路面性能评价及预测，利用计算机为养护决策提供方案，及时对症下药，对破损路面进行有效养护处置。其特点使概念简单、直观明了，便于不同路段之间的路况比较。随着甘肃经济的发展，交通量和重型汽车急剧增加，沥青路面破坏加剧，路段超限服役严重，加之公路养护资金不足和管理决策的相对滞后，给公路建设带来很多困难。CPMS 技术能够及时解决这些难题，省交通运输厅、省公路局把 CPMS 路面评价管理系统列入"九五"公路养护重点推广项目，在国道 312 线、109 线、313 线和省道 207 线、212

线、304 线进行推广应用。白银总段管养的国道 312 线和 109 线两条文明样板路被确立为试点。

### 四、推进公路预防性养护发展

为进一步提高公路养护技术水平，保持和提高公路使用性、延长公路使用寿命和减少公路周期养护费用，2006 年白银公路总段提出转变养护观念，推进预防性养护的新理念。预防性养护是公路养护的一种新理念和控制公路病害的有效措施，是科学养护的具体体现，是指在道路没有发生结构性破坏之前，为了更好地保持道路的良好运营状态，延缓道路未来会出现破坏的速度，获取道路寿命周期内的最大效益，在不增加结构承载能力的前提下，针对道路已出现或可能出现的病害，在适当的时机，积极采取路基维护、路面维修、桥涵维修加固、附属设施维护等相应的综合技术措施，用以改善道路系统的总体功能状况，提升道路服务水平。

预防性养护要求持续开展对路面、路基及附属设施的日常检查、定期检查和检测评定，特别是在雨季期间要加强对路基稳定的调查，尤其要对高边坡、桥梁构造物进行重点排查，认真分析，制定预防性养护方案，以便及时消除隐患。预防性养护的程序是指在定期对公路技术状况进行检测和调查，掌握公路的使用状况的基础上，按照程序依次进行，数据采集（检测）、数据整理分析和评价、提出建议方案、批准立项、设计、施工。

预防性养护是一种有效的养护手段，具有明显的作用和重要意义，对于延长公路使用寿命、降低公路寿命周期成本，提高公路服务水平和资源利用效率具有重要的意义。一是有利于延长公路使用寿命。预防性养护在公路及其设施尚未发生破坏或刚出现病害迹象时，通过维修路面、加固桥梁、疏通边沟、整修路基、绿化路肩等综合性技术措施进行强制性养护，可以有效地避免各种病害的扩大，延长公路的使用寿命。二是有利于防止公路水毁。水损毁是公路病害的主要原因之一，预防性养护通过完善防排水设施，防止和减少水损害，是防止水毁、消除安全隐患的有效手段。三是有利于提高公路通行能力。预防性养护采取的是超前防范，对路面及其附属设施的初期病害进行补强，以消除导致公路损坏的因素，施工程序简单，对交通影响不大，施工过程中能保证车辆的正常通行。完工后公路的通行能力大大提高。四是有利于节约养护资金。预防性养护虽在投入资金上要早于现有养护模式，但其投入的产出（包括社会效益）要大于现有养护模式，并且在一个较长的使用年限内，总的养护投入低于现有养护模式。

### 五、展开路况检测评定工作

为及时了解和全面掌握管养干线公路路面技术状况，提高养护管理决策的科学性，并提出建设性的指导意见，合理安排养护大中修计划，对路况评价较差路段加大投入，改善路况，确保管养干线公路安全、畅通，路况良好。2009 年，根据交通运输部办公厅《关于做好公路技术状况评定标准贯彻实施工作的通知》，白银公路总段采用新标准对省养公路进行全面检测评定。

公路技术状况是衡量公路养护水平的重要指标，为公路养护决策提供科学依据，其直接影响社会公众对公路服务水平的满意程度。为顺应养护事业发展的需求，白银公路总段逐步转变传统的检查考核方式，采用委托专业检测机构抽检与养护规范化相结合的方式对各单位的养护工作进行检查考核，即以路面平整度为重要评定指标，结合各单位的服务与保畅工作、公路和桥梁养护工作、收费公路管理等方面进行综合评定。并据此检验各单位的评定工作，对于路况技术状况评定工作做得好的单位进行奖励，对不重视此项工作，评定工作质量工作不高的单位进行处罚。

**六、启动试用公路养护、桥涵养护管理系统**

2010 年 4 月 20 日，全省公路系统启动试用公路养护、桥涵养护管理系统平台。为提高公路养护管理水平，促进公路养护管理科学化、规范化、精细化进程，省局组织开发了养护管理系统平台软件。该平台软件专业性强、范围大、涉及面广，具体应用为公路局、总段、公路段、高养中心、养管站、养护工区、专业养护队等提供不同级别的辅助决策与管理功能，并通过相互配合，相互协调，完成整个管理流。

软件运行环境为 Web 浏览器，并保证网络能连接互联网。软件支持 IE6.0、IE7.0、IE8.0、Mozi11aFirefox（火狐浏览器）、Maxthon（傲游浏览器）、TT（腾讯浏览器）等浏览器。推荐使用 IE6.0、IE7.0 浏览器，显示器分辨率为 1024×768 以上。日常养护管理系统分养管站、公路段、总段、公路局等四个等级。

日常养护中各种基础数据来自于养管站（养护工区）和专业养护队，公路段审核提交数据，总段统计养管站数据和审核公路段审核通过的数据为业务核心（数据的准确性关系到公路段的各种统计报表、还关系到能否为公众出行提供准确的路况、交通阻断信息，也决定着上级的决策是否正确）。

该系统平台涉及全省公路养护的各个业务范围，原始数据只录入一次，各种报表可自动分级汇总，逐级上报，网络版的养护管理系统产生的数据由公路局信息中心数据库集中存储、实时计算。统一的公路养护数据库，为养护决策和规划提供依据，实现了全省养护数据共享，为各单位综合查询提供便利，实现了生产管理自动化、日常办公无纸化和指挥决策科学化；建立、健全和规范了公路养护管理制度，业务人员从繁琐的报表处理工作中解放出来，把主要精力放在养护管理上，提高了科学养护管理水平；养护评价的工作量大大减少，提高了工作效率；使养护日常业务电脑化、信息化，提高了养护队伍的素质，基本上结束了以前手工汇总、信息独立的半自动化管理阶段。

## 第三节　养护施工机具革新

**一、养护料场建设**

"十二五"期间，白银公路管理局谋划建设了会宁甘沟、景泰大水闸养护料场，在"十一五"建设的基础上，对高等级公路养护管理中心养护工区进行了重新规划建设。随着平川公路管理段的成立，完成了平川段养护料场的租赁和规划，并安装 40 型拌和机一台，即时投入使用。

**二、利用滑移式装载机处置公路病害**

2010 年，在雀道 308 线路面病害的处置过程中，白银总段利用招标购置的凯斯多功能滑移式装载机清除和剥离沥青路面车辙、龟裂及油包、铣削油路标线和路面板块之间的错台，减轻了职工劳动作业强度，实现了病害处置快速化、机械化，明显提高了养护生产效率。滑移式装载机亦称多功能工程车，利用两侧车轮线速度差实现车辆转向的轮式通用底盘可以原地转 360 度，采用轮式行走机构，全轮驱动，滑移转向；可以在作业现场随机快速更换或挂接各种工作装置，以适应不同的工作环境和作业内容。主要用在作业场地狭小、地面起伏不平、作业内容变换频繁的场合，在作业现场可以随时更换或挂接不同的工作装置，配置铲运、起重、挖掘、钻孔、破碎、抓取、开沟、道路清扫和路面压实等装置进行施工作业。它的投入使用大大提高了白银公路总段机械化养护的程度，同时为及时有效地处置公路突发事件打下了良好的基础。

### 三、车载式撒盐机

车载式撒盐机，是通过将盐等融雪剂均匀撒布，从而清除路面积雪结冰的设备。该机械可代替传统的人工作业，既提高工作效率，又减轻工人的劳动强度，快速有效保障道路畅通。车载式撒盐机主要由发电机、料斗、电动机和撒盐转盘组成。其主要工作原理是利用电动机带动撒盐转盘高速旋转，在离心力作用下，以通过转盘上的挡片将盐等融雪剂源源不断地从出料口抛洒出去。

### 四、就地冷再生机的推广应用

购买了维特根 WR2000XL 型就地冷再生机，其操作简便，节能减排，在管理局养护维修工程及小修保养工作中得到广泛应用，有效降低了工程成本，提高了生产效率。

### 五、改性乳化沥青生产车间

自筹资金建设改性乳化沥青生产车间，配备先进的生产设备，积极开展科技攻关，开发推广乳化沥青生产，并在管理局管养的高速公路及干线公路养护中推广应用。乳化沥青主要用于粘层油、微表处、雾封层、灌缝、同步碎石封层等施工中，大大提高了管理局养护技术水平。

### 六、新型拌和设备、养护机械

"十二五"期间，全深式就地冷再生、沥青路面场拌热再生、微表处、同步碎石封层、路面灌缝以及滑动式防撞护栏等新技术、新工艺、新材料相继在管养公路推广应用，并先后引进 2000E 型沥青拌合站、40 型拌和机、就地冷再生机、改性和乳化沥青生产设备、维特根铣刨机、热再生拌和系统以及养护综合巡查车、双钢轮压路机、除雪打冰机、小型振动压路机、RAP 料二次破碎筛分设备、平板车等生产设备及养护机械，为公路养护生产提供了有力保障。

## 第四节　公路养护施工科研成果

### 一、沥青路面冷补技术通过专家鉴定

2004 年 7 月 23 日，由甘肃省公路管理局组织专家委员会，在白银公路总段召开"沥青路面冷补技术"应用研究成果鉴定会议，与会专家一致认为：该项科研课题应用研究取得了成功，在今后的沥青路面养护中可推广应用，以推动全省公路养护水平进一步提高。

在 2004 年之前，国内沥青路面修补使用的是传统的热拌沥青或乳化沥青混合料。高温、热态情况下的修补作业经常受天气、温度、环境等因素的影响，使路面修补不能及时进行，造成路面病害加剧，路况质量下降，甚至危及交通安全。如何在包括冬季低温和雨雪天气等不良条件下能全天候地随时修补沥青路面，使路面保持经常性的平整和完好状态是长期困扰公路、市政、机场等行业养护部门的一大难题。

从 2002 年开始，根据省公路局要求，白银公路总段成立课题组，结合公路养护生产，研究针对性地解决沥青路面常年养护问题。经过两年坚持不懈地探索，白银公路总段深秋、初冬和春融季节分三次在国道 312 线会宁县城附近在实施沥青冷补作业取得成功。

鉴定委员会现场查看了试验路段，在听取

课题组汇报，审查应用研究报告等文档资料后认为：该项技术与常规热补法相比，具有方便快捷、实用性强、施工操作简单等特点，能及时处理公路病害，改善路况质量，减轻养护职工劳动强度，具有明显的社会效益和经济效益。

### 二、高爱军沥青混合料搅拌操控法

2010 年，甘肃省百万职工职业技能素质提升活动组委会办公室做出《关于命名甘肃省职工先进技术操作法的决定》，白银公路总段高等级公路养护管理中心职工高爱军榜上有名，高爱军沥青混合料搅拌操控法被命名为甘肃省职工先进技术操作法。

高爱军同志操作应用的 CL-1500 型沥青混合料搅拌设备是当时国内合资生产的一套先进的综合性专用沥青路面混合料生产设备，操作方法先进，控制系统复杂。主要采用工业计算机 +PLC 系统 + 监控系统实现整机的运转生产。通过先进的人机界面，输入设置配方参数，修订误差，操控并监控系统运行，动态显示计量系统及动力系统的运转状态，故障监测，强大的操控功能可实现各方面的生产要求。先进的双操作系统，既可以在工控机的显示屏上操作又可以在 PLC 触摸式操作终端上操作，同时模拟控制系统可实时动态显示计量、温度等各项配比生产参数，能准确控制生产合格的成品料。在高速公路养护维修施工中，高爱军同志以其严谨的工作态度，精湛的操作控制技术，有效地降低了生产成本，使生产的成品料配比更加精准，卓有成效地提高了成品料的质量，大大提高了高速公路路面的养护质量。在 2010 年白银公路总段实施的国 6 京藏高速刘白、白兰段 170 公里的路面维修养护工程中，高爱军经过不断地实践摸索、操作总结，以熟练的操控技术，使整机的生产控制达到了最佳状态。

累计节约沥青混合料（碎石、沥青、矿粉等）130 余万元，生产效率较同类型设备提高了 38%，为公路养护质量的不断提高做出了积极贡献。

### 三、沥青拌合站粉尘处理设备的改造和使用

2011 年 3 月，白银公路管理局高等级公路养护管理中心组织人员对新购置的加隆 CL1500 型沥青拌合站的粉尘终极处理系统进行了改进。由于白银地区属东南季风气候西北部边缘区，常年有西北风伴随，在往年的高速公路养护维修施工过程中，时常发生粉尘四处飞扬的现象。沥青拌合站在沥青混合料生产过程中会不同程度产生大量的粉尘，其粉尘粒径大小在 2.5~10vm 之间，属于微粒级粉尘。大部分工程施工中不允许使用回收的粉尘，只有个别工程允许粉尘回收使用，大量的粉尘因无法合理利用，导致生产环境严重受到污染，并且对操作人员和跟班作业人员的身体健康也产生了一定的伤害。改进的主要目的是把沥青拌合站粉尘罐中回收的粉尘用通风机产生的吸力经过中间的连接管吸出，中间再利用旋风除尘器将颗粒大的粉尘通过离心力的作用集中于螺旋输料器，同时喷射一定量的水，使粉尘在潮湿状态下排出，从而达到保障操作人员身体健康和净化施工环境的目。

通过对改进后设备的试运行观察，粉尘的排出效果良好，在加湿系统的作用下，粉尘不会存在遇到风力作用产生飞扬的现象，从而能够从根本上解决生产过程中粉尘到处飞扬，造成拌合场及周围脏乱差的现象，彻底改变了操作人员的生产工作环境。不仅杜绝了粉尘对操作人员造成健康伤害，也对美化、绿化工作环境起到了关键性作用。

#### 四、高飞割草机

长期以来，公路边坡割草由人工完成，效率低。2016年，时任景泰公路管理段副段长高飞针对此情况，对圣工扫路机进行改造，去除扫路部件，通过两根油缸从水平和垂直方向调节割草刀盘的位置，依靠高速旋转刀盘上的刀片冲击切割杂草（刀片旋转速度3000r/min），工作平稳，对杂草的适应性强，作业前进速度可达15公里/小时以上。使用割草机后，工作效率得到了很大提升，大大降低了养护职工的劳动强度，而且安全作业更有保障。

#### 五、QLB-40拌合机水除尘器改进

沥青拌合环节是公路施工建设中极为重要的环节之一。景泰公路管理段的QLB-40沥青拌合设备，除尘效果一直不理想，生产现场污染严重，经操作人员研究讨论发现，原有除尘设备之所以效果不佳，是因为水、粉混合不均匀，原有环状喷水管喷洒区域有限，不能形成完整水幕，且原用水泵压力过小，喷出的水未雾化，从而使灰尘与水的接触面较小，导致灰尘湿度不够，故大部分粉尘由烟囱直接排出。拌合机操作人员寇云晓在原有除尘器的基础上加设自主设计的法兰式雾化水喷洒器，即将一块直径为35厘米的法兰片和一块同等直径的盲板用螺栓连接，中间加垫1.5毫米的垫片，并配套11.4千瓦的深井泵。水经法兰片缝隙喷出后形成完整均匀的水幕，与引风机抽来的高温灰尘相接触，烟气中的灰粒被雾水湿润，分离的尘粒落入除尘器底端，和灰水混合溢流进入沉淀池，灰水分离后继续回用。改进后废气中的颗粒物明显减少，排出的烟气呈白色且无刺鼻气味，大大改善了生产环境，减少了对大气的污染。

#### 六、1500型沥青拌合站溢料口增设暂储箱

1500型沥青拌合站生产过程中，振动筛筛分出的超规格石料及热储料仓装满后溢出的石料都从溢流口送出，顺着溢流管道直接流出，由于高度落差大（为15米），在流出过程中伴随着大量的石粉及尘土，生产现场尘土飞扬，既污染环境又危害职工身体健康。景泰公路管理段决定在溢料口增设暂储箱，即对从高处坠落的石料进行暂时封闭储存，每隔一段时间通过暂储箱下部的放料口手动放料，待放满后再进行关闭，通过改造起到了暂时封闭降尘的作用，从而改善生产环境，达到环保要求。

#### 七、导热油锅炉"双电源转换开关"

2016年，在导热油锅炉电路改造过程中，景泰公路管理段职工张学礼提出采用双电源转换开关，控制锅炉总闸，即采用两套独立的电源系统，通过一个开关进行切换。其作用是避免在出现紧急停电的状况下，发电机供电不及时，导致导热油温过高老化，甚至发生锅炉爆炸的问题。其第一套系统采用400KVA变压器用于正常生产时导热油锅炉加热。第二套系统采用柴油发电机用于紧急停电状态下导热油循环泵临时用电。

# 第五章　公路养护安全管理

GONG LU YANG HU AN QUAN GUAN LI

由于公路事业快速发展，车流量增大，车辆超速、超载、超限现象增多，给公路养护人员在养护作业时带来极大的不便和安全隐患。为了保证公路养护人员的安全，必须在养护作业时强化相应的安全管理手段和措施。因此白银公路管理局坚持"安全第一、预防为主、综合治理"的方针，切实落实"党政同责、一岗双责、齐抓共管、失职追责"的安全生产责任制，坚持"管行业必须管安全，管业务必须管安全，管生产必须管安全"和"谁主管、谁负责，谁审批、谁负责"的原则，严格执行"三统一、四规范"的作业规定，贯彻落实中共中央、国务院《关于推进安全生产领域改革发展的意见》和甘肃省委、省政府《关于推进安全生产领域改革发展的实施意见》，严格落实各单位党政主要负责人的安全生产第一责任和一线安全管理人员的管理责任，强化安全监管，增强全员安全意识。

## 第一节　预防管理

### 一、安全措施

（一）加强规章制度建设，规范安全生产管理。制订《白银公路管理局安全生产管理办法》《白银公路管理局安全生产目标责任考核实施细则》《白银公路管理局安全生产职责》《白银公路管理局安全教育培训制度》《白银公路管理局突发事件信息报送及处理管理办法》《白银公路管理局标本兼治遏制重特大事故工作实施方案》《白银公路管理局安全生产职责》等安全生产管理制度，明确单位安全生产管理职责，深化安全生产的工作要求，对于加强全局养护生产施工安全生产管理具有积极意义。

（二）每年及时召开安全生产工作会议和安委会。安排部署安全生产重点工作，明确具体工作任务，签订年度安全生产目标责任书，逐级界定安全生产具体责任和任务，细化安全生产各项目标责任。成立安全生产组织机构，严格落实"党政同责、一岗双责、失职追责"的安全生产责任体系和上级单位关于安全生产的各项工作要求，安全责任进一步得到落实。

（三）加强安全生产检查，深化隐患排查治理。通过开展"创建平安公路桥涵养护专项整治百日竞赛活动""安全生产月""安全生产陇原行"等专项安全生产活动，积极落实安全主体责任，以"全覆盖、零容忍、严督查、重实效"为要求，以"查隐患、抓整改、防事故"为重点，进一步加强对养护施工作业区安全布设、特种机械设备、劳务人员岗前培训和技术交底、劳务人员意外伤害保险购买、安全操作规程、巡路检查、24小时应急值班值守和信息报送等方面的管理，有效预防了养护生产工作中的风险隐患。按照"单位负责、行业监管、动态排查、科学管控"的原则，开展安全生产管控与安全隐患排查治理双控管理工作，防范和减少安全生产事故。

（四）加大安全"四新"技术推广应用。养护生产中积极引进安全防护新技术、新设备，有效降低作业区交通事故发生概率。引进防闯入冲撞设备、锥桶振动感应器、机械设备倒车影像和雷达等新设备，提高安全警示和预警水平。

**二、安全生产投入**

为临时雇用人员购买人身意外伤害保险，购买车辆保险，进一步充实应急物资，购买安全筒、施工作业标志牌、安全标志服等安全防护用品。

**三、安全教育培训**

公路养护作业安全教育培训是公路养护作业安全管理工作的重要环节，通过不断规范公路养护作业安全教育培训工作、完善公路养护作业安全教育培训管理体系，实现安全教育培训工作的标准化、常态化、系统化，从而提高职工安全生产意识和安全技术水平，最终确保养护单位生产活动的顺利进行。重视安全教育培训工作，采取管理局集中培训与各单位自主培训相结合的方法，加强对单位领导和管理人员的安全教育；加强职工上岗前三级安全教育、日常安全教育；加强特种作业人员安全培训、调换工种和岗位人员安全教育及复工教育；加强班站长不定期安全教育培训（季节性变化、工作环境变化、节假日加班期间易发事故时段的安全教育）及典型事故案例警示教育和其他外来人员的安全教育。

## 第二节　公路突发事件应急演练

应急演练的目的是为了提高应急预案的执行能力，在处理突发事件时应急人员、物资、机械设备等能够达到行动统一、协调有序、反应快速、运转高效、保障有力、处置迅捷，并能够及时恢复公路交通的正常运行。

**一、应急演练组织**

白银公路管理局成立应急演练领导小组，下设指挥评估组、课题导演组、人员调配组、物资设备组、后勤保障组、交通安全组、信息处理组。应急演练的具体工作由白银公路管理局应急办公室负责，其他部门协助，各公路管理段配合。

**二、应急演练方案**

应急演练需指定演练方案，演练方案应包括演练目的、事件、地点、内容、人员物资，以及机械设备准备、现场组织分工、演练执行程序等。

### 三、应急演练形式

应急演练的形式分为讨论式和操作式两类。讨论式演练有：会议、研讨会和桌面演练；操作式演练有：专项演练、功能演练和全面演练。

（一）专项演练：目的在于验证、评价和提高特定应急响应人员的具体操作技能与响应能力。

（二）功能演练：总段应急组织的部分组成部门（或队、组）按照预定的演练情景进行的演练。目的在于验证、评价和提高应急部门的综合响应能力，加强各组成部门（或队、组）的配合能力。

（三）全面演练：应急组织的全部组成单位按照统一的事故情景和相互协调的演练情景联合进行的演习。目的在于验证、评价和提高单位及所属多个应急组织的综合响应能力，加强各组成单位的配合能力。

### 四、应急演练实施

应急演练的实施方式可分为初级、中级、高级三种：

（一）初级方式：根据演练的具体目的和选定的事故情景，事先编好演习情景和响应程序的详细说明（脚本）。演练时，演练人员根据演习情景的信息与指令按照脚本进行响应操演。

（二）中级方式：监控人员可在演练过程中临时调整演习情景的个别或部分信息与指令，使演练人员根据改变了的信息和指令自主进行响应。

（三）高级方式：不事先编制演练响应程序脚本，事故情景与演练情景由监控人员掌握，事先只向演练人员通告事故情景梗概。演练过程中，演练人员根据演练情景和信息与指令，依据应急计划和有关程序自主进行响应。

### 五、应急演练时限

结合实际情况开展多种形式的演练活动，具体规定为：

（一）讨论式演练：白银公路管理局和各公路管理段、高养中心、应急保障中心、试验检测中心分别组织，一年至少进行两次讨论式演练。

（二）专项演练每年至少进行一次，功能演练每两年至少进行一次，全面演练每五年至少进行一次。专项演练、功能演练、全面演练原则上均由白银公路管理局组织，段属单位需进行专项演练和功能演练，其演练方案报白银公路管理局审批后实施。

（三）应急演练要紧密结合应急预案进行，应急演练结束后，应在 15 个工作日内，对演练情况进行总结，对演练过程中发现的问题及时提出整改措施，修订完善应急预案，并将应急预案演练总结报告省公路局备案。

## 第三节　应急演练工作开展

### 一、防汛抗灾应急演练

为了进一步加强养护防汛抗灾的工作力度，切实做好防汛抗灾的各项准备工作，保障公路安全畅通，有效防范洪水、泥石流等自然灾害造成严重的公路病害、各种桥梁、涵洞、隧道及公路设施损坏，导致交通中断或严重影响通行的突发事件，2007 年 5 月 15 日，白银公路管理段，在白兰高速公路 1647 公里—1657 公里下行线处开展高等级公路防汛保畅应急演练。通过这次演练，进一步提高了养护人员应对洪水突发事件，做好抗灾防范处置工作，使洪水灾害处于可控状态，增强了防汛安全意识，形成全体动员、群策群防的良好局面。这次防汛抗灾演练，对应急预案中人员转移和每个可能影响安全的环节进行了一次检验，以提高公路应急预案的可操作性和实用性，保证抗洪抢险工作高效有序进行，最大程度地减少高速公路人员伤亡和财产损失，保障高速公路安全畅通。

## 二、"迎奥运保安全畅通"应急演练

为了加强高速公路通行保障能力，提高道路设施质量和服务水平，更好地服务公众出行，保障奥运会期间道路安全、畅通、文明、和谐，有效杜绝因交通事故或人为因素导致交通中断或严重影响通行的突发事件，2008 年 6 月 20 日，白银公路管理段在白兰高速公路 1650 公里 +300 米上行线处开展以"迎奥运保安全畅通"为主题的应急演练。演练模拟在白兰高速公路 1650 公里 +300 米上行线处，一辆大型货车与白银公路管理段停靠在路边作业区的养护作业车辆发生碰撞，货车因猛烈撞击，对作业车辆造成损伤，导致上行线路出现道路堵塞。通过演练，进一步完善突发事件应急预案，促进各应急处置环节人员的相互协调配合，明确各自职责分工，以及处置应急交通事件的步骤和要求，进一步熟练各项安全防护设施的设置要求，提高队伍遇到突发情况可以果断灵活及时有效处置的应急处置能力。为今后处置应急事件打下良好的工作基础，为高速公路安全畅通提供有力保障。

## 三、除雪保畅实战应急演练

为了保障高等级公路冬季安全畅通，有效应对因冰雪天气造成的高速公路路面出现积雪结冰而引发道路交通事故，影响高速公路通行，切实提高防滑保畅工作能力，2009 年 11 月 15 日，白银公路总段高等级公路养护管理中心在刘白高速公 1650 公里 +300 米上行线处

开展除雪保畅实战应急演练。演练模拟由于出现降雪降温天气，刘白高速公路 1456 公里—1475 公里路段出现积雪结冰现象。值班人员接到巡查人员报告后立即将情况报告突发事件应急领导小组，领导小组经过讨论决定立即启动《白银公路总段高等级公路突发事件应急预案》，拉开除雪保畅应急演练帷幕。通过演练，提高了高等级公路养护管理中心应急领导小组及养护作业人员的安全意识和应急能力，对除雪保畅应急工作程序、熟练程度、方法、应急预案的启动程序都有了进一步的明确。

## 四、公路突发事件应急处置及公路水毁抢修演练

2016 年 9 月 23 日上午，白银公路管理局在应急保障中心仓库基地举行应急抢险综合演练，包含公路突发事件应急处置和公路水毁抢修演练。公路突发事件应急处置：在接到群众报警后，快速启动应急抢险预案，集结队伍赶赴事发地，展开高效科学的救援，迅速对道路实行交通管制，布设安全作业区，疏导交通，救援组迅速将被困伤员移出，进行简单止血处理，并请求 120 救援，现场组维持事故现场秩序，保护事故现场原貌，以便交警取证。公路水毁抢修演练：接到应急值班电话，立即启动公路抢险保障应急预案，集结队伍，到达现场后，实行交通管制，布设安全作业区，对水毁现场进行勘测，估计工程量，制订抢险方案，开展抢险工作，应急结束后，撤销交通管制，恢复交通，最后评估损失。

这次综合演练，体现了以人为本、科学施训的理念，贯彻了统一领导、综合协调、分级负责的应急处置原则。通过演练提高了应急抢险队伍应对突发事件的处置能力，而且对应急预案的科学性、可操作性和实用性有了一次全面的检测，达到了预期的目的。

### 五、恶劣天气应急抢险演练

2017年2月20日，白银公路管理局应急抢险中心在国6高速1484公里—1503公里段开展应对恶劣天气应急抢险演练。从整体上提升应急抢险中队在应对恶劣天气引发的突发性灾害中的快速机动和处置灾害的能力，即能否在保证自身安全的情况下，在最短时间内将灾害所造成的损失降到最低，快速恢复道路交通。由于冰雪天气，导致国6高速1484公里—1503公里段出现路面压车现象并发生交通事故，应急抢险中心在接到救援信号后，迅速启动应急抢险预案，集结队伍开赴事发地，到达后迅速做出救援反应，疏导交通、撒融雪剂，对部分结冰路段进行人工除冰。经过努力，道路恢复通车条件，应急抢险结束后恢复道路交通。通过应急演练检验人员对恶劣天气引发的灾害有了更深层次的认识，思想上更加重视，施救过程也更加高效科学。

### 六、桌面应急抢险演练

2017年3月17日，在白银公路管理局应急抢险保障中心四楼会议室开展了一次桌面应急抢险演练。演练采取设置情境，以问答讨论的形式进行。通过桌面演练，检验《冰雪灾害应急专项预案》的适宜性、实用性和可操作性，以及应急人员对应急预案的熟练程度，提高相关人员应对冰雪灾害的能力，根据建议，修订应急预案；强化各部门及人员之间的协调与配合，各部门及参演人员通过观摩本次桌面演练，进一步强化了应急管理意识。

## 第四节 应急抢险主要事迹

### 一、水毁抢修确保公路畅通

1991年六七月间，白银地区连降暴雨，公路水毁严重。仅7月18日晚会宁甘沟地段一场大暴雨，就使国道荣兰路2017公里+300米和2019公里+500米两处高填方路基被冲毁，3处边坡出现塌方、2道涵洞、150米急流槽和多处路肩被冲垮，靖天公路4处路肩严重沉陷，5处路基穿洞，路面上淤积大量淤泥，严重影响行车安全。

7月18日晚10时，会宁公路段领导率领有关人员赶赴荣兰路水毁现场，连夜组织力量抢修，开辟了2处便道，恢复了交通。

为了及时修复大面积的水毁工程，确保运输线路的安全畅通，白银公路总段开展了大干100天，全面修复水毁，恢复路况的劳动竞赛活动，对全总段各条线路的水毁情况进行详细的调查了解、对水毁工程逐个进行安排，要求全段职工发扬自力更生精神，不等、不靠、不要，于10月底前将所有的路基塌方、边沟淤塞、路面淤泥全部修复清理完毕。

6月，连续3次暴雨使靖天公路25公里新开挖的边沟全部淤塞，路面淤泥3250立方米，养护公路的二十里铺、黑城子、六十里铺，甘沟和康河道班的全体职工放弃节假日休息，加班加点奋力修复，经过20多天的努力，疏通了全部边沟，挖运和清理了路面淤泥。

截至10月底，共计完成水毁构造物修复工程18项，修复水毁路基土方2.53万立方米，路面17.5万平方米、涵洞34米，完成急流槽、边沟、过水路面工砌体1211.85平方米、护坡398.48立方米，挖运淤泥、清理塌方6281立方米。经过全段职工的辛勤努力，使北拉、营兰、靖天、海古、荣兰、会慢等6条线路的边沟全部按照标准断面开挖，消除了水毁痕迹，修复了水毁构造物，进行了第二次油路修补，共计处置沉陷、拥包、严重龟裂等主要病害1067平方米，罩面2800平方米，并重点解决了村镇街道道路纵向排水不畅和边沟没有出水口的问题，全面完成了抢修水毁、恢复路况的任务，为全年的养护生产任务打下了良好基础。

### 二、全力清除国道 312 线太平段塌方

2004 年 1 月 13 日，国道 312 线会宁县太平乡境内 1967 公里 +800 米处突然大面积山体滑坡，32 万立方米土倾泻而下，一段长约 110 米左右的公路连同 3 台来不及躲避的车辆滑入 40 多米的深沟，庆幸的是满载 21 名乘客的依维柯车、桑塔纳轿车和双排座车，随着下滑的山体、路基而下，车辆人员安然无恙。

塌方发生后，白银公路总段立即组织会宁公路管理段、会宁收费公路管理所迅速开展抢险工作。由 40 多名抢险队员和 6 台抢险设备组成的抢险队迅速开始抢修便道，将被困的 3 台车从深沟中拖出。经过连夜奋战，便道于当晚 12 点前顺利打通；14 日下午抢修的双车道通车，并派专人 24 小时监测山体变化及过往车辆通行情况。塌方于 2004 年 10 月中旬全面修复。共完成路基土方 4.57 万立方米、石方 1.95 万立方米、现浇混凝土边沟 300 米、浆砌片石急流槽 40 米、石砌截水沟 400 米，修建护坡 563 立方米，处置滑坡土方 1.27 万立方米，新建钢筋混凝土板涵 1 道 60 米、钢筋混凝土护柱 300 根，完善标志牌 2 块，铺筑沥青混凝土路面 3600 平方米，共计完成工作量 185.02 万元。

### 三、参与"8·12"舟曲抗洪抢险

2010 年 8 月 12 日凌晨，一场特大山洪袭击了甘肃省陇南、甘南所有的国省干线、省道和农村公路，引发泥石流、滑坡等地质灾害，致使境内多条公路中断。国道 316 线天水至江洛至徽县段和省道 205 线江洛至成县段多处路基被大面积冲毁、挡墙倒塌，桥涵严重受损，通往舟曲的大通道全线再度中断，所有通往重

灾区的救援车辆被困路上。

灾害发生后，白银公路总段按照省交通运输厅、省公路管理局的统一指挥和部署，组织正在陇南参与"5·12"地震灾后恢复重建省道 205 线江武路二标施工的白银公路总段新世纪路业公司的党员，组成党员突击队，于 8 月 13 日进入国道 316 线江徽公路（江洛至徽县段）受灾地点进行抗洪保通工作。全体党员干部主动发挥战斗堡垒和先锋模范带头作用，积极发挥主观能动性，每个施工点上都呈现出一派"忘我抢险战灾情、抗洪保畅为灾区"的大干热潮，不畏艰险、知难而进，通过 20 多天鏖战，顺利完成国道 316 线 4.2 公里的抢险保通任务，对 7 处受损路段进行了抢修，有效排除了险情，并对灾害中受损的舟曲江城大桥进行了维修加固，用实际行动体现了甘肃公路行业的"铺路石"精神。

### 四、全面加强公路水毁应急预防抢险工作

2012 年白银公路总段辖区降雨量较多，各养护单位积极采取有效措施，早安排、早动手，全面加强公路水毁应急预防抢险工作，进一步健全应急保畅体系。坚持日常巡查和雨中巡路制度，及时排除暴雨灾害给公路造成的安全隐患，确保道路畅通无阻。白银公路总段成立应急办，专人负责应急信息的接收和传递工作，确保应急信息报送畅通。在 8 月 16 日京藏高速 1468 公里 +600 米处山体塌方、9 月 2 日国道 312 线 1938 公里 +400 米处滑坡发生后，相关单位能够快速启动应急预案，迅速组织挖掘机、装载机等机械紧急抢修，在最短时间内抢通了道路，保障了公路的安全畅通。同时安排相关人员用彩色小旗布设出危险区域，设置各类安全警示标志，路政人员做好交通疏导，并在第一时间将路段险情上报白银公路总段。

### 五、白银公路总段全力抢通国道 310 牛北路

2013 年 7 月，甘肃省天水市连续遭遇 4 次暴雨洪涝灾害，引发山洪泥石流、滑坡及山体崩塌。其中 25 日暴雨再次袭击天水市秦州区、武山县等地，强降雨致秦州区南部的娘娘坝镇、大门乡等 7 个乡镇遭受严重洪涝泥石流灾害，造成人员失踪和被埋。

7 月 28 日 8 时，白银公路总段驰援天水抗洪抢险的 39 名抢险突击队人员从白兰高速出发，携带 4 台装载机、2 台大型挖掘机、4 辆拖板车、4 辆双桥自卸车、4 辆应急抢险保障车、1 台移动式照明车等抢险机械设备，行程 430 多公里，于当日晚 9 时 40 分抵达国道 310 线伯阳监测站。7 月 29 日 6 时，白银总段抢险突击队兵分两路迅速投入国道 310 线牛北路抢险保通中。一路沿国道 310 线天水方向进发，主要开展泥石流、塌方清理和道路保通保畅，并对部分路基缺口进行土石方回填；一路沿宝鸡方向全力抢通国道 310 线 1412 公里—1413 公里段泥石流、塌方中断道路。截至 8 月 1 日，白银总段抢险突击队在国道 310 线 1412 公里—1433 公里段累计清理泥石流、塌方近 12 万方，回填土石方 5000 多方，确保了道路畅通和车辆安全通行。

# 第六章　公路设计与试验检测

GONG LU SHE JI YU SHI YAN JIAN CE

## 第一节　公路设计

### 一、专业机构

白银新世纪公路工程勘察设计所其前身为白银公路总段设计室，成立于 1988 年 9 月，2003 年 4 月重新组建为白银新世纪公路工程勘察设计所，隶属于白银公路总段下属的全民所有制企业，具有甘肃省住房和城乡建设厅颁发的公路行业（公路）专业丙级资质，主要从事二级公路以下公路、桥梁的勘察设计工作。该所自成立以来为白银市辖县（市）区的公路建设事业做出了重大贡献，曾获得 2013 年至 2014 年白银市"青年文明号"等荣誉称号。

设计所有从事公路工程规划勘察设计、技术咨询等专业人员 5 名，其中高级工程师 1 名、工程师 4 名。拥有 GPS（RTK）全球卫星定位系统、全站仪、扫描仪、绘图仪等先进设备，还拥有数字化电子平板测图系统、计算机网络等高新技术装备以及各类测绘、测设专用设备。同时，拥有纬地三维道路 CAD 系统、广联达协同计价平台 GBC2014、沥青路面结构设计与验算软件、桥梁大师 CAD 软件、桥梁通 6.2 软件、PCV 涵洞 CAD 软件、纵横公路造价、纬地交通与安全工程设计系统、GPS 地形测量及平差等先进的公路工程设计软件。文件图档存储全面实行计算机管理。

### 二、职责范围

（一）认真贯彻公路基本建设方针政策，严格执行有关标准、规范、规程、相关技术管理办法。

（二）根据业主要求进行设计前的现场勘察，与业主进行设计方案的沟通协调。

（三）根据行业标准、规范和工程实际情

况，对设计所需要的水文、地质、测量等基础资料，提出具体要求。

（四）全面掌握各项目设计作业情况，督促检查相关设计人员在生产过程中是否正确执行。

（五）对各项目组设计项目实行动态全过程管理。深入到设计过程的各个环节，对项目质量进行跟踪管理，负责协调各项目组之间的技术问题，统一标准，负责管理内、外部组织技术接口资料。

（六）负责汇集本部门全部项目设计成果资料，按照设计标识及技术档案的管理规定，进行设计成果文件有效版本和文件资料归档。

（七）参与各项目组设计项目的后期服务工作，积极解决施工中发生的问题。

（八）当各项目组设计项目有采购时，负责向供方提出有关资料及产品的要求，必要时向供方提供上述内容形成的书面规定，并参与验收采购产品。

### 三、主要设计项目

（一）1999年完成省道308线唐家台至红会二级公路93公里设计任务。

（二）1999年完成省道308线水泉白墩子至大岭、省道201线营盘水至郭家窑二级公路86.5公里设计任务。

（三）2003年完成省道217线白银至景泰三级公路65公里设计任务。

（四）2012年完成国道109线安全保障工程一阶段施工图设计。

（五）2013年完成的设计任务为：省道207线107.6公里—112.6公里段路面重铺工程一阶段施工图设计；省道207线0公里—2公里段沥青路面热再生工程一阶段施工图设计；国道309线1978.18公里—2104.793公里段养护维修工程初步设计、施工图设计；国道109

线1605.5公里—1608公里段排水工程一阶段施工图设计；靖远县永新乡松柏至杜小路农村公路建设工程一阶段施工图设计；景泰县正路乡周家庄至冯家水农村公路建设工程一阶段施工图设计；景泰县草窝滩镇红跃至陈槽农村公路建设工程一阶段施工图设计；新墩治超检测站路面维修工程一阶段施工图设计；白银公路总段2013年省道217线安全保障工程一阶段施工图设计；白银公路总段2013年省道207线安全保障工程一阶段施工图设计；省道308线38公里+860米—39公里+100米段山体滑坡防治工程一阶段施工图设计。

（六）2014年完成的设计任务为：省道201线危桥加固维修工程一阶段施工图设计；省道308线危桥加固维修工程一阶段施工图设计；白银公路管理局2014年国道109线非收费公路养护维修工程一阶段施工图设计；白银公路管理局省道201线养护维修工程一阶段施工图设计；省道308线213公里—224.378公里重点病害处置工程一阶段施工图设计；国道109线危桥加固维修工程一阶段施工图设计；国道109线1586公里+620米郑家梁1号桥、1602公里+375米石岗沟桥加固维修工程一阶段施工图设计；国道2012线（营双高速公路）超限监控站便道工程一阶段施工图设计；白银公路管理局2014年普通干线二级公路交通安全设施修复增补工程一阶段施工图设计；白银公路管理局2014年普通干线三级公路交通安全设施修复增补工程一阶段施工图设计；国6京藏高速公路1458公里+500米—1523公里+000米段17处边坡防护维修工程一阶段施工图设计；国6高返公路1438公里+450米灰条沟大桥、1458公里+250米墩墩湾大桥水毁预防性养护工程一阶段施工图设计；白银公路管理局省道201线安全保障工程一阶段施工图设计；国道 312 线 1938 公里 +300 米处山体滑坡治理工程一阶段施工图设计；省道 308 线 22公里 +742 米—47 公里 +888 米段安保工程一阶段施工图设计；县道 322 线 8 公里 +410 米砂梁桥加固维修工程一阶段施工图设计；省道 201 线 4 公里 +800 米—6 公里 +400 米段路基沉陷处置工程一阶段施工图设计。

（七）2015 年完成的设计任务为：国道 109 线刘寨柯（甘宁界）至王家山段养护维修工程路线设计；省道 217 线 2015 年养护维修工程一阶段施工图设计；省道 308 线 22 公里 +500 米处平面交叉路口路面重铺工程一阶段施工图设计。

（八）2016 年完成的设计任务为：白银公路管理局省道 308 线安全保障工程一阶段施工图设计；白银公路管理局国道 109 线生命安全防护工程一阶段施工图设计；县道 322 线 21公里 +300 米—23 公里 +500 米段路面重铺工程一阶段施工图设计；国 6 京藏高速公路 2016年水毁修复工程一阶段施工图设计；国 6 高速公路增设停车港湾工程一阶段施工图设计；会宁县党家岘乡吕堡村回民小学—杨湾农村公路工程一阶段施工图设计；会宁县党家岘乡吕堡村上湾—吕堡农村公路工程一阶段施工图设计；会宁县党家岘乡上秀村大湾社—罗卜洼农村公路工程一阶段施工图设计；会宁县党家岘乡上秀村范湾—刘家农村公路工程一阶段施工图设计；会宁县党家岘乡上秀村麻岔—蔡口农村公路工程一阶段施工图设计；国道 109 线1590 公里—1594 公里段开普封层工程一阶段施工图设计。

## 第二节　试验检测

### 一、专业机构

白银公路总段试验室成立于 1991 年。1986 年，白银公路总段成立后，即着手筹备试验室的建设，经过五年的努力，1991 年取得了省建委颁发的建筑二级试验室资格证书；标志着实验室的正式成立。1998 年取得交通部质量检测中心颁发的试验检测机构丙级资格证书。2004 年 12 月通过甘肃省质量技术监督局试验室计量认证验收，2005 年获取合格证书，同年6 月升为交通工程试验检测乙级资质。总段实验室成为白银地区首家可以独立承担高速公路、一级公路、路基土石方及桥涵工程的常规试验检测、二级及二级以下公路路基、路面所有工程的原材料试验检测机构。中心试验检测实用面积为 688 平方米，拥有试验检测设备126 台件，现有人员 23 人，管理岗位设主任、副主任、技术负责、质检负责人等职位，其中试验检测工程师 6 人，试验检测员 14 人。下设沥青、水泥、土工、集料、化学、力学等各类标准试验室。多年来，为全局大中修养护维修工程、危桥加固工程、安保工程提供了试验检测，并对外承接各项试验检测任务。目前是白银市境内唯一具有公路综合乙级资质的检测机构。

试验室成立后，受到省、市业务主管部门和管理局领导的关怀和大力支持，逐年添置检测、试验设备。多次派人参加省建委、省交通厅在兰州、天水等地召开的建筑、交通、试验检测培训班，全员取得上岗资格等级证书。

### 二、职责范围

（一）严格贯彻执行国家、省、市现行的有关公路工程质量检测的法令、法规和技术标准、规范、规程。

（二）按资质等级证书批准的范围，承担检测任务并出具检测报告。

（三）对承担检测项目的数据和结论负责，出具的检测报告实事求是，数据准确、可靠、字迹清楚。检测报告由负责人、审核人、检测人签章，做到层层负责。

（四）参加有关工程质量事故的调查分析工作，经常深入现场进行检查指导。

（五）围绕设计和施工要求，进行必要的试验研究，参与新技术、新材料、新工艺推广工作，不断推进本专业技术进步。

（六）管理好检测仪器设备，组织定期检查和日常维修工作，不定期组织检测人员培训。

（七）负责本单位所有工程试验及相关工作，正确贯彻执行国家有关标准、规范和规程，正确执行设计和施工有关技术要求，并配合质量检查部门做好质量保证工作。

（八）参与料源的调查，取样试验，为选定料场提供科学的技术依据。

（九）负责试验仪器设备的购置、验收、安装与使用，做好检定和自校工作，建立和管理试验检测设备台账，制订检测设备的送检、周检计划，确保所有检测设备都能正常运行。

（十）分析掌握各阶段试验工作，列出重难点试验项目计划，制定实施细则，并组织实施。

（十一）指导工地试验人员做好材料取样、试件制作、养护、施工质量检验控制等工作，并负责现场混凝土厚度、背后填充密实度等项目的检测工作。

（十二）检查管理施工现场大宗物料的计量和现场拌和的计量，加强现场计量器具的标定和自校。

（十三）负责组织原材料、半成品的质量鉴定、检验工作，并对配合比、焊接等工艺参数及过程进行有效的控制。

（十四）根据试验检测工作反馈的资料和信息，促进新材料、新工艺、新技术的试验和推广应用。

### 三、主要检测项目

（一）2004年至2009年白银公路总段试验室主要承担了以下检测任务：

1.国道109线刘寨柯—唐家台段二级公路路基路面试验检测工作；

2.国道109线唐家台—吴家川段二级公路部分路段路基路面的试验检测工作；

3.国道312线会宁过境段汽车二级专用道路部分路段路基路面试验检测工作；

4.省道308线红会—唐家台段二级公路路基路面试验检测工作；

5.省道207线景泰—西岔段二级公路路基路面试验检测工作；

6.省道207线景泰县城过境段二级公路路基路面试验检测工作；

7.国道109线白银—兰州段高速公路一、二合同段路基工程试验检测工作；

8.国道109线刘寨柯—白银段高速公路八、九、十合同段路基工程试验检测工作；

9.省道201线景泰—白银段通县三级公路路基路面试验检测工作；

10.国道312线界石铺—鸡儿嘴段大修路面工程试验检测工作；

11.国道109线白银市过境段拓宽改造工程路基路面试验检测工作；

12.白银周边通乡油路的试验检测工作；

13.白银至四龙维修改造工程、白银大坝滩人工湖、南市区四环路等工程项目的试验检测工作。

（二）2015 年是国检年，养护维修工程的工作任务较为繁重。试验室的主要工作是加强对局属养护工程建设的质量控制并用科学试验数据指导施工。2015 年实验室承担的主要检测任务有国道 109 线养护维修工程，省道 201 线养护维修工程，国 6 高速公路养护维修工程，省道 201 线、省道 308 线 11 座桥维修加固工程，国 6 高速公路桥梁预防性养护和维修加固工程，国道 109 线安保工程及省道 308 线安保工程等项目的来样试验、配合比设计和交工验收质量检测等。并配合局属各单位顺利完成了"迎国检"的各项工作任务。

（三）2016 年试验室主要完成了国 6 高速公路 21 座桥梁预防性养护及加固维修工程、省道 217 段景泰大水磁至白银段公路改建工程、国道 109 线 1471.01 公里—1600 公里段安保工程、景泰省道 201 线 2 座桥梁加固维修工程、靖远县道 322 线 2 座桥梁加固维修工程及国道 109 线 3 座桥梁预防性养护及加固维修工程、省道 308 线 9 公里养护维修工程，国道 109 线 6 座桥梁预防性养护及加固维修工程、国道 109 线 1471.01 公里—1600 公里段安保工程的试验检测工作。

# 第七章　重要事例

**1991 年**　白银市公路交通系统广大职工面对公路水毁较为严重、社会车辆增多、货源短缺、石油部门取消平价油供应等客观情况，积极开展"质量、品种、效益年"活动，加强管理，深化改革，取得了较好成绩。

公路建设和养护。1991 年，建设总投资计划 1124.9 万元，其中养路费 222 万元，财政发展资金 212 万元，工业品以工代赈 409 万元，地县自筹资金 58.9 万元。粮食以工代赈 187 万元，汽车养路费返还款 10 万元，拖拉机养路费返还款 26 万元。本年完成投资 1104.9 万元，为年计划的 98.22%。1991 年计划项目 4 项，其中公路改建 3 项，56.72 公里，这 3 项工程是：靖天路会（宁）候（川）段的改建 30.4 公里；双（铺）界（石铺）公路改建 8 公里；白（银）景（泰）公路改建 18.32 公里；油路铺筑工程 3 项，87.33 公里，其中郭嵫公路 19.33 公

里；白景公路 40 公里；白靖公路 28 公里，桥梁新建工程 8 项 9 座，实际完成 8 座、7 项、223.76 米。省养公路 1991 年 8 项养护工程，其中油路罩面 4 项，28 公里；新铺简易油路 1 项，8.5 公里；重建景泰公路段机关食堂 1 项，300 平方米；靖远公路管理段农转非宿舍 1 项，300 平方米；续建白银公路总段公路养护业务楼 1 项 379 平方米。总投资 165.9 万元，年终完工率达 100%，工程合格率达 100%，工程优良品率 75%，比 1990 年提高 10 个百分点。

公路养护总里程 735.93 公里，省养公路好路率达 78.1%，为年计划的 101.1%，综合值达 73.1，为年计划的 101.5%。其中主要线路北拉路的好路率达 79.5%，为年计划的 102.9%。标准化养路 433 公里，为年计划的 115%。增加优良里程 41 公里，为年计划的 110.8%。修补油路 117776 平方米，占油路总面积的 4.5%。

处理翻浆 2166 立方米。减少差等路 9 公里，超额完成 1 公里。砂砾松散保护层完成年计划的 100%。标准化养路 233 公里，为年计划的 100.43%。消灭差等路 16 公里，为年计划的 133.33%。民工建勤拉砂 14.6 万立方米。整治公路 308.2 公里。自力更生改造公路 16 公里。

**1992 年** 省养公路部门，遵照全省交通工作会议及公路计划会议要求，贯彻落实交通部公路养护"32 字"方针，团结奋进，使好路率达 80.8%，为计划 79.8% 的 101.35%，比 1991 年同期提高 1.64%；主要干线好路率达 84.1%，为计划 79.5% 的 105.8%，比 1991 年同期提高 5.79%，综合值达 74.1，为计划 73.6 的 100.7%，比 1991 年同期提高 0.68%；完成标准化养路 433 公里，为计划的 115.5%；共同完成投资 124.9 万元，其中油路罩面 14 万元，水毁工程 8.4 万元，绿化 2 万元，道班房建设 7.5 万元，段队房建设 93 万元。较好地完成了各项养路计划。国道 109 线改建工程进展快、质量好，1992 年完成投资 2548 万元。

**1993 年** 公路交通工作，紧紧围绕国民经济建设，遵照国家和上级主管部门的统一安排和部署，完成了甘肃省列为"八五"重点改建项目的国道 109 线唐家台至刘寨柯段 84.95 公里二级标准公路；白银西区南北干道即白（银）景（泰）公路出口路段建设工程 2.59 公里，路面宽 45 米，于 1993 年 9 月 23 日竣工验收。

公路建设与养护。被交通部、甘肃省列为"八五"重点改建的唐家台至刘寨柯段二级公路工程，根据甘肃省建设委员会（1990）184 号文批复进行测设和施工，工程于 1991 年 8 月上旬全面竣工。新铺热拌沥青碎（砾）石混合料路面 84.95 公里 690.38 万平方米，新修大中小桥计 26 座 921.07 米，共完成投资 5991.5

万元。

公路养护部门坚持建、养、管并重方针，加强了标准养护，科学管理，使好路率不断提高，主要干道好路率达 86.5%，分别比上年同期提高 4.31% 和 2.85%；综合值达 75.4，比上年提高 1.75%；标准化养路 442 公里；自力更生修补油路 4 公里。全年共完成省道 207 省道防护工程 55 万元，油路工程 18 万元；段队房建设 3 项 47 万元；109 国道工程 21 万元；自力更生油路 8 万元。

**1994 年** 白银公路总段认真贯彻交通部 32 字养护方针，大力开展群众性的"百日养护竞赛"活动，依靠当地政府，狠抓"民工建勤"和"路政管理"，治理"三乱"，有效地保护了路产、路权，提高了公路技术状况和通车能力。年完成投资 207 万元，并根据省交通厅、省公安厅交警总队的联合要求，将白银市境内的主要干线—国道 109 线，建成甘肃省首条文明样板公路，使公路建设又上新台阶。

白银公路总段坚持"建、养、管并举，以养管为主"的原则，深入开展以养护为中心的"百日养护竞赛"和"大干 80 天建设文明样板路"的活动，312 线国道改建上年度结转工程 5.797 公里，桃花山大道班综合楼主体工程 2322 平方米（内粉刷及装修结转 95 年），完成 312 线会（宁）马（家坡）段的油路新铺工程 28 公里。积极开展文明样板路建设，并于年底通过验收。

同年，完成省局下达的油路罩面加宽 25 公里，重铺罩面 2.2 公里，房建工程 4 项（其中 2 项续建），除桃花山住宅楼需结转外，其他 3 项均竣工验收。小修保养：年计划好路率 83.8%，实际完成 84.4%；综合值年计划 75.3，实际完成 75.8%；分别超省计划的 0.6 个百分点和 0.66%，主要干线好路率达 88.1%，综合值达 77.1%，分别超省计划的 1.6 个百分点和 0.55；年完成油路修补 19.45 万平方米，处理翻浆 4.58 万立方米，完成松散保护层 3 公里，采备养护砂 9250 立方米（其中油路养护砂 8111 立方米），自力更生消灭差等路 4.83 公里，油路加宽 1 公里，油路薄层封面 43.7 公里，31.4 万平方米；巩固标准化养路 442 公里，为计划的 117.9%；道工出勤出工率分别为 97.6% 和 89.9%，养护机械完好率达 95.7%，利用率为 59.9%。

**1995 年** 是全面实现"八五"计划的最后一年，公路交通部门的广大职工，认真贯彻全省交通工作会议精神，努力工作，奋发进取，使公路事业得到发展。1995 年，白银市省养公路共计 796.73 公里，其中国道 405.79 公里，省道 282.71 公里，县道 108.23 公里；公路里程比"七五"末净增 61.8 公里。公路里程中有二级公路 258.49 公里，比"七五"末增加 154 公里；有三级公路 538.24 公里，消灭了四级和等外公路。省养公路全为高级、次高级路面。有桥梁 103 座 4196.07 米，涵洞 1898 道 2.7 万米。1995 年，在国道建设方面，完成 312 线 77 公里—94 公里加 798 米，计 18 公里油路新铺工程；抢修 312 线改建路段水毁路基 2 处，完成土石方 15.42 立方米，确保了国道 312 线的竣工验收和剪彩通车。完成 312 线和中川公路 18.36 公里封闭工程。完成道班房建设工程 3 处，1190.6 平方米和会宁收费站站房建设工程 5 处，2845.84 平方米。养护工程，1995 年完成油路挖补加宽罩面 22 公里，新修涵洞 1 道 24 米；新建道班房 1 处，900.6 平方米；家属楼 1 幢，2400 平方米；锅炉房 1 幢，129.3 平方米；完成白景路重点病害处理和增修防护设施等工程量 60 万元。养护工程竣工率达 100%，优良品率 80%。小修保养方面，

1995 年油路修补面积达 12.09 万平方米；处理翻浆 7.7 万平方米；完成砂路松散保护层 3.74 公里，油路薄层封面 41 公里；采备用砂 1.92 万立方米；新修力沟涵 83 道 251 米。年好路率达 84.2%，综合值达 75.8，分别比"七五"末提高 10.9 个百分点和 1.4。

在公路养护方面，保持标准化养路 300 公里；自力更生改造公路 11 公里；消灭差等路 8 公里；清理水毁塌方 18.4 万立方米；整修路面 528 公里。好路率年平均达 57.7%，比"七五"末提高 14.2 个百分点；综合值达 67.5。重点管养公路好路率达 78.4%，比"七五"末提高 27.8 个百分点；综合值达 75，比"七五"末提高 12.2。

**1996 年** 公路养护建设坚持"三围绕、两连通、一幅射"（即围绕中心城镇、围绕国、省道干线、围绕铁路沿线；连通断头路，连通出口路；扩大向外辐射）的原则，提出"九五"公路"养护、改造、升级、发展"并重的八字方针，使白银市公路交通逐步由数量型向基本适应型转化。

省养公路养护工程完成油路罩面 100 公里；油路重铺 8 公里；省道 201 线 3 处公铁立交修建工程竣工通车；国道 109 线、312 线路肩硬化 67.18 公里；会宁小河桥和祖历河桥加固维修工程竣工；省道 207 线硝口坪改建工程完成投资 90 万元，占计划的 37.5%；靖远黄河公铁大桥公路部分大修完工，完成工作量 75 万元；道班房建设完成投资 73.61 万元，为计划的 84.5%；段房建设完成投资 53.3 万元。

公路养护。1996 年，全年道工出勤、出工率为 97% 和 90.8%。开挖边沟 81 公里 1.9 万立方米；路基填挖 2.68 万立方米；处置翻浆 1.71 万平方米；油路修补 19.16 万平方米；油路基层处置 2.86 万平方米；砂砾路面保护层 3.74

公里 9.52 万平方米；桥涵防护圬工修补 895 立方米；完成标准化养路 549 公里。年平均好路率达 69.2%，综合值达 71%；主要线路好路率达 87.1%，综合值达 76.6%。白银市交通局、白银公路总段 1996 年被评为"公路养护先进单位"。

**1997 年** 省养公路完成国道 109 线唐（家台）吴（家川）段路基 22.2 公里改建工程和三滩黄河大桥下部建设工程；省道 207 线硝沟坪坡改建工程。

针对养护道路路况老化，水毁严重，在资金严重不足的情况下，发扬艰苦奋斗的精神，确保安全畅通。年内累计整修路面 1136 公里；清理开挖边沟 620 公里；修复公路水毁、清理塌方 318 处 21.3 万立方米；修补油路 5.2 万平方米；拉备养护砂 8450 立方米；自力更生改造公路 8 公里；保持标准化养路 391 公里。在抓好道班养护的同时，千方百计动员群众，搞好民工建勤工作。年内民工建勤总投劳 71.3 万工日，投车 7.35 万车日；拉砂 5.92 万立方米；修复公路水毁、清理塌方 8.4 万立方米；修建乡村道路 60 公里。全市公路平均好路率达 47.3%，主要线路好路率达 67.9%。

**1998 年** 国、省道干线公路建设项目共 3 项，工程总投资 2.8959 亿元，全年计划投资 1.43 亿元，完成 1.447182 亿元。主要工程是：1.国道 109 线唐（家台）吴（家川）段 22.2 公里改建与三滩黄河公路桥新建工程，总投资为 1.397 亿元，1998 年计划投资 5300 万元。该工程 1996 年 9 月开工，1998 年初路基全线贯通，1998 年 3 月至 10 月完成油路铺筑 20 公里。三滩黄河公路大桥工程，年内完成大桥基础工程和引线工程量的 80% 以上。2.国道 109 线唐家台至水泉及省道 308 线唐家台至红会段改建工程，总投资 1.014 亿元，1998 年计划投

资 7000 万元，实际完成 7030.82 万元，为计划的 100.43%。唐红段 26.722 公里改建工程，按二级公路标准设计，路基宽 12 米，路面宽 9 米，其中 38 公里加 360 米，47 公里加 400 米处路基宽 17 米，路面宽 15 米。1998 年完成路基工程。唐水段 40 公里改建工程，主要是在原路基础上改造路面，硬化路肩，完善排水及安全服务设施。对此路的改建，白银市政府在征地、拆迁等方面给予优惠，年内有 11 家中标单位参加施工，完成路基改建 24.8 公里和 CBM 工程 40 公里。3.省道 201 线营盘水至景泰段 40.295 公里和 308 线白墩子至大岭 37.54 公里二级公路改建工程，总投资 1.3518 亿元。1998 年计划投资 2000 万元，年内有 16 家单位施工，完成路基工程，完成投资 3350 万元。

公路养护。省养公路完成油路重铺 9 公里，挖补罩面 26 公里，完成投资 341 万元；水毁工程完成投资 82 万元；房屋工程 6 项，完成 5 项，投资 608.53 万元。保持标准化养路 549 公里，平均好路率达 72.1%，综合值达 71.8。

**1999 年** 为了实现"一年一大步，五年上五个台阶"的工作目标，制定了建一（建设国道 312 线会宁段部级文明样板路）、抓二（抓好国道 109 线、国道 309 线的养护）、带三（带动省道 201 线、省道 207 线、省道 308 线的养护）、促四（促进景白路、麦景路、红白路、会慢路的养护）的养护管理原则；狠抓"两个重点"（路网建设和养护体制改革）；实现"三个突破"（处置油路翻浆、养护运行机制改革、路域经济发展方面有新突破）；落实"四项措施"（抓好班子建设、加强基础管理、狠抓科技教育、深化机关改革）；开展"五项活动"（建设部级文明样板路、"铜城杯"竞

赛、公路建设质量年、创建精品工程、行业文明创建）。在任务和措施的落实上下功夫，层层签订责任书，同经济责任制挂钩，有效地促进了全面养护和常年养护，确保了公路养护和建设质量的提高。年平均好路率达到72.01%，综合值达71.78%，分别比年计划提高0.21%和0.1%。

与往年相比，1999年的养护工作面临两大困难：一是资金不集中，景泰、平川两项改建工程由于受资金的影响，给施工管理带来很大难度。二是养护任务增大，除正常养护近800公里外，还要承担国道312线会宁段62公里部级文明样板路的建设任务，工作量增加1.5倍。面对艰巨的任务，白银公路总段采取精神鼓励和物质奖励相结合的办法，开展形式多样的竞赛活动，调动职工的生产积极性。争取上级支持和总段自筹，筹措资金77.7万元，自力更生完成薄层封面32.1公里、路肩硬化8公里混凝土路肩墙及道牙10.04公里，增设管涵1道16米，解决了村、镇路养护难，排水不畅等问题，提高了公路抗灾能力，促进了全面养护、重点养护、常年养护和预防性养护等工作。

同年，结合本单位的实际，不断加大新技术、新工艺、新材料的推广应用和投入力度，促进科学养护和管理现代化。一是严格工艺纪律确保养护质量，在油路修补和罩面工程中，继续推广"挖坑、处置基层与面层修补同步，上拌下贯双层修补"的好做法，消除了"贴膏药"的养护现象；在油路翻浆治理中，坚持大面积翻浆"先保通，后处置"的原则，加强重点路段的巡查，把抢修与根治、修复与补强相结合，建立施工档案，注重作业程序，做到挖除、回填、碾压、成型四道工序流水作业，确保翻浆处置质量，解决了年年坏、年年补的难

题。总段和各养护单位都成立了质量检查小组，对养护生产的全过程进行监控，建立责权利相统一的层层质量负责制，保证施工质量。二是加大投入，积极支持科技工作。每年投入占总额1.2%的资金购置试验、测绘、设计设备。订购科技书刊。1999年总段筹资1400多万元，购置沥青半合站、摊铺机、发电机、养护车等先进机械设备18台，为专业化养护和机械化施工加强硬件投资。三是立足实际，突出重点抓科技。经过一年的努力，"应用塑料格栅处置黄土路基沉陷"及"格栅加筋防治沥青路面裂缝"课题效果观察及现场观测阶段性工作通过了省厅专家的鉴定；公路路面管理系统（CPWS）在养护实践中得到运用；结合收费公路建设，在景泰省道308线开展"高等级路面机械化施工工艺"课题研究，较好地发挥了机械技术性能，达到降低成本提高质量的目的，创造了好的经济效益。四是加强职工培训，提高业务素质。坚持岗位资格培训和适应性培训相结合，有针对性地加强各类、各层次的职工培训教育，提高了公路专业技术队伍素质。

**2000年**　公路建设。国道109线唐吴段新建三滩黄河大桥，全长520米，于9月28日正式竣工通车，至此唐吴段72.12公里二级公路改建工程全部竣工，共完成投资13700万元；公路养护。2000年，省养公路小修保养完成标准化养路552公里，开挖边沟408公里，处置翻浆6万平方米，修补油路20.2万平方米，基层处置6.67万平方米，防护圬工修补126处，自力更生完成薄层封面30.96公里，年平均好路率为75.7%，综合值73.3，分别为计划的100.3%和100%。省养公路养护大中修工程，完成国道109线、县道322线工作量203万元；水毁工程完成国道309线、省道

207 线水毁盖板涵 1 道 15 米，土方 3 万立方米，圆管急流槽 76 米，浆砌片石防护、急流槽 1178 立方米。房建工程完成王岘、来家窑、条山、孙寨柯、燕岔养护站、白银公路总段车库等 3556 平方米，完成投资 179 万元，其中自筹 52 万元。

**2001 年** 国、省道建设。省道 201 线景泰至郭家窑段 64 公里二级公路改建工程，7 月 8 日开工，已完成大部分路基改建及桥涵构造物工程，完成投资 7000 万元；省道 217 线白银至景泰二级公路改建工程，完成勘测设计工作。

公路养护。2001 年小修完成路基填挖 2.65 万立方米；翻浆处置 1.79 万平方米；油路修补 19.1 万平方米；基层处置 3.22 万平方米；砂砾路保护层 1.2 万平方米；桥涵防护圬工修补 120 处；采筛油路砂 9300 立方米、天然砂 1700 立方米；完成标准化养路 552 公里；薄层封面 55.96 公里；年好路率平均达 77.61%，综合值 73.94，主要线路好路率达 90.95，综合值达 77.75。房建工程年计划 18 项，计 172.9 万元全部完成。水毁抢修年完成危桥加固 2 座，水毁修复 2 项，完成投资 7.5 万元。

**2002 年** 小修完成路基填挖 4.08 万立方米；翻浆处置 6.14 万平方米；油路修补 28.8 万平方米；砂砾路保护层 1.4 万平方米；薄层封面 24.07 万平方米；采筛运养护砂 6800 立方米；完成标准化养路 552 公里；年平均好路率 81.07%，综合值 74.95，主要路线好路率 92.44%，综合值 78.33。房建工程 3 项 128 万元全部完成。水毁工程完成 11 处 32 万元。年内重点开展了"好路杯"养护竞赛活动，狠抓"十条线五个点两个标准化"的养护样板创建工作，坚持常年养护和季节性养护相结合，促进了县乡公路养护质量的全面提高。2002 年全市县乡公路平均好路率为 52.42%，完成年计划的 100.4%，综合值达 65.81；主要线路好路率为 70.53%，完成年计划的 100.5%，综合值达 72.24。完成标准化养护里程 360 公里，自力更生改造 8 公里，消灭差等路 8 公里。

**2003 年** 省道 201 线景泰至郭家窑改建项目完成投资 3616 万元，工程已全面竣工。白银公路总段管养路线平均好路率为 83.77%、综合值为 75.78；主要路线平均好路率为 92.53%、综合值 78.36。完成公路翻浆处置 28.8 千平方米、采备运各类养护砂 7300 立方米。完成正常养护路段油路修补 17.6 万平方米、收费公路油路修补 15.4 万平方米，油路修补费用的一半集中安排项目完成薄层封面 17.71 公里、重点病害处置 3.066 公里、层铺法罩面 31 公里。标准化养路 552 公里。桥涵防护构造物维修主要完成防护及混凝土边沟 7713 米、路肩墙 8479 米、急流槽 384 米、挡墙 121 米、里程碑 25 块、路缘石 1737 块、警示桩 285 根、百米桩 230 块、倒虹吸涵洞 5 道 57 米。大中修计划 4 项，全部竣工。完成国道 109 线收费路段沉陷处置 1 万平方米、省道 308 线事故多发路段改善 0.8 公里、桥梁伸缩缝 48 米、道路指示牌 31 块。房建工程计划 7 项 106.6 万元，全部完成投资。水毁修复及国道 312 线沉陷处置：路基土石方 103 立方米、浆砌片石急流槽 263 立方米、混凝土边沟 711 立方米、油路面 2.75 万平方米、天然砂砾垫层 1518 立方米、片石基层处置 1524 立方米，工作量约 307.8 万元。

**2004 年** 白银公路总段认真组织开展公路养护"铜城杯"竞赛、"质量年""大干六十天"养护竞赛活动。全年共完成翻浆处置 6.27 万平方米、油路修补面积 23.3 万平方米、折算面积 32.3 万平方米、标准化养路 552 公里，完成大中修工程国道 109 线靖远段 57 公里薄层封面（其中收费路 9 公里）、1 公里挖补罩面和白银段 18.1 公里薄层封面（含 3 公里试验路段）、0.95 公里重铺工程以及省道 201 线（收费路）4 公里油路罩面工程。至年底，全段管养路段平均好路率为 85.44%、综合值为76.29，分别比去年提高 1.88 个百分点和 0.7，比全省平均好路率高 11.06 个百分点，其中主要路线平均好路率为 92.27%，综合值为 78.28。全段完成 1 处滑坡治理（国道 312 线太平滑坡）、2 条紧急避险带（省道 308 线景泰段安保工程）、3 处水毁（省道 207 线马鞍桥水毁、尚家湾水毁和五麻咀水毁）、4 栋房建（会宁公路管理段牙丈沟综合楼、靖远公路管理段乌兰综合楼、景泰公路管理段 2 栋住宅楼）、5 处危桥、危房加固维修（省道 308 线 2 处危桥、省道 207 线祖厉河、靖会渠危桥加固和景泰公路管理段新村养管站食堂维修）。

在公路养护上，牢固树立质量意识，认真开展"质量年"活动，把质量管理贯彻、落实到养护各项工作的全过程。面对翻浆处置、油路修补量大、任务重的情况，结合路段地质实际，对路况进行科学分析，查找病害产生的根本原因，采取可行方案，严格工序，狠抓质量，组织开展翻浆处置大会战，其中国道 312线翻浆处置工作扎实有效，国道 109 线的 75.1公里薄层封面、1 公里挖补罩面、0.95 公里重铺工程和省道 201 线 4 公里油路罩面工程较往年有了明显提高。结合公路养护的实际，开展油路冷补技术的科研课题研究，在国道 312 线的油路修补中进行应用，取得了较好的效果，并于 7 月通过省公路局组织的专家鉴定。在大中修养护工程施工中，应用切合实际的施工工艺，铺筑 3 公里试验路段，采取沥青碎石薄层封面施工技术，延长了公路使用寿命。积极推

进养护机械化作业，在养护工程中实行机拌机铺，实行拌合站、摊铺机、压路机一体作业的方式，提高了养护工程质量。

加大投入，全面提升养护基础管理水平。年初及时分解下达养护计划，保证了 95% 以上的养护经费全部用在路上。在公路病害的处置和日常养护工作方面加大投入，加大对大中修工程、水毁工程、危桥加固工程、安保工程的投入，严格按设计和施工要求建设。同时，加大养护生产机械设备的投入，筹资 290 万元购置 2 台 1000 型的沥青混和料拌合站、1 套沥青路面灌缝设备、7 台养护生产用车，使养护生产效率有了较大提高。筹资 30 万元加强班站"两化"（标准化、规范化）建设，使班站各种图报表、制度牌、宣传栏、硬件设施规范整齐，使养护基础管理工作更加规范。加强总段办公自动化建设，其中省交通厅、公路局列项补助费用 40 万元、白银公路总段筹资 130 万元，使白银公路总段养护管理信息化程度进一步提高。

同年，白银公路总段工程建设进展顺利。负责建设的靖定路、景白路、景泰过境段 3 条县际公路建设项目，通过认真开展县际公路建设竞赛活动，有效强化了工程质量、安全、进度、资金管理。全长 59.69 公里的靖定路项目完工。全长 75.227 公里的省道 217 线景白路项目和全长 9.31 公里的省道 201 线景泰过境路项目进入工程收尾阶段。白银新世纪路业公司承揽的 9 个续建、新建项目（续建项目 4 个、新开工项目 5 个），全年完成工作量 7053 万元。

同年，全段上下持续开展"千日安全无事故"活动，把安全生产列入重要的议事日程，定期召开安全分析会，层层签订安全管理目标责任书，使广大职工安全生产的意识普遍增强，活动开展扎实有效，截至年底，活动开展

以来实现安全生产 672 天。二是对安全工作加强检查，常抓不懈，开展了 5 次拉网式检查，在安全问题上毫不含糊、果断处理，突出抓养护、施工、生活、收费、路政执法"五个现场"的安全管理。加大投入，为养路工配发安全标志服，何职工发放《安全工作指南》，在省道 308 线景泰段建成 2 处紧急避险带，据交警部门统计，全年使 43 辆车成功避险，受到省市等各级领导和社会各界的好评。同时，投入一定资金，重点解决生活现场水电暖管道线路的更新、车辆、锅炉的更新维修等，切实为各项工作的顺利开展提供了安全保证。

**2005 年** 白银公路总段共完成翻浆处置 4.61 万平方米，油路修补 16.45 万平方米，标准化养路 552 公里。完成油路重铺 5.4 公里、油路罩面 27 公里、碎石封面工程 62.2 公里、混凝土路肩墙维修 9333 米，硬化路肩维护 1.03 万平方米。年底，管养路段平均好路率为 87.41%，综合值为 77.03，分别超年计划 0.08 个百分点和 0.04。主要干线平均好路率为 93.15%，综合值为 78.55。危桥加固完成国道 109 线南山尾桥和刘川桥两座。安保工程完成国道 109 线、省道 201 线、省道 207 线、省道 308 线四条线路，累计工作量 374 万元，省道 217 线、国道 109 线 GBM 工程完成工作量 97 万元。对管养的国道 109 线 170.88 公里全部实施部级文明样板路建设工程，使国道 109 线线型顺适，路容整洁，设施齐全，标志标号鲜明，路外形象明显改观，路面平整度有较大提高，顺利通过交通部全国干线公路检查检测车 IRI 值的检测。

为切实做好交通部全国干线公路大检查工作，面对养护工程投入最大、工程覆盖面最大、任务最艰巨、时间最紧、要求标准最高的严峻形势，2005 年，白银公路总段从公路事业发展的大局和高度出发，充分认识到做好迎检工作和创建工作的重要性和紧迫性，对各项工作从严要求，努力做到"五个毫不含糊"（完成工作任务毫不含糊、狠抓质量毫不含糊、确保工期毫不含糊、严管安全综治工作毫不含糊、重奖重罚毫不含糊）。年初，白银公路总段及时成立省道 201 线及省道 308 线迎检项目管理办公室和国道 109 线部级文明样板路创建项目管理办公室，精心组织，合理安排，将责任落实到人任务分解到人。内业方面，集中人力对 5 年来的各类资料进行分门别类的整理、汇编、规范和统一。完成 5 年目标责任书、危桥加固、安保工程、GBM、文明样板路等文件资料的汇总，形成一整套比较有价值的资料汇编。完成公路数据库系统、养护管理系统、CBMS、CPMS 四个系统的录入、维护、完善工作，提高了公路管理信息化水平。完成春运、防汛、节假日值班安排及值班记录的汇总；完成相关办法的收集、整理、汇编和各类文件资料的汇编，并编辑制作了 5 年公路养护管理发展历程光盘和班站"职工小家"建设光盘，从总段到各单位都制作了单位简介彩页，进行了"十五"公路养护管理工作总结。外业方面，把国道 109 线、国道 312 线、省道 201 线及省道 308 线白大段作为重点迎检路线，集中人力、物力和财力打好"攻坚战"，使国省干线公路达到"七消灭、两杜绝、一提高"的目标，以 4 个亮点的优异成绩，即：一流的路容路貌、一流的站容站貌、一流的迎检资料、一流的职工精神面貌，赢得了检查组的高度好评，圆满完成了迎检工作任务，为全省争了光，为实现省交通厅提出的"争二保三"目标贡献了自己的力量。

公路养护上，牢固树立质量意识，在公路建设和改造任务繁重的情况下，扎实开展养护竞赛活动，坚持"预防为主，防治结合"的原则，加强公路预防性养护，防止公路"早损"现象的出现，并加大沥青路面冷补技术和废旧油皮回收利用的推广应用，以"严、细、实、快"的工作作风，高标准、严要求，全面提高公路养护水平。总段将质量管理措施落实到每一道工序、每一个环节、每一个阶段，做到认识、管理、技术、监理、督查、责任"六到位"，采用"机拌机铺""人工辅助"的施工方式，以试验数据指导施工作业。沥青碎石封面采用铣刨机找平、大容量沥青洒布车洒油、专用撒砂车撒碎石、压路机跟班碾压，保证了平整度、接茬、油石比和外形美观。特别是购置的"山猫"多功能养护车，在迎检的关键时期发挥重要作用。对国道 109 线、国道 312 线、省道 201 线、省道 308 线等路段进行洗铣，提高了路面平整度和路况质量。安保工程和危桥加固工程以"消除隐患、珍视生命"为主题，严格按照省公路局的批复，精心组织施工，并对 2005 年已完工的安保工程的效果进行跟踪评价。3 月，举办养护工程培训班，全段养护工程管理人员通过学习标准规范，探讨了适合总段大中修工程的材料规格、施工工艺；适时建立处罚通知单和表扬通知单制度，确保了工程质量措施的落实。4 月，召开养护工程现场会，组织段属单位党政主要负责人、技术人员对迎检、创建、养护管理、收费情况、班站建设等进行全面观摩查看，现场会对迎检工作和创建工作提出了更高的要求，真正达到了"抓两头、带中间，整体促进工作"的目的，收到了明显效果。

**2006 年**　公路养护工作。认真开展"铜城杯""大干六十天"等公路养护竞赛活动，全面加强路面养护、常年养护和预防性养护，提高公路养护维修工程质量。全年公路平均好路率为 89.52%，综合值 77.65，分别比年计划增加 0.06 个百分点和 0.03%，主要干线平均好路率为 94.43%，综合值 78.93。标准化养路 552 公里，完成翻浆处置 6500 平方米，油路修补 5.67 万平方米，基层处置 8200 平方米。采备各类砂石材料 1.01 万立方米，清理塌方 9000 立方米，路肩挖培 1800 立方米。省道 201 线挖补罩面工程完成 14 公里 15.9 万平方米。安保工程计划三项全部竣工，涉及国道 309 线国道 312 线省道 308 线三条线路，累计完成工作量 532.4 万元。国道 109 线丁家窑桥、荒草砂河桥、荒对滩桥、刘寨柯桥、红嘴子桥和省道 207 线苦水沟桥、吴家川桥等 7 座危桥加固工程基本完成。完成国道 109 线 T 型梁桥伸缩缝维修计划 6 座，累计工作量 29.2 万元。危旧涵洞加固计划 129 米 /9 道全部完成，累计工作量 13.2 万元。生产房屋建设工程计划 7 项，累计完成工作量 652.005 万元。

公路建设、路域经济和产业开发工作。2006 年，靖定公路靖红段公路改建工程于 6 月份通过交工验收，交付使用。国道 312 线界鸡段 62 公里大修改造工程于 9 月底通过交工验收，并交付使用。白银新世纪路业公司承建的罗定高速公路 75 公里路基工程、嘉安公路改建 40.2 公里路面工程、武威过境高速公路 9.5 公里路面工程、甜木公路改建 11.5 公里路基工程、河屯公路改建 30 公里工程、安敦公路 12 公里路基工程等 6 项工程建设总体顺利。产业开发公司承揽了国道 312 线大修改造工程、景泰段油路工程、国道 109 线白银过境段改造的工程试验任务和国道 312 线 62 公里大修改造工程、景泰段油路工程、靖远县 21 公里五合公路工程监理任务。

**2007 年**　公路养护工作。以公路养护为中心，全面提升公路养护管理水平。严格执行高等级公路养护操作规范，科学组织养护生产。完成白兰高速公路路面病害处置5万平方米，沉陷处置1万平方米，沥青灌缝机灌缝2.3万米。开展了"铜城杯"和"大干一百天"养护竞赛活动，在全段掀起了大干热潮。针对春季发生的大面积翻浆，集中力量以会战形式进行处置，完成翻浆处置0.85万平方米，油路修补13万平方米，洒铺4.2公里，灌缝处理16.8公里，平均好路率92.1%，综合值78.51。养护维修工程进度快、质量好，完成省道201线4.1公里的油路罩面工程、国道309线20公里的沥青碎石封面工程和白兰高速公路挖补工程。开展"公路桥梁养护质量年"活动，建立健全"一桥一隧一档"和公路桥梁数据库系统，完成国道309线甘沟驿桥、国道109线红嘴子桥加固改造工程和国省干线14座桥梁桥面维修工程。水毁抢修工作完成夯填路基土方4.7万立方米，清理路面淤泥3.3万立方米。

**2008年** 公路养护管理工作。通过开展"铜城杯"公路养护百日竞赛、标准化养护示范路创建和"大干一百天"活动，加强国省干线公路和高速公路的养护管理。全年省养公路完成翻浆处置3.02万平方米，油路修补8.8万平方米，路面裂缝处置21.5万米，平均好路率93.59%，综合值79.77，主要干线平均好路率96.8%，综合值82.05。养护维修工程完成国道109线14.3公里油路重铺，完成国道309线马家堡桥等5座桥梁的加固维修，完成省道308线避险车道改建工程和省道201线防风挡沙墙工程。高速公路养护完成白兰、刘白高速公路路面松散病害处置1.41万平方米，路面灌缝6万米，维修波形梁5789.3米，更换防眩板850块，维修封闭网3029米；完成白兰高速公路1649米加720处拱涵水毁处置、6座桥梁伸缩缝维修及白银西连接线边沟修复工程。对刘白

高速公路、国道309线、国道109线、省道201线部分路段发生的严重水毁，迅速组织抢修恢复路况，确保了公路的安全畅通。白银公路总段被省公路局评为"2008年度省养公路养护维修工程质量管理先进单位"。

产业开发。根据全省公路建设的发展形势，努力探索产业发展新思路。积极承揽建设项目施工任务，路业公司修建的铁尺梁隧道工程实现贯通，靖会路工程施工建设进展顺利。产业开发公司承接白银、靖远、会宁农村公路和国道309线危桥加固改造工程试验任务，承担国道109线重铺工程、危桥加固工程监理任务。

**2009年** 公路养护管理工作。牢固树立"养好公路是第一要务"和"科学养护"的理念，通过扎实开展"铜城杯"养护竞赛、养护知识及技能竞赛、标准化养护示范路段创建活动，实现了公路的"全面养护、全季节养护、全周期养护"。全年省养公路完成油路修补12.5万平方米，碎石封面40.2万平方米，翻浆处置5856平方米，路面灌缝17万延米。完成刘白、白兰高速公路沉陷处置5810平方米，坑槽修补2922.04平方米，路面灌缝3.84万延米，维修调整波形梁5715米。省公路局下达的七项养护维修工程全部完成，其中重铺1.5公里，沥青碎石封面76.56公里，工程总体质量良好。危桥加固计划共13座9道全部完成。冬季公路防滑保畅方面，储备防滑料8158立方米，融雪剂20吨，撒防滑料1413立方米。

路网建设工作。参与省道207线靖会扶贫公路和负责县道322线唐家台至靖远、白银至四龙公路路网改造项目，各现场办以创建经得起时间考验的精品工程为目标，认真履行工作职责，按照已签订工程施工合同的承诺，安排管理和技术人员及时进入施工现场，合理调配

性能良好的施工机械设备以满足工程建设需要。对每批水泥、砂石等原材料按规定进行取样检测，把好质量关。加强项目建设管理，按设计和规范要求进行工序衔接，合理安排工程进度。在保质保量的前提下，工程按计划进展顺利。

产业开发工作。总段成立施工企业监督领导小组，制定《总段施工企业监督管理办法》，全面加强对施工企业监督检查。建立目标管理考核体系，严格实行工程廉政和工程施工双合同制。新世纪路业公司承建的工程项目总体进展顺利。总段试验室先后承接省道308线沥青碎石封面、省道201线重铺工程、南河桥加固工程等16项工程试验任务。监理公司承担了总段养护维修、危桥加固，以及糜滩至三滩通乡油路工程监理任务。

**2010年** 白银公路总段迎接全国公路大检查工作。及时成立上下两级迎检工作领导小组，制定具体的迎检实施方案，先后6次召开全段迎检工作专题会议，统一思想，提高认识，分析形势，理清思路，将迎"国检"作为全年最重要的任务来抓。针对全段迎检工作点多、线长、面广、时间紧、任务重、质量标准高、施工难度大的实际，总段全面推行各单位党政一把手负责制，认真对照《2010年全国干线公路养护管理检查方案》和省厅、局的要求，不断细化工作方案，层层分解任务，靠实工作责任，明确主抓领导、具体负责人、工作任务、工作标准、完成时限，保证每个时段、每个环节、每项工作都有人抓、有检查、有落实，建立了领导重视、部门协作、层层落实的工作机制和横向到边、纵向到底的工作责任落实网络，让每个人肩上有责任、有担子、有压力，做到思想动员到位、责任要求到位、制度方案到位、保障措施到位、廉政警示到位，早

计划、早安排、早实施，做了大量富有成效的工作。

公路养护管理。2010年，以"精细化养护，规范化管理，人性化服务"为目标，扎实开展"铜城杯"养护竞赛活动，细化日常养护措施，努力实现公路的"全面养护、全季节养护、全周期养护"。养护维修工程方面，成立干线公路养护维修工程项目管理办公室，统一招标采购储备沥青等材料，采用重点工程建设管理运行模式来管理养护维修工程项目。先后组织召开6次生产调度会议，从工程质量、安全、进度、廉政、施工组织、财务管理、技术标准、制度执行、责任追究和注意事项等方面进行任务交底，将思想动员、责任要求、制度方案、保障措施、廉政警示落实到具体单位和个人，千方百计加快工作进度，为顺利完成养护维修工程奠定了基础。全年省养干线公路完成油路修补21.2万平方米，路面灌缝5.9万延米，高渗透改性乳化沥青雾封层15.8万平方米，沥青碎石封面147.4公里，挖补罩面23.3公里，重铺10公里。白兰高速公路养护维修工程完成灌缝21万延米，铣刨路面6.9万平方米，微表处路面38.4万平方米，热熔型涂料路面标线2.4万平方米。刘白高速公路养护维修工程完成灌缝25万延米，铣刨路面19.9万平方米，微表处路面80.9万平方米，雾封层82.3万平方米，热熔型涂料路面标线10.3万平方米。

路网建设工作。路业公司承建的灾后重建项目全部完成，其中，省道205线江洛至武都合同段二标完成工作量1.39亿元，省道219线祁成二标合同段完成工作量0.78亿元。承建的武威至仙米寺项目第三合同段，完成工作量2487万元，占工程合同总价的38%；承建的白银南市区C01项目，完成工作量2431万元，

占工程合同总价的 33%；白银至四龙维修改造工程已完工，完成工作量 1800 万元。

产业开发工作。先后承揽总段养护维修工程、省养干线安保工程、白墩子监控站机电工程、靖远靖若公路等项目的施工监理任务。设计所完成测绘资质的换证工作和省养干线养护维修工程、安保工程、危桥加固工程等项目的设计任务。

**2011 年** 迎接全国公路大检查。白银总段多次召开专题会议，不断统一思想，提高认识，强化措施，靠实责任，将迎检工作深入人心，形成了人人重视国检、人人为国检出力的良好氛围。总段两级组织按照"抓住重点、突破难点、弥补弱点、展示亮点"的要求，细化各项工作措施，做到思想动员到位、责任要求到位、制度方案到位、保障措施到位、廉政警示到位。充分发扬"高、严、细、实"的工作作风，总段领导分段包线，分段领导划段包站，业务科室具体指导，广大干部职工加班加点，保质保量完成了各项迎检目标任务。特别是省道 308 线被确定为受检路线后，面对时间紧、任务重、质量要求高、施工难度大的实际，总段科学指挥，集全段之力在省道 308 线展开养护维修工程大会战，在不到半个月的时间内，圆满完成 47 公里的养护维修工程任务，为省交通运输厅获得"十一五全国干线公路养护管理工作进步单位"做出积极贡献。

公路养护管理工作。一是加强公路日常养护。2011 年，全段认真贯彻科学养护方针，大力实施日常性养护、季节性养护、预防性养护、标准化养护和机械化养护，不断细化路面养护、路基养护、桥隧涵养护、交通（安保）设施养护和冬季养护管理，把"精细化养护、规范化管理、人性化服务"不断推向深入。全年干线公路共处置翻浆 2.04 万平方米，修补油路 16.6 万平方米，路面灌缝 29.2 万延米；高速公路完成路面病害处置 1.01 万平方米，维修构造物 380 立方米，完成水毁修复工程回填土方 1.15 万立方米。二是加强养护维修工程管理。按照《甘肃省公路养护工程招标投标实施办法》，成立养护维修工程项目办公室，采取总段养护管理工作指令及各季度的养护生产督查通报等形式对工程项目进行全面管理；建立健全施工质量保证体系，做到重铺工程路面平整、路容整洁，路缘石齐全，线型顺适；罩面工程表面平整密实，无推移和破损现象；碎石封层工程表面平整、均匀密实，无碎石剥落和撒布不均匀现象；稀浆封层工程表面均匀密实、无离析和剥落现象。干线公路完成国道 109 线挖补罩面 34.45 公里，国道 312 线沉陷处置 9895.2 平方米，省道 308 线油路罩面 28.57 公里；完成高速公路白兰段沥青混凝土路面沉陷、龟网裂等重点病害局部处置 1.19 万平方米，刘白段二期工程 AC-16 改性沥青混凝土 22.71 万平方米、ATB-30 改性沥青碎石 18.13 万平方米、微表处路面 82.35 万平方米》。三是对管养各条路线上交通安全设施进行维修、矫正，修复破损变形的波形护栏、防护墩、示警桩、桥栏杆、标志牌，对公路里程碑、百米桩按新标准进行全部更换，补充省道 201 线安全标志牌 44 块。四是细化桥涵隧道养护，重点开展桥梁桥面平整、泄水孔无堵塞、涵洞畅通无淤塞、构件无破损等专业化养护工作。进一步加强了桥梁日常维修保养工作，保持了桥涵的经常性完好，全年共加固危桥 6 座。

公路建设工作。白银公路总段工程建设工作紧紧围绕"发展抓项目、管理创效益"的目标，把抓好招投标、项目管理、资金管理、安全管理作为首要任务，面对激烈的市场竞争以及项目建设中出现的种种困难，全力以赴谋求发展机遇，增强整体实力，并通过加大在建工程管理、优化财务管理措施、加强资金监管、开展内部审计等措施，进一步加强对工程建设企业的成本效益管理，确保了工程建设项目质量。2011年，共完成陇南暴洪灾后恢复重建县道507线青黄公路工程HFQH合同段，省道309线临夏至大河家二级公路改建工程LD3合同段，省道211线武威至仙米寺二级公路武威至骆驼河口（甘肃段）改建工程WX3合同段，瓜星高速公路管道工程等项目建设任务。

**2012年**　白银公路管理局坚持科学养护，公路养护管理水平全面提升。一是高等级公路养护管理工作成常态化。高速公路预防性养护的手段和措施显著增强，引进贴缝带处置路面裂缝和灌浆法处置路面沉陷等新技术，有效降低了路面早期病害的发生率。对沿线路基、路面、构造物新出现的病害能够做到及时发现、准确诊断、规范处置。在环青海湖自行车赛期间，集中机械、人员对途径路段进行整置，圆满完成环湖赛公路保畅工作任务。二是迎接全国干线公路路况抽检工作行动迅速，组织白银公路管理段、靖远公路管理段和高养中心对受检路段国道109线开展病害处置的同时，从景泰公路管理段、会宁公路管理段抽调人员和设备，增援受检单位开展路容整修、安全设施刷新和标线喷划工作，在不到5天的时间内，共完成油路修补6553.48平方米，铣刨路面11055平方米，标线喷划2.8万平方米，彩色路肩7.6万平方米，共整修路容157公里，并补充、维修、刷新了全线安全设施。

**2013年**　白银公路管理局坚持科学养护，"平安公路"创建成效明显。结合养护管理工作实际，坚持养护管理工作重点下移，将全年养护预算按照70%至75%的比例先切块下达，

赋予基层单位更大的自主权，充分调动基层养护单位的工作积极性和主动性。全年整修路容路貌976公里，维修路肩墙2446平方米，处置翻浆1.6万平方米，修补油路10.7万平方米，处置裂缝25.5万延米，维修边沟946立方米，维修急流槽1215立方米，桥面铺装526平方米，标线11.6万平方米，维修波形梁护栏1.23万米，维修隔离栅2880米，更换防眩板955根，调整、更换示警桩4797根、里程碑237块、百米桩1926块，粉刷各类构造物11.9万平方米，增设交通标志372块。全年，坚持以路面养护为中心，全面开展公路路况调查、春季翻浆处置、公路防汛防滑以及安保设施和桥涵构造物维修等工作。各养护单位结合实际，分别采取挂牌上路作业和养护作业"四个一"等方式，进一步提升全公路养护的标准化、精细化水平。加强公路预防性养护，严格执行公路日常巡查制度，及时处置各类病害，保障了公路的安全畅通。充分发挥养护路政联勤联动作用，加大村镇路段"脏、乱、差"现象的整治力度，重点对国道109线平川区水泉镇五级街路段等"市场"公路进行集中治理，有效巩固了公路养护成果。全面加强桥涵养护，严格落实桥梁工程师制度，投入21万元配备桥梁预防性养护机具及检测设备，10月份对全段279座桥梁运行状况进行了全面检查。7月份对国道109线三滩黄河大桥进行桥面铺装和病害处置，健全桥梁管理内业资料，7月28日顺利通过交通运输部桥梁检测专家组的检测。深入开展"平安公路"养护专项整治百日行动，成立行动领导小组，制定实施方案，及时进行动员部署，在全局掀起公路病害处置、路容路貌整治和标志标牌刷新等公路养护整治热潮，切实提升了全段公路通行能力和路况服务水平。全年，投资2988万元在国6线京藏

高速公路实施油路重铺工程9.52公里；投资1005万元在国道109线实施安保工程168.98公里，投资3308.16万元在省道207线油路重铺工程18.5公里；投资299.4776万元在省道207线实施沥青路面热再生重铺工程2公里。

突出科技信息工作，养护科技化水平明显增强。注重科技人才队伍建设，加强科技信息、公路养护等专业人才培养，提高专业技术人员和机械操作人员的各项待遇。加强与科研院校的技术合作，积极引进新工艺、新材料、新技术。3月组织人员到长安大学就省道207线养护维修工程基层和面层结构设计等课题与该院教授进行深入探讨，并在其指导下，完成省道207线2公里沥青路面热再生试验项目施工任务。5—7月份组织人员观摩学习省内相关二级公路建设项目、桥梁预防性养护、公路建设与养护新材料、新技术应用，积极借鉴兄弟单位先进施工工艺和管理经验，将学习经验融会运用于日常养护和工程管理中，进一步提升全局公路养护管理水平。在国道109线猩猩湾段安装96米滑动式防撞护栏。加强养护机械设备配备。筹措资金购置2000型沥青拌合站、热再生沥青拌和设备、旧油皮破碎筛分系统、改性沥青生产设备。筹措15万元为设计所购置GPS、打印复印扫描一体机和较高配置电脑设备；筹措8万元添置压力机、基桩动测仪、混凝土弹性模量测定仪等试验检测设施。

**2014年** 白银公路管理局不断深化改革创新，狠抓工作责任落实，深入开展"平安公路质量管理年"百日竞赛活动，较好地完成全年目标任务。

坚持科学养护，公路专业化养护水平不断提升。结合公路养护工作的重点和季节性特点，坚持养护工作任务、经费等每季度提前下达，保证了养护工作的稳步开展，全年共完成路容整修780公里，"标准化"养路551公里，创建"平安公路"示范路段67公里；完成油路修补23万平方米、路面灌缝52万延米，普通干线公路中优等路达80.5公里、良等路291.2公里，优良路率达46.1%。深入开展"平安公路质量管理年"百日竞赛和"标准化养护"活动，在辖养公路上集中开展路容路貌整治活动，清理路面垃圾、抛撒物、路侧废弃物、碎落台杂物和高速公路中央隔离带、路肩杂草，清除边坡、急流槽、排水沟中堆积的垃圾杂物，完善、调整和刷新公路标志、标线、里程碑、百米桩及安全设施，使管养的各条路线基本达到"畅、安、舒、美"的要求。针对省道207线、县道076线砂化路段社会反响强烈的实际，及时调整养护思路，进一步加大养护资金投入，组织专业养护队伍，安装稳拌设备，储备原材料，对病害严重路段进行集中整治，做到了常态化养护，尽最大努力保证了砂化路段车辆的正常通行。高度重视桥梁养护工作。坚持将桥梁养护作为公路养护工作的重点，按照养护材料费的20%，预安排桥涵病害维修资金，对管养的279座桥梁进行病害调查，加大了对桥梁锥坡、导流堤等圬工砌体的维修力度，并针对病害程度进行分级处置。在桥梁养护中先后应用贴缝带处置桥面裂缝和构件表面涂刷防腐剂工艺，在桥梁维修中采用早强混凝土处置桥面破损、T梁横隔板增大截面法、空心板相邻板之间植筋连接及板缝注胶、全截面混凝土加固圆管涵涵身等工艺，有效控制了桥涵病害的进一步发展，降低了养护成本，延长了桥梁的使用寿命。认真做好水毁抢修和灾害防治工作，及时有效地处置了京藏高速公路1552公里加350米路面沉陷、白银西出口匝道水毁、国道109线1505公里处300米路基水毁、省道217线37公里+350米路基水毁和国道 312 线 1938 公里 +300 处山体滑坡等地质灾害，并对国道 109 线 1534 公里加 120 米水泉下砂河桥进行了加固改造。重视和加强养护基础工作，进一步完善会宁甘沟、景泰大水闸料场建设。为基层养护单位配备了装载机、双钢轮压路机、小型振动压路机、稳定土厂拌、平板车等机械设备，进一步提高公路养护机械化水平。

强化质量控制，保质保量完成养护维修工程施工任务。坚持做到材料把关到位、工序交接到位、试验检测到位、作业现场管理到位、组织协调到位，集中局属单位主要设备统一调度，并通过积极与当地交警和路政协作、在施工路段两头设置车辆劝返点、对施工路段全线设置钢管围栏进行半幅封闭、采用土工膜覆盖养生 7 天等措施，保证了基层的施工质量。积极推广应用绿色节能养护技术，在国道 109 线养护维修工程中采用沥青路面全深式就地冷再生工艺，铺筑再生水泥稳定砂砾底基层 16.5 万平方米，废旧沥青利用率达到 95%；利用冷再生技术在省道 201 线处置路面沉陷 9000 平方米。全年共完成省公路管理局下达的国道 109 线油路重铺 18 公里、沥青碎石封层 15 公里和国道 312 线路面重点病害处置 8613 平方米。另外，利用路政返还款在国道 109 线 1563 公里—1568 公里、1579 公里—1589 公里段和省道 308 线 23 公里—33 公里加 300 米段实施沥青碎石封层 15.5 万平方米。

加强沟通协调，工程项目前期工作有序推进。在上年 3 月份接到国道 312 线、247 线项目建设管理任务后，及时成立工作小组，向省公路管理局上报项目法人组成名单。3 月 30 日，组织召开项目管理调度会议，对项目前期工作进行了安排部署，并按照"项目定人、人盯项目"的原则，成立项目前期工作领导小组，明确专人，细化分工，严格工作时限，紧盯各个环节，有力推进了项目关键前置性手续的审批工作。积极加强与地方政府的沟通协调，局领导多次就项目建设事宜向白银市政府、市交通局和会宁、靖远县委、县政府相关领导进行汇报衔接，并先后在会宁县政府、白银市政府召开项目前期工作协调会议，双方形成共识、明确责任，加快了项目前期工作进度。截至当年底，国道 312 线已完成施工及监理招标工作，国道 247 线进入设计阶段。

**2015 年**　白银公路管理局针对辖养公路大部分超期服役、各类病害多、车辆通行能力差的实际，重点在国 6 线高速公路实施微表处 l77 公里、油路重铺 2.2 公里，在国道 109 线实施油路重铺 49.3 公里、开普封层 5 公里、微表外 35 公里、挖补罩面 2 公里，在省道 201 线实施油路重铺 9.07 公里、碎石封层工程 95 公里。

同年，白银公路管理局承担国道 312 线界石铺至鸡儿嘴（南家湾）段 42.3 公里维修改建工程施工任务。在底基层、基层施工中采用 20 厘米侧向槽钢立模；方保证冷再生底基层强度，对施工现场采用钢管围栏封闭，用土工膜覆盖养生 7 天以上；对冷再生底基层掺加 20% 的碎石，路肩 1.5 ⅹ范围内掺加 3% 的石灰、有效保证全路段冷再生底基层质量；对坝式路堤沉陷路段采用深挖、强夯处理后，用羊角碾进行分层碾压，保证沉陷路段处置质量。开展已完工工程实体质量"回头看"活动。至年底完成路基路面工程 40.8 公里；桥梁工程下部结构及箱梁吊装全部完成，涵洞工程完成 211 米/14 道，防排水工程全部完工；交安工程路面标线全部完工，波形梁护栏安装完成；共计完成工作量 1.55 亿元，占合同价 1.82 亿元的 85.1%，张城堡桥桥面及附属工程、1954 公里加 300 米处—1955 公里加 800 米段 1.3 公里路面工程以及标志标牌等部分交安工程尚未完工，房建工程尚未开工。

同年，共修补油路 9.85 万平方米，处置翻浆 1.31 万平方米，路面灌缝 31.47 万延米。坚持定期养护省道 308 线失控车辆自救车道，保证避险车道始终处于良好技术状态。针对省道 207 线部分路段砂化严重、路况质量差、行车存在安全隐患以及沿线群众反响大等问题，不断加强日常养护力度，利用平地机等机械设备，采取砂砾掺灰材料填筑、洒水车洒水降尘、及时疏通排水沟、增设安全防护设施等措施，保障该路段安全通行。11 月，国道 247 线改建工程开工后，及时将省道 207 线的养护工作移交施工单位。组织各养护单位在管养路段全线开展路容路貌整治活动，清理垃圾、调整公路标志等，使公路路容路貌得到有效提升。全年完成干线公路路容整修 749.7 公里，高速公路路容整修 134.4 公里，其中省道 201 线 0 公里—65 公里段、省道 217 线 0 公里加 252 米段达到创建标准。重视桥梁养护工作。将养护材料费的 20% 作为桥涵维修专项资金，积极开展桥涵及防排水构造物病害的整治维修工作，保证桥涵的安全运行，延长桥梁的使用寿命。深化养护路政联动机制。

同年，在总结上年沥青路面就地冷再生技术应用经验的基础上，分别在国道 312 线改建工程以及国道 109 线、省道 201 线重铺工程中大规模推广应用就地冷再生技术，在国 6 线高速公路、国道 109 线、省道 201 线实施微表处、碎石封层、开普封层等预防性养护技术；在国道 312 线改建工程中开展黄土路基湿陷机理及防治技术推广应用课题研究。在危桥加固维修施工中，采用 AC-K5 坑洞修复剂、聚合物砂浆、裂缝封闭胶，AC-CRG 防水防盐保护剂、粘贴碳纤维布、体外预应力等新材料、新技术解决桥梁养护中出现的裂缝、桥面铺装破损等问题。为会宁、平川、景泰段配备 40 型拌和机；为平川段购置山猫铣刨机 1 台；将高养中心原 1500 型拌和机搬至景泰养护工区，为高养中心配备 2000 型拌和机 1 台、乳化沥青生产设备 1 套；采用以租代购的形式，引进 2000 型冷再生机 2 台，购置沥青洒布车 1 台，沥青指纹识别仪 1 台；筹资为基层养护单位配备养护综合巡查车 6 台。进一步完善会宁甘沟、景泰大水磑养护料场和白银高养工区。年初，由高养工区搬迁至景泰大水磑料场的 1500 型拌合设备在省道 201 线养护维修工程中发挥重要作用；白银高养工区年初新安装的 2000 型沥青拌合设备和改性乳化沥青生产设备主要承担国 6 线高速公路、国道 109 线养护维修工程的沥青混合料和乳化沥青供应任务。完成平川段养护料场的土地租赁和规划，并安装 40 型拌和机 1 台，投入使用。在白银公路管理段、三滩养管站、孙寨柯养管站、大水闸收费站、景泰收费站设置便民服务站，并配备相应的服务和应急救援设施；在国道 109 线和省道 201 线分别设置 LED 可变情报板 2 处，为过往车辆提供气象和路况信息服务。对各收费站的便民服务设施进行充实。

**2016 年** 一是加强桥涵养护管理工作。以开展"创建平安公路桥涵养护专项整治"百日竞赛活动为契机，组建桥涵养护专业化队伍，对所有桥涵进行了安全隐患排查。同时，认真落实桥梁养护管理安全运营十项制度，对 3 座黄河大桥设置永久性观测点，按规定观测频率进行变形观测，不断提高桥梁预防性养护水平。二是积极推广应用养护"四新"技术。重点应用抗裂贴、贴缝带、改性乳化沥青灌缝、PVC 塑钢百米桩、喷洒路面沥青养护剂、

AC-K5坑洞修复剂、桥改涵等新技术、新工艺和新材料。在桥涵养护中，体外预应力锚固砂浆加固、拱涵套拱、穿筋夹板法、不中断交通情况下的铰缝处置新技术等得到广泛应用。6月底组织召开以桥涵养护和路面修补"四新"技术推广应用为主要内容的公路养护现场观摩交流会，就各养护单位"四新"技术应用情况进行总结和交流学习，不断加大"四新"技术的推广应用力度。三是紧盯质量进度目标，国道312线改建工程全面完工。对于2015年结转至今年实施的G312线界南段改建工程张城堡大桥引道及养护工区等建设项目，强化工程调度管理，组织开展工程质量"回头看"，对2015年完工工程质量缺陷进行全面整治。严格工程变更和计量支付，坚持对所有设计变更在监理初审、项目办复审的基础上，组织专家组在局纪委的监督下，对变更项目及内容、单价、增减金额的合理性、真实性逐一进行审核通过后，再上报省公路局审批。加强项目资金管控，实施跟踪审计和廉政监察，严把计量支付关，确保项目资金支配合规合法。

第三篇

# 通行费征收

# 第一章 通行费征收概况

TONG XING FEI ZHENG SHOU GAI KUANG

经济要发展，交通要先行。良好的通达条件、较高的运输能力、快捷的运输方式，是培育、建立和发展市场的重要基础，是形成大市场、大流通的必要条件。"要想富，先修路""公路通，百业兴"已成为公路建设在经济社会发展中重要作用的集中体现和社会需求。改革开放以后，我国经济持续快速增长，人民群众出行需求日益增长，国内外贸易规模不断扩大，国民经济发展对交通基础设施的需求愈加强烈，但与此不相适应的是，公路基础设施严重滞后，数量少、等级低、路网连通度差，国家财政拿不出太多资金支持公路交通基础设施建设，交通基础设施的需求和供给之间存在很大矛盾。面对政府财力有限，公路建设有效投资不足的问题，国家在总结国内外实践经验的基础上，于1984年12月国务院第54次常务会议批准出台了"贷款修路，收费还贷"的重

要决策，允许通过集资或银行贷款修建收费公路，并通过收取车辆通行费偿还贷款。收费公路政策的实施，打破了公路建设单纯依靠财政投资的机制束缚，形成了"国家投资、地方筹资、社会融资、利用外资"的多元化投融资格局，极大地促进了我国公路基础设施建设和发展，为促进经济社会持续健康发展，满足人民群众多样化出行需求做出了巨大贡献。

"八五"以来，我省加快公路建设步伐，积极响应国家号召。各级政府和公路交通部门大胆实践，学习和借鉴先进省（区）的经验，采用社会集资、"贷款修路，收费还贷"的办法，积极新建、改建公路，不断提高公路路况，改善路网结构。为加快公路建设，解决"行路难，行车难"的问题，1994年以来，白银公路总段加入全省"贷款修路，收费还贷"公路建设大军，公路建设者抓住机遇，克服困

难，顽强拼搏，真抓实干，掀起了筑路修桥的大干热潮，短短几年时间，先后改建、新建二级收费公路300多公里，使白银各县通往周边地区的时间大大缩短，公路交通实现了量的提高和质的飞跃，拉近了和周边地区的空间距离，大大降低了油耗和车损，有力推动了地方社会经济的迅猛发展。

为认真贯彻"贷款修路，收费还贷"政策，筹集更多的资金用于公路建设，白银公路总段先后组建界巉、景泰、靖远3个收费公路管理所和10个收费站，承担了辖内国道312线巉界段、国道109线水靖段与吴唐段、省道201线营盘水至景泰段、省道308线白墩子至大岭段、省道201线景泰至郭家窑段、省道308线唐红段及省道207线靖远至会宁段共8条二级公路收费线路的车辆通行费征收管理工作。白银公路总段坚持秉承"应征不漏，应免不征"的收费原则和"内强素质、外树形象"的队伍管理理念，在收费单位实行半军事化管理，开展岗位练兵、技能比武和优质服务竞赛活动。对内开展收费监控稽查，规范收费行为，对外加大宣传力度，开展收费秩序联合治理，有效维护了良好的二级公路收费秩序，促进了通行费征收的稳步增长。

白银公路管理局顺利完成22年二级公路通行费征收工作的历史使命，取得了显著的成效，为加快发展白银地方经济建设、提高道路通行能力，为人民生活的安全、舒适、便捷出行做出了极大贡献。这些成效的取得，得益于各级地方政府的尽力支持，得益于广大社会民众的理解和维护，得益于局党委的正确领导，得益于广大收费人员的辛勤耕作，得益于一大批综合素质高、协调能力强的管理干部的不懈努力。

## 第一节　收费线路的设置

### 一、国道312线巉界段（国道312线巉口—界石铺）

国道312线巉界段公路采用二级公路技术标准，按"贷款修路，收费还贷"的方式进行改建，该工程起点为定西巉口，终点为静宁界石铺，全长104.42公里，工程投资大部分来自银行贷款。根据交通部、财政部、国家物价局《关于发布〈贷款修建高等级公路和大型桥梁、隧道收取车辆通行费规定〉的通告》（交公路字〔1988〕28号）及甘肃省财政厅、物价委员会、交通厅《关于贷款修建高等级公路大型公路桥梁、隧道收取车辆通行费等有关问题的规定》（甘交财〔1993〕28号）精神，经省财政厅、物价委员会、交通厅联合审定，巉口—界石铺段公路符合有关收取车辆通行费规定的条件。1995年6月22日，甘肃省财政厅、甘肃省物价委员会《关于对国道312线巉界段收取公路车辆通行费项目的批复》（甘财综发〔1995〕048号），批准设立国道312线巉口—界石铺段公路车辆通行费收取项目，同意从1995年7月1日起对该段公路的过往车辆收取通行费。

### 二、省道201线营盘水至景泰、省道308线白墩子至大岭段

省道201线营盘水至景泰、省道308线白墩子至大岭段，经省计委、省建委分别于1998年批准，采用二级公路技术标准，按"贷款修路，收费还贷"的方式进行改建。工程全长86.5公里，投资1.29337亿元，其中贷款1亿元，符合国家"贷款修路，收费还贷"的有关规定。1999年11月25日，甘肃省财政厅、甘肃省物价局《关于省道201线营盘水至景泰、省道308线白墩子至大岭段公路收取车辆通行

费项目的批复》（甘财综发〔1999〕88 号），批准设立省道 201 线营盘水至景泰、省道 308 线白墩子至大岭段公路收取车辆通行费收费项目。

### 三、省道 201 线景泰至西槽段

省道 201 线景泰至西槽段公路按照汽车二级公路技术标准修建，起点为景泰县城南，终点为永登县西槽乡，全长 101.566 公里（由白银公路总段建设与管理的景泰至郭家窑段长 64.492 公里），工程投资大部分是银行贷款。根据交通部、财政部、国家物价局《关于发布〈贷款修建高等级公路和大型公路桥梁、隧道收取车辆通行费的规定〉的通知》（交公路字〔1988〕28 号）有关"贷款修路，收费还贷"的规定和《甘肃省人民政府关于批准新建的木寨岭公路隧道及景泰至西槽等 6 条高等级公路设站收取车辆通行费的通知》（甘政发〔2004〕10 号）精神，2004 年 4 月 1 日，甘肃省财政厅、甘肃省物价局《关于同意设立景泰至西槽公路车辆通行费收费项目的复函》（甘财综〔2004〕37 号），批准设立省道 201 线景泰至西槽段公路车辆通行费收费项目。

### 四、国道 109 线水靖段、吴唐段、省道 308 线唐红段

国道 109 线水泉至靖远，省道 308 线唐家台至红会公路经省计委、省建委分别于 1998 年批准，采用二级公路技术标准，按"贷款修路，收费还贷"的方式进行改建。工程全长 93 公里，投资 2.374 亿元，其中贷款 1.664 亿元，符合国家"贷款修路，收费还贷"的有关规定。1999 年 11 月 25 日，甘肃省财政厅、甘肃省物价局《关于国道 109 线水靖段、吴唐段、省道 308 线唐红段公路收取车辆通行费项目的批复》（甘财综发〔1999〕87 号），批准设立国道 109 线水靖段、吴唐段、省道 308 线唐红段公路收取车辆通行费收费项目。

### 五、省道 207 线靖远至会宁段

省道 207 线靖远至会宁公路起点位于靖远县石板沟，接老国道 109 线 1589 公里处，向南经靖远县城西门，终点位于会宁县城北的北河坪，与现有省道 207 线相接，路线全长 119.81 公里，其中靖远黄河大桥全长 620 米，工程投资大部分为银行贷款。根据《收费公路管理条例》（国务院令第 417 号）和《甘肃省人民政府关于设立省道 207 线靖远至会宁二级公路收费站的批复》（甘政函〔2010〕135 号）有关规定，2011 年 1 月 20 日，甘肃省财政厅、甘肃省发展和改革委员会下发《甘肃省财政厅甘肃省发展改革委关于批准设立省道 207 线靖远至会宁公路靖远黄河大桥车辆通行费收费项目的通知》（甘财综〔2011〕1 号），批准设立省道 207 线靖远至会宁公路靖远黄河大桥车辆通行费收费项目。

## 第二节　收费站点的设立

### 一、会宁西收费站

会宁西收费站位于国道 312 线 1995 公里+800 米处，经省交通厅（甘交人〔1995〕44 号）文件批准设立，隶属甘肃省国道 312 线界巉段管理所，担负着国道 312 线巉口至会宁段二级公路车辆通行费征收任务。收费站占地面积 1400 平方米，建筑面积 503 平方米，双向收费通行车道 4 个，人员编制 25 人，收费班组 5 个，配有站长 1 人，副站长 2 人，实行五班三运转工作制，于 1995 年 8 月 1 日开始收费。2007 年 12 月 7 日，为了进一步规范公路车辆通行费收费站点，提高公路通行能力，甘肃省人民政府下发《甘肃省人民政府关于撤销国道 312 线会宁西收费站和新改建国道 211 线甜水堡至木钵设站收取车辆通行费的通知》（甘政发〔2007〕91 号），根据《通知》精神，

2008 年 4 月 17 日，白银公路总段撤销会宁西收费站，历时 12 年零 9 个月。

## 二、会宁东收费站

会宁东收费站位于国道 312 线 1993 公里+200 米处，经省交通厅（甘交人〔1995〕44 号）文件批准成立，隶属于甘肃省国道 312 线界嘴段管理所，担负国道 312 线界石铺至会宁段二级公路车辆通行费征收任务。收费站占地面积 1100 平方米，建筑面积 182 平方米，双向收费通行车道 4 个，人员编制 25 人，配有站长 1 人，副站长 2 人，收费班组 5 个，实行五班三运转工作制，于 1995 年 8 月 1 日开始收费。2004 年被白银市总工会表彰为"全市模范职工小家"。2015 年，根据《甘肃省发展和改革委员会、甘肃省财政厅关于国道 312 线嘴口至界石铺段二级收费公路停止收费的通知》（甘发改收费〔2015〕999 号），2015 年 8 月 27 日 12 时，会宁东收费站停止收费，历时 20 年零 1 个月。

## 三、长城收费站

长城收费站位于省道 201 线 30 公里+4500 米处，经省交通厅（甘交人〔1999〕44 号）文件批准成立，隶属于景泰收费公路管理所，担负着省道 201 线营盘水至景泰共计 40.3 公里的二级公路车辆通行费征收任务。收费站建筑面积 1162.5 平方米，双向收费通行车道 4 个，人员编制 22 人，配有站长、副站长各 1 人，收费班组 5 个，实行五班三运转工作制，于 1999 年 11 月 25 日开始收费。自收费以来，长城收费站先后荣获甘肃省公路局授予的"甘肃省文明收费站"、白银市总工会授予的"模范职工小家"荣誉称号，并荣获司乘人员赠送的"救死扶伤""危机相助，胸怀大爱"锦旗 2 面。2009 年 12 月 24 日，根据《甘肃省人民政府关于部分二级公路收费站点撤并的批复》（甘政函

〔2009〕108 号）文件，将省道 201 线长城收费站与省道 308 线上沙窝收费站合并，2010 年 10 月 18 日，长城收费站停止收费，历时 11 年。

## 四、上沙窝收费站

上沙窝收费站位于省道 308 线 193 公里+200 米处，经省交通厅（甘交人〔1999〕44 号）文件批准成立，隶属于景泰收费公路管理所，担负着省道 308 线白墩子至大岭共计 46.1 公里的二级公路车辆通行费征收任务。收费站建筑面积 607.5 平方米，双向收费通行车道 4 个，人员编制 22 人，配有站长、副站长各 1 名，收费班组 5 个，实行五班三运转工作制，于 1999 年 11 月 25 日开始收费，2004 年，白银市总工会授予该站"模范职工小家"荣誉称号。2009 年 12 月 24 日，根据《甘肃省人民政府关于部分二级公路收费站点撤并的批复》（甘政函〔2009〕108 号）文件，将省道 308 线上沙窝收费站与省道 201 线长城收费站合并后迁址更名为景泰收费站，2010 年 10 月 18 日，上沙窝收费站停止收费，历时 11 年。

## 五、大水磴收费站

大水磴收费站位于省道 201 线 64 公里+500 米处，经省人民政府（甘政发〔2004〕10 号）文件批准设立，隶属于景泰收费公路管理所。该站地处省道 201 线和省道 217 线的交汇处，距景泰县城 24 公里，担负着省道 201 线景泰至西槽共计 64.5 公里二级公路的通行费征收任务。收费站占地面积 30 亩，建筑面积 3300 平方米，为大水磴收费站和景泰公路管理段兴泉养管站共同使用，其中大水磴收费站占用一、二楼。收费站设有双向收费通行车道 4 个，人员编制 22 人，配有站长 1 名，副站长 3 名，收费班组 5 个，实行五班三运转工作制。自建站以来，先后获得"共青团白银市委青年文明号""全国学习型先进班组"甘肃省

公路系统"全省交通行业文明示范窗口"以及"全省交通系统巾帼文明岗"等诸多殊荣。该站于 2004 年 4 月 20 日正式启动收费，2017 年 5 月 30 日 18 点停止收费，历时 13 年零 2 个月。

### 六、景泰收费站

景泰收费站地处青、甘、宁三省交界处，是由省道 201 线长城收费站和省道 308 线上沙窝收费站合并后新建的收费站，位于省道 201 线 12 公里+600 米处，经省人民政府（甘政函〔2009〕108 号）文件批准设立，隶属于景泰收费公路管理所，担负着省道 201 线营盘水至景泰、省道 308 线大墩子至大岭共计 86.4 公里的二级公路车辆通行费征收任务。收费站建筑面积 3300 平方米，双向收费通行车道 4 个，人员编制 29 人，配有站长、副站长各 1 名，收费班组 5 个，实行五班三运转工作制，于 2009 年 12 月 24 日开始收费，2017 年 5 月 30 日 18 点停止收费，历时 7 年零 6 个月。

### 七、银三角收费站

银三角收费站位于省道 308 线 46 公里+500 米处，经省交通厅（甘交人〔1999〕45 号）文件批准设立，隶属于靖远收费公路管理所，担负着省道 308 线唐家台至红会段二级公路车辆通行费征收任务。该站人员编制 17 人，配有站长、副站长各 1 人，收费班组 5 个，实行五班三运转工作制，于 1999 年 12 月 9 日正式收费。2009 年，根据《甘肃省人民政府关于部分二级公路收费站点撤并的批复》（甘政函〔2009〕108 号）文件，将省道 308 线银三角收费站合并至国道 109 线三滩收费站，2009 年 12 月 1 日，银三角收费站停止收费，历时 10 年。

### 八、三滩收费站

三滩收费站位于国道 109 线 1558 公里+300 米处，经省交通厅（甘交人〔1999〕45 号）文件批准设立，隶属于靖远收费公路管理所，担负着国道 109 线吴家川至唐家段二级公路车辆通行费征收任务。该站人员编制 33 人，配有站长、副站长各 1 人，收费班组 5 个，实行五班三运转工作制。于 1999 年 12 月 9 日正式收费，先后获得全省公路系统第二届"十佳班站"、白银市团委"青年文明号"荣誉称号。2010 年 11 月 5 日，根据《甘肃省人民政府关于同意撤销国道 109 线三滩收费站的批复》（甘政函〔2010〕122 号），国道 109 线三滩收费站于 2010 年 12 月 1 日停止收费工作，历时 11 年。

### 九、新墩收费站

新墩收费站经省交通厅（甘交人〔1999〕45 号）文件批准设立，隶属于靖远收费公路管理所，担负着国道 109 线水泉至靖远段二级公路车辆通行费征收任务。该站人员编制 28 人，其中站长 1 人，副站长 2 人，收费班组 5 个，实行五班三运转工作制，于 1999 年 12 月 9 日正式收费。2000 年，根据省交通厅《关于 G109 线水靖段新墩收费站及吴唐段三滩收费站迁移问题的批复》（甘交计〔2000〕106 号），国道 109 线水靖段新墩收费站撤销。

### 十、靖远收费站

靖远收费站位于省道 207 线 3 公里+670 米处，经省人民政府（甘政函〔2010〕135 号）文件批准设立，隶属于靖远收费公路管理所，担负着省道 207 线靖远至会宁公路靖远黄河大桥段共计 119.81 公里的二级公路车辆通行费征收任务。该站设有双向收费通行车道 4 个，人员编制 33 人，配有站长、副站长各 1 人，收费班组 5 个，实行五班三运转工作制，于 2011 年 1 月 31 日正式收费，2017 年 5 月 30 日 18 点停止收费，历时 6 年零 4 个月。

白银公路管理局收费所（站）基本情况

| 收费所名 | 站名 | 收费路段 | 所处桩号 | 批复文件（收费线路） | 收费期限（包括延长） | 撤并情况 |
|---|---|---|---|---|---|---|
| 国道312线界石铺段管理所 地址：会宁县会师镇开发区遵义东路 邮编：730700 | 会宁东收费站 | 国道312线界石铺至会宁段 | 国道312线1993公里+200米 | 甘财综发[1995]048号 | 1995年—2015年 | 白公发[2015]97号撤销 |
| | 会宁西收费站 | 国道312线巉口至会宁段 | 国道312线1995公里+800米 | 甘财综发[1995]048号 | 1995年—2008年 | 甘政发[2007]91号撤销 |
| 景泰收费公路管理所 地址：景泰县一条山镇705南路361号 邮编：730400 | 长城收费站 | 省道201线营盘水至景泰段 | 省道201线30公里+4500米 | 甘财综发[1999]88号 | 1999年—2010年 | 甘政函[2009]108号合并证址，更名为景泰收费站 |
| | 上沙窝收费站 | 省道308线白墩子至大岭段 | 省道308线193公里+200米 | 甘财综发[1999]88号 | 1999年—2010年 | |
| | 大水砭收费站 | 省道201线景泰至西槽段 | 省道201线64公里+500米 | 甘政发[2004]10号 甘财综[2004]37号 | 2004年—2024年 | 2017年5月30日取消收费 |
| | 景泰收费站 | 省道201线营盘水至景泰段 省道308线白墩子至大岭段 | 省道201线12公里+600米 | 甘政函[2009]108号 | 2009年—2019年 | 2017年5月30日取消收费 |
| 靖远收费公路管理所 地址：靖远县北城开发区 邮编：730600 | 银三角收费站 | 省道308线唐家台至红会段 | 省道308线46公里+500米 | 甘财综发[1999]87号 | 1999年—2009年 | 甘政函[2009]108号合并至三滩收费站 |
| | 新墩收费站 | 国道109线水泉至靖远段 | | 甘财综发[1999]87号 | 1999年始 | 甘交计[2000]106号撤销 |
| | 三滩收费站 | 国道109线吴家川至唐家段 | 国道109线1558公里+300米 | 甘财综发[1999]87号 | 1999年12月9日—2010年12月1日 | 甘政函[2010]122号撤销 |
| | 靖远收费站 | 省道207线靖远至会宁公路靖远黄河大桥段 | 省道207线3公里+670米 | 甘财综[2011]1号 | 2011年1月31日—2021年1月30日 | 2017年5月30日取消收费 |

## 第三节 收费标准

### 一、国道 312 线巉界段（国道 312 线巉口—界石铺）

1995 年，省交通运输厅向省物价局上报《关于巉界段公路收取车辆通行费标准的报告》（甘交财〔1995〕48 号）。7 月 31 日，省物价委员会、省财政厅下发《关于国道 312 线巉口—界石铺段公路车辆通行费收费标准的批复》（甘价费〔1995〕124 号），规定巉界段公路车辆通行费按其核定载重吨位计收，按全程和半程计费（巉口—界石铺段为全程；巉口—会宁段、界石铺—会宁段为二个半程），按吨位每次计收的具体标准为：

| 车辆核定载重吨位 | 半程 | 全程 |
| --- | --- | --- |
| 1 吨以下 | 5 元 | 10 元 |
| 2~3 吨 | 10 元 | 20 元 |
| 4~5 吨 | 15 元 | 30 元 |
| 6~8 吨 | 25 元 | 50 元 |
| 9~15 吨 | 35 元 | 70 元 |
| 16~20 吨 | 50 元 | 100 元 |
| 21 吨以上 | 80 元 | 150 元 |
| 各种拖拉机、摩托车 | 2 元 | 5 元 |

吨位有小数位，按四舍五入计收。客车按十个座位折合一吨计收，收费期限从 1995 年 8 月 1 日起至 2002 年 7 月 31 日止，自 1995 年 8 月 1 日起执行。

费率的调整：2000 年，我省对巉界段公路进行路面重修，原批复的收费标准难以保证道路的正常维护使用，省厅向省物价局上报《关于贯彻执行〈甘肃省人民政府关于加快高等级公路建设的决定〉中有关调整车辆通行费标

准意见的报告》。3 月 22 日，省物价局、省财政厅下发《关于调整车辆通行费收费标准的批复》（甘价费〔2000〕45 号），对界巉段收费路段的车辆通行费标准进行适当调整，调整后的收费标准为：小车 8 元/车次，大车 8 元/吨次，拖拉机 5 元/吨次，摩托车 5 元/车次，自 2000 年 4 月 1 日起执行。

2002 年，巉界段收费期限将至，省厅向省物价局上报《关于国道 312 线界巉段公路延长收费期限的报告》（甘交财〔2002〕13 号）。省物价局、省财政厅对界巉段公路收支还贷情况进行了审计，并于 12 月 31 日下发《省物价局、财政厅关于延长国道 312 线界石铺至巉口段公路车辆通行费收费期限等有关问题的通知》（甘价费〔2002〕384 号），将国道 312 线界石铺至巉口段公路车辆通行费收费期限暂延长 2 年，收费标准仍按省物价局、省财政厅《关于调整车辆通行费收费标准的批复》（甘价费〔2000〕45 号）文件执行。即小车（含小轿车、吉普车和各种微型客货车）8 元/车次，大车 8 元/吨次，拖拉机 5 元/吨次，摩托车 5 元/车次，自 2003 年 1 月起执行。

2004 年，省厅向省物价局上报《关于国道 312 线界巉段公路申请延长收费期限的报告》（甘交财〔2004〕53 号）。省物价局、省财政厅根据国务院《收费公路管理条例》规定和《甘肃省人民政府关于 9 条收费公路和隧道进行大修改造的批复》（甘政函〔2004〕10 号）精神，对界巉段收费还贷及大修改造贷款情况进行审核，并于 12 月 30 日下发《省物价局省财政厅关于延长国道 312 线界巉段收费还贷期限的通知》（甘价费〔2004〕398 号）文件，将界巉段收费期限延长至 2015 年 12 月 31 日止，规定从 2005 年 1 月 1 日起，界巉段收费公路大修期间车辆通行费仍按省物价局、省财政厅

《关于调整车辆通行费收费标准的批复》（甘价费〔2000〕45号）规定收费标准，即按小车（含各种小轿车、吉普车、微型客货车）8元/车次，大车8元/吨次，拖拉机5元/吨次，摩托车5元/车次减半征收。

2007年12月7日，甘肃省人民政府下发《甘肃省人民政府关于撤销国道312线会宁西收费站和新改建国道211线甜水堡至木钵设站收取车辆通行费的通知》（甘政发〔2007〕91号）文件，撤销国道312线会宁西收费站，将会宁东、西两个收费站点合并为东收费站一个站点，按照省物价局、省财政厅《关于调整车辆通行费收费标准的批复》（甘价费〔2000〕45号）文件，合并的会宁东收费站将按全程（8元/吨次）的标准收取车辆通行费。

**二、省道201线营盘水至景泰、省道308线白墩子至大岭段**

1999年，省厅向省物价局、省财政厅上报《关于省道201线营景段、省道308线白大段收取车辆通行费标准的报告》。12月3日，省物价局下发《省物价局、省财政厅关于省道201线营景段、省道308线白大段收取车辆通行费收费标准的批复》（甘价费〔1999〕254号），规定省道201线营盘水至景泰、省道308线白墩子至大岭段车辆通行费按其车辆核定载重吨位计征，具体收费标准为：汽车每吨每次6元（客车每10个座位折合1吨），拖拉机每吨每次2元（12马力折合1吨），不足1吨按1吨收取。频繁过往的车辆，可按自愿原则按月交纳通行费。月票标准为：汽车每吨每月30元，拖拉机每吨每月10元。收费期限从1999年12月10日起至2007年12月9日止。

费率的调整：2007年，省厅向省物价局上报《关于省道201线营盘水至景泰、省道308线白墩子至大岭二级收费公路延期收费的函》

（甘交财〔2007〕39号）。省物价局、省财政厅对省道201线营盘水至景泰、省道308线白墩子至大岭二级收费公路收费还贷情况进行了审核，并根据《收费公路管理条例》"贷款修路，收费还贷"政策规定，12月4日下发《省物价局省财政厅关于省道201线营盘水至景泰省道308线白墩子至大岭收费公路延长收费期限的通知》（甘价费〔2007〕329号），将省道201线营盘水至景泰、省道308线白墩子至大岭段收费期限延长至2010年12月9日，车辆通行费收费标准仍按《省物价局、省财政厅关于省道201线营景段、省道308线白大段收取车辆通行费收费标准的批复》（甘价费〔1999〕254号）规定执行，即汽车每吨每次6元，拖拉机每吨每次2元，月票汽车每吨每月30元，拖拉机每吨每月10元。

2010年，省厅向省发展和改革委员会上报《关于延长省道201线营景段、省道308线白大段二级公路收费期限的请示》（甘交财〔2010〕33号）。省发展和改革委员会、省财政厅鉴于省道201线营盘水至景泰、省道308线白墩子至大岭收费公路银行贷款尚未还清的实际，11月26日下发《甘肃省发展和改革委员会 甘肃省财政厅关于延长省道201线营景段省道308线白大段收费公路车辆通行费收费期限的批复》（甘发改收费〔2010〕1860号），将省道201线营景段、省道308线白大段收费期限延长至2016年12月9日，车辆通行费收费标准仍按《省物价局、财政厅关于省道201线营盘水至景泰、省道308线白墩子至大岭收费公路延长收费期限的通知》（甘价费〔2007〕329号）规定执行，超载超限车辆按《省物价局、省财政厅关于收费公路载货类汽车车辆通行费试行计重收费的通知》（甘价费〔2009〕106号）规定收取车辆通行费。

2013 年，省厅向省发展和改革委员会上报《关于部分二级收费公路延长收费还贷期限的请示》（甘交财〔2013〕84 号）。11 月 19 日，省发展和改革委员会、省财政厅下发《甘肃省发展和改革委员会 甘肃省财政厅关于延长二级收费公路收费期限的批复》（甘发改收费〔2013〕1971 号）文件，将省道 201 线营盘水至景泰公路、省道 308 线白墩子至大岭公路收费期限延长至 2019 年 12 月 9 日，收费标准仍按《甘肃省发展和改革委员会 甘肃省财政厅关于延长省道 201 线营景段省道 308 线白大段收费公路车辆通行费收费期限的批复》（甘发改收费〔2010〕1860 号）执行。

**三、省道 201 线景泰至西槽段**

2004 年，省厅向省物价局上报《关于景西公路车辆通行费收费标准的报告》（甘交财〔2004〕22 号）。4 月 19 日，省物价局、省财政厅下发《省物价局省财政厅关于省道 201 线景泰至西槽公路车辆通行费收费标准的通知》（甘价费〔2004〕104 号），规定省道 201 线景泰至西槽段车辆通行费按核定载重吨位采取过站收费。具体收费标准为：客车按出厂时核定座位，每 10 个座位折合 1 吨计收；拖拉机按 12 马力折合 1 吨计收。不足 1 吨按 1 吨计收，超过 1 吨吨位有小数时，按四舍五入计，收费金额以元为单位，不足 1 元按四舍五入进位至元计收。

——小车（含各种小卧车、吉普车、单排微型车）每通过一站收取 10 元；

——大车每车每通过一站每吨每次收取 6 元；

——摩托车每车每通过一站收取 2 元；

——拖拉机每车每通过一站每吨每次收取 2 元；

对于沿线频繁通过的景西公路的车辆，可按自愿原则按月交纳通行费，月票标准为：汽车每吨每月 150 元，摩托车每车每月 50 元，拖拉机每吨每月 50 元，自 2004 年 4 月 20 日起试行，试行期 2 年。

费率的调整：2006 年，省厅向省物价局上报《关于申请正式核定省道 201 线景泰至西槽公路收费标准的报告》（甘交财〔2006〕27 号）。4 月 19 日，省物价局、省财政厅下发《省物价局省财政厅关于正式核定省道 201 线景泰至西槽公路车辆通行费收费标准和收费期限的通知》（甘价费〔2006〕103 号），规定省道 201 线景泰至丏槽段车辆通行费按核定载重吨位采取过站收费。具体收费标准为：客车按出厂时核定座位，每 10 个座位折合 1 吨计收；拖拉机按 12 马力折合 1 吨计收。不足 1 吨按 1 吨计收，超过 1 吨吨位有小数时，按四舍五入计收；收费金额以元为单位，不足 1 元，按四舍五入进位至元。

——小车（含各种小卧车、越野车、吉普车、单排微型车）每通过一站收取 10 元；

——大车每车每通过一站每吨收取 6 元；

——摩托车每通过一站每车收取 2 元；

——拖拉机每通过一站每吨收取 2 元。

对于沿线频繁过往景西收费公路的车辆按自愿原则按月交纳通行费。月票标准为：汽车每吨每月 150 元 摩托车每车每月 50 元，拖拉机每吨每月 50 元，收费期限从 2006 年 4 月 20 日起至 2014 年 4 月 19 日止。

2013 年，省厅向省发展和改革委员会上报《关于部分二级收费公路延长收费还贷期限的请示》（甘交财〔2013〕84 号）。11 月 19 日，省发展和改革委员会、省财政厅下发《甘肃省发展和改革委员会 甘肃省财政厅关于延长二级收费公路收费期限的批复》（甘发改收费〔2013〕1971 号），将省道 201 线景泰至西槽段收费期限延长至 2024 年 4 月 19 日，收费标准仍按《省物价局省财政厅关于正式核定省道 201 线景泰至西槽公路车辆通行费收费标准和收费期限的通知》（甘价费〔2006〕103 号）文件执行。

## 四、国道 109 线水靖段、吴唐段、省道 308 线唐红段

1999 年，省厅向省物价局上报《关于国道 109 线水靖段、吴唐段及省道 308 线唐红段收取车辆通行费收费标准的报告》。12 月 3 日，省物价局、省财政厅下发《省物价局、省财政厅关于国道 109 线水靖段、吴唐段及省道 308 线唐红段收取车辆通行费收费标准的批复》（甘价费〔1999〕253 号），规定国道 109 线水靖段、吴唐段及省道 308 线唐红段车辆通行费按车辆核定载重吨位计征，吨位有小数的，按四舍五入计算。具体收费标准为：汽车每吨每次 5 元（客车每 10 个座位折合 1 吨），拖拉机每吨每次 2 元（12 马力折合 1 吨），不足 1 吨按 1 吨收取。频繁过往车辆，可按自愿原则按月交纳通行费，月票标准为：汽车每吨每月 30 元，拖拉机每吨每月 10 元，自 1999 年 12 月 9 日起试行。

费率的调整：2004 年，省厅向省物价局上报《关于核定国道 109 线水靖段、吴塘段及省道 308 线唐红段收费标准和收费期限的报告》（甘交财〔2004〕51 号）。10 月 27 日，省物价局、省财政厅下发《省物价局省财政厅关于正式核定国道 109 线水靖段吴塘段及省道 308 线唐红段车辆通行费收费年限和收费标准的通知》（甘价费〔2004〕336 号），规定国道 109 线水靖段、吴塘段及省道 308 线唐红段车辆通行费按核定载重吨位采取过站收费。具体收费标准为：客车按出厂时核定座位计收，每 10 个座位折合 1 吨计收，拖拉机按 12 马力折合 1 吨计收。不足 1 吨按 1 吨计收，超过 1 吨吨位

有小数时，按四舍五入计；收费金额以元为单位，不足 1 元按四舍五入进位至元计收。

——小车每车每通过一站收取通行费 5 元（含各种小卧车、吉普车、单排微型车）；

——大车每车每通过一站每吨每次收取通行费 5 元；

——拖拉机每车每通过一站每吨每次收取通行费 2 元。

对于沿线频繁过往收费站的车辆，可按自愿原则按月交纳车辆通行费。月票标准为：汽车每吨每月 30 元，拖拉机每吨每月 10 元，收费期限从 2004 年 12 月 9 日起至 2019 年 12 月 9 日止。

## 五、省道 207 线靖远至会宁段

2010 年，省厅向省发展和改革委员会上报《关于省道 207 线靖远至会宁公路靖远黄河大桥车辆通行费收费标准的请示》（甘交财〔2010〕115 号）。2011 年 1 月 28 日，省发展和改革委员会、省财政厅下发《甘肃省发展和改革委员会 甘肃省财政厅关于省道 207 线靖远至会宁公路靖远黄河大桥车辆通行费收费标准和收费期限的批复》（甘发改收费〔2011〕68 号）文件规定：省道 207 线靖远至会宁段车辆通行费按核定载重吨位采取过站收费。具体收费标准为：客车按出厂时核定座位，每 10 个座位折合 1 吨计收；拖拉机按 12 马力折合 1 吨计收，不足 1 吨按 1 吨计收，超过 1 吨吨位有小数时，按四舍五入计；收费金额以元为单位，不足 1 元，按四舍五入进位至元。

——小车（含单排微型车）每车收取 5 元；

——大车每吨收取 5 元；

——摩托车每车收取 2 元；

——拖拉机每吨收取 2 元。

对于沿线频繁过往靖远至会宁公路靖远黄河大桥的车辆按自愿原则按月交纳通行费。月

票批准为：汽车每吨每月90元，摩托车每车每月30元，拖拉机每吨每月50元，自2011年1月31日起试行。

费率的调整：2012年，省厅向省发展和改革委员会上报《关于正式核定省道207线靖远至会宁公路靖远黄河大桥车辆通行费标准和收费期限的请示》（甘交财〔2012〕38号）。2013年1月23日，省发展和改革委员会、省财政厅下发《甘肃省发展和改革委员会 甘肃省财政厅关于省道207线靖远至会宁靖远黄河大桥车辆通行费收费标准和收费期限的批复》（甘发改收费〔2013〕193号），规定车辆通行费按核定载重吨位采取过站收费。具体收费标准为：客车按出厂时核定座位，每10个座位折合1吨计收；拖拉机按12马力折合1吨计收。不足1吨按1吨计收，超过1吨吨位有小数时，按四舍五入计；收费金额以元为单位，不足1元，按四舍五入进位至元。

——小车（含单排微型车）每车收取5元；

——大车每吨收取5元；

——摩托车每车收取2元；

——拖拉机每吨收取2元。

对于沿线频繁过往靖会收费公路的车辆，可按自愿原则按月交纳通行费。月票标准为：汽车每吨每月90元，摩托车每车每月30元，拖拉机每吨每月50元，收费期限自2013年1月31日起至2021年1月30日止。

**六、计重收费标准**

2009年5月12日，省物价局、省财政厅下发《关于收费公路载货类汽车车辆通行费试行计重收费的通知》（甘价费〔2009〕106号），对实施计重收费进行进一步政策规定。

（一）计重收费的对象和范围

全省范围内在省政府批准的收费公路上行驶的按照国家规定应当交纳车辆通行费的各类载货类汽车，车货总重量超过公路承载能力标准或公路超限标准的，实行计重收费。

（二）公路承载能力标准和超限标准

公路承载能力标准和公路超限标准，是确定载货类汽车是否实行计重收费的衡量依据。根据交通部《印发关于收费公路试行计重收费指导意见的通知》和交通部、国家发改委、财政部等七部委《关于在全国开展车辆超限超载治理工作的实施方案的通知》（甘交路〔2004〕219号）有关规定，我省公路承载能力标准及公路超限标准确定如下：

**甘肃公路承载能力标准及公路超限标准**

| 车（轴）型 | 公路承载能力标准（吨） | 公路超限标准（吨） |
| --- | --- | --- |
| 二轴货车 | 17 | 20 |
| 三轴货车 | 27 | 30 |
| 四轴货车 | 37 | 40 |
| 五轴货车 | 43 | 50 |
| 六轴及六轴以上货车 | 49 | 55 |
| 三轮货车 | 2 | / |
| 低速货车（四轮且最高设计车速小于70公里） | 4.5 | / |

（三）计重收费标准

1. 未超过公路承载能力标准的运输车辆，其车辆通行费仍按现行收费办法及标准执行。

2. 超过公路承载能力标准或超过超限标准的各类载货类汽车行驶收费公路时，车辆通行费标准按以下基本费率和计算办法确定收取。

（1）基本费率：封闭式二级汽车专用公路基本费率为 0.07 元/吨/公里，开放式收费公路基本费率为现行车辆通行费收费标准的 70%。

（2）计重收费计算办法

车货总重超过该车对应车（轴）型的公路承载能力标准，但未超过该车相应的超限标准的载货类汽车，计重后，其中货总重中 10 吨以下（含 10 吨）的重量部分和超过公路承载能力标准的重量部分，均按基本费率收取车辆通行费；车货总重中 10 吨以上至 40 吨部分，封闭式收费公路按其基本费率线性递减到 50% 收取车辆通行费，开放式收费公路按其基本费率线递减到 80% 收取车辆通行费。车货总重超过该车对应车（轴）型超限标准规定的载货类汽车，该车超限标准规定内的重量部分，按其相应基本费率的 3 倍收取车辆通行费，超过公路超限标准的重量部分，按其相应基本费率的 6 倍收取车辆通行费。按计重收费办法收取的通行费额，如出现低于该车现行通行费标准计算的收费额时，按现行车辆通行费标准收取通行费。

（四）计重收费有关规定

1. 客货两用车统一按载货类汽车计重。

2. 国家和省政府规定减免车辆通行费及运输鲜活农产品的运输车辆，超过公路承载能力标准或超过公路超限标准运输的，执行计重收费办法。

3. 为方便收缴通行费，计重通行费收费金额按以下办法取整收取：封闭式收费公路车辆通行费尾数 2.99 元以下舍去，3 元~7.99 元按 5

元收缴，8 元以上按 10 元收缴；开放式收费公路车辆通行费尾数 2.99 元以下按 2 元收缴，3 元~7.99 元按 5 元收取，8 元以上按 10 元收缴。

## 第四节　收费方式及征收情况

### 一、收费方式

收费方式是指收取通行费中的一系列操作过程，根据收费人员参与收费过程的多少，收费方式可以分为人工收费、半自动收费、全自动收费三种形式。根据收费标准，收费方式可以分为按车辆核定载重收费和计重收费两种。白银局下辖收费单位先后采取过人工收费、半自动收费、计重收费三种方式。

（一）人工收费方式

人工收费方式，即不配备任何设备，收费过程全部由人工完成。如人工判断车型，人工套用收费标准，人工收钱、找零、开具发票。建站初期，信息化程度低，各收费单位均使用这种收费方式，即在每个收费亭设置收费员，按规定标准采取全过程人工操作的方式对通过的车辆进行收费。在管理中，再辅以人工稽查、监督及各种规章制度，以达到强化管理的目的。人工收费方式虽然简单易行，能够节省大量建设、管理费用，但需要较多的收费人员，且工作程序单调琐碎，劳动强度大、效率低，一方面容易造成行车延误，影响公路通行能力；另一方面，极易产生财务漏洞，少收、漏收、流失、闯卡等现象严重，管理不善易出现违纪现象。

（二）半自动收费方式

半自动收费方式，也称计算机辅助收费方式，收费过程由电子、机械设备与收费人员共同完成。通过使用计算机、电子收费设备、交通控制和显示设施，代替人工收费方式的一部分操作，即由计算机或人工完成车型判别，由人工收取通行费和找零，由计算机完成信息读写、费额计算、打印票据、数据积累和汇总等工作。半自动收费管理方式是在人工收费管理方式的基础上发展起来的，是向全自动收费管理方式发展的一个阶段性产物。收费后期，各收费单位均采用此种收费方式，同时安装电脑监控系统，形成独具特色的"人工收费、计算机管理、电脑监控"的半自动收费模式，这种收费方式更加严谨和成熟。半自动收费方式由人工和计算机相互配合、共同完成收费工作，这种方式，明显降低了收费人员与管理人员的工作强度，使通行费流失的漏洞得到一定的控制。此外，这种将人工审计核算、财务统计报表转变为计算机数据管理的新的收费方式，使收费管理工作更加趋于系统化、科学化。

（三）计重收费方式

2005 年，交通运输部在《印发关于收费公路试行计重收费指导意见的通知》（交公路发〔2005〕492 号）中肯定了全国收费公路实行计重收费的做法。随后，甘肃省政府对全省收费公路实施计重收费多次做出批示，要求加快实施。省交通厅按照省政府的要求，从 2007 年起对计重收费工作进行深入研究，并会同省物价局、省财政厅向省政府上报了我省计重收费实施方案。2009 年，省公路局开始对实施计重收费的收费站进行改造施工，白银公路总段所辖的三滩、上沙窝、长城收费站被列入计重收费实施站点。2009 年 7 月16 日零时，国道 109 线三滩、省道 308 线上沙窝、长城 3 个收费站正式实施计重收费。为了确保计重收费工作的顺利开展，省公路

局对靖远收费所和景泰收费所收费系统管理人员和监控人员进行系统培训，甘肃恒智信息科技有限责任公司和计重设备厂家对收费人员进行软件和计重设备操作培训，使其熟悉计重收费工作环节和简单的故障处理维修。原总段党政主要领导与相关部门负责人积极与白银市人民政府、公安、交警、市交通局、市运管处、市征稽处等单位进行协调，并联系有关新闻媒体。通过散发宣传单、设立计重收费政策咨询台、张贴横幅标语、编发信息、发表新闻通讯报道等方式大力宣传计重收费工作的相关政策。同时成立计重收费工作领导小组，分别负责在两个收费所蹲点、巡查，通过与靖远、景泰当地政府、公安、交警等有关部门的协调配合，确保了总段二级收费公路计重收费工作的平稳过渡和顺利推进。

**二、征收情况**

车辆通行费取之于车、用之于路，只有收好费、管好费、用好费，及时足额还本付息，才能充分发挥"贷款修路，收费还贷"的政策效应，筹集更多资金投入路网建设，为公路建设增添活力和后劲，使交通建设步入可持续发展轨道。白银公路管理局自承担二级收费公路车辆通行费征收任务以来，积极宣传贯彻执行国家通行费征收管理规定，努力克服不利因素，加强管理、堵漏增收，全力做好通行费征收工作。22 年（1995 年 6 月至 2017 年 5 月）共征收车辆通行费 10.63 亿元，政策性减免通行费 0.91 亿元，其中 11 年超额完成省局下达的收费任务，为弥补我省公路建设资金不足和服务地方经济发展发挥了巨大的作用。

## 白银公路管理局历年车辆通行费征收汇总

单位：万元

| 年度 | 项目 | 单位名称 | | | | 合计 |
| | | 国道 312 线界嵬段管理所 | 靖远收费公路管理所 | 景泰收费公路管理所 | 大水磴收费站 | |
|---|---|---|---|---|---|---|
| 1995 年 | 征收任务 | 200.00 | | | | 200.00 |
| | 实际完成 | 226.63 | | | | 226.63 |
| | 政策性减免 | | | | | 0.00 |
| 1996 年 | 征收任务 | 900.00 | | | | 900.00 |
| | 实际完成 | 1032.39 | | | | 1032.39 |
| | 政策性减免 | | | | | 0.00 |
| 1997 年 | 征收任务 | 1050.00 | | | | 1050.00 |
| | 实际完成 | 1206.69 | | | | 1206.69 |
| | 政策性减免 | | | | | 0.00 |
| 1998 年 | 征收任务 | 1220.00 | | | | 1220.00 |
| | 实际完成 | 1565.65 | | | | 1565.65 |
| | 政策性减免 | | | | | 0.00 |
| 1999 年 | 征收任务 | 1550.00 | | | | 1550.00 |
| | 实际完成 | 1575.37 | 60.53 | 118.69 | | 1754.59 |
| | 政策性减免 | | | | | 0.00 |
| 2000 年 | 征收任务 | 1550.00 | | 1600.00 | | 3150.00 |
| | 实际完成 | 1528.93 | 1000.76 | 1655.49 | | 4185.18 |
| | 政策性减免 | | | | | 0.00 |
| 2001 年 | 征收任务 | 1650.00 | 1330.00 | 1720.00 | | 4700.00 |
| | 实际完成 | 1503.47 | 1632.88 | 1312.96 | | 4449.31 |
| | 政策性减免 | | | | | 0.00 |
| 2002 年 | 征收任务 | 1548.00 | 1690.00 | 1351.00 | | 4589.00 |
| | 实际完成 | 1222.52 | 1741.13 | 1597.07 | | 4560.72 |
| | 政策性减免 | | | | | 0.00 |
| 2003 年 | 征收任务 | 1259.00 | 1800.00 | 1644.00 | | 4703.00 |
| | 实际完成 | 1072.04 | 1568.02 | 1732.80 | | 4372.86 |
| | 政策性减免 | | | | | 0.00 |

**续表**

| 年度 | 项目 | 单位名称 | | | | 合计 |
|---|---|---|---|---|---|---|
| | | 国道312线<br>界巉段管理所 | 靖远收费<br>公路管理所 | 景泰收费<br>公路管理所 | 大水磴<br>收费站 | |
| 2004年 | 征收任务 | 1030.00 | 1570.00 | 1750.00 | 1000.00 | 5350.00 |
| | 实际完成 | 1020.71 | 1751.34 | 2165.48 | 960.43 | 5897.96 |
| | 政策性减免 | 9.56 | 367.39 | | | 376.95 |
| 2005年 | 征收任务 | 1080.00 | 1800.00 | 2200.00 | 1280.00 | 6360.00 |
| | 实际完成 | 1000.12 | 2165.52 | 2437.59 | 1281.95 | 6885.18 |
| | 政策性减免 | 25.19 | 325.02 | | | 350.21 |
| 2006年 | 征收任务 | 1648.00 | 2100.00 | 2600.00 | 1144.00 | 7492.00 |
| | 实际完成 | 1695.57 | 1112.92 | 2606.39 | 969.56 | 6384.44 |
| | 政策性减免 | 31.22 | 244.51 | | | 275.73 |
| 2007年 | 征收任务 | 1300.00 | 1200.00 | 2800.00 | 1100.00 | 6400.00 |
| | 实际完成 | 1309.95 | 1403.28 | 2664.49 | 1137.46 | 6515.18 |
| | 政策性减免 | 32.99 | 209.67 | | | 242.66 |
| 2008年 | 征收任务 | 1430.00 | 1600.00 | 2900.00 | 1275.00 | 7205.00 |
| | 实际完成 | 1311.93 | 1218.25 | 2996.63 | 1129.30 | 6656.11 |
| | 政策性减免 | 2.86 | 210.43 | | | 213.29 |
| 2009年 | 征收任务 | 1450.00 | 1100.00 | 3480.00 | 1300.00 | 7330.00 |
| | 实际完成 | 1584.86 | 1160.61 | 3588.27 | 1068.39 | 7402.13 |
| | 政策性减免 | | 197.85 | | | 197.85 |
| 2010年 | 征收任务 | 1000.00 | 1190.00 | 4300.00 | 1350.00 | 7840.00 |
| | 实际完成 | 297.35 | 1247.53 | 4779.61 | 1302.61 | 7627.10 |
| | 政策性减免 | 7.66 | 188.54 | | | 196.20 |
| 2011年 | 征收任务 | 330.00 | 300.00 | 5100.00 | 1400.00 | 7130.00 |
| | 实际完成 | 299.36 | 343.00 | 6839.56 | 1908.00 | 9389.92 |
| | 绿通减免 | 13.16 | 38.98 | | | 52.14 |
| | 其他政策性减免 | 200.00 | 43.56 | 1556.00 | 168.20 | 1967.76 |
| 2012年 | 征收任务 | 129.78 | 460.00 | 7500.00 | 1900.00 | 9989.78 |
| | 实际完成 | 35.27 | 469.57 | 7260.78 | 797.47 | 8563.09 |
| | 绿通减免 | 200.00 | 79.15 | 1414.70 | 50.20 | 1744.05 |
| | 其他政策性减免 | 165.85 | 49.91 | 2.29 | 13.08 | 231.13 |

**续表**

| 年度 | 项目 | 单位名称 | | | | 合计 |
|---|---|---|---|---|---|---|
| | | 国道312线<br>界巉段管理所 | 靖远收费<br>公路管理所 | 景泰收费<br>公路管理所 | 大水磋<br>收费站 | |
| 2013年 | 征收任务 | 200.00 | 510.00 | 7500.00 | 950.00 | 9160.00 |
| | 实际完成 | 165.00 | 774.11 | 6761.17 | 675.46 | 8375.73 |
| | 绿通减免 | 170.25 | 79.14 | 1358.40 | 46.10 | 1653.89 |
| | 其他政策性减免 | 24.68 | 48.95 | 29.20 | 25.00 | 127.83 |
| 2014年 | 征收任务 | 200.00 | 700.00 | 1200.00 | 1100.00 | 3200.00 |
| | 实际完成 | 134.43 | 913.13 | 844.84 | 619.49 | 2511.90 |
| | 绿通减免 | 12.95 | 78.19 | 316.80 | 46.10 | 454.04 |
| | 其他政策性减免 | 24.68 | 50.02 | 12.20 | 35.20 | 122.10 |
| 2015年 | 征收任务 | 134.43 | 1000 | 1000 | 1000 | 3134.43 |
| | 实际完成 | 134.43 | 947.3 | 986.14 | 496.75 | 2564.62 |
| | 绿通减免 | | 81.71 | 300.77 | 32.86 | 415.34 |
| | 其他政策性减免 | 12.95 | 36.45 | 3.65 | 40.73 | 93.78 |
| 2016年 | 征收任务 | | 1100.00 | 1300.00 | 800.00 | 3200.00 |
| | 实际完成 | | 1069.29 | 1283.35 | 690.24 | 3042.88 |
| | 政策性减免 | | 107.72 | 221.79 | 36.15 | 365.66 |
| 2017年 | 征收任务 | | 480.00 | 520.00 | 240.00 | 1240.00 |
| | 实际完成 | | 440.76 | 513.94 | 303.61 | 1258.31 |
| | 政策性减免 | | 30.09 | 38.26 | 8.75 | 77.10 |

# 第二章　通行费征收管理

TONG XING FEI ZHENG SHOU GUAN LI

车辆通行费征收是一项艰巨而复杂的工作，从1995年6月国道312线界巇段管理所成立并开始收费，到2017年5月底景泰、靖远收费公路管理所停止收费，白银公路管理局车辆通行费征收工作整整走过了22年的难忘历程，回顾总结白银公路管理局车辆通行费征收工作的发展，大体可分为三个阶段：

第一阶段，1995年至2000年，是车辆通行费征收工作的起步阶段，也是建站、建所的高峰阶段。此阶段，车辆通行费征收作为一个新名词开始进入人们的视野，社会公众对收费还贷政策认识还不足，对征收车辆通行费多数人不理解，甚至误解，冲卡逃费、暴力抗费等治安案件时有发生，收费环境差，社会支持力度小，车辆通行费征收难度大，收费工作步履维艰。此外，收费人员全部来自养护机构，人员学历层次低，业务素质不高，管理人员缺乏

经验。

第二阶段，2001年至2009年，是车辆通行费征收工作的发展阶段。收费还贷政策逐渐被社会公众接受，各级政府予以支持，当地公安、交警、路政积极参与，冲卡逃费、暴力抗费现象相对减少，收费队伍不断发展壮大，收费人员素质有所提升，各项工作开始步入正轨。这一时期境内多数高速还未修建开通，过往收费站车流量增大，收费额大幅度增长，各收费所连续多年超额完成车辆通行费征收任务，收费职工工作热情高、服务态度好，收费工作形势向好。

第三阶段，2010年至2017年，是二级收费公路的政策调整和收尾阶段。这一阶段，境内周边高速公路大规模建设开通，车流量大幅度分流，通往二级公路收费站车辆减少，收费额随之下降。这一时期国家大政策发生变化，

东、中部地区开始逐渐取消二级公路车辆通行费，甘肃省也开始对部分二级收费公路收费站点进行撤并优化。随着国家政策的调整，收费环境产生了新的矛盾，地方各级政府为了发展地方经济，方便当地群众生产生活，对二级公路收费有了新的建议，社会公众对二级收费公路也开始排斥，各类偷逃通行费行为日益滋长，寻衅闹事、辱骂殴打收费人员事件常有发生，收费环境每况愈下，收费人员思想情绪不稳，征收难度逐渐加大。

"收费难、二级公路收费难上加难"，这是每一位收费职工对此阶段收费工作最贴切的感受。究其原因：一是体制的制约和法律的约束。国家此前没有相关法律对偷逃公路车辆通行费的行为给予明确的规定，加上通行费征收管理单位不具备行政执法资格，针对强行冲卡、搬杆逃费等逃缴通行费行为，收费员通常只能对司机进行劝导，没有更具体的处罚手段和措施，即使逃费行为被认定，逃费者最多就是补交应交的通行费。这一处置措施对不法车主偷逃通行费的行为没有打击和震慑作用，导致一些司机在收费公路上采取违法手段和方法，蓄意、恶意、故意偷逃通行费。二是免征车辆管理难度大。实行的收费政策对军警等特殊车辆实行免缴车辆通行费政策，但却没有任何规范性、指导性的规定可以识别真假军车，收费员也难以区分真假军车，对于此种车辆只能将其免费放行。此外，国家"绿色通道"惠民政策实施以来，不少货运车主利用国家对拉运鲜活农产品车辆免费放行的政策，借机逃费，正常的"绿色通道"免费放行工作被扰乱，假冒军警等特殊车辆和绿色通道车辆的查验加大了收费站的工作量和操作难度，使不法分子有了"可乘之机"。三是经济利益的驱使。白银与宁夏、内蒙古接壤，远程行驶的大货车

数量居多，这些车辆过往收费站一次性缴纳的通行费数额较多，少则几百元，多则上千元，部分司机在巨大利益的驱使下，采取多种方式逃缴车辆通行费，绕道逃费、强行冲卡、跟车逃费、套牌行驶等愈演愈烈。计重收费实施后，在利益的驱使下，部分司乘人员铤而走险，采用闯卡、倒卡、垫板、液压装置、冲磅、"S"形绕磅等手段偷逃车辆通行费，导致逃费现象日益加剧。四是支持力度弱化。社会公众对收费还贷政策认识不足，对国家征收车辆通行费不理解，存在严重的抵制情绪，此外，二级收费公路的运营时间不长，管理经验和相应的法律法规并不完善，交通部门、地方公安等各方协调联运不到位，车辆整治难以形成长效机制，打击逃漏通行费的力度不足，征收难度加大。

为多收费、收好费，广大收费干部职工，恪尽职守，忍辱负重，不等、不靠，努力克服收费任务重、收费环境差、舆论压力大等困难，着重解决外部收费环境整治和内部管理两个重点，全力以赴抓收费管理工作，保道路畅通，促优质服务，有效保证了通行费征收管理各项工作的有序开展。

## 第一节　通行费票据（证）管理

### 一、通行费票据的概念及种类

（一）通行费票据的概念

通行费票据是公路收费管理部门依据国家和省上有关规定，对通过贷款修建的公路路段、桥梁隧道等交通基础设施的车辆收取车辆通行费时，出具给缴纳通行费的单位和个人的可作为通行凭证和报销凭证的一种有价票证，并作为证明收缴双方完成收费权利和义务的法律依据，也是核发给车辆通行公路的合法有效

证明。通行费票据由各地按统一的票证式样统一印制，经省级交通部门和财政部门审定并实行。票据上标有"偿还贷款"字样并套印省级财政部门的行政事业性收费专用章。

（二）通行费票据的种类

常见的车辆通行费票据分为定额票证（手工撕票）、非定额票证（微机售票）和月票票证三种。

1. 定额票证

定额票证又称手工票，是指根据不同的路段、隧道、桥梁和不同的收费标准，印有不同面额的票据，在使用过程中，根据通行费金额以最少张组合和面额最高的优先组合为原则，发出时必须加盖相关印章。定额票据只撕副联，保存好票据存根，对使用完的定额票根，收费人员妥善保管、保持完整，交给票管员统一封存。1995 年界巅所收费工作开始之初以及景泰、靖远收费所收费初期，下辖收费单位一直使用该种票据。定额手撕票操作速度慢，收费人员不容易保管和携带，在工作中存在诸多弊端，给收费、稽查工作带来极大的不便，不仅影响通行费的征收效率，造成车辆堵塞，更是耗费了大量的人力、物力、财力，在实际使用过程中可能存在账票不符、账款不符的情况，而且容易造成车辆通行费流失。

2. 非定额票证

非定额票证，也叫计算机打印票证，它随着微机售票系统的产生而被广泛应用，是根据不同的路段、隧道、桥梁和不同的收费标准、车辆通行里程核定收费额，在收费站出口打印出实际收费金额的票据。通行费电脑打印票据由公路收费机构根据省财政厅和省地税局批准的标准和样式统一印制，收费处、收费所、收费站设专人管理。计算机打印票据的使用，使得票据管理逐步走向自动化，大大降低了收费

职工的工作强度，弥补了费源流失的漏洞，提高了售票速度，有效规范了收费人员的操作程序和售票行为，提高了收费管理工作的质量和效率。

3. 月票票证

月票票证是指对收费公路沿线每天频繁过往收费站的当地客运车辆、农用车辆以及货运车辆采取按月按规定收费标准缴纳通行费所用的票证，当月通行有效。省道 201 线营景段、省道 308 线白大段、省道 201 线景西段、国道 109 线水靖段、吴塘段及省道 308 线唐红段过往本地车辆居多．车流量大，根据车辆通行费月票管理规定，对上述收费沿线频繁过往的本地车辆实行月票办理。月票票证的实行，提高了通行费征收效率，减轻了车道交通压力，有效缓解了本地车辆通行费收缴矛盾，杜绝了通行费费源的流失。

## 二、通行费票证管理的意义和作用

（一）通行费票证管理的意义

通行费票证的管理是指通行费征收部门对通行费收取过程□使用的各种通行费票证的印制、领入、发放、使用、保管、归档、核销等全过程的管理活动。通行费票证的管理工作是通行费征收单位最重要的基础工作之一，也是对通行费征收业务进行管理和监督的重要环节，对完成下达的通行费征收计划，更多地筹集交通建设资金具有十分重要的意义。

1. 通过了解通行费票证使用情况，可以及时、准确地反映通行费征收计划的执行和完成情况，为制定、调整征收管理措施提供可靠的依据。

2. 通过通行费票证管理，可以加强经济管理上的责任制，明确有关部门和经办人员的经济责任。

3. 通过通行费票证管理，可以保证通行费

收入的安全完整，维护国家财经纪律和法律法规的严肃性。

通行费是国家的事业性收费，任何单位和个人不得违反征收政策，私自侵占、挪用和贪污通行费收入。通过对通行费票证使用及结存数量的审核，可以检查通行费征收工作是否执行了财经纪律以及有关规定和制度，是否全额核收了通行费，有无侵占、挪用、贪污等行为，从而防止违法乱纪、损害公共利益行为的发生。

（二）通行费票证管理的作用

加强通行费票证管理，不仅是为了管好票证，也是为了维护财经纪律，确保整个收费管理工作的有序进行。

1. 有利于正确执行通行费征收政策，保证通行费收入及时入库。加强通行费票证管理，是通行费征收管理的一项重要而基本的内容，是加强通行费征收管理工作的基础，有利于正确执行收费政策，促进通行费收入结算入库和整个收费计划的完成。

2. 有利于为统计、会计工作提供真实、准确、可靠的原始资料。填写全面、完整和清楚的通行费票证，可以提高会计、统计原始资料的真实性和正确性。保证整个收费工作的真实可靠，加强票证管理，建立票证审核制度，在整理原始资料的过程中，对票证进行复核，以保证会计、统计数字的准确性。

3. 有利于堵塞漏洞，防止收费人员发生违纪违法行为。加强通行费票证管理，强化对票证的设计、印刷、验收、保管、领用、核销等环节的组织、控制和监督，是防止通行费票证丢失、短缺、毁损的重要方法，是遏止和揭露营私舞弊、挪用费款、以权谋私等违纪、违法行为的有效措施。同时，会计、统计人员通过定期或不定期地对票证专管人员和使用人员领用票证情况的盘点清查，并对其填用票证的核查，可检查征收人员是否严格正确执行收费政策，有无舞弊行为，应征费款是否如实按期入库，从而保证国家通行费收入不受损失。

4. 有利于征管人员认真履行职责，增强工作责任感。车辆通行费票证是公路收费部门征收费款的唯一合法凭证，具有法律效力，要求征缴双方必须对所填制和持有的收费票证的合法性、真实性和正确性负法律责任。票证使用是否得当，填制是否正确，管理制度是否健全，是衡量通行费征收单位征管水平的高低和会计、统计人员及通行费征收人员工作水平和责任心的重要标志。

除此之外，票证管理的作用还表现在为清查逃费单位，追究其逃费责任，对其实施必要的处罚提供证据；为审计部门对公路收费部门实施有效审计提供真实可靠的证据，特别是审查其是否有少征、漏征、随意减免征收车辆通行费等问题时，作用更加明显，还可以为处理行政诉讼案件提供有力的法律证据。

**三、通行费票据使用规范**

根据《公路法》的规定，收费公路实行"统一收费"的方式，统一使用由省财政厅印刷或监制的车辆通行费收费专用票据。《收费公路管理条例》第三十二条规定：收费公路经营管理者收取车辆通行费，必须向收费公路使用者开具收费票据。票据一般采用连续共用的方式，即一个车道共用一套连号票据，换班换人不换票据，每班次就用票情况进行交接。票据使用应注意以下几点：

（一）因停电、收费系统故障等异常情况不能使用非定额票据时，方可使用定额票据代替。

（二）各收费站向车主或有关人员依法收取通行费（含补缴通行费）时，必须按规定及时、足额向其开具通行费票据。

（三）使用通行费票据之前，应先检查有无缺号、跳号、重号、错号等特殊情况，一经发现应及时送原发放单位处理。

（四）妥善保管所用通行费票据（含定额、非定额通行费收据），已开具的通行费票据存根联，其保存期限一般为 5 年。

（五）发出票据前应检查是否是合法有效的票据，收费员向司乘人员出示的票据必须完整齐全、面额准确，票面内容清晰、无误。

（六）妥善保管所用通行费票据，要做到防霉、防水、防鼠、防虫、防盗、防火，确保安全。

（七）因印刷或打印错误等原因需作废的票据，应加盖"作废"戳记（章），并妥善、完整保存票据的全部联次，不得私自销毁。

（八）遗失通行费票据的（含空白通行费票据遗失和因故作废而遗失的通行费票据），应当及时在县级以上报纸或新闻媒体上声明作废，并将遗失原因、通行费票据编号、票面金额等有关情况，以书面形式按管理层级报送原核发机构备案。

**四、通行费票据管理规范**

票证管理包括车辆通行费票证的领入、保管、发放、使用和核销。为了加强车辆通行费票据管理，省交通厅、省公路局先后制订了《车辆通行费票据管理办法》《甘肃省车辆通行费票据（证）管理实施细则》，对票据管理做出统一规定，要求票证的领入、保管、发放、使用及销毁必须遵守省财政厅、交通运输厅、公路管理局制定的细则，建立目标体系，设置专项账簿，由专人对车辆通行费票据的入库、发放、结存、销毁、缴销等事项进行管理，不仅如实记录和统计，还要定期向上级票据管理部门报告。各收费单位票据管理严格按

照执行"班清日结、日清旬结"和"三专、六防"规定，严把票据领、售、缴程序，对各种票据的调入、使用、损耗、核销、结存进行详细登记，保证了票据相符、账表相符、账目平衡。

（一）票证的领入

票证的领入是指各级通行费征收管理部门从上一级公路管理部门领入票证的过程。各收费所在每年的 10 月 31 日前上报下年度票据（证）需要量计划，由总段统一汇总后上报省公路局，省公路局根据需要量计划按规定统一印制，12 月下旬各收费公路管理所到省公路局统一领取下年度所需票据。票据管理人员及使用人员对领用的票据（证）应当面查看、清点，如发现缺联、漏页、废页、错号等印刷差错或其他问题，应加盖作废戳记，原貌逐级上报，不得自行销毁。

（二）票证的保管

票证要设专人管理，入库时要验收监收，库存储存要合理，不积压、不浪费。各类票证要分门别类，顺序存放，卡片管理，逐笔顺序登记收、发、存的数量和起止号码，票管员要经常认真检查掌握各类票据的存量，按日填报《票证领用、缴销、结存日报表》，保证票证供应及时。票据的保管由票据管理人员专人负责，票管员对票证的管理要做到"三专"和"六防"，"三专"即：专人、专房、专柜管理；"六防"即：防火、防盗、防霉、防鼠、防蛀、防丢失。票管员应经常认真检查掌握各类票据的存量，做到不积压，不缺票，以保证收费工作的顺利开展。

（三）票证的发放

票管员发放票据时要根据收费员填写的"通行费票据请领表"中的票据种类及数量，认真填写起止号，做到从小到大顺号发放。在

票据发放过程中票管员应对票据的名称、数量、序号逐项进行认真核对，如发现空号、跳号、号码错乱或其他印刷问题时立即停止使用，及时登记，并按规定核销。票管员在发放票据后应登记《车辆通行费票据台账》，发放确认无误后，票管员与领用人必须签字记录。

（四）票证的使用

票证的销售，售票员应按"先进先出、序号从小到大"的原则销售通行费票证。票证销售实行一车一票，微机票上必须打印当班工号和日期，手工票必须加盖当班工号和日期章。除当班售票员在当班时间销售本人登记的通行费票证外，未经同意任何人不得参与销售、更不能私自借票销售。售票员在当班工作结束后，认真填写各种规定的原始单据，使用微机售票时，票管员依据监控室打印的当班收费员的收费记录，注明售票员交款金额，按"长款上缴，短款自赔"的原则入账，并由票管员和售票员双方签字确认。

（五）票证的核销

通行费票证核销是指按照班清月结、日清月结的管理制度，每个收费班次结束后，均要进行通行费票证的核销。票证核销分为正常核销、废票核销、错票核销、停用票核销，其中正常核销是核销已正常售出的票证，废错票核销是核销由于机器故障或收费员操作失误所造成的废票，停用票核销是由于单位换票或者因为印刷有误等问题核销库存中的票据。其中最常用的就是废弃票的核销，因司机原因丢弃在收费站的通行费票据为弃票，当班收费员将废弃票及时投进废票箱，稽查人员每隔半月组织专人回收，经领导同意后，由收费稽查组牵头，财务组、办公室各派一人参加，在所当班领导或上级主管部门有关人员的监督下对废票进行集中销毁。

**五、票证室工作职责**

（一）按照省厅、省局、管理局和收费公路管理所有关车辆通行费票据管理的相关制度规定，做好车辆通行费票务管理工作。

（二）负责通行费的收款和解缴、上解工作。

（三）负责票务记账工作，按时编制、审核和报送各类通行费收入报表，做到账款、账帐、账表相符。

（四）负责通行费收入核算和分析工作，为收费管理工作决策提供依据。

（五）负责通行费票据的领用、保管、发放、回收、核销及废票销毁工作。

（六）负责票务档案的管理工作，确保完整无损。

**六、票据管理制度**

（一）票据保管发放

1. 票据的保管发放由票据管理人员专人负责，做到"三专""六防"。

2. 票管员应经常认真检查掌握各类票据的存量，做到不积压，不缺票，以保证收费工作的顺利开展。

3. 从票据库领出票据后，先认真清查，核实票据种类、数量后，如实填写请领单。

4. 种票据应分类、顺号存放，并用标签注明种类和存量。

5. 票管员发放票据时根据收费员填写的"通行费票据请领表"中的票据种类及数量，认真填写起止号，做到顺号领用。

6. 根据审核后的"通行费票据请领单"按号发放票据，并保留记账联作为原始凭证。

7. 在票据发放过程中应认真审核，如发现空号、跳号、号码错乱或其他印刷问题时立即停止使用，及时登记，并按规定核销。

（二）票据核销

1. 认真审查收费人员填写的"通行费征收

收入日报表"，严禁涂改及刮、擦、挖、补现象。

2. 在"日报表"准确无误的情况下，与票根、票据核对并输入微机记账，核对无误，做到"票根""票据""报表"相符后，加盖"票管员印章"。

3. 对已向财务部门交款加盖"收费员印章"后的"日报表"，由票据会计专人复核，与票根、票据对照，审核无误后，加盖"复核人员印章"留下记账联作为记收的原始凭证。

4. 票据会计根据复核后的原始凭证及时准确地填制记账凭证。

5. 根据审核后的记账登记账簿，进行汇总核算。

6. 定期准时编报各类报表，呈送有关部门及领导。

（三）处罚

1. 票员在交接班时，双方票员要认真核对票号，在交接班记录中填写清楚，票号不正确要及时查找原因，向监控室报告。上班票员在做好上班操作后要正确输入票号，因不输票号或输入错误给后续工作带来不便者罚款 50 元。

2. 票员在上班期间，如遇到打印机卡票、断号现象应及时做上下班处理，重新输入票号，如不做上下班处理给后续工作造成不便，经监控室核实，罚款 50 元。

3. 票员在上班期间，出现废票应及时通知监控室，监控人员在当班记录中记载，票员下班后应妥善保管废票到监控室核销。监控室主任在对废票进行核实后签字、批注，再经分管领导签字后方可核销，原则上因机械故障造成废票，一律核销；因个人原因造成的废票，50元以下者（含 50 元）不予核销，由票员自己垫付，50 元以上者，予以核销，并罚款 50 元。年废票核销不超过 4 张（含 4 张），超过 4 张后由票员自负。

4. 票员当班出现短款，须在下一轮上班前全部交清，否则罚款 50 元。

5. 票员凡出现长、短款现象，由监控室负责登记，月底汇总，报财务一份核对。长、短款一律不得核销，包括当班票员款项相等情况。

6. 票员在售票过程中，凡出现废票须及时加盖废票章入箱，监控员有责任提醒票员废票及时入箱；经监控员提醒后票员仍不做处理的对该票员每次罚款 20 元。

7. 票员不得在上班期间电话询问监控人员票款情况，监控人员也不得以职务之便向当班票员透露票款情况，如有违反者，予以严肃处理，视情况可调离工作岗位。

8. 票员下班后，先到票据室交款，持交款单到监控室核票，当班监控员只有接到票员的交款单方可核票。如有未交款先核票或为票员提前调阅票款情况，对当班监控员罚款 100 元。

9. 当班监控员在核票时，要认真核对交款单中每项内容，班次、车道、起止号如与电脑数据不符，应及时询问票员进行核实，必要时可在打印出的缴销表中进行批注，由监控室主任签字认可。

## 第二节　稽查管理

### 一、稽查管理的作用

车辆通行费征收初期，收费管理工作面临"内忧外患"，一方面，手工售票的实行与监控设备的缺失，使得收费现场稽查成了规范职工工作行为的重要方式，内部稽查工作开展困难重重，稽查人员昼夜奋战在收费站征收一线，需要对收费人员的收费行为、工作纪律、仪容仪表、文明服务、通行费票款及"特情车"管理等进行全方位检查监督，时时刻刻监督收费人员收费行为，耗费了大量的人力、物力。另一方面，收费工作刚刚开始，社会公众对二级公路过站收费政策不理解，过往车辆冲卡逃费、暴力抗费、殴打收费人员等各类偷逃车辆通行费现象严重，需要稽查人员配合收费站，加强收费现场管理，规范车辆缴费通行秩序。各收费所初建时期，由于实际需要，内部稽查和外部稽查是分开的，各收费单位均成立稽查队和治安队主管单位内外稽查工作。稽查队主要负责内部职工工作纪律、收费行为等方面的稽查；治安队主要负责协调公安、交警、路政开展外部收费环境整治工作，各队各尽其职，各尽其责，为规范收费行为、改善收费环境做出了积极贡献。全省收费公路实行微机售票、电脑监控，计算机管理的现代化管理模式后，24小时全程电脑监控将稽查人员从繁杂的工作中解脱出来，节省了大量的人力，收费单位开始分解人员，将一部分内部稽查人员充实到治安队伍中，参与外部收费环境的治理。2015年，稽查队和治安队合并，统一称为稽查队，主管全所内、外部稽查工作。稽查管理是公路通行费征收工作的重要组成部分，是公路通行费征收单位为了保证国家通行费征收政策得以认真贯彻执行的重要监督手段，在车辆通行费征收稽查管理中，开展经常性的、有效的稽查活动，对于宣传国家征费政策，查处偷漏通行费行为，保证征费法律、法规的贯彻执行，严肃征费和财务纪律，加强征稽管理，维护征费秩序等都具有十分重要的作用。

（一）依照国家征费法规，通过对过往车辆交费情况的检查，纠正和遏制逃费、抗费行为，保证国家征费法规的贯彻执行，以维护收费政策的严肃性。通过稽查和正面宣传教育，提高车主照章交费的自觉性，从而加强车主的交费意识，保证收费计划的完成。

（二）保证收费队伍的廉政建设。通过内部稽查，促使收费人员遵纪守法，防止违法乱纪行为的发生，不断促进收费队伍执法素质的提高，有利于内部监督，促进行风建设，提高征稽管理水平。

（三）保证和促进收费管理工作各项制度的落实和管理水平的提高。通过对收费管理部门的稽查，促使其按照收费管理有关规定和财经纪律，做好收费票卡发放、票据结算、票款解缴、账表等基础工作，达到以查促收。

实践证明，只有大力强化通行费监督稽查管理，严格执行收费监督稽查管理办法，不断创新监督稽查方法，及时发现、处理各类违规违纪行为，才能保证车辆通行费及时足额上缴，确保通行费征收工作健康发展。

**二、稽查管理的职能**

稽查管理的职能主要体现在堵塞收费漏洞，完善监督检查机制，对内杜绝营私舞弊行为，对外避免逃费、漏费现象，在抓好收费队伍建设的同时，最大限度地减少车辆通行费收入的流失，确保公路收费工作的顺利开展。总体而言，稽查管理具有以下四种互相联系、互相促进、不可分割的职能。

（一）宣传教育职能

征费宣传是稽查工作的重要内容。通过各种途径和形式向社会和在收费公路上通行的车辆的车主，宣传通行费征收的政策法规和管理制度，使公路征费政策深入人心，从而增强缴费人员的缴费意识和缴费自觉性。所以，开展稽查活动的过程，也是宣传国家收费政策和法规的过程。稽查中，征稽人员在处理缴费人偷、漏、逃、抗费时，需做大量的宣传工作，并针对检查出来的问题向缴费人解释公路规费征收的有关政策及规定，使征缴双方沟通思想，统一认识，提高缴费人遵纪守法、按章缴费的自觉性。此外，还可以通过树立、宣传缴费先进典型，批评抗费行为，处罚违规者，使广大缴费人员明辨事理，消除抵触情绪，自觉主动缴费，起到扶正祛邪的效果。

（二）维护职能

稽查监督管理的性质决定了它在稽查活动中的影响力和强制性。通过稽查的威慑力，不仅可以追回因偷漏而流失的费款，更重要的是通过这种威慑力所产生的反馈作用，教育缴费人不要抱有侥幸心理，自觉主动缴费，预防违规现象的发生。通过处理漏逃、抗缴等违规行为，按章给予相应的处罚，保证国家规费政策贯彻执行，维护正常征费秩序，确保通行费征收"应征不漏，应免不征"。同时，稽查工作还可以预防征稽人员发生违纪违章行为，一旦发生及时查处，体现内部稽查活动中的制约性和控制性。

（三）促进职能

稽查的促进职能是指稽查人员在履行职责时，对本单位的内部监督、廉政建设、通行费征收管理等工作具有促进作用。在实际工作中，它是通过外部稽查的征费宣传、管理咨询、征费检查和行政处罚，对内部稽查中费源的归集与流失的程序控制、制度控制和信息反馈，提示征收管理过程中需要肯定和发扬的方面，暴露存在的弊端和薄弱环节，寻求提高征收管理质量和效益的途径，达到预期的管理效果。特别是对擅自减免通行费、私放人情车、营私舞弊、中饱私囊的现象，可以在开展稽查活动时，通过对缴费人所持的缴费凭证进行检查，从中了解和掌握情况，及时发现问题并加以纠正。同时，稽查过程中所反映出来的错征和偷漏费的问题，也可以找出其存在的原因，采取有效措施，进一步强化征管质量，促进征稽人员不断提高征稽管理水平。

（四）信息反馈职能

信息是指有价值和新内容的知识或消息。通行费征收的信息，既来源于征费业务运作活动，也来源于稽查监督的发现。对于稽查部门来说，稽查管理的形式主要是以动态管理为主，它的管理方法实际上是从信息出发，进行获取信息、筛选信息到利用信息的活动过程，从而实施控制，达到管理的目的。稽查活动的范围和对象，决定了它掌握信息、扩大信息和利用信息的优势。稽查业务获取的信息是从微观入手，通过掌握可靠的费源信息，如运力运量信息、规费征收政策信息、部门协调信息、偷费漏费信息、管理状况信息、收费员行为信息等，经综合分析后，把这些信息反馈给上级部门，为进行宏观调控和科学决策提供依据。

**三、稽查管理的内容**

（一）内部稽查

内部稽查是收费公路稽查工作的主要内容，主要针对内部职工工作作风、工作纪律、各项规章制度执行情况，根据通行费征收管理相关法律法规和收费管理所的各项规章制度，负责对收费站站容站貌及收费、监控人员的工作纪律、仪容仪表、文明服务、规范售票、通行费票款等进行的检查监督，及时发现、处理违纪行为，及时掌握收费、监控人员的思想动态和日常工作情况，定期向所领导汇报收费工作中存在的问题，并提出改进征收管理的合理化建议。通过内部稽查，促使收费职工遵守收费管理有关规定和各项财经纪律，做好通行费征收、文明服务、票款解缴等基础工作，保证收费队伍的廉政建设和规范化管理，促进收费管理工作各项制度的落实和管理水平的提高，达到以查促收。

收费初期，各收费单位投入了大量的人力、物力开展内部稽查，收费现场稽查为最主要的稽查手段。稽查人员对各收费站每天进行不定期的抽查监督、对收费现场的文明服务、收费运营、安全稳定情况实施监督，全力保障收费管理工作。电脑监控安装后，内部稽查手段更加丰富，监控稽查成为通行费征收管理中运用最广泛的稽查方法。稽查人员不需要随时下站就可以通过监控室对各收费站收费情况即时进行全面督查，还可以调阅监控录像资料，就具体的某一事项进行重点稽查，极大地方便了内部稽查工作，节省了大量的稽查人员，大大提高了收费监管力度和工作时效。内部稽查是收费稽查工作的重中之重，为了进一步加强车辆通行费征收工作规范化管理，有效防治各类违规违纪现象，保证征管工作健康有序开展，原白银公路总段严格落实《全省开放式二级收费公路稽查办法》及《收费管理量化考核实施细则》，并根据《收费公路管理条例》和有关法律法规，结合全总段通行费征收管理实际，制定《白银公路总段通行费征收管理稽查考核办法》，并不断重新修订完善，《办法》从收费管理、行为规范、形象规范、突发事件处理、考核与奖罚方面进一步完善规范，细化了稽查考核的具体项目、内容和评分标准，确保各项工作有章可循、有据可依。根据稽查考核实施细则，管理局对各收费单位进行季度稽

收费、路政人员向驾驶员宣传收费及路产保护政策

查，对稽查中发现的问题下发通报，督促各收费单位及时整改落实。局属各收费单位结合单位实际，修订稽查考核办法，量化稽查考核实施细则，通过上下结合、内外结合的方式，借助监控手段，加大稽查力度，对全站人员的工作纪律、仪容仪表、文明服务、环境卫生等工作展开检查，采取不定期、不定时、不定点的方式，通过现场稽查、重点抽查、监控稽查相结合的模式，实行稽查签字制度，对稽查情况进行周小节、月通报，严格按照制度兑现奖惩，全面提升收费站的基础稽查管理，使全站职工的意识和行动统一到规范管理中，有效预防了各类违规违纪行为的发生，使职工工作作风进一步好转。

（二）外部稽查

外部稽查是收费公路稽查工作的重要内容，主要针对恶意偷逃通行费车辆、人员，依照国家车辆通行费征收法规，通过对过往车辆缴费情况的检查，纠正和查处各类冲卡逃费车辆、特权车、人情车、伪造或转借月票车辆、假冒绿色通道车辆，保证国家征费法规的贯彻执行；协同路政、公安、交警等执法机关，积极处理重大抗逃费案件和各类收费矛盾纠纷，清理非免费车辆，遏制冲卡逃费、寻衅闹事现象，维护良好的收费秩序，及时协调路政处理各类损坏收费设施的案件，并通过路政部门依法收取路产赔偿费。

"贷款修路，收费还贷"是我国公路建设与运营管理的基本方针政策，二级收费公路建设运营 20 多年来，为服务地方经济发展做出了重要贡献，社会公众也对二级公路收费逐渐理解，并给予了支持和配合，但仍有一些驾驶人员置规章于不理、置法纪于不顾，在利益驱使下，采用各种手段偷逃通行费，而且逃费手法不断翻新、变本加厉、愈演愈烈。少数不法

收费单位、路政部门联席会议

分子甚至肆意妄为，寻衅闹事，恶意冲岗逃费、胡搅蛮缠，殴打收费人员事件频发多发，严重扰乱了收费管理秩序和道路运输市场秩序，导致收费公路车辆通行费流失严重，而且危及道路和收费人员安全。为了认真贯彻落实"贷款修路，收费还贷"的方针政策，进一步堵漏增收，营造安全、稳定的收费环境，局属各收费单位不断创新通行费征收管理思路，主动出击、多管齐下，广泛争取当地公安、交警、路政等外部力量联合开展收费环境治理，严厉打击各类偷逃通行费车辆。一是加大收费政策宣传力度，在市、县电视台播放收费政策通告，在收费广场散发政策宣传单、车辆通行费征收告知书、制作宣传展板，悬挂宣传横幅，并通过网站、LED显示屏等多种形式向社会各界尤其是广大司乘人员集中宣传二级收费公路有关政策，正确引导，扩大影响，让本地车辆车主或驾驶人员理解和支持二级公路通行费征收工作，努力提高车辆车主或驾驶人员自觉缴费意识。二是深入开展收费环境联合治理，成立联合整治行动小组，协调交警、路政、公安等部门执法人员轮流驻站，依法对各种冲卡逃费车辆进行治理，严厉打击各类暴力抗费事件，积极堵漏增收。并由值班领导带队驻站蹲点、路政人员驻站执法，机关人员轮流下站，开展收费公路"特权车""人情车"

"改型车"及假冒军警车清理整治活动，坚决打击偷、逃、漏费行为。2015年，景泰收费所多方协调，争取县公安局在景泰收费站、大水磋收费站分别设立警务室，进一步强化了与公安、交警、路政等部门的协调配合机制。三是加大偷逃车辆治理力度，对偷逃通行费次数多、情节恶劣的车辆统一汇总，建立偷逃车辆"黑名单"，并将偷逃车辆的车牌号、冲卡时间、冲卡次数和逃缴通行费额等数据及时更新，加强冲卡逃费车辆异地治理。主动联系就近的收费站，互递车辆冲卡逃费信息，跨省联动全力整治冲卡逃费车辆。追缴不成功的，采取收费站区LED显示屏滚动播出、电话告知等形式，责令限期补缴通行费，对限期内仍不补缴的车辆，通过司法渠道，由地方法院对驾驶员进行传唤依法追缴，有效震慑冲卡逃费车辆。四是加强车辆绕道逃费治理，积极联系路政执法所对逃费车辆绕道的平交路口进行封闭，对不适宜封闭的路口安装路网监控系统，及时收集资料备案，对长期引导车辆绕道逃费的人员向当地派出所报案，通过法律手段有力制止车辆绕道逃费行为。五是加大收费监控稽查，督促收费人员严把吨位核查关和绿通检验关，认真核查车辆证件，正确判断车型、吨位、确保车辆通行费"颗粒归仓"。并积极联系联网收费管理部门及技术单位进行联合稽

大水磋收费站警务室

查，对技术、设备方面进行改进和更新，安装车辆抓拍系统，及时监控、抓拍冲卡逃费车辆。

多年来，广大稽查人员发扬不怕苦、不怕累的公路人精神，不分昼夜轮流奋战在收费一线，耐心解释宣传收费政策，维护公平、稳定的收费秩序，积极堵漏增收，用实际行动维护了"贷款修路，收费还贷"政策的严肃性，为公路收费事业的发展立下了汗马功劳。

**四、稽查队工作职责**

（一）根据通行费征收管理相关法律法规和收费管理所的相关管理制度，做好通行费征收稽查管理工作。

（二）负责对收费站站容站貌及收费、监控人员的工作纪律、仪容仪表、文明服务、规范售票等进行检查监督，并及时报告、处理违纪行为。

（三）及时掌握收费、监控人员的思想动态和日常工作情况，定期向所领导汇报收费工作中存在的问题，并提出改进稽查管理的合理化建议。

（四）协调路政、公安等执法部门，积极处理抗费、逃费案件和各类收费纠纷，维护良好的收费秩序。

（五）及时协调处理各类损坏收费设施的案件，并通过路政部门依法收取路产赔偿费。

**五、稽查管理的考核**

（一）稽查考核主体和范围

1. 稽查考核主体

具体由局业务部门组织实施，可随管理局季度督查一并进行，也可根据需要抽调局相关科室及收费所管理人员单独进行。

2. 稽查考核范围

收费任务完成情况、收费管理、文明服务、微机收费（监控）系统的运行、月票等特殊车辆管理及系统应用、投诉事件的处理、突发事件应急处理、收费环境综合治理及争创活动的开展、职工队伍建设、安全责任制度和其他交办事宜落实情况等。

（二）稽查方式和原则

1. 稽查方式

原则按季度稽查，必要时采用事先不通知、时间不固定的突击稽查方式。稽查后以文件形式下发通报，并督促整改落实。

2. 稽查原则

以违规必罚、问题必纠为原则，坚持以事实为依据，以制度和办法为准绳，做到制度面前人人平等。

（三）稽查要求

1. 收费单位要根据本办法，结合各自的工作实际，制定出相应的考核细则和奖惩办法，每月对各岗位的工作人员进行量化考核打分，并严格兑现奖惩，有效推动工作落实，切实提升收费管理水平。

2. 各收费单位在收到管理局季度稽查通报后，必须在 3 个工作日内研究制定整改措施，并追究相关人员责任，兑现奖罚，10 个工作日内将奖罚结果及整改报告上报管理局。

3. 如有下列情节之一者，将责成当事人所在单位依据本单位管理制度给予其处理，并一次性扣减当事人所在单位 5 分。

（1）利用各种手段收集、存放、倒卖票款，严重违反收费纪律者。

（2）无故不请假，擅离工作岗位 10 天以上者。

（3）参与社会黄、赌、毒，被公安机关治安处罚者。

（4）由于个人工作行为不规范，造成重大安全事故的直接责任者。

（5）不服从组织纪律，由于个人行为不规范给单位造成重大影响者。

## 白银公路管理局通行费征收管理稽查考核评分细则

| 考核项目 | 分值 | 考核内容 | 评分标准 |
|---|---|---|---|
| 收费任务 | 20 | 收费任务完成情况 | 按收费任务完成绝对值并结合完成比例进行评分。 |
| 收费管理 | 30 | 落实政策、管理措施 | 未传达省厅局、管理局有关会议精神，扣1分；未签订目标责任书，扣0.5分；收费任务未分解细化到站、班，扣0.5分；制度落实、奖罚兑现不到位，扣1分；稽查不到位、记录不齐全，扣1分；监控、稽查未做到例会小结，扣1分，对收费情况没有月分析例会，扣1分。 |
| | | 数据上报文件及管理资料 | 未及时上报收费报表和分析、数据不准确、分析不客观，扣0.5分；资料不齐全、资料管理不规范，扣0.5分。 |
| | | 财务制度落实、票据管理 | 不坚持财务管理制度，扣1分；不坚持收支两条线、专款专用，出现坐支、挪用、截留和平调，扣2分；通行费未及时足额解缴，扣1分；票据未按要求印领、保管、领用，票管人员变动交接手续不齐全，扣1分；未落实"三专""六防"，保管混乱，扣0.5分；废弃票管理、长短款处理不规范（未登记，说不清原因），扣0.5分；未做到"班清日结""三清"（账清、票清、款清）、"五不漏"（不漏收、不漏票、不漏账、不漏报、不漏交），扣0.5分；发生票证丢失、损毁，扣5分。 |
| | | 机关及站务管理 | 办公区域卫生差，扣0.5分；值班领导不在岗，扣1分；对前来咨询或办理有关事项的司乘人员接待不热情、不耐心解答，扣0.5分；对外办事窗口未设置座位、饮水机、办事指南等便民设施的，扣0.5分；交接班记录签字不全、不实，扣0.5分；收费站、收费广场、票亭内存在安全隐患、卫生差、设施破烂，扣1分；值班站长不到位，扣1分；宿舍未按半军事化标准布置，物品摆放、被褥叠放不整齐等，扣0.5分。 |
| 文明服务 | 20 | 规范收费形象 | 工作时着装不规范（披衣敞怀、穿拖鞋、制服与便装混穿、不同季节制服混穿），扣0.5分；未按规定挂牌上岗、徽章不齐全、位置不正确，扣0.5分；穿制服到经营性娱乐场所，扣1分；将制服、证件转借他人，扣1分；稽查、警卫人员在收费区域值勤时未戴头盔、着反光背心，扣0.5分；工作时戴首饰、围巾、染彩发、化浓妆，男同志剃光头、蓄长发、留胡须、戴墨镜，扣0.5分；工作期间仪态不端庄、风纪不严整、举止不文明（袖手、勾肩搭背、嬉笑打闹、在司乘人员面前有双手抱胸、打哈欠、伸懒腰等行为），扣0.5分；交接班不规范，不列队和讲评，扣1分；在站期间，酗酒、打麻将、赌博、酒后上岗，影响工作损害形象的，扣1分；执勤时未做到先敬礼后纠章的，扣0.5分。 |
| | | 规范收费行为 | 业务不熟练、不按规定程序操作、不严格执行一车一杆、一车一票制，扣0.5分；携带私款上岗、收钱不给票或少给票，扣1分；私放人情车，扣0.5分；不按规定结算、清缴、挪用票款、以物代费，形成作弊事实，扣1分；利用其他手段作弊，经稽查、举报、监控查实的，扣1分，免费车、月票车不核对就放行，扣0.5分；随意搭乘过往收费站的车辆、遮蔽或躲避收费亭内监控镜头，扣0.5分；殴打、辱骂、讽刺、挖苦车主或司机，收费亭不锁门，有非管理人员进入收费亭，扣1分；在岗期间串岗、脱岗、打逗、看书、吃零售、吸烟、接听电话，或做与工作无关的事情，影响正常工作秩序的，扣0.5分；在收费过程中未行招手礼、不使用文明用语、不用普通话唱收唱付，扣0.5分；不耐心解答问题，扣0.5分；在遇到重大节日、恶劣天气等特殊情况，不使用相应文明问候语，扣0.5分；指挥失控、秩序混乱、收费口堵车，造成不良影响的，扣1分；不服从领导、无故旷工、迟到、早退，扣1分。 |

**续表**

| 考核项目 | 分值 | 考核内容 | 评分标准 |
|---|---|---|---|
| 微机收费、监控系统 | 5 | 收费、监控系统运行情况 | 系统保养不到位，对系统设备问题没有及时与维护单位联系维修，简单故障不能自己排除，扣 0.5 分；未及时备份有关资料，记录不齐全、有错误、保管不符合有关规定，扣 0.5 分；利用职务之便修改数据造成违法，扣 5 分；监控不到位，未超前监控而出现违纪违规现象，未向上级领导汇报，扣 0.5 分；监控员业务不熟练，不会基本操作，扣 0.5 分；监控中徇私舞弊记录不详实，扣 0.5 分；冲卡车未按规定登记、不报告监控室，扣 0.5 分；监控录像资料审核、保存、抽查、复核未按规定办理，发现一次扣 0.5 分。 |
| 特殊车辆管理 | 5 | 特殊车辆管理系统应用情况 | 特殊车辆管理系统运行不到位，扣 0.5 分；月票车辆信息上报不全，扣 0.5 分；不按核定吨位办理月票，扣 1 分；对月票车、免费车没有进行清理和整顿，扣 1 分；免费车没有登记上报管理局审批，扣 0.5 分；冲卡车未登记，扣 0.5 分；档案管理不规范、基础资料不齐全，扣 0.5 分；绿色通道车辆数据录入不完整，扣 0.5 分。 |
| 投诉举报 | 5 | 因服务质量等受投诉 | 接到投诉举报，经查实责任在于我方，一次扣 2 分；受到媒体负面曝光，一次扣 5 分；受到上级批评，一次扣 2 分；未积极稳妥处理收费纠纷，一次扣 2 分。 |
| 应急管理 | 5 | 突发事件应对能力及措施 | 未结合实际制订应急预案，扣 1 分；发生突发事件后对各项应急预案的落实不到位，扣 2 分；每年至少进行一次应急演练，否则扣 2 分；演练资料不规范、不齐全，扣 1 分。 |
| 活动开展、队伍建设 | 5 | 活动开展情况 | 未开展各类文明创建和收费环境综合整治活动，扣 1 分；安排部署、落实不到位，扣 0.5 分；资料不齐全或没有总结上报，扣 0.5 分； |
| | | 职工队伍建设 | 不能熟练掌握相关收费政策、征收政策执行不到位，扣 1 分；未定期对职工进行政治和业务培训，扣 0.5 分； |
| 安全管理 | 5 | 安全生产责任制度的落实 | 安全制度不健全，扣 1 分；未落实安全生产责任制，扣 1 分；收费秩序混乱，扣 1 分；职工有不安全行为（正面挡车、强行拦车，越过安全警卫线执勤、在车尾停留、在广场行车道乱窜等），扣 1 分；发生安全事故，扣 5 分；收费现场安全设施和标志设置不规范、不齐全，扣 1 分；安全设施破旧或维护不及时，扣 1 分。 |
| 创新管理 | | 工作亮点 | 在收费管理中措施创新，收效明显，每项加 2 分；出色完成临时交办事项，每项加 2 分。 |

# 第三节　监控管理

## 一、监控管理的概念

　　监控管理是对收费站车道、收费广场、收费亭的收费情况和对收费车道通过的车辆类型、收费员的操作过程以及收费过程中的突发事件和特殊事件进行观察和记录，实施有效的监督。监控管理是加强收费公路车辆通行费管理，防范私放人情车及经济违纪等现象的一种重要监管手段。监控员通过电脑屏幕对收费人员的工作行为、文明用语以及收费现场秩序进行全方位不间断地观察监控，观察到收费人员有不规范动作或行为时，通过对话系统对不规范的动作进行及时的提醒纠正，有效地把不规范的行为遏制在萌芽状态。此外，监控能够详细地将票额面值、售票情况、找零情况等反映出来，方便对收费工作信息进行核实，保证了收费工作的规范开展。这种数据、图像和声音相结合的监控稽查方式对收费工作监督时间最长、监督效果最真实，是任何外在因素都无法干扰的，具有真实性和直观性。

**二、监控管理的作用**

（一）收集信息。监控人员借助于系统的功能，及时记录传达上级收费管理的新政策、新信息，收集记录现场操作的各种特情操作，检查设备工作状态，报告各种实时信息。

（二）指导操作。监控人员可以通过监控系统提供的视频和对讲设施随时掌握现场收费情况，指导收费人员正确处理现场的各种特殊情况，减少和避免误操作发生，在车道发生堵车或故障等突发情况时，迅速指挥收费人员进行处理，确保道口畅通。

（三）监督管理。对收费现场的收费人员的工作行为、文明用语等情况，监控人员能够进行全方位、全天候的监督和管理，防范违纪和作弊行为发生，还可以对系统记录资料进行对比分析，查找管理漏洞，为稽查提供有力的依据。

**三、监控管理的内容**

监控管理是实现监控人员在监控室实时观察和系统自动记录收费亭收费员工作情况、车辆通过收费车道以及收费广场等实况，给个别有不文明行为和作弊行为的人造成心理威慑，以防止漏费与制止作弊，并通过实时记录的资料进行各种形式的稽查，为处理收费违纪违法行为提供确凿的证据。同时，监控人员能通过对讲系统对收费工作进行适当的调度，收费人员也可通过对讲系统及时与监控人员进行业务对话，使收费过程中的一些突发事件能及时妥善地得以处理，既能避免与车主发生摩擦，又不违背收费原则，可提高收费文明服务质量。

（一）在收费公路管理所的领导下，认真执行收费工作管理办法，做好收费监控工作。

（二）熟悉和掌握国家有关法律法规、政策及收费管理各项制度，严格工作程序，认真履行监控工作职责。

（三）精通收费业务，对收费人员着装仪表、文明服务、工作纪律等进行认真监控，做好监控记录。

（四）经常分析收费工作中存在的问题，制定监控工作重点和工作方案，采取行之有效的措施堵塞收费漏洞。

（五）及时利用监控摄像头抓拍收费过程中各类异常现象，并做出正确判断，防患于未然。

（六）做好监控录像资料和监控记录的备份、整理、汇总工作，为稽查管理提供依据。

（七）负责收费监控系统设备的维护、维修工作，确保设备正常运行。

**四、监控员岗位职责**

（一）热爱本职工作，钻研业务技能，熟悉掌握计算机收费监控知识，发现故障立即向监控室主任汇报。

（二）爱护设备，经常保持计算机收费监控系统及监控室的清洁卫生。

（三）精通收费业务，对收费人员的着装仪表、文明服务、工作纪律、收费业务进行认真监控，准确判断违规违纪现象，对违规违纪、贪污作弊行为详细记录，必要时立即向值班领导和稽查队报告，以便及时处理。

（四）负责监视收费现场通行费征收情况，认真监控、全面掌握收费、警卫人员的工作情况和车辆通行情况，对于发现的不规范行为及时提醒当事人（或站长、班长），予以纠正，并做好相关记录。

（五）收费现场发生突发事件，应按照应

急预案妥善合理汇报处置，并利用广场摄像机跟踪拍摄事件经过。

（六）按照通行费缴款单认真打印通行费日报表，严禁泄漏当班收费金额。

（七）做好监控保密工作，未经批准严禁非监控人员进入监控室或翻阅监控资料。

**五、监控管理制度**

（一）监控室实行24小时五班三运转值班，值班监控员要坚守岗位，严禁脱岗、睡岗。值班期间禁止会客，不得看书报或做与工作无关的事情。

（二）值班监控员要认真履行职责，对在岗收费人员的工作行为进行认真监督，并做好记录；填写记录要字迹清楚，不得涂改；发现问题要及时向监控室主任或值班领导报告。

（三）负责值班期间所有数据的处理和保存，如发生机械故障要及时向监控室主任报告，无特殊情况不得私自关掉主机或退出，丢失数据要追究值班监控员的责任。

（四）严格遵守保密制度，不得向外透露当班情况和监控内容。未经批准严禁非监控人员进入监控室或翻阅监控资料，做好监控保密工作。

（五）严格值班交接手续，不得迟到、早退，接班监控员应提前15分钟上岗检查设备，办妥交接登记手续后方可上岗。

（六）坚持实事求是、纪律面前人人平等的原则，做到清正廉洁、秉公执法、不徇私情，不以权谋私、不贪赃枉法。

# 第四节　站务管理

## 一、站务管理的内容

收费站站务管理是收费站管理实务的基础，站务管理日常所做的工作主要是传达上级

有关部门的文件和精神，上报站务管理有关文件，汇报收费站各方面的情况，保持与社会各方面的联系以及及时通报有关情况等工作，发挥承上启下、内联外协的枢纽沟通作用。具体包括以下几个方面：

（一）收费基础管理

1.上下岗规范程序

（1）上岗准备

①全体接班人员在正点接班前15分钟开始准备工作，收费人员在班长的带领下到票据室领取票据箱，警卫做好相应准备工作。

②如有缺勤需做岗位调整，班长要及时向值班站长报告。

③接班前按规定统一着装，警卫系好武装带，戴好钢盔、白手套。

④上岗人员清理兜内私款和其他与工作无关的物品。

⑤收费人员在票据室设置的日期章调整本上统一盖章并签字。

⑥全体人员检查自己的上岗证、收费证，收费人员检查非正常情况记录本、圆珠笔、印章、工号牌等上岗物品。

（2）上岗

①全体人员在正点前5分钟在宿舍或办公楼门前集合。

②整队、清查人数，向值班站长报告。由

收费人员整理着装

收费人员列队上岗

班长整队下达口令："立正，向右看齐，向前看，整理着装，报数，稍息，立正。"向值班站长报告，"报告站长：×班，应到××人，实到××人，上岗准备完毕，班长×××，请指示"。

③岗前动员。听到上岗的命令后，班长安排好每个人的岗位："×××为收费员，在×号亭，×××为警卫，在×号岗位"，然后对一天的工作提出要求，进行岗前动员。动员内容主要有：根据工作实际对岗位纪律、行为规范、仪表形象、文明用语、作业程序、设备、卫生等提出要求和其他注意事项。

④班长带队齐步行进到收费区，在行进中收费人员统一用右手提票据箱。

（3）下岗

①交班班长下岗前一小时组织班内替班人员和警卫清扫收费区卫生，责任到人，清理彻底。

②收费人员交接后，到各岗的收费亭前与警卫前后站立，听到"下岗"的口令后，一起沿安全岛行至岛头固定位置，班长下转向口令，各岗位人员前后对齐，由后至前依次跟随入列下岗。在行进期间班长要有队列口令。

③班长将队伍带到门前时，对当班工作进行总结讲评，对工作中认真负责的同志和好人好事提出表扬，对工作中的一些问题提出正确

处理方法和要求，而后向值班站长报告："报告站长，×班已完成执岗任务，班长×××，请指示"。

④讲评后，将队伍带到大厅后方可解散。收费人员列队到票据室结账，结算时任何人不得随意出入，门要关紧。结账完毕后，将票据箱放到票据柜内锁好。

⑤结算后班长向值班站长汇报本班的收费情况和其他工作情况，并做好相应的值班记录。

2. 交接班规范程序

（1）接班班长将队伍带到收费区指定位置（期间要有行进口令），与交接班班长相互敬礼，"×班长同志，×班接班工作准备完毕，是否接班？"听到"可以接班"后，相互敬礼，各自返回自己的岗位。

（2）接班班长向收费人员下达"提箱"的口令后当听到"齐步走"口令沿安全岛的方向行进，当行走至自己岗位的安全岛头前时自动立定，然后由班长下达向右转的口令，前后两列自动看齐，当班长下达接岗命令后，分别走向各自的工作岗位。

（3）警卫在本人应接班的岗位前一米处，成立正姿势向交班人敬礼后进入岗位，再相互敬礼。

（4）收费人员到岗位后，将自己的工作号

班长对收费人员进行岗前动员

239

牌放在指定位置后，对亭内设施及功能进行检查，发现破损及时向班长报告。

（5）两位班长在其他人员交接期间，依次按亭检查，接班人员完全进入岗位后，接班班长在值班记录上签字，交班班长带队离岗。

3. 收费工作规范程序

（1）收费员进入收费亭后，将票据按要求摆放，票据箱锁好放于指定位置，帽子按要求摆放，控制器、验钞器放于票据左侧，印章放于票据右侧。

（2）收费员目视前方，集中精力，当车辆进入通道时首先判定车型。

（3）车辆停在窗口处，向司机说："您好，请交费××元。"

（4）接司机钱时，说"谢谢！"收费员点钱，唱收。

（5）撕票盖章。

（6）将票据递给司机，做到唱付，并说："请走好"。

（7）按动按钮起杆放行。

（8）当车驶离车道，按动按钮，放下挡杆。

（9）注意事项

①收费员对自己所售票据加盖印章，必须清晰，日期准确。

②收费员所售票据由小号到大号顺序，不准跳号或隔号。

③收费员对非正常情况要认真做好记录，内容包括"时间、车号、单位、原因、处理结果、班长签字"。遇有非正常情况时，必须通知监控人员，非正常情况记录上必须有班长签字。

④收费人员在收费时对所收钱币识别真伪。

⑤收费人员在正常情况下，一辆车收费时间不超过10秒。

⑥收费人员使用文明用语，要面带微笑，声音响亮，要切实做到唱收唱付，不能随意简化，更不能使用服务忌语。

⑦收费人员在亭内工作，不能阻碍监控工作的正常进行。

（二）内务管理

1. 内务和仪表

（1）职工起床后应立即整理床铺，保持宿舍整齐、清洁、有序，不准在宿舍墙壁上乱挂乱划。

（2）床铺应统一铺罩配发的床罩，不准在床上乱堆杂物。

（3）洗漱用具应按要求合理摆放，脸盆放在盆架上，牙膏、牙刷放在牙缸内，统一摆放在床头柜上，牙刷把向下，牙膏口向上。

（4）拖把、铁簸箕等卫生用具统一放在门后，水桶放在脸盆架旁边，脸盆架放在进门一侧，暖壶统一放在桌子上，水杯放在水壶两侧（把向外），票亭内水杯放在右手前方。

（5）衣帽挂在衣帽架上，衣帽架上不准挂放非标志服，衣帽架放在房间适当的位置。

（6）在办公区域内活动，都必须着标志服，按规定佩戴领花、肩章，着春秋装必须系制式领带，非工作需要不准戴有色眼镜。

（7）宿舍内除必需的日常用品外，其他用品都要妥善收藏。

（8）全体职工必须注意仪表形象，规范着装，男同志不留长发、蓄须、剃光头，不敞胸露怀。女同志不化浓妆、染彩发，不穿过高的高跟鞋、染指甲，衣着整洁，统一发型。

（9）职工着标志服不准袖手，不准边走边抽烟，扇扇子，不准在单位周围聚众酗酒、打闹，不准把衣服搭在肩上，不准在大众场合穿拖鞋或赤脚。

2. 收费日常管理

（1）全体职工应严格遵守作息时间，机关工作人员不应迟到、早退；上班后首先打扫办公室卫生；有事严格遵守请假销假制度；临时外出，必须向值班领导请假，回来后，立即销假。

（2）车辆要按规定的地点停放，不得妨碍其他车辆通行，车辆在院内通行时速度不能过快，不准乱鸣喇叭。

（3）饭堂内不得打闹嬉笑，不准敲打碗筷，不准猜拳行令，不准随地吐痰，乱扔脏物。要讲究卫生，保持清洁，打饭时要自觉排队，饭后将椅子放好后离开。

（4）开会时应保持全场安静，关闭手机。不准迟到、早退，不准吸烟，随地吐痰，吃零食，乱扔杂物。不准交头接耳，大声喧哗。要按规定着装，坐姿端正，精神饱满，要按指定的位置就座，要听从会议召集人的指挥。

（5）办公区域内不得留宿他人，若需留宿，必须向值班领导请示，不准酗酒，不准赌博，不准观看、传播、贩卖淫秽物品。

（6）职工上下班，必须由班长带队、列队交接班。上班时遇到领导检查，警卫必须向职务最高的领导敬礼，并汇报当班情况，若是本所领导，领导必须还礼。

（7）全体职工应自觉保持区域卫生干净，不准乱扔杂物；在走廊设置痰盂，不得随地吐痰。

（8）经常组织职工开展有益的文体活动，丰富职工业余文化生活。

3. 文明礼貌

（1）全体职工必须举止端正，谈吐文明。不得到营业性酒吧、按摩室、桑拿浴室、歌舞厅等场所消费娱乐。

（2）不准传播、贩卖、传看渲染色情、暴

干净整洁的职工宿舍

力、迷信和低级庸俗的书刊和音像制品。

（3）为体现全体职工团结友爱和互相尊重，职工之间必须有礼节，职工进领导办公室，必须打报告或敲门，经允许后方可进入。不经允许，不随意拿或翻看别人的东西。

（4）职工之间有职务的，称职务或者姓加职务，领导称职工或职工之间称姓名，不准叫绰号，职工听到呼唤应当立即答"到"。

（5）职工之间谈话要文明，互相尊重，举止要得体。

（三）安全管理

1. 制定安全目标。各收费单位要根据自己所处的环境、工作性质和特点以及人员构成等实际情况，制定安全生产目标，并配上相应安全措施，使之成为全站干部职工自觉行动的指南。

2. 落实安全生产责任制。坚持管生产必须同时管安全，采取逐级签订安全生产责任书的形式，使安全工作得到较好的开展。

3. 搞好安全教育。加强职工安全知识、事故案例等方面的学习教育，增强职工安全意识，掌握安全生产规定，提高执行安全措施的自觉性，学会预防事故的本领。

4. 做好安全检查工作。采取岗前安全检查、季节性安全检查、节日前后安全检查、定期检查等多种形式，加大对收费站房和各类收费设施的检查，及时发现安全隐患，积极整改落实。

5.加强设备的维护和保养。对机电设备和收费设备勤检查、勤擦扫、勤保养，全面做好防尘、防潮、防霉等工作，时刻关注设备运行情况，及时发现问题、解决问题，真正做到防患于未然。

**二、收费站工作职责**

（一）执行白银公路总段和收费公路管理所的各项制度、办法、规定。

（二）完成收费公路管理所下达的收费指标任务。

（三）负责票据、票款的管理和监督工作。

（四）负责本站工作人员的管理，执行"五化"（管理军事化、收费标准化、执勤规范化、稽查制度化、言行文明化）管理。

（五）负责收费设施的管理、使用，维护收费秩序，及时处理收费纠纷，确保收费安全。

（六）负责填写各项记录。

（七）组织本站职工参加政治业务学习、劳动竞赛、文体公益等活动。

（八）负责收费广场的绿化、美化工作，搞好站房、票亭及收费广场的环境卫生。

**三、各类工作人员工作规程**

（一）收费站站长

1.负责本站的行政领导和业务管理工作，带领全站人员遵纪守法，模范遵守各项规章制度，努力完成上级下达的各项工作任务。

2.负责本站人员的思想政治教育，关心职工的思想、工作、生活，促进各项工作任务的完成。

3.负责抓好业务学习，不断提高通行费征收规范化操作水平，努力提升服务质量。

4.督促本站工作人员坚守工作岗位，按时上下班，认真搞好本职工作。

5.经常检查督促工作，及时处理职权范围内的各种事务和出现的问题，定期向所领导汇报工作开展情况和存在的问题，协助所领导掌握职工的思想动态。

6.带领上班人员搞好站区卫生，确保收费站干净整洁。

7.遇有突发事件，及时启动应急预案，妥善处置，并向值班领导或主管领导汇报。

8.副站长协助站长搞好站务工作，站长不在时代行站长职责。

（二）收费班长

1.在站长领导下负责本班的业务管理工作，随班收费，带领全班人员遵纪守法，模范遵守各项规章制度，严格执行收费政策，努力完成上级下达的各项任务。

2.负责本班人员的思想政治教育，关心职工的工作、生活。

3.带领全班人员搞好站区卫生，确保收费站区干净、整洁、美观。

4.及时了解本班人员思想动态，发现问题及时向站长汇报。

5.督促本班人员坚守工作岗位，按时上下班，认真搞好本职工作。

6.对收费现场出现的车辆冲卡、闯道等事件及时通知监控室；遇有突发事件在及时向值班站长汇报的同时，根据应急预案规定积极履行职责，并做好相关记录。

（三）收费员

1.收费员应按时上下班，不得迟到早退。上岗前由班长检查、督促做好准备工作，未经领导批准，不准中途离开收费亭；不准私自关闭车道，不准提前下岗或无人接班的情况下擅离岗位。

2.收费员上岗时应仪容严整，姿态端正。

必须按规定着装，佩戴好工作号牌；严禁衣着不整或着便装、混装上岗。

3.牢固树立法制观念，严格执行通行费征收政策法规，廉洁自律，不贪污票款，不违法乱纪，绝不能随心所欲，凭感情用事，坚决做到"应征不漏、应免不征"。

4.文明征收，礼貌服务，坚持使用文明用语和服务手势，积极向车主和广大群众宣传征费政策和法规，广泛争取社会各界人士的理解与支持，创造良好的征费环境。

5.工作时注意力要集中，面对过往车辆，准确判断车型和车情；要掌握识别假币的技能和处理方法，准确收钱、规范售票；对废票或司机不要的弃票，要加盖废票章，投入废票箱。

6.收费过程中发生矛盾纠纷时，应理智应对，妥善处理，防止矛盾激化。

（四）警卫员

1.在班长的直接领导下，负责当班期间的车辆疏通和交通指挥工作。

2.负有保安工作职责，及时劝离收费广场的闲杂人员，维护好收费秩序。

3.协助收费员核查车辆吨位，对拒不交费车辆，应耐心说服解释，车辆冲卡逃费时应及时报告外部稽查人员。

4.发生突发事件，应根据职权及时汇报处理。对不能直接处理的，应令其车辆驶出车道，确保收费工作正常进行和道路畅通，并汇报站长。

5.完成站长、班长交办的其他工作。

**四、站务管理制度**

（一）管理规范

1.牢固树立依法收费、文明收费、应征不漏、应免不征的指导思想，严格履行收费公路管理职能。

2.建立监督、检查和考核制度，对严格遵守制度、完成收费任务良好的收费站和收费员个人给予表彰和奖励；对违反规定、未完成收费任务或造成不良社会影响的收费站和收费员个人，按照相关规定给予处罚。

3.加强职工队伍的教育培训，建设一支高素质的队伍和高效精干、团结务实、勤政廉洁、精通业务的领导班子。收费队伍实行军事化管理，做到纪律严明、令行禁止。每年军训时间不少于一周。

4.按照"三优、五化"（优质服务、优良秩序、优美环境；工作程序化、服务规范化、管理科学化、行动军事化、环境标准化）的标准，规范收费行为和管理行为，全面推进收费单位文化建设和服务品牌建设。

5.坚持原则、依法收费，切实贯彻执行国家和省级各部门制定的收费政策、收费标准，严禁擅自免征、减征和提高收费标准。要采取各种措施严征强管，制定措施，堵漏增收，开拓创新，扎实工作，优化收费环境，确保征收任务的完成。要健全各项规章制度，强化征管力度，规范基础管理、业内资料、文书及影像档案，做到有序、统一。

6.各项基础设施符合规定且运行良好，各种标志标牌、安全消防设备齐全，站容站貌整洁，站区环境干净，道路畅通，无违规广告和

大水碥收费站庭院

商业摊点，各项记录齐全完整。

7. 财务、票证领发、核销、管理规范，收入资金及时足额上解，无赊欠、挪用、隐瞒通行费款现象，严格遵守"收支两条线"和财务会计管理制度。

8. 有严格的稽查制度和业务精良的稽查人员，能做到有计划、有目的开展稽查工作，稽查方法得当，处理事件妥当有力，各项资料健全规范，记录完整。

9. 微机收费自动化系统及监控设施符合收费工作需要，且运行良好，有微机系统管理和维护人员，能定期对设备进行保养和维护，简单故障能自己排除。能及时备份有关资料，记录齐全，保管符合相关规定。

10. 定期对收费人员进行政治业务培训，开展各种竞赛活动，严格按规定统一着装，持证上岗，亮相服务，唱收唱付，规范征收，熟练掌握各种相关的收费政策，熟悉收费站周边环境与交通，征收政策执行到位，并能妥善疏导站区交通。

11. 收费站站名牌、交通标志牌、收费公示牌、绿色通道牌、售票员工作牌等标示标牌必须按要求统一样式，内容标准化。

12. 有健全的便民服务设施，能积极为过往司乘人员排忧解难，提供服务。严格文明用语，杜绝服务忌语，举止规范，精神状态良

收费政策公开牌

好。能认真开展各种文明创建活动；廉政建设规范，规章制度健全。

13. 安全生产管理制度健全，能定期或不定期开展安全工作的检查，及时发现并消除安全隐患，确保全年无安全事故。

（二）形象规范

1. 通行费征管人员在收费时应着装整洁，不准穿拖鞋，不准袖手、插兜或勾肩搭背、嬉笑打闹，不准披衣敞怀。女同志工作时一律不准戴首饰、围巾，不得染彩发、烫发、不得化浓妆，男同志不准剃光头、蓄长发、留胡须、鬓角和戴墨镜。

2. 收费人员在收费过程中要用普通话唱收唱付，使用文明用语，杜绝服务忌语。文明用语使用要亲切、流畅、完整、规范，并做到咬字清晰、声音适中、语速适中。要做好文明服务，解答问题要耐心细致，尽最大努力为司乘人员排忧解难。

3. 礼态礼仪

（1）收费人员工作期间应保持仪态端庄，面带笑容、风纪严整、举止文明，并做到站立时端正、落座时坐姿良好、行走时步幅适当。

（2）当车辆行驶至车道位置时，身体向左转倾斜，面向司机，面带微笑，表情自然，手心向下，五指并拢，行招手礼，示意车辆停驶缴费。当车辆缴费离开时，将票据与零钱同时交于司机，手心向上，五指并拢，微斜，行送行礼。招手礼、送行礼要做到自然、真实、有亲和力，面带微笑，显示出喜悦、热情的心情，营造融洽、和谐的收费氛围。

4. 收费单位根据当地气候情况适时统一更换制服。严禁制服与便装混穿、不同季节制服混穿；着装时按规定挂牌上岗、徽章齐全，位置准确、端正；通行费征收人员非工作时间应着便装，除按规定执行公务外，严禁着标志服

到经营性娱乐场所活动；严禁将制服、标识服、证件转借他人；稽查、警卫人员在收费区域执勤时，必须头戴钢盔，着反光背心。

（三）行为规范

1.收费人员工作要求

（1）严格执行通行费征收标准，坚持原则，忠于职守，自觉接受社会监督。

（2）认真执行各项法律、法规、政策和工作规章制度，做到应征不漏，应免不征。

（3）工作期间做到业务熟练，热情服务，以良好的职业道德展示收费人员的形象。

（4）积极协助处理收费过程中出现的矛盾和纠纷，遇到重大问题及时向领导汇报。

（5）微机售票过程中严格按规定程序操作，爱护公物，保持微机售票设备的完好和处于良好的运行状态。

（6）正确使用挡车栏杆，严格执行一车一杆、一车一票制。

（7）加强政治和业务学习，提高业务技能，改进工作方法，完成各项工作目标。

2.收费人员应杜绝下列贪污作弊行为

（1）携带私款上岗。

（2）上岗时备用金大于或小于定额数。

（3）票款账簿不相符，有长、短款，且未履行登记手续，亦说不清原因的。

（4）在收费标准之外加收或代收其他费用；出售、截留、保存、传递回笼票或弃票，倒换假人民币，贪污票款。

（5）收钱不给票的或少给票，不按规定办理造成作弊事实的。

（6）擅自扩大免征范围，放人情车或半费车的。

（7）不按规定结算、滞缴、挪用通行费票款的。

（8）以物带费，形成作弊事实的。

（9）以司机大额钱币给小额票据的。

（10）利用其他手段作弊，经稽查、举报、监控查实为作弊行为的。

3.收费人员不允许有下列违章违纪行为

（1）不服从领导，不遵守所、站各项规章制度，无故旷工、迟到、早退、造成不良影响的。

（2）收费人员在岗期间串岗、睡岗、脱岗、聊天、打逗、看书、吃零食、吸烟、接听电话或做与收费工作无关的事情，影响正常工作秩序的。

（3）收费人员在站期间酗酒、打麻将、赌博、酒后上岗，影响工作，损害形象的，

（4）收费人员在司乘人员面前有双手抱胸、用手敲桌台提醒司乘人员、在司乘人员面前打哈欠、伸懒腰等行为。

（5）收取或索要过往车辆钱、物。随意搭乘过往收费站的车辆。

（6）遮蔽或躲避收费亭内的监控镜头。

（7）交接班不符合规定，不列队上下岗的。

（8）指挥失控，秩序混乱，收费口堵车，造成不良影响的。

（9）殴打、辱骂、讽刺、挖苦车主或司机，损坏过往车辆及物品的。

（10）收费亭不锁门，有非管理人员及检查人员进入收费亭的。

4.指挥车辆疏导交通时，参照公安部发布的交通警察手势执行。配合公安、交警等其他部门在收费区域内实施交通疏导时，应当严格执行安全防护规定，采取有效防护措施，确保自身和他人安全。除正当防卫外，不得与司乘人员有身体上的姜触。

5.对前来咨询或申请办理有关事项的司乘人员应当热情接待、耐心解答。各收费站的对外办事窗口，应当设置必要的座位、饮水机、

办事指南等便民设施。

6.免费车、月票车等必须逐车查验免费证和月票通行券，核对无误后方可放行。对超过期限等无效证件的免费车、月票车应按相关规定收费。对于办理月票的车辆，必须要求车主按规定提供相关证件，逐级审核办理。

（四）应急处置

1.建立健全值班制度，认真做好值班记录，不得流于形式。在规定时间内，值班室、站长必须坚守在指定的地点和收费站辖区，承担当班期间一切事物处理的责任。

2.各收费站必须在醒目位置设立举报投诉电话，具体内容包括：

收费所投诉电话、所长手机

单位投诉电话要24小时有人接听，收费所长手机要确保24小时开机。

3.收费单位要提高解决矛盾纠纷的能力。对于司乘人员反映的投诉举报信息，要及时调查了解，给投诉者尽可能满意的解释和答复。

4.当收费区域发生突发事件时，按照《甘肃省公路管理局局管二级收费公路收费区域突发事件应急专项预案》和《甘肃省公路交通突发事件应急预案》进行处置。

（五）服务承诺

在收费站设置文明服务承诺牌，具体内容如下：

文明收费，热情周到；

依法收费，保证畅通；

爱岗敬业，举止端庄；

业务熟练，接受监督；

唱收唱付，准确无误；

解难答疑，便民服务；

有困必扶，有难必帮；

有险必救，有警必助。

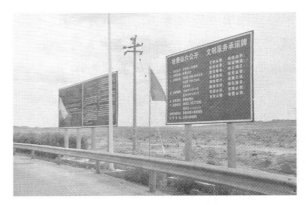

收费站文明服务承诺牌

## 第五节　治安管理

凡是在通行费征收单位工作过的职工心里都明白一个道理，那就是公路通行费征收的程度与当地各级政府的支持是紧密相关的，而当地公安部门的协征尤其显得重要。本节着重阐述各收费单位征收通行费过程中的治安管理工作。

收费工作开始之初，社会公众对公路通行费征收工作不理解，逃费漏费、冲卡撞卡、聚众闹事、堵塞车道、打骂收费人员等恶性事件不断发生，严重影响了正常的征收秩序。界嵬段管理所成立较早，收费管理工作经验不足，会宁县人民政府大力支持，县公安局派驻2名警察长驻收费所，并担任治安队队长，从人员到警务车辆全力配合，有效地维护了收费站的治安秩序，到2006年驻站警察才陆续被召回所在公安局。景泰、靖远所在总段党委的正确领导下，借鉴会宁所的经验，通过多次协调沟通，分别于2000年上半年得到当地政府的支持，景泰、靖远县人民政府向社会发出通告，要求当地车辆按规定交纳车辆通行费，要求县公安部门按照有关规定加强对收费站的治安管理。景泰、靖远县公安局根据县政府的通告精神，各抽调2名警察驻站协征并维护治安。景泰、靖远所成立了治安队，队长由驻站警察担任，并各配置公安警车 1 辆（车型：2000 超人）。随着收费站治安工作的不断加强，社会公众的交费意识逐步增强，到 2004 年驻站警察才陆续被所在公安局召回，维护收费站治安秩序的职能交属地公安派出所负责。为了更好地维护好收费秩序，景泰所在收费工作的起步阶段与景泰县交警大队协商，在上沙窝收费站成立了"景泰县交警大队上沙窝中队"，并挂牌驻站。在收费工作的收尾阶段，又在大水磆收费站成立了"景泰县公安局喜泉派出所大水磆收费站警务室""景泰县公安局交通警察大队大水磆交通安全执法服务站"，运行到 2017

年收费站撤销。靖远所收费工作起步后在三滩收费站成立了"靖远县公安局东湾派出所银三角警务室"，运行到该收费站撤销。

从 2004 年以后，各收费所随着驻警的陆续召回，收费站治安管理基本上以属地派出所为主，并联合交警、路政共同维护，在处置发生在三滩收费站、大水磆收费站多次治安事件中就充分体现了联动机制的必要性。总之，收费工作是行业行为，只有依靠当地政府，只有得到公安、交警、路政等部门的有力支持，工作才能顺利展开。

# 第三章　通行费征收队伍

TONG XING FEI ZHENG SHOU DUI WU

1995年6月,国道312线界巉段管理所成立。这是白银公路总段二级公路通行费征收史上创建的第一个收费单位,共有收费人员59人,科级干部4人,全部由总段各养护单位调剂,职工年龄普遍较低,队伍年轻化程度高。从文化程度来说,职工文化程度不高,整体学历偏低。大专及以上学历职工4人,仅占总人数的6.78%,1999年9月,景泰收费公路管理所和靖远收费公路管理所成立,白银公路总段收费队伍人数不断发展壮大,但职工学历层次低、专业技术水平不高仍是建所初期收费队伍呈现出的显著特征。

白银公路总段坚持以"内强素质、外树形象"为宗旨,在收费队伍中全面推行半军事化管理,大力倡导军人风纪风貌,培养造就了一支思想好、作风硬、业务精、纪律严的收费队伍。各收费单位坚持以人为本,以"带好队伍

收好费"为工作理念,采取多项措施不断提升职工队伍整体素质,着力培养有理想、有道德、有文化、有纪律的收费职工队伍。一是抓职工后续学历教育,积极鼓励干部职工参加各种形式的学历教育、成人教育、函授教育,不断更新知识,开阔眼界,提高文化层次。建立学习例会制度,制定严格的职工理论学习制度和培训计划,定期组织职工加强政治理论和业务知识的学习,加强党和国家各项方针政策、相关法律法规的学习,营造了职工自觉学习、勤于学习,主动提升自身文化素质、充实自身知识素养的良好氛围。二是抓职工岗位技能培训,本着"干什么学什么、缺什么补什么"的原则,按需施教,学用结合,大力开展收费上岗、规范化操作以及技术等级等类别培训,不断夯实职工业务知识。积极组织开展"岗位练兵、技术比武"和"一优二星""三好"流动

班站等收费技能竞赛活动，使每个职工都能"在其位、受其教、备其能、胜其任"，形成了职工讲学习比进步、学知识比技术的良好氛围。三是积极拓宽人才引进渠道，充分运用公开招聘、干部调配等方式，有计划、有选择性地引进高校毕业学生，充实收费人员，激发收费队伍活力，从源头上壮大收费队伍。

2010年底，全总段收费队伍中具有大专及以上学历人数占到了总人数的83%，取得职称的人数占到总人数的66.2%，职工文化层次和专业化程度有了较大提升，2名职工先后获得"甘肃省先进女职工""甘肃省技术标兵""全国交通运输系统先进工作者"荣誉称号，大水磴收费站荣获"2006年度全国学习型先进班组"称号，景泰收费公路管理所被甘肃省委、省政府评为"全省精神文明建设先进单位""省级文明单位"，国道312线界岘段管理所被省公路局表彰为全省收费公路管理工作先进单位、全省收费还贷公路管理工作先进单位、文明收费公路管理所，靖远收费公路管理所被省公路局表彰为全省收费公路"文明收费、优质服务、百日竞赛活动"优胜单位，全总段收费职工队伍建设取得明显成效。

## 第一节　半军事化管理

### 一、军事化训练

为提高收费队伍素质，树立收费站文明服务形象，收费单位筹建伊始，就以"内强素质，外树形象"为宗旨，对全体人员进行了全封闭式军事训练，着手打造一支行动军事化，服务规范化的收费队伍。各收费单位建站以后，积极仿效部队在军事管理方面的成功经验，在收费队伍中全面实行半军事化管理，从纪律、列队、内务管理三个方面入手抓起，统

一标准，规范管理，使收费人员具有良好的政治素质、思想素质、作风素质和一定的军事素质，形成服从命令、听从指挥、吃苦耐劳、不畏艰险、严谨求实的工作、生活作风。各收费单位积极开展军事化训练，并在每年冬训期间对职工进行集中轮训。1995年，会宁所邀请会宁县人民武装部2名军事教官对58名职工分两批进行了军事队列训练，统一全所人员的着装、风纪、内务卫生，对顺利地开展收费工作、提高职工整体素质起到了很好的效果。1999年，会宁所聘请会宁县武警中队2名教官对全所人员进行了为期一周的军训，并对靖远、景泰两个收费所的126人进行军事化训练及通行费征收岗前正规化培训。2001年，靖远收费所组织开展为期5天的军事训练，景泰收费所组织职工参观部队营房，邀请公安、路政人员讲法，并开展各种各样的军事化演练活动，如深夜拉响警笛，紧急集合，锻炼职工的应急反应能力，通过模拟收费矛盾事例，检验职工对突发事件的处理能力。2002年，靖远收费所先后两次集中组织开展职工半军事化训练和业务培训，并与平川武装部协商成立了靖远收费公路管理所预备役民兵连。2006年，总段抽调各收费所人员在景泰收费所集中进行收费职工技术比武训练。为迎接2010年交通部全国干线公路养护与管理检查，根据省公路局《关

收费人员军事队列训练

于在全省局管二级收费公路系统开展收费职工军事化训练活动的通知》，各收费单位于2010年5月份采取全封闭的方式进行了为期1个月的军事化训练活动。

军事化训练的具体内容为：

（一）军事化队列训练，包括军事队列，交通指挥手势和规范上下岗、文明用语、文明手势礼等。

（二）收费站区和办公环境规范化，包括收费站区、办公区设施干净，物品摆放整齐，办公室楼道和厕所卫生干净、整洁，标志、标牌和收费监控设施清洁等。

（三）集体行为规范化训练，包括会议、学习时的坐姿和仪容、仪态等。

（四）内务整理训练，包括床铺整理、被褥叠放达标，宿舍卫生整洁，物品摆放有序等。

通过军事化训练，进一步规范了收费职工的行为，树立了收费队伍的良好形象，锻炼了职工遵纪守法、严肃认真的工作作风和雷厉风行、令行禁止的军人气质，培养出了一支言行举止有节，仪容仪表美观，政治觉悟好，文化素质高，业务能力强的职工队伍。

**二、军事化比武**

2003年，为了认真贯彻落实全省交通工作会议和公路工作会议精神，深入开展"管理年"活动，实现收费公路的军事化、规范化管理，培育一支训练有素的收费职工队伍，树立公路行业良好的"窗口"形象，总段各收费单位8—10月开展了为期3个月的军事训练活动，11月，参加了省局组织的初赛和决赛，比赛的主要内容是军事化队列训练和规范化上下岗表演，根据军事化队列训练的稍息立正、整理着装、跨立立正、平止间转法、三大步法（齐步走、正步走、跑步走）、敬礼、口令口号

军事化比武

和车辆指挥，以及列队上下岗、敬礼交接班、上岗前动员和下岗后总结等课目，以整队的速度，整齐、规范和行进间整齐度、口令口号的清晰度、力度及队列的严整、精神饱满与车辆指挥时的动作规范为主要内容，对队伍仪容仪表、精神风貌、着装佩戴、行为标准进行考核。局下属会宁、靖远、景泰三个收费单位均参加了军事化比武，并全部取得决赛资格，靖远收费公路管理所在决赛中取得了全省公路系统军事化比武竞赛第二名的好成绩。2007年，省局组织开展全省开放式收费公路第二届军事化比武和知识竞赛活动，总段积极选派职工进行集中军事化训练，开展业务技能知识培训。经过大家的不懈努力，在5月中旬的比赛中，军事化比武和知识竞赛均获得第二名的好成绩，大大调动了全体收费职工学先进、比先进、赶先进的热情。

## 第二节　岗位技能培训

**一、业务知识培训**

为了确保收费工作的顺利开展，管理局不断加强收费职工的业务知识培训工作，不断提高职工胜任岗位的工作能力。一是结合收费实际，按照"学为所用"的原则，以岗位基本业务知识培训为重点，从工作中常用的知识入

手，对职工进行了收费政策、微机售票、车型判别、假币辨识、规范化上岗等业务知识的系统全面培训，为从事收费工作打下了扎实的业务基础。二是大力开展行业、专业对口交流学习活动。走出去，组织所机关、收费站负责人到当地部队营房参观学习，学内务整理、学军容风纪，学优良作风；请进来，请公安部门专业人员讲文明执法、请公路路政人员讲法律文书的规范书写。通过学习交流，寻找差距、弥补不足，借鉴和吸收好经验、好做法，提高了工作水平。同时，针对收费工作独立、分散的特点，开展小规模的学习班、组织票员进行经常性地学习，强化业务本领，提高服务水平。三是坚持每年开展冬训活动，组织人员参加票务管理、公文写作、财会知识的培训学习，分批组织监控人员参加省公路局举办的全省收费公路机电系统软件培训班以及计重收费软件操作规范及简单故障处理，进一步强化职工业务知识。通过这些活动的开展，广大收费人员熟练地掌握操作程序等能力都大为提高。四是广泛深入开展"普法"教育。邀请市法制办、总段收费科和地方党校老师举办行政执法培训班，组织职工学习《行政诉讼法》《行政处罚法》《行政复议法》《国家赔偿法》《公路法》《甘肃省公路路政管理条例》等法律法规，取得显著效果，进一步提高了治安、稽查人员依法行政、亮证执法、文明服务水平。

### 二、岗位技能比武

岗位技能比武不仅是对职工岗位技能的一次综合检验，更是职工加强业务素质、提升专业技能的有效平台，对于职工提升工作能力，强化专业技能具有积极作用。为全面提升收费一线职工的业务技能水平，营造"比、学、赶、帮、超"的学习氛围，各收费单位努力搭建职工岗位技能提升的平台，定期组织开展

"岗位练兵、技术比武"技能比拼活动。一是将"岗位练兵、技术比武"活动同职工岗位技能训练紧密结合起来，坚持以岗位需求为导向，收费员之间进行识别车型、车辆吨位，售检票速度，使用文明用语和手势礼，蒙眼辨假币，唱收唱付，点钞，交接班等程序的展示，治安、警卫人员之间进行反应速度、仪表仪容、内务整理，交接班，文明执勤，接受上级检查，突发事件的应急处理及对损坏路产路权行为的赔偿处罚等环节的展示，通过赛中观摩、赛后讲评，进一步强化职工的业务技能。二是将"岗位练兵、技术比武"活动同职工技术学习相结合，根据不同时期的工作重点和难点，不断丰富"岗位练兵、技术比武"的活动内容，总结开展活动的新方法、新途径，形成"以练促学、学练结合"的学技术良好风气。三是将岗位技术练兵同攻坚业务技能难关结合起来，以常见的各类故障为练兵重点，逐步提高职工实际判断和处理简易故障的准确性和实效性的能力。通过"岗位练兵、技术比武"，让每一名收费职工都参与进来，在练中干、干中练，做到"以赛促练，练赛结合"，形成了"人人参与练兵比武、个个争当技术尖子"良好氛围，为收费工作的健康发展奠定了坚实的基础。

## 第三节　思想政治教育

### 一、加强教育引导

收费初期，一是把政治理论学习摆在首位，主要进行了"三基教育"，即以马列主义、毛泽东思想、邓小平理论为内容的基本理论教育；党的一个中心、两个基本点、一种精神，一个奋斗目标的基本路线教育；抓住机遇、深化改革、扩大开放、促进发展、保持稳定的基

职工学习

本方针教育以及"三个代表"的对比教育。二是开展"收费员思想状况调查"、三个转变（由体力劳动转变为脑力劳动，由养护工作转变为收费工作，由生产管理转变为执法管理）大讨论、"假如我是一名司机"换位思考专题讨论与"如何做一名合格的收费人员"的学习讨论，创办《收费员之声》报刊，让职工畅谈自己的心声。在部分收费站增设政治指导员岗位，选政治素质过硬、文化程度较高的共产党员担任政治指导员，协助站长主抓职工思想政治工作。通过与职工谈心、说心里话、了解职工所思所想、掌握职工思想动态，随时化解职工的思想矛盾、解决职工心理压力和负担。三是坚持不懈地对职工进行"三个主义"教育，即爱国主义、集体主义和社会主义思想教育，使职工树立正确的世界观、人生观、价值观，积极主动地投身到收费工作中。定期开展以社会主义核心价值观、行业核心价值观为主要内容的主题教育实践活动。四是深入开展尊重劳摸、学习劳模、争当劳摸活动。广泛开展"三学四建一创"活动，"三学"即学习包起帆、华铜海轮、青岛港等先进人物和企业典型，"四建"即建设交通基础设施优质廉政工程、交通行政执法素质形象工作、交通运输通道文明畅通工程、交通运输企业安全效益工程，"一创"即创建交通文明行业。深入开展学习许振超同志先进事迹活动和争创"个人干一流

工作、企业创一流品牌、社会造一流环境""三个一流"活动，充分发挥先进典型的辐射示范作用，教育引导广大职工立足岗位，树立"干一行，爱一行，精一行"的敬业思想，干好本职工作，强化主人翁责任感，弘扬与时俱进、锐意进取、爱岗敬业、艰苦奋斗、诚实守信、无私奉献的创新精神，树立良好的行业形象。

二、注重人文关怀

一是丰富职工业余文化生活，陶冶职工思想情操。为职工配备羽毛球、象棋、跳棋、篮球等文体用品，订阅报纸杂志等各类书籍，使职工学习有资料、娱乐有场所、活动有器材。在三八、五一、十一等节目期间，组织职工开展篮球、拔河、象棋、跳棋比赛，卡拉OK演唱会，谜语竞猜等丰富多彩的文体活动，极大地活跃了职工的业务文化生活，增强了职工队伍的凝聚力和向心力。二是大抓基础设施建设，努力改善职工生活条件。收费工作能否搞好，职工生活保障的优劣好坏至关重要。为解决职工吃饭难问题，各收费单位筹集资金修建伙房、餐厅，配备冰箱、电子消毒柜、餐桌、餐椅、餐具，为职工提供良好的用餐环境，让职工按时吃上可口饭菜。各单位修砌机关院落，各收费站铺设地板砖，为职工宿舍安装冬季取暖锅炉、配备被褥等生活用品，在票亭安装电热板，因地制宜开展绿化，修建花坛、草坪花园，栽种观赏乔木、灌木、花卉，美化站区院落，改善了职工的学习、生活、工作条件，极大地调动了职工工作热情和积极性。三是坚持以人为本，关爱职工。积极开展"三必访、两必谈"活动，即职工生活有困难必访、职工生病住院必访、职工家庭有红白事必访，职工思想波动必谈、职工岗位调整必谈，想方设法帮助解决工作、生活上遇到的困难，让他们有难可讲、有苦能诉，做到想职工所想，帮

管理局工会主席李新虎为收费职工"送清凉"

职工之需，解职工所忧。通过谈心谈话、送温暖等多种途径，千方百计帮助困难职工解决实际问题，组织职工健康体检，加强人文关怀，让职工感受到大家庭的温暖，进一步凝聚职工队伍合力。

## 第四节　文明服务

### 一、文明服务规范

《收费公路管理条例》第三十条明确规定：收费公路经营管理者应当加强对收费站工作人员的业务培训和职业道德教育，收费人员应当做到文明礼貌、规范服务。文明服务总体工作目标是：以倡导行业文明为核心，以规范行业服务标准为导向，以建立科学服务管理流程为重点，以满足司乘人员的服务需求为目的，建设一流的服务团队，培育一流的服务文化，打造一流的服务品牌，展示一流的行业形象。

（一）服务用语规范

1. 针对各个岗位服务用语规范如下：

（1）收费员：当车辆停在窗口处，向司机说："您好，请交费××元"，接司机钱时，说"谢谢"，要唱收，收完款后，将找回的钱与票据同时递给司机，要唱付，然后说"请走好"。

（2）警卫员：警卫在解决问题时要先敬礼，然后说"您好，请问是否需要帮助"，解决问题完毕，敬礼，并说"请走好"。

2. 操作例句

（1）"您好，请交费××元，请走好。"

（2）"您好，（当车型识别不准时）对不起，请出示一下您的行车证，谢谢。"

（3）"您好，请交费××元。谢谢，找您××元，请走好！"

3. 服务用语要求

（1）要带着诚挚的情感，用发自肺腑的热情对待司机和乘客。

（2）使用文明用语时，要面带微笑，说话和气，"请"字当头。声音响亮、温和。

（3）大力提倡委屈服务，不受对方情绪的影响，化解矛盾，讲究方法方式，妥善处理事情。

（4）文明用语使用要齐全，不能随意简化，严禁使用文明忌语。

（5）文明用语的使用要始终如一。

（6）解答问题要耐心细致，尽最大努力为司乘人员排忧解难。

（二）着装仪表规范

1. 着装标准

经批准上岗的收费员，在值勤时，应按规定统一着装，并执行下列标准：

（1）季节着装标准：服装分为春秋装、夏装和冬装。

（2）春秋装为藏蓝色，内配月白色长袖衫，系黑色（红色）领带。

（3）夏装上衣为月白色，裤子为藏蓝色（根据实际情况，统一着半袖或长袖衫）。

（4）冬装与春秋装颜色相同。

（5）季节换装时间：根据实际情况，各地自行规定。

2. 徽章佩戴标准

着制服时应按规定佩戴徽章，主要包括：

帽徽、领花、肩章。徽章佩戴要齐全，位置正确、端正。徽迹不明显或有残缺的徽章要及时更换。

3.着装行为标准

（1）衣帽整洁、徽章齐全，佩戴位置正确。

（2）着春秋装时，必须穿统一配发的衬衣，不得穿花衬衣、带格衬衣，衬衣下摆不得外露，不得系规定以外颜色的领带；着冬装时要系好风纪扣。

（3）着春秋装和冬装要穿黑色或深色皮鞋，着夏装要穿能和制服相搭配的皮鞋，不得穿时髦鞋、流行鞋。

（4）室内作业一律脱帽，室外必须戴帽。

（5）室外值勤时，必须衣帽整洁，正副班长和警卫要扎系武装带，规则为：扎在制服上衣最下两粒衣扣之间，系紧不得下垂，背带左肩右斜插在肩牌下，如有对讲机必须配挂在腰间武装带上。

（6）上岗作业不准不系衣扣，不准披衣、敞怀、挽衣袖、卷裤腿、穿拖鞋或赤脚，不准用帽子扇风消凉。

（7）收费人员室内作业时不准戴手套。

（8）不准与便装或其他制服混穿，不准不同季节服装混穿。

（9）在站区无论上岗、下岗均不许着便装。

（10）收费人员不许着制服进入任何公共营业性娱乐场所。

（11）严禁将服装、标志、证件转借他人。

4.发型容貌标准

（1）男同志留平头或小分头，不准留长发、留胡须、留长鬓角和染彩发、烫发。

（2）女同志头发不准过耳，不准染彩发、烫发处理。

（3）帽檐下蓄发长度不准超过一指（1.5厘米）。

（4）女同志不准佩戴饰品如：耳环、耳钉、项链、戒指等，不准浓妆艳抹。

（三）职业道德规范

| 热爱本职 | 尽心尽职 | 业务熟练 | 不出差错 |
| 容貌整洁 | 举止端庄 | 热情服务 | 细致周到 |
| 文明用语 | 礼貌纠章 | 秉公办事 | 不徇私情 |
| 应免不收 | 应征不免 | 应收不漏 | 收而不贪 |
| 遵章守纪 | 服从领导 | 清正廉洁 | 诚实守信 |
| 团结协作 | 顾全大局 | 爱护公物 | 以站为家 |

二、文明服务标准

（一）"您好，谢谢，走好！"六字文明用语坚持每车必说，并要说好、说活、说足，要做到表情自然，微笑回答，保持良好的精神风貌，使处在不同情绪状态下的司机都感到温暖、满意。

（二）说话和气，"请"字当头，不准用粗暴或不文明的语言、态度对待司机和乘客。

（三）解答问题要耐心，不准用讥讽、挖苦的语言，不准表现出不耐烦的态度。

（四）大力提倡委屈服务，不要受对方情绪的影响。化解矛盾要讲究方式，妥善处理。

（五）不准谩骂、殴打司机和乘客。

（六）服务周到，为过往车辆提供必要的服务设施，包括行车指南、饮用开水、维修工具、加水、报警等，尽最大努力为司机排忧解难。

（七）向社会实行公开收费审批机关、主管部门、收费标准、收费用途、监督电话、举报信箱、工号牌、上岗证等，建立良好的路风监督机制。

（八）文明执法，礼貌待人，纠章先敬礼，执法不犯法，称呼要得体，情理要相宜。

（九）不要以执法为由采用过激或粗暴的言行，不准得礼不让人，处罚超标准。

### 三、文明服务原则

收费人员必须做到"五坚持""五提倡""十严禁"。

（一）"五坚持"

1.坚持文明用语、微笑服务，服务热情、礼貌待人，使用规范文明用语。

2.坚持规范着装、姿势端正、举止大方。

3.坚持环境整洁干净、物品摆放整齐有序，内务卫生规范。

4.坚持收费保畅，提高工作效率，做到不堵车、不压车。

5.坚持照章收费、程序作业、持证上岗。

（二）"五提倡"

1.提倡委屈服务。

2.提倡为司乘人员排忧解难、做好事。

3.提倡站口礼仪疏导。

4.提倡个性化、特色化服务。

5.提倡钻研业务、岗位练兵。

（三）"十严禁"

1.严禁不讲文明用语、使用服务忌语。

2.严禁行为粗野，态度蛮横。

3.严禁在岗、在站及岗前饮酒。

4.严禁着装进入营业性及高消费娱乐场所。

5.严禁吃、拿、卡、要，放人情车。

6.严禁搭车提供免费通行。

7.严禁上岗带私款。

8.严禁脱岗、串岗、睡岗、空岗。

9.严禁携带与工作无关的物品及通讯工具上岗。

10.严禁混装、乱着装，女工作人员佩戴各种首饰及吉祥物，染彩发、化浓妆，男工作人员蓄长发留胡须。

收费员微笑服务

# 第四章　通行费征收减免政策

TONG XING FEI ZHENG SHOU JIAN MIAN ZHENG CE

通行费征收减免政策是国家为了降低运输成本，提高车辆通行效率，保障公众方便快捷出行，对经过收费公路的部分车辆实行减免车辆通行费的政策。根据《收费公路管理条例》等法律法规的规定，依法享受收费公路车辆通行费减免政策的车辆包括：军队车辆、武警部队车辆，公安机关在辖区内收费公路上处理交通事故、执行正常巡逻任务和处置突发事件的统一标志的制式警车，经国务院交通主管部门或者省、自治区、直辖市人民政府批准执行抢险救灾任务的车辆，进行跨区作业的联合收割机、运输联合收割机（包括插秧机）的车辆，春节、清明节、劳动节、国庆节四个国家法定节假日，以及当年国务院办公厅文件确定的上述法定节假日连休日期间免收 7 座及以下小型客车，在经过收费路段时免缴车辆通行费。本章重点叙述"绿色通道"车辆和重大节假日小型客车通行费政策性减免。

## 第一节　"绿色通道"减免

### 一、减免依据

鲜活农产品运输"绿色通道"政策，是 1995 年为落实国务院提出的"菜篮子工程"制定的，目的是改善农产品的流通环境，降低运输成本，促进农民收入。2004 年国务院颁布的《收费公路管理条例》规定，对于整车合法装载鲜活农产品的车辆，可以适当降低车辆通行费的收费标准或者免缴通行费。

2004 年 7 月 15 日，省公路局下发《关于印发〈局管收费公路绿色通道运输车辆管理办法〉的通知》（甘公发〔2004〕53 号），要求从 2004 年 7 月 16 日起至 10 月 15 日，在国道312 线沿线各收费站对拉运大宗鲜活农产品的车辆实行减半征收通行费的"绿色通道"优惠政策，省内其他收费路段实行"鲜活农产品快速通道"优先通行政策。凡整车运输产自本省境内的大宗鲜活农产品（各类新鲜蔬菜、时鲜瓜果、活畜、活禽（含种蛋）、鲜活水产品等五类产品）的省内外运输车辆，在经过省内收费公路时，凭省内各市、州、县动植物检疫部门发放的检疫证享受"绿色通道"优惠政策，混装车辆不在优惠范围。规定执行减半征收通行费的收费站全部以手工票方式按应收额的50%进行征收，不得随意提高或降低征收幅度，售票过程中出现不足一元整数费额时按四舍五入方式计收。

2006年6月30日，甘肃省人民政府办公厅批转省交通厅、省农牧厅《关于开通我省鲜活农产品"绿色通道"的意见》，为进一步改善全省农产品流通环境，确保农产品流通顺畅，在2006年7月1日至12月31日期间，在界嵋二级公路等19条收费路段、72个收费站点全部开通鲜活农产品"绿色通道"，享受"绿色通道"减免通行费优惠政策的鲜活农产品包括新鲜蔬菜、水果、鲜活水产品、活畜禽和新鲜肉、蛋、奶，按行驶里程收费金额减半征收车辆通行费。

2009年12月28日，交通部、国家发展改革委《关于进一步完善和落实鲜活农产品运输绿色通道政策的通知》（交公路发〔2009〕784号），进一步优化和完善了鲜活农产品运输"绿色通道"网络，建立由国家和区域性"绿色通道"共同组成的、覆盖全国范围的鲜活农产品运输"绿色通道"网络，并在全国范围内对整车合法装载运输鲜活农产品的车辆免收车辆通行费。文件明确指出：免收整车合法装载运输鲜活农产品车辆的车辆通行费。整车装载，是指装载鲜活农产品应占车辆核定载质量或车厢容积的80%以上，且没有与非鲜活农产品混装等行为。

2010年，为了降低流通成本，国务院下发《国务院关于稳定消费价格总水平保障群众基本生活的通知》（国发〔2010〕40号），要求扩大鲜活农产品运输绿色通道网络，规定从2010年12月1日起，全国所有收费公路（含收费的独立桥梁、隧道）全部纳入鲜活农产品运输绿色通道网络范围，对整车合法装载运输鲜活农产品车辆免收车辆通行费。2010年11月29日，省公路局下发《关于贯彻落实鲜活农产品运输绿色通道政策的紧急通知》（甘公明电〔2010〕7号），要求自2010年12月1日零时起，全省执行绿色通道政策的路段，从之前国家规定的"五纵二横"公路，扩大到全省所有的收费公路。同时，规定从2010年12月1日零时起，对行驶在全省收费公路上的整车合法装载化肥的车辆，执行免收车辆通行费优惠政策。

**二、减免范围**

（一）鲜活农产品范围

按照（交公路发〔2005〕20号）文件的有关规定，享受"绿色通道"政策的鲜活农产品是指新鲜蔬菜、水果，鲜活水产品，活的畜禽，新鲜的肉、蛋、奶。畜禽、水产品、瓜果、蔬菜、肉、蛋、奶等的深加工产品及花、草、苗木、粮食、茶叶、坚果、油料植物、糖料植物、干货农产品，不属于鲜活农产品范围，不适用"绿色通道"运输政策。为统一政策、便于操作，交通运输部、国家发展改革委等有关部门对鲜活农产品具体品种进行了进一步界定，制定了《鲜活农产品品种目录》。2010年11月26日，国家交通运输部、国家发展改革委、财政部《关于进一步完善鲜活农产品运输绿色通道政策的紧急通知》（交公路发〔2010〕715号），按照（国发〔2010〕40号）文件的要求，增加鲜活农产品品种，将马铃薯、甘薯（白薯、红薯、山药、芋头）、鲜玉米、鲜花生列入享受绿色通道优惠政策的《鲜活农产品品种目录》，落实免收车辆通行费等相关政策。

### 鲜活农产品产品目录

| 类　别 | | 常见品种示例 |
| --- | --- | --- |
| 新鲜蔬菜 | 白菜类 | 大白菜、普通白菜（油菜、小青菜）、菜薹 |
| | 甘蓝类 | 菜花、芥蓝、西蓝花、结球甘蓝 |
| | 根菜类 | 萝卜、胡萝卜、芜菁、马铃薯、甘薯、鲜花生 |
| | 绿叶菜类 | 芹菜、菠菜、莴笋、生菜、空心菜、香菜、茼蒿、茴香、苋菜、木耳菜 |
| | 葱蒜类 | 洋葱、大葱、香葱、蒜苗、蒜薹、韭菜、大蒜、生姜 |
| | 茄果类 | 茄子、青椒、辣椒、西红柿 |
| | 豆类 | 扁豆、荚豆、豇豆、豌豆、四季豆、毛豆、蚕豆、豆芽、豌豆苗、四棱豆、鲜玉米 |
| | 瓜类 | 黄瓜、丝瓜、冬瓜、西葫芦、苦瓜、南瓜、佛手瓜、蛇瓜、节瓜、瓠瓜 |
| | 水生蔬菜 | 莲藕、荸荠、水芹、茭白 |
| | 新鲜食用菌 | 平菇、原菇、金针菇、滑菇、蘑菇、木耳（不含干木耳） |
| | 多年生和杂类蔬菜 | 竹笋、芦笋、金针菜（黄花菜）、香椿 |
| 新鲜水果 | 仁果类 | 苹果、梨、海棠、山楂 |
| | 核果类 | 桃、李、杏、杨梅、樱桃 |
| | 浆果类 | 葡萄、提子、草莓、猕猴桃、石榴、桑葚 |
| | 柑橘类 | 橙、桔、柑、柚、柠檬 |
| | 热带及亚热带水果 | 香蕉、菠萝、龙眼、荔枝、橄榄、枇杷、椰子、芒果、杨桃、木瓜、火龙果、番石榴、莲雾 |
| | 什果类 | 枣、柿子、无花果 |
| | 瓜果类 | 西瓜、甜瓜、哈密瓜、香瓜、伊丽莎白瓜、华莱士瓜 |
| 鲜活水产（仅指活的、新鲜的） | | 鱼类、虾类、贝类、蟹类 |
| | 其他水产品 | 海带、紫菜、海蜇、海参 |
| 活的畜禽 | 家畜 | 猪、牛、羊、马、驴（骡） |
| | 家禽 | 鸡、鸭、鹅、家兔、食用蛙类 |
| | 其他 | 蜜蜂（转地放蜂） |
| 新鲜的肉、蛋、奶 | | 新鲜的鸡蛋、鸭蛋、鹅蛋、鹌鹑蛋，新鲜的家畜肉和家禽肉，新鲜奶 |

（二）车辆范围

1. 整车合法装载鲜活农产品的车辆。

2. 少量混装其他农产品的车辆（一般指装载鲜活农产品达到车辆核定载重质量或车厢容积的 80%）。

3. 超载幅度在合理计量误差范围内的鲜活农产品运输车辆（指超载幅度不超过 5%〔含5%〕的鲜活农产品运输车辆）。

### 三、保障措施

为确保鲜活农产品运输车辆能够方便快捷地通过收费站，各收费单位在收费站点均开辟了"绿色通道"专用道口，并按照"绿色通道"标志设置的有关要求，在专用道口上方设置统一的"绿色通道"专用道口指路标志，引导鲜活农产品运输车辆迅速通过专用收费道口。各收费站还在公示牌旁以及通道沿线的醒目位置，设置政策公示牌，向驾驶人员及时公布"绿色通道"的有关政策规定以及监督电话。此外，总段还统一制定了鲜活农产品"绿色通道"保畅应急预案，并组织各收费站定期参加应急演练，确保在遇到车辆运输高峰期或突发事件等特殊情况时，引导鲜活农产品车辆优先通过。

收费站设置的绿色通道专用道口

"绿色通道"免费政策促进了鲜活农产品快捷、顺畅、低成本流通，但一些车主却想方设法假冒鲜活农产品进行逃费，给收费公路管

理部门带来了很大困难。一是验货困难。运送鲜活农产品的车辆基本上都是大货车，攀爬上顶检查困难，特别是冬季寒冷，车厢棉质篷布包裹严实，开箱验货不现实，仅凭车主提供的某个部位判定整车是否是鲜活农产品难度很大。二是准确计量困难。有些收费站没有实行计重收费，一些实行计重收费的收费站，车主为了逃费，采取走S形、跳秤、冲秤等手段，影响了对车辆载货实际重量的判定，在执行对超限超载幅度超过 5% 的鲜活农产品运输车辆不享受免收车辆通行费政策存在困难，使不法逃费分子有"可乘之机"。为确保"应征不漏，应免不征"，各收费单位积极从实践中总结经验，在提高"绿色通道"通行效率的同时，建立"绿色通道"免费车辆登记制度，对"绿色通道"车辆的核载吨位、通过收费站的时间、拉运的鲜活农产品品种、鲜活农产品检验检疫证证号、减免的通行费金额等统一造册登记，进一步加大了"绿色通道"车辆的监督管理力度。同时，采取收费员、值班班长等多人多点现场查验以及监控人员对查验过程全程跟拍等措施，规范查验程序，加大"绿通"车辆核查力度，严厉打击假冒鲜活农产品运输车辆骗逃车辆通行费等违法行为，对假冒鲜活农产品、超限超载运输鲜活农产品的车辆按规定责令其补交通行费，有效维护了正常收费秩序。

## 第二节 重大节假日免费

### 一、免费依据

为进一步提升收费公路通行效率和服务水平，方便群众快捷出行，交通运输部、国家发展改革委、财政部、监察部和国务院纠风办在深入推进收费公路专项清理工作的同时，结合各地实践，于2012 年 7 月 24 日制定并报请国务院批转了《重大节假日免收小型客车通行费实施方案》，在重大节假日期间对7座及以下小型客车免收通行费。

**二、免费意义**

收费公路政策的实施，拓宽了我国公路建设的投融资渠道，对加快我国公路基础设施建设，促进国土资源开发，优化产业布局，保障人民群众安全便捷出行，推动经济社会健康持续发展，都发挥了极为重要的作用。但在实施过程中也出现了一些问题，特别是随着全国汽车保有量的快速增长，在重大节假日期间，部分公路收费站因车流量大、排队缴费而导致的拥堵现象时有发生，直接影响人民群众的通行效率，已成为社会关注的焦点。为提高车辆通行效率，保障公众在重大节假日期间方便快捷出行，近年来，部分地区已在春节期间试行了收费公路分时段免费通行的措施，取得了良好效果。制定出台《重大节假日免收小型客车通行费实施方案》更是具有重大意义。

（一）能够直接惠民利民，进一步彰显收费公路的公益属性。公路是国民经济发展的基础性、先导性和服务性行业，服务是公路基础设施的根本属性。随着人民群众生活水平的不断提高和私家车的迅速普及，公路出行和使用主体发生重大变化，社会各界对公路交通安全、便捷、经济的出行要求越来越高。实施重大节假日小型客车免费通行，能够直接惠及广大民众，让人民群众充分享受公路交通的发展成果，以实际行动回应公众诉求，进一步凸显交通运输行业"修路为民"的核心价值，彰显收费公路的公益属性。

（二）能够发挥公路交通的比较优势，扩大内需、拉动经济增长。在综合运输体系中，公路交通具有覆盖面广、运量大、能够实现门对门服务等传统优势。在重大节假日期间免收小型客车通行费，能够充分发挥公路交通的比较优势，进一步挖掘公路运输的潜力，有效缓解其他运输方式的运输压力，起到疏导交通、平衡流量的作用，对推进现代综合运输体系建设发挥极为重要的促进作用。同时，还能够吸引更多的公众在节假日期间外出旅游，从而促进旅游产业，发展假日经济，刺激国内消费，拉动经济增长，产生良好的经济效益和社会效益。

（三）能够进一步降低公众出行成本。近年来，由于国内成品油价格和人工成本的持续上涨，公路运输成本也快速增长。实施重大节假日小型客车免费通行政策，能够降低公众出行成本，让广大公路使用者得到实实在在的实惠，进一步强化收费公路的基本公共服务职能。

（四）能够缓解收费站拥堵状况，保障收费公路高效畅通。重大节假日是公众出行的高峰期，小型客车集中出行，呈井喷式增长，部分路段交通量急剧增加，经常发生交通拥堵。传统的收费方式很难适应高峰时段的通行需求，即使采取复式收费以及电子联网不停车收费等技术和管理手段，收费站前的拥堵问题仍然难以有效解决。据初步测算，如果免费通行，小型客车通过收费站的时间将由原来的平均 14~20 秒/辆缩短到 6~8 秒/辆，通行效率将提高 2~3 倍，将极大地提高收费站的通行效率，有效缓解重大节假期间收费站拥堵，保障收费公路高效畅通。

**三、实施范围**

（一）公路范围

免费通行的收费公路范围：符合《中华人民共和国公路法》和《收费公路管理条例》规定，经依法批准设置的收费公路（含收费桥梁和隧道）。

（二）车辆范围

免费通行的车辆范围：行驶收费公路的7

座以下（含 7 座）载客车辆，包括允许在普通收费公路行驶的摩托车。

（三）时间范围

根据国务院实施方案的要求，免费通行的时间范围为：

1. 春节、清明节、劳动节、国庆节等四个国家法定节假日，以及当年国务院办公厅文件确定的上述法定节假日的连休日。

2. 免费时段从节假日第一天 00：00 开始，最后一天 24：00 结束。其中普通公路以车辆通过收费站收费车道的时间为准，高速公路以车辆驶离出口收费车道的时间为准。也就是说，行驶普通收费公路的车辆只要在第一天 00：00 至最后一天 24：00 之间通过收费站，行驶高速公路的车辆只要在第一天 00：00 至最后一天 24：00 之间驶离出口收费车道的，都可以享受免费政策。

**四、保障措施**

为保证重大节假日免费车辆通行政策的实施，有效缓解收费站及公路拥堵，确保车辆有序、平稳、安全通行，应采取以下方面的服务保障措施：

（一）加强公路交通信息发布，引导车辆合理选择出行时间和路线。通过网站、广播、电视、交通热线电话等多种方式，及时发布公路路况、公路气象、交通管制、小型客车通行等相关信息，引导公众合理安排驾车出行时间，及时调整出行路线，避免在公路上出现集中拥堵现象。

（二）加强路面交通管理，提高通行效率。积极同地方政府、交警、公安和路政部门的协调配合，加强公路交通行车秩序维护和安全监管，规范车辆驾驶行为，督促和规范货车行驶路线。严厉整治违规停车、违规超车、违法超

限超载等行为，确保车辆安全通行。

（三）做好收费站广场的交通疏导与秩序维护，设置免费车辆专用通道，确保车辆分车道有序通行。通过提前设置诱导标志和现场疏导，引导车辆分车道按序行驶。其中小型客车及军警等免费车辆提前靠公路左侧车道行驶，鲜活农产品运输车辆（需检查认定是否免费）和缴费车辆提前靠公路右侧车道行驶，避免缴费车辆和免费车辆在收费广场混行并频繁更换行驶车道。

（四）合理规划和利用现有收费车道，充分发挥通行潜能。开通所有收费道口，必要时调整上下行方向的收费车道，增加流量较大方向收费道口数量，最大限度地满足车辆通行需求。

（五）遇到突发事件及时启动应急预案。收费管理单位要及时全面地掌握所辖路段和站点的运营管理状况，特别是交通拥堵等有关情况，一旦出现突发事件，要迅速启动应急预案，及时采取应对措施，确保收费站正常运行和车辆有序通行。

（六）加强公路清障救援，保障公路畅通。公路、路政管理部门要加强公路巡查，一旦发现有影响公路安全通行的情况，应快速开展公路清障工作，尽可能减少障碍物以及事故车辆对公路交通的影响。

（七）加强领导，精心组织，严格执行重大节假日期间值班制度。重大节假日期间，收费管理单位要成立以主要领导和部门负责人为成员的组织机构，明确责任；并加强值班值守，坚持 24 小时值班制度，严格执行领导带班和突发事件专报制度，值班人员 24 小时保持通讯畅通，如发生险情或重大事件及时上报，并妥当处置。

# 第五章　通行费征收应急预案

TONG XING FEI ZHENG SHOU YING JI YU AN

　　应急预案又称应急计划，是针对可能发生的重大事故（件）或灾害，为保证迅速、有序、有效地开展应急救援行动而预先制定的有关计划或方案。应急预案是应急救援行动的实施指南，是标准化的反应程序，是成功处置各类突发事件的前提和基础。制定应急预案，有利于做出及时的应急响应，降低突发事件造成的损失，有利于加强各部门之间的协调沟通，保证应急救援工作的顺利、快速和高效进行。保障站口畅通是收费站的第一要务，是收费人员的工作职责和使命，白银公路总段自收费工作开展以来，就牢固树立以人为本、预防为主的应急工作理念，在依据《甘肃省公路管理局局管二级收费公路收费区域突发事件应急预案》的基础上，结合总段收费工作实际，积极修订完善收费工作各类应急预案，在应急力量和应急资源等方面做了大量准备，并坚持每年

开展应急演练，不断提高应急规范化、制度化和法制化水平，形成了指挥统一、反应灵敏、功能齐全、协调有序、运管高效的应急管理体系，为提高收费站口通行能力，确保收费工作正常开展提供了有力保障。

## 第一节　收费区域突发事件 应急预案

### 一、适用范围

　　凡局属收费公路收费区域内，因各种因素导致的可能发生或者已经发生的危及收费人员人身安全、损坏收费设施、影响正常收费秩序或堵塞车道导致交通中断，严重影响车辆通行的。主要包括：

　　（一）交通流量过大引发车辆堵塞收费车道。

（二）收费区域内发生收费纠纷或暴力抗费及群体事件。

（三）车辆突发故障或收费区域内发生重大交通事故。

（四）收费设施故障，不能正常进行收费等。

（五）发生火灾、危险品泄露。

（六）收费现场发生盗抢票款、财物。

## 二、指导思想与原则

（一）坚持"预防为主，防治结合"的原则。文明服务，礼貌收费，做到"六公开，两监督"，不断创造良好的内部外部收费环境，力争把突发性事件苗头控制在萌芽状态。

（二）坚持统一领导、属地协调处理的原则。建立本单位突发性事件应急预案或处理机制，行政领导为第一责任人。应急处理工作应紧紧依靠当地人民政府、地方公安、交警、路政、运管等部门的大力支持，建立联席会议制度和联动处理机制，及时通报收费公路的有关政策和工作情况，并接受当地人民政府和上级主管部门的领导。

（三）遵循正面宣传、正确引导、防止激化的原则。预防和处置收费公路突发事件，要将法制宣传、教育疏导工作贯穿整个过程。对群众不理解的政策要加强宣传解释，正确引导参与事件者以正当方式反映意愿和诉求，通过合法途径解决问题。要注意工作方式、方法和策略，防止矛盾激化和事态扩大。

（四）遵循依法处置、快速反应、协同应对的原则。收费公路突发性事件发生后必须在法律、政策允许的范围内依法处置。突发事件发生后，收费单位要加强与相关部门的协作配合，确保信息收集、情况报告、指挥处置、善后处理等各环节紧密衔接。根据事态发展情况，迅速成立现场指挥领导小组，同时报告管

理局分管领导，在最短的时间内控制事态。

## 三、组织机构

为切实加强收费公路突发事件工作的组织领导，管理局成立了收费公路突发事件应急工作领导小组，管理局局长任组长，分管领导任副组长。领导小组办公室设在局财务资产管理科，办公室主任由财务资产管理科科长担任。局办公室、安全科、工会办相关科室做好配合工作。领导小组主要负责应对收费公路突发事件的指导、协调和决策，下达专项预案启动、终止命令和具体处置指令，协调、指导事件发生单位开展有关工作，协调当地政府、上级主管部门完成突发事件处理工作的其他任务。领导小组办公室负责检查督促应急工作实施方案的落实，收集、整理、上报突发事件应急处置工作信息，处理领导小组日常有关事务，负责值班和有关统计工作，办理领导小组交办的其他工作。

## 四、预警与预防

各收费单位建立并拓宽信息来源渠道，保持与管理局、收费所、站的信息渠道畅通，保证及早获得预警信息，对突发事件做到早发现、早报告、早预防。预警信息来源有：收费所（站）当班领导、收费班长、收费员、当事车辆、其他交通工具及其所有人等，过往车辆、当事车辆单位、目击者的报告，公安110报警台、有关部门转报以及其他信息来源。

## 五、应急处置

（一）预警信息接收

接到报警信息，应急值守人员应尽可能详细了解记录以下主要内容：报告单位、报告人、联系人、联系方式、事故发生的时间、地点和现场主要情况、事态发展情况、人员、收费设施的损失情况，以及初步采取的处置措施情况。

（二）应急处置措施

1. 经核实预警信息属实的，收费所（站）当班收费班长、收费员、监控员应立即向值班领导报告，值班领导迅速向当地政府、公安、交警人员报告，及时、有效地开展先期处理，控制事态进一步扩大。

2. 收费所领导根据事件评估情况进行应急部署，下达应急指令，组织协调有关力量展开应急行动，并及时向管理局报告。管理局主要领导、分管领导第一时间赶赴现场，指挥处理。

3. 管理局接到突发事件信息后，在第一时间报告当地人民政府、公安、交警和省公路管理局收费公路突发事件应急领导小组，做好启动应急预案的各项准备工作，并视事态的发展成立现场指挥领导小组。

4. 针对出现的不同情况，立即启动以下应急程序：

（1）收费区域突然出现交通量增大，车辆通行速度缓慢，造成车辆积压时的处置。收费站当班警卫人员要做好收费广场车辆通行指挥工作，引导车辆驶入待缴费车辆相对较少的车道缴费通行，指挥已完成缴费的车辆安全快速通过，确保收费广场行车秩序良好。当车道出现堵车数量大于5辆小于10辆时，收费站立即开通备用车道，警卫人员指挥车辆通行，确保车辆快速通过。当车道出现堵车数量大于10辆时，收费所值班领导带领备岗人员开通所有备用车道，采取微机票和定额票同时售票的收费方式，加快车辆通行速度。当车道出现大规模堵车时，除采取以上措施外，可根据现场情况免费放行部分车辆，待车流量恢复正常时，再开始正常收费。同时，将情况立即向上级主管部门汇报，由上级主管部门启动应急预案处置，最大限度地提高车辆通行效率。

（2）发生收费纠纷引发车辆堵塞时的处置。收费人员要坚持文明服务，在收费纠纷过程中不得因为受到辱骂、挑衅而与当事人发生正面冲突激化矛盾，造成车道堵塞。发生一般性的收费纠纷时，当班警卫人员和值班站长要积极处理、化解矛盾，避免车辆积压。监控部门及时做好事发现场的监控跟踪抓拍和录像，为事件处理提供监控资料。发生较严重的收费纠纷时，值班领导要立即赶到事发现场进行处理，当班警卫人员和值班站长要优先保障车道畅通，避免车辆积压，可以设法将纠纷车辆先驶离收费车道，也可以开通备用车道，确保其他车辆快速通行。对纠纷事件的处理调解尽量在收费站内进行，如果当事人不予配合，或出现多辆车同时封堵所有车道的恶意行为时，应请求公安、交警部门处理，收费工作人员予以配合。同时，由警卫人员、稽查人员、路政人员对现场进行封闭，闲杂人员等不得靠近，避免发生群体性事件。当发生收费纠纷后有不法分子趁机挑拨，致使事件不断恶化，或有群体性事件发生时，应立即报警，收费所主要领导必须亲自处理，立即制定解决方案，首先平息事态，组织工作人员对群众进行劝返，避免事态进一步扩大，然后协商解决问题。同时，将有关情况及时上报管理局，并向当地政府报告。

（3）车辆故障或发生交通事故时的处置。机动车在收费广场发生故障导致交通堵塞时，应及时将故障车辆牵引至收费广场，如果故障车辆暂时无法牵引至收费广场，则暂时封闭故障车辆所在车道，同时开通备用车道收费。在车辆修理过程中，收费站应积极提供力所能及的帮助。当收费区域发生交通事故时，工作人员立即向122报警，说明事故发生地点和事故现场基本情况，并及时拨打120，报告伤员情况，按 120 的指示，对伤员进行止血、包扎等基础救治，必要时收费站应通知路政人员，配合交警等部门开展保护、封闭事故现场等相关工作。事故导致收费区域交通堵塞时，收费人员将受影响车道暂时封闭，并开通备用车道收费，没有备用车道时，要采取双向间隔放行的措施，车道全部堵塞时，收费单位要封闭事故路段并配合交警部门引导车辆绕行。

（4）收费设施故障时的处置。收费设施故障导致部分车道不能正常微机售票时，收费站应立即开启备用车道收费，同时，系统维护人员应立即进行维修。收费设施故障导致所有车道均不能微机售票时，立即启动定额票人工收费。故障严重以致维护人员不能解决时，通知设备供应、维护单位派人在最短时间内解决，尽快恢复微机收费。

（5）发生火灾时的处置。发生火灾时，收费站工作人员要立即疏散人员、疏导车辆，组织人员查明着火点、切断火源，正确使用消防灭火器材进行灭火，并检查是否存在余火。火势较大时，应立即拨打 119，报告清楚火灾发生地点和现场情况，火灾导致人员受伤时，拨打 120 请求救助，工作人员在保证自身安全的前提下，对受灾人员进行救助，利用消防设施进行扑救，协助消防人员处理事故。火灾影响车辆通行时，根据情况划定安全警戒区域，封

收费人员开展消防应急演练

闭部分或全部车道，确保过往车辆安全。若发生严重交通堵塞，必要时可请示上级部门同意暂停收费，并及时向上级有关单位、部门报告事故情况，同时报告当地交通、安监、环保、质检等政府职能部门。

（6）危险品泄露时的处置。立即拨打 119 报警，说清事故发生地点和现场情况，事故导致人员受伤时，拨打 120 救助，同时报告当地交通、安监、环保、质检等政府职能部门。收费单位工作人员要迅速奔赴现场，在保证自身安全的前提下，组织撤离或采取其他措施救助事故区域内的人员。根据事故性质及危害程度，划定安全警戒线和警戒区，视具体情况封闭事故车道或全部车道，必要时可经上级主管部门同意暂停收费，及时向上级有关单位、部门报告事故情况。

（7）军警车队通过时的处置。军警车辆因军事、进驻、撤离、治安和处置突发事件经过收费公路时，收费站要及时打开军警车辆专用快速通道，确保其快捷通行。如车队数量较多，要打开所有车道，并启动收费路政联动机制，由路政人员配合做好社会车辆管制工作，以便军警车队快捷通过。在保障军警车队快速通行的同时，还要为军警车辆提供必要的补给服务，提升文明服务水平。

（8）收费现场发生盗抢票款、财物时，收费员应立即向值班站长和监控室报告，当班监控员应及时通知值班领导和稽查队并应迅速向公安机关报警，请求支援，同时及时调整监控镜头，跟踪事故现场，对现场录像进行抓拍，保存最佳现场信息。警卫要首先做好对人员安全的保护。

## 第二节　地震灾害应急专项预案

### 一、适用范围

适用于全局处置地震灾害事件的应急救援工作。

### 二、指导思想与原则

（一）认真贯彻"预防为主，防御与救助相结合"的防震减灾工作方针，实行政府统一领导，统一管理，分级负责，条块结合，以块为主的原则。

（二）快速反应，系统联动。局属各单位在抗震救灾应急领导小组的统一领导和指挥下，快速反应，与局机关相关部门协调配合，迅速启动地震灾害应急响应，采取紧急措施，开展应急救援工作。

（三）居安思危，预防为主。坚持应急与预防相结合，平时做好应对地震的思想准备、预案准备和应急队伍、应急物资装备保障，加强宣传、培训、预防和演练工作。

（四）必须以防震救灾工作原则为指导，依托现有的应急资源和应急队伍、机械设备，开展应急救援和公路保通保畅工作。

### 三、组织机构

为切实加强地震灾害工作的组织领导，管理局成立抗震抢险领导小组，由局长任组长，副局长任副组长，办公室设在养路科，主任由养路科长担任，局办公室、财务科、安全科、技术科、工会办相关科室做好配合协调工作，局属各单位成立相应的组织领导机构。

领导小组在省交通运输厅和省公路管理局的领导下，负责组织、协调、指挥在紧急状态和突发灾情状态下管理局各项应急抢险救援工作。

### 四、应急救援响应

根据地震震级、地震灾害程度、救灾规模，分为临震应急反应、一般破坏性地震应急反应、严重破坏性地震或造成特大损失的破坏性地震应急反应三种情况。

上级发布破坏性地震临震预报后，即进入临震应急期，发生破坏性地震后即进入震后应急期。在临震应急期和震后应急期，局属各单位应急领导机构必须遵循政府统一领导、分级负责的原则，立即按照本预案采取紧急措施，快速、有序、高效的开展应急救援工作。

### 五、应急抢险救援保障

（一）物资保障。局属各单位设专用应急物资仓库，储备一定数量的抗震抢险物资，并指定专职人员管理，确保应急设备完好、应急物资充足。局抗震抢险办应随时掌握应急机械设备和抢险物资的储备数量，同时根据需要督促各单位增加储备数量，加强对应急抢险物资的保管、更新工作。

（二）运输保障。充分发扬各单位现有的运输力量。

（三）通讯保障。利用现有的应急指挥平台，以及电话、手机、互联网和其他公用通讯设施。准备备用通讯车辆形成联系网络，确保紧急状态下公路抢险信息的上传下达。

### 六、地震灾害预警分级标准及划定

（一）预警级别分为一级、二级、三级、四级，分别用红色、橙色、黄色和蓝色标示，

收费站应急仓库

一级为最高级别。

（二）特别重大、重大地震灾害发生时，在省抗震救灾应急指挥部的统一指挥下启动地震应急预案。

（三）较大地震灾害发生时，在市政府和省厅交通抗震救灾应急指挥部的统一领导下，积极参与配合抢险救灾工作。

（四）一般地震灾害发生时，在当地县政府及省局抗震救灾应急指挥部和管理局的统一组织指挥下，积极配合抢险救灾工作。

**七、组织实施救援**

（一）地震灾害日常防控。局属各单位抗震抢险保障应急队平时应处于战备和待命状态。要加强对管养公路重要部位和桥涵的维修养护和日常巡查，统计当前状况信息，以便及时、准确做好预测和决策，遇突发情况后能果断实施有效的应急抢险措施。

（二）应急预案启动。地震发生后，管理局宣布受灾区进入震后应急期，所属单位迅速了解公路震情、灾情，及时向管理局抗震抢险领导小组办公室报送信息，确定应急抢险工作规模，由管理局及时向省公路管理局、省交通运输厅抗震抢险指挥部报告相关情况。管理局抗震抢险领导小组（指挥部）应按照本专项预案及时落实应急物资、人员、车辆等工作，迅速部署、协调、组织抗震应急抢险工作，并随时向省公路管理局、省交通运输厅报告组织落实情况。

（三）应急值班与应急工作监管。在应急专项预案启动至应急救援任务结束期间，各单位地震应急机构应严格执行 24 小时值班制度，及时掌握地震灾情及工作进展情况，对应急工作执行情况进行监管，并及时向管理局抗震抢险办公室汇报有关情况。

（四）应急抢险救援组织。应急抢险救援组织按公路抢险组、物资供应组、伤员救护组、现场警戒组、后勤保障组、生产恢复组等相应的工作机构分头工作。按照保重保主的原则，采取先抢修国道，后重点省道、重点县道的次序，确保抗震抢险工作有序进行。

（五）灾害应急救援。一旦接到抢险救灾命令后，管理局抗震抢险队应立即赶赴震区现场，组织开展应急救援工作，抢修损毁的公路设施，全力确保公路通畅，为应急救援人员及时进入灾区创造通行条件。必要时在主要路口设置醒目的指示标志或派专人值守、疏导交通，尽力将地震破坏的损失降到最低程度。

发生地震自然灾害，收费公路出现安全隐患或交通中断时，应在收费站前醒目位置设置公告牌、指示牌，指引车辆绕行并做好解释工作。优先保障抗震、抢险、救灾人员和物资车辆通行，按政策减免通行费，提供力所能及的服务，全力确保通往灾区抗震抢险救灾车辆安全、快捷通过收费站。同时，要加强信息发布和相关知识宣传，消除群众的恐慌心理，引导社会公众及时调整出行路线，保证良好的公路交通秩序。局应急抢险保障中心做到物资储备充分，应急装备齐全，应急队伍精干。如遇重大灾情，要按照管理局统一部署和调派，迅速赶赴灾害第一现场实施抢险救灾。

## 第三节　冰雪灾害应急专项预案

**一、适用范围**

适用于冬季冰雪灾害事件的应急处置工作，本预案所称冰雪灾害，主要指冬季冰雪天气引起的收费广场积雪、积冰对过往车辆安全及收费工作造成影响的冰冻灾害，包括次生、衍生灾害。

## 二、指导原则

遵循"随下随清，先撒后除（先撒融雪剂，再堆雪除雪）、先通后净"的原则，建立"以雪为令"的工作机制，主动及时打冰除雪、防滑保畅。

## 三、组织机构

管理局成立应对冰雪灾害工作领导小组，由局长任组长，副局长任副组长，办公室设在养路科，主任由养路科长担任，局办公室、财务科、安全科、技术科、工会办相关科室做好配合协调工作。局属各单位应成立冰雪灾害应急工作领导小组，建立党政一把手负总责，分管领导亲自抓的工作机制，全面组织、协调、实施冬季除雪防滑工作。

## 四、应急准备

（一）预警和信息报送。各单位应根据气象信息，做好公路气象灾情预警工作。冰雪灾害发生后，各单位要迅速了解公路灾情，及时向管理局应对冰雪灾害工作领导小组办公室报告。可能造成长时间交通中断的要按照《甘肃省公路系统突发事件信息报送与处理办法》的要求，及时报送有关信息，做好公路交通出行信息服务工作。

（二）应急队伍建设。各单位应加强冬季冰雪灾害应急救援队伍建设，组建冬季公路冰雪灾害应急抢险队伍，加强冬季冰雪灾害应急知识和操作人员作业规程及安全管理知识的培训。应急抢险救援人员应熟悉公路交通法规、冬季行车特点及公路打冰、除雪、防滑要求，并能够熟练、规范地操作除雪设备。公路冰雪灾害发生后，各单位主要领导要及时奔赴收费现场，组织职工及时除雪、打冰、防滑。局应急抢险保障中心要做到物资储备充分，应急装备齐全，应急队伍精干。如遇重大灾情，要按照管理局统一部署和调派，迅速赶赴灾害第一

收费人员除雪，保障车道畅通

收费人员清理收费车道积雪

现场实施抢险救灾。

（三）应急物资储备。各收费站要提前储备防滑沙、草袋、融雪剂等物资，在冰雪灾害发生时，及时在收费车道铺撒，防止车道结冰打滑堵塞收费车道。在收费站设置除雪抢险设施储备室，配备铁锹、洋镐、架子车等除雪工具及棉大衣等防冻物品。

## 五、处置措施

收费站要与气象部门保持联系，随时了解天气情况，及时向社会公众发布路况信息，正确引导社会公众及时调整出行路线。当遭遇冰雪天气时，各单位要及时掌握、准确判断冰雪灾害发展趋势，第一时间做出反应，立即启动应急预案，迅速开展应急处置工作，组织单位全体人员集中扫雪、打冰，清除收费区域路面冰雪，铺撒防滑料，保障车辆安全通行，并在收费站设立警示牌，提醒过往车辆减速慢行。

收费站发布冰雪天气信息

冰雪灾害造成收费站部分车道堵塞时，应立即开启备用车道收费，警卫人员在现场指挥交通、维护秩序，并设法将被困车辆牵引出收费车道。冰雪灾害造成收费公路堵塞时，应立即安排应急抢险人员随应急抢险物资及机械设备赶赴现场抢险保通，并及时联系交警部门采取适当措施，防止发生大规模堵车。当出现交通严重拥堵，大量车辆和人员在公路上滞留时，主要领导要在第一时间赶赴现场，开展疏导和救援工作，对滞留在公路上的车辆和旅客，要做好宣传解释和相应的服务工作。遇到较大的冰雪灾害时，要办调当地政府应急管理部门、交警队和路政等部门配合，组织社会力量和应急资源共同应对。

# 第六章　通行费征收单位的撤销

TONG XING FEI ZHENG SHOU DAN WEI DE CHE XIAO

公路收费单位肩负着"收费还贷"的重要使命，多年来，白银公路管理局各收费单位在收费工作中严格按照"内强素质、外树形象，文明收费、礼貌服务"的工作理念，以"带好队伍收好费"为中心，认真贯彻落实国家有关收费公路的收费政策，夯实基础管理，严格收费纪律，强化精神文明建设，各项工作取得良好成效，赢得了上级的好评和社会各界的理解与支持，树立了良好的社会"窗口"形象。广大收费职工不辱使命，攻坚克难，默默奉献，圆满完成省局下达的通行费征收任务，为促进公路收费事业和地方经济的发展做出了积极的贡献。局属收费单位先后 2 次被省委、省政府表彰为"全省精神文明建设工作先进单位""省级文明单位"，1 次被省交通厅表彰命名为"全省交通行业文明示范窗口"，11 次被省公路局表彰为"全省通行费征收管理先进集体（单位）""全省交通系统行业文明单位""全省收费还贷公路管理工作先进单位"，2 次被评为文明收费站，并多次获得白银市市级"青年文明号""文明单位标兵"、白银市思想政治工作先进集体等诸多荣誉。

2009 年，由国家发展改革委、交通运输部、财政部制订的《逐步有序取消政府还贷二级公路收费实施方案》已由国务院办公厅转发，2017 年 1 月 25 日，交通运输部召开研究西部五省（区）逐步有序取消政府还贷二级公路收费工作专题会议，要求当年全面取消政府还贷二级公路收费。5 月 30 日，白银公路管理局局属景泰、靖远两个收费公路管理所停止收费。至此，白银公路管理局 22 年的通行费征收历程，22 年广大收费人员日日夜夜坚守的阵地，伴随着艰辛与使命、困难与荣耀成为公路交通史的重要篇章。

# 第一节 国道 312 线界嵲段管理所

## 一、撤销依据

2015 年 11 月 17 日，根据省交通运输厅《关于撤销省白银公路管理局国道 312 线界嵲段管理所的通知》（甘交人劳〔2015〕92 号）。

## 二、人员安置

2015 年 11 月 17 日，根据省交通运输厅《关于撤销省白银公路管理局国道 312 线界嵲段管理所的通知》（甘交人劳〔2015〕92 号），将原核定界嵲段管理所 70 名人员编制分解给省白银公路管理局下属其他单位，具体为：局应急保障中心 7 名，局高等级公路养护管理中心 5 名，会宁公路管理段 54 名，景泰、靖远收费公路管理所各 2 名。

## 三、财物移交

根据《白银公路管理局 2015 年第七次局务会议纪要》（白公发〔2015〕97 号）精神，国道 312 线界嵲段收费公路管理所所有财物全部移交会宁公路管理段管理，移交的主要财物有：（一）车辆机械类，小车 3 辆，水车 1 辆，发电机组 4 组，拖拉机升降机 1 台。（二）办公用品类，办公桌 43 张，小会议桌 39 张，圆形会议桌 1 套，条桌 7 张，电脑 16 台，靠背椅 174 把，打印、复印机 9 台，文件档案柜 60 个，摄像机一台，照相机 2 台，传真机 2 台，装订机 2 台，电话 14 部，保险柜 2 台，空调 3 台，会议室音响设备 1 套。（三）生活类，单人床 20 张，双人床 2 张，床头柜 20 个，三人沙发 12 个，单人沙发 20 个，三人茶几 9 个，单人茶几 16 个，电视 10 台，电视柜 12 个，淋浴热水器 4 台，洗衣机 1 台。（四）其他类，房屋所有权证 1 本，土地使用证 3 本，档案移交表 1 份，灭火器 23 个。以上财产由界嵲段管理所所长马世军负责移交，会宁公路管理段段长柴建政负责接交，局财务科长李金铭等 4 人负责监交。

# 第二节 景泰收费公路管理所

## 一、撤销依据

2017 年 11 月 20 日，根据省交通运输厅《关于统一撤销二级公路收费管理机构的批复》（甘交人劳〔2017〕86 号）。

## 二、人员安置

2017 年 5 月 28 日，根据《白银公路管理局取消政府还贷二级公路收费工作实施方案》，景泰收费公路管理所除 4 名科级干部外，其余 82 名人员编制全部在局属养护单位分流安置，具体为：景泰公路管理段 53 名，白银公路管理段 8 名，会宁公路管理段 2 名，局机关 1 名，局应急保障中心 7 名，局高等级公路养护管理中心 10 名，局后勤中心 1 名。

## 三、财物移交

根据《白银公路管理局取消政府还贷二级公路收费工作实施方案》，对景泰收费公路管理所全部移交资产、财务文书档案进行整理后，粘贴封条，就地封存。对电脑、照相机等贵重资产设备指定地点、登记编号、集中存放，并安排在编事业人员 24 小时不间断巡查、轮流值班、看护资产。2017 年 9 月，景泰收费公路管理所全部财物移交景泰公路管理段。

# 第三节 靖远收费公路管理所

## 一、撤销依据

2017 年 11 月 20 日，根据省交通运输厅《关于统一撤销二级公路收费管理机构的批复》（甘交人劳〔2017〕86 号）。

## 二、人员安置

2017年5月28日，根据《白银公路管理局取消政府还贷二级公路收费工作实施方案》，靖远收费公路管理所除4名科级干部外，其余50名人员编制全部在局属养护单位分流安置，具体为：靖远公路管理段15名，白银公路管理段11名，平川公路管理段10名，会宁公路管理段1名，局机关3名，局应急保障中心6名，局高等级公路养护管理中心3名，局试验检测中心1名。

## 三、财物移交

根据《白银公路管理局取消政府还贷二级公路收费工作实施方案》，对景泰收费公路管理所全部移交资产、财务文书档案进行整理后，粘贴封条，就地封存。对电脑、照相机等贵重资产设备指定地点、登记编号、集中存放，并安排在编事业人员24小时不间断巡查、轮流值班、看护资产。2017年9月，靖远收费公路管理所全部财物移交靖远公路管理段。

# 第七章　重要事例

**1995 年**　一是建立健全规章制度，先后建立国道 312 线界巉段管理所《车辆通行费票据管理办法》《职工奖惩办法》《职工上岗违纪处罚规定》《收费工作制度》《职工考勤制度》《逃费车辆处罚规定》等 17 种内部管理制度，为进一步做好收费工作提供了措施保证，有效避免了收费人员的违纪行为，堵塞了人情车、关系车不买票、少买票的漏洞，保证了规范作业、文明执勤、按章收费、优质服务，树立了良好的社会形象。二是对职工进行系统培训和教育，制定培训计划，选定培训内容，组织学习省厅统一制定的《车辆通行费票据管理办法》《收费日报表》填写方法，聘请银行工作人员对钞票的点收、假钞的识别技巧等进行专业技术指导。采取走出去请进来的办法，选派 21 名职工在天北高速公路管理所现场实习 7 天，邀请会宁县人民武装部 2 名教官

对 58 名职工分两批进行军事队列训练，对统一全所人员着装、风纪、内务卫生、快速反应能力，提高职工整体素质，顺利地开展收费工作起到了良好的作用。三是加强票款管理，为收费人员配备票款箱，实行一人一箱，票不离箱，箱不离人，人不离岗，由个人妥善保管自己的备用金和票款，做到了班结日清。四是坚持持证上岗，文明执勤，实行"四公开""三统一""三不准"的收费原则，在收费站设立"四公开"标牌，执勤人员严格着装风纪，严禁在班前 8 小时内酗酒，严禁用不文明语言对待司机，较好地树立了公路职工的文明形象。

**1996 年**　加强收费路管理，做好通行费收缴。一是培训队伍，提高素质。狠抓收费职工队伍的业务培训和思想教育，按照"内强素质，外树形象"的工作思路，全面提高职工思想素质和业务水平，职工岗位适应性培训取得

明显效果，全年差错率为"零"。二是整章建制，理顺关系。制定管理制度17项，岗位职责14项，实行目标管理，量化考核，较大限度地调动了全体职工收费积极性，为做好收费工作打下了基础。三是依法管理，文明收费。进一步强化收费手段，在会宁县政府的支持下，与县公安局联合组成治安队，有效维护了收费广场秩序，保证了收费工作的顺利进行。全年共追缴通行费0.4991万元/267次，罚款1.8225万元，没收假币0.397万元。开展广播宣传3600分钟，查获被盗军车车牌2块，有力遏制了冲卡、逃费、抗费现象。认真开展"创建文明岗（站）""创建文明窗口"评选"十佳"收费员等竞赛活动和文明收费、文明样板路两项建设活动，更好地树立收费职工形象，促进了两个文明建设。

**1997年** 以治理冲卡、逃费和处理各种违章违纪为突破口，以开展文明收费、文明服务、按章收费为重点，加强收费路管理，取得显著成效。一是坚持"带好队伍收好费"的原则，对全所职工进行两次正规化上岗培训和交接班训练。坚持周二政治、法纪理论教育，周三业务学习、工作讲评制度，有效提高了职工思想素质和业务服务水平。二是按照"内强素质，外树形象"的要求，狠抓各项制度的落实，规范操作，约束收费行为，强化财务票据管理，严格财经纪律。三是安装收费监控系统，加强与公安人员的配合，及时查处置理各种违章违纪案件，有力打击了冲卡、逃费、抗费现象。四是加强基础设施建设，在收费广场安装反光道钉、反光标带、宣传标牌、通告牌，处理砼边沟及排水沟，粉刷票亭顶面，大大改善了收费环境，使收费站呈现出新气象。国道312线界巉段管理所通过了县级文明单位的验收，收费西站被团市委授予"青年文明

号"，团支部被授予"红旗团支部"。

**1998年** 抓窗口建设，树立公路行业的文明形象。一是进一步加强收费管理工作力度，培训队伍，学习业务，增强服务和爱岗敬业意识，提高收费人员依法收费、照章处罚、优质服务水平。二是把职工教育和收费公路各个岗位的工作特点相结合，开展"铜城杯"竞赛和创建文明收费站、青年文明号等活动，坚持文明收费承诺制，树立文明"窗口"的良好形象。三是完善各项规章制度，狠抓经济责任制落实，强化财务票据管理，严肃财经纪律，重点加强票据的申领、发放、保管、收缴等各项流程的管理。四是强化收费手段，坚持依法收费，充分利用收费监控系统，提高收费管理工作的科技含量，确保收费工作健康发展。充分发挥治安队的作用，有力打击冲卡、逃费、抗费等不法行为，保证了文明收费。五是加大宣传力度，充分利用宣传媒介向社会广泛宣传收费政策，取得地方政府及社会各界的理解和支持，改善了收费的社会环境，提高了公路行业"窗口"建设的文明程度。

**1999年** 加强通行费征收管理，不断巩固、提高优质服务水平，树立公路行业文明形象。一是开展文明服务树好形象活动，实行收费人员上岗站立收费，警卫人员上岗敬礼执勤，努力提高服务管理水平。并聘请会宁县武警中队的两名武警教官对全所职工进行了为期一周的军训，进一步规范了收费程序和半军事化管理，提高了工作质量和工作效率。二是与会宁公路管理段一起开展以"树行业新风，创文明窗口"为主题的国道312线部级文明样板路创建活动，确保了收费公路的畅通、安全、舒适、快捷。三是按照"特管、统一、高效"的原则，坚持收费工作"五公开"，加强内部稽查力度，强化财务票据管理，做到票款、票

账、账表相符，班清日结，日清旬结。四是进一步美化收费环境，重新制作各类公开标牌，装修收费票亭、站房，加大收费广场路边绿化，使站容站貌焕然一新。经过不懈努力，管理所和收费东站分别被省公路局评为"全省收费养护管理先进单位"和"行业文明单位"。

**2000 年**　大力开展收费"窗口"优质服务竞赛活动。以"内强素质，外树形象"为目标，结合文明样板路创建，突出"四抓"：一抓职工队伍建设。界嵋所举办了计算机收费系统培训，靖远、景泰所开展军事训练和行政执法培训，景泰所开展生动活泼的"岗位练兵、技术比武"活动，通过培训教育和开展活动，提高了职工自身素质，培育了良好的精神状态。二是抓规范管理。通过完善制度，加强内部稽查和考核，严格财经纪律和工作纪律。三是抓收费环境建设。加大投资，下大力气绿化、美化站区环境，为职工创造良好的工作生活环境。四是抓优质文明服务。开展便民服务，建立"文明服务岗"，为过往司乘人员提供开水、维修工具等，靖远所散发"青年文明号服务卡"5000 张，景泰所涌现好人好事上百余件。界嵋所查处违章车辆及案件 180 起，追缴通行费 0.96 万元，收取路产赔偿费 0.74 万元。靖远所查处各类违章车辆 2000 余次，收取路产赔偿费 4.5 万元，罚款 0.45 万元。

**2001 年**　加强收费工作，确保收费任务完成。一是开展收费"窗口"优质服务和"强化管理，堵塞漏洞，确保完成全年通行费征收任务"两个"百日竞赛"活动。通过加强经常性的政治理论学习，开展岗位培训，完善管理制度，推广文明用语，设立便民服务台和文明岗等多种措施，提高"窗口"优质服务水平，树立良好形象。靖远收费所 6 月份集中开展了为期 5 天的军事、法律和政治业务培训，并在

国庆节后，所机关和三滩站每周举行升旗仪式，提高了收费执法人员的综合素质；景泰收费所组织人员进行对口交流学习，参观部门营房，邀请公安、路政人员讲法，开展"突击稽查月"活动，进行"军事化演练"，开展"假如我是一名司机"的换位思考讨论，并为两站配备政治指导员等，使各项管理井然有序，收费环境不断优化；界嵋所加强财务、票据和稽查工作，每周二坚持学习制度，开展"如何做一名合格的收费人员"的学习讨论，成立"政治思想研讨小组"，召开党员干部座谈会等，收效较好。二是加大执法力度，改善收费环境。在加大收费政策宣传的同时，积极争取当地政府和相关部门配合，依法坚决查处冲卡、逃费、抗费行为，并讲究工作方法，增强处理和驾驭复杂事态的能力，维护了正常的收费环境。三是加强财务票据管理，实行经济责任制和百元工资含量分配制度。各所严格财经纪律，强化审计监督，合理合法使用各项资金，并进行工资分配改革，建立激励机制，使工资分配与收费任务挂钩，调动了职工的积极性。

**2002 年**　加强通行费征收，努力提高收费管理水平。一是开展"加强形象建设，促进文明收费，提高服务质量"的竞赛活动。总段、各所成立竞赛领导小组，加强组织领导，主要通过落实目标责任制，开展经常性的政治理论学习教育和岗位培训，健全管理制度，推广文明用语，实行半军事化管理等提高收费"窗口"优质服务水平，树立良好形象。同时，各所推广百元工资含量制，加强财务、票据管理和稽查工作，使整个竞赛活动组织有序，收效明显。二是加大依法收费力度，不断优化收费环境。各所积极与地方政府、相关部门及沿线群众协调配合，采取多种措施依法坚决查处冲卡逃费、抗费行为，维护了正常的收费环

境。靖远所全年共查处违章车辆 7200 辆/次，收取路产赔偿费 3.46 万元，追缴通行费 3.8 万元。2002 年 9 月，公路局在白银召开了全省收费公路规范化、标准化建设现场会议。

**2003 年**　一是开展"标准化建设，规范化管理"百日竞赛活动和"文明收费、优质服务、保障畅通"活动以及军事化比武、收费知识竞赛活动。以"管理年"活动为契机，通过进行"两化"建设，推广文明优质服务，实行半军事化管理，强化学习教育，健全管理制度，提高了收费管理水平，树立了收费队伍好的形象。各所根据自身情况，结合实际，创造性地开展工作的同时，狠抓内部管理，严格财务票据管理制度，进行专项治理整顿，使收费人员做到文明收费、文明服务。在全省军事化比武及收费知识竞赛活动中，靖远所、景泰所代表队分别夺得陇东片区军事化比武第二名和收费知识竞赛初赛第一名。二是加大依法收费力度，不断优化收费环境。各所通过强化内部管理，堵塞漏洞，加大依法打击冲卡逃费、抗费力度，掀起"大干 80 天"活动热潮，全力以赴抓收费。

**2004 年**　各收费单位扎实开展"弘扬正气，强化管理，整顿作风，树立形象，进一步加强全段收费管理工作"的收费竞赛活动，加强了队伍建设和基础管理工作，使竞赛活动效果明显，收费任务全面超额完成。全年共完成收费任务 5898 万元，比年计划 5350 万元超额 548 万元。针对收费工作实际，各所加大治安稽查力度，加强月票车辆管理，严明工作纪律，发挥监控系统作用，强化收费环境治理，调动职工积极性，使收费管理水平进一步提高。同时，各所按照省交通厅、省公路局的要求，为绿色农产品的运输开辟"绿色通道"，保证了鲜活产品的顺利运销。经过上下努力，

界巉所收费期限延长 11 年，靖远所收费期限批准为 15 年，为收费工作的持续发展创造了条件。景泰收费公路管理所被省公路局评为全省收费公路管理先进单位。

**2005 年**　各收费单位坚持"带好队伍、收好费"的原则，继续开展"弘扬正气，强化管理，整顿作风，树立形象，进一步加强全段收费管理工作"的竞赛活动，加强了队伍建设和基础管理工作，使竞赛效果明显，收费任务全面超额完成。全年共完成收费任务 6885.2 万元，占年计划 6360 万元的 108%，其中景泰收费所完成 3719.54 万元，靖远收费所完成 2165.5 万元，界巉段收费所完成 1000.12 万元，占年计划的 93%。针对收费工作实际，各所加大对"偷、逃、绕、抗费"车辆和"大吨小标"车辆的专项整治力度。同时，加强月票车辆管理，严明工作纪律，发挥各所微机售票监控系统作用，强化收费环境治理，调动职工积极性，使收费管理水平进一步提高。各收费所继续做好绿色农产品运输"绿色通道"服务工作，为鲜活农产品的顺利运销提供了良好的通行环境。

**2006 年**　全年共完成收费任务 6384 万元。一是加强收费管理，提升文明服务水平。以开展文明服务竞赛活动和"一优双星"（优秀警卫、收费明星、服务明星）评选活动为载体，强化管理，调动职工积极性，做到文明服务，树立形象，带好队伍、收好费。根据工作质量、遵守纪律、文明服务、业务技能等量化考核指标，切实落实各项服务承诺制度，促进了文明服务水平的提高。3 月，段内两名收费职工被省总工会等五家单位联合授予"甘肃省技术标兵"的称号。二是加大收费稽查力度，总段收费处组织专人每季度进行督查，督查情况在全段通报，要求各收费所对问题有整改、

有落实。同时，对省公路局抽查通报中提出的问题，制定相应的整改措施，抓好落实。三是强化收费环境治理，各收费所堵漏增收，深挖潜力，集中整治偷、逃、绕、抗费车辆和大吨小标车辆，进一步加强对本地车辆的治理整顿和月票车辆管理，减少了费源流失，做到了应征不漏。

**2007 年** 一是加强收费日常管理，提高服务水平。各收费所加强对本地车辆的治理整顿和免费车辆管理，总段开发了特殊车辆管理系统软件，在全段收费管理工作中得到有效应用，同时发挥监控系统作用，强化收费环境治理，集中清理整顿人情车、特权车，加大对"大吨小标"车辆的稽查力度，加强了对各收费所每季度的稽查，有力地促进了工作，全年完成通行费征收 6515 万元。二是积极选派职工集中进行军事化训练，开展业务技能知识培训，围绕全省开放式收费公路第二届军事化比武和知识竞赛活动，靖远所取得全省军事化比武和收费知识竞赛活动第二名的好成绩，大大调动了全体收费职工学先进、比先进、赶先进的热情。三是继续开展"一优双星"和"三好"流动班站收费竞赛活动，制定完善《收费管理量化考核实施细则》和《预防通行费征收工作人员贪污票款管理办法》，有效强化了内部管理，使全体收费人员牢固树立起"以人为本，以车为本"的服务理念，提高了工作效率和服务意识，形成争先创优的工作氛围，做到文明服务，依法收费，树立起良好的"窗口"形象。

**2008 年** 一是开展"创三优"（即争创优秀收费业绩、优良工作作风、优质文明服务）和"两整顿、一提高"（整顿收费形象、整顿收费行为、提高服务质量）活动，召开收费单位现场观摩交流会，夯实征管基础，提升收费队伍素质，加大通行费征收力度，全年完成收费任务 6656 万元。开辟"绿色通道"，对农产品运输和抗震救灾车辆免征通行费，确保快速便捷通行。二是开展"一优二星"和"三好"流动班组评选活动，从收费任务完成情况、文明服务、遵章守纪等方面进行综合考评，每季度评选岀服务明星、收费明星、优秀警卫及"三好"班次进行表彰奖励，引导职工形成"崇尚先进、学习先进、争当先进"的良好风尚。三是开展"迎奥运、讲文明、树新风"活动，完善文明服务行为规范，努力提高为司乘人员服务的能力和水平，加强窗口服务人员职业道德、岗位技能、服务规范培训，学习收费法规条文、奥运知识、文明礼仪知识，增强便民服务意识，及时疏导收费广场车流、人流，树立良好的"窗口"形象。景泰收费所被省公路局评为 2008 年度局管二级收费公路通行费征收管理先进集体。

**2009 年** 各收费所紧紧围绕通行费征收任务和加强队伍建设两个基本点，突出责任目标管理、制度建设、票据管理、稽查监督四个重点，开展以"治理收费环境、保障公路畅通"为主题的收费环境整治专项活动，加强管理，规范秩序，优化环境，努力提高文明服务水平。召开二级收费公路计重收费工作专题会议，制定并印发实施方案、应急预案，各项计重收费工作顺利开展。加强稽查考核，量化评分标准，进一步调动了收费单位职工的工作积极性。全年共完成通行费征收额 7402 万元。

**2010 年** 加强管理，规范秩序，促进了收费工作水平进一步提高。一是加强目标责任管理，努力完成通行费征收任务。各收费所制定措施，明确目标，将全年收费任务按月分解下达，层层签订目标责任书，并对收费任务完成情况，坚持做到每天有对比，每月有分析，使每个管理人员、收费人员对收费情况均做到时时关注、心中有数。二是加强职工队伍建设，提高文明服务水平。各收费所教育广大职工树立文明服务意识，规范文明用语及手势礼的使用，以开展"百日收费无差错服务之星"竞赛活动为契机，从严格行为规范入手，提高优质文明服务水平。收费人员做到了文明用语亲切、手势礼规范标准、交接班秩序规范、仪容仪表端庄，切实达到"服务零投诉、安全零隐患、上岗零违纪、操作零失误"的工作目标。三是加强收费公路财务管理，严格遵守各项财务制度。严格执行预算管理，管理费用支出遵守各项财务制度。按规定建立了会计档案，票据管理规范有序，存放保管做到了"三专、六防"。通过多方联合，积极协调，加大稽查力度，整治偷、逃、漏费行为，严格执行了免费车辆和月票车辆的规定，全年共完成通行费征收额 7627 万元。完成靖远银三角、三滩收费站撤站和新建景泰收费站启动收费工作。

**2011 年** 各收费所按照"带好队伍收好费"的总体要求，紧紧围绕通行征收管理这一中心，狠抓内部管理，严格执行省局《局管二级收费公路绩效工资考核办法》，建立"奖优罚劣"的工作机制，用经济杠杆调动收费人员的工作积极性，不断提高收费队伍执行力。加强绿色通道管理，严格落实国家鲜活农产品绿色通道减免优惠政策；积极探索收费公路的服务新模式、新理念，在收费站点设立便民服务台，积极为过往司乘人员提供优质服务；充分利用收费广场 LED 电子显示屏及时准确发布天气预报和路况信息。开展创建"文明收费示范广场"活动，努力打造良好的"窗口"服务形象。全年共征收通行费 9390 万元，超计划 2260 万元，"绿色通道"等政策性减免通行费

2020 万元。

**2012 年** 抓管理，确保通行费足额征收。各收费所坚持抓通行费征收、抓稽查管理、抓制度落实不放松，做到总段对收费所一季度一检查一考核，收费所对收费员一月一考核一评比，坚持奖罚分明，达到了以绩效考核促进管理、推动工作的目的。针对景泰所外部收费环境差、逃费车辆多等问题，进一步加强了收费环境整治力度，有效降低了通行费的流失。抓服务，全面提升收费服务质量。以开展"紫光杯"收费竞赛活动为契机，进一步加强收费人员对收费政策和业务技能的学习培训，严格落实值班领导查验录像资料和现场稽查制度，积极督促收费人员使用文明用语和手势礼，及时杜绝各种不规范行为。进一步严格鲜活农产品绿色通道管理，建立车辆登记制度，严把绿色通道查验关，确保了国家鲜活农产品惠民政策的落实。进一步健全完善各类应急保畅方案，顺利完成了环湖赛、兰洽会以及重大节假日的服务保畅工作。抓规范，通行费征收工作有序运行。注重对错、废、弃票的管理，严格执行月票车总段审批制度，深入开展通行费征收管理"大干 80 天"活动，通过狠抓减免车辆清理整顿。加大稽查力度，及时规范职工工作行为，提升了收费管理水平。

**2013 年** 加强收费队伍建设，收费服务水平不断提高。认真贯彻局管普通收费公路管理工作推进会议精神，不断加强绩效考核工作，实行管理局对收费所不定期检查考核，收费所对收费员一月一考核一评比制度，并严格执行值班领导查验录像资料和现场稽查制度，有效防范了各类违纪现象。积极开展"平安公路"收费环境专项整治行动，狠抓堵漏增收工作。加强本地车、月票车征收管理，实行月票车辆管理局审核制度，并在靖远收费所开展

278

"月票车辆整治周"活动，切实规范月票管理。联合公安、交警对收费环境进行集中整治，及时与地方政府联系化解矛盾，维护良好的收费秩序，有效杜绝了通行费的流失，全年共征收车辆通行费 8376 万元。以开展"微笑服务示范岗""文明服务班组"等竞赛活动为契机，督促、引导收费人员规范使用文明用语和手势礼，不断提高文明服务水平。进一步拓展服务内涵，在收费站点设立便民服务台，及时利用收费广场电子显示屏发布路况和气象信息，充分利用现有设施积极为过往司乘人员提供力所能及的服务。严格落实鲜活农产品运输绿色通道以及节假日期间小客车减免优惠政策，共减免通行费 1782 万元。认真做好收费政策的解释宣传工作，及时妥善处置收费现场出现的各类纠纷，展现了良好的收费"窗口"形象。

**2014 年**　开展收费环境专项整治，收费服务水平逐步提高。以"带好队伍收好费"为宗旨，不断规范日常管理，加大了监控稽查力度，采取日常稽查、夜间抽查、随机检查等方式，严格绩效考核和违纪处理，规范收费行为。开展"收费环境集中整治"活动，进一步加强政策宣传，积极协调地方政府、公安、路政、交警等部门依法查处抗逃费行为，使各收费站的征收环境都不同程度地得到了改善。重点整治景泰大水磴收费站的收费秩序，成立由局分管领导和收费、财务、审计、监察等部门负责人组成的工作小组在收费现场蹲点督导，协调路政人员驻站协助，并多次就大水磴收费站征收环境差的问题向景泰县政府进行了汇报，最大限度地争取地方政府的支持。通过联合整治，进一步优化了收费环境，确保车辆通行费的征收。全年累计征收通行费 2512 万元。以开展"微笑服务示范岗"等竞赛活动为契机，督促、引导收费人员规范使用文明用语和

手势礼，提高文明服务水平。认真做好收费政策的解释宣传工作，及时妥善处置收费现场出现的各类纠纷；认真落实"绿色通道"、节假日"小客车"免费通行等惠民政策。积极做好节假日期间的车辆疏导和文明服务工作，展现了良好的收费"窗口"形象，全年"绿色通道"及节假日小客车减免通行费 576 万元。

**2015 年**　各收费所联合当地公安、交警、路政部门，深入开展收费环境整治工作，严厉打击冲卡逃费、强行推杆、占道压车、恶意阻断交通等行为，进一步净化收费环境。交警部门对使用套牌冲卡的 22 人进行驾驶证扣分和罚款处理，通过路政部门向因冲卡而损坏车道栏杆的 12 人收取收费设施赔偿费 1.8 万元，公安机关对故意堵塞车道、冲卡逃费和扰乱收费秩序的驾驶员 14 人依法进行行政拘留，并通过公安、交警人员协助追缴车辆通行费 3 万余元。全年共征收车辆通行费 2564.6 万元，政策性减免通行费 509.1 万元。根据省发改委、省财政厅文件精神，国道 312 线界嵋段管理所于 8 月 27 日停止收费，9 月初完成收费站点的拆除及 58 名收费人员的转岗安置等工作。

**2016 年**　整治收费环境，通行费征收工作稳中有升。认真贯彻落实全省局管二级收费公路工作视频会议精神，7 月，组织召开了收费管理工作分析座谈会，在总结分析上半年收费管理工作的基础上，进一步优化了收费管理措施。一是积极于展文明服务竞赛活动，引导和督促收费人员规范使用文明用语和手势礼，坚持以良好的收费服务来缓解当前收缴矛盾突出的问题。二是规范内部管理，加大内部稽查和监控管理力度，采取日常稽查、夜间抽查、随机检查等方式，加大对收费工作各环节和流程的监管，防范各类违纪现象的发生。三是深入开展收费环境综合整治。景泰所在收费站设

置了警务室，借力公安、路政、运政等执法部门共同开展收费环境联合整治，采取灵活、多样、不定时的工作策略，打击冲卡逃费、强行推杆、占道压车、恶意阻断交通等行为，追缴车辆通行费34万余元；靖远收费所严格月票车辆审核办理，对购买了月票的大客车和货车坚持每车必查。各收费所进一步加大了"绿色通道"车辆的查验力度，有效防止了各类逃漏费行为。

2017年　坚持以人为本，妥善安置人员，稳妥完成二级公路取消收费任务。针对全省年内撤销政府还贷二级收费公路政策发布后，职工思想波动大、外部收费环境差的现状，在加强职工思想引导、继续做好通行费征收工作的同时，积极做好取消收费前各项工作准备，并按照省厅局规定的时间节点，平稳有序完成了取消政府还贷二级收费公路的各项工作任务。一是强化管理促征收。在省厅局宣布取消收费前，高度重视收费人员思想教育、政策宣贯和情绪疏导工作，加大收费稽查监控力度，严格执行收费政策，做到了秩序不乱、任务不减、标准不降、人心不乱，超额完成上半年通行费征收任务，较去年同期增收193万元。二是周密部署保稳定。在省局取消收费工作布置会召开后，及时成立领导小组，两次召开党委会议研究制定取消收费工作实施方案。停止收费前后，局领导班子成员连续3天分组在各收费站蹲点，慰问安抚收费人员，现场督导人员安置、资产封存、站点拆除等工作，确保了各项工作的按期完成。三是以人为本抓安置。本着"先安置、再优化"的思路，在充分考虑职工个人意愿的基础上，对一线收费人员全部按照个人自愿予以安置，除留守值班看护资产的8名科级干部外，其余的135名工作人员于5月30日停止收费当日全部安置到位，无一例信访事件。

第四篇

# 路政管理

# 第一章　路政管理概况

LU ZHENG GUAN LI GAI KUANG

公路是国民经济和社会发展的重要基础设施，路政管理是公路行政管理的集中体现。

## 第一节　路政管理的发展

中华人民共和国成立后，由交通部主管全国公路事业，公路事业有了较大发展，路政管理也日益显示其重要性。尤其是党的十一届三中全会以来，由于实行改革开放，公路交通迅速发展，路政管理也有了新的突破。中华人民共和国成立后的路政管理工作，大致可以分为以下几个阶段：

### 一、国民经济恢复和发展时期的路政

中华人民共和国成立后，虽然从根本上改变了之前交通衰败的状况，但公路里程不多，公路技术等级不高，公路设施不全，交通量不大。在国民经济恢复和发展时期，党和各级政府对公路建设和管养工作十分重视，要求各级交通部门与当地军事、公安部门及沿线乡村密切协作，发动广大群众和机关、学校开展爱路护路教育，共同搞好路政管理。同时，国家还颁布了一系列规定和办法。

1950 年，中央财经委员会、交通部印发了《公路留地办法》。1956 年，交通部、邮电部、电力部颁布了《关于处理电线与行道树互相妨碍规定的联合通知》，规定了行道树与电线干扰的处理问题。1957 年，铁道部、交通部、农业部、水利部印发了《关于各部门基本建设工程占用公路暂行规定的联合通知》，规定了损坏赔偿事宜。1958 年，交通部、水利部联合印发《关于公路沿线兴修农田水利工程需注意事项》。1962 年，国务院发布了《关于加强公路养护的指示》，这些规定和办法的实施，对于搞好路政管理起到了一定的作用。

## 二、十一届三中全会以前的路政

为了加强公路养护和管理工作，1975年，交通部颁发了《公路养护管理暂行规定》，提出了"全面养护，加强管理，统一规划，积极改善"的方针，明确了公路养护职工应和交通管理人员密切配合，积极做好路政管理工作。

1978年，交通部、石油部颁发了《关于处理石油管道和天然气管道相互关系的若干规定》，规定了各种管线与公路交叉或接近的处理问题。

## 三、十一届三中全会以来的路政

1978年党的十一届三中全会以后，随着改革开放的深入和国民经济的发展，公路路政管理工作进一步引起各方面的重视。各地开始组建路政管理部门，配备路政管理人员。1983年7月，国务院印发了中华人民共和国成立以来第一个路政管理方面的文件，即《关于加强公路路政管理保障公路安全畅通的通知》，把路政管理工作摆到了重要议事日程上。20世纪80年代中期，人们对公路的重要性和必要性的认识更为深刻，保护公路的呼声也越来越高。1987年10月，国务院颁布《公路管理条例》。根据国务院授权，1988年交通部又发布了《中华人民共和国公路管理法实施细则》，这是我国第一个比较全面的发展公路事业的行政法规。它的颁布实施，对依法办事、强化管理、从严治路、加强路政管理具有十分重要的意义。1989年11月，交通部在四川重庆召开第一次全国性的路政管理工作会议，介绍了四川省公路局、重庆市交通局等单位贯彻《公路管理条例》依法治路的经验，研究了新形势下加强路政管理工作的对策和措施。这次会议的召开，为进一步加强路政管理工作奠定了良好的基础。

## 四、《公路法》颁布施行以来的路政

1997年7月3日，《中华人民共和国公路法》（以下简称《公路法》）由第八届全国人民代表大会常务委员会议通过，于1998年1月1日起施行，这是我国第一部关于公路的重要法律。《公路法》作为国家公路事业的根本大法，以法律的形式将发展公路事业的一系列方针政策确定下来，明确了发展公路事业的基本方针、重要原则，全面调整了公路发展中的社会关系，规范了公路规划、公路建设、公路养护、路政管理、收费公路和公路的监督检查。它的颁布实施，标志着我国公路事业步入了法制的轨道，对于保障和促进公路事业健康稳定的发展、推动整个国民经济持续发展，具有十分重要的意义。2000年1月14日，交通部出台《超限规定》，于2000年4月1日起施行，这是继《公路法》以后交通部出台的第一个路政管理方面的配套规章，详细界定了超限运输的行为和具体的管理措施，具有较强的可操作性，为全面加强超限运输管理提供了有力的法律依据。2000年以后，随着依法行政工作的不断深入，甘肃省公路路政管理工作迈向了规范化管理的快车道。省交通厅、路政总队及公路总段不断修订和完善部门规章制度和规范性文件，有力指导了路政管理工作，约束了执法人员的行为，开创了路政管理工作的新局面。

# 第二节　公路路政管理的内容

路政管理的内容可概括为保护路产、维护路权、维持秩序、保护权益四个方面。

## 一、保护路产

路政管理的基本内容是保证路产完好，保障公路完好畅通，履行《公路法》《条例》《细则》《超限规定》及各省制定的公路路政管理法规规章规定的职责，具体内容有：

（一）依法制止和查处非法占用、挖掘、污染公路路面、路基、桥梁、隧道、涵洞、排水设施、交通安全设施、收费设施、防护构造物、公路绿化等违法行为。

（二）依法制止和查处在公路大中型桥梁周围 200 米、公路隧道上方和洞口处 100 米以内非法挖砂、采石、取土、倾倒废弃物的行为。

（三）依法禁止和查处危及公路、桥梁、隧道、渡口安全的爆破作业以及其他危及公路安全的行为。

（四）依法制止和查处损坏、擅自移动、涂改公路附属设施（包括防护、排水、养护、管理、服务、交通安全、监控、通讯、收费、专用构造物、建筑物等）的行为。

**二、维护路权**

主要包括对公路两侧建筑控制区的管理，审理穿越公路的各种管线和渠道，审理各种与公路的道口交叉及其他涉及公路路权的事项。具体有以下内容：

（一）公路用地范围内、公路两侧建筑控制区范围内设置广告牌等非公路标牌，架设、埋设各种管线、电缆等设施。

（二）跨越、穿越公路修建跨线桥梁、渡槽或架设、埋设各种管线或电缆等设施，以及在公路上增设平面交叉道口。

（三）修建铁路、机场、电站、通讯设施、水利工程或进行其他建设工程，需要占用、挖掘公路的。

（四）因抢险、防汛需要修筑堤坝、压缩或者拓宽河床危及公路、桥梁、隧道安全的。

（五）禁止在公路两侧建筑控制区内修建

路政宣传标志

建筑物和地面构筑物。

（六）铁轮车、履带车和其他可能损害公路路面的机具上公路行驶，机动车制造厂和其他单位利用公路作为检验机动车制动性能的试验场地。

（七）超过公路、公路桥梁、公路隧道或汽车渡船的限载、限高、限宽、限长标准的车辆在公路上行驶。

**三、维护秩序**

维持公路良好的运行秩序，保障车辆安全通行，是路政管理的重要内容之一，主要有：

（一）清理公路沿线的马路市场、摆摊设点、各种非公路标牌等影响公路秩序的行为。

（二）排除违反《公路法》，在公路上设置的各种障碍等影响公路畅通的行为。

（三）对公路建设、大中修等施工现场的管理。

（四）对公路交通标志标线的监督管理。

**四、保护权益**

主要是保护公路管理机构、路政管理机构、公路经营公司、养护作业单位及其作业人员从事生产、执行公务时的合法权益。

# 第二章 路政管理工作的形成

LU ZHENG GUAN LI GONG ZUO DE XING CHENG

路政管理工作的目的和任务是：由公路主管部门依法检查、制止、处理各种侵占、破坏公路和公路用地及公路设施的行为，维护路产、路权和路面、路基及桥梁、涵洞、安全标志、行道树等各种设施的完整，保证公路安全畅通。中华人民共和国成立后，国务院、交通部和甘肃省人民政府、省交通厅先后制定一系列有关加强路政管理的法规和制度，保证了公路畅通和公路运输车辆的安全运行。1950 年 5 月，省人民政府发布《关于保护公路禁止铁轮大车行走的通知》，要求各地、县人民政府和军、工、商、民所有单位的铁轮大车，一律禁止行驶公路。如大车道中断，在未修复前必须通行公路时，限在路右边行走。为使铁轮大车有路可走，"通知"还要求各级政府利用农闲季节，发动群众整修大车道，为民间运输工具从运提供道路条件，同时要求公路管理部门加强护路、养路和查路工作，并把"护路""查路"工作列入公路养护管理范围。

## 第一节 路政管理纳入政府的议事日程

1952 年 9 月，西北交通部颁布《禁止铁轮大车行驶公路处理办法（草案）》，省交通厅立即贯彻执行，于 1953 年 1 月发出通知，对禁止铁轮大车行驶公路做出了具体规定。如绝对禁止铁轮大车行驶干线公路，准许铁轮大车在次要公路（土路面）边缘行驶，交纳公粮等有紧急任务的铁轮大车允许一次性行驶公路。还对违反规定行驶公路或对公路有损坏的问题，拟定了处罚办法。如罚拉运 3~10 车养路砂石材料，以弥补公路被毁的损失。上述办法由沿线县、乡人民政府和公路部门实施。自此，路政管理工作纳入了政府的议事日程。为了实现上述要求，沿路各级政府积极动员群众整修大车道或在公路两旁修筑便道，为铁轮大车从运提供道路条件。

1962年6月，中共中央、国务院颁发《关于加强公路养护和管理工作的指示》，要求："公路及其附属设备，包括两旁已划定的用地都是国家财产，任何人不得任意侵占和破坏。护路工作由交通部门直接负责外，各地公路部门和人民公社应积极协助，做好对群众的爱路宣传教育。对于拆毁公路、桥涵、标志等行为，应坚决制止，并根据情节轻重认真处理。"省人委为了贯彻这一指示精神，要求省交通厅及厅属系统公路总段、公路段、道班建立路政管理机构，省厅设立路政处，公路总段设路政科，公路段和道班配备专职或兼管人员。各地、州、市也设立了相应的管理机构，全省路政管理工作形成了统一领导、分级管理的格局。路政管理工作得到各级党委、政府和公路部门的普遍重视。1966年5月以后，路政管理工作受到了干扰，管理制度被废除，管理工作放松，毁坏公路设施的情况不断发生，甚至危及安全畅通。根据上述情况，省交邮局于1972年10月颁发了《甘肃省公路养护和管理工作规定（试行）》，重申加强路政管理工作的重要性，并要求："公路两旁用地，凡在土改时已划定的，新建、改建公路时已征用的，或退赔时已作价付款的，其界限范围内的土地均属国家所有，凡不属上述情况而界限不清的，在边沟外酌量留地，作为保护路基、养路取土、堆放养护砂石材料和公路绿化等用地。农田区每侧留地1米，其余路段保留3~5米。禁止在公路用地范围内修建房屋、搭设工棚、筑坝蓄水；公路上不准打碾晒粮，挖沟引水；公路路肩和排水沟内不准堆放杂物，种植农作物。对

擅自侵占、毁坏公路、桥梁、标志和砍伐行道树等行为，要坚决制止，并查明原因，追究责任，给予批评教育，责令赔偿损失，情节严重的报公安部门严肃处理。"这一规定是20世纪70年代全省公路路政管理工作的基本制度，通过认真执行，毁坏公路及其设施的问题基本上得到了制止。

## 第二节　路政管理若干规定的形成

1978年以后，公路沿线群众利用油路碾场、晒粮，随意在公路上挖沟引水、堆放杂物，甚至在公路两旁用地范围内搭棚、摆设商业摊点，砍伐行道树等问题一再发生，影响了公路的完好和安全畅通。为此，甘肃省于1979年6月颁发《甘肃省公路路政管理通告》。同年8月，省交通厅制订《甘肃省公路路政管理实施细则》。1983年，省人民政府又在张掖召开了全省公路路政管理工作座谈会议。参加会议的有各地、州、市、县的党政部门的主管领导和交通处（局）长，省交通厅所属公路总段的段长、监理所长，省经委和省公安厅、林业局、农牧局、邮电局、电力局的代表，会议还邀请了兰州军区、省军区后勤部（处）、运输部（处）和新闻单位的代表，共计229人。副省长侯宗宾、省交通厅厅长马元智参加会议并讲话。会上总结和交流了路政管理工作的情况和存在的问题，并做出了依靠当地人民政府，充分发动群众，在各级政府的统一领导下，加强公路路政管理工作的决定。会后，各地、州、市、县都相继成立了以主管专员、市长、县长为主要领导，由交通、公路、公安、工商、农林等部门负责人参加的路政管理联合办公室，全省共抽调路政管理工作人员750多人，办公室大都设在地、县交通处（局），初步

形成了地、县、乡、村四级路政管理的新格局。

1983年7月，国务院颁发《关于加强路政管理保障公路安全畅通的通知》，通知明确规定"路政管理工作是各级政府、公路部门的责任，要求各地采取县包乡、乡包村、村包个人的办法，层层制定维护交通安全公约责任制。组织公安、交通、监理、农机、工商、城建等部门联合治理"。1983年9月，甘肃省人民政府颁发了《甘肃省公路路政管理若干规定》，"规定"的制定和颁发不仅对加强路政管理工作，保护路产、路权，保障公路安全畅通起到了重要作用，而且是各级路政管理部门依法治路、根据法规加强路政管理工作的依据，也是甘肃路政管理工作步入法制轨道的体现。全省路政管理部门自1983年下半年开始，在全省范围内广泛进行宣传教育活动，使"通知""规定"精神和条款深入人心，提高了群众爱路护路的自觉性。在此基础上，开展了以清理违章为内容的全面整顿综合治理工作。

## 第三节　公路交通安全工作职责的调整

1983年，省交通厅在甘谷县召开全省路政管理工作会议，传达了交通部在四川成都召开的全国交通安全工作会议精神，总结交流了全省路政管理工作的经验，讨论制定了进一步加强路政管理的办法。省交通厅副厅长夏家邦主持会议，在对全省路政管理工作进行总结、肯定成绩的同时，要求各地路政部门继续努力，为开创全省路政管理工作的新局面而努力。会上根据各地、州、市、县的推荐，并经会议代表评议，对平凉、武都、临夏、天水四个地、州、市和武山等23个县及18个先进集体、54名先进个人，进行表彰奖励。会后，各地先后调整和充实了管理机构，修改、完善了管理办法，全省路政管理工作得到进一步加强，使路政管理工作沿着法制轨道不断前进。

1986年，省交通厅根据全省路政工作的开展情况，发出通知，要求各地交通处（局）充分发挥政府职能部门的作用，加强路政管理工作，并提出"清除影响交通安全的一切路障""杜绝在公路上挖沟引水及其他违章""收回被蚕食和占用的公路用地"等要求。各地根据通知要求，开展了以查路、护路为内容的路政管理工作。

1986年10月，国务院《关于改革道路交通管理体制的通知》下达以后，公路交通安全工作划归公安部门管理，各地区路政管理机构也随之撤销，路政工作处于失管状况，致使危及道路安全的问题再次严重起来，引起了省政府的重视。1988年3月，批转了省安全委员会《关于进一步明确全省交通安全管理部门分工职责问题请示报告》的通知，明确规定了交通部门负责全省的公路路政管理工作，并划定了公安与交通部门在交通安全管理方面的职责范围。之后，公路部门所属路政管理机构又逐步恢复起来，省交通厅公路局和公路总段都相继设立了路政科，各地、州、市交通部门也重新建立了路政管理机构，并经有关部门批准，全省计划编制专职路政管理人员415人，在省交通厅的统一领导下，负责各自管养路段的路政管理工作，为全省路政管理工作的加强奠定了组织基础。

# 第三章　路政管理工作的加强

LU ZHENG GUAN LI GONG ZUO DE JIA QIANG

　　白银公路总段自 1987 年至 2003 年，调整充实了路政管理机构，增加了执法人员，探索出一整套路政管理工作的经验，采取一系列的必要措施，有效控制或制止了公路路政案件的发生，全总段的路政管理工作得到进一步加强。

## 第一节　依法治路的新阶段

　　1987 年 10 月，国务院颁《中华人民共和国公路管理条例》（以下简称《条例》），交通部于 1988 年 6 月颁布《中华人民共和国公路管理条例实施细则》（以下简称《细则》），从此，公路路政管理进入了依法治路的新阶段。为贯彻《条例》和《细则》，省交通厅公路局在白银市召开全省路政管理专业会议，深入学习《条例》和《细则》的内容，进一步明确路政管理工作的范围、职责和要求。会后，结合甘肃路政管理的具体情况，拟订了《甘肃省公路路政管理实施办法》《甘肃省关于占用、损坏公路赔偿、罚款取费标准》《甘肃省路政管理职责范围》等法规、制度。同时，省交通厅撤销公路局路政科，成立了省交通厅公路局路政处，各地、州、市及公路总段也进一步充实了路政管理机构，实行统一领导、分级管理，公路局分工负责、紧密配合新的路政管理体制。1989 年初，省交通厅在平凉总段召开全省养路工作会议，会议提出："转变观念，提高认识，修、养、管并重，以法治路"的加强路政管理工作要求，各地区、各总段对管理机构进行了调整、整顿和改革工作。之后又在天水举办了路政管理工作人员学习班，提高执法政策和依法治路的工作能力。同时，修改了全省路政管理办法，并报省法制局批准实行。同年

7—8月，在全省范围内组织了近800人参加的路政管理工作大检查，先后出动宣传车2400余车次，检查公路里程2.6万余公里。采取集中与分散相结合、检查违章与现场处理相结合的方法，由路政、公安和交通警察部门互相配合，对违章问题进行处理。全省共查出损坏公路标志298处，计298根（块）；桥栏10处，计52根；超范围占用公路边沟5处长406米；损坏防护设施139处，计1378.3立方米；消除各类违章堆积物7559处，计8.04万立方米；制止在公路上打碾7559处；清除违章商业摊点1042处。到1990年底，三年中全省共收回超范围占用公路违章建筑5011处，拆除违章建筑物计47.5万平方米，清理并收回公路用地4441处，计28.8万平方米，搬迁村镇农贸市场25处，还查处砍伐行道树、损坏公路设施等案件多起，共收回赔偿价值约147.7万元。1990年10月，交通部发布《公路路政管理规定（试行）》以后，为进一步加强全省路政管理提供了法制政策依据，使路政管理工作沿着法制轨道健康、顺利地进行和发展。

## 第二节  路政管理工作得到加强

随着公路事业的不断发展，公路管理工作得到加强。1987年白银市成立路政管理领导小组，由主管交通的副市长任组长，市交通局局长、白银公路总段段长任副组长，下设路政办公室，市路政办办公地点在总段设立。各县（区）相应成立领导小组，下设县（区）路政办，办公地点设在县（区）交通局或公路段，李沛富担任市路政办副主任。公路总段、公路段、县乡公路管理站乃至道班，都配备了专职或兼职路政管理人员，并给路政专职管理人员配发了标志服装，形成了市、县、乡结合的管理网络。《中华人民共和国公路管理条例》、交通部《公路管理实施细则》《甘肃省公路管理办法》颁布后，路政管理部门动员组织宣传车，深入工厂、矿山、学校、农村、街道广泛宣传，在宣传、张贴《条例》《办法》的同时，与县（区）、乡村、道班签订了路政管理协议书，责任到人，充分发挥了基层和沿线群众爱路、护路的积极性。

1989年3月以后，经省交通厅党组决定总段增设路政管理科，李沛富任路政科科长。各公路段增设路政管理股，各段路政人员在原来的基础上增加到2~3名，专职开展路政管理工作，总段路政科配备了专用路政巡查车以及照相机等取证器材，表格化的文书逐步完善。从此，全市省养部门和地养部门的路政业务分别管理，谁主管谁负责。

1989年《行政诉讼法》颁布后，为了使路政管理人员适应《诉讼法》颁布后的形势，把公路侵权案件纳入规范化管理，路政部门及时举办以《诉讼法》为主要内容的学习班，使路政管理人员的法律观念、政策水平及业务能力得到提高。其次，对所辖路产、路权进行清查登记，建立档案，使基础管理走上了正轨。第三，对遗留案件进行清查处理，特别是抓好重大要案的处理。仅1987年至1990年的4年里，就查处各种案件1300多起，其中万元以上大案5起，千元以上案件27起，全部结案，较好地维护了路产、路权。

为保障公路的安全畅通，公路管理部门除建立健全和完善各种制度外，还根据公路建设的特点，采取多种方式强化管理措施的实施，把养护和建设工程以经济承包的方法包给承包人，实行工资、资金浮动制等；对养路道班实行定人员、定任务、定消耗、定成本的方法；在养护生产实施的过程中积极开展"百日路面养护优胜杯"活动，做到安全施工，文明生产，对工程实行质量监理；在治理整顿和查处各类案件中，紧紧依靠县（区）党委和人民政府，协调公安、运管、工商、土地等有关管理部门，开展综合治理，使全市国道、省道和主要公路上的集贸市场、妨碍交通的摊点、违章建筑得到及时清理，根除了在公路上打碾、晒粮的问题。强化管理措施的实施，有力地维护了公路的安全畅通。

## 第三节 路政管理工作日趋完善

1990 年至 2003 年，白银公路总段的路政管理工作步入稳步发展、日趋完善的阶段。1995 年总段路政科人员不断调整加强，郭武军任路政科科长，并充实了一些年富力强的骨干，加大了对现有路政人员的定期培训，在"打基础、树形象、上轨道"的目标引领下，加强了社会化的路政宣传工作，加大了对公路红线的严格控制，加快了路政案件的查处力度，使路政管理走上法制化建设轨道。

1990 年，各级路政管理机构在市、县（区）、乡人民政府和群众的支持下，严字当头，依法治路，在人员少、工作量大的情况下，依靠政府，依靠群众，密切与公安、司法、城建、土管等兄弟单位协作，依靠公路交通部门的职工，充分发挥公路总段、分段、道班三级管理网络的优势，齐抓共管。全年共查处各类违章案件 960 起，清除公路垃圾 5683.34 立方，移动公路电杆 96 根，清除违章建房 25 处 352 平方米，按章收回各类赔偿和损失费 14.34 万元，罚款 0.4335 万元。此外，还与乡（镇）、村签订路政综合治理协议 32 份，有力地维护了路产路权，保证了公路安全畅通，使路

政管理工作向规范化管理推进了一步。

1991 年，路政管理工作进一步加强，经报省交通厅公路局批准，进行了机构调整，聘请 26 名专职路政管理人员，其中干线 14 名，地养公路 12 名，由省公路局拨给经费 10.4 万元，同时将原设在市交通局安全技术科的路政办公室调改在公路科，还确定了公路养护道班班长兼职路政管理员工作的规定，从而形成了有 123 名专、兼职人员组成的路政队伍，确定了路政管理法人代表，配备了必要的交通工具和通讯器材。依法查处公路侵权案件，形成了较有力的管理网络。共查处各类公路侵权案件 365 起，收回侵占公路用地 68.5 亩，收回各类损坏公路赔偿费 16.26 万元，有力地维护的路产路权，保证了公路安全畅通。

1992 年，路政管理工作在地方政府及各有关单位的密切配合下，路政管理人员以宣传教育为主，坚持依法治路，查处各种违章案件 250 起，结案 235 起，结案率为 94%，收回各种占用赔偿费计 31.52 万元，罚款 0.29 万元，拆除电杆 108 根，围墙 215 米，收回公路用地 2150 平方米，维护了公路产权的完好，保证了公路的畅通，被交通部评为全国路政管理工作先进单位。

1993 年，在完成路产、路权清理登记的基础上，重点进行《公路管理条例》的宣传和公路违章调查工作。全年共查处各类违章案件 116 起，结案 95 起，结案率为 81.9%，收回各种补偿费 2.35 万元。

1994 年，路政管理工作从加强领导，搞好协调配合和宣传教育入手，结合依法治市工作，开展依法治路和"警民共建文明样板路"活动，严格控制建筑红线，查处违章，有效地保护了路产、路权。年内共向公路沿线的单位、村镇张贴标语、通告 2480 条（份），印发

养护与路政工作联席会

路政管理宣传册 1500 本，刷写路政管理、交通管理等方面的永久、半永久性宣传标语 515 条（块），制作门式宣传牌 3 个，出动宣传车 127 台／次，行程 4000 余公里，辐射 5 个县（区）32 个乡、153 个自然行政村，还利用电视台宣传《通告》及 179 号文件，听众达 24 万人（次）。路政管理部门依靠地方政府，对公路两侧红线控制内的各种违章建筑进行了坚决制止，年内共查处新的违章建筑 77 处，停工 45 处，申请法院强制拆除 4 处，经做工作自行拆除 28 处，清理占用公路用地 17.5 亩，收回各类占用费、补偿费、超限费等计 11 万余元，清除 109 国道两侧各类违章标语牌 518 块，使清理"三堆"、治理"三乱"的工作有了新的发展，基本上实现了路政管理"打基础，树形象，上轨道"的目标。白银总段还组织路政稽查队，大力开展宣传活动和路政查处工作，积极参与省厅组织开展的 109 国道文明建设样板路活动，治理"三乱"，所管路段于年前通过了省厅组织的验收。

1995 年，省养公路年计划查处、制止、拆除违章建筑 1 万平方米，实际完成 1.14 万平方米。其中查处、制止的 9164 平方米，督促自行拆除的 1422.98 平方米，申请法院强制拆除的 813.68 平方米，收回占用费 6.953255 万元，收赔偿、补偿费 3.3122 万元。巩固文明样板路

196.49 公里。地养公路共查处拆除各类违章建筑 4475 平方米，各种违章案件 178 件，处理结案 167 件，结案率达 91.2%。建成文明样板路 2 条（景大路、郭嵘路）计 72 公里。

1996 年，以维护路产、路权和治理"三乱"为中心，强化管理，加大法制力量，逐步走上规范化、法制化轨道。地养公路年内查处、拆除各种违章建筑 4475 平方米（其中拆除 882 平方米），收回各种占用补偿费 28 万元，收回公路用地 1813 亩。省养公路共制止违章建筑 7795 平方米，拆除违章建筑 4195 平方米，查处损坏路基 18 起 64.9 平方米，损坏路面 19 起 391.6 平方米，蚕食侵占公路 88 起 69.3 平方米，以及损坏标志牌、行道树等其他案件，结案率达 95% 以上，收回赔偿、补偿、占用费等 6.7 万元。

1997 年，以宣传、学习和贯彻《甘肃省公路路政管理条例》为抓手，开展依法治路，规范化管理活动。同时加大路政案件查处力度，收效显著。年内共张贴"通告"250 余张，散发"路政管理知识"570 份，下发《条例》单行本 150 本，散发宣传材料 5600 余份，喷刷宣传标语 88 条，出动宣传车 30 辆次。路政管理人员月上路巡查 16 天，上路率达 71%。共查处各种公路违章案件 76 起，其中违章建筑 43 起 1557.3 平方米，申请法院强制执行 2 起，收回公路赔偿费 0.845 万元，占用费 0.0684 万元，使路政管理走上法制化建设轨道。

1998 年，认真学习、宣传贯彻《中华人民共和国公路法》，深入开展依法治路，以法管路的活动，省养公路部门共制止、迁出红线违章建筑 39 起 3200 平方米，拆除 37 起 2830 平方米，查处蚕食侵占公路 111 起 2706 平方米，查处埋设电杆广告牌 49 起 436 根，损坏行道树 2 起 53 株，超限运输车辆 18 起 22 辆，收

缴"三费"21.18万元。地养公路制止、迁出红线违章建筑40起2994.7平方米，拆除违章建筑56起1222平方米，查处蚕食公路3起84平方米，埋设电杆1起27根，埋设管线3起88.6平方米，查处挖路引水8起114.5平方米，收缴"三费"计22万元。

1999年，省养公路查处各类案件541起，其中违章建筑43起1867平方米，损坏行道树1起164株，蚕食侵占公路79起1962.5平方米，损坏公路路面1起7.5平方米，损坏桥栏护桩4起7根，超限运输车辆2起136辆，埋设广告牌340起422根，埋设管线管道1起53.46平方米。共收缴"三费"22.1万元，其中赔偿费14.1万元，补偿费6.71万元，占用费1.29万元，结案率95%，路产完好率98%。地养公路年查处红线外违章建筑31起1182.6平方米，拆除违章建筑46起1041.2平方米，查处损坏路基13起81.2平方米，损坏路面7起21.6平方米，侵占蚕食公路6起87平方米，损坏标牌、桩3起5块，埋设电杆2起28根，埋设管线3起63.4平方米，挖路引水14起105.8平方米，收缴"三费"计2.39万元，路产完好率94%。

2000年，省养公路年内共查处各类路政案件1275起，其中查处制止违法建筑62起3930平方米，拆除59起3258平方米，查处损坏路基8起53平方米，路面8起28平方米，查处侵占、蚕食公路441起5766平方米，损坏公路标志牌10起32块，损坏桥栏护柱6起81根，埋设电杆、非公路标志445起1242根，查处偷盗行道林1起8株，查处超限运输车辆243起668辆。路政案件自行履行30起，强制执行4起，未发生行政复议和行政诉讼案件。共收缴"三费"28.64万元，其中赔偿费11.36万元，占用费3.68万元，补偿费13.6万元，

地养公路路政管理工作按照"抓宣传、打基础、抓培训、强素质、抓执法、突难点"的工作原则，重点进行专项治理，特别是对村、镇过境路段及偏远山区路段加大了治理力度。共查处、制止违法建筑56处832.6平方米，拆除违法建筑31处685.3平方米，依法收缴"三费"3.86万元。

2001年，省养公路年内共查处各类路政案件2852起，其中查处、制止、拆除违法建筑113起8052平方米；损坏路面、路基13起66.85平方米；损坏行道林2起15株；侵占公路155起4603平方米；损坏标牌、桩116块；埋设电杆、广告牌568起1153根（块）；查处超限运输1542起1.17万辆（次）；清理整顿马路市场、摊点36处，查处污染87起798平方米；清理洗车点24起12处；查处擅自设平交道口18起92米。路政处罚强制执行24起，收缴"三费"共计117.1万元，其中赔偿费22.4万元，补偿费80.9万元，占用费13.8万元，罚款170万元。路政人员上路率达95%，路政案件结案率达95%，路产完好率95%。地养公路：年内共查处、制止违法建筑39起487.2平方米，拆除违法建筑20起307.6平方米，收缴"三费"2.88万元，使路产完好率达93%。

2002年，省养公路共查处各类路政案件698起，其中查处违章建筑62处4260平方米，拆除违章建筑11处1357平方米；查处损坏路基5起136平方米，蚕食侵占公路187起5025平方米，埋设电杆广告牌335起733根，埋设管线2起500平方米，收缴"三费"33.36万元。路政人员上路率为92%，路政案件结案率为95%，路产完好率为95%。地养公路：年内共查处、制止违法建筑41起1431.2平方米，拆除违法建筑18起866.4平方米，收缴"三

费"共计 0.74 万元。重点加强了村镇过境路段的整治工作，按照省交通厅部署，白银市交通系统于 6 月和 9 月认真开展了"路政宣传月"活动，进一步规范和完善了路政内业管理，同时继续开展了文明样板路创建活动。

2003 年，白银公路总段共查处违法建筑 1.2 万平方米，损坏路基路面 13 起 279 平方米，蚕食侵害公路 28 起 4106 平方米，建设设置广告牌 1236 块，超限车辆 1774 辆，收缴路产赔偿费 92.2 万元。县乡公路路政管理共查处制止违法建筑 20 起 562 平方米，拆除违法建筑 5 起 130 平方米，查处损坏路面 6 起 86.2 平方米，依法收取"三费"1.26 万元，路政人员上路率达 99%。

# 第四章　路政管理工作的规范化

LU ZHENG GUAN LI GONG ZUO DE GUI FAN HUA

2004 年至 2009 年，白银公路总段的路政管理工作从逐步发展走向规范化阶段，也是最有特色的发展阶段。机构加强、人员增加、装备升级、经费专用，形成了路政管理工作的新气象，尤其在国家下大力气治理超限超载工作的政策推动下，公路路政管理各方面的工作都得到了提升。总段路政支队牢固树立"以人为本、以车为本、以路为本"的新理念，以依法保护公路为中心，以全面推行规范化管理为手段，以强化队伍整体素质为根本，以文明执法优质服务为保障，不断提升执法水平和服务质量，促进了全段路政管理工作快捷、科学、安全、协调发展。

## 第一节　路政机构

### 一、路政支队的设置

2003 年，根据省交通厅《关于省白银公路总段机构设置和人员编制的批复》（甘交人〔2003〕56 号文件）精神，从 2004 年 1 月起，撤销了总段路政科和各分段路政股，成立白银公路总段路政支队，支队机关内设综合办公室、审理科、稽查科，核定编制 8 名，其中县级职数 1 名、科级职数 3 名。总段长兼任路政支队长，王朝锋担任路政支队副支队长、党支部书记，郭武军仁审理科科长，李生华任稽查科科长。成立白兰高速公路路政大队、新墩超限运输监控站，共核定编制 31 名，其中科级职数 3 名，隶属路政支队。成立会宁路政大队、靖远路政大队、白银路政大队、景泰路政大队，四个路政大队分别与会宁、靖远、白银、景泰公路管理段合署办公，共核定编制60名，其中科级职数12名。

### 二、国道 109 线新墩超限运输监控站

根据省政府甘政发〔2003〕101 号文件设立，利用原新墩收费站房屋、设施办公。根据省公路局《关于设置国道 109 线新墩超限运输监控检测站的批复》（甘公路政〔2003〕56 号），人员配备暂定为 25 名，其中在职路政人员 10 名，其他协助管理人员 15 名。经总段党委 2004 年 2 月 2 日会议讨论，成立白银公路总段路政支队新墩超限运输监控检测站，科级建制，编制人员 25 名，其中科级职数 2 名。

### 三、高速路政管理大队

（一）白兰高速公路路政大队

2003 年，根据省交通厅《关于省白银公路总段机构设置和人员编制的批复》（甘交人〔2003〕56 号）精神，组建白兰高速公路路政大队，隶属路政支队。

（二）刘白高速公路路政大队

2005 年 11 月，根据省交通厅《关于同意成立刘白高速公路路政管理大队的批复》，同意成立刘白高速公路路政管理大队，派驻路政管理人员 16 名。

（三）平川高速公路路政大队

2007 年 9 月，根据省交通厅《关于全省高等级公路路政管理大队机构设置与人员编制的批复》（甘交人〔2007〕48 号），经总段党委 2008 年 1 月研究，撤销原白兰高速公路路政大队、刘白高速公路路政大队，成立平川高速公路路政大队，核定编制 27 人，科级干部职数 1 人。管辖里程包括白兰高速、刘白高速共 144.572 公里公路（其中主线 135.4 公里，其余为匝道、连接线）。

## 第二节  路政队伍

### 一、基本情况

（一）管养公路：942.402 公里（其中高速公路 135.4 公里，二级收费公路 313.225 公里，其他公路 493.777 公里）。

（二）执法主体：经省政府公示，取得执法主体资格的单位有五个（总段、白银公路管理段、靖远公路管理段、会宁公路管理段、景泰公路管理段）。

（三）执法门类：公路路政。

（四）机构性质：自收自支的事业单位。

（五）职权取得方式：法规授权组织。

（六）专职路政人员编制：65 人。

（七）资金来源：全额拨款。

（八）其他情况说明：总段路政支队成立于 2004 年初，下设路政审理科、稽查科、综合办三个科室；国道 109 线新墩超限运输监控检测站和平川高速公路路政大队均代表总段履行行政执法职能。

截至 2009 年 6 月，白银公路总段共有专职路政人员 78 名，兼职路政人员 6 名（总段长、副总段长、四个公路管理段段长）。其中本科以上 23 人，占总人数的 27%；大专 58 人，占总人数的 69%；中专以下 3 人，占总人

路政大队配备的路政管理车辆

数的 4%。30 岁及以下的 10 人，30~45 岁的 65 人，45 岁及以上的 9 人；法律专业的 15 人，交通专业的 17 人，其他专业的 52 人。

**二、人员选聘**

（一）录用标准：省路政管理总队《甘肃省公路路政人员管理规定》（甘路政发〔2007〕156 号）。新聘人员条件：年龄 20 周岁以上，不得超过 35 周岁，担任领导职务的年龄可适当放宽；具有大专以上学历和相应的法律知识与业务技能；身体健康、体态端正；政治思想觉悟高、爱岗敬业、恪尽职守、廉洁自律；具有一定的语言表达能力和文字写作水平；经行政执法岗位任职资格培训并考试合格。

（二）人员配置：在省交通厅批复的编制范围内进行。已建成的省养公路（含收费公路、高速公路）增设路政管理机构或人员编制，由公路总段向省公路路政管理总队提出申请，经总队审核后报省交通厅审批。超限运输检测站配备路政人员，原则上由公路总段在现有路政人员中调剂；需增加人员编制的，须先向总队提出申请，经总队审核后报省交通厅审批。在建的公路配备路政人员，原则上不增设路政管理机构或人员编制，由公路总段根据工作需要，在现有定编路政人员中调剂选配。

（三）聘用手续：聘用路政人员根据需要组织公开考试，考试由省交通厅统一命题，总队负责组织考试阅卷。公开考试成绩合格者，由总队统一办理聘用手续。路政人员首次聘用期限为三年（含试用期）。

（四）考核管理：公路总段负责对路政人员进行岗位考核，重点考核工作实绩，考核内容包括德、能、勤、绩、廉五个方面。

**三、岗位培训**

（一）教育培训：分上岗培训、岗位培训、在职学习三种，其中上岗培训由总队安排、省交通厅统一组织，培训考试合格后核发行政执法证件才能上岗执法；岗位培训和在职学习由总段负责。

（二）执法证件管理：交通部、省政府执法证件均由省路政管理总队统一核发；解聘路政人员时，公路总段负责收回相关执法证件，并将执法证件原件上交总队。

（三）2008 年 3 月，总段组织全段路政人员参加了为期一周的第三轮行政执法证件换证培训班，从市法制局、省路政总队、律师事务所聘请教员授课，全面学习《甘肃省行政执法人员资格培训教材》《中华人民共和国公路法》等法律知识，并进行有针对性的辅导，提高了培训质量。2008 年 4 月 11 日，参训人员全部顺利通过了省法制办、省交通厅组织的综合、专业法律知识闭卷考试，并取得了省政府的新版执法证件。

**四、主题活动**

（一）总段路政支队连续三年开展了路政管理"规范年"活动，并与争创路政管理三个"十佳""文明礼仪伴我行""迎奥运、讲文明、树新风"等三题实践活动结合起来。在治超、加大高速公路巡查执法力度、推进规范化建设试点、解决困难和问题、加强队伍和行业文明建设、探讨热点难点六个方面加大工作力度。先后制定了《推行交通行政执法责任制实施细则》等制度，为加强执法责任制、规范执法行为奠定了基础。此外，还以厦门马巷治超站集体受贿案和河南盐津县运管人员违规执法事件为反面教材，开展警示教育活动，规范了执法行为，严肃了执法纪律。2008 年 10 月，在全段开展以"查安全、查纪律、查规范，纠正工作中的差错"为主要内容的路政管理"三查一纠"活动，运到了提高路政管理水平、提高工作效率和质量的目的。

（二）加强路政内业、外业管理工作。一是建立、完善内业管理资料。路政支队建立了路政票据台账，各路政大队（监控站）完善了路产、装备、案卷档案，做到了路政档案规范统一。二是严格路政案件承办制度。按照"谁办理、谁承办、谁负责"的原则，严把办案质量关，严格按路政执法、办案程序处理案件，提高了路政案件的结案率。三是开展路政案卷评查评比活动，提高了路政案卷制作水平。四是加强外业管理工作。各路政大队认真落实路政巡查、值班、交接班制度，及时查处各类路政案件，并将路产损坏情况及时告知养护单位，提高了公路设施恢复的效率。五是加大路政稽查力度，就稽查工作中发现的问题，路政支队当场告知或下发《路政稽查通知书》，确定整改措施和期限，并适时再次督查完成情况，保证了路政稽查的质量，有力地促进了路政人员依法履行职责。

### 五、信息管理

多年来，随着总段路政支队、基层路政大队（监控站）装备的改善，路政信息化水平有了一定的提高，但是通信设备仍较为简陋，个别路政大队微机仍不能上网，信息化基础薄弱。路政装备整体上比较落后，办案器材配备不足，信息化、网络化的应用处于初始阶段，影响了执法效率和办案公正度。

### 六、作风建设

总段始终把路政人员的教育、培训当作一件大事来抓，大力开展"铺路石"精神和"爱岗敬业、诚实守信、办事公道、服务群众、奉献社会"的职业道德教育，积极开展学党章、学陈刚毅、陈德华等先进模范事迹的活动，并把学习先进与路政管理工作实际结合起来，与改进工作作风、提高工作效率、加强廉政建设

等结合起来；教育、引导职工珍惜路政岗位、创一流业绩，从而塑造一支想干事业、能干事业、干成事业的队伍；支队每年都精心制订切实可行的政治理论、业务学习日程安排和培训计划，具体负责培训的组织协调、检查督导、考核评比等工作，在培训形式上做到了分散和集中相结合，在培训内容上做到政策、法律法规、文书制作和队列训练、交通指挥手势相结合，建立了每个人考核档案，通过培训学习，使路政人员深刻理解、领会法律法规的实质和内涵，熟悉办案程序，强化全局意识、服务意识、依法行政意识，提高业务知识和执法水平，树立起良好的队伍形象，为实现"带好队伍、管好路"的目标打下了坚实基础；此外，支队还大力开展"创学习型单位、做知识型职

路政执法人员集体军训

参加军训

工"的活动，为了不落伍掉队，路政人员都主动"充电"，有多人报考了函授本科学历，有多名路政员通过自学考试取得了专业技术职务，路政人员以过硬的本领、扎实的作风、优质的服务、良好的形象赢得了社会的广泛赞誉。总段在2006年的全省路政执法人员岗位练兵汇报表演中取得了较好的成绩，2005、2006、2008年度被省路政总队评为"全省公路路政管理工作先进单位"，被授予全省路政行业"十佳路政执法示范单位"称号；2007年度被省路政总队评为"加强作风建设、规范行业管理"活动先进单位；国道109线新墩超限运输监控检测站被省路政总队评为全省路政行业

路政支队会议

"十佳路政执法示范窗口"；总段还连续两次被白银市人民政府评为"依法行政工作先进单位"。

### 七、形象建设

根据全省公路路政管理工作规范化现场会议精神和省路政总队"六统一""四规范"的要求，总段制定了《路政管理规范化建设实施方案》，对全段路政管理机构外观标识、公示制度统一等作了详细的规划。会宁段路政大队率先对外观形象标识进行了统一，虽然尚有需进一步规范、完善之处，但这一行动为全段开

了好头。多年来，省路政管理总队佩发了部分路政执法专用车辆，虽然部分路政专用车辆仍存在老化陈旧的问题但路政装备、硬件设施整体上有了长足的进步。

### 八、获得的荣誉

（一）2005年度，总段路政支队被评为"全省公路路政管理工作先进单位"（省路政管理总队，2006年2月）。

（二）2006年度，总段路政支队被评为"全省公路路政管理工作先进单位"（省路政管理总队，2007年2月）。

（三）平川高速路政大队被评为"2006年度全省高等级公路路政管理工作先进集体"（省路政管理总队，2007年2月）。

（四）2007年度，总段路政支队被评为"加强作风建设、规范行业管理"活动先进单位（省路政管理总队，2008年2月）。

（五）平川高速路政大队被评为"2007年度全省高等级公路路政管理工作先进集体"（省路政管理总队，2008年3月）。

（六）总段路政支队被评为2007年度"全省路政行业新闻宣传工作先进单位"（省路政管理总队，2008年3月）。

（七）2008年度，总段路政支队被评为"2008年度全省公路路政管理工作先进单位"（省路政管理总队，2009年2月）。

（八）总段路政支队被评为全省路政行业"十佳路政执法示范单位"（省路政管理总队，2009年2月）。

（九）新墩超限运输监控检测站被评为全省路政行业"十佳路政执法示范窗口"（省路政管理总队，2009年2月）。

（十）张永宏（原白银公路段路政大队副

大队长）被评为全省路政行业"十佳路政执法标兵"（省路政管理总队，2009年2月）。

（十一）平川高速公路路政大队被评为2009年度"全省高速公路路政管理先进集体"（省路政管理总队，2010年2月）。

（十二）与总段路政支队有关的其他荣誉：

总段被白银市评为2006—2007年度依法行政工作先进单位，白银市2008年度依法行政工作先进单位。

## 第三节 行政执法

### 一、依法行政

白银公路总段交通行政执法工作在省交通厅的正确领导和省路政管理总队的具体指导下，以邓小平理论和"三个代表"重要思想为指导，深入贯彻落实国务院《全面推进依法行政实施纲要》和甘肃省人民政府《关于学习贯彻全面推进依法行政实施纲要的通知》等文件精神，并将落实《纲要》精神与全面贯彻全省交通工作会议精神、全省路政管理工作会议精神等结合起来，大力加强学习、宣传和培训，落实配套措施，加强制度建设，提高了依法行政、文明执法的能力和水平，促进了养、管、建、收各项工作又好又快发展。

（一）执法机构、人员基本情况

1. 总段路政执法机构有：总段设路政管理支队（正式成立于2004年2月，由总段长兼任支队长）；4个公路管理段设路政管理大队（由各公路管理段段长兼任大队长），G109线新墩超限监控监测站、平川高速公路路政大队没有独立执法主体资格，代表总段履行行政执法职能。

2. 有路政执法人员80名，其中大专学历占97.5%，有各类专业技术职务的占32.5%，

40岁以下的占67.5%。路政执法队伍整体结构基本合理。

3. 担负着白银市辖区942.502公里（含高速公路135.4公里）公路的路政管理工作。

4. 2005年—2007年，在国省干线公路共查处：违法建筑4685.48平方米/133起，损坏路基260.06平方米/2起，损坏路面3590.05平方米/16起，蚕食侵占公路1860.5平方米/346起，埋设电杆、广告牌1896平方米/1245起，查处超限车辆32287辆。在高速公路查处：污染、腐蚀路面4950.12平方米，埋设电杆、广告牌300根，损坏护栏板3981.2米，损坏立柱965根，查处损坏手动、电动栏杆25根。2005年至2007年共审理路政许可事项49件，有力地保护了路产路权。此外，还顺利完成了15次国家重要物资运输的保障工作。

（二）依法行政工作基本情况

1. 组织领导情况

（1）组织领导到位。2005年以来，总段切实担负起贯彻执行《纲要》、全面推进依法行政工作的责任，成立依法行政工作领导小组；总段、各公路管理段按照法定职权和程序，逐步建立、健全科学决策、民主决策、依法决策的工作机制，实现了决策权和决策责任的统一，落实了依法行政工作机制。

（2）规划落实到位。为了有计划、分步骤地推进依法行政工作，总段根据《纲要》、省政府《全面推进依法行政五年规划》等有关要求，结合工作实际制定了《白银公路总段依法行政工作五年规划（2005—2009）》，明确工作目标、主要任务、保障措施等，认真组织实施。

（3）责任落实到位。采取平时抽查、半年和年终检查相结合的考核方法，使行政执法责任落实到人，工作实绩与考核、评优挂钩，使

依法行政工作与其他工作任务同部署、同落实、同检查、同总结，形成了良好的监督、管理和激励机制。

2. 规范行政执法行为情况

一是根据路政管理工作实际需要和人员的聘用条件，从现有正式在编人员中考核、推荐拟聘用路政人员并报省路政管理总队审核、批准。二是积极组织上岗培训、岗位培训和在职学习，并按照省路政总队的安排组织岗位练兵和技术比武活动，新聘路政人员参加省路政总队组织的岗前培训和考试。三是积极开展争创路政管理三个"十佳""迎奥运讲文明树新风""加强作风建设规范行业管理"等主题活动，查找作风建设和行业管理等方面存在的问题和差距，制订整改提高措施；路政人员严格贯彻执行交通部《交通行政执法忌语》和《交通行政执法禁令》《甘肃省公路路政管理依法行政文明执法八项规定》等规章制度，在执法工作中，均能统一着装、佩戴工作牌或主动向路政管理相对人出示执法证件，做到了持证上岗，基本做到了执法行为的文明和规范。四是路政许可、审批、收取路产损坏赔（补）偿费等均严格按照法律法规和程序办理，按省物价局、省财政厅规定的标准收取有关费用。五是严格按法律法规和规章的规定履行行政执法职责，具体行政执法行为基本做到了合法、适当、及时、有效，近年来未发生过行政争议、行政复议和行政诉讼、行政赔偿案件。六是认真执行收缴分离、罚缴分离制度和"收支两条线"管理，执法全部使用省财政部门统一制作的票据，所有行政事业性收费和罚没收入全部上缴财政，维护了财经纪律的严肃性。七是路政执法案卷基本做到了文书规范、表述准确、材料齐全、程序合法，近年来，在全段积极推行路政案卷制作微机化，使路政案卷的规范化

程度进一步提高。2007年，总段举办现场交流会，组织各管理段、路政大队（监控站）负责人对内业突出的单位进行现场观摩，使各单位看到了差距与不足，找到了今后努力的方向。

3. 行政执法制度建设情况

（1）交通行政执法责任制方面。一是严格落实行政执法责任制度，制定了《行政执法责任制》《行政执法责任制考核评议办法》《路政执法公示及监督制度》《路政执法与办案程序》等规章制度；总段各科室今年对规章制度、科室职责范围、岗位职责进行了补充、修订，使相关工作有章可循、更加切合实际。二是严把入口关，严格按照上级要求和各单位的实际需要设置执法岗位，并将行政执法职权分解到路政支队、各路政大队（监控站）及各执法岗位，努力做到岗位设置科学、工作流程清楚、责权义务相统一。三是按照《甘肃省公路路政管理人员考核评议办法》的要求，建立行政执法评议考核制，半年、年终对路政人员的工作进行检查、考核，并将考核结果与奖惩、续聘等挂钩，比较全面、客观、公正地量化考核和评议路政人员的工作，建立健全了监督、管理和激励机制。四是认真落实《甘肃省公路路政管理执法过错责任追究制度》，基本实现了奖惩分明、执法责任明晰、执法行为规范。

（2）落实交通行政执法公示制方面。一是按照白银市政府办公室政务公开的有关要求，制定《白银公路总段政府信息公开指南》《行政职权目录》《机构职能和领导分工公开目录》《行政审批事项公开目录》《审批指南》《登记发证流程图》等，并汇编成册，形成了比较完整的政务公开内容，并将部分内容公布在"白银公路网"上。二是总段路政支队、各路政大队均按照《甘肃省公路路政管理行政执法公示制度》建立了执法公示栏，将路政执法

的种类、依据、标准、程序和监督电话等向社会公开；超限监控站按照"六公开"的要求，将批准机关、执法依据、收费标准、社会承诺制度、执法监督机构、举报电话等向外界公布。三是严格执行《交通行政执法监督规定》，在积极开展自查的同时，主动接受省交通厅、白银市政府和省路政管理总队的监督、检查，并按时向上级汇报有关工作情况；依法办理信访和人大、政协的议案、提案等，自觉接受有关部门和新闻媒体、社会公众的监督，营造了良好的社会形象。四是建立案卷评查制度，积极开展评选优秀案卷的活动，今年6月，通过对近三年已办结的一般程序行政处罚案件案卷、行政许可案件等随机抽取、评分打分，进一步促进了路政执法案卷评查制度建设，提高了路政执法人员政策法律水平和业务能力。

**4. 预防化解交通行政争议、复议和应诉情况**

近年来，总段未发生交通行政争议、行政复议、行政诉讼和行政赔偿案件。由于行政复议权在省交通厅和白银市政府，总段没有设立复议机构和复议人员；但是，为了能够更好地应对和处理此类问题，总段聘请了白银信实律师事务所律师为总段法律顾问，并建立了与法律顾问的联系协调机制，为应对交通行政争议、行政复议和行政应诉打下了良好的基础。

**5. 法制宣传教育工作情况**

（1）制订《白银公路总段"五五"普法规划》，配发《甘肃省"五五"普法工作手册》《干部法律知识读本》等各类学习资料，使普法教育和宣传活动内容充实；同时，总段机关、各基层单位均形成了学习法律知识的制度，将法制学习纳入职工集中学习内容，突出重点，注重实效，创新学习形式和方法，全面

完成了规定的学习任务。

（2）积极组织开展领导干部学法用法工作。"五五"普法期间，总段以副科级以上干部为重点，以宪法、依法治国基本方略和中央有关民主法治建设的重要方针政策、法学基础理论和国家基本法律法规、新颁发法律法规、交通和专业工作必需的法律法规和相关知识等六方面内容为主要学习内容，建立和完善了党委理论学习中心组集体学法制度，保证了领导干部学法的规范性、系统性。通过领导干部学法、用法，牢固树立社会主义法治理念，规范了决策、管理和服务行为，实现领导方式和管理方式的转变，提高了遵纪守法、廉洁奉公的自觉性，提高了依法决策、依法行政、依法管理、依法办事的能力和水平，增强了运用法律管理公路事业的本领。

（3）积极开展法制教育培训。总段以路政执法人员为重点，坚持开展综合法律知识和路政专业法律知识培训活动，认真组织对《宪法》《行政处罚法》《行政许可法》《行政复议法》和交通行业法律法规、规章等的学习，并将学习重点放在增强法制观念、法律素养、提高实际工作能力上，做到了理论联系实际、学用结合。一是建立路政人员培训管理制度，有计划、有针对性地对路政人员组织整顿、培

甘肃省副省长张晓兰检查"五五"普法工作

训、轮训，进一步熟悉了法律法规，提高了业务技能和执法水平。二是按照省路政总队的统一安排，积极组织岗位练兵和技能比武活动，积极鼓励和支持管理、技能和执法方面的创新，做到了法律法规、业务技能培训等的有机结合。三是按照《全省公路路政执法人员冬训工作实施方案》的要求，积极组织总段路政执法人员的冬训工作，制订切实可行的日程安排和训练计划，按照客观公正、公开透明、因地制宜、注重实效的原则，抓好冬训的组织协调、检查督导、考核评比等工作，做到了分散和集中培训相结合、自学和集体学习相结合、法律法规、政策文件学习和路政管理文书等实际应用相结合。通过学习培训，使全体路政人员进一步深刻理解、领会法律法规的实质和内涵，熟悉了办案程序，强化了全局意识、服务意识、依法行政意识，提高了执法水平。2005年至2006年，组织总段路政人员和白银市交通局路政人员进行了集中培训，从政策法规、业务知识、军训演练三个方面进行了培训；2007年上半年，新聘的18名路政人员在省路政总队参加了集训和考试，8月下旬，2名同志参加了白银市人民政府办公室举办的白银市（北部片区）依法行政培训班；2008年4月，组织全段路政人员参加省交通厅、省法制办组

白银公路总段"五五"普法检查验收汇报会

织的第三轮路政管理人员执法证件换发学习培训及考试。通过培训，使路政人员进一步深刻理解、领会了法律法规的实质和内涵，熟悉了办案程序，强化了依法行政意识，形成了尊重法律、崇尚法律、遵守法律的良好氛围。

（4）加强法治宣传。一是通过专项活动开展宣传，2005年以来，总段通过开展"路容路貌专项整治""平安公路集中整治""严惩双超保护桥梁安全专项整治"等活动，在预防性管理上下功夫，并通过"以案说法"，将每一个路政案件的处理过程作为一个形象的宣传过程，取得了查处（整治）一处、教育一片的效果。二是深入沿线开展宣传，结合"路政管理宣传月""12·4"全国法制宣传日等活动，在沿线散发宣传资料、悬挂横幅、刷写宣传标语，深入开展"送法下乡""送法到学校"等活动，扩大了普法宣传成果，增强了沿线群众的爱路、护路意识；2005年至2007年共张贴布告、宣传画43151份，制作宣传牌242块，喷刷标语877幅，出动宣传车27355公里/206次，使交通法律法规宣传深入人心。三是充分利用报纸杂志、电台、电视台等宣传阵地开展新闻宣传工作，仅2007年，全段就发表路政管理有关稿件80篇（其中地市级以上报刊发表33篇，《甘肃路政》发表37篇，《白银公路信息》上发表10篇）为路政管理工作营造了良好的社会舆论环境，树立了良好的路政执法形象，为传播路政管理信息、宣传路政管理法律法规、加强与社会各界交流打造了一个良好的平台。

**二、执法责任**

（一）责任目标

围绕路政管理工作的中心任务，通过推行执法责任制，细化分解路政执法职责，保证行政执法责任"落实到领导、落实到执法单位、

落实到执法人员"，提高依法治路的水平。

（二）实施范围

各公路管理段路政大队、监控站、平川高速公路路政大队。

（三）组织领导

总段依法行政工作领导小组负责执法责任制有关制度的制定、解释、督促检查和考核评比，总段路政支队具体组织路政执法责任制的实施工作。

（四）基本内容

1.总段将有关执法任务分解到各单位，各单位将执法任务分解到各个执法岗位，以明确执法部门领导和执法人员的执法职责。

2.行政许可、行政检查、行政处罚及行政强制等执法工作应合法适当。应作为的必须作为，不得放弃履行法定职责，不得违反履行法定职责。行政处罚必须事实清楚，证据确凿、程序合法、适用依据准确、处罚处理适当、使用执法文书规范。

3.认真学习相关法律法规知识，参加法律培训，取得相关执法资格证书。

4.建立执法责任和错案（过错）责任追究制度，查处执法违法人员，追究相关执法违法人员的经济责任或法律责任。

5.建立考核评比制度，奖优罚劣。

（五）执法责任分解

1.总段路政支队支队长的行政执法岗位职责

（1）主持路政支队全面工作，贯彻执行上级下达的工作目标、计划，督促全支队认真、切实履行好各项职责。

（2）主持制定辖区公路路政工作的发展规划及年度工作计划。

（3）决策路政管理的重大问题。

（4）主持召开支队路政管理工作会议，总结交流路政管理工作。

（5）对路政支队的组织、思想、业务、作风、廉政建设负总责。

（6）组织对辖区内各路政大队及人员的考核。

2.总段路政支队副支队长的行政执法岗位职责

（1）认真执行党的路线方针政策及各项法律、法规和上级的指示、决定；监督检查路政支队各科室、各大队、各监控站贯彻执行行政策、法规及工作情况。

（2）负责落实支队总体工作的安排部署。

（3）受支队长委托，根据工作需要及时召开路政支队队务会议，认真分析研究路政管理工作及行政执法、职工教育等各项工作存在的问题和面临的形势，提出解决具体问题的建议。

（4）加强廉政建设，接受社会和群众监督，加强作风建设和规范化管理，开展文明执法活动，落实"三个服务"。

（5）负责路政人员的工作考核，对路政支队机关社会治安综合治理、劳动安全等工作负责。

（6）接待处理群众来信来访，完成上级交办的其他事项。

3.总站路政支队审理科科长的行政执法岗位职责

（1）负责主持审理科的全面工作。

（2）学习贯彻《中华人民共和国公路法》《路政管理规定》《交通行政许可实施程序规定》等有关路政管理法律、法规、规章以及党和国家的方针政策。

（3）负责组织起草路政许可有关规章和规范性文件。

（4）负责全总段公路路政管理许可和监督

实施工作。

（5）负责全总段公路路政规划、路产档案的移交和管理。

（6）解答涉及路政许可有关事项及业务指导。

（7）完成领导交办的其他工作。

4.总段路政支队稽查科科长的行政执法岗位职责

（1）认真贯彻执行路政管理法律、法规、规章，遵守路政支队的各项规章制度，全面负责稽查业务和治超工作的组织、协调工作。

（2）负责或协助有关单位查处重特大路政案件、突发事件等。

（3）做到预防为主、超前管理，有效制止、查处各类违法占用、利用、侵占、挖掘、污染、毁坏、损坏、破坏以及公路两侧建筑控制区内永久性建筑物的控制和临时建筑物的管理，保护好路产、路权。

（4）负责监督、检查路政人员的执法行为、内业和外业管理工作。

（5）协助纪检监察和行政部门对违法、违纪人员进行处理。

（6）负责重大型超限运输和重要物资车辆行驶公路的组织协调和监护工作。

（7）完成领导交办的各项工作。

5.路政大队大队长的行政执法岗位职责

（1）主持路政大队全面工作，贯彻执行上级下达的工作目标、计划，确保各项工作的完成。

（2）主持制定大队路政工作的发展规划和年度工作计划。

（3）决策大队路政管理工作的重大问题。

（4）认真贯彻执行路政管理法律法规和规章，坚持文明执法，抓好大队行风建设工作，落实路政管理的"四公开一监督"，杜绝公路"三乱"现象的发生。

（5）协调解决路政管理中的困难和实际问题。

（6）定期召开队伍会议，组织路政人员学习政治、业务、法规知识，交流总结、研究、探讨各阶段路政管理工作。

（7）组织对大队人员的考核。

6.路政大队副大队长的行政执法岗位职责

（1）在总段及路政支队的领导下，积极配合大队长，认真做好所辖路段的路政管理工作，全面完成各项工作任务。

（2）严格贯彻执行路政管理法律法规，组织好路政巡查和值班工作，及时发现、制止、查处各类违法行为。

（3）负责拟订路政大队路政管理工作安排、总结及汇报材料，贯彻执行总段、路政支队的各项规章制度，按时完成领导交办的各项任务。

（4）坚持勤俭节约、增收节支，管理和使用好路政巡查车辆和其他执法专用装备，协助大队长做好安全管理工作。

（5）以身作则、严于律己、廉洁奉公、严格执法、热情服务、文明办公，自觉履行岗位职责，尽心尽力做好本职工作。

（6）完成上级交办的其他工作。

7.超限运输监控站站长的行政执法岗位职责

（1）认真学习党的路线、方针、政策，贯彻执行《中华人民共和国公路法》《超限运输车辆行驶公路管理规定》等法律、法规，做好对超限运输车辆行驶公路的管理工作。

（2）负责拟订超限运输监控站路政管理工作安排，总结及路政管理情况汇报，贯彻执行支队的各项规章制度，按时完成领导交办的各项任务。

（3）及时向上级汇报超限运输监控站的工作情况，按时传达上级有关部门的指示、命令，做好协调工作。

（4）坚持用科学、合理的方法管理和使用好超限运输监控设备和其他相关设施，做好安全管理工作。严格按照规定管理使用各种票据、凭证。

（5）以身作则、严以律己、廉洁奉公、严格执法、热情服务、文明办公，自觉履行岗位职责，尽力做好本职工作。

（6）负责监督、检查本监测站路政管理员的各项工作，确保工作任务的顺利完成。

（7）完成上级交办的其他工作。

8. 超限运输监控站副站长的行政执法岗位职责

（1）在上级的领导下，认真搞好分管工作，带领全站人员积极完成各项工作。

（2）认真贯彻执行公路管理法律、法规所赋予的各项权利和义务，做到有法可依、执法必严。

（3）防止、制止超限运输车辆对公路设施的损害，依法实施卸载和处罚，防止交通事故的发生，确保公路运输安全畅通。

（4）坚守岗位，做好本职工作，经常深入调查研究，处理重大案件要共同商量，及时请示汇报。

（5）配合站长搞好监控站的各项工作。

（6）完成上级交办的其他工作。

9. 路政管理内业人员的行政执法岗位职责

（1）负责收集、积累、整理文书资料，写好计划、总结、简报和报告材料，及时填报各种报表。

（2）及时收集、分析、加工整理和汇报路政人员的工作意见、建议，做好信息反馈工作。

（3）认真学习相关法律、法规、规章和相关业务知识、技能，提高法律素养。

（4）规范路政档案管理，做到档卡齐全，登记准确，排列整齐，管理有序，方便使用。

（5）热情接待来访人员，协助登记、汇报和处理来电、来信等。

（6）做好路政装备器材、票据、证章、文书、服装和印信等管理工作。

10. 路政管理外业人员的行政执法岗位职责

（1）学习、宣传、贯彻路政管理及有关的法律、法规、规章，遵守职业道德规范，依法履行路政管理职责。

（2）实施路政巡查，依法保护路产路权、查处各类违反路政管理法律、法规和规章的行为。

（3）按规定检查督促公路养护作业、施工路段的标志设施，维护施工作业现场的正常秩序。

（4）依法办事，廉洁奉公，不徇私枉法，不谋私利，查处公开，索赔合理。

（5）依法开展公路两侧建筑控制区管理工作。

（6）依法开展超限运输车辆行驶公路的管理工作。

（7）负责路政许可项目审批前的踏勘、定位和审批后的实施情况的监督检查。

（8）完成领导和上级业务部门交办的其他工作。

（六）行政执法奖惩

1. 奖励

（1）行政执法人员在行政执法中维护国家利益，保护人民群众生命财产安全，维护公民、法人和其他组织的合法权益有突出贡献的。

（2）坚持维护法律尊严，不徇私情，查处违法行为成绩显著的。

（3）坚持持证上岗、依法行政，实施行政处罚无差错的。

（4）模范遵守法律法规，遵守执法人员各项纪律，清正廉洁，秉公办事，受到各方称赞的。

凡具备受奖条件之一的，根据有关规定，按照干部权限，经规定程序，给予相应表彰奖励。

2.处分

（1）以非法定行政执法主体名义行使行政执法职权，或超越法律、法规规定职权进行行政执法的。

（2）在行政执法中不履行或拒绝履行行政责任制规定的执法责任的。

（3）在行政执法中适用法律、法规错误造成错案（过错）的。

（4）在行政执法中没有取得确凿、充分证据进行处罚的。

（5）在行政执法中不按法定程序进行行政处罚，影响行政执法的。

（6）实施行政处罚显失公正，形成错案（过错）的。

凡具有应受处分行为之一的，由其所在单位提出建议，经总段路政支队调查核实提出处理意见后，转送纪检监察、党办、劳资等部门，经总段依法行政工作领导小组审核后，按照干部管理权限，经规定程序，给予适当处分。造成错案（过错）使单位承担赔偿责任的，依法应当承担赔偿费用的，限期缴纳；构成犯罪的，依法追究刑事责任。

3.对行政执法人员奖励和处分的，应当事实清楚、证据充分、定性准确，奖励和处分恰当，手续完备；奖励决定和解除处分决定的，都应以书面形式通知本人。

（七）行政执法错案（过错）责任追究

1.行政执法错案（过错）是指执法人员在行政执法工作中，给公民、法人或其他组织的合法权益或者国家利益造成损失的违法或不当的职权行为，主要包括。

（1）越权执法的。

（2）滥用职权、滥施处罚的。

（3）违反法定程序，导致严重侵犯当事人合法权益的。

（4）在行政处罚中，调查失实，证据不充分，造成错误处罚的。

（5）在行政处罚案件中，定性不准，适用法律、法规、规章错误，造成违法处罚的。

（6）人民法院判决撤销、部分撤销或者变更，以及要求重新或限期做出具体行政作为的。

（7）经行政赔偿程序，赔偿当事人损失等案件的。

2.行政执法错案（过错）责任划分

（1）执法人员在执法活动中直接做出的具体行政行为造成的错案（过错），直接执法人员为错案（过错）责任人。

（2）应当经过审批，而未经审批造成的错案（过错），直接执法人员为错案（过错）责任人。

（3）由于直接执法人员故意藏匿证据，提供虚假证据导致审核和批准不正确而造成的错案（过错），直接执法人员为错案（过错）责任人，承担全部责任。

（4）由于审核中的过错导致批准人失误而造成错案（过错）的，审核人为错案（过错）的主要责任人，批准人也应负相应的责任。

（5）由于批准人的过错而造成错案（过错）的，批准人为错案（过错）责任人。

（6）由于直接执法人员、审核人和批准人的共同过错造成的错案（过错），三者均为错案（过错）责任人，但应根据具体情况区分各自责任的大小。

（7）经集体讨论做出的具体行政行为产生错案（过错）的，主持人或决策人为错案（过错）的主要责任人，主张并坚持错误意见的为次要责任人，提出并坚持正确意见的不负错案（过错）责任。

3.行政执法错案（过错）责任追究

各单位发现错案（过错）后，应于发现错案（过错）之日起十五日内向路政支队报告。由支队查清案情并提出初步处理意见，送总段依法行政工作领导小组审议后认定。对于需追究党纪、政纪或刑事责任的，应移送有关部门。

错案（过错）责任调查，按下列程序进行：

（1）在调查前书面通知被调查单位和有关人员。

（2）发现错案线索，组织调查或复查，收集证据。

（3）在调查中应当全面收集证据，听取被调查人的陈述和辩解。

（4）决定立案，提请确认错案（过错）。

（5）查明错案（过错）的原因、情节、后果和有关人员的责任。

（6）根据调查结果，对错案（过错）责任人提出处理意见，报主管部门决定。

执法人员由于违法行为造成错案（过错），应根据责任人造成错案（过错）的主观方面、错案（过错）产生的后果及责任人的认错态度，追究其错案（过错）责任。

其中错案（过错）责任人具有下列情形之一的，应当从重处理：

（1）不履行法定职责的。

（2）滥用职权、滥施处罚的。

（3）在行政执法工作中徇私枉法、索贿受贿或者采取其他手段侵犯公民、法人或者其他组织合法权益的。

（4）违法的具体行政行为严重侵犯当事人合法权益的。

（5）对控告、检举、申请行政复议及提起行政诉讼的公民、法人或者其他组织打击报复的。

（6）错案（过错）发生后，采取故意隐瞒案件事实真相，隐匿、涂改、销毁证据，指使他人作伪证，或用其他手段阻碍执法监督的。

（7）全年累计发生三次以上（含三次）行政执法错案（过错）的。

（8）情节恶劣、后果严重、影响较大，但尚未构成犯罪的其他情形。

错案（过错）责任人有下列情形之一的，可以从轻处理：

（1）因过失造成错案（过错），且情节轻微，损害和影响较小的。

（2）错案（过错）发生后，主动认错并积极配合纠正错案（过错），挽回损失的。

对错案（过错）责任人的处理方式：

（1）批评教育。

（2）责令书面检查。

（3）停职学习。

（4）取消行政执法资格、调离行政执法岗位。

（5）给予或建议给予警告、记过、记大过、降级、撤职、开除等行政处分。

（6）行政执法错案（过错）发生后，依据国家赔偿法向公民、法人和其他组织赔偿损失的，执法机关赔偿损失后，可以责令有故意或者重大过失的执法人员承担部分或全部赔偿费用。

（7）构成犯罪的，移送司法机关追究刑事责任。

对错案（过错）责任人的处理决定，自立案之日起三个月内做出。错案（过错）责任人对认定结论或处理决定不服的，可以在接到决定之日起三十日内向原处理机关申请复核，或者向同级人民政府法制部门申诉，其中对行政处分决定不服的，可以向行政监察机关申诉。

复核和申诉期间，不停止对过错责任人责任追究决定的执行。

（八）执法责任制考核

执法责任制考核每年进行一次，由总段依法行政工作领导小组负责执法责任制的考核工作，由总段路政支队具体组织。考核的主要内容为：行政执法和执法监督机构的设置；路政执法的必要经费、装备和设施；各执法门类、执法岗位执法责任制的分解和落实；各项执法制度的建设和落实；行政执法的奖惩和执法错案（过错）追究。执法责任制考核分优秀、合格和不合格三个等级。考核结果上报省交通厅；对考核不合格的，给予通报批评，并限期整改。

## 第四节　特色管理

### 一、"三查一纠"活动

（一）具体目标

以邓小平理论和"三个代表"重要思想为指导，深入贯彻落实科学发展观，践行"三个服务"，落实"六个统一""四个规范"查漏补缺，努力实现路政管理工作的规范化、法制化；培养良好的工作作风，树立文明的行业形象，提高路政队伍的凝聚力、战斗力，全面履行服务群众、保护路产、维护路权的职责；提高路政管理水平，提高工作效率和质量，推进

依法行政工作，为公路交通提供良好的保障。

（二）活动内容

1. 查安全

（1）路政巡查

主要检查：路政巡查是否认真；处理案件时车辆是否停靠于停车带；路政车辆是否严守交通规则；指挥车辆是否使用规范的手势；夜间巡查时是否开启警灯；路政人员上路是否着反光背心；上下班途中是否注意安全防范；公路路面、桥涵是否存在明显的安全隐患等。

（2）治超现场

主要检查：对车辆的指挥、引导、检测、卸载等工作是否安全有序；反光警示牌、标志牌、警示灯、隔离栅栏、警示墩、示警桩、照明灯、防火器材等设置是否满足现场安全的要求；是否双向拦截、检查超限车辆；治超人员、车辆是否采取了安全防护措施等。

（3）执法专用车辆

主要检查：路政车是否由专人驾驶；车辆检查、维修、保养是否到位；车辆轮胎、刹车、方向等关键部位是否保持良好状态；驾驶员是否遵守交规和安全操作规程；是否存在疲劳、酒后驾驶情况等。

2. 查纪律

（1）仪容仪表

主要检查：是否按《甘肃省公路路政执法人员着装管理办法》规定着装，制式服装是否混穿；工号牌、胸徽、帽徽、领花、臂章等标志是否佩戴齐全；职工仪容仪表是否端庄、整洁等。

（2）行为规范

主要检查：是否严格遵守《交通行政执法禁令》《交通行政执法忌语》"五不准""十不准"《依法行政、文明执法八项规定》等规章制度；是否做到亮证执法；管理、服务是否

从细节入手、文明热情等。

(3) 请销假制度

主要检查：工作时间非因公外出是否请假；请假是否经单位领导批准；有无擅自脱岗、离岗现象等。

(4) 案件处理

①路产损坏赔偿案件

主要检查：公路路产损坏赔偿案件调查、处理是否两人以上；勘验、询问笔录等文书制作是否齐全；制作案卷是否符合简易程序或一般程序要求；是否及时告知当事人的权利、义务等。

②治超工作

主要检查：治超工作人员是否两人以上；是否实行了检测、开票、收款分离；稳重设备是否正常；是否凭经验、目测认定超限车辆；是否有检测单据等。

③收费标准

主要检查：路产损坏赔偿费、超限补偿费的收取是否符合省物价局、省财政厅标准；收费时是否使用省财政部门统一印制的票据；是否实行重大案件集体讨论制度；是否存在擅自提高或降低标准的情况等。

3.查规范

(1) 执法执勤

主要检查：是否认真贯彻落实《甘肃省公路路政管理稽查工作办法》；处理案件是否做到事实清楚、证据确凿、处理适当、程序合法、适用法律法规准确；是否符合法律法规、规章规定；路政巡查、值班、交接班是否按时到位、相关记录是否完整；办事、求助、咨询首问（接）负责制度是否落实；路政大队（监控站）一日生活制度是否落实；公路沿线是否存在脏乱差现象；是否存在非法占用、挖掘、穿越、摆摊设点等影响公路安全畅通的现象；

公路两侧建筑控制区、公路用地是否存在新增违法建筑和非公路标志牌；养护、施工作业现场秩序如何；治超工作是否有效开展等。

(2) 内务管理

主要检查：是否认真贯彻落实《甘肃省公路路政内务管理规定》；办公场所、环境是否清洁卫生；办公用具、图文像表、职工宿舍的衣物鞋帽、生活用品是否摆放整齐有序；统计报表是否准确、按时上报并及时整理；路政档案是否指定专人保管；路政档案的归类、装订是否合理、规范；路政管理文书书写是否清晰工整；路政案卷是否做到一案一档；法律文书、工作文书、图片等相关资料是否齐全；赔（补）偿费是否按时上缴等。

(3) 政务公开

主要检查：各单位是否设立政务公开栏；是否按规定向社会公示执法主体、执法依据、执法程序、监督电话、当事人权利、收费标准；是否自觉接受社会、舆论监督等。

(4) 学习宣传

主要检查：是否积极开展法律法规、政治理论、业务学习和技能培训；是否积极向总段网站、公路信息、《甘肃路政》《甘肃经济日报》等报刊、媒体报送新闻宣传或政务信息稿件；宣传报道稿件刊稿情况如何；是否全面搜索、整理刊稿情况并向总段报送；是否开展路政管理法律法规及相关宣传活动等。

4.纠正工作中的差错

各单位要结合《"三查一纠"活动整改情况统计表》开展自查，认真查找和纠正在安全隐患、纪律作风、工作规范等方面存在的突出问题；明确存在问题、整改办法、整改期限、完成时间、责任人等，将纠错责任分解、落实到人；同时，通过修订、完善制度，进一步夯实管理基础工作，巩固活动成果，促进路政管理工作规范化、制度化、法制化。

（三）要求

1. "三查一纠"活动是总段深入开展路政管理"规范年"活动、落实《规范化建设实施方案》、进一步转变工作作风、加强队伍建设的重要举措，也是"三个文明"建设的重要载体，各单位要结合实际抓紧抓好、力求实效。

2. 各单位领导要认真研究，全面部署，落实责任；充分发挥模范带头作用，认真开展自查自纠，做到全面落实、不留死角，实现路政内业、外业全面的标准化、规范化。

**二、规范化建设**

（一）主要内容和总体目标、实施步骤

1. 主要内容：按照省路政总队"一年打基础、两年见成效、三年上台阶"的目标，在2007年"规范年"建设的基础上，全面落实路政管理各项规范和标准，集中投入物力、财力，做到"六个统一"（形象标识、公示制度、法律文书、作训制度、行业宣传、执法装备统一）、"四个规范"（人员管理、执法执勤、言行举止、内务秩序规范）。

2. 总体目标：建立保障路政执法队伍依法履行职责的组织体系、适应路政执法工作需要的训练体系、具有路政执法队伍特点的内务管理体系、完备的执法执勤规范体系和权威有效的监督制约体系，实现路政管理工作各个方面和环节的标准化、规范化、法制化，实现行业形象的统一化和执法行为的标准化，使路政管理"规范年"活动的内容深入拓展、活动效果长期化，推动"三个文明"建设协调发展。

3. 实施步骤：总段路政支队机关、平川高速公路路政大队的外观形象标识、公示制度于2008年底按总队的VI系统进行统一；国省干线公路路政执法大队、监控站于2009年上半年全部实现统一；同时，积极争取上级支持，增

添、更换办公设备和执法车辆，并力争路政经费、人员补贴补助等得到落实。

（二）具体目标

1. 形象标识的统一

VI是以标志、标准字、标准色为核心展开的完整的、系统的视觉表达体系，它将理念、文化、服务内容、规范等抽象概念转换为具体符号，塑造出独特的行业形象。路政VI主要包括基础、办公、公共、环境四个方面，并严格按要求使用行业形象标识、中英文标准字、标准色和辅助图形等。

（1）外观形象标识。标识主要由徽章、中文"中国公路"及英文"china highway"三部分组成，具体实物主要包括：单位外部的标准门头、灯箱、单位名称标识牌、户外徽标，办公场所的形象墙、公告栏、管养示意图、制度牌、桌牌、便民服务卡、文件夹、票据夹、收发文登记簿、学校记录、会议记录、财产编号牌、档案盒、公文包等，易耗品如文件袋、大中小信封、稿纸、纸杯等。

（2）门牌标识（在办公室门上安装标有名称、路徽、"中国公路"中英文等内容的新式门牌）。

（3）执法车辆标识：路政专用车辆一律喷涂车辆小号和监督电话，并按VI的要求喷涂车身。

（4）执法服装标识：路政人员严格按规定着装，按要求佩戴帽徽、肩徽、肩花、领花、工号牌、臂章等标志，并在执法时佩戴工作牌。

2. 公示制度的统一

各单位执行统一的公示制度，按规定向社会公示路政执法机构的执法主体资格、执法依据、执法程序、监督电话、执法结果、当事人的权利等。

### 3. 法律文书的统一

总段按照交通部的统一要求，对现行所有路政管理文书（含路产赔补偿、路政许可、路政处罚等）进行规范并统一印制、下发；路政支队定期开展路政案卷评查评比活动，及时发现和纠正存在的问题，积极推广案卷微机化制作，提高工作效率；同时，认真组织各单位学习《甘肃省实施〈国家行政机关公文处理办法〉细则》和总段公文管理的有关规定，严格遵循公文种类、格式、行文规则、公文归档、管理等要求，实现路政公文处理的规范化、制度化、科学化，提高路政文件质量。

### 4. 行业宣传的统一

积极开展路政宣传工作，在公路沿线设置宣传路政管理法律法规、业务的形象宣传牌，在相邻单位公路分界处按规定标准设立分界牌；印制内容、形式富有新意的宣传资料，制作形象宣传光盘或画册；总段路政支队建立全段路政宣传报道、政务信息档案，宣传报道统计表和发表稿件复印件每季度汇总后向总队、总段报送，积极动员、提高各单位的撰稿积极性，确保超额完成总队下达的政务信息和宣传报道指标；将路政宣传经费列入年度预算。

### 5. 作训制度的统一

认真学习、贯彻执行交通部《交通行政执法忌语》《交通行政执法禁令》和省路政总队《甘肃省公路路政内务管理规定》等有关要求，落实"一日生活"制，按日常管理的要求做好路政巡查、公务处理、交接班等工作，并严格按路政执法与办案程序处理路政案件。同时，大力开展学法用法、案例分析、日常训练等活动，提高法律素养和工作水平。

### 6. 执法装备的统一

（1）在充分利用现有办公场所的同时，对办公场所作如下设置：

①各段路政大队设副大队长办公室、路政外业办公室、路政内业办公室、听证室（可与会议室合并）、档案室等。

②平川高速公路路政大队设大队长办公室、副大队长办公室、路政外业办公室、路政内业办公室、会议室、档案室、职工宿舍、餐厅。

③新墩监控站设站长办公室、书记办公室、副校长办公室、财务室、外业办公室、内业办公室、会议室、档案室、职工宿舍、餐厅。

④在条件允许的情况下，路政支队、路政大队（监控站）设政务（办公）大厅、图书阅览室、荣誉陈列室等。

（2）为总段路政支队、路政大队（监控站）购置电脑、激光打印机、传真机等办公设备，配备齐全数码摄像机、照相机等执法装备，统一配备新的办公桌椅、文件柜；每台电脑要安装必备的办公和安全防护软件，并连通互联网，建立上下相通、左右相连的执法信息统计、公告、查询、发布等网络系统，逐步实现执法档案管理信息化，强化执法和信息的共享与交流。

（3）为平川高速公路路政大队、新墩监控站职工宿舍统一配备席梦思床（含被褥、毛毯、床单、枕头、枕巾等床上用品）、床头柜、桌凳、衣柜、脸盆架、洗漱用具（含脸盆、毛巾、牙缸等）为职工餐厅统一购置餐桌、座椅、饭盒等物品，实行"公寓化"管理。

### 7. 执法执勤的规范

路政人员必须取得执法资格，严禁无证执法或越权执法；建立健全工作规范，明确执法责任，杜绝执法随意性；建立、完善执法执勤工作流程，对行政许可、行政处罚、路政巡查、案件办理等形成科学严密的程序规定；路政支队、路政大队要落实接待群众办事、报警、救助、咨询首问负责制，对来电、来访、投诉的群众要热情、严肃、负责；实行路政执法人员执法档案制度，包括案件主办人员制度（谁办案、谁负责）和案件审核审批制度（谁审核、谁负责，谁审批、谁负责，审核人提出正确意见未被采纳的，不承担审核责任）。

8. 人员管理的规范

（1）严把路政人员入口关，严格聘用、解聘及证件管理；利用冬训等时机，根据实际需要，认真组织学习法律基础知识、路政专业法律知识、训练交通指挥手势、列队步伐等；通过创新学习形式、更新学习内容，营造浓厚的学习氛围；积极开展案例讲评和案卷评查活动，通过岗位练兵提高执法水平。

（2）分级分类开展上岗培训、业务培训。路政支队每年培训时间不少于15天，以法律理论、路政业务及公路知识为主；路政大队（监控站）可采取集中与分散相结合的方式，每年培训时间累计不少于20天，以法律知识、路政业余和专业技能培训为主。此外，总段可根据实际需要，组织路政人员参加公文写作、新闻宣传、计算机应用等培训班，提高路政人员的技能和水平。

（3）做好思想工作。制定思想政治教育和普法教育年度计划，结合实际开展忠诚教育、执法为民教育、反腐倡廉教育、形势政策教育；建立路政人员思想状况的定期分析制度，及时发现、解决苗头性、倾向性问题，加强谈心、及时沟通，力所能及地帮助解决实际困难；在条件具备的情况下建设荣誉室、阅览室（图书馆）等场所，充实、更新书报杂志和文体器材，开展群众性文体活动，活跃职工文化生活，营造一个舒心的工作、生活环境。

9. 言行举止的规范

引导路政人员热爱本职，加强学习，营造学习型单位，坚持与时俱进、开拓创新；严格遵守法律法规和规章，坚决执行上级的工作部署、安排和决定，依法办事，树立良好的纪律作风，自觉维护路政行业的声誉和形象，保持仪容仪表端庄整洁、举止大方得体；积极推行微笑服务、限时办结、挂牌服务、承诺服务、延时服务等文明服务制度，周到热情地对待群众，对群众的问题力求做到有问必答、有求必应、有险必救、有难必帮；建立、完善办事反馈制度，对群众的问题能当场答复解决的要当场答复解决，不能当场答复或解决的要如实登记、及时转办，对手续不齐全的给予详细的指导，对超期办理的说明有关情况和原因；在执法过程中要主动亮证、敬礼、善待群众。

10. 内务秩序的规范

认真学习《甘肃省公路路政内务管理规定》等规章制度，从纪律作风、仪容举止等方面入手，加强养成教育，达到"执法队伍整肃、办公环境整洁、服务工作文明、执法办事公道"的要求；办公场所的办公用品、图文像表摆放、悬挂整齐，职工宿舍衣物、鞋帽、被褥和其他生活用具整洁有序；在条件具备的情况下，总段路政支队、平川高速公路路政大队和新墩监控站设立群众接待室，提供办事指南，开展便民服务，配备必要的服务设施并保持完好；加强对路政车辆、计算机的管理，加强安全防范。

（三）保障措施

1. 完善内外监督

（1）外部监督。深化政务公开制度，路政执法办案和行政管理工作，除法定不能公开的事项外，一律公开；总段路政支队、平川高速公路路政大队、新墩监控站等单位按照省路政总队的统一要求，设置"政务公开栏"，印制《政务公开手册》；路政支队、大队（监控站）

要聘请辖区人大、政协、群众代表为政风行风监督员，定期开展征求意见、问卷调查、政风评议等活动，接受社会和群众的监督。

（2）内部监督。总段路政支队要推行重大案件倒查制，按路政案件总数10%的比例每季度进行倒查；同时，积极开展路政稽查，对路政队伍仪容风纪、票据管理、巡查值班、治理超限、路容路貌、损坏路产修复、现场安全等各方面进行稽查和规范，对发现的问题当场告知或下发《稽查通知单》《通报》，限期整改。

（3）加强协调。建立路政执法联动机制，加强与养护、收费、交警等部门的联系，分工协作、资源共享、促进和谐，共同提高公路应急保障的能力。

### 2.抓好后勤保障

加强路政经费管理，规范路产赔（补）偿费使用，确保专款专用，严格经费开支和报销手续；将路政执法机构的办公用房建设纳入在建公路建设规划，改善路政执法的工作生活条件；加强信息建设，构建路政执法信息平台和路政管理工作综合信息系统，收集、积累、分析各类信息，提高路政管理工作效能；进行健康常识教育，引导路政人员养成良好的生活习惯，每年组织一次体检，关注路政人员的身心健康。

### 3.做好考核考评

完善考评制度，按《白银公路总段行政执法责任制考核评议制度》要求，采取平时抽查（督查）、半年检查、年终检查的考核办法，对各路政大队（监控站）和执法人员进行检查、考核，发现问题的予以通报并限期整改，考核结果作为路政人员调整职务岗位、奖励、培训和解聘的重要依据，把执法质量作为衡量工作、考核领导、检验队伍的重要指标。

### 4.认真落实职责

（1）统一领导。将路政管理规范化建设工作置于统一领导之下，坚持一把手亲自抓，并把路政管理工作规范化成效作为衡量整体工作的重要标志，各项工作从实际出发，讲求实效。

（2）认真履职。制定计划和具体措施；继续建立、健全、完善各项规章制度，并在制度的细化、落实上下功夫；及时发现、解决路政管理规范化建设中出现的各类问题；积极借鉴兄弟单位的成功经验并在实践中积极探索、创新。

（3）实施科学指导。加强协调配合，深入调查研究，实施分类指导，积极探索新形势下路政管理规范化建设的特点和规律，推动路政管理规范化建设活动稳步开展；把"规范年"建设与文明执法、文明创建、读书学法等活动结合起来，全面提高队伍素质，使路政管理"规范年"和其他工作相互促进、共同进步。

## 第五节　和谐路政

### 一、行业文明建设

（一）行业主线

以邓小平理论、"三个代表"重要思想和科学发展观为指导，认真贯彻党的十六届六中全会精神，以学习实践社会主义荣辱观和构建和谐路政行业为主线，以提高路政人员素质为根本，坚持围绕中心，服务大局，深入开展"学先进、树新风、创一流"活动，大力加强思想道德建设，广泛开展群众性精神文明创建活动，不断提高行业文明程度，树立良好行业形象，努力开创全省路政行业精神文明建设工作新局面，为加强全省路政管理工作提供思想保证、精神动力和智力支持。

（二）工作目标

围绕学习实践社会主义荣辱观和构建和谐路政行业的这一主线，通过深入开展"学先进、树新风、创一流"活动，大力提高路政人员思想道德素质，提升行业管理服务水平，形成良好的职业道德风尚，树立文明的行业社会形象，努力培育叫得响的路政服务品牌，树立有影响的路政先进典型，推出有特色的路政文化成果，创建高标准的行业文明单位，培养过硬的路政执法队伍。

具体目标：争取到"十一五"末，省路政总队创建成全省交通行业文明单位、市级文明单位。30%的路政管理机构创建成市（州、厅）级文明单位，90%的路政管理机构创建成县（区）级文明单位、全省路政行业文明执法机构、全省路政行业文明单位，30%的路政大队、治超站点建成全省交通行业文明示范窗口。

（三）主要任务

1. 加强理论武装，认真贯彻十六届六中全会精神。政治理论学习是精神文明建设的一项基础性工作和长期性任务，各级路政管理机构要把用党的最新理论成果武装全体干部职工作为精神文明建设的长期使命，切实抓紧抓好。着力抓好十六届六中全会精神和《中共中央关于构建社会主义和谐社会若干重大问题的决定》的学习与贯彻。要采取多种措施，引导广大干部职工深刻领会构建社会主义和谐社会的重大意义、指导思想、目标任务、工作原则和重大部署，不断增强贯彻六中全会精神的自觉性与坚定性。全省各级路政管理机构要把构建社会主义和谐社会放在整体工作的突出位置，紧紧围绕构建和谐路政行业的基本要求，大力倡导和谐理念，培育和谐精神，形成和谐风尚，使崇尚和谐、维护和谐、促进和谐成为全行业的自觉行动和追求。要坚持用六中全会精神统一广大干部职工，特别是全行业各单位领导干部的思想，不断提高各单位领导干部社会主义和谐社会建设的本领，切实解决好各单位影响和谐社会的各类突出矛盾和问题，为构建社会主义和谐社会做出新贡献。

2. 加强学习宣传，积极践行社会主义荣辱观。社会主义荣辱观是新形势下推进社会主义精神文明建设的强大精神动力和重要指导方针。全省各级路政管理机构要把学习实践社会主义荣辱观摆在十分重要的位置，作为加强行业精神文明建设的一项重要内容，采取有效措施，推动社会主义荣辱观学习进机关、进队站。要运用多种形式，组织路政人员深入学习社会主义荣辱观，引导路政人员深刻认识树立社会主义荣辱观的重大意义，掌握基本内容，领会深刻内涵，使社会主义荣辱观在广大路政执法人员中入脑入心，形成实践社会主义荣辱观的强大声势。各级领导干部必须主动带头，做出表率，发挥示范作用。要结合践行社会主义荣辱观，进一步弘扬爱国主义、集体主义精神，激励广大路政人员从我做起，从点滴做起，在全行业形成人人身体力行社会主义荣辱观的良好局面。

3. 加强教育培训，不断提高队伍素质。要切实重视路政队伍思想道德建设，把思想道德教育培训纳入整体干部职工教育培训计划，紧密结合路政行业特点和职工思想实际，以理想信念教育为核心，深入进行党的基本理论、基本路线、基本纲领和基本经验教育，引导广大路政人员树立正确的世界观、人生观和价值观，把路政管理二作作为人生的追求，巩固路政人员共同团结奋斗、构建和谐行业的思想基础。要积极贯彻《公民道德建设实施纲要》，以"服务人民、奉献社会"为宗旨，广泛开展道德实践活动，引导路政人员树立与经济社会和路政管理工作发展相适应的思想道德观念，形成爱岗敬业、诚实守信、严格执法、服务群众、奉献社会的良好职业道德风尚。要真正树立人才资源是第一资源的观念，大力实施人才战略，制定路政管理人才资源培训与开发规划，积极开展创建学习型组织活动，开展岗位练兵、技能培训和素质提升活动，着力加强路政管理人才队伍建设，大力营造和形成人才辈出、人尽其才的良好氛围，不断提高全行业可持续发展的能力。

4. 加强诚信建设，努力提高行业信誉。加强诚信建设是路政行业实践社会主义荣辱观教育的重要内容和方式，也是路政管理事业健康发展的必然要求。要以建设"诚信路政"为目标，大力开展诚信教育，强化广大路政人员的诚信意识，使诚信成为全行业的共同追求和自觉行动。要积极参加"个十百千万"诚信建设工作，继续开展诚信行业、诚信单位创建活动。要采取有效措施，切实解决路政管理领域中存在的一些群众反映强烈、社会危害严重的失信问题。要推进政务公开工作，不断增进社会对路政管理工作的了解和理解。要继续推行服务承诺制、信息公示制、首问责任制、限时办结制和新闻发布等工作制度，向社会公开办事程序、服务规范、收费（处罚）标准、工作纪律和投诉渠道，自觉接受社会各界的监督。要积极做好信访与社会治安综合治理工作，认真对待群众投诉，做好调查处理、纠纷调解与信息沟通工作，积极化解各种矛盾。要加强诚信制度建设，强化路政信用的评价与监督，逐步构建起符合路政管理工作发展需要的信用管理监督体系，努力做到诚信者受益、失信者受损、违法者受惩，提高路政行业的诚信水平与行业信誉。

5. 建设路政文化，大力弘扬路政精神。路政文化建设是路政行业精神文明建设的重要内容，也是路政行业精神文化的升华和深化。路政文化建设要坚持以人为本，以培育和弘扬路政精神为核心，开展丰富多彩的文化建设活动，促进路政人员全面发展，促进路政管理与社会、自然和谐发展。要将路政文化建设摆上重要议事日程，纳入路政管理工作整体规划，通过路政文化建设拓展精神文明建设的渠道和途径，促进路政管理事业全面发展。要以弘扬爱国主义为核心的民族精神和以改革创新为核心的时代精神为重点，提炼和形成富有行业和单位特色的路政精神，使之成为激励广大路政人员昂扬向上、奋发有为的精神动力；要紧紧围绕建设创新型行业的战略目标，不断推进创新文化建设，营造有利于行业的战略目标，不断推进创新文化建设，营造有利于行业创新的良好氛围；要发挥部门和单位优势，开展机关文化、执法文化建设活动；要加强文化设施和文化阵地建设，组织路政人员开展形式多样、健康有益、品位高尚的各种文化体育活动；要鼓励和支持路政文化产品的创作，总结提炼和大力宣传路政精神，确定路政行业徽标，推出一到两个路政文化建设先进单位，创作一批反映路政管理工作成就，热情讴歌路政人员精神风貌的文艺作品，为实现路政管理工作全面协调可持续发展营造良好的人文氛围。

6. 学习宣传典型，发挥示范导向作用。充分发挥先进典型的示范导向作用，是加强行业精神文明建设的有效措施。要把学习宣传路政行业先进典型作为精神文明建设的一项重要任务。要积极学习宣传陈刚毅、包起帆、许振超等交通行业先进典型的事迹和精神，使这些先进人物所代表的精神成为推进路政管理工作又快又好发展的强大动力。要积极培养、挖掘和树立全省路政行业的典型集体和典型人物，特别要结合路政管理工作发展的时代需要，注重培养树立具有奉献和创新精神的行业先进典型，要大力宣传和推广路政行业的先进典型，对重大典型要进行重奖，引导全行业重视典型，促进全行业产生典型，在全行业形成崇尚典型、争当典型的浓厚风气，最大限度地激发路政人员的工作活力。同时要注重尊重、爱护先进典型，积极帮助先进典型成长，切实解决他们的一些实际问题，充分发挥先进典型在推进行业精神文明建设和路政管理事业发展中的示范导向作用。

7. 加强行风建设，树立良好行业形象。要立足解决群众反映强烈的问题，加强和改进行风建设，积极主动地为群众办好事、办实事。要积极推进行政审批制度改革，清理审批项目，简化审批程序，坚持实施阳光政务工程，逐步推行网上审批和一站式审批。机关要重点解决效率不高、作风不实、推诿扯皮、以权谋私的问题，努力提高工作效能和质量；一线执法机构要重点解决态度蛮横、粗暴执法、随意执法、营私舞弊等问题，努力做到文明执法、公正执法；各服务窗口要重点解决语言生硬、态度冷漠、服务粗糙、形象欠佳等问题，努力做到以人为本，热情、精细服务。要进一步加强治理"三乱"力度，防止路政行业发生"三乱"现象。要加大路政行业廉政建设力度，把反腐败工作与职业道德建设、路政文化建设和文明创建活动紧密结合起来，积极落实各单位领导干部在构建惩防体系中的责任，筑牢党员干部，特别是领导干部的思想道德防线，坚决治理各类腐败行为，打造廉洁行业。要坚持"严格执法、热情服务"的工作宗旨，正确处理执法与服务的关系，积极开展"文明礼仪伴我行"主题实践活动，提高服务质量；要积极参加各地方政府组织的行风评议活动，自觉接受公众监督，有效改进政风行风，树立行业良好形象。

8. 深化文明建设，不断提高文明程度。要以"学树创"活动为载体，继续深入开展文明创建活动。要结合实际，制定"学树创"活动的实施方案，加强组织领导，明确指导思想、目标要求、考核办法和实施步骤，确保创建活动深入人心。要把"学树创"活动与其他群众性创建活动结合起来，广泛开展"知荣辱、讲正气、树新风、促和谐"主题实践活动，深入开展路政行业文明执法机构、文明单位及文明执法窗口创建活动，积极开展创建学习型、管理型、诚信型、服务型、廉洁型机关活动，继续开展青年文明号、青年岗位能手、巾帼文明示范岗等活动，不断扩大创建活动的覆盖面和影响力。要继续深入开展十佳路政执法单位、十佳路政执法窗口和十佳路政执法标兵争创活动，积极鼓励基层各执法窗口单位争创全省交通行业十佳文明示范窗口，不断提高全行业文明创建水平。

（四）保障措施

1. 切实加强领导，不断提高对加强行业精神文明建设重要性的认识。加强路政行业精神文明建设，是全面落实科学发展观，践行社会主义荣辱观，构建和谐行业与创新型行业的必然要求，是实现全省路政管理事业又好又快发展的重要方式和手段。各级路政管理机构都要从战略和全局的高度，充分认识加强和改进精神文明建设的重要性、艰巨性和长期性，把精神文明建设始终摆在重要位置，加强组织领导，健全责任机制，与时俱进，开拓创新，求真务实，积极努力，把路政行业精神文明建设工作推进到一个新的水平。

2. 加强制度建设，进一步完善行业精神文明建设工作机制。要进一步健全完善文明单位、文明示范窗口管理办法，制定服务窗口管理制度和服务规范。要把精神文明建设纳入整体工作范畴，落实目标责任，做到与业务工作同部署、同检查、同考核、同落实。要完善检查考评机制，研究制定科学的考核体系，坚持集中考评与日常考评相结合，考评工作定量与考评实际效果相结合的原则。要完善表彰奖励机制，定期开展评选表彰活动，以奖促创，以罚促改。要完善监督和责任追究机制，努力建立路政服务投诉平台，通过参与行风评议、邀请群众评议等方式，充分发挥人民群众的监督作用，内外结合，促进创建水平的提升。要完善物质保障机制，为文明创建工作提供必要的资金保障，切实保证精神文明建设工作的正常开展。

3. 强化队伍建设，建立路政行业精神文明建设的组织保障。为加强全省路政行业精神文明建设工作的协调指导，总队成立了由总队党政领导及机关各科室负责人组成的精神文明建设工作领导小组，具体负责行业精神文明建设工作的安排部署、协调指导、检查督促方面的工作。各级路政管理机构都要进一步充实完善精神文明建设领导机构和办事机构，调整充实政工干部队伍，确保精神文明建设有人管、有人抓；要加强精神文明建设工作队伍的培训，不断提高他们的综合素质；要为精神文明建设工作队伍积极创造必要的物质条件和工作环境，对成绩突出的，要大力表彰奖励，充分调动他们的工作积极性和创造性；政工干部要带头加强思想道德修养，不断改进工作作风，积极学习实践社会主义荣辱观，充分发挥在路政行业精神文明建设中参谋、助手作用。

4. 加大宣传力度，为路政行业精神文明建设工作营造良好的舆论氛围。总队将以《甘肃路政》内部刊物为平台，积极开展行业精神文明建设的理论研究和经验交流，大力宣传推广文明创建工作经验，宣传文明创建成果和行业先进典型。各级路政管理机构要充分利用各种媒介和手段，切实加大对精神文明建设工作的宣传力度，大力弘扬路政精神，充分展示路政形象，大造舆论声势，促进全省路政行业精神文明建设工作不断取得新的更大的成效，为全省路政管理工作提供坚强的精神动力和智力支持。

**二、路政文化建设**

白银公路总段路政支队 2004 年正式组建，负责白银市辖区内 796.456 公里干线公路及国道主干线丹拉路白兰、刘白高速公路 137.214 公里的路政管理工作，下设 6 个路政管理大队、1 个超限运输监控检测站，从事路政管理工作人员有 81 名。

自正式组队以来，路政支队坚持以科学发展观为统领，以学习、实践社会主义荣辱观为主线，以构建"和谐路政"为宗旨，以推动路政管理、服务的效能为着力点，紧紧围绕"保护路产、维护路权"这个中心任务，坚持继承与创新、研究与建设相结合，大力学习、弘扬公路行业的优秀文化和先进管理经验，积极开展公路文化建设活动，营造"发展公路文化、展示行业形象、提高队伍素质、构建和谐公路"的浓厚氛围，为加强路政管理工作提供了思想保证、精神动力和智力支持；支队多次被白银总段党委、行政评为"双文明"建设集体，2005、2006 连续两个年度被省路政管理总队评为"全省公路路政管理工作先进单位"，新墩监控检测站被白银市双拥办评为"军民共建单位"，被共青团白银市委等三家单位授予"青年文明"称号，其他路政大队也多次受到系统和地方的表彰。在公路文化建设工作中，其做法是：

（一）增强团队意识，弘扬行业精神

始终将公路文化建设贯穿于路政管理工作全过程：一是积极贯彻实施交通部《交通文化建设实施纲要》，并按总段和省路政总队的要求，制订了公路文化发展的规划，用公路文化教育、引导职工，提高了路政队伍的凝聚力和战斗力。二是拓展"铺路石"精神的内涵，将"团结协作、创新进取、敬业奉献、甘当路石"的"铺路石"精神与"拼搏进取、自觉奉献"的爱国精神、"求真务实、勇于创新"的科学精神、"团结协作、淡泊名利"的团队精神、"以人为本、精益求精、服务至上"的价值观等紧密融合在一起，通过开展"路政精神"提炼和讨论活动，积极培育和发展具有路政特色的公路文化，激发路政人员的积极性和创造性，保持昂扬向上、拼搏奉献、奋发有为的精神风貌，实现了"带好队伍、管好路"的目标。三是加大投入，改善办公设施和路政装备条件，尽最大努力创造一个舒心的工作、生活条件，营造团结和谐、充满活力的氛围，提高了路政人员的自尊心、自信心和自豪感。四是积极开展社会主义荣辱观和理想信念、宗旨、法制、职业道德等"四项教育"，开展学党章、学陈刚毅、陈德华等先进模范事迹的活动，并把学习先进、争当先进与路政管理工作实际结合起来，与贯彻落实路政管理"五不准""十不准""八条禁令"等规定、改进工作作风、提高工作效率、加强廉政建设等结合起来；教育、引导职工珍惜路政岗位，树立"爱岗敬业、诚实守信、严格执法、服务群众、奉献社会"的良好风尚，创一流业绩，从而塑造了一支想干事业、能干事业、干成事业的队伍。五是围绕"政治坚定、业务精通、作风优良、执法公正、威武廉明、反应快速"的目标，开展"创学习型组织、做知识型职工"的活动，积极组织岗位练兵、技术比武和职工素质提升活动，支队每年都精心制订切实可行的日程安排和训练计划，抓好路政人员培训的组织协调、检查督导、考核评比等工作，在培训形式上做到了分散和集中相结合，政策、法律法规、路政管理文书制作和队列训练、交通指挥手势等相结合，通过培训学习，使路政人员深刻理解、领会了法律法规的实质和内涵，熟悉了办案程序，强化了全局意识、服务意识、依法行政意识，提高了业务知识和执法水平，树立了良好的队伍形象；营造良好的学习氛围；路政人员积极自修、报考本科以上学历和专业技术职务，先后有 16 名路政人员取得职称。六是大力加强党风廉政建设和行风、政风建设，增强路政队伍的法制意识、纪律意识、廉政意识，引导路政人员自重、自警、自励，抵制各种歪风邪气，强化大局意识、责任意识、服务意识、奉献意识、纪律意识，全面提升路政人员的综合素质。对公路行业来说，"铺路石"精神就是"路魂"，不管时代如何发展进步，这个优良传统绝不能丢，要牢牢守住；而正是靠发扬这个优良传统，才为建设"和谐公路""和谐路政"提供了有力的文化支撑。

（二）加强制度文化建设，营造良好执法环境

一是以"服务行政""服务文明""约束行政""效率行政"为目标，在支队、大队和监控站积极推行服务承诺制、执法公示制、首问负责制、限时办结制等工作制度，向社会公开办事程序、服务规范、收费标准、工作纪律和投诉渠道，自觉接受社会、舆论监督。二是整理各项规章制度并汇编成册，下发到各路政大队，使路政内业、外业管理有了明确的制度规范，避免了主观性和随意性。三是加强预防性管理，各路政大队普遍与地方政府、法院、

公安局、交警队、施救单位、收费、养护人员等建立起联动机制，互通信息，互相支援，减少了管理成本，增强了路政管理的机动灵活性，使许多路政案件在第一时间内得到发现和处理，有效地维护了路产路权、保障了安全畅通，提高了应急保障能力。四是通过广泛征求群众意见、认真查找管理中存在的薄弱环节和漏洞，制订和完善监管措施，提升了路政管理、服务的效能。五是从细节入手，对路政人员着装、佩戴标志、持证上岗、文明执法等方面做出严格要求，抓习惯，促养成；各大队采取了各项便民、利民措施，准备开水、修车工具、常用药品等，为群众提供了贴心、便捷的服务；路政人员多次在交通事故现场抢救伤员、救助车辆。通过种种手段，密切了执法人员和群众的关系，树立了"文明执法、热情服务"的良好形象。六是按照"安全畅通、执法文明、保障有力、群众满意"的目标，开展路容路貌集中整治、"平安公路"集中整治等专项活动，清理公路用地、建筑控制区范围的棚屋、摊点、垃圾、加水洗车点、非公路标志牌等，恢复了路容路貌，消除了通行安全隐患。七是路政人员深入厂矿、村镇、学校，刷写、张贴宣传标语、宣传画等，积极向沿线群众宣传公路法律法规知识，引导群众树立爱护护路意识，通过路政人员辛勤努力的工作，赢得了社会群众、沿线村镇、学校的支持和理解，使行业行为与政府行为、社会效益有效地配合，保证了路政管理工作的主动地位。

（三）夯实路政文化基础，树立和谐行业形象

通过开展形式多样、群众喜闻乐见的活动，寓教于文，寓教于乐，丰富了业余文化生活和精神文化需求，使路政人员养成了健康文明的生活方式，提升了艺术情趣和文化品位，展示了文明进取、蓬勃向上的良好形象。一是积极参加总段组织的思想政治研究、职工教育研究论文评选、运动会、歌舞比赛等健康向上的文体活动：参与了总段汇编的《思想政治研究优秀论文暨文学作品集》的编辑、整理工作，并有优秀的理论和文学作品入选；在纪念白银公路总段建段二十周年的文艺汇演中，新墩监控检测站表演的舞蹈受到普遍好评。二是在宣传方面拓宽内容和渠道，以《甘肃路政》《甘肃经济日报·交通周刊》《白银日报》等报刊为宣传阵地，大力加强新闻宣传和政务信息工作，积极对外宣传路政管理方面的先进典型和工作经验，进行文学创作，营造了良好的文化氛围；会宁公路管理段路政大队自办《路政员学习天地》小刊物，开办路政大队博客和主页，为路政与社会各界广泛沟通、交流提供了一个窗口，充分表现了路政人员积极、进取、热情的精神风貌。三是路政支队、大队积极开展争创路政管理三个"十佳"（十佳路政执法单位、十佳路政执法示范窗口、十佳路政执法标兵）、"加强作风建设、规范行业管理""文明礼仪伴我行"等主题实践活动，通过活动，促进了执法观念的转变和路政队伍的法制化、制度化、正规化，推动了路政管理文明创建活动的开展，开创了路政文化建设的新局面。

公路文化建设是公路事业发展的有效载体和不竭动力，路政管理工作只有以人为本、积极创新、内强素质、外树形象，才能为公路文化建设积累深厚的底蕴。公路文化建设是一个系统化的课题，涉及面很广，需要在实际工作中不断地探索。紧紧围绕"三个服务"要求，以"创一流队伍，创一流业绩"为目标，精细管理，团结一致，与时俱进，为公路文化建设做出更大贡献！

## 第六节　管理制度

### 一、执法忌语

交通行政执法人员实施交通行政执法，严禁使用下列语言：

（一）上路检查时，使用轻蔑、粗俗类的招呼词语。例如：喂，开车（船）的，下车（船）接受检查！喂，快把证件拿出来！

（二）发现有违法时，使用讥讽性、歧视性类语言。例如：你胆子不小，钱多了，欠罚！你是外地的，还敢到我们这耍威风！

（三）纠正违法行为，对方没反应或对方动作慢时，使用侮辱性、训斥性语言。例如：喂，你聋了吗？要死不活的，你还不快点？

（四）当对方要求解释执法依据时，使用拒绝性、羞辱性语言。例如：我没工夫听你啰唆。你还有完没完，我不是已经答复你了吗？你问我，我问谁？有什么规定，你自己没长眼睛，不会看吗？

（五）纠正违法行为，对方辩解时，使用拒绝性、训斥性、威胁性语言。例如：少啰唆，是你说了算还是我说了算！你再狡辩，罚你更多！你今天不讲清楚，就甭想走。

（六）现场实施罚款、收费，对方不服时，使用粗暴性、威胁性语言。例如：你老实点，不交钱就扣你车（证）！

（七）暂扣违法车船，对方不服时，使用训斥性、挑衅性语言。例如：我就是要扣你的，你还能怎么样？

（八）要求对方在有关文书上签字时，使用拒绝性、欺骗性语言。例如：不用看了！都是照你说的记的，快签名吧！

（九）群众说自己执法态度不好时，使用挑衅性语言。例如：我就这态度，你有本事去

告吧！有意见，你去找领导（上级）反映好了！

（十）告诫违法当事人时，使用训斥性、威胁性语言。例如：如果下次再犯，就没这么客气了！

（十一）对方违法拒不改正发生争吵时，使用威胁性、挑衅性语言。例如：咱们走着瞧！我看你是不想混了！

（十二）向对方说服教育时，使用推卸责任、制造是非类的语言。例如：我们也不想多事呀，是上面要我们这样做，没办法啊。

交通行政执法人员在交通行政执法过程中使用行政执法忌语的，视情节予以批评教育、勒令离岗培训或者收回交通行政执法证件。

### 二、执法禁令

（一）严禁无行政执法证件执法、越权执法。

（二）严禁违法设置站卡、收费、罚款。

（三）严禁违法扣留车船和证件。

（四）严禁利用职务之便吃、拿、卡、要。

（五）严禁在工作时间饮酒和酒后执法。

（六）严禁非公务需要穿执法制服出入酒店、娱乐场所。

（七）严禁违规使用执法车船、示警装置。

违反执法禁令者，一律调离交通行政执法岗位、注销交通行政执法证件。

### 三、内务管理规定

路政机构内务建设的基本任务，是通过建立规范的工作、学习、生活秩序，培养路政人员优良的作风，树立路政人员良好的形象，提高路政队伍的战斗力，保证各级路政机构圆满完成服务人民群众、保护路产、维护路权的任务。路政机构内务建设，贯彻从严治路、依法治路方针，按照路政工作的性质、任务和特点，坚持高效务实、加强监督、着眼基层的原则，培养纪律严明、政治合格、执法公正、群

众满意的优良作风。

（一）工作职责

1. 路政支队职责

（1）依法对所辖公路、收费公路和新建、在建公路行使路政许可、路政处罚和路政诉讼等路政管理职责。

（2）组织实施省交通厅、省路政总队制定的工作计划、考核标准、发展规划、规章制度、宣传教育和交办的其他事项。

（3）依法受理、审理所辖路段职责范围内占用、利用、挖掘公路路产以及跨越、穿越公路的各种建筑设施和开设交叉道口、超限运输管理，非公路标志牌设置，更新、砍伐公路行道树许可、监督实施等事宜，依法做好公路两侧建筑控制区的管理和路政巡查工作。

（4）负责领导、管理、检查、指导各路政管理大队和治超检测站及人员的管理工作；组织所辖路段路政管理方面的重大活动和联合行动；参与交、竣工验收和路产路权交接工作。

（5）负责掌握所辖路段（含新建、在建、收费公路）路产路权变动情况，建立健全各类路政管理档案、统计报表，工作检查、总结等。

（6）负责聘用、解聘路政管理人员的审核、报批、管理工作，组织业务培训，开展政治思想教育和职业道德教育等。

（7）核发路政管理服装，负责路政管理经费、专用装备、器材的计划、配置、管理和使用。按照"罚缴分离""收支两条线""专款专用"的规定，做好路政管理赔（补）偿费、占用费、罚款及票据的收缴、上解、管理和使用工作。

（8）法律、法规规章规定的其他职权和上级交办的工作。

2. 路政大队职责

（1）积极宣传、贯彻《公路法》《公路管理条例》等法律、法规，认真履行职责，做好所辖路段（含新建、在建、收费公路）职责范围内的路政管理工作。

（2）根据省路政总队、公路总段（分局）以及支队制定的工作计划、考核指标，制定具体的措施和实施办法。

（3）负责管理和保护公路路产路权，坚持日常上路巡查，做好预防为主，超前管理、宣传教育工作；加强对公路两侧建筑控制区内永久性建筑设施的控制和临时建筑物的管理；依法制止、查处各类违法违章占用、侵占、挖掘、污染、毁坏、损坏和破坏公路路产的行为；负责超限运输管理及其他监督实施工作。

（4）认真制作、填写各种法律文书、工作文书、票据等；及时向上级路政管理机关汇报、请示、转送发生的重（特）大路政案件和诉讼案件。

（5）法律、法规、规章规定的其他职权和上级交办的工作。

3. 治超检测站职责

（1）认真学习宣传、贯彻执行超限运输车辆行驶公路管理有关法律法规和规章，严格依法制止，查处超限运输车辆，保护公路路产。

（2）负责做好超限运输车辆的指挥引导、检测、装载、卸载、物品保管和安全生产工作。

（二）仪容风纪

1. 着装举止

路政人员应当按照《甘肃省公路路政执法人员着装管理办法》着专用制服，保持仪容严整。

（1）按规定佩戴各种标志。工号佩戴右胸上方，臂章佩戴左衣袖上固定，领花距领双边缘5毫米，帽徽带于帽墙嵌正中，肩章路徽位于正中，麦穗朝内，距肩端1厘米处。不得佩戴其他与路政人员身份或者执行公务无关的标志。

（2）除不宜或者不需要着制服的情形外，在工作时间必须着路政制服。女同志怀孕后可着便装。

（3）应当配套穿着制服，不同制式服装不得混穿。着夏装时不佩戴领花，但要佩戴领带、软肩章及领带夹。

（4）应当爱护和妥善保管制服、执法证号、胸徽、帽徽、领花、臂章等。

（5）着制服时，不得边走边吃东西、扇扇子；不得在公共场所或者其他禁止吸烟的场所吸烟；不得背手、袖手、插兜、搭肩、挽臂、揽腰；不得嬉笑打闹、高声喧哗；不得席地坐卧、不得进入营业性歌舞厅和夜总会等娱乐场所。进入室内通常脱帽，脱帽后，无衣帽钩时，立姿可以将大檐帽夹于左腋下（帽顶朝外，帽徽朝前）；坐姿置于桌（台）前沿左侧或者膝上（帽顶向上，帽徽朝前），也可以置于桌屉内。

（6）参加集会、晚会，必须按照规定的时间和顺序入场，按照指定的位置就座，遵守会场秩序，不得迟到早退。散会时，依次退场。

2.仪容仪表

（1）路政人员应当保持仪容整洁。非特殊情况不得染发，男性不得留长发、大鬓角、卷发（自然卷除外）、剃光头或者蓄胡须，女性发辫不得过肩。

（2）路政人员不得纹身，不得染指甲、留长指甲，不得化浓妆。

3.行为规范

（1）在执法过程中应当遵守下列禁令：

①严禁越权执法、无证执法和酒后执法。

②严禁违反程序、徇私舞弊和重复处罚。

③严禁单人查车、双向查车和逢车必查。

④严禁不给票据、少给票据和打白条子。

⑤严禁作风粗暴、态度恶劣和殴打谩骂。

⑥严禁故意刁难、滥用职权和收受贿赂。

（2）在日常工作生活中要养成良好的职业道德习惯：甘当公仆（忠于祖国、热爱人民、听党指挥、服务群众）、热爱交通（爱岗敬业、乐于奉献、钻研业务、艰苦奋斗）、忠于职守（严格执法、不畏权势、违法必究、不枉不纵）、依法行政（恪守职责、法为准绳、严守程序、裁量公正）、团结协作（互助友爱、通力协作、顾全大局、联系群众）、风纪严整（遵章守纪、作风严谨、平等待人、举止文明）、接受监督（办事公开、欢迎批评、服从检查、有错必纠）、廉洁奉公（清正廉明、反腐拒贿、不谋私利、一心为公）。

（3）在执法过程中要使用文明用语：同志；您好；请坐；请进；请喝水；请问您找谁；请谅解；很抱歉；对不起，请稍等；请您听我解释；请您批评指正；请您多提意见；谢谢您对我们工作的支持；这是我们应该做的；请您走好；对不起，让您久等了；请出示您的证件；请马上停止侵占公路的违法行为；请您配合我们的执法工作；你的车辆超限了，请接受处理；请以后不要再超限运输；您的车辆损坏了公路，请接受处理；您的建筑物建在公路两侧建筑控制区内，请接受处理；谢谢您的合作；再见。

工作中不得使用下列忌语：嘿！喂！喊什么；待会儿；给我过来；急什么；快点交钱；就罚你，怎么着；这事不归我管；不知道；我解决不了，愿上哪告上哪告去；刚才不是说过了吗，怎么还问；有意见，找领导去；不要啰唆；没看见我正忙着呢吗？快下班了，不办公了；那边都写着，自己看去；少说废话。

4.礼节

（1）路政人员应当礼貌待人，语言文明，

态度和蔼，服务热情耐心。

（2）参加庆典、集会等重大活动升国旗时，着制服列队的路政队伍应当自行立正、行注目礼，带队人员应当行举手礼；未列队的路政人员应当行注目礼。奏（唱）国歌时，应当自行立正。

（3）晋见或者遇见上级领导时，着制服的路政人员应当行举手礼；因携带装备或者执行任务需要，不便行举手礼时，可以行注目礼。

（4）晋见或者遇见本单位经常接触的领导和其他同事时应当互相致意。

（5）列队的路政人员在行进间遇见领导时，带队人员应当行举手礼，其他人员应当行注目礼。

（6）路政人员交接岗时，应当互相敬礼；不同单位的路政人员因公接触时，应当主动致意。

（7）路政人员因公与非路政人员接触时，应当主动致意；执法时，应当先敬礼。

（8）路政人员依法执行公务进入居民住宅时，应当主动出示证件，说明来意。

（三）日常制度

1. 一日生活

（1）各级路政机构工作日实行八小时工作制。

（2）大队（中队）一日生活

①早操

除了休息日、节假日之外，各路政大队（中队）通常每日应出早操，每次时间通常为十五分钟，主要进行队列训练和体能训练。

结合早操每周进行一至二次着装、仪容和个人卫生的检查，每次不超过十分钟。

②整理内务

早操后，整理内务、清扫室内外，时间不超过十五分钟。

③上路巡查

内务整理完毕后，大队长（中队长）根据实际情况安排一部分路政人员上路巡查，布置巡查任务和有关事项，做好巡查记录，发现情况及时按级汇报并做好处理工作。

④处理公务

做好各类公文处理和内业资料整理工作以及上级领导交办事宜。

⑤交接班

值班人员、上路巡查人员应认真按照交接班制度做好交接工作。

（3）机关一日生活

①各级机关必须建立正规的一日生活、工作秩序和严格的考勤制度。

②各级机关通常每日应出早操，时间不少于十五分钟。

③办公

遵守办公时间，按时上下班，不得迟到、早退。因病、因事不能按时上下班时，必须请假。

办公时间应当保持肃静，不得大声喧哗、闲聊、办私事，不得因私事在办公室会客。

文件资料应当放置有序，秘密载体按照保密要求妥善保管。

办公设施和用具摆放整齐，图表张贴悬挂在适当位置，保持室内清洁。

2. 路政管理人员执法考核评议

（1）考核评议要坚持全面、客观、公正、准确和实事求是、从严考核、正确评议、激励为主的原则。原则上由各支队、各交通局每年12月底组织一次。

（2）考核评议的内容包括德（法制观念、团结协作精神、待人接物态度、职业道德、为人品行）、能（政策水平、业务水平、分析和解决问题的能力、组织管理及协调能力、表达能力）、勤（出勤、工作态度、敬业精神、工作主动性、责任心）、绩（工作量、工作效率、工作质量、工作难易程度、工作创新精神、超额完成任务情况）、廉（遵纪守法、接受监督、秉公执法）五个方面、考核采用百分制，其中德占 15 分、能占 20 分、勤占 10 分、绩占 45 分、廉占 10 分。

（3）考核评议一般应采取本人书面述职、全体路政人员民主测评、领导评议和社会各界评议等方式进行。

（4）路政管理人员的考核评议实行淘汰制。凡经年终考核评为不称职的，应解除聘用。连续两年被评定为基本合格的，应由路政管理机构提出警告，进行整顿检查和自我提高；被评定为优秀的，应给予适当奖励，连续两年被评定为优秀的，应予重奖。

3. 路政执法与办案程序

（1）简易程序

①对于违法事实清楚，主要证据确凿，路产损失在 200 元以下的案件，当事人愿意接受当场处理的，适用简易程序。

②路政人员当场做出处理裁定以前，应当将认定的违法事实、处理的理由和依据告知当事人。当事人有权进行陈述和申辩，路政执法人员必须充分听取当事人的意见，对当事人提出的事实、理由和证据进行复核；当事人提出的事实或证据成立的，应当采纳。

③路政执法人员做出当场处理决定，必须有两名以上路政人员在场，应当制作、送达《公路赔（补）偿通知书》，收取公路赔（补）偿费，出具收费凭证。《公路赔（补）偿通知书》一式三联（应有当事人签字或盖章），第一联当场交付当事人，并应当告知当事人享有的权利和有关注意事项；第二联报路政管理支队备案；第三联为存根，并应将收费凭证复印

件粘贴于存根背面。

（2）一般程序

①公路路产损坏处理，除适用简易程序之外，应当适用一般程序。

②路政大队在发现或接到报案后，应立即组织或指定人员对案件情况进行全面、客观、公正的勘察、调查，依法收集证据。

③路政人员调查、收集证据，不得少于两人。询问当事人和证人，应当告知其作伪证所承担的法律责任；制作勘验检查笔录、询问笔录须经被询问人阅核后，由被询问人签名或盖章，被询问人拒绝签名或盖章的，由询问人在询问笔录上注明情况；对与案件有关的物品或现场进行勘验检查的，应当通知当事人到现场制作勘验检查笔录，当事人拒不到场的可请在场的其他人员见证；对涉及专门性问题的，应当指派或聘请有专业知识和技术能力的部门、人员进行鉴定，并制作鉴定意见书；证据可能灭失或以后难以取得的，要先行登记保全，制作证据登记保全清单，并在七天内做出处理决定。

④路政人员在初步调查结束后，认为案件事实基本清楚、主要证据确凿的，应当制作《公路路政管理违法行为调查报告》报送路政大队负责人审查。路产损失在 1 万元以下的案件（不含 1 万元），由路政大队负责人审批后，制作《公路路政管理路产损坏处理处决书》。路产损坏在 1 万元（含 1 万元）以上或重大、复杂以及路政大队负责人认为需要集体讨论的案件，由负责查处案件的路政人员和路政大队负责人集体讨论。讨论后应在《公路路政管理违法行为调查报告》上作笔录并签字，路政大队负责人根据讨论情况审查签署意见后，制作《公路路政管理路产损坏处理决定书》，并于 3 日内报送路政大队处理。

⑤在查明路政案件事实、充分收集证据的基础上，路政大队处理公路赔（补）偿案件应当按照下列程序进行：立案—调查—取证—听取当事人陈述和申辩或听证—制作并送达《公路赔（补）偿通知书》—收取公路赔（补）偿费—出具收费凭证—结案。

涉及行政处罚的，应向当事人发出《公路路政管理违法行为通知书》，在5日内送给当事人，当事人需在《公路路政管理处罚文书送达证》上签字。《公路路政管理违法行为通知书》为一式两联，一联交当事人，一联留存。当事人拒绝签字的送达人应在《送达证》备注栏内注明情况。

⑥当事人对处罚不服的，可以向省交通厅申请复议，或者向人民法院起诉。

⑦当事人接受处理，缴纳路产损失赔（补）偿费后予以结案，案件查处人应当填写公路路政管理处理结案报告，并将该案有关文书、图片、证据及收费凭证等资料立卷归档，妥善保管。

4.路政巡查

（1）高速公路

①高速公路路政巡查实行24小时巡查制和值班制，在正当情况下，巡查频率每天不少于3次，遇雾、雪、雨等特殊恶劣天气可适当增、减巡查次数。

②路政巡查时，路政人员须穿戴反光警示标志，正常巡查的车速为40~60公里/小时，并应开启示警灯。

③高速公路路政巡查遵循"查处违法行为与预防养护病害相结合"的原则，全面掌握高速公路的养护现状和动态。主要包括以下内容：交通安全设施（标志标线、轮廓标等）；路面、桥涵、通道、公路边沟、公路用地、公路行道树等设施的完好；建筑控制区的违法建筑和各类管线、管道穿跨越高速公路；路面违章车辆及其他损坏、污染、侵占公路路产的行为；督促高速公路管理单位履行养护职责，设置交通安全标志的情况；监督检查高速公路管理单位养护施工作业现场的秩序；路政许可及审批、核准事项的实施情况。

④在高速公路上停车处理公务时，必须紧靠停车带处停车，开启警示灯并从右侧车门下车；严禁逆向行驶和呼唤当事人横穿高速公路。

⑤发现事故车辆时，巡逻车应停在事故车辆前方200米以外的位置，一般情况下，由两名路政员下车进行处理；夜间司机不得下车、巡逻车不得熄火。

⑥高速公路路政案件的处理按照《甘肃省公路路政管理工作规定（试行）》执行；遇有重大交通事故或逃逸的路政案件应在15分钟内及时报告大队长或上级路政管理机构。巡查结束后，巡查人员要认真填写《路政管理巡查笔录》履行交接班手续，以备查用。

⑦一级公路、二级汽车专用公路的巡查按上述规定执行。

（2）一般公路

①坚持"五四"巡查制，即每周巡查次数不得少于五次，每次不少于四小时；外业路政人员每月上路巡查时间不得少于16天。

②在双休日、节假日期间均应安排路政人员正常巡查。

③路政巡查时，巡查人员要认真巡查公路两侧状况，发现、制止或查处各类违法违章行为。

④在巡查中发现属于养护方面的问题时，应做好记录，并及时以书面形式反馈给养护部门处理。

⑤认真做好路政管理巡查记录和交接班工

作，要将巡查时发现、处理、遗留问题填写清楚，以便路政管理工作检查时核对。

5. 路政管理统计

（1）路政管理统计报表统一由省路政管理总队制订格式。

（2）上报的统计报表必须做到"准、快、全、明"。

（3）路政统计分为日常统计和专项统计，日常统计统计当月工作，各大队应在每月5日前报送路政管理支队，支队应当在每月10日前汇总报送省路政管理总队（节假日顺延）。专项统计按专项任务要求的时间完成。

（4）路政统计实行专人负责，定期整理统计台账，做到资料规范化和系统化，统计台账应按期保存，统计资料应专人核对，领导签字确认。

（5）统计人员对统计数据的真实性负责，提供失实数据、信息造成上级部门和领导决策失误的，应追究有关责任人的责任。

6. 路政档案管理

（1）各级路政机构应当指定专人收发和保管文件。收发文件应当登记，妥善保管，并严格执行保密规定。

（2）需要归档的文件，应当按照要求立卷归档；不需要归档的文件，应当登记造册、指定专人定期销毁。

（3）路政案件档案，要求一案一档；法律文书、工作文书及相关资料要齐全。

（4）路政档案一般分为六类（括号内为分类号）。主要有路政许可档案（01），包括申请表、协议书、相关资料，同意或不同意的批文（函）等；公路产权档案（02），包括公路、公路用地、公路附属设施以及公路标志牌、平（立）交道口、公路行道树等；路政案件档案（03），包括按简易和一般程序的要求分别制作的案卷；路政人员档案（04），包括简历、申请表、聘用表及考核评议情况；路政装备档案（05），包括执法车辆、取证器材、办公设施、服装等的发放、使用、管理、台账；综合其他类（06），包括公文、报表、总结、来信、来电、来访等综合信息资料。

（5）路政档案的收集、整理、归类、装订，均按A4纸规格进行取、舍、折（左、下边对齐），路政案卷应使用统一印制的卷盒。

（6）路政档案一般应长期保管。

7. 会议

（1）会议应当力求精简，讲求实效。

（2）总队、支队机关实行每周例会制度；大队、中队应当实行每日例会制度，时间一般不超过30分钟，总结、部署有关工作。

（3）全省路政行业每年至少召开一次行业大会，各支队机关每年至少召开一次全体路政人员大会，由领导总结、报告工作，表彰先进，布置工作任务。

8. 请示报告

（1）各级路政机关必须建立严格的请示报告制度，确保路政信息畅通。

（2）对本单位无权决定或者无力解决的问题应当及时向上级请示。请示通常采取书面或者口头形式，逐级进行。请示应当一事一报，条理清楚，表述准确。

（3）下级应当主动向上级报告情况。发生重大路产损害案件、自然灾害事故、路政人员重大违法违纪事件及伤亡情况，必须及时向上一级路政机关报告，不得以任何理由隐瞒或者拖延不报。下级路政机构必须定期向上级路政机构报告有关路政业务和队伍建设的基本情况。

（4）报告通常逐级进行，必要时也可以越级报告。上级对下级的请示应当认真研究，及时答复。

**9. 请假销假**

（1）路政人员工作时间非因公外出，必须按级请假，按时销假；未经领导批准，不得擅自离岗。

（2）执行特殊或者紧急任务时，非因不可抗拒的原因，不得请假。

（3）请假人员因特殊情况经批准后，方可以续假。未经批准，不得超假或者逾假不归。

（4）有紧急工作需要时，请假人员应当立即返回单位。

**10. 工作交接**

（1）路政人员在工作变动、退休、辞职或者被辞退、开除公职时，必须将自己负责的工作情况和掌管的文件、材料、证件、装备、器材等进行移交。移交工作应当在本人离开工作岗位前完成。

（2）路政人员因故暂时离开岗位时，应当将自己负责的工作向代理人员交代清楚。

**11. 证件**

（1）证件管理包括路政管理人员的执法证件、路政管理机构的收费许可证、处罚机构资格证等。路政管理机构应当实行专人负责证件的申领、年审和管理工作，保证路政管理执法人员和路政机构各种资格和证件的有效性。

（2）执法证件是路政人员身份和执行职务的专用凭证和标志，应当严格按照有关规定制作、发放。

（3）除工作特殊需要外，路政人员不得使用与实际身份不相符的证件。

（4）在依法执行公务时，除法律、法规另有规定外，路政人员应当随身携带执法证件，并主动出示以表明身份。

（5）执法证件应当妥善保管，不得涂改、复制、转借、抵押、赠送、买卖。严禁将执法证件用于非公务活动或者非法活动。

（6）路政人员工作单位、职务发生变动的，发证部门应当将其原执法证件收缴，并换发新证件。

（7）路政人员发现执法证件遗失、被盗（抢）或者严重损坏、无法继续使用的，应当及时报告发证机关并补办。

**12. 印章**

（1）各级路政机构印章的刻制必须严格按照有关规定呈报批准，并在指定处刻制。严禁私刻公章。

（2）使用印章应当按照规定权限履行审批手续，认真登记，严格用印监督。严禁利用印章谋私或者开具空白信件。

（3）印章应当指定专人保管。印章丢失的，必须及时上报，并通报有关单位。

（4）经批准作废的印章，应当登记造册，上交制发机关即行销毁；停止使用的印章，应当上交制发机关处理。

**13. 票据**

（1）票据由路政管理人员统一从省路政总队领用、保管、回收和上缴，票据一律实行交旧领新制度。

（2）各级路政管理机构应制定专人负责票据管理工作，并负责对票据的使用管理进行指导、监督和定期检查。

（3）票据填写必须详细真实，一律使用圆珠笔，字迹要清楚、工整，不得涂改、空号、跳号、缺页等。

（4）票据如有丢失，应及时登报声明作废，并报原领发机构备案，责任人要写出书面检查，视其情节做出处理决定。

**14. 执法公示**

（1）各级公路路政管理机构应实行政务公开和执法公示制度。

（2）公开公示的内容有：执法主体资格证、收费许可证、执法人员身份、岗位职责、行为规范、承诺制度、执法依据、收费标准、执法程序、辖区路产示意图、执法监督机构和举报电话。

（3）各级公路路政管理机构应按照省路政总队制定的规格标准将公开公示内容统一悬挂上墙，以利社会各界监督。

15.承诺

各级路政管理机构应向社会承诺如下内容：

（1）保证做到亮证执法；

（2）保证做到文明执法；

（3）保证做到公开公正；

（4）保证做到热情服务。

16.保密

路政人员必须遵守国家保密法律、法规，严守保密纪律，保守路政秘密。各级路政机构应当根据工作情况，经常进行保密教育和保密检查，发现问题及时报告并严肃处理。

（四）接待群众

1.各级路政机构应当简化办事程序，提高工作效率，方便人民群众。

2.路政机构执法办案和行政管理工作，除法律、法规规定不能公开的事项外，应当予以公开，并通过报刊、电台、电视台等新闻媒体和其他现代化信息传播手段以及公示栏、牌匾或者印发书面材料等形式告知群众，为群众提供方便。

3.基层路政管理机构应当设置群众接待室或者服务室，实行群众办事、报案、求助、咨询接待制度。

4.路政人员接待前来办事、报案、求助、咨询的群众，应当首先问好并致意，然后认真、热情接待。接待时，应当态度和蔼，语言

文明，认真受理，不得以任何借口推诿、扯皮、耍态度，严禁态度冷、硬、横。

5.路政人员应当热情为求助的群众提供必要的帮助，解答群众提出的问题，对群众报案、投诉应当及时妥善处理。各级路政机构的执法专用车辆在临时停靠或者行驶中，乘车的路政人员应当随时随地接受群众的报案与求助。

（五）值班备勤

1.各级路政机构应当设置值班室，实行24小时值班备勤制度，由领导干部带班，安排适当路政人员备勤，配备相应器材和交通工具，保障随时执行各种紧急任务。

2.值班人员职责

（1）接待报案、投诉或者其他原因来访的人员。

（2）发生案件、事故或者其他紧急情况，立即报告上级，并按照上级指示或者预案做出应急处理。

（3）及时、妥善处理公文、电话等。

（4）维护本单位工作、学习、生活秩序，承担内部安全保卫工作。

（5）完成领导交办的其他任务。

3.值班记录

建立值班记录制度，详细记录值班期间发生的重要事项及其处置情况。记录的主要内容包括：

（1）问题或者事件发生的时间、地点、有关人员的姓名和主要情况。

（2）向上级报告的时间，接受报告人的姓名和答复的主要内容。

（3）对上级指示的传达、办理情况和时间。

（4）负责处理的单位和人员姓名。

（5）值班人员姓名。

值班记录应当存档，妥善管理。

4. 值班人员必须坚守岗位，切实履行职责。值班人员因故经批准离开岗位时，应当有人代岗。换班时，下班人员应当将工作情况向接班人员交代清楚，并履行交接手续。

5. 值班备勤人员在值班备勤之前和期间不得饮酒，值班备勤期间不得进行妨碍值班备勤秩序的娱乐活动。

（六）突发事件的处置

1. 各级路政管理机构应当预先制订各种紧急行动方案，规定紧急集合和执行任务的联络方式和要求，并按照规定报经上级批准，组织必要的演习和训练。

2. 遇有下列紧急情况，各级路政机构应当按照紧急行动方案，组织有关人员立即赶赴现场，并及时报告上级机关：

（1）发生重大路损事故、事件和案件。

（2）发生重大自然灾害事故。

（3）发生公路交通中断等事件。

（4）其他紧急任务。

3. 路政人员接到执行紧急任务的命令后，应当迅速到达指定地点，服从统一的指挥调动。发现紧急情况时，应当及时报告并迅速进入现场履行职责。

4. 各级路政机构应当将所属路政人员的住址、联系方式等有关情况详细登记，以备发生紧急情况时迅速调集力量。

（七）装备管理

1. 各级路政机构应当严格按照《甘肃省公路路政专用装备管理办法》和《甘肃省公路路政执法专用车辆管理办法》加强装备的日常管理，保证装备经常处于良好状态。

2. 装备的维护保养

（1）使用的装备应当定期进行维护保养。

（2）对封存和外出人员留下的装备，应当指定专人定期维护保养。

（3）发现装备损坏，应当及时上报，并根据损坏的程度及时组织修复；如本单位不能修复，应当按上级要求组织送修或者就地修理。

3. 装备的保管

（1）设置装备保管室（库）或者专用保管柜，建立账目，专人管理。

（2）妥善保管装备，做好防抢夺、防盗窃、防破坏和防火、防水、防潮等。

（3）严禁任何单位或者个人擅自将装备进行调换、转借、赠送、变卖、出租。

（4）装备交接、送修，应当严格手续，及时登记、统计。装备的损失、消耗情况应当及时上报。

4. 各级路政机构应当经常进行爱护装备和管理、使用装备的教育检查，增强路政人员爱护装备的意识，掌握维护保养、保管、检查和正确使用的方法。

（八）办公秩序与内务设置

1. 各级路政机构必须要有相对固定独立的办公场所，路政支队办公用房不能少于200平方米，路政大队办公用房不能少于100平方米。各级路政机构要加强办公秩序管理，维护正常的工作、学习、生活秩序，保证办公环境整洁优美，秩序井然。

2. 办公秩序

（1）严格门卫制度。办公人员应当凭有关证件出入办公区；必要时持物外出，应当开具持物证明。

（2）雇请临时工作人员应当进行审查、登记，经审查没有问题并批准后方可以雇用。

（3）路政人员在办公时不得从事与工作无关的活动。

（4）禁止商贩进入办公区或者在办公区旁摆摊设点。

（5）严禁将办公区内用房出租给他人经商或者从事娱乐活动。

3.各级路政管理机构应当按照《全省路政管理机构规范化建设标准》，设置规格统一、美观大方、标志明显的灯箱或者门牌，便于群众辨认。

4.内务设置应当整洁、有序。

（1）门庭、走廊、办公室墙壁按省路政总队统一规定的格式悬挂图表。室内墙面整洁，无灰尘、划痕，不得乱贴与路政业务无关的图画。办公桌前应按总队制定的统一格式摆放公示牌。

（2）床铺按规定位置摆放，床单干净平整，铺面无杂物。

（3）被子按规定摆放整齐，要求折叠成形，四角明显直角，正面无皱纹。

（4）衣物、被、鞋等物品要放置在指定的位置挂晒。

（5）柜子、电视机等要按照指定位置摆放，不得随意移动，并随时保持干净。

（6）脸盆、水桶摆放规范、整齐，热水瓶、垃圾桶按规定位置摆放，垃圾桶及时清理，经常保持无纸屑和其他垃圾。

（7）卫生间地面、便池、洗脸盆干净，无杂物；毛巾悬挂整齐，镜面整洁明亮；口杯、牙刷、肥皂盒按规定位置摆放整齐。

（8）垃圾必须装袋，集中倒在垃圾箱，不得乱扔、乱倒。

（9）房间窗户干净无灰尘，窗玻璃整洁明亮。

（10）节约用水、用电，讲究卫生，自觉维护队荣队貌。

（九）安全保卫与卫生

1.各级路政机构应当重视安全工作，坚持预防为主的方针，建立各项安全制度，实行安全工作责任制和一票否决制。

2.各级路政机构应当加强安全教育，增强路政人员的安全意识，正确处理队伍内部问题，积极消除各种不安全因素。

3.各级路政机构领导布置任务时，应当交代安全要求，并采取相应保障措施。路政人员应当时刻保持警惕，严格遵守各项安全制度。

4.发生安全事故，必须如实及时报告上级，查明原因，总结教训，妥善处理。

5.卫生健康

（1）各级路政机构应当经常对路政人员进行卫生健康教育。

（2）各级路政机构应当每年组织对路政人员进行一次体检；配备必要的文体设施，积极开展文娱、体育活动，增强体质，丰富路政人员业余文化生活，保障路政人员身体健康。

**四、稽查工作**

路政稽查是指上级路政管理部门对下级路政管理部门及其工作人员在路政管理工作中依法履行职责、行使职权和遵守纪律情况进行的监督、检查。路政管理稽查工作的基本任务是保障和监督路政管理机构及其执法人员依法履行职责、行使职权和遵守纪律。路政稽查工作应当以事实为依据，以国家相关法律、法规、规定为准绳，遵循公开、公平、公正的原则。各级路政管理机构及其执法人员要自觉接受上级路政管理部门依照本办法对其履行职责、行使职权和遵守纪律情况进行监督检查。路政稽查案卷是对各级路政管理机构及其执法人员履行职责的评价及其阶段、年终考核的重要参考依据。

（一）路政管理支队稽查职责

1.依法对本辖区路政管理机构及其执法人员履行职责、行使职权和遵守纪律情况的监督。

2.办理上级路政管理机构交办的稽查事

项。

3.履行法律法规规定的其他职责。

（二）稽查内容、方式和程序

1.路政稽查的主要内容包括：

（1）执行路政管理相关法律、法规、规章和规范性文件以及内部规章制度的情况。

（2）履行日常管理职责以及对路政违法案件的调查、处理情况。

（3）执行重要工作部署、措施和大型活动的组织实施情况。

（4）辖区内公路路产路权的保护维护情况及路容路貌整治和损坏路产的恢复情况。

（5）执行路政管理执法程序、执法范围以及执法文书使用情况。

（6）执行路政管理路段责任制、岗位责任制、值班制度落实的情况。

（7）群众投诉、举报事项的处理、落实情况。

（8）路政申请的受理、审核、许可以及对上级路政管理机构做出的路政许可的执行情况。

（9）超限运输治理工作相关规定的执行情况。

（10）票据的管理、使用以及赔（补）偿费的收缴与解缴情况。

（11）路政执法装备、标志的使用及管理情况。

（12）执法人员遵守《内务管理规定》的情况。

（13）上级路政管理机构交办事项的执行情况。

（14）其他需要稽查的事项。

2.路政稽查方式包括：日常稽查、专项稽查、专案稽查和联合稽查，开展稽查工作应制定稽查工作计划和实施方案，确定稽查对象、目的。

（1）专项稽查是指根据工作需要对路政管理中某一项具体工作进行的监督检查。

（2）专案稽查是指对稽查发现、群众投诉举报、上级交办、有关部门移送和下级路政管理机构请求稽查的违法违规事件进行的监督检查。

（3）联合稽查是指根据工作需要组织协调养护、收费、交警等相关部门进行的监督检查。

3.路政稽查的程序

（1）专项、联合稽查实施前，稽查机构向稽查对象发出路政稽查通知书，但日常稽查和事先通知有碍稽查工作的除外。

（2）实施路政稽查时，稽查人员可以通过录音、摄影和摄像等手段，收集有效的证据，并听取被稽查机构、人员的意见，制作"路政稽查现场询问笔录"，填写"路政现场稽查记录"，由当事人核对后签字。当事人拒不签字的，由稽查人员注明原因。

（3）被稽查的单位和人员应当根据稽查人员的要求，提供与稽查事项有关的文件、资料和情况，并对有关的资料进行查阅或复制。

（4）路政稽查机构应当在现场稽查结束后15个工作日内做出《路政稽查报告书》，并以稽查通报的方式反馈给稽查对象。在稽查过程中发现问题的，应当在《路政稽查报告书》中提出稽查建议，经同级路政管理机构批准后制作《路政稽查意见书》，并及时送达稽查对象。稽查对象在接到《路政稽查意见书》后，应当及时整改，并在30个工作日内将整改情况书面报上级路政管理稽查机构。

（5）对稽查结果有异议的，可以在接到《路政稽查意见书》7个工作日内向做出《路政稽查意见书》的路政管理稽查机构申请复核。受理复核申请的路政管理稽查机构应当在15

个工作日内做出复核决定。

（6）路政稽查工作结束后，应当由承办稽查工作的路政管理机构对稽查工作中形成的各种材料立卷归档。

（三）稽查工作纪律

1.稽查人员在执行现场稽查任务时，不得少于二人。根据工作的需要，可以采取明察和暗访两种形式。稽查人员执行明察任务时，应当着路政标志服，佩戴稽查头盔、武装带、袖标、白色手套，同时必须佩带稽查证件。进行暗访时，应当着便装，并严格按照标准的工作方案开展工作。

2.稽查人员在稽查工作中应当做到秉公执法，实事求是，不弄虚作假、不滥用职权、不接受被稽查单位和人员的礼品、礼金及有价证券、不得饮酒、不得向无关人员泄露稽查内容，非经举报人同意不得泄露举报人信息。

3.稽查人员应当坚持原则，不徇私情，严格遵守有关回避规定，但同级路政管理机构做出回避决定之前，稽查任务不停止执行。

（四）现场稽查的权限和处理

1.稽查人员在现场稽查中发现路政执法人员有下列行为的，可以当场予以纠正或告知，并记录在案，必要时应当立案调查。

（1）违反《内务管理规定》行为的。

（2）违反规定使用路政管理专用车辆和管理标志的。

（3）违反执法程序、越权执法、未按规定使用执法文书等行为的。

（4）没有按规定实施路政巡查的。

（5）没有维持公路养护作业现场秩序的。

（6）没有及时依法查处各种违反路政管理法律、法规、规章案件的。

（7）没有依法管理公路两侧建筑控制区的。

（8）没有依法保护公路路产或受损路产未

及时恢复的。

2.稽查人员在现场稽查中发现路政执法人员有下列行为之一的，可以暂扣执法证件或责令其暂时停职，司时通知违纪人员所在单位；

（1）正在发生的、有可能在社会上造成恶劣影响的严重违法违纪行为。

（2）拒绝、阻碍稽查人员执行现场稽查工作任务的。

3.对下级路政管理机构拒不执行路政管理法律、法规和上级决定的，稽查机构可以责令其执行。对稽查事项处理不适当的，可以提出重新处理的建议。必要时，可以责令下级稽查机构停止执行，并予以撤销或者变更。

4.路政稽查机构在稽查工作中发现路政执法人员违反纪律，认为需要给予行政处分或者调离岗位的，可以向其所在单位提出建议。

5.路政稽查机构在执行稽查任务时，对需要查处的路政案件、事件，应当及时移交辖区路政管理机构处理。

## 第七节　重要事例

2004年，全段查处违法建筑107起6191平方米，损坏路面28起199平方米，蚕食侵占公路207起1027平方米，损坏桥栏护柱6起93根，埋设电杆、广告牌713起690根（块），埋设管线管道24起271平方米；查处超限超载车辆4611辆；收缴路产损坏赔偿费140.28万元。路政人员上路率93%，路政案件结案率95%，路产完好率95%。以新墩监控站为依托，全面开展"治超"工作，取得阶段性成效。2004年，新墩监控站建站运行后，发挥"治超"的主阵地作用，加大宣传，科学检测，集中整治，使国道109线超限超载车辆明显减少。6月20日，全市治超统一行动员大会在新墩站召开，各单位路政机构严格按照国家七部委治超"实施方案"要求，突出重点，协调作战，保证治超工作稳步推进。加强预防性管理，巩固公路建养成果。各路政机构加大路政巡查，及时发现处置各类违法行为，进行超前管理。会宁段路政大队采取协议、合同、联席会议等方式，有效保护了路产。会宁、靖远、白银、景泰路政大队提前介入靖定路、景白路、景泰过境路建设，坚持治超，巩固了公路建设成果。各路政大队在路政支队的统一带领下，7月份先后两次对国道109线进行集中整治活动，维护了公路路产路权。另外，路政系统积极配合，顺利完成了省道308线3处西气东输、省道201线2处西油东输占用公路埋设管道的勘察、监控、验收工作和国道312线3次国家重要物资运输的道路安全保障工作。内业管理进一步规范化、标准化，走在全省前列。建立健全了各项路政管理制度和文书档案，严格票据管理，清理上缴100本票据，没有发生丢失票据的事故，并对路政执法有关程序、结案情况等进行公示，先后举办全段路政执法人员、治超工作培训班2期，126人次参加。同时要求路政执法人员坚决执行"八条禁令""十不准""五个不准"规定，严明纪律，加强了作风建设。

2005年，坚持依法治路，加大案件查处力度。全年全段共查处制止违法建筑112起3328.04平方米，查处损处路面9起245.55平方米，查处蚕食侵占公路216起510平方米，查处损坏桥栏杆、护栏墩2起52根，查处埋设电杆、广告牌677起759根，查处超限运输车辆1.19万辆。收缴公路路产损坏赔偿费23.92万元、补偿费689.7万元，路政人员上路率达90%，路产案件结案率达95%，路产完好率达95%。以新墩监控检测站为主阵地，按照

"力度不减，突出重点"的原则，加大对超限超载车辆的整治力度，保护公路建养成果。各路政大队联合公安、交警继续保持"治超"的高压态势，坚持昼夜稽查，为实现源头治理，加大对煤矿及货物集散地的监控力度，促使车辆在运输源头装载符合要求，使超限车辆控制在5%以内。5月，开展了以"查处各类侵犯路产路权行为，整治路容路貌，控制、查处违法建筑"为主要内容的路政管理集中整治活动，依法制止、查处公路两侧控制区范围内的各类违法建筑，清除村镇路段的脏、乱、差，清理公路用地内各种非公路标语、标牌，整治擅自开设平交道口，改善了路容、路貌和路内外形象。仅国道109线清除垃圾500多吨，净化了环境，改善了沿路形象。

2006年1—11月，在省养公路查处违法建筑12起842.12平方米，查处蚕食侵占公路82起696平方米，查处埋设电杆、广告牌158起248根，查处超限车辆4671辆，案件结案率达98%。在高速公路查处违法建筑2起53.48平方米，损坏路面103.82平方米，腐蚀污染公路路面1435.16平方米，损坏护栏板1215.4米，查处损坏公路设施案件271起，路政案件结案率98%。

2007年1—11月，在省养公路共查处违法建筑9起515.32平方米，查处蚕食、侵占公路47起649.5平方米，查处埋设电杆、广告牌362起418根，查处超限车辆15091辆，收缴路产赔偿费610020.4元，收缴路产补偿费11900元，收缴超限补偿费4141105元；在高速公路查处损坏、挖掘路面113.75平方米，查处污染、腐蚀路面2728.04平方米，查处损坏护栏板2148.2米，查处损坏护栏立柱487根，查处损坏支承架262套，查处损坏防眩设施344块，查处违法建筑335.95平方米，查处架

设光缆杆线 84 根，收缴路产赔偿费 1801751 元，路产案件结案率达 98%。共受理路政许可 21 件，其中上报省路政总队审批 17 件，直接答复 3 件，发回补充材料 1 件，并安全顺利地完成 5 次国家重要物资运输的保障工作。

2008 年，深入开展路政管理"规范年"、路政执法案卷检查评比、路政管理"三查一纠"（查安全、查纪律、查规范和纠正工作中的差错）等活动，建立健全规章制度。总段对全段路政人员进行续（新）聘工作，举办了第三轮行政执法证件换证培训班，开展路政执法精准化活动和警示教育活动，加强了各项基础管理工作。加大路政案件查处和治超力度，查处违法建筑 2 起 62 平方米，查处超限车辆 8591 起 12279 辆。开展新墩监控站的扩建和白墩子监控站的筹建工作。总段路政支队被省路政管理总队评为 2008 年度全省公路路政管理工作先进单位和全省路政行业"十佳路政执法示范单位"，1 名同志被评为全省路政行业"十佳路政执法标兵"，新墩监控站被评为全省路政行业"十佳路政执法示范窗口"。

2009 年，按照省路政总队外观形象标识建设的要求，设计了岗位职责、规章制度、执法公示栏、执法依据收费标准等公示内容 33 种，开展路政案卷评查工作，续聘总段法律顾问，使规范化建设深入推进。进一步完善治超监控网络，建立了跨省超限运输车辆信息抄告登记制度，开展了超限运输监控检测站的建设工作。严格规范高速路政管理，在建立健全执法联动协调机制、提升应急保通保畅能力方面取得了新突破。全年在省养公路查处违法建筑 6 起 402 平方米，蚕食侵占公路 113 起 1756 平方米，查处超限运输车辆 5 辆。在高速公路查

处污染、腐蚀路面 765 平方米，损坏护栏板 3468 米，安全顺利地完成四次国家重要物资运输保障工作。

2010 年，坚决贯彻执行省交通运输厅党组、省路政总队、省交通征稽局合署办公临时党委的安排部署，在广大路政、征稽人员的积极努力下，按规定时间完成了临时支队、大队、科室的合署办公，未出现影响税费改革的任何不稳定因素。加强班子建设，强化责任意识，发挥集体的智慧和力量，努力解决了合署办公后存在的种种困难和问题，为路政工作的良好运行提供了强有力的组织保证。全年共查处各类路政案件 216 起，结案 195 起，结案率 90%；拆除制止违法建筑 197 平方米，依法清理广告杂牌 481 块、公路三堆及垃圾 1104 立方米、擅自增设平交道口 37 处；依法查处损坏公路路缘石 257 米、损坏护栏板 2397.3 米、损坏护栏立柱 475 根；查处超限车辆 34856 辆；办理路政许可事项 16 件。新墩、白墩子检测站建设工作进展顺利。

2011 年，开展多形式、多渠道的路政管理法律法规进村社、进学校、进单位、进社区活动，散发路政宣传资料 9126 份，喷写、悬挂宣传标语 133 幅；加大路政巡查力度，各路政管理大队坚持上路巡查，及时查处违法行为，加大路域环境综合整治工作，共清理公路沿线及商业广告牌 203 块；加强路政许可工作，路政许可办结率为 100%；认真贯彻落实《公路安全保护条例》《甘肃省公路路政管理条例》，进一步明确了依法行政的工作要求。全年，依法查处各种违法案件 180 起，收缴公路路产赔偿费 188.7 万元；查处超限车辆 5724 辆，收缴超限补偿费 163.3 万元。

# 第五章　路政管理机构调整

LU ZHENG GUAN LI JI GOU TIAO ZHENG

自 2010 年至 2011 年底，由于甘肃省交通运输管理体制改革，白银公路总段路政支队与白银交通征稽处先是合署办公，随后将路政人员和业务以及部分财产全部移交给新成立的白银公路路政执法管理处。至此，总段及下属公路段撤销了路政管理机构，调整了路政管理业务，公路养护部门不再行使路政管理工作的职责。

## 第一节　白银临时路政支队

2009 年 12 月，省交通运输厅为加强全省公路路政执法工作，将全省交通征稽人员转入路政执法岗位，成立了交通征稽和原路政管理合署办公临时机构。省路政管理总队与省交通征稽局成立合署办公临时党委办公室。2009 年 12 月，白银公路总段路政支队与白银交通征稽处合署办公，组成白银临时路政支队；12 月 18 日，白银交通征稽处与总段路政支队完成合署办公，会宁、白银、景泰、平川于 12 月 25 日前完成了合署办公。白银临时路政支队在厅党组和临时党委办公室指定负责人的领导下，由总段长兼任支队长，张志芳任副支队长，郭武军任业务副支队长。临时支队内设的六个科室，各指定一名负责人。临时路政大队大队长由公路管理段段长兼任，副大队长由所在地征稽所所长或副所长兼任。

## 第二节　路政支队撤销与机构变动

2011 年 11 月，根据省机构编制委员会《关于印发〈甘肃省公路路政执法管理机构设置方案〉的通知》（甘机编〔2011〕60 号），撤销"甘肃省交通征稽局"和"甘肃省公路路政管理总队"，组建"甘肃省公路路政执法管理局"；撤销各市（州）交通征稽处和 14 个市（州）公路分局（总段）路政管理支队，成立 14 个市州和敦煌市公路路政执法管理处；撤销各县（市、区）养路费征稽站和 75 个国省干线路政大队，成立各县市区公路路政执法管理所。2011 年 12 月 31 日，白银公路路政执法管理处正式挂牌。

## 第三节　人财物划转移交情况

### 一、划转人员

白银公路总段划转白银公路路政执法管理处人员（共 29 名，男 23 人，女 6 人，科级干部 9 名）：

| | | | |
|---|---|---|---|
| 郭武军 | 李进红 | 刘岩铭 | 张永宏 |
| 孟　军 | 王玉军 | 景保明 | 朱国钰 |
| 刘　疆 | 王立刚 | 雒建军 | 陈银进 |
| 康月香 | 卢春生 | 唐江兰 | 樊红丽 |
| 唐夕兰 | 俞建梅 | 王永强 | 杨文奇 |
| 张　勤 | 包鹤山 | 景保祥 | 米进源 |
| 王朝忠 | 周艳军 | 祁永康 | 赵其俊 |
| 韩国俊 | | | |

### 二、移交人员

白银公路总段移交白银公路路政执法管理处人员（共 51 名，男 40 人，女 11 人，科级干部 1 名）：

| | | | |
|---|---|---|---|
| 李恒春 | 梁治江 | 张克明 | 雒国盛 |
| 雷　刚 | 冯作平 | 俞建玲 | 董海银 |
| 魏宏明 | 滕　羽 | 刘志强 | 陈　翱 |
| 赵其明 | 王西军 | 桂春兰 | 张亚宏 |
| 范文艳 | 丁兴盛 | 王鸿波 | 张其斌 |
| 陈永强 | 耿建军 | 张小勤 | 常立宪 |
| 李芬芳 | 苏　健 | 蒋智龙 | 高映娇 |
| 牛银花 | 赵国华 | 李军伟 | 耿彩霞 |
| 李志航 | 刘卫祖 | 李效维 | 张　伟 |

| | | | |
|---|---|---|---|
| 张清强 | 樊　升 | 肖向东 | 张　强 |
| 付德军 | 杨国强 | 赵利军 | 冯登科 |
| 李树斌 | 李颁飞 | 彭国建 | 王鸿林 |
| 李俊波 | 武和梅（后申请回到总段） | | |
| 李青刚（后申请回到总段） | | | |

### 三、固定资产移交情况

根据省交通运输厅《关于做好全省公路路政执法财务移交工作的通知》（甘交财〔2012〕90 号）精神，2012 年 11 月 7 日上午，白银公路路政资产移交会议在白银公路总段召开，会议由省交通运输厅财务处主任蔡惠民主持。省交通运输厅公路路政资产监交工作组成员对白银公路总段、白银公路路政执法处的公路路政资产移交工作进行了现场监督检查；白银公路总段、白银公路路政执法管理处现场确认了公路路政资产移交和接收的所有资料并签字，厅监交工作组在移交方和接收方签字后现场签字，完成了公路路政资产移交手续。

会议要求，以 2012 年 6 月底路政人员划转、移交为界限，做好资金清算、资产移交等业务工作，做到分账不分家，满足财务管理、会计核算的要求。及时做好后期业务处理，关闭专户、专账，总段原路政账年底必须全部关闭，及时下账、及时清算和划转资金，特别是路政执法车辆要尽快办理资产过户手续。

会议要求，在后续工作中，总段、路政执法处要继续做好配合，并对本次未移交的刘白高速新墩检测站、国道 109 线新墩检测站、白墩子检测站做好收尾工作，决算等相应手续办理完后，再移交执法处增加固定资产。白银路政执法管理处对移交后的资产要做到：建账建卡落实到位，责任落实到位，完成车辆过户、产权变更手续，严格按规定使用移交的专用基金。

经厅监交工作小组监督，白银公路总段、

白银公路路政执法管理处现场确认，白银公路总段应向白银公路路政执法管理处移交：

（一）人员经费及事业、专用基金188.15万元。

1. 人员经费79.96万元

其中划转人员27人，1—6月份工资36.84万元，五险一金小计10.22万元，合计47.06万元应由执法处划拨公路总段；移交人员53人，7—12月份工资78.67万元，五险一金小计22.53万元，暖气费4.01万元，公用经费21.81万元，合计127.02万元应由公路总段划拨执法处；以上两项经费冲减合计79.96万元。

2. 事业基金81.18万元。

3. 专用基金27.01万元。

（二）固定资产价值715.686583万元

1. 房屋建设、仓库等总价值合计503.487万元（其中白墩子检测站271.9421万元，白墩子生产房屋建设50万元，新墩检测站防雨棚仓库14.1856万元，新墩检测站一期工程生产房屋建设167.3593万元）。

2. 公路路政执法车辆8台（总价值150.5456万元）

（1）车号及价值：甘D39533（价值24.9647万元）、甘D39581（价值42.5855万元）、甘DB1953（价值32.24万元）、甘A66281（价值13.572万元）、甘D27239（价值9.0027万元）、甘D54945（价值8.395万元）、甘D62416（价值8.1386万元）、甘D21379（价值11.6471万元）。

（2）移交前使用情况：甘D39533尼桑越野车于2007年12月购入、甘DB1953猎豹越野车于2010年12月购入，在白银公路总段机关使用；甘D39581全顺福特检测车于2007年12月购入，甘D21379桑塔纳轿车于2004年6月购入，在新墩超限检测站使用；甘A66281桑塔纳轿车于2003年6月购入，甘D27239桑塔纳轿车于2005年11月购入，在平川高速路政大队使用；甘D54945桑塔纳轿车于2008年12月购入，在靖远公路管理段使用；甘D62416桑塔纳轿车于2009年5月购入，在会宁公路管理段使用。

3. 其他固定资产（价值61.6539万元）。

（三）公路赔（补）偿票据673份。

（刘　疆）

# 附件一：路政管理规定

中华人民共和国交通部令 2003 年第 2 号

《路政管理规定》已于 2002 年 11 月 26 日经第 12 次部委会议通过，现予公布，自 2003 年 4 月 1 日起施行。

## 第一章 总 则

**第一条** 为加强公路管理，提高路政管理水平，保障公路的完好、安全和畅通，根据《中华人民共和国公路法》（以下简称《公路法》）及其他有关法律、行政法规，制定本规定。

**第二条** 本规定适用于中华人民共和国境内的国道、省道、县道、乡道的路政管理。

本规定所称路政管理，是指县级以上人民政府交通主管部门或者其设置的公路管理机构，为维护公路管理者、经营者、使用者的合法权益，根据《公路法》及其他有关法律、法规和规章的规定，实施保护公路、公路用地及公路附属设施（以下统称"路产"）的行政管理。

**第三条** 路政管理工作应当遵循"统一管理、分级负责、依法行政"的原则。

**第四条** 交通部根据《公路法》及其他有关法律、行政法规的规定主管全国路政管理工作。

县级以上地方人民政府交通主管部门根据《公路法》及其他有关法律、法规、规章的规定主管本行政区域内路政管理工作。

县级以上地方人民政府交通主管部门设置的公路管理机构根据《公路法》的规定或者根据县级以上地方人民政府交通主管部门的委托负责路政管理的具体工作。

**第五条** 县级以上地方人民政府交通主管部门或者其设置的公路管理机构的路政管理职责如下：

（一）宣传、贯彻执行公路管理的法律、法规和规章；

（二）保护路产；

（三）实施路政巡查；

（四）管理公路两侧建筑控制区；

（五）维持公路养护作业现场秩序；

（六）参与公路工程交工、竣工验收；

（七）依法查处各种违反路政管理法律、法规、规章的案件；

（八）法律、法规规定的其他职责。

**第六条** 依照《公路法》的有关规定，受让公路收费权或者由国内外经济组织投资建成的收费公路的路政管理工作，由县级以上地方人民政府交通主管部门或者其设置的公路管理机构的派出机构、人员负责。

**第七条** 任何单位和个人不得破坏、损坏或者非法占用路产。

任何单位和个人都有爱护路产的义务，有检举破坏、损坏路产和影响公路安全行为的权利。

## 第二章 路政管理许可

**第八条** 除公路防护、养护外，占用、利用或者挖掘公路、公路用地、公路两侧建筑控制区，以及更新、砍伐公路用地上的树木，应当根据《公路法》和本规定，事先报经交通主管部门或者其设置的公路管理机构批准、同意。

**第九条** 因修建铁路、机场、电站、通信设施、水利工程和进行其他建设工程需要占用、挖掘公路或者使公路改线的，建设单位应当按照《公路法》第四十四条第二款的规定，事先向交通主管部门或者其设置的公路管理机构提交申请书和设计图。

本条前款规定的申请书包括以下主要内容：

（一）主要理由；

（二）地点（公路名称、桩号及与公路边坡外缘或者公路界桩的距离）；

（三）安全保障措施；

（四）施工期限；

（五）修复、改建公路的措施或者补偿数额。

**第十条** 跨越、穿越公路，修建桥梁、渡槽或者架设、埋设管线等设施，以及在公路用地范围内架设、埋设管（杆）线、电缆等设施，应当按照《公路法》第四十五条的规定，事先向交通主管部门或者其设置的公路管理机构提交申请书和设计图。

本条前款规定的申请书包括以下主要内容：

（一）主要理由；

（二）地点（公路名称、桩号及与公路边坡外缘或者公路界桩的距离）；

（三）安全保障措施；

（四）施工期限；

（五）修复、改建公路的措施或者补偿数额。

**第十一条** 因抢险、防汛需要在大中型公路桥梁和渡口周围二百米范围内修筑堤坝、压缩或者拓宽河床，应当按照《公路法》第四十七条第二款的规定，事先向交通主管部门提交申请书和设计图。

本条前款规定的申请书包括以下主要内容：

（一）主要理由；

（二）地点（公路名称、桩号及与公路边坡外缘或者公路界桩的距离）；

（三）安全保障措施；

（四）施工期限。

**第十二条** 铁轮车、履带车和其他可能损害公路路面的机具需要在公路上行驶的，应当按照《公路法》第四十八条的规定，事先向交通主管部门或者其设置的公路管理机构提交申请书和车辆或者机具的行驶证件。

本条前款规定的申请书包括以下主要内容：

（一）主要理由；

（二）行驶路线及时间；

（三）行驶采取的防护措施；

（四）补偿数额。

**第十三条** 超过公路、公路桥梁、公路隧道或者汽车渡船的限载、限高、限宽、限长标准的车辆，确需在公路上行驶的，按照《公路法》第五十条和交通部制定的《超限运输车辆行驶公路管理规定》的规定办理。

**第十四条** 在公路用地范围内设置公路标志以外的其他标志，应当按照《公路法》第五十四条的规定，事先向交通主管部门或者其设置的公路管理机构提交申请书和设计图。

本条前款规定的申请书包括以下主要内容：

（一）主要理由；

（二）标志的内容；

（三）标志的颜色、外廓尺寸及结构；

（四）标志设置地点（公路名称、桩号）；

（五）标志设置时间及保持期限。

**第十五条** 在公路上增设平面交叉道口，应当按照《公路法》第五十五条的规定，事先向交通主管部门或者其设置的公路管理机构提交申请书和设计图或者平面布置图。

本条前款规定的申请书包括以下主要内容：

（一）主要理由；

（二）地点（公路名称、桩号）；

（三）施工期限；

（四）安全保障措施。

**第十六条**　在公路两侧的建筑控制区内埋设管（杆）线、电缆等设施，应当按照《公路法》第五十六条第一款的规定，事先向交通主管部门或者其设置的公路管理机构提交申请书和设计图。

本条前款规定的申请书包括以下主要内容：

（一）主要理由；

（二）地点（公路名称、桩号及与公路边坡外缘或公路界桩的距离）；

（三）安全保障措施；

（四）施工期限。

**第十七条**　更新砍伐公路用地上的树木，应当依照《公路法》第四十二条第二款的规定，事先向交通主管部门或者其设置的公路管理机构提交申请书。

本条前款规定的申请书包括以下主要内容：

（一）主要理由；

（二）地点（公路名称、桩号）；

（三）树木的种类和数量；

（四）安全保障措施；

（五）时间；

（六）补种措施。

**第十八条**　除省级人民政府根据《公路法》第八条第二款就国道、省道管理、监督职责做出决定外，路政管理许可的权限如下：

（一）属于国道、省道的，由省级人民政

府交通主管部门或者其设置的公路管理机构办理；

（二）属于县道的，由市（设区的市）级人民政府交通主管部门或者其设置的公路管理机构办理；

（三）属于乡道的，由县级人民政府交通主管部门或者其设置的公路管理机构办理。

路政管理许可事项涉及有关部门职责的，应当经交通主管部门或者其设置的公路管理机构批准或者同意后，依照有关法律、法规的规定，办理相关手续。其中，本规定第十一条规定的事项，由省级人民政府交通主管部门会同省级行政主管部门办理。

**第十九条**　交通主管部门或者其设置的公路管理机构自接到申请书之日起 15 日内应当做出决定。做出批准或者同意的决定的，应当签发相应的许可证；做出不批准或者不同意的决定的，应当书面告知并说明理由。

## 第三章　路政案件管辖

**第二十条**　路政案件由案件发生地的县级人民政府交通主管部门或者其设置的公路管理机构管辖。

**第二十一条**　对管辖发生争议的，报请共同的上一级人民政府交通主管部门或者其设置的公路管理机构指定管辖。

下级人民政府交通主管部门或者其设置的公路管理机构对属于其管辖的案件，认为需要由上级人民政府交通主管部门或者其设置的公路管理机构处理的，可以报请上一级人民政府交通主管部门或者其设置的公路管理机构决定。

上一级人民政府交通主管部门或者其设置的公路管理机构认为必要的，可以直接处理属于下级人民政府交通主管部门或者其设置的公路管理机构管辖的案件。

第二十二条　报请上级人民政府交通主管部门或者其设置的公路管理机构处理的案件以及上级人民政府交通主管部门或者其设置的公路管理机构决定直接处理的案件，案件发生地的县级人民政府交通主管部门或者其设置的公路管理机构应当首先制止违法行为，并做好保护现场等工作，上级人民政府交通主管部门或者其设置的公路管理机构应当及时确定管辖权。

## 第四章　行政处罚

第二十三条　有下列违法行为之一的，依照《公路法》第七十六条的规定，责令停止违法行为，可处三万元以下的罚款：

（一）违反《公路法》第四十四条第一款规定，擅自占用、挖掘公路的；

（二）违反《公路法》第四十五条规定，未经同意或者未按照公路工程技术标准的要求修建跨越、穿越公路的桥梁、渡槽或者架设、埋设管线、电缆等设施的；

（三）违反《公路法》第四十七条规定，未经批准从事危及公路安全作业的；

（四）违反《公路法》第四十八条规定，铁轮车、履带车和其他可能损害路面的机具擅自在公路上超限行驶的；

（五）违反《公路法》第五十条规定，车辆超限使用汽车渡船或者在公路上擅自超限行驶的；

（六）违反《公路法》第五十二条、第五十六条规定，损坏、移动、涂改公路附属设施或者损坏、挪动建筑控制区的标桩、界桩，可能危及公路安全的。

第二十四条　有下列违法行为之一的，依照《公路法》第七十七条的规定，责令停止违法行为，可处五千元以下罚款：

（一）违反《公路法》第四十六条规定，造成公路路面损坏、污染或者影响公路畅通的；

（二）违反《公路法》第五十一条规定，将公路作为检验机动车辆制动性能的试车场地的。

第二十五条　违反《公路法》第五十三条规定，造成公路损坏未报告的，依照《公路法》第七十八条的规定，处以一千元以下罚款。

第二十六条　违反《公路法》第五十四条规定，在公路用地范围内设置公路标志以外的其他标志的，依照《公路法》第七十九条的规定，责令限期拆除，可处二万元以下罚款。

第二十七条　违反《公路法》第五十五条规定，未经批准在公路上设置平面交叉道口的，依照《公路法》第八十条的规定，责令恢复原状，处五万元以下罚款。

第二十八条　违反《公路法》第五十六条规定，在公路建筑控制区内修建建筑物、地面构筑物或者擅自埋设管线、电缆等设施的，依照《公路法》第八十一条的规定，责令限期拆除，并可处五万元以下罚款。

第二十九条　《公路法》第八章及本规定规定的行政处罚，由县级以上地方人民政府交通主管部门或者其设置的公路管理机构依照《公路法》有关规定实施。

第三十条　实施路政处罚的程序，按照《交通行政处罚程序规定》办理。

## 第五章　公路赔偿和补偿

第三十一条　公民、法人或者其他组织造成路产损坏的，应向公路管理机构缴纳路产损坏赔（补）偿费。

**第三十二条**　根据《公路法》第四十四条第二款，经批准占用、利用、挖掘公路或者使公路改线的，建设单位应当按照不低于该段公路原有技术标准予以修复、改建或者给予相应的补偿。

**第三十三条**　路产损坏事实清楚，证据确凿充分，赔偿数额较小，且当事人无争议的，可以当场处理。

当场处理公路赔（补）偿案件，应当制作、送达《公路赔（补）偿通知书》收取公路赔（补）偿费，出具收费凭证。

**第三十四条**　除本规定第三十三条规定可以当场处理的公路赔（补）偿案件外，处理公路赔（补）偿案件应当按照下列程序进行：

（一）立案；

（二）调查取证；

（三）听取当事人陈述和申辩或听证；

（四）制作并送达《公路赔（补）偿通知书》；

（五）收取公路赔（补）偿费；

（六）出具收费凭证；

（七）结案。

调查取证应当询问当事人及证人，制作调查笔录；需要进行现场勘验或者鉴定的，还应当制作现场勘验报告或者鉴定报告。

**第三十五条**　本规定对公路赔（补）偿案件处理程序的具体事项未作规定的，参照《交通行政处罚程序规定》办理。

办理公路赔（补）偿案件涉及路政处罚的，可以一并进行调查取证，分别进行处理。

**第三十六条**　当事人对《公路赔（补）偿通知书》认定的事实和赔（补）偿费数额有疑义的，可以向公路管理机构申请复核。

公路管理机构应当自收到公路赔（补）

复核申请之日起15日内完成复核，并将复核结果书面通知当事人。

本条规定不影响当事人依法向人民法院提起民事诉讼的法定权利。

**第三十七条**　公路赔（补）偿费应当用于受损公路的修复，不得挪作他用。

## 第六章　行政强制措施

**第三十八条**　对公路造成较大损害、当场不能处理完毕的车辆，公路管理机构应当依据《公路法》第八十五条第二款的规定，签发《责令车辆停驶通知书》，责令该车辆停驶并停放于指定场所。调查、处理完毕后，应当立即放行车辆，有关费用由车辆所有人或者使用人承担。

**第三十九条**　违反《公路法》第五十四条规定，在公路用地范围内设置公路标志以外的其他标志，依法责令限期拆除，而设置者逾期不拆除的，依照《公路法》第七十九条的规定强行拆除。

**第四十条**　违反《公路法》第五十六条规定，在公路建筑控制区内修建建筑物、地面构筑物或者擅自埋设管（杆）线、电缆等设施，依法责令限期拆除，而建筑者、构筑者逾期不拆除的，依照《公路法》第八十一条的规定强行拆除。

**第四十一条**　依法实施强行拆除所发生的有关费用，由设置者、建筑者、构筑者负担。

**第四十二条**　依法实施路政强行措施，应当遵守下列程序：

（一）制作并送达路政强制措施告诫书，告知当事人做出拆除非法标志或者设施决定的事实、理由及依据，拆除非法标志或者设施的期限，不拆除非法标志或者设施的法律后果，并告知当事人依法享有的权利；

（二）听取当事人陈述和申辩；

（三）复核当事人提出的事实、理由和依据；

（四）经督促告诫，当事人逾期不拆除非法标志或者设施的，制作并送达路政强制措施决定书；

（五）实施路政强制措施；

（六）制作路政强制措施笔录。

实施强行拆除涉及路政处罚的，可以一并进行调查取证，分别进行处理。

第四十三条　有下列情形之一的，可依法申请人民法院强制执行：

（一）当事人拒不履行公路行政处罚决定；

（二）依法强行拆除受到阻挠。

第四十四条　《公路法》第八章及本规定规定的行政强制措施，由县级以上地方人民政府交通主管部门或者其设置的公路管理机构依照《公路法》有关规定实施。

## 第七章　监督检查

第四十五条　交通主管部门、公路管理机构应当依法对有关公路管理的法律、法规、规章执行情况进行监督检查。

第四十六条　交通主管部门、公路管理机构应当加强路政巡查，认真查处各种侵占、损坏路产及其他违反公路管理法律、法规和本规定的行为。

第四十七条　路政管理人员依法在公路、建筑控制区、车辆停放场所、车辆所属单位等进行监督检查时，任何单位和个人不得阻挠。

第四十八条　公路养护人员发现破坏、损坏或者非法占用路产和影响公路安全的行为应

当予以制止，并及时向公路管理机构报告，协助路政管理人员实施日常路政管理。

第四十九条　公路经营者、使用者和其他有关单位、个人应当接受路政管理人员依法实施的监督检查，并为其提供方便。

第五十条　对公路造成较大损害的车辆，必须立即停车，保护现场，并向公路管理机构报告。

第五十一条　交通主管部门、公路管理机构应当对路政管理人员的执法行为加强监督检查，对其违法行为应当及时纠正，依法处理。

## 第八章　人员与装备

第五十二条　公路管理机构应当配备相应的专职路政管理人员，具体负责路政管理工作。

第五十三条　路政管理人员的配备标准由省级人民政府交通主管部门会同有关部门按照"精干高效"的原则，根据本辖区公路的行政等级、技术等级和当地经济发展水平等实际情况综合确定。

第五十四条　路政管理人员录用应具备以下条件：

（一）年龄在20周岁以上，但一线路政执法人员的年龄不得超过45岁；

（二）身体健康；

（三）大专毕业以上文化程度；

（四）持有符合交通部规定的岗位培训考试合格证书。

第五十五条　路政管理人员实行公开录用、竞争上岗，由市（设区的市）级公路管理机构组织实施，省级公路管理机构批准。

第五十六条　路政管理人员执行公务时，

必须按规定统一着装，佩戴标志，持证上岗。

**第五十七条** 路政管理人员必须爱岗敬业，恪尽职守，熟悉业务，清正廉洁，文明服务，秉公执法。

**第五十八条** 交通主管部门、公路管理机构应当加强路政管理队伍建设，提高路政管理执法水平。

**第五十九条** 路政管理人员玩忽职守、徇私舞弊、滥用职权，依法给予行政处分；构成犯罪的，依法追究刑事责任。

**第六十条** 公路管理机构应当配备专门用于路政管理的交通、通信及其他必要的装备。用于路政管理的交通、通讯及其他装备不得用于非路政管理活动。

**第六十一条** 用于路政管理的专用车辆，应当按照《公路法》第七十三条和交通部制定的《公路监督检查专用车辆管理办法》的规定，设置统一的标志和示警灯。

## 第九章 内务管理

**第六十二条** 公路管理机构应当建立健全路政内务管理制度，加强各项内务管理工作。

**第六十三条** 路政内务管理制度如下：

（一）路政管理人员岗位职责；

（二）路政管理人员行为规范；

（三）路政管理人员执法考核、评议制度；

（四）路政执法与办案程序；

（五）路政巡查制度；

（六）路政管理统计制度；

（七）路政档案管理制度；

（八）其他路政内务管理制度。

**第六十四条** 公路管理机构应当公开办事制度，自觉接受社会监督。

## 第十章 附 则

**第六十五条** 公路赔（补）偿费标准，由省、自治区、直辖市人民政府交通主管部门会同同级财政、价格主管部门制定。

**第六十六条** 路政管理文书的格式，由交通部统一制定。

**第六十七条** 本规定由交通部负责解释。

**第六十八条** 本规定自 2003 年 4 月 1 日起施行。1990 年 9 月 24 日交通部发布的《公路路政管理规定（试行）》同时废止。

## 附件二：超限运输车辆行驶公路管理规定

中华人民共和国交通部令 2000 年第 2 号

超限运输车辆行驶公路管理规定》已于 2000 年 1 月 14 日经第 12 次部长办公会议通过，现予发布，自 2000 年 4 月 1 日起施行。

### 第一章　总　则

**第一条**　为加强对超限运输车辆行驶公路的管理，维护公路完好，保障公路安全畅通，根据《中华人民共和国公路法》及有关法规，制定本规定。

**第二条**　在中华人民共和国境内公路上进行超限运输的单位和个人（以下简称"承运人"），均应遵守本规定。

**第三条**　本规定所称超限运输车辆是指在公路上行驶的、有下列情形之一的运输车辆：

（一）车货总高度从地面算起 4 米以上（集装箱车货总高度从地面算起 4.2 米以上）；

（二）车货总长 18 米以上；

（三）车货总宽度 2.5 米以上；

（四）单车、半挂列车、全挂列车车货总质量 40000 千克以上；集装箱半挂列车车货总质量 46000 千克以上；

（五）车辆轴载质量在下列规定值以上：

单轴（每侧单轮胎）载质量 6000 千克；

单轴（每侧双轮胎）载质量 10000 千克；

双联轴（每侧单轮胎）载质量 10000 千克；

双联轴（每侧各一单轮胎、双轮胎）载质量 14000 千克；

双联轴（每侧双轮胎）载质量 18000 千克；

三联轴（每侧单轮胎）载质量 12000 千克；

三联轴（每侧双轮胎）载质量 22000 千克。

**第四条**　超限运输车辆行驶公路的管理工作实行"统一管理、分级负责、方便运输、保障畅通"的原则。

国务院交通主管部门主管全国超限运输车辆行驶公路的管理工作。

县级以上地方人民政府交通主管部门主管本行政区域内超限运输车辆行驶公路的管理工作。

超限运输车辆行驶公路的具体行政管理工作，由县级以上地方人民政府交通主管部门设置的公路管理机构负责。

**第五条**　在公路上行驶的车辆的轴载质量应当符合《公路工程技术标准》的要求。但对有限定荷载要求的公路和桥梁，超限运输车辆不得行驶。

### 第二章　申请与审批

**第六条**　超限运输车辆行驶公路前，其承运人应按下列规定向公路管理机构提出书面申请：

（一）跨省（自治区、直辖市）行政区域进行超限运输的，由途经公路沿线省级公路管理机构分别负责审批，必要时可转报国务院交通主管部门统一进行协调。

（二）跨地（市）行政区域进行超限运输的，由省级公路管理机构负责审批。

（三）在本地（市）行政区域内进行超限运输的，由地（市）级公路管理机构负责审批。

**第七条**　承运人向公路管理机构申请超限运输车辆行驶公路时，除提交书面申请外，还应提供下列资料和证件：

（一）货物名称、重量、外廓尺寸及必要的总体轮廓图；

（二）运输车辆的车牌型号、自载质量、轴载质量、轴距、轮数、轮胎单位压力、载货时总的外廓尺寸等有关资料；

（三）货物运输的起讫点、拟经过的路线和运输时间；

（四）车辆行驶证。

**第八条**　超限运输车辆行驶公路前，其承运人应根据具体情况分别依照下列规定的期限提出申请：

（一）对于车货总质量在 40000 千克以下，但其车货总高度、长度及宽度超过第一条（一）、（二）、（三）项规定的超限运输，承运人应在起运前 15 日内提出书面申请；

（二）对于车货总质量在 40000 千克以上（不含 40000 千克）、集装箱车货总质量在 46000 千克以上（含 46000 千克），100000 千克以下的超限运输，承运人应在起运前 1 个月提出书面申请；

（三）对于车货总重在 100000 千克（不含 100000 千克）以上的超限运输，承运人应在起运前 3 个月提出书面申请。

**第九条**　公路管理机构在接到承运人的书面申请后，应在 15 日内进行审查并提出书面答复意见。

公路管理机构在审批超限运输时，应根据实际情况，对需经路线进行勘测，选定运输路线，计算公路、桥梁承载能力，制定通行与加固方案，并与承运人签订有关协议。

**第十条**　公路管理机构应根据制定的通行与加固方案以及签订的有关协议，对运输路线、桥涵等进行加固和改建，保障超载运输车辆安全行驶公路。

**第十一条**　公路管理机构进行的勘测、方案论证、加固、改造、护送等措施及修复损坏部分所需的费用，由承运人承担。

**第十二条**　公路管理机构对批准超限运输车辆行驶公路的，应签发《超限运输车辆通行证》（以下简称《通行证》）。

《通行证》式样由国务院交通主管部门统一制定，省级公路管理机构统一印制和管理。

## 第三章　通行管理

**第十三条**　超限运输车辆未经公路管理机构批准，不得在公路上行驶。

**第十四条**　承运人必须持有效《通行证》，并悬挂明显标志，按公路管理机构核定的时间、路线和时速行驶公路。

**第十五条**　承运人不得涂改、伪造、租借、转让《通行证》。

**第十六条**　超限运输车辆的型号及运载的物品必须与签发的《通行证》所要求的规格保持一致。

**第十七条**　超限运输车辆通过桥梁时，时速不得超过 5 公里，且应匀速居中行驶，严禁在桥上制动或变速。

**第十八条**　四级公路、等外公路和技术状况低于三类的桥梁，不得进行超限运输。

**第十九条**　公路管理机构应在公路桥梁、隧道及渡口设置限载、限宽、限高标志。

**第二十条**　公路管理机构可根据需要在公路上设置运输车辆轴载质量及车货总质量的检测装置，对超限运输车辆进行检测。对超过本规定的第三条第（四）、（五）项限值标准且未办理超限运输手续的超限运输车辆，应责令承运人自行卸去超限的部分物品，并补办有关手续。

**第二十一条** 公路管理机构应加强对超限运输车辆行驶公路的现场管理，并可根据实际情况派员护送。

**第二十二条** 在公路上进行超限运输的承运人，应当接受公路管理人员依法实施的监督检查，并为其提供方便。

## 第四章 法律责任

**第二十三条** 违反本规定第十三条、第十四条规定，在公路上擅自超限运输的，县级以上交通主管部门或其授权委托的公路管理机构应当责令承运人停止违法行为，接受调查、处理，并可处以30000元以下的罚款。

对公路造成损害的，还应按公路赔（补）偿标准给予赔（补）偿。

**第二十四条** 违反本规定第十五条、第十六条规定的，按擅自超限行驶公路论，县级以上交通主管部门或其授权委托的公路管理机构应当责令承运人停止违法行为，并可处以5000元以下的罚款。

**第二十五条** 承运人拒绝、阻碍公路管理人员依法执行职务未使用暴力、威胁方法的，

依照治安管理处罚条例十九条的规定处罚；构成犯罪的，依法追究刑事责任。

**第二十六条** 交通主管部门或公路管理机构的工作人员玩忽职守、徇私舞弊、滥用职权，构成犯罪的，依法追究刑事责任；尚不构成犯罪的，由所在单位或上级主管部门依法给予行政处分。

## 第五章 附 则

**第二十七条** 各省（自治区、直辖市）交通主管部门可根据本规定制定实施办法，并报国务院交通主管部门备案。

**第二十八条** 超限运输车辆行驶公路赔（补）偿费标准由各省（自治区、直辖市）人民政府交通主管部门会同同级财政、物价主管部门制定。

**第二十九条** 本规定第三条第（五）项中，经国家批准生产的单轴轴载质量大于10000千克、小于13000千克（含13000千克）的车辆，暂以国家核定的轴载质量视同轴载限值标准。

**第三十条** 本规定由交通部负责解释。

**第三十一条** 本规定自2000年4月1日起施行。

第五篇

文化教育与职工生活

# 第一章　文明建设

WEN MING JIAN SHE

自 1986 年恢复建段以来，白银公路管理局（其前身白银公路总段）广大干部职工，在省交通厅、公路局的领导下，认真贯彻执行国家有关方针政策，奋力拼搏，扎实工作，在公路养护、建设和管理工作中取得较大成绩，为全市经济发展和社会进步做出了积极贡献。与此同时，总段对精神文明工作也十分重视，把文明创建活动与公路交通工作的各个方面有机地结合起来。根据上级主管部门的要求，结合公路工作实际，白银公路管理局制定了全局公路行业创建文明行业的指导思想和根本任务：以马列主义、毛泽东思想和邓小平理论为指导，坚持党的基本路线，坚持以公路养护管理工作为中心，加强思想道德教育，树立行业新风，为公路改革和发展提供思想保证、精神动力和智力支持，实现以思想道德修养、科技文化水平、民主法制观念为主要内容的公路职工

队伍素质的显著提高，显著提高以优美环境、优良秩序、优质服务为主要内容的公路行业文明程度，在全市公路系统形成物质文明建设和精神文明建设协调发展的良好局面。为保证创建工作的顺利进行和实施，建立健全组织领导体系，建立起党委统一领导、党政一把手亲自负责，政工职能部门具体落实、党政工团齐抓共管的领导体制和责权明确的目标责任制，将创建文明行业的要求具体化、制度化，为在新的征程上谋求更快发展和致力于更上一个台阶而不懈努力。

## 第一节　先进事例

1986 年，白银公路总段恢复成立后，结合贯彻全省公路系统"双文明"会议精神，在全段开展了"学习先进比贡献"活动。总段党委

先后宣传表扬带头端正党风、甘当铺路石、救死扶伤、以道班为家、搞好公路养护的五名个人和集体先进事迹，有力地推动了全段比学赶帮活动，形成了先进更先进、后进赶先进的局面。全总段涌现出"双文明"道班12个，"双文明"个人136名，优秀党员4名，优秀团员7名，全段好人好事达1000多人次。

1987年，总段发动职工积极参加民主管理和民主监督，发挥职工主人翁精神。"百日竞赛"中，工会、共青团围绕生产中心工作，提出合理化建议56条，被采纳26条。开展了"群众劳动保护竞赛""生活保险竞赛"以及双增双节活动，群众劳动保护工作被市总工会评为先进。国庆节前，开展了"学雷锋、做好事、树新风、迎国庆"活动，受到市精神文明建设委员会的奖励。各基层单位全年涌现出好人好事201起，评选出先进集体14个，先进个人97名，其中受到总段表彰的有35名。

1988年，总段党委把党风建设、党员教育同"争先创优"活动紧密结合起来，评选表彰了8名优秀党员和1个先进党支部。景泰段党支部被评为全市先进党支部。

1989年，继续开展"创先争优"和"三评一整"活动（评议党员、支部、干部，整顿纪律），评选表彰了1个先进支部和8名优秀党员。

1990年，按照市委要求，开展了评议党员、支部、干部和整顿纪律的"三评一整"活动。"七一"评选表彰了8名优秀党员和1个先进党支部。景泰段党支部被市委表彰为先进党支部。

1991年，总段党委号召职工从我做起，争做文明职工，争做优秀养路工，道班争创十佳道班和双文明道班。总段先后在《白银报》《甘肃交通报》宣传"五一劳动奖章"获得者

彭永恒、公路上的铁人寇世续、艰苦奋斗的六十里铺道班等一批先进典型。与此同时，总段、各党支部还通过简报、宣传表扬本单位的好人好事和典型事迹，使职工远学有榜样、近学有目标，用身边的人和事教育职工，取得了积极效果。在双学春运安全竞赛中，涌现出先进个人5名，先进道班2个，受到省厅、电台、团省委等单位的表彰。总之，通过开展双学活动和开展双十佳活动，职工的精神面貌发生了很大变化，在养护中出现了比思想、比干劲、比安全和看觉悟、看贡献、看质量的"三比三看"活动，全总段呈现出争做好人好事，各级干部转变作风到基层，职工加班加点、你追我赶的局面。

1992年，总段党委要求各党支部开展争创先进党支部、争当优秀党员活动。在"七一"活动中，评选表彰1个先进党支部和9名优秀党员。争创活动激发了党员的生产积极性，提高了党员全心全意为人民服务的自觉性。

1993年，认真开展"创先争优"活动，涌现出一心扑在国道建设上的彭永恒同志，埋头苦干的景泰公路段段长米成山同志等一批典型。"七一"期间，党委表彰奖励先进党支部2个，优秀党员8名。其中白银市委授予的先进党支部1个、优秀党员1人。

1994年，贯彻落实总段"两会"（党代会、职代会）精神，深入开展学习包起帆、学"华铜海"轮、奉献在岗位的"两学一奉献"活动。总段第三届职代会发出"两学一奉献"活动倡议书，极大地激励了职工群众工作的积极性和服务于公路事业的自觉性，增强了主人翁意识和奉献意识。在结合公路养护管理开展的各项竞赛活动中，党、政、工、团密切配合，齐心协力，以优异的成绩全面完成了各项任务。经检查评比，会宁公路段被评为1994

年度双文明建设先进单位。

1995年，年初制订创建规划，年中进行检查、督促，年末进行检查验收。上半年，靖远公路段和白银养路征稽所被评为市级文明单位标兵，景泰公路段通过市精神文明委员会验收，白银公路段继续保持县级文明单位，会宁公路段和总段机关申报县（区）级文明单位。

1996年，白银养路费征稽所、靖远公路管理段、景泰公路管理段被市委、市政府命名为市级文明单位标兵，白银公路管理段连续十年保持县（区）级文明单位称号，会宁公路管理段和总段机关被授予县（区）级文明单位。

同年，总段管养的国道312线 62公里收费路被省交通厅以912分验收达标，为省级文明样板路。全省建成的三条文明样板路。总段管养的两条总里程达260公里，占全省样板路总里程的三分之一。

1997年，全段上下积极开展文明单位、文明段（所）、文明班（站）创建活动。总段机关、白银交通征稽处、靖远公路管理段、景泰公路管理段被市委、市政府命名为市级文明单位标兵；白银、会宁公路管理段被县（区）授予文明单位。景泰公路管理段兴泉道班被中华全国总工会授予"全国五一劳动奖状"，国道312线青江驿养护管理站被共青团中央、交通部命名为"全国青年文明号"，有2个集体被命名为市级"青年文明号"。

1998年，党委结合本段实际，规划创建8个"行业文明单位"的目标。上半年被省局命

名的交通系统"行业文明单位"14个段（所）站（班）的巩固提高工作均通过省局的年度验收；总段机关和所属6个基层单位有5个被市委、市政府命名为文明单位标兵，2个被县委、县政府命名为文明单位。会宁段青江驿养护管理站被省厅评为交通系统双文明建设先进典型，会宁段被市委、白银军分区命名为双拥模范先进单位。

青江驿养管站荣誉室

1999年，会宁段被市委、市政府命名为文明单位标兵。至此有6个单位建成市级文明单位标兵。在巩固提高原有22个"行业文明单位（集体）"的基础上，规划创建的5个行业文明单位（集体）通过了省局的验收。会宁段甘沟养护队被省局评为"十佳道班"，3名个人分别被评为"十佳思想政治工作者""十佳科技工作者""十佳养路工"。以综合治理为主要内容的"文明小区"创建工作也取得初步成果，总段申报省级文明单位。

2000年，坚持"重在建设、贵在落实"的原则，围绕总段创建"省级文明单位"为重要内容的"达标晋级""安全文明小区"等活动，把"新风杯"竞赛活动真正落到实处。通

过抓建设、抓管理、抓教育取得了很好的成绩，9 个考核单位全部建成县（区）级以上文明单位。总段通过了省级文明单位验收，5 个基层单位被评为市级文明单位、3 个被评为县级文明单位。行业文明单位在巩固原创建成果的基础上，规划的景泰段新村养管站、会宁段燕岔养管站、景泰所上沙窝收费站、靖远所新墩收费站均通过了省局行业文明单位的验收。同时，兴泉、旱平川、甘沟养管站、会宁段路政中队、青江驿养管站、总段路政科分别通过了省局一、二、三星级达标晋级验收。总段机关、会宁段、所住宅、办公小区均通过了区、县有关部门组织的安全文明小区验收。

同时，建成国道 312 线会宁段 62 公里部级文明样板路和靖远、景泰两条收费路段的 142 公里省级文明样板路。

2001 年，在巩固 9 个考核单位县（区）级以上文明单位和 26 个"行业文明单位"的同时，规划创建的白银公路管理段、王岘、三滩养管站、长城收费站行业文明单位（集体），新村、甘沟、旱平川养管站和会宁段路政中队，景泰公路管理段行业达标晋级通过省局的初步验收；在巩固提高国道 312 线部级和国道 109 线省级文明样板路的同时，积极扎实地开展靖远、景泰 145 公里收费公路省级文明样板路创建工作。通过积极开展各项创建活动，甘沟驿、旱平川、王岘、上沙窝养管站和长城收费站被团市委、市经贸委、市劳动局命名为青年文明号，青江驿养管站被全国总工会授予全国模范职工小家、被交通部评为全国交通系统文明窗口示范单位。会宁段党支部书记兼段长负子辉被省委宣传部、省总工会、省经贸委联合评为全省职业道德十佳标兵，受到表彰奖励。总段机关和各基层单位创建的"安全文明小区"环境进一步改善。

2002 年，在巩固已创建达标的 25 个行业文明单位、1 个三星级文明养管站、1 个二星级文明养管站、1 个一星级文明养管站、1 个县级文明单位、6 个市级文明单位标兵和总段省级文明单位，全省交通系统行业文明单位以及 G312 线部级文明样板路、S308 线景泰段市级文明样板路，青江驿养管站全国青年文明号、全国交通系统文明示范窗口单位、1 个全国总工会模范职工小家和 11 个市级青年文明号的基础上，景泰所长城收费站省级青年文明号，国道 109 线水靖段、省道 308 线红唐段、白大段、省道 201 线营景段共 165 公里二级公路，全部按照省级文明样板路的规范要求进行了创建，已初验达标，上报省文明办命名。王岘养管站、三滩收费站行业文明单位和上沙窝收费站、新村养管站、旱平川养管站、会宁段路政大队四个达标晋级创建目标已通过验收，并上报省公路局；积极开展安全文明小区的创建活动，通过扎实有效的工作，已有 6 个单位分别被各县、区命名为安全文明小区。

2003 年，制定了《白银公路总段文明创建工作管理办法》，认真组织开展了"文明单位""安全文明小区""文明样板路""行业文明单位""达标晋级""三学四建一创"活动，不断提升行业文明水平。在巩固文明样板路成果和已创建达标晋级的基础上，靖远收费公路管理所被市委、市政府命名为文明单位标兵，靖远收费管理所三滩收费站被省局评为"十佳班站"和"行业文明集体"，并确定为宣传典型在全省巡回演讲；景泰段新村养管站被省交通厅命名为"十佳班组"、被省公路局命名为"二星级"文明集体；有 3 名同志分别被省公路局评为"十佳思想政治工作者""十佳执法工作者"和"十佳养路工"。同时，积极开展行业文明创建工作，按照创建规划和标准，创建了6个"行业文明单位""行业文明集体""文明执法机构"，报省公路局申请验收。按照《甘肃省公路系统行业文明创建工作管理办法》，确认了全段行业文明单位、集体18个，确保了文明创建工作的规范化管理，充分调动了各基层单位抓好行业文明创建工作的积极性。

2004年，积极抓好精神文明建设和行业文明创建活动，认真组织开展"文明单位""安全文明小区""文明样板路""行业文明单位"和"达标晋级"活动，不断提升行业文明水平。白银公路总段保持了省级文明单位，7个基层单位保持了市级文明单位标兵。景泰公路段、靖远公路段旱平川养管站被省局命名为"二星级行业文明单位（集体）"；总段表彰奖励了3个"双文明"建设先进单位、13个先进集体、49名先进个人，充分调动了各基层单位抓好行业文明创建工作的积极性。

2005年，省厅、局先后在白银公路总段组织召开全省班站和职工小家建设现场会，受到了与会者的好评；创建完成国道109线170.88公里部级文明样板路；各项创建任务圆满完成，靖远公路管理段和白银公路管理段王岘养管站分别被省公路局命名为"二星级行业文明单位""行业文明集体"荣誉称号，白银总段被交通部评为"全国交通行业创建行业文明先进单位"，会宁公路管理段青江驿养管站被交通部评为"全国交通行业文明示范窗口"。

同时，创建完成国道109线170.88公路部级文明样板路。

2006年，会宁公路管理段青江驿养管站荣获全省交通行业"十佳先进集体"荣誉称号，靖远公路管理段三滩养管站荣获"全省交通职工职业道德十佳班组"荣誉称号，1名同志荣获全省交通行业"十佳服务标兵"荣誉称号。

总段提出了创建国家级文明单位的奋斗目标，各基层单位在巩固现有创建成果的基础上，积极开展省、市级文明单位创建工作，不断提高文明创建水平。根据省局的安排，结合全段行业文明建设的需要，向省公路局申报了1个行业文明单位、1个四星级行业文明集体、1个行业文明集体，申报单位和集体严格按照创建标准和要求，加强基础设施建设，优化服务环境，扎实开展创建工作，不断提高文明创建水平，做好达标晋级验收的准备工作。

2007年，白银公路总段顺利通过省级文明单位两年一次的复查验收，青江驿养管站被省公路局树立为全省公路系统六个先进典型之一，其团结拼搏、保障国道312线畅通的感人事迹在全省公路系统进行了巡回演讲，向省局推荐公路系统"五十佳"人选。1名职工荣获白银市五一先进科技工作者，1名职工荣获白银市第四届"十大优秀青年"。景泰收费所被评为全省公路系统行业文明单位，会宁公路段青江驿养管站被评为全省公路系统四星级行业文明集体。

2008年，白银公路总段被市政府表彰为2006—2007年度依法行政工作先进单位，被省公路局表彰为2007年度全省公路系统行业文明建设先进单位；景泰收费所大水磋收费站被省厅命名为全省交通系统行业文明示范窗口；

会宁收费管理所荣誉栏

靖远公路段三滩养管站被省局命名为全省公路系统二星级行业文明集体；路政支队、平川高速路政大队分别被省路政总队表彰为"加强作风建设，规范行业管理"活动先进单位和高速公路路政管理先进单位；靖远公路段三滩养管站被团市委命名为市级"青年文明号"。有4名同志被省公路局表彰为全省公路系统"五十佳"先进个人，1名同志被省交通厅表彰为"人事档案工作先进个人"，1名同志被团市委表彰为"青年岗位能手"。

2009年，白银公路总段被甘肃省厂务公开领导小组办公室表彰为全省厂务公开民主管理先进单位，被省公路局评为2008年度省养公路养护维修工程质量管理先进单位，被区委、区政府表彰为全区人口和计划生育工作先进单位。白银农村公路建设巡回督察组被省交通运输厅表彰为先进督察组；路政支队被省路政总队表彰为"全省路政管理工作先进单位""十佳路政执法示范单位"和"十佳路政执法标兵"，离退休职工党支部被省厅表彰为离退休职工先进党支部，景泰收费所被省委、省政府表彰为全省精神文明建设工作先进单位，被省局评为2008年度局管二级收费公路通行费征收管理先进集体，大水磁收费站被省交通运输厅命名为全省交通系统"巾帼文明岗"，景泰公路管理段被市委、市政府新命名为市级文明单位，兴泉养管站被省局命名为二星级行业文明集体，白银公路管理段被白银区人民路街道党委、办事处表彰为人口与计划生育工作先进单位。1名同志被推荐为全国交通运输系统先进工作者，1名同志被省厂务公开领导小组办公室表彰为支持离退休职工工作先进个人，2名同志被省厅表彰为离退休职工工作先进个人，1名同志被省交通运输厅授予省级青年岗位能手称号，1名同志被人民路街道表彰为人

口和计划生育工作先进个人。

2010年，白银公路总段工会被市总工会表彰为"2009年度重点工作目标责任书考核一等奖"，总段和会宁公路管理段被省厅表彰为老龄工作先进单位，会宁公路管理段被省局命名为一星级行业文明单位，新世纪路业公司被省厅表彰为陇南灾后重建先进集体。1名同志被表彰为全国交通运输系统先进工作者，1名同志被表彰为甘肃省先进工作者，3名同志被省厅表彰为老龄工作先进个人，1名同志被省厅表彰为孝亲敬老之星，1名同志被省厅表彰为干部工资年报工作先进个人，2名同志被省厅表彰为陇南灾后恢复重建先进个人，1名同志被省局表彰为安全生产先进工作者，2名同志被省厅分别表彰为优秀新闻宣传工作者和优秀通讯员，3名同志被省局分别表彰为"十佳养路工""十佳收费员"和"十佳段长"。

2011年，以服务人民、奉献社会为宗旨，以"学、树、创"活动为载体，继续抓好文明单位、文明示范窗口、青年文明号等文明创建工作。总段以创建国家级文明单位为奋斗目标，各基层单位在巩固现有创建成果的基础上，积极开展省、市级文明单位创建工作，不断提高文明创建水平。总段向省局上报行业文明上星晋级创建计划2个，向团市委推荐全市十大杰出青年候选人1名；景泰所被省委、省政府命名为省级文明单位，景泰所、白银段被市委、市政府命名为市级文明单位，景泰段被省局命名为三星级行业文明单位，总段工会被全总命名为全国"模范职工之家"，新命名市级模范职工之家1个、市级模范职工小家1个；三滩养管站和兴泉养管站站长分别被交通运输部、中国海员建设工会授予"100个全国模范道班"和"100名全国模范养路工"称号，受到表彰；会宁段会宁养管站、总工办分别被

中国海员建设工会表彰为全国交通运输系统"优秀五型班组""全国交通建设系统工人先锋号"。

2012年，总段被市政府表彰为依法行政工作先进单位，景泰段通过省级文明单位初步验收，景泰段兴泉养管站被表彰为全省交通职工职业道德建设十佳班组，高养中心白银养护工区被表彰为全省交通职工职业道德建设先进班组，靖远段三滩养管站、高养中心白银养护工区分别被省局命名为三星级行业文明集体和行业文明集体，靖远所大桥收费所被命名为市级青年文明号。1名同志被市委、市政府表彰为全市先进工作者，1名同志被表彰为第六届全市优秀青年，1名同志被表彰为白银市百佳学习型党员，2名同志被表彰为全省交通职工职业道德建设先进个人，4名同志被省局表彰为第五届"五十佳"先进个人。

2013年，开展"示范型党组织""五星级党支部"创建活动，按照"五有""五好""五个表率"的要求，进一步规范了领导班子建设、党员干部教育管理及绩效考核等工作。坚持把创建活动与公路养护工作紧密结合起来，不断推进基层组织建设理念创新、思路创新、方法创新和制度创新。7个党支部创建示范型党组织于9月底通过局党委检查验收；2个党支部创建为白银市五星级基层党组织，1个党支部创建为全市创先争优先进基层党组织。

同时，强化行业文明建设，深入开展"学树创"活动，重点组织开展了全段2个省级文明单位复查验收工作，进一步规范组织"道德讲堂"活动。对全段"市级文明单位"全面进行了复查，严格按照市文明委下发的评审细

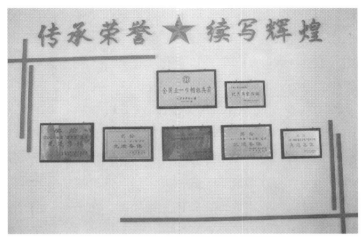

会宁养管站荣誉墙

则，逐项对照检查，完善资料，通过查漏补缺，巩固了全段行业文明创建水平。

2013年，还大力建设"职工之家"，提升队伍整体素质。积极推进"职工之（小）家"晋级达标，推进"职工书屋"建设，全段共建职工书屋18个，为满足广大职工的文化需求创造了条件。各基层工会结合实际利用节假日开展寓教于学、寓教于乐文体活动，丰富了职工的业余生活。

2014年，白银公路管理局开展各种文明创建活动，有效巩固并提高了行业文明创建水平。组织局机关、景泰收费所开展省级文明单位创建活动，有效巩固创建成果，开展"达标晋级"创建活动。三滩养管站、景泰收费站申报了争创四星级、一星级行业文明集体的创建目标，着重在提高职工素质、美化工作环境、完善配套设施、丰富创建举措上下功夫，较好地发挥了行业文明单位（集体）的示范引领作用。同时，开展"青年文明号""文明示范岗""平安公路创建示范路"等活动，有效提升了为社会服务水平。

2015年，积极开展"达标晋级"创建活动。按照省局行业文明创建工作的要求，高等级公路养护管理中心申报创建"行业文明单

位"，高等级公路养护管理中心白银工区申报创建"一星级行业文明集体"，创建单位（集体）着重在提高职工素质、美化工作环境、完善配套设施、丰富创建举措上下功夫，较好地发挥了行业文明单位（集体）的示范引领作用。

2016年，组织开展先锋引领"五项争创"活动和全省公路系统第七届"五十佳"选树活动，通过选树先进典型、争创先锋模范，在全局营造"比学赶超"的浓厚氛围。

同时，积极开展创建全国文明城市。按照市委创建全国文明城市工作总体部署，组织有关部门、单位召开专题会议，明确责任任务，细化工作举措，全力抓好各项任务落实。制作了《白银公路管理局关于白银市创建全国文明城市须知卡》，发放到干部职工和单位小区住户，做到人人参与、家喻户晓。通过电子显示屏等载体，宣传白银市创建全国文明城市宗旨、主题及社会主义核心价值观等内容，营造浓厚的创建氛围。

## 第二节　典型事迹

**青江驿公路养护站先进事迹**　白银公路总段会宁公路管理段青江驿公路养护站建于1995年，担负着国道312线1943公里—1978公里共计35公里省级文明样板路的养护任务。现有职工31人，青年职工占87%。

青江驿公路养护站自建站以来，坚持把养路、育人和管理有机地结合起来，把"养好公路，保障畅通，服务人民，奉献社会"作为工作的出发点和落脚点，抓领导，带队伍，严管理，促进了两个文明建设协调发展。在短短两年多时间里，先后被白银公路总段评为"双文明"建设先进集体，被省交通厅授予"模范职

工小家"称号，被共青团中央、交通部命名为"全国青年文明号"。

### 一、育人为本，建设过硬职工队伍

青江驿公路养护站人员构成具有"三多一高"的特点，即青年职工多，有27名；共产党员多，有6名；复转军人多，有3名；文化程度高，大中专的有9名。站长孙作义，大专文化，共产党员，转业军人，在部队上摸爬滚打十多年，善于做思想政治工作，善于总结经验，敢抓会管。他懂业务，能写作，又会驾驶车辆。副站长冯作平，也是转业军人，中专文化，他们两人紧密配合，团结协作，把部队上好的管理方法运用到公路养护行业，使养护生产、文明创建、内部管理结出了丰硕的果实。

青江驿养护站注重职工队伍建设，在行为规范上下功夫，在调查研究上找路子，在解决实际问题上见诚心。通过多种载体，加强职工爱国主义、集体主义、社会主义教育，敬业爱岗、以路为家的思想教育，潜移默化，循循善诱，使职工树立正确的世界观、人生观、价值观，形成了弘扬正气、奋发向上的良好氛围。

为了丰富职工业余文化生活，建立图书室，成立"养路人文学社"，1997年举办专栏8期，站内爱好文学、书法、绘画的男女职工积极撰稿。全站坚持集体收看新闻联播节目，关心国内外大事。经常开展篮球赛、象棋赛、卡拉OK演唱赛等活动。鼓励职工订阅报刊，每人都有读书笔记，写心得体会。两位站长和党员经常找职工谈心，及时解决职工中存在的思想问题。养护站发挥共产党员的先锋模范作用，建成了一个生机勃勃的战斗集体。党员在养护生产、文明创建、内部管理中样样走在最前面，发挥模范带头作用，感人的事迹层出不穷。1997年5月21日，一辆河南开封物资汽贸总公司的东风货车坏在路上，焦急的车主来

到养护站求援，正在值班的冯作平和另外两名职工当即驾车增援，把货车拖到站内看管了一个月。后来车主要给站上每天要交 50 元看管费，站长孙作义和其他几名共产党员断然谢绝，车主送来"国道驿站处处亲，青江驿站情更深"的大镜框表示感谢。陕西咸阳橡胶厂的一辆大货车抛锚，站上马上派人救助。这样的好事屡见不鲜。几名共产党员利用站内闲置地，牺牲休息时间，开挖菜地 450 平方米，为职工食堂提供新鲜蔬菜。

**二、以路为业，精心养护公路**

"养好公路、保障畅通"是养护站的中心工作。该站养护路段地处湿陷性黄土区域，地质情况复杂，是 1995 年建成的蜿蜒盘旋于梁峁峡谷地带的新线，路基不稳固，夏秋水毁塌方严重，养护难度很大。养护站采取"五抓三不放过"的原则，即抓预防性养护、抓材料质量、抓全面养护、抓标准化养路、抓作业管理，违章指挥不放过、违章操作不放过、违反劳动纪律不放过；实施"三尺一线"作业，即开挖边沟用边沟尺、整修路肩用水平尺、路面修补用三米直尺，整修路肩边坡挂线作业，进行科学养路，始终保持了所养路段边沟畅通，路面平整，标线鲜明，标志齐全，美观整洁，好路率保持在 98% 以上，综合值达到 80。巩固和保持了文明样板路的建设成果。

1996 年，该站所养的路段因暴雨成灾，公路严重水毁，边沟淤塞，塌方挡道。站上职工大干苦干，加班加点，先后 5 次战胜水灾，保证了公路畅通，为参加红军长征胜利会师 60 周年会宁大庆的中央、省、市领导和各界群众提供了良好的道路通行条件。1997 年，为迎接全国公路大检查，站上每个职工开足马力，忘我工作，开挖边沟 825 立方米，整修标准化边沟 19 公里，处置水毁公路 7.2 公里 820 立方

米，修补油路面层 3.54 万平方米，油路基层处置 4163 平方米，整修弃土堆 6 万平方米，拉运防滑料 204 立方米，采拉砾石 976 立方米、砂砾 2005 立方米，养护质量进一步提高。

**三、建章立制，形成管理体系**

"靠制度管理"是养护站的一个显著的特点。站上建立健全了一整套管理制度，实行半军事化管理，从生产、学习到个人生活、内务都有明确的规定．严格按制度办事。形成了工作有标准、岗位有规范、管理有制度、行为有准则、考核有依据的管理体系。

站上对职工关心关注的考勤、伙食、奖金分配、民工款支付等事项，实行"五公开"，增大透明度。伙食管理引进了部队生活的"食谱制"，职工们吃得实惠满意。

走进这实行半军事化管理的养护站，那整洁、舒适的环境．使人很难相信这是养护生产一线工人的大本营。1997 年 3 月，中国公路学会会长、交通部原副部长王展意同志视察青江驿站时，对优美的环境和"职工之家"的建设给予了高度赞誉。10 月，交通部西北片区公路大检查的成员，不住地赞叹该站有条不紊的管理。

（录自《1998 甘肃交通年鉴》）

**兴泉道班先进事迹**　兴泉道班是景泰公路管理段所辖的一个基层养护班组，担负着省道营（盘水）兰（州）公路 34 公里—69 公里共计 35 公里的油路养护任务。道班现有职工 23 名，其中女职工 6 名，有小四轮拖拉机 2 台。从 1970 年设置道班至今，这个班已走过了 28 个年头，道班的一代代养路工用辛勤的劳作，谱写出了一曲曲自力更生、艰苦奋斗、吃苦耐劳的赞歌。

这是一个团结互助的集体。在兴泉道班这

个大家庭里，团结互助已成为全班同志的自觉行为，全班职工之间都像兄弟姐妹一样，有难大家帮。职工中谁有个小病小灾的，全班职工便会你送几粒药，我端一杯水，他说几句安慰的话。职工顾莫祖家中生活困难，1992年夏季，班里组织全班职工利用休息日帮其翻修了住房，老顾一家老小非常感动。1991年，职工王瑞根因病去世后，家中留下了多病的妻子和3个未成年的孩子，家庭生活异常艰难。职工们看在眼里急在心里，为了帮助他们解决一些实际困难，班里安排职工定期去老王家帮着干点重活，每逢年头节日都要派人专门去探望，近几年夏收期间的农活，基本都是班里的职工利用休息时间帮着干的。这一切，都让老王妻子感激得不知道说啥好。

兴泉道班的职工们都说，原任班长刘正浩同志不仅是工作上的带头人，更是生产上的贴心人。职工王喜堂40岁时才找到对象，准备1991年中秋节时办喜事，但因没住房而愁云满面。刘正浩知道这一情况后，立即带领全班职工把3间旧库房翻修粉刷一新，精心布置成新房，并帮他操办了婚事。青年职工贾成聪刚到道班时，总认为养路工人没啥出息，一天到晚沉默寡言，工作不安心。刘正浩主动找他谈心，从生活上关系他，使小贾感受到了这个大家庭的温暖，解开了思想上的疙瘩，劳动中重活脏话抢着干，很快成了道班的骨干。

日常生活中是这样，养路生产中他们也绝不含糊。在路上，职工中不论是谁，只要有一个人的任务还没有完成，大家总是你一锹、我一镐，直到帮着完成任务才一起走。就这样，这些年，班里从没发生过职工之间打架斗殴的现象，职工之间偶尔吵几句、红个脸的事也很少，即使发生了这样的事，也用不着别人调解，过一会儿他们便会主动相互道歉、彼此谅解。

这是一个勇于战斗的集体。凡是到过景泰的人，都会对兴泉道班管养的35公里油路赞不绝口——路面平坦、路容整洁、行车舒适，这些都是对这个勇于战斗的集体的最高赞赏。兴泉道班位于腾格里沙漠南缘有名的大风区索寒堡，这里夏季高温，冬季严寒，一年中有七八个月的时间要刮大风，条件极为艰苦。正是这个"拉着羊皮不粘草，风吹石头跑"的戈壁滩上，一代又一代养路工经过艰苦卓绝的努力，使管养路段的路容路貌不断改善。每年夏季修补油路时，班里职工个个被风沙和烈日"塑造"得黝黑发亮。冬季打冰防滑时，他们又得冒着凛冽的寒风，冻得手脚发疼。这个班的职工们没有一个叫苦，没有一个人临阵退缩。

营兰公路是1970年修筑的一条战备路，基础很差，养护任务很重。近几年来，兴泉道班在养护生产中坚决执行了上级的有关要求，采取了五抓（抓预防性养护、抓材料质量过关、抓操作规程，抓标准化养护、抓作业计划管理）和"三不放过"（违章指挥不放过、违章操作不放过、违反劳动纪律不放过）等有效措施，严格按照小修保养的基本要求进行操作，使职工树立起科学养路的良好观念，保证了养护质量的稳步提高。尤其是在油路罩面和油路修补中，道班职工根据当地的气温等自然条件，自己摸索总结出一套行之有效的方法，确保了油石比、油温等一系列技术指标，从而保证了油路养护质量。这些年来兴泉道班管养的这段油路没有大修过，但路况质量却一直保持得很好。1989年以来，这个班的年平均好路率一直保持在80%以上，综合值也没有低于75。到目前为止，道班已连续九年被省公路局评为优良道班。

每逢发生水毁或遇上一些特殊情况，兴泉道班职工勇于战斗的一面便会表现出来。1996

年 7 月，由于暴雨引发山洪，营兰线 40 公里加 500 米处路面过水，过往车辆的行车安全受到威胁，行人受阻。道班职工一方面堵截疏导洪流，一面指挥过往车辆通行，并用道班的拖拉机接送过往行人及学生，道班职工老赵开着自家的农用三轮车加入了接送行人的行列。4 月初，营兰线 41 公里加 200 米处发生严重翻浆，过往车辆受阻，兴泉道班职工们加班加点进行处置。职工郭学良坚持在路上指挥交通，连续两个昼夜没有休息。近几年的油路修补工作，他们总是加班加点赶时间抢进度，把材料消耗降到了最低程度，还保质保量提前完成了修补任务。

这是一个充满民主的集体。兴泉道班的职工们坚信民主管理是"家"里团结的保证。这些年来，他们在道班的民主管理方面也摸索总结出了一套比较有效的办法。一方面，他们一直尊重职工直接参与班组民主管理的权利，注意班组管理的基础性、全民性、直接性和渗透性，从而增强了职工的主人翁意识，使他们认识到了这个家里每一个人都是主人。道班里全班职工一起行动，利用业余时间精心种植、管理小菜园，保证了"家"里夏季生活用菜。

另一方面，该班建立健全了一系列民主管理制度。他们每月召开一次民主管理核心小组和全员民主会议，班长每月向全员民主管理会报告一次工作。他们还建立了"五公开"制度，即考勤公开、浮动工资奖金公开、工作任务公开、工作成绩公开、伙食管理公开，增强了管理工作的透明度，保证了民主管理活动的正常开展。工会小组坚持会员活动的制度，经常向会员进行工会知识教育，及时调解职工之间在工作生活中出现的矛盾。

还有一点就是班长和工会小组长团结得很好。在兴泉道班，不论是原任班长刘正浩，还是现任班长李怀智，他们都同工会小组长刘建民团结得很好，有事共同商量，共同解决生产生活中的问题。他们深知他们的一言一行将在班里产生什么样的影响。正如老刘所言："我俩的目标是一致的，犹如抬一根木头，两人各抬一头，谁较劲谁都抬不成。"

这是一个温暖如家的集体。到过兴泉道班的人都会产生一种家的感觉，这是该班这些年开展建设职工小家活动的直接结果。

从 1992 年开始，兴泉道班就制定出了建设小家的规划及考核细则。他们从班组实际出发，努力创造条件，开辟场所，在职工中开展了"以岗为家、爱岗如家、共建小家"的活动，增强了小家的吸引力和凝聚力。在总段和分段的大力支持下，道班的基础条件也在不断完善。为解决道班职工生活上的实际困难，段上多方筹资为该班配备了电冰箱，使职工过上了"时时新鲜菜、四季鲜肉有"的生活；修建蓄水池，配备炊事员，使职工外出生产归来不仅有热饭热菜，而且洗漱有温水，喝水有开水；购买洗衣机解决了职工洗衣难的老问题。针对道班地处乡村、职工文化生活缺乏的实际情况，段上为职工们购置了卫星电视地面接收器、收录机、卡拉 OK、乒乓球台、象棋、羽毛球等文体用品，丰富了职工的业余文化生活。1996 年，总段又为道班配备了席梦思床、被子、被套、床单、枕巾等 11 件，达到了省局标准化、规范化、公寓化道班的要求。另外，还将道班的硬件设施上了一个台阶，初具"家"的规模。

硬件具备以后，兴泉道班在职工教育等方面也花了不少功夫。老班长刘正浩同志坚信"身教重于言教"，他首先以主人翁的姿态出现在各项工作中，围绕提高养护质量这个中心，组织开展各项竞赛活动，对职工进行以道班为家、以养路为业的职业道德教育。从1988年担任班长以来，他从未因办私事而耽误过养护生产。他家就在道班跟前的村子上，但家里春种、夏收、秋灌这些活动他却很少插手，他把自己的精力都用在了公路上，放到了道班里，为全班职工带了个好头。工会小组长刘建民热爱本职工作，他时刻把建家活动装在心里，深得全班职工的信赖。从1988年开始驾驶小四轮拖拉机，他始终坚持早上班、晚下班、勤保养、勤维修，爱惜机械如同爱护自己，从未发生过大小事故，平均每年为道班节约800多元的经费，其主人翁的风采感化了全班职工。在他俩的带领带动下，全班职工都以主人自居，上路作业时奋勇争先。在班里休息时，主动打扫卫生，爱惜公共财产，小四轮驾驶员曹玉堂带领几个人改制的路肩刮路板，比人工整修路肩提高工效40%。职工吴隆丰经常主动帮助路上的驾驶员保养维修机械，为过往车辆和司乘人员排忧解难。由于他的修理技术好，附近村子上的村民常请他帮忙修理车辆机械，他总是随叫随到，但从没要过报酬。轻工小白担任道班的统计，他总是利用工余时间填报各类报表，整理道班的图表，从未以此为借口而不参加上路作业。在全班职工的共同努力下，该班的"职工之家"先后被白银市总工会、省总工会、全国总工会授予"模范职工小家"称号。1997年2月被省交通厅树立为"模范职工小家"。

这是一个充满希望的集体。常言说得好："宝剑锋从磨砺出，梅花香自苦寒来。"在白银总段和景泰公路管理段的高度重视及大力支持下，经过全班职工的辛勤努力，今年五一前夕，兴泉道班经白银市总工会的推荐，被中华全国总工会授予"全国五一劳动奖状"，这是对该班这种团结奋战团队精神的赞扬，也是对他们坚强凝聚力的肯定。

荣誉的取得需要努力，荣誉的保持更需要加倍的努力。目前，兴泉道班的职工们正在新任班长李怀智的带领下，满怀豪情地朝前走着。近日，白银公路总段又筹资2万元，为该班配备太阳能淋浴设施，修建了更衣室，进一步改善了职工的生活条件。景泰段也为他们如何保持这一荣誉提出了具体要求。兴泉道班的职工们表示，他们将很好地总结以往的工作经验，以更加饱满的热情投身到"双文明"建设工作中，以自己的实际行动回报上级领导的关怀和支持，把道班的工作搞得更好，使班里的工作更上一层楼。

（陈自润　曹海平　王朝锋）

**三滩养管站先进事迹**　那是一个美丽的地方——黄河水滔滔流过，一桥飞架东西。依依的杨柳，油油的稻浪直伸天际。黄河之滨处，一座乳白色的四层楼房拔地而起，院内绿树成荫，芳草萋萋，身着橘黄色背心的人们正在辛勤忙碌着。这，就是白银公路总段靖远公路管理段三滩养管站。

三滩养管站位于G109线K1562处，现有职工20人，担负着52.681公里的公路养护任务。自1999年建站以来，在上级主管部门的领导下，该站不断瞄准新的发展目标，自我加压，自我创新，形成了两个文明同步提高的良好态势。

常言道：没有规矩，不成方圆。建站伊始，三滩养管站就在管理制度上做文章，制定和完善了学习、考勤、安全生产等制度，使工作有章可循，管理有据可依。而如何才能使各项工作搞得更好？思考再三，他们觉得还是要在学习上狠下功夫。为此，三滩养管站根据段上的安排，在职工中继续深入开展了"创建学习型组织，争做知识型职工"活动。通过集体学习、个人自学、专家辅导、领导宣讲、座谈讨论、交流心得等灵活多样的方式，从提高自身素质出发，每月三次，组织职工深入学习"三个代表"重要思想、科学发展观、《工会法》、科学发展观，以及形势政策、民主法制等主题教育。在具体的学习过程中，他们常常坐在一起交流思想及心得体会。养管站长还常常提醒自己和同志们："如果不加强学习，恐怕连上小学的儿女都辅导不了，那时候，受影响的就不仅仅是自己了。"慢慢地，大家都养成了读书的习惯，阅览室的图书也从无人借阅变成了大家争先恐后地阅读。在图书流通的过程中，他们发现，现有的书籍远远满足不了大家的需求，而在经费没有增加的情况下，唯一可行的办法就是和其他班站进行定期或不定期的交流。每过几个月，他们就把自己的图书和乌兰、孙寨柯站的进行交换。后来，在每个月的下雨天，他们又和其他班站的同志们坐在一起交流思想和读书的心得体会。在段领导的大力支持下，现在这项活动正在有声有色地进行，其浓厚的学习气氛还真超出了当初的设想。正是因为在这种良好的生活、学习环境下，现在该站大中专毕业有 11 人，还有 2 人正通过函授、自考等形式就读。

同时，三滩养管站结合行业特点，在青年团员中开展了争创"青年文明号""青年岗位能手"活动，好几个年轻人在刻苦钻研养护生产技术；在女工中开展了评选"好媳妇"活动。这些活动的开展，激发了职工的爱岗敬业精神，提高了大家的职业道德素质和业务技能水平，职工的精神面貌也有了一定的改善。2012 年 6 月 19 日下午，靖远公路管理段隆重召开了三滩养管站站长"公推直选"大会，王建荣同志以较大优势排名第一。随后召开的支委会上对该同志任职资格进行了审定。以"公推直选"的方式选举基层养管站站长，这在我段的历史上还是第一次，也标志着靖远段基层管理民主化建设迈出了重要一步。

在总段主要领导带队、组织召开的职工工作调研座谈会和征求意见稿上，该站职工踊跃发言，积极建言献策。特别是公路养护单位应着眼于办大事、创大业、谋大局，以为职工造福为第一要务等合理化建议都得到了上级部门的高度认可和兄弟单位的充分认同，并被写进了段上的行政工作报告和"十二五"规划中。这一切都使他们倍感鼓舞。

为了培养适应公路事业发展的技术人才，结合"好路杯""铜城杯"竞赛，三滩养管站组织职工开展了岗位练兵和技能比武活动，并经常在一起，探讨油路冷补技术等新材料、新工艺的推广和普及。在实际工作中，结成"1+1"帮扶、竞争对子，积极树立岗位明星和进行评先选优。该站职工还刻苦钻研各项养护生产技术，不断揣摩，大胆实践，人人练就了一身过硬的本领。在靖远公路管理段油路大比武竞赛中，由于修补的油路面层规范、美观、平整，三滩养管站以最快的速度、最好的质量，连续三次获得了冠军。

但是，三滩养管站的职工们并不以取得一点点小成绩而沾沾自喜。建站伊始，大家就认真落实《公民道德建设实施纲要》，在大力倡导"爱国守法、明礼诚信、团结友善、勤俭自强、敬业奉献"的公民道德规范同时，积极选派职工参加白银公路总段第一、二届职工运动会和总段文艺汇演，并且取得了好的成绩。在总段组成的"党员风采"先进事迹巡回报告团到来之际，该站组织全体职工认真听讲，用全总段范围内近几年在各条战线上涌现出来的先进个人、先进集体的典型事迹教育自己，进一步增强了职工们的荣誉感、成就感和自豪感，形成了人人学先进、赶先进、争先进的良好氛围。

三滩养管站还按照总段提出的"建一流班站、带一流队伍、干一流业绩、树一流形象"的工作思路和"建设标准化、管理规范化、庭院园林化、活动集体化"的创建目标，积极改变站内的环境面貌，努力构筑和谐集体。他们在房前屋后开辟的花园里种植了花草树木，搞好庭院绿化、美化工作，达到了"春有花、夏有荫、秋有果、冬有青"的总体要求。现在职工们吃菜已不再发愁，并向旱平川、孙寨柯等养管站定期或不定期地运送新鲜蔬菜。平时，他们还积极开展羽毛球、乒乓球、篮球、象棋、卡拉OK等各种有益的文体活动，让大家在欢快、文明的气氛中度过工余时间。同时，在上级主管部门的关心和大力投入下，这些一线的养路职工们已经达到了开会学习有地点、休息住宿有寝室、就餐吃饭有食堂、休闲娱乐有场所的总体要求。特别在食堂的管理上，他们多方征求意见，一起制订菜谱，并且做到账务公开，一月一结。现在，无论是餐费还是会费，都由原来的从工资里扣变成了职工主动上缴。好的环境使工作和生活在这个站的职工更加感到有一种家的温暖和友爱。

在这个站里，有许许多多平凡而动人的故事。去年七月的一天，一辆运煤车在银三角路口不慎掉进边沟，已经下班的三滩站职工齐心协力推出了这辆车。看着车辆脱险了，他们才欣慰地转身离去。类似这样的事举不胜举，在他人遇到困难的时候，三滩养管站的职工总是鼎力相助，义不容辞。

这个大家庭里，大家互相帮助、互相关心，不管哪一位职工有了困难，大家都会及时地给予温暖。去年10月份，老王的孩子生病了，再加上经济困难，他为此一筹莫展。站长知道后，立刻倡议全体职工捐款，最后终于凑齐了这笔钱，治好了孩子的病。特别是女职工魏晓蓉不幸患乳腺恶性肿瘤癌晚期，长期化疗及巨大的医药费开支已使她的生活难以为继。我段积极向上级组织汇报，引起了总段领导的高度重视，立即向全总段职工发出倡议，号召大家伸出关爱之手，让这个不幸的职工及家庭渡过难关。广大干部职工积极响应号召，踊跃捐款，共计40245元。省交通运输厅工会主任桑吉才让等领导同志也亲临慰问，为她送去了省厅领导的深切关怀和20000元慰问金。这个站的养路工们不光对自己的同志有情，而且对社会富有爱心。山区老百姓受灾，他们积极响应党组织的号召，主动向灾区群众捐赠钱和衣物等生活用品，伸出同情的手，献出真诚的爱。

三滩养管站的养路职工们，没有满怀激情的豪言壮语，没有惊天动地的伟绩，没有可歌可泣的悲壮，有的是默默的奉献！他们以勤劳为笔，汗水作墨，公路作纸，写下了动人的篇章。

墙上一面面金灿灿的奖牌，凝聚着三滩养管站全体职工的心血。正是由于在上级主管部门的正确领导下，在社会各阶层人士的关心帮助下，在全体职工的共同努力下，才有了三滩养管站的今天。尤其值得一提的是，在2004年5月被白银市总工会评为模范"职工小家"的基础上，2005年3月，该站又被省公路局列为全省第一个标准化养管站示范点，作为我省公路系统班站建设的样板进行了推广。全省14个总段75个公路段的代表在局领导的带领下进行了参观交流。2006年3月，省交通厅授予该站甘肃省交通职工职业道德建设"十佳班组"的光荣称号。同年12月，交通厅工会又授予三滩站"模范职工小家"的光荣称号。2011 年被省公路局命名为三星级行业文明集体。2011 年 10 月，又被交通运输部、中国海员建设工会评为全国公路系统"模仿道班"称号。

这就是白银公路总段靖远公路管理段三滩养管站。他们把自己的心血和汗水洒在路上，凝成一条坚固的路；把爱心和温暖奉献给过往的车辆和行人，架起一座连心的桥；把养管站建设得更加美丽，筑起一个漂亮的家。他们时刻准备着为公路养护事业投入更多的青春和力量，以实现自己的誓言：没有比脚更长的路，没有比人更高的山。

（魏　明）

**白建胜创新工作室**　白建胜创新工作室是以甘肃省先进工作者白建胜同志名字命名的创新工作团队，始建于 2016 年 6 月，设在兴泉养管站内。这是一个以技术攻关、技能传授和培训服务等职能为一体的劳模创新工作室。工作室以"弘扬精神、专业引领、交流研讨、技术攻关"为宗旨；以"攻克难、传帮带"为目标；以"爱岗敬业、无私奉献"劳模精神为典范；以青年人为核心，开展业务创新活动，组织技能比赛及岗位练兵，打造本领扎实、锐意创新的公路养护生力军。

工作室成员主要为景泰公路管理段中坚力量和骨干成员，现有成员 9 人，平均年龄 36 岁，本科及以上学历 5 人，中级以上职称 5 人，其中高级工程师 1 人，工程师 3 人，统计师 1 人，技师 2 人，助理工程师 2 人。工作室负责人白建胜现为兴泉养管站站长，先后获得了甘肃省先进工作者、十佳养路工、全国模范养路工等荣誉称号。

工作室主要任务是结合养护生产实践，以

实施技术改进、承担技术改造任务、负责技术难题攻关、落实职工合理化建议、审查技术方案、培养后备技术力量为重点，开展达标竞赛、技能竞赛、专题合理化建议、"六小"活动。

工作室建立"传帮带"制度。工作室成员作为师傅，每人配对 1 至 3 名年轻同志，成员运用自身的专业技术功底及常年积累的实际工作经验，帮助年轻同志尽快融入养护一线，对年轻同志碰到的难题进行答疑解惑，这让劳模创新工作室聚集了一批业务和技术骨干。成员努力在实际工作中发现有价值的问题，师徒共同动脑筋、想办法，带着问题学习和探讨，攻坚克难，提高了成员们的创新能力。

一是在功能上拓展范围。充分发挥劳模创新工作室团队优势，在条件许可的情况下，进一步拓展"名师带高徒"的范围，与职工的业务轮训、技能培训、思想教育等工作紧密结合起来，充分发挥劳模在提升职工职业道德素质、技术技能素质和创新创优素质上的示范带头作用，培养广大职工艰苦奋斗、开拓创新的职业素质，培养严谨细致、精益求精的工作作风，学习创新知识、增强创新意识、掌握创新技能，推动公路养护持续、快速发展。

二是在工作上多方联合。一方面，加强劳模创新工作室与内部的股室、专业养护队的联系联合，立足难点、重点，共同开展技术创新、技术攻关，积极破解难题，为养护生产提供技术支撑；另一方面，加强与其他单位之间劳模创新工作室的相互交流、劳模创新工作室与科研机构、技术院校之间的技术合作，相互取长补短，形成聚集效应，促进科技进步和科技成果转化。

三是在活动上结合渗透。把劳模创新工作室创建活动与劳动竞赛、技能比赛紧密结合，以劳模创新工作室为载体，组织开展各项专业劳动竞赛、技能竞赛，充分调动和发挥职工群众的积极性和创造性，推动劳动、技能竞赛不断向广度和深度发展。充分发挥劳模创新工作室在技术创新、改造上的领头作用，广泛开展以"六小"为重点的群众性技术攻关、技术革新和技术发明活动，解决养护生产中的技术难题。目前共有打草机改造、车载式撒盐机、40型拌合机除尘器改造、反光示警桩、PVC百米桩、拌合站废尘处理、导热油锅炉"双电源转换开关"、拌合站溢料口改造等8项技术创新，使全段养护工作水平不断提高。

# 第二章　新闻宣传与政研成果

XIN WEN XUAN CHUAN YU ZHENG YAN CHENG GUO

1986年以来，在上级党组织和主管部门的正确领导下，白银公路管路局（2014年1月前称白银公路总段）宣传思想工作坚持以马列主义、毛泽东思想、邓小平理论等为指导，全面贯彻落实中央一系列重大战略思想，解放思想、实事求是、与时俱进，较好地做到了贴近实际、贴近生活、贴近干部职工、服务中心、服务大局，各项工作取得了新的进展、新的成效。广大干部职工紧紧围绕全局公路建养管中心工作任务，及时反映工作情况和思想动态，全力沟通上下联系，新闻宣传及政研工作积极主动，配合有力，在各类新闻媒体上大力宣传，国省干线公路建设成绩斐然，公路路况明显改善，养护管理工作不断迈上新的台阶，公路收费稳步增长，公路勘察设计成绩喜人，安全生产工作不断加强，基础管理工作正规有序，主题教育活动不断进步，树立了白银公路良好的社会形象。

## 第一节　稿件发表

1986年，各段和道班普遍建立了评比台，以插红旗的方式每月每季度考核评比。充分利用学习园地和好人好事登记簿，宣扬了一大批"双文明"竞赛中的先进事迹。

1987年，党委做到定期分析职工思想动态，半年召开思想政治工作交流会，针对实际，及时调整教育内容，使思想政治工作同生产任务相结合。各党支部结合公路养护、百日竞赛，提出了打好翻身仗，开展"五比五看"活动，有效地促进了养护生产，从党委到支部的各级干部比较重视宣扬先进典型、促后进转变的工作，对3名较后进的职工，党委成员亲自下道班谈心，对6个道班、13名个人的先进事迹，通过简报在全总段进行了宣扬。为了加强思想政治工作，在全总段42个道班聘选了宣传员，组建了通讯报道员9名，在省内报刊、电台刊用宣传道工生活的稿件22篇。

1988年，加强了思想政治工作的研究和通讯报道工作。撰写研究论文两篇，在市委召开的理论研讨会上，进行了大会交流，同时上报省厅研究会。总段还给各级领导干部下发了研究提纲，使思想政治工作的研究有了新的开端。

通讯报道工作有了新的起色，完成了《中国交通报》记者站下达的任务，1名通讯员被评为中交报优秀通讯员。总段8名通讯员，今年先后发送稿件93篇，各种报刊、电台刊用24篇，其中《中国交通报》4篇、《交通内参》10篇、《甘肃公路》4篇，《甘肃日报》《甘肃电视台》《白银报》刊用6篇，刊用率达到27%。另外给省厅、局、市委上报工作信息16条，刊用3条，为宣传道工生活、提高公路建设的知名度、鼓舞职工生产积极性具有促进作用。

1989年，重视公路建设、养护、管理工作的宣传。为提高养路职工的社会知名度，开展了新闻报道竞赛，在各种报刊、电台、电视台投稿129篇，被采用39篇，及时宣扬养路职工的先进事迹和单位的工作经验，鼓舞了职工的生产热情。

同时，开展了职工思想政治研究，先后组织会员撰写论文7篇，有4篇进行研讨会交流。

1990年4月，党委召开宣传报道工作会，总结宣传报道工作的经验教训，表彰奖励优秀通讯员，培训18名骨干并请报社同志讲课，有效地提高了宣传报道的业务水平和报道工作的积极性，全总段在省电台、电视台、各种报

刊发表稿件83篇，与白银电视台制作专题片一部，大力宣扬养路职工生活、工作生活、工作的事迹，鼓舞了职工的生产热情。

同时，开展了思想政治工作研究活动，先后撰写研究论文5篇，两次参加了白银市论文发布会、交流研究成果。对职工思想动态的研究分析，坚持做到党委半年、支部一季度一次分析的制度。

1991年，大力宣传报道全总段先进事迹、宣传养护生产工作中新工艺、生产进展情况，总段党委把通讯报道工作纳入任期目标，作为考核党委目标管理的一项内容，制定了新闻报道管理办法，聘请报社的同志向通讯员讲通讯报道写作知识，积极鼓励有写作能力的同志向《甘肃交通报》《甘肃公路》《白银报》写稿件，全年共在《甘肃交通报》、电视台等刊出稿件130篇，完成局宣传科下达任务的288%，起到了宣传鼓舞的作用。

同时，总段制定了政工干部思想研究论文考核办法，要求各党支部书记、政工干事、总段政工干部每人写一篇研究思想政治工作方面的论文，探索新形势思想政治工作的新路子。1991年，全总段共在《甘肃省交通职工思想政治工作研究会》等杂志报社刊出4篇论文，还收到其他政工人员撰写的论文12篇。

1992年，总段党委把通讯报道工作纳入精神文明考核内容之一，作为考核各级组织目标管理内容，制定了新闻报道管理办法，要求各级组织一定要大力支持通讯员工作，给他们创造条件，提供必要的学习采访时间，领导要带头写稿件，宣传本单位的先进人物和事迹。4月，聘请了《甘肃交通报》编辑向总段通讯员讲授有关写作知识，提高了通讯员写作能力。全总段共在《甘肃交通报》《白银报》《人民公路报》等刊出稿件110篇，超额完成局宣传

科下达任务的 223%。宣传广大职工、生活学习、工作经验等情况，有力地激发了职工的生产热情，促进了各项工作。

召开了第二届思想政治工作研讨会，会上共收到论文 16 篇，大会上发布论文 10 篇，其中 6 篇被评为优秀论文。

1993 年，党委把通讯报道工作纳入了精神文明考核的内容之一，并制定考核奖励办法，7 个报道组和通讯员 19 人，在省内外、行业报刊上刊登稿件 45 篇。总段先后购入学习十四大辅导材料、《社会主义市级经济概论》《建设有中国特色社会主义理论学习辅导》等 7 种学习书籍 400 多册，各段也做到保证每个班组有 3 份以上的报纸，全总段订阅各种报纸 267 份。会宁段党支部还为订不到报纸的 6 个道班统一订了《半月谈》。《邓小平文选》第三卷出版发行后，党委及时做出安排，要求第一步做到保证每个党员、干部人手一册，并发至基层班组；第二步做到有阅读能力的人手一册。全总段下发《邓小平文选》第三卷 270 册。利用多种形式开展宣传教育工作，据统计：全总段共办宣传专栏 98 期，黑板报 67 期，职工个人写学习心得体会 1208 份。

同时，按照新形势的要求，党委下大力气抓思想政治工作，把思想政治工作与生产养护工作同安排、同检查，充分发挥党政工团各自的优势，全方位、多渠道地做好思想政治工作。政工干部在认真总结思想政治工作传统经验的基础上，研究和探索思想政治工作的新途径、新方法，积极开展政研活动，撰写论文 19 篇，在省内外刊物上发表 8 篇。

1994 年，从党委到各支部非常重视宣传报道工作，党委成员带头撰写稿件论文，调动了职工和专业技术人员的积极性。共完成新闻稿件 66 篇，论文 18 篇，通讯 5 篇，消息 9 条，

图片 4 幅。其中省级报刊发稿 4 篇，图片 3 幅，电视台消息 2 条，使全段的新闻报道工作上了一个台阶。

1995 年，加强宣传报道工作，大力宣扬公路职工风貌。共完成各类稿件 176 篇（条），其中省部级报刊采用 20 篇（条）；征集论文 36 篇，被地市以上投刊采用 18 篇，省级报刊发 3 篇。总段政研会被白银市评为优秀政研会，先后有 3 篇论文获奖。

1996 年，以正面宣传为主，以生产一线为题材，加强新闻宣传，展现公路行业风貌。全段在地（市）以上报刊共发表稿件 202 篇，其中论文 11 篇，省（部）级报刊达 22 篇，新闻摄影迈了一大步，实现了新闻宣传报道的舆论阵地建设。在白银电视台上陆续播放了《公路、公路》等 5 部电视专题片。《道班、路和家》获甘肃电视台专题片优秀奖。

同时，重视和加强党报、党刊的订阅工作。据统计，全总段共订阅各类报刊 665 份，基层班组达 436 份，每个道班都统一订阅到 4~5 份报纸，形成班班有报纸、人人看报纸的好风气。丰富多彩的精神食粮，为职工创造了良好的文化生活环境。总段表彰奖励先进报道组和优秀通讯员，重新调整新闻报道小组，大大激发了新闻爱好者写作品、出精品、质量上档次的热情，为养护生产充分发挥了加油鼓劲的作用。总段连续两年被甘肃交通报社评选为发行工作先进单位，并首次被交通厅表彰为新闻宣传工作先进单位。

1997 年，结合行业开展的"三学"活动，大力宣传公路系统两个文明建设成就，展示公路行业风貌。全总段在地（市）以上报刊发表稿件 207 篇，省（部）级报刊发表稿件 68 篇；有部分论文被评为省市级优秀论文。各基层党支部结合生产任务，开展了经常性的宣传动员

和思想鼓动工作，在"春运防滑""铜城杯"百日竞赛、"大干五十天""防汛抢险"、百日收费无差错活动中，各单位利用各种宣传工具，办墙报、专栏43期；书写大型横幅、条幅51幅；书写宣传标语300余条；信息简报28期。全总段订阅各类报刊665份。

1998年，党委大力宣传公路建养管收中的先进典型、先进事迹和成就，向社会展示公路行业风貌，弘扬高尚的道德风尚，提高向心力，增强凝聚力，塑造公路新形象。投入5万余元，共征订各类报刊816份，学习资料近千本，办各类学习专栏40余期。在地（市）级以上电台、电视台、报刊发表稿件230篇，其中省部级40篇，《甘肃交通报》刊发62篇，超额完成了省厅下达的通讯报道任务。总段编发《信息快讯》16期1000余份；《公路建设快讯》8期600份，及时快速地反映了公路建养管收工作的动态。各支部都能及时宣传报道工作实绩和行业文明建设中的先进事迹，4名通讯员被省厅评为优秀通讯员，8名通讯员受到总段党委的表彰奖励，总段被省厅评为新闻宣传工作先进单位。

1999年，党委围绕经济建设和公路事业的发展实际，突出阶段性重点，强化典型宣传，积极创造良好的舆论氛围，取得了可喜的成绩。全段通讯员在省、市级报刊、电台、电视台刊播稿件268篇，其中省部级62篇；编发《信息快讯》《公路建设快讯》18期；各类专业人员发表论文14篇；向省公路职工政研会、市企业职工政研会选送论文8篇170份。党委对总段征集评选的10篇优秀论文进行了表彰奖励。全年投资6万余元征订党报党刊和行业报刊940余份。积极宣传公路事业的发展和先进模范人物事迹，并为职工创造了一个良好的学习环境。

2000年，认真贯彻落实省厅和全市宣传思想政治工作会议精神，按照"打好主动仗，唱响主旋律"的宣传思想政治工作方针，紧紧围绕经济建设和公路事业的发展，突出阶段性工作重点，积极宣传公路建养管收工作实绩，努力培育典型，主动宣传典型，创造了良好的舆论氛围，取得了可喜的成绩。全段通讯员在省、市级报刊、电台、电视台刊播稿件153篇，其中省部级52篇；编发《信息快讯》18期；各类专业人员发表论文20篇；开展各类研讨、大讨论收集论文24篇；向市企业职工政研会选送论文2篇80份。党委对总段评选的20篇优秀论文和9名优秀通讯员进行了表彰奖励。全年投资6万余元征订各类报刊900余份，为职工创造了一个良好的学习环境。

2001年，全段通讯员在省、市级报刊、电台、电视台刊播稿件201篇，其中省部级稿件20篇，有3篇新闻作品获得省公路局"好路杯"好新闻奖。对4个通讯报道组、7名通讯员和36篇论文作者给予了表彰奖励，并为省公路局推荐政研论文4篇。总段坚持刊出《信息快讯》16期，景泰所从去年开始创办的《收费之声》、靖远所创办的《窗口》均及时反映了各项工作动态、通行费收费人员的心声、单位的精神风貌和各项事业的发展，收到了很好的效果。

2002年，全段通讯员在省、市级报刊、电台、电视台刊播稿件261篇，其中省部级稿件92篇，对4个先进报道组和7名优秀通讯员进行了表彰奖励；为省公路局推荐政研论文4篇，其中1篇被省局政研会评为一等奖。总段创办《白银公路信息》15期。景泰、靖远收费公路管理所坚持创办《收费员之歌》和《窗口》。

2003年，全段通讯员在省、市级报刊、电台、电视台刊播稿件 181 篇，其中省部级稿件 62 篇，组织撰写科技、政研论文 19 篇，其中 2 篇政研论文被白银市企业政研会评为优秀论文。认真落实《白银公路总段宣传思想工作管理办法》，对 3 个通讯报道组、8 名通讯员和 11 篇政研论文进行了表彰奖励。总段编发《白银公路信息》36 期，及时反映各项工作动态、单位的精神风貌和事业的发展。2003 年 4 月，总段被省公路局评为"新闻宣传工作先进单位"，2 名通讯员被评为"新闻宣传工作先进个人"，4 篇新闻作品获"全省公路系统第八届公路杯好新闻奖"。

2004 年，全段通讯员在省、市级报刊、电台、电视台、刊播稿件 186 篇（条），其中省部级稿件 78 篇，超额完成了省局下达的任务；组织撰写科技、政研论文 30 篇；认真落实《白银公路总段宣传思想工作管理办法》，对 5 个新闻宣传工作先进单位、8 名通讯员、2 名优秀政务信息工作者和 27 篇科技、社会类论文进行了表彰奖励。总段编发《白银公路信息》46 期，及时反映各项工作动态，单位的精神风貌和公路事业的发展。

2005 年，全段通讯员在省、市级报刊、广播电台、电视台刊播稿件 130 多篇；认真落实《白银公路总段宣传思想工作管理办法》，对 4 个新闻宣传工作先进单位、7 名通讯员进行了表彰奖励。总段编发政务信息 34 期 85 条，及时反映和宣传各项工作动态、单位的精神风貌和公路事业的发展。

2006 年，省公路局下达新闻报道任务为 80 篇，全段通讯员在省、市级各新闻媒体上刊播稿件 170 篇，完成率为 212.5%。编发《白银公路信息》52 期，及时反映全段各项工作动态、单位的精神风貌。在总段第五届四次职代会上，认真落实《白银公路总段宣传思想工作

管理办法》，表彰奖励了 4 个新闻宣传工作先进单位，6 名优秀通讯员和 4 名优秀政务信息工作者。组织了总段科技研讨会，评选并表彰了 28 篇优秀论文。在白银市第四届社会科学类优秀成果评审中，白银总段申报的论文《对人事考核管理体系的探索与思考》荣获白银市第四届社会科学类优秀成果奖三等奖。有 5 篇新闻作品分获全省公路系统第九届"公路杯"好新闻一、二、三等奖，受到省公路局的表彰。

2007 年，全段通讯员在省、市级各新闻媒体上刊播稿件 229 篇，编发《白银公路信息》68 期；全力办好"白银公路网"，及时更新有关信息。有 3 篇新闻作品分获全省公路系统第十届"公路杯"好新闻二、三等奖。根据局党委的安排，组织开展学习马鬃山公路管理段等六个先进典型的学习活动。青江驿养护管理站被树立为全省公路系统先进典型之一，并参加了全省巡回演讲，很好地展示了全段职工的精神风貌。在总段第五届五次职代会上，表彰奖励了 5 个新闻宣传工作先进单位、6 名优秀通讯员和 4 名优秀政务信息工作者。组织了总段科技研讨会，评选并表彰了 27 篇优秀论文。在全省交通职工政研会年会和公路职工政研会年会上，报送的 2 篇论文分获一等奖和二等奖。

2008 年，全段通讯员在省、市级各新闻媒体上刊播稿件 173 篇，编发《白银公路信息》50 期；全新改版了"白银公路网"，总段路政支队被省路政总队表彰为 2007 年度全省路政新闻宣传工作先进单位，有 2 篇新闻作品分获全省公路系统第十一届"公路杯"好新闻二、三等奖，2 名同志分别被省厅和公路局表彰为优秀政务信息员，2 名同志分别被省交通新闻信息中心表彰为特邀优秀通讯员和优秀通讯

员，1 名同志被省路政总队表彰为全省路政新闻宣传工作先进个人。在总段第六届一次职代会上，表彰奖励了 4 个新闻宣传工作先进报道组、7 名优秀通讯员和 3 名优秀政务信息员。

2009 年，全段通讯员在省、市级各新闻媒体上刊播稿件 130 篇；编发《白银公路信息》40 期。有 2 篇新闻作品分获全省公路系统第十二届"公路杯"好新闻二、三等奖，2 名同志被省交通新闻信息中心表彰为优秀通讯员。在总段第六届二次职代会上，表彰奖励了 4 个新闻宣传工作先进报道组、7 名优秀通讯员和 4 名优秀政务信息工作者。

2010 年，全段通讯员在省、市级各新闻媒体上刊播稿件 556 篇；编发《白银公路信息》85 篇。2 名同志被省交通新闻信息中心表彰为优秀通讯员。在总段第六届三次职代会上，表彰奖励了 5 个新闻宣传工作先进报道组、6 名优秀通讯员和 2 名优秀政务信息工作者。

2011 年，总段党委认真贯彻落实省公路局《2011 年宣传工作要点》和全市宣传思想工作会议精神，坚持团结、稳定、鼓劲和正面宣传为主的方针，通过在全段上下构建"党政齐抓、上下联动、内外配合、广泛参与、整体推进"的宣传格局，采取督办通报、奖励激励、媒体联动、强化队伍等措施，切实提高新闻宣传工作水平，完成各类新闻宣传稿件 624 篇，编发政务信息 102 期。

同时，通过按期召开政研会、健全组织机构、优化政工干部队伍等手段，积极鼓励广大干部职工深入一线，开展有效的思想政治调查研究工作，引导和理顺广大职工群众的情绪，化解各类思想矛盾。总段向省交通政研会、公路政研会上报政研论文 37 篇，在《甘肃交通政工》上发表论文 8 篇。省公路政研会表彰优秀论文 12 篇，编纂印发了《白银公路总段

"十一五"优秀政研论文集》。

2012 年，完成各类新闻宣传稿件 767 篇（报刊电视媒体 237 篇、网络媒体 530 篇），编发政务信息 42 期 132 条。总段向省交通政研会、公路政研会上报政研论文 10 篇，在《甘肃交通政工》《甘肃路政》《交通周刊》等各类刊物上发表论文 30 篇。

2013 年，加强通讯员队伍建设，积极建立同主流新闻媒体的协调沟通机制。坚持正确的舆论导向，全段通讯员在《甘肃日报》《甘肃经济日报》及行业网站上刊发稿件 800 多篇，积极宣传全段在公路养护管理和行业文明建设中取得的新成绩、新经验。

2014 年，全局通讯员在《甘肃日报》《甘肃经济日报》等各类报刊及网站上刊发稿件 900 多篇，报送公路信息 27 期 89 条。

2015 年，全局通讯员在《甘肃日报》《甘肃经济日报》等各类报刊及网站上刊发稿件 237 篇，营造了良好的舆论氛围。

2016 年，坚持正确舆论导向，发挥"互联网+"的作用，创建了"白银公路管理局"微信公众号，打造新的新闻宣传阵地和公路文化阵地。重视新闻宣传人才培养教育工作，举办全局新闻宣传培训班。在《甘肃日报》《甘肃经济日报》等各类报刊及网络媒体刊发稿件 435 篇（条）。

## 第二节　稿件选登

**公路水毁调查研究和防治**　白银总段根据管养的荣兰、靖天、会慢公路地处湿陷性黄土区，每年雨季水毁次数多、工程量大，要投入全总段 70% 的水毁抢修费才能维持交通畅通的实际情况，从 1988 年开始，选定"会宁黄土路段公路水毁调查及防治措施的探讨"课题。

确定专人负责，经过三年多的调查和分析，基本上总结出了湿陷性黄土地质山岭地形路段涵洞出水口、急流槽、填方路基边坡、弯道内侧路边坡等设施发生水毁的原因及规律，并采取了一些行之有效的防治措施。如修建钢筋混凝土悬臂式滴水，在涵洞和急流槽出水口增设消力池，接长山坡处的急流槽引入沟底，改变急流槽设计断面，取消槽内设置的消能石榫，用钢筋混凝土管涵代替急流槽，对坡度大于3%的边沟分段修建多级跌水，浆砌片石门坎，经过计算加大坞工边沟、断面尺寸，改移涵洞、急流槽位置，在急弯路堤内侧和填方边坡修建坞工边沟和急流槽、开挖路肩横向排水沟、夯填陷穴、堵塞地表裂缝等，减少了水毁损失，增强了公路防洪抗灾能力。

采取上述措施之后，水毁损失每年减少15%左右。其中修建钢筋混凝土悬臂式滴水代替急流槽排水一项，不仅造型简单，使用效果好，而且造价低廉，成本只有用同类材料修建急流槽所需费用的1/3。目前已建成13处，共节约人民币31291元。

（曹海平）

**国道109线靖远段改建工程进度快** 国道109线靖远唐家台至刘寨柯段改建工程在1991年完成部分土石方工程量的基础上，截至1992年已完成路基72公里；铺渣油路47公里；建桥21座623米；修涵174道2800米，共完成土石方工程量187.3万立方米，完成投资4467万元，其中1992年完成2548万元。

1992年三四月，省局工程处会同设计院、科研所对109线唐刘段进行两次设计与施工管理回访，解决了各施工单位待解决的工程技术问题。国道改建指挥部领导，靖远、平川县区政府及土地局有关人员多次深入工地，解决征地和搬迁问题。7月上旬，省局工程处，市、县区政府及有关部门，就靖远、平川征地难点和工程受干扰等问题进行了现场调查，而后又召开了为期两天的现场协调会。为了保证工程顺利进行，成立了兰包公路改建工程施工现场治安室，向有关部门和沿线农民宣传"从过道建设大局出发，体谅国家困难"，较好地解决了水泉、大营水、水塔村等地的拆迁难点；与兴电工程等11个单位签订了电力、电讯电杆拆迁合同派出了干扰，从而为工程顺利进展奠定了基础。

1992年5月，省局工程处、市国道改建指挥部、白银公路总段及兰包公路质量监理组一起，进行了一次以质量为主的全面大检查，对现场凌乱、不按规定规程施工、质量欠佳的单位进行了通报。按"监、帮、促"的原则强化了质量监理，为监理配备了一台较先进的第三代核子密度仪。积极督促各施工单位按照质量管理进行施工管理，对个别较差单位限其停工整顿，直至采取切实可行措施。与此同时，对施工单位的计划进度实行跟踪，发现问题及时找出原因、调整计划。由此，既保证了质量，也保证了进度。如47公里的铺油工程，由于各工序衔接紧凑，基层拌和均匀，面层油石比控制恰当，仅4个月就完成了铺筑任务。

在改建工程施工中，对安全生产、文明施工采取了5个措施。一是重申了1991年所签订的责任书中的有关安全生产、文明施工条款，进一步完善了安全生产措施。二是各施工单位坚持挂牌施工，以利社会监督。三是在有大构造物路段扎制"安全门"。四是在边施工边通车路段悬挂或设立醒目的"施工路段、车辆慢行"标志，并竖立小红旗或石块以示警诫，便道两端设立"请走便道"标志，个别单行道路段派专人指挥交通。五是要求工地院落清洁、材料堆放、机具停放井井有条。这些措施促进了安全文明生产，全年无重大伤亡事故发生。

（王天岷　魏瑞昌）

**白银公路总段取得公路工程施工二级企业证书**　1995 年 4 月，甘肃省建设委员会对白银公路总段的人力、财力、机械设备、技术力量和施工质量进行了全面审查，正式核定为主营公路工程、兼营一般房建工程的全民所有制经济性质的"公路二级企业"。

白银公路总段自 1986 年建段以来，平均每年完成国道建设工程项目近 800 万元。其中"八五"期间，每年平均完成近 1000 万元，共承担了国道 109 线和国道 312 线 90 公里二级公路路基土石方工程的施工任务，铺筑路面工程约 150 公里，架设永久性公路大、中、小桥梁 16 座 703 米，新修各类涵洞 195 道 2895 米。工程建设中牢固树立质量第一的思想，所建工程全部达到合格标准，优良工程达到 90% 以上。承建的国道 109 线唐家台大桥被甘肃省建设委员会评为"甘肃省优良工程"。

十年来，大中修工程共铺筑油路 322 公里 223.7 万平方米，工程质量达到优良标准的 271 公里；房建工程共完成 25 处 22801.2 平方米，达到优良标准的 195 项，合格的 3 项；1989 年完成的省道 207 线 115 公里加 700 处 2 米—16 米 T 型桥梁，质量达到优良；列入 1993 年大中修工程的省道 207 线 1 公里加 100 米～400 米马鞍桥防护工程 6091 立方米，被评为省优质工程。1994 年，在国道 109 线率先建成了全省第一条文明样板路。好路率由 1986 年的 65.7% 上升到 1994 年的 84.2%，上升了 19.5%。

截至 1995 年底，白银公路总段固定资产达到 1770 万元，拥有各种大中型筑路专用工程机械车辆 182 台（辆）。有职工近 900 名，全部扫除文盲，高中以上文化程度的 221 人，占职工总数的 1/4。有高级工程师等各类专业技术人员 80 余人；生产工人中有中级工以上的 401 人，占生产工人总数的 60%。技术力量和施工能力已达到同行业先进水平，成为甘肃公路系统具有一定实力的公路养护队伍和施工队伍。

（周继瑜）

**312 国道静巉段白银境内 62 公里文明样板路建成**　1996 年 11 月，白银境内 62 公里收费路段被省交通厅验收为省级文明样板路。这是白银总段继 109 国道文明样板路之后，建成的第二条文明样板路，在全省已建成的 3 条文明样板路中，白银公路总段管养里程达 260 公里，占全省样板路总里程的 1/3。

312 国道兰州至司家桥文明样板路建设工程是省交通厅、省公路局确定的 1996 年省抓文明样板路，白银公路总段辖养 62 公里，养护管理、收费工作分别由会宁公路管理段、国道 312 界巉段管理所承担，下设两个养护管理站，一个养护点和两个收费站，有养管人员 55 人，收费人员 78 人。通过改善和提高国道 312 线的通行能力及规范化管理水平，到 1996 年 10 月底，好路率达 100%，综合值达 80.6，收费完成 850 多万元，占计划的 95%。

在文明样板路建设中，结合国道 312 线路况质量的实际，共完成硬化路肩 1.66 万平方米，混凝土边沟 159.48 立方米；路肩墙 915 立方米；加宽混凝土路肩 245.56 立方米；增设拦水带 9 立方米；急流槽 9.6 立方米；混凝土边沟涵 62.5 米；砂砾硬路肩 1.43 万平方米；设置悬臂标志 16 块，在养护起讫点安装门式架 2 副；恢复标线 20.4 公里；刷新桥栏、护柱、拦水带 5620 平方米；修复收费广场混凝土路面、路肩 292.7 平方米；更换路灯等 40 盏；维修收费亭、站房 1154 平方米，青江驿养管站新修空心砖护墙 220 平方米、转围墙 141 米、金属栏杆 147.23 平方米；新建职工食堂、库房及车库 100 平方米；釉面砖铺筑职工宿舍、会议室 530 平方米。工程合格率均达 100%。

（王宝成）

**兴泉道班工会小组获"全国模范职工小家"称号**　1996 年，白银公路总段兴泉道班工会小组被中华全国总工会授予"模范职工小家"光荣称号。

兴泉道班有职工 23 名，养护着省道 201 线 35 公里油路。道班地处腾格里沙漠南缘著名的大风区古名锁罕堡的戈壁滩上，自然条件恶劣，工作生活艰苦。为使职工有一个良好的学习、工作和生活环境，他们始终坚持把开展建设职工小家活动和生产生活紧密联系在一起，做到有声有色。段上多方筹资给道班配备了彩电，装备了卫星地面接收器，购置了音箱设备、电冰箱、洗衣机、图书柜、乒乓球、象棋桌等。全班人员利用业余时间铺筑了院落，修建了小花园、小菜园、小果园。健全和完善了道班民主管理及五公开（考勤公开、浮动工资公开、工作任务公开、工作成绩公开、伙食管理公开）制度。结合公路养护开展抓学习比进步、抓生产比贡献、抓质量比安全、抓思想比道德、抓团结比风格、抓作风比管理的"六抓六比"活动。通过抓小家活动，促进了公路养护生产，使其养护的 35 公里公路达到了省公路局提出的"七全一新一最好"的要求。

1997 年 5 月 1 日，兴泉道班被中华全国总工会授予"五一劳动奖状"。

（陈自润　王朝锋）

**白银总段工会获省总工会模范"职工之家"称号**　1998 年，白银公路总段工会获甘肃省总工会"模范职工之家"称号。近年来，总段投资 15 万元为一线班、站全部配备席梦思床，12 个班、站铺了地板砖，7 个"职工小家"配备了 VCD 设备，所有"职工小家"配图书总计 1 万余册，70% 的养路职工住宿达到公寓化。9 个为市级"模范职工小家"，兴泉道班被中华全国总工会命名为"全国模范职工小家"，并被授予全国"五一劳动奖状"。总段工会每年节假日慰问特困户、离退休老干部和施工一线人员。关心女职工生活，组织开展"巾帼建功"活动，在职工中广泛开展社会主义劳动竞赛、岗位练兵活动，有效地促进了党政各项工作的开展。

（周继瑜　王　廷）

**甘肃省省道 308 线"安保工程"初见成效**　省道 308 线地处甘肃、宁夏、内蒙古三省区交接处，今年自实施"安保工程"以来，道路安全系数大幅度提高，已有 7 台车辆成功避险，"安保工程"初见成效。

省道 308 线自 1999 年改建为二级公路后，由于道路平坦，行车条件良好，致使许多司机麻痹大意，已发生各类交通事故 62 起，死亡 44 人，直接经济损失 182 万元，被甘肃省安委会和甘肃省交警总队列为重点整治的四条路段之一。

2004 年，根据甘肃省公路养护生产调度会议精神，将 S308 线红水段列入全省安保工程重点整治路段，结合甘肃省预防领导小组专家组意见，白银公路总段景泰公路管理段按照《甘肃省公路安全保障工程实施技术要求》的有关规定进行了具体实施。主要在 K209+400 米处设置 150 米长、8 米宽的避险车道，设置标志牌 5 块；在 K212+900 米处设置 150 米长、8 米宽的避险车道，设置标志牌 6 块；在 K220 处设置连续陡坡警告标志 2 块；对 K209—K213 段路面喷划热融标线 4 千米。

2004 年 4 月 12 日下午 6 时许，第一台紧急避险车辆进入避险带，避免了一起车毁人亡的重大交通事故，避免了 50 多万元的经济损失。就在第二天该车从紧急避险带出来仅仅 1 个多小时后，另一台车辆因刹车失灵也冲进了避险带，也避免了又一起重大事故的发生。7 月 24 日下午 4 点多，一台车号为新 A-47173 的大货车也因车辆失控进入避险带紧急避险。恰在此时，甘肃省公路局及白银公路总段一行 12 人的公路督查组到该路段进行工作督查，亲眼看到了这一有惊无险的全过程，大家纷纷为这条紧急避险带修建的科学性和及时性给予了高度评价。截至目前，不但使七台遇险车辆成功避险，且至今没有发生过一起因车辆失速而导致车毁人亡的交通事故。

至此，省道 308 线已经完全从事故多发路段的阴影中走了出来，并在连接宁夏回族自治区、内蒙古自治区和甘肃省以及沿海经济发达地区和内地的交通枢纽中起到越来越重要的作用。

（刊于 2004 年 9 月 13 日《中国交通报》第四版，俞建华）

**靖远段三滩站成为我省第一个标准化养管站示范点** 2005 年，由公路局组织考评组对靖远公路管理段三滩养护管理站进行了认真考评，并确定其为全省第一个养管站标准化建设示范点。

靖远段三滩养管站地处国道 109 线 1562 公里处，建成于 1999 年，现有职工 22 人，担负着 52 公里的养护任务。近年来，该站加大科学管理和资金投入，群策群力，挖掘潜能，不断改变思想作风和转变思维方式，并自我加压、自我创新，形成了两个文明协调发展、同步提高的良好态势。自实施公寓化管理以来，三滩养管站始终坚持以人为本，44 间职工宿舍全部配发了日常生活用品，桌、椅、柜、衣架等设施齐全。

（魏 明）

**三尺讲坛显口才，众目之下展风采——白银总段团员青年"学先进、创先进、树形象"演讲比赛侧记** 台上演讲者慷慨陈词，挥洒自如；台下评委各抒己见，严肃认真；会场上不时响起掌声，听众们品味着公路人的酸甜苦辣。这可不是国际大专辩论赛的现场，而是 4 月 28 日"五四"青年节即将到来之前，白银公路总段团委举办的"学先进、创先进、树形象"新世纪团员青年演讲比赛的现场。

本次演讲比赛共有基层 10 个团支部 20 名团员青年参加，他们结合公路建养管收工作实际，围绕"学先进、创先进、树形象"这个主题，以自己的亲身经历和感受为题材，做了 20 个专题的精彩演讲。

"为了抓质量、保安全、赶进度，树立施工企业新品牌，他们坚守在工地，一连几个月都顾不上回家……"题为《奉献铸就永恒》的演讲拉开了比赛的帷幕，与《以工地为家、谱写路业辉煌》共同表现了在西部大开发、公路大发展的历史机遇中，白银新世纪路业公司的职工们以路为业，开拓进取，筑就康庄大道，取得辉煌成就的感人事迹。

《会师圣地的养路人》《无怨无悔写青春》《平凡方显本色》《青春无悔铺路石》《锁罕堡大风口的青年突出队》《大漠戈壁团旗飘

扬》等从不同角度讲述了以劳动为乐的公路人的情怀。"烈日炎炎的夏天，他们是公路上最夺目的亮点，厚重的工作服遮挡了他们青春的曲线，一滴滴汗水渗透层层衣衫，而他们全然不顾，冒着高温酷暑，加班加点，任劳任怨，只希望把脚下的路养护得更加舒适和平坦。麦浪滚滚的秋天，他们又一次次奔赴水毁现场，与洪水搏斗，和淤泥作战，为了保护公路财产，他们不辞劳苦，昼夜奋战。雪花飘飘的冬天，他们是路边一棵棵挺拔的白杨，任凭刺骨的冷风穿透脊梁，打冰扫雪，防滑备砂，他们用勤劳的双手为公路整理梳妆。季节的脚步在不停地变换，而养路人的一颗心却始终不变。这就是可亲可敬而又可爱的养路人。谁说他们的人生不够精彩，谁说他们的青春少了浪漫，对公路默默的奉献，对妻儿无尽的思念，使他们读懂了劳动的价值，生命的内涵。"这就是养路人今生今世最高尚、最难得的情怀，一位演讲者发自内心的慨叹。

《奉献征稽终不悔》《让别人去说吧》等演讲，以一件件感人的真人真事，再现了征稽、路政执法人员在"情"与"法""利"与"义"的斗争中，如何正确把握自己，经受各种考验，以实际行动维护法律尊严，树立了勤勤恳恳、严于律己、秉公执法、一身正气的良好形象。

《走进春天》《青春无悔路》《在平凡中书写绚丽的人生》等将演讲比赛推向高潮。演讲者用一幕幕发生在收费站的故事，谱写了平凡而辉煌的人生篇章："在平凡琐碎的收费工作中，我和众多同龄人一样把人生最宝贵的青春岁月留在了小小收费亭，献给了收费站。这期间，笑脸曾遭霜打，热情曾遭冷落，人格曾遭亵渎，还有远离城市的孤独，严寒酷暑的煎熬，油污废气的熏呛，丢小家顾大家，甚至我

们的工作经常不被他人理解，有时甚至发生聚众闹事、围攻收费亭、殴打收费人员的事件，我们的人身安全随时有受到威胁的可能。但我坚信，只要我们有团结拼搏、艰苦奋斗、爱岗敬业、乐于奉献的精神，把自己的青春和汗水奉献给光荣的公路事业，就会创造出闪光的业绩。"

通过角逐，靖远收费公路管理所的孙亚梅夺得了演讲比赛的一等奖。靖远、景泰、会宁三个收费公路管理所分别获得优秀组织奖。

这是白银总段团委举办的第一次团员青年演讲比赛。此次演讲，生动地再现了公路职工在平凡而艰苦的岗位上，忠于职守，默默奉献的"铺路石"精神，真实地反映了公路行业普通劳动者的理想、追求和精神风貌。

（党委办公室、团委）

**白银公路总段路政专项整治成效显著**

2006年，白银总段路政支队严格按照省路政总队的要求，针对辖区公路超限运输车辆多、路政违法案件多和乱堆乱占严重影响路外现象的现状，开展了声势浩大的路政大巡查和路容路貌专项整治活动，有效地巩固了公路建养成果。该段抓住高速公路、国省干线、县乡公路三个层次路政管理中的薄弱环节，坚持"依法治路、标本兼治"的原则，集中力量，重拳出击，切实提高了专项整治的成效，主要做了以下三个方面的工作。一是调查摸底，宣传先行。该段集中全段路政人员，分兵多路，实行责任包线、任务到线的责任制，加大上路巡查、监控力度，对辖区内的交通标志、桥梁、涵洞等进行统一的登记、整理；对超限车辆的交通流量、走向及绕行、逃避情况进行仔细的调查，做到对各类情况心中有数。一年来，共喷刷宣传标语175副，设置反超限运输宣传牌

46块，发放宣传单8388份，出动宣传车55次7620公里，启用电视等新闻媒体报道8次。二是科学指导，综合治理。监控站24小时不间断监控，各路政大队协助进行流动巡查治超，着重在预防性管理、制止违法苗头和查处公路两侧建筑控制区内的各种违法建筑方面下足了功夫。截至年底，白银境内城市进出口路、过境路、各类开发区、小城镇建设和村镇路段的脏乱差现象得到了遏制，以路为市、乱设非公路标志牌、广告牌、门架、墙体广告、利用公路及附属设施进行车辆维修、洗车加水、占路作业、排污等违法行为得到遏制，及时全面恢复了各个路口的路容路貌、交通安全标志等，有效维护了路产路权，较好巩固了去年的部检成果。共查处违章建筑12起842平方米，查处损坏路产3起23平方米，查处埋设电杆、广告牌158起248根。路政人员上路率达95%，路产完好率100%，路政案件结案率98%。

（魏周军）

**白银公路总段开展筑养路机械操作技能竞赛活动**　白银公路总段于2007年12月至2008年上半年开展"筑养路机械操作技能竞赛"活动。活动分理论考试和实际操作两部分进行。总段要求筑养路机械操作人员认真学习机械操作技能，扎实开展岗位练兵，增强锐意进取、爱岗敬业的责任意识，不断提高专业技术水平，在生产一线掀起学技术、用技术、争当技术能手的热潮。

（王　明）

**白银公路总段全体党员踊跃缴纳"特殊党费"**　近日，白银总段各党组织和广大党员积极响应中央组织部的号召，满腔热情地参加了缴纳一份"特殊党费"活动，以实际行动和自身的模范作用为灾区人民"送温暖、献爱心"，生动诠释了"一方有难八方支援"的民族凝聚力。截至目前，全段党员已缴纳"特殊党费"34255元。在积极奉献"爱心"的同时，白银总段党委还号召全段党员干部要发扬共产党员无私奉献的精神和忘我工作的热情，把对地震中遇难者的哀思、对受灾群众的牵挂转化为立足本职、敬业奉献的强大动力，认真抓好全年公路养护管理各项目标任务，为白银地区公路事业的又好又快发展多做贡献。

（党　办）

**白银公路总段团委开展"情系灾区、送温暖、献爱心"活动**　组织广大团员青年向地震灾区伸出援助之手，募集"特殊团费"、抗震救灾捐款共计1950元，参与献血的青年志愿者15人。

（杨雪峰）

**景泰公路管理段推进养护标准化进程**　制定了"标准化"养护实施细则，严格按照"六条标准"要求，抓好S201线、S217线省级标准化养护示范路创建。截至目前，已修复砼边沟94.6立方米，修复砼路肩墙87.9立方米，更换里程碑14个，更换百米桩145个，更换护柱143根，清除水落台土石方432立方米。

（来耀花）

**白银公路总段召开沥青碎石封面现场会**　2009年7月30日，现场会在景泰召开，副总段长负子辉、各公路段主管小修保养的负责人、工程技术员以及监理人员共计20多人参加了会议。这次会议的主要任务是交流总结沥青碎石封面施工经验，取长补短，全面促进这项工作。会议首先组织大家观摩了 S201 景泰段沥青碎石封面施工现场，参观了 S308 线已完工的碎石封面工程，并对施工重点环节及经验等内容进行了学习、讨论和交流。会上，景泰段和靖远段分别介绍了各自沥青碎石封面施工中好的经验和做法，白银段和会宁段也谈了他们学习的感想和收获。最后，副总段长贠子辉做了总结发言，他指出：沥青碎石封面技术是能耗较低的路面养护技术，在国道、省道的养护维修工程中已经得到普遍推广应用。要确保沥青碎石封面工程质量，一是要把好前期病害处置关；二是要把好沥青、碎石材料质量关；三是要把好机械设备入场关；四是要在施工细节上精益求精；五是要加强后期养护；六是要做好交（竣）工验收准备工作。

（李 莉）

**白银公路总段安排部署省养干线公路技术状况评定工作** 此次公路技术状况评定工作将对公路的路基、路面、桥隧构造物、沿线设施等的完好状态及供汽车行驶的使用性能进行全面检测与调查，并按新的《公路技术状况评定标准》进行评定。评定工作将对准确全面掌握总段辖养公路的技术状况，建立公路技术状况动态管理系统，科学决策和指导生产，提高公路的养护管理水平发挥重要作用。为确保此项工作的顺利进行，总段成立了由主管养护副总段长任组长的评定领导小组，落实专项经费，对各单位的公路技术状况评定工作给予补助。在实施方案中对组织机构及责任分工、实施步骤和时间安排、采集的内容、工作流程及质量要求均进行了详细规定和说明，全部工作将于10月底完成。

（包宏瑾）

**白银公路总段高度重视离退休职工管理工作** 2009 年，白银公路总段不断探索离退休职工管理与服务工作的新思路，为总段的稳定和发展做出了应有的贡献。一是抓好政治理论学习，落实老同志的政治待遇，保证了离退休职工在政治上、思想上同党中央保持一致。二是切实关心离退休职工。在养护经费紧张的情况下，确保了离退休职工工资的发放，为每一个离退休职工办理了医疗保险；对离休干部的医疗费做到实报实销；在福利待遇等方面，也尽量做到同在职职工同等对待。三是充分发挥党组织在离退休职工管理工作中的核心作用。各党支部成立了以党支部书记为组长的离退休职工管理领导小组，组织开展创建"五好"离退休职工党支部活动，在 2009 年开展的"两项建设"中，总段离退休职工党支部被省交通厅党组评为先进党支部。四是丰富离退休职工文化生活，逐步修建完善了健身室、棋牌室、阅览室等文化活动场所，为老同志较好地营造了"老有所学、老有所乐"的环境。

（蔡炳香 王 明）

**白银公路管理段"职工书屋"荣获"全国职工书屋示范点"称号** 白银公路总段白银公路管理段"职工书屋"被中华全国总工会授予"全国职工书屋示范点"荣誉称号。近年来，白银公路总段高度重视职工素质的提升，以有独立场地、有管理规章制度、有专兼职管理人员、有硬件设施、有励志名言氛围装饰的"五有"为建设标准，大力改建和建设段、所机关及一线班站"职工书屋"。全段共建成"职工书屋"16 个，为丰富一线班站职工文化生活创造了良好的环境。白银公路管理段"职工书屋"作为全国"职工书屋"示范点之一，2009 年在"职工阅览室"的基础上进一步改造、升级，在中华全国总工会、省总工会、市总工会及总段工会的大力支持下，经过白银段近两年的精心建设，已达到全国"职工书屋"示范点的要求。白银公路管理段"职工书屋"建筑面积为52平方米，藏书达3800余册，管理制度完善，拥有可上网电脑一台，专人负责管理，初步实现了图书资料信息化管理，书屋宽敞明亮，设施齐全，成为广大职工读书休闲的好去处，受到职工的欢迎和好评。

（顾雪梅）

**景泰公路管理段扎实开展养护技术比武活动**　2010年6月17日，景泰段组织两个养管站开展了"标准化养护"示范工程养护技术比武活动。在比武活动之前，制定了实施方案、比武议程、比武规则、评分标准、比武试题和评分表。在路基比武过程中，突出整理绿化带、清理水沟、清洗沿线设施、清理涵洞、清扫路面、路容路貌和养护知识答题等8个方面，结合路基养护综合检查评比进行百分制考核，对获得第一名的养管站进行表彰奖励。通过组织养护技术比武活动，提高了全体养路工的工作热情，促进了养护管理各项工作的顺利开展。

（赵　云）

**景泰收费所表彰收费工作"服务之星"**　自4月份开展"百日收费无差错服务之星"竞赛活动以来，从组织领导、竞赛内容、评选办法、奖惩措施等多方面严格要求，经过近百天的考核评比，该所上沙窝收费站评选出所级"服务明星"一名，该收费员连续三个月收费额超百万元，且无违纪现象，文明服务规范，达到了"百日收费无差错服务之星"竞赛活动要求。景泰所及时向"服务明星"兑现了奖金，并进一步激励全所职工向先进学习，提高

争当先进的积极性，力争通过此次竞赛活动促进收费管理水平再上新台阶。

（康　平　杨林汉）

**白银总段网络信息化管理平台正式启用**　2010年7月13日，随着白银总段网络会议系统联调测试成功，标志着辐射各基层单位的网络信息化管理平台正式启用。今年以来，为加快信息化建设进程，总段制定了信息化建设实施方案，抽调专人负责视频会议系统、办公自动化和公路养护管理系统建设，在两级机关门厅建立电子显示屏，改造总段机关会议室设立主会场，下设靖远、银三角、会宁、景泰四个分会场。该信息化平台的开通，将为实现网络视频会议、远程培训学习、图文影音资源共享等功能发挥重要作用；对减少开会出行乘车次数，提高安全生产系数和提升应急管理水平有着重要的意义，同时也是总段探索低碳发展新途径的有益尝试。

（孙国旭）

**省交通行政执法监督检查组检查白银总段工作**　2010年7月8日至10日，省交通运输行政执法监督检查组一行四人来白银检查工作。在白银公路总段、市交通局、市运管处领导的陪同下，检查组先后对总段路政支队、平川高速公路路政大队、新墩超限检测站、平川运管所等交通行政执法机构的依法行政和执法工作情况进行了检查。检查组充分肯定了各单位取得的工作成绩，并就进一步改进、提高执法工作水平提出了四点意见和建议：一要加强学习培训；二要注重舆论宣传；三要落实好交通部"五个规范"；四要开展案卷评查活动，规范执法案卷。

（刘　疆）

**省文明办验收景泰收费所省级文明单位创建工作**　2010年9月4日，省文明办调研处处长张正权一行来景泰收费所检查验收省级文明单位创建工作，市委宣传部副部长、文明办主任高子强陪同调研。检查组通过实地考察、检阅资料、观看专题片等方式对该所省级文明单位创建工作进行了全面检查，并对取得的成绩给予了充分肯定。张正权指出：景泰所工作环境优美，文明服务到位，充分展示了公路行业的良好形象。他强调精神文明建设工作要突出以人为本的内涵，确保职工与职工之间、职工与司机之间的两个和谐；要坚持不懈地抓好精神文明建设工作，力争在现有的基础上取得更大的进步。

（康　平）

**白银总段启动应急预案　做好省道308线防滑保畅工作**　2010年10月24日，省道308线K212公里—K218公里大岭段，由于气温骤降，导致部分客货车辆由于气温低于柴油冷凝点而无法正常启动，造成该路段堵车，现场半幅单向通行。白银公路总段启动紧急预案，相关领导在第一时间赶赴现场安排部署。

10月24日凌晨，总段主要领导赶赴省道308线现场查看车辆受阻情况，并迅速组织抢险保畅工作，成立了应急抢险保畅小组，防滑保畅组、交通疏导组、后勤保障组、信息报道组各负其责，紧张有序开展工作。景泰公路管理段组织机关干部及养管站62名职工，10余台机械车辆深入受阻路段，扫雪打冰，疏导交通，撒铺防滑料600多方，全力以赴救助受阻车辆。养路职工从早上7点钟上路，一直坚持到深夜，全然忘记了饥饿和疲劳，顶风冒雪奋战在受阻一线。景泰收费所在所辖的两个收费站及时设置警示牌，收

费人员向过往车辆发布受阻路段信息，劝说他们避开受阻路段，有效地减轻了受阻路段的压力。同时，景泰段、所紧急购置价值万余元的方便食品和饮用水，全部发放到受困司乘人员手中，许多受困人员向景泰公路干部职工鸣笛致敬，表示由衷的感激之情。

（杨爱萍）

**白银公路总段高养中心加大机械化养护力度**　为了全面做好迎检工作，总段高养中心精心组织，科学安排，投入铣刨机、摊铺机、压路机、路面清扫机、稀浆封层车、路面灌缝机等先进的道路养护设备50多台（辆），对省道308线路面病害进行处理。在全体工作人员的辛苦努力下，短短的十二天时间内完成旧路面拉毛174380平方米、铣刨病害13000平方米、处理病害13000平方米、罩面187380平方米、灌缝约200000延米、微表处92400平方米。通过这一阶段的施工，S308线的路面状况得到了很大的改善，极大地提高了车辆的通行能力，给过往车辆提供了一个良好的通行条件。

（杨富生）

**景泰段加强春融期公路养护**　针对春融期管养公路出现的不同程度病害，景泰公路管理段早部署、早行动，切实做好春融期公路养护工作。一是迅速对管养路段路况进行全面调查摸底，组织养护力量，对坑槽、翻浆、沉陷等路面病害及时处理。二是对管养的38座桥梁428道涵洞进行逐一检查，对裂缝、局部破损、砌体勾缝脱落等桥梁常见病害及时进行科学处置。三是加大公路日常保洁频率，及时清除边沟、路面、穿村路段内等的垃圾、杂物、废弃物，认真做好公路路肩的培植和泄水槽、石砌

边沟、浆砌护坡的维修，确保路肩平整坚实，边坡平顺饱满，排水畅通。四是加强公路巡查力度，特别是省道308线大岭段、省道217线K30公里处及省道201线的路面巡查力度，及时清理落石及边坡浮石，确保安全的通行环境。

（俞建华）

**靖远段召开三滩养管站站长"公推直选"大会** 近日，靖远公路管理段召开了三滩养管站站长"公推直选"大会。党支部书记宣布了"公推直选"的基本原则、应具备的条件，介绍了该段"公推直选"所做的前期工作和介绍经审查符合条件的候选人基本情况，随后王建荣、杨卫东、王梅三名候选人做了竞职演讲。演讲结束后，参会人员进行了投票。经唱票人、监票人、计票人现场汇总统计后，当场宣布了投票结果，王建荣以最高票数当选。在"公推直选"大会后召开的支委会上，对该同志任职资格进行了审定。据了解，以"公推直选"的方式选举基层养管站站长，在靖远公路管理段的历史上还是第一次，这也标志着该段基层管理民主化建设迈出了重要一步。

（魏 明）

**景泰收费所四项措施为"环湖赛"保驾护航** 为做好第十一届环青海湖国际公路自行车赛景泰赛段的安全保畅各项工作，景泰收费所提前安排部署，积极实施四项措施，切实为"环湖赛"保驾护航。一是加强组织领导，明确工作职责。成立了"环湖赛"安全保畅领导小组，按照相关要求落实责任，确保"环湖赛"期间安全保畅工作的全面落实。二是加强收费站服务保畅工作。进一步加强了收费现场管理，要求收费人员开通所有收费车道，并对"环湖赛"期间持有免费通行证的车辆免费放行，竭力为"环湖赛"期间所有通行车辆提供安全、快速、便捷、舒适的通行环境。三是严肃工作纪律，提高文明服务质量。进一步规范了收费人员的微笑服务、文明用语等文明服务工作，要求收费人员以标准的手势、甜美的微笑喜迎参加"环湖赛"的运动健儿们，展现收费公路良好的"窗口"形象。四是加强舆论宣传。通过在收费站悬挂横幅、LED电子显示屏滚动播出宣传口号等形式，营造了良好的赛前舆论氛围。

（滕志祥）

**白银公路总段积极开展"金秋助学"活动** 近期，白银公路总段开展了2012年"金秋助学"活动，对被国家二本（含二本）以上院校录取的26名职工子女进行了资助，共发放助学金3.38万元。同时开展了对考取三本及专科（含高职）的职工子女资助活动，进一步促进了全段"助学促和谐"良好氛围的形成。

从自2009年开展金秋助学活动以来，白银公路总段不断创新活动形式，将助学与助奖相结合，在资助考取大学的困难职工子女的同时，还予以奖励，进一步激发了职工子女勤奋好学、立志成才的决心，同时也极大地调动了职工的工作积极性。四年来，全段共有考取二本以上院校的60名职工子女得到了资助，累计发放助学金5万余元。今年"金秋助学"活动，总段在扩大资助范围的同时还提高了资助标准，一本（录取院校属"985工程"大学）每人资助3000元，一本（录取院校属"211工程"大学）每人资助2000元，其他一本和二本院校每人资助1000元，三本、专科（含高职）每人资助500元。

（顾雪梅）

**白银公路管理局在国道 109 线猩猩湾进行滑动式防撞护栏试点**　2013 年，白银公路管理局在国道 109 线开展滑动式防撞护栏的试点工作，在改线猩猩湾事故易发路段安装了 96 米 HFZ-04 型滑动式防撞护栏，进一步提高该路段的安全保障能力，为推广应用积累经验。与其他护栏相比，此次安装的新型滑动式防撞护栏基于"宽容型"设计理念，利用了撞击后滑动导向消能的运动原理，当车辆与滑动护栏发生碰撞时，首先通过护栏上设置的滑动转子矫正车辆的行驶方向，使其恢复到正常行驶轨道，避免冲击反弹，造成二次事故；其次利用在滑动护栏上设置的高位、高强抗撞保护衡量，有效阻止车辆翻出路侧，造成重大路崖事故，从而对车辆、人员提供有效的保护。

（王晓宁）

**G312 线界南项目办举办安全生产知识培训班**　2015 年 4 月 25 日至 26 日，G312 线界石铺至鸡儿嘴（界南段）维修改建工程项目办公室邀请会宁县安监局负责人，利用晚上时间连续两天对项目经理部、监理部、中心试验室主要负责人、安全管理人员进行了新《安全生产法》和工程施工相关安全规程、作业程序等知识的培训。同时，项目办还对近期项目安全管理工作中存在的问题进行了通报，对今后的安全生产工作进行了安排部署。

（刘明辉）

**平川段水泉公路养护料场正式投入使用**　近日，白银公路管理局平川公路管理段水泉料场的建成并投入使用，填补了白银市平川区境内无公路养护料场的空白，也进一步优化了白银公路管理局养护料场的布局。

自去年平川公路管理段组建以来，白银公

路管理局针对该段无养护料场，从其他养护料场供料运距远、成本高，且养护工作效率低、质量无法保障等困难和问题，积极筹措资金，在 G109 线 1536+800 处租地建设了平川水泉公路养护料场。该料场占地面积 13648.641 平方米，现已安装 40 型间歇式沥青拌合设备 1 台、80 吨沥青储存罐 2 个、砂石料简易储料仓 4 个，可储料 1600 方。该料场目前主要承担 G109 线、S308 线等国省干线公路在平川境内的养护供料任务。

（魏　明）

**省厅质量安全专项督查组检查 G312 线界南段维修改建项目**　2015 年 8 月 24 日，省交通运输厅质量安全专项督查组一行对 G312 线界石铺至鸡儿嘴（界南段）维修改建工程质量安全进行了专项督查，并就相关工作提出要求。

检查组一行查看了桥梁预制场、沥青混合料料场、塌方路段及路面下面层铺筑施工现场，现场抽查了特种设备操作人员的上岗证，详细查看了安全资料。随后在大山川高速公路收费站召开反馈会，通报了建设项目存在的问题，现场签发了督查情况反馈单，提出了具体的整改要求和时限。

在反馈会上，省厅安全监督处负责人针对目前安全形势，要求项目办及参建单位高度重视安全生产工作，绝不能麻痹大意；要认真吸取上半年全省交通系统发生的几次安全生产事故教训，引以为戒，举一反三，切实加大安全管理力度，认真排查安全隐患，狠抓施工现场安全管理工作，确保建设项目安全有序推进。

（刘明辉）

**白银公路管理局参加建设"美丽白银"义务植树活动**　2016 年 4 月 7 日，白银公路管理局组织局应急抢险保障中心、白银公路管理段127名干部职工参加建设"美丽白银"义务植树活动，为建设天蓝、地绿、水净、林茂的"美丽白银"做出了应有的贡献。

植树现场，参加植树的白银公路职工精神抖擞、配合默契、干劲十足，植树队伍采取接力传递方式递苗、栽苗、培土、浇水，一气呵成。白银公路职工发扬公路人特别能吃苦的行业精神，经过一整天的辛勤劳动，共栽种了近千棵油松、樟子松。

（王晓宁　高　琳）

**白银公路管理局组织青年职工参加"重走长征路、圆梦助学行"公益徒步活动**　2016年4月23日，白银公路管理局组织局的38名青年职工参加了由共青团白银市委和市体育局主办的、以"重走长征路·圆梦助学行"为主题的公益徒步活动。

此次活动旨在纪念即将到来的五四运动97周年暨红军长征胜利80周年，引导广大青年深入践行社会主义核心价值观，增强全面健身意识，倡导健康生活理念。

白银公路管理局按照共青团白银市委的要求，积极号召、广泛动员，在银单位青年职工踊跃报名参加，他们精神饱满、全程参与，以实际行动展现了白银公路职工健康向上的精神风貌。

（刘文燕　李静洙）

**"重走长征路·看陇原交通巨变"主题宣传活动在会宁闭幕**　2016年6月25日，由省委宣传部、省直机关工委、省文明办、省交通运输厅、甘肃日报社联合举办的"重走长征路·看陇原交通巨变"主题宣传活动，在会宁会师塔前圆满落幕。省交通运输厅厅长康军，甘肃日报社社长、总编辑马克利，省直机关工委副书记曾国俊，甘肃日报社副总编辑张建伟，省文明办副主任王琦，省交通运输厅副厅长赵彦龙、刘建勋出席闭幕式。驻省交通运输厅纪检组组长艾玉德主持闭幕式。全省交通运输系统部分党员领导干部、白银公路管理局等单位领导班子成员及党员代表200余人参加了闭幕式。

据悉，"重走长征路·看陇原交通巨变"主题宣传活动于6月21日上午在八路军驻兰州办事处纪念馆启动。随后，走访团一行80人分东线、西线、南线3条路线，从兰州出发，历时5天，行程5000多公里，分赴庆阳、张掖、甘南等市州，追寻革命遗址遗迹，缅怀革命先烈，走访重大交通建设项目、交通扶贫攻坚项目，实地采访农村公路建设成就，现场慰问一线职工，并于25日上午在革命圣地会宁顺利会合。

省交通运输厅党组书记、厅长康军在闭幕式上做了重要讲话，要求全省交通运输系统广大党员干部要继续弘扬长征精神，把争做合格党员的要求转化为实际行动，立足交通建设，为全省经济社会发展提供保障。

最后，参加仪式的党员领导干部和养护一线党员代表一起参观了红军长征胜利纪念馆，聆听了主题讲解。看着一件件珍贵的历史文物，听着一段段荡气回肠的英雄事迹，大家深切体会到了今天幸福生活的来之不易。

（闫玉仁）

**白银公路管理局加强养护保畅"环湖赛"**　第十五届环青海湖国际自行车赛将于2016年7月30日在白银市举行绕圈赛段比赛和甘肃赛段闭幕式。为了确保"环湖赛"白银赛段转场及返程期间途径公路的安全畅通，白银公路管理局进一步加强公路养护和应急保畅工作，一是加强公路养护，加大对"环湖赛"转场途径路段 G6 京藏高速公路等的路况巡查力度，及时清理路面抛洒物；对沿线缺失破损的标志标牌、道路标线等进行补充完善；对巡查中发现的路面病害，做到随坏随修，保持良好的路容路貌和路况质量。二是加强沟通协调，积极主动与"环湖赛"白银赛段组委会、市交通运输局取得联系，及时了解活动进程，妥善安排养护工作，确保转场及返程途经路段无养护维修作业点。同时，加强与交警、路政等部门的协调联动，建立联合保畅机制，确保车流畅通。三是针对今年大风、暴洪等极端天气多发的实际，进一步加强公路防灾减灾和应急保畅工作，结合"环湖赛"赛程设置，有针对性地制定比赛期间发生自然灾害、恶劣天气、交通事故等公路保畅应急预案，提前储备应急物资，调配必要的应急人员和机械，确保一旦发生突发事件能够第一时间赶赴现场处置。

（闫玉仁）

**白银公路管理局规范谈话提醒工作**　近日，白银公路管理局纪委印发通知，对各党支部开展日常提醒谈话工作的组织领导、落实提醒谈话责任、规范谈话程序三个方面提出了具体要求。

通知指出日常提醒谈话主要是发现党员干部在政治、思想、履责、工作作风、道德品质、廉政勤政等方面，尤其在廉洁自律方面，存在的苗头性、倾向性问题，及其他需要引起注意和必须提醒警示的情况，对照《中国共产党廉洁自律准则》和《中国共产党纪律处分条例》，及时进行提醒谈话。谈话提醒重点对象包括："六大纪律"方面具有苗头性、倾向性问题的党员干部；在同一岗位任职时间较长和人、财、物权较集中的关键岗位党员干部；群众反映问题比较集中或民主测评满意度较低的党员干部。

（魏周军　顾雪梅）

**燕天宁书记带队参观考察"两学一做"示范点**　2016 年 10 月 10 日下午，党委书记燕天宁、局工会主席李新虎带领靖远片区基层单位党组织负责人到平川区"两学一做"学习教育示范点参观考察。

平川区兴平路街道党委及宝积镇窎沟村党支部是白银市委组织部确定的"两学一做"学习教育示范点，学习教育氛围浓厚，各类制度资料及党建工作台账规范健全，特色比较鲜明。燕书记一行通过参观"两学一做"学习教育示范展板、宣传专栏，听取相关负责人情况介绍，询问了解有关情况，翻阅学习教育相关内业资料，重点学习了他们的特色载体及做法。

参观结束后，燕天宁书记在平川段主持召开了座谈会。会上，他指出全局"两学一做"学习教育目前普遍存在五个问题。一是学习不到位。主要体现在学习内容不够全面、基层党员学习内容没有落实、个人学习没有严格按照学习计划执行。二是"两学一做"学习教育没有与中心工作紧密结合，导致特色不够"特"、亮点不"亮"，学习教育效果不佳。三是没有坚持问题导向，单位和个人都没有整理出问题清单，边学边改、边做边改没有落实到位。四是抓典型、培育典型方面不足，没有挖掘出典型及先进事迹。五是新闻宣传报道及信息报送工作普遍滞后。

针对存在的问题，燕天宁书记要求切实提高思想认识，正确认识存在的差距不足，扎实整改，在规范内业资料整理、查摆整改问题、创新特色活动载体、树立培育典型方面取得新成效，解决好党员干部理想信念、纪律作风、敬业奉献等方面存在的问题，真正做一个"四讲四有"的合格共产党员，充分发挥党员的先锋模范作用、典型示范引领作用，全面抓好职工队伍建设，促进全局养护管理工作。

（李旦辰）

**白银公路管理局召开重阳节座谈会**　2016年10月9日，白银公路管理局召开2016年重阳节离退休干部职工座谈会。会议由副局长罗继东同志主持，局在家领导班子成员与在银离退休干部职工代表近20人齐聚一堂、同庆佳节。

座谈会上，局长陈旭升向老干部们介绍了当前全局公路养护管理基本情况，汇报了今年来重点工作的开展情况、存在的困难和问题、当前公路养护管理转型和改革发展形势，以及今后养护管理工作的思路和打算。

局党委书记燕天宁就今后进一步加强党的建设、领导班子建设、干部职工队伍建设及行业文明创建工作的思路和打算向各位离退休老同志进行了汇报。他表示，局党委将一如既往高度重视离退休职工管理工作，全面落实离退休干部职工"两项待遇"，努力为老同志安享晚年创造更好条件。他希望各位老前辈、老同志继续关心和支持白银公路管理局各项工作，积极为全局改革发展建言献策。

会上，与会老干部、老同志结合当前实际，就加强职工培训教育、提高公路养护技术水平及做好离退休职工管理等方面提出了建议和意见。

（办公室　人劳科）

**白银公路管理局开展"喜迎新年·玫瑰之约"青年职工联谊活动**　12月28日上午，白银公路管理局举办了"喜迎新年·玫瑰之约"青年职工联谊活动，来自局属单位的19名单身青年参加了活动。

联谊活动安排紧凑，内容丰富，形式多样，浪漫温馨。在个人演绎环节，青年职工充分展示了个人才艺、性格特点和兴趣爱好等。在集体游戏环节，通过双人配合、互送玫瑰、集体互动和团队挑战项目，青年在开展活动、配合沟通中展现自我，了解他人，进一步拉近了彼此的距离。参加活动的青年职工敞开心扉，释放热情，全身心愉快地投入到活动中，收获友谊，收获真诚，收获快乐。

此次活动得到了局党委的高度重视和青年职工的广泛关注，搭建了真诚友好的青年交友平台，拓宽青年沟通交流渠道，将青年联谊活动和青年人才发展规划结合起来，进一步打造服务型共青团组织。

（李静洙）

**白银公路管理局举办"庆元旦·迎新春"拔河比赛**　为进一步丰富职工文化生活，增强职工凝聚力和向心力，2016年12月28日下午，白银公路管理局"庆元旦·迎新春"职工拔河比赛在局机关院内举行。

此次比赛由局机关、白银段、高养中心、应急中心、试验检测中心5个在银单位的代表队参加，实行淘汰制晋级方式，抽签分组决定比赛顺序。随着裁判员的哨声，在啦啦队的加油呐喊声中，队员们齐心协力，鼓足了劲拼命往后拉绳子，整个赛场既紧张又热烈，充分展现了参赛队员拼搏进取、积极向上、团结一致的精神面貌。经过激烈角逐，最终应急中心获得了比赛第一名，试验检测中心获得第二名，局机关获得第三名。

（刘文燕）

**白银公路管理局举办"庆元旦·迎新春"职工联欢晚会**　2016 年 12 月 28 日晚，白银公路管理局举办了由局属在银单位参加的 "庆元旦·迎新春"职工联欢晚会。

晚会伊始，局长陈旭升代表管理局发表了新年祝辞，简要回顾了 2016 年全局工作，向全局广大干部职工、离退休老同志、职工家属和亲友们致以节日的问候，并要求全局干部职工在 2017 年不忘初心、继续前行，同心同德、善于担当、不辱使命、锐意进取，以饱满的热情、刚强的斗志，踏实工作、奋力拼搏，以优异成绩迎接党的十九大胜利召开！

晚会在局机关全体工作人员的大合唱《歌唱祖国》中正式拉开序幕，激情澎湃的歌声将对祖国的热爱传递到对公路事业的热爱当中，充分展示了作为公路人的自豪感。在一个多小时的晚会上，既有深情激昂的诗歌朗诵，又有轻柔活泼的二胡独奏、清新淡雅的葫芦丝独奏；既有优美动听的男声、女声独唱，又有铿锵有力的小合唱，还有欢快喜悦的民族舞蹈。晚会现场载歌载舞、吉祥喜庆，轻松欢快、精彩纷呈，台下观众笑意盈盈、掌声连连。

通过举办本次迎新晚会，充分展现了公路人朝气蓬勃、积极向上的精神风貌，进一步丰富了职工文化生活。

（刘文燕）

# 第三章　职工教育与技术比武

ZHI GONG JIAO YU YU JI SHU BI WU

## 第一节　职工教育

1986年总段恢复成立后，党委和各党支部把职工教育列入议事日程，做到了有安排、有要求，全段职工业务考试合格率100%。各段在12月集中十五天时间，以加强党的纪律、培养职业道德为中心，结合全年工作总结，进行冬训。冬训开始时，党委主要领导带领机关干部，深入基层进行学习动员，提出要求。各段党支部根据总段要求，普遍进行了《决议》学习和普法、业务培训，并为搞好春运从思想上打下了良好的基础。

1987年，冬训十五天，集中进行了党的十三大文件的学习，使全体职工真正领会党的基本路线，并转化为自觉行动。全年全总段举办学习专栏22期，购买十三大文件246册。会

宁、景泰、白银段党支部书记带上文件，深入到道班同职工一起学习宣讲18场次。

1988年，从第二季度起，采取集中时间、自学为主、重点辅导的办法，6月初学完《科学社会主义》原理，12名培训对象经市委讲师团考试，合格率达到100%。平时干部、工人的政治理论学习，采取季度安排、半年检查、科以上干部建立学习登记卡的办法，促进了干部的学习，经检查，基本做到了时间、内容、效果三落实。

1989年，狠抓了干部职工的政治理论学习和业务技术培训工作，坚持学习制度。做到党委有计划，支部有安排，机关正规化理论教育培训对象学完了《中国革命史》，参加市委讲师团组织的考试，合格率100%。截至6月，规定的四门课程全部学完，并取得了合格证。参加专业技术培训完成25人，班组长培训5

人，科级 7 人，县级 3 人，统计员培训 42 人。通过政治理论学习和专业技术培训，干部的理论素质、处理本职工作的能力增强了，工作作风明显转变。

1990 年，对干部进行《马克思主义哲学》的学习和岗位培训工作。培训科级以上干部 9 名、专业干部 19 名、工人 351 名、其中冬训 318 名，参加大专学习 1 名、中专 2 名。2 名县级领导也参加了培训。

1991 年，为了提高职工文化素质，培养四有队伍，以适应公路形势发展的需要，共学习培训 181 人，干部学习培训 12 人、工人培训 169 人，其中参加大中专学习 8 人，岗位培训 128 人，适应性培训 35 人，参加中专学习 10 人。通过学习培训，提高了文化素质，为今后的工作打下了基础。

1992 年 1 月，各段集中 331 名职工轮训 15 天时间，全部学完了双基教材读本，考核和考试合格率达到 100%。5 月和 6 月，省厅和市委宣传部对总段双基教育工作进行了检查验收，认为总段双基教育基础资料齐全，各项工作扎实，收到了预期的效果；认为总段在双基教育工作中的"六统一""三个突出""五个结合"的做法是符合实际的，并给予了充分肯定。同时，采取各种措施，完成了省局下达的职工教育任务。对总段的 213 名职工进行了各种培训，收到了良好的效果。总计培训干部 34人，工人 179 人。其中外培 63 人（学历培训 11 人，岗位培训 15 人，适应性培训 37 人）。内培 150 人（初级工培训 110 人，中级工 40 人）。同时，完成公路统计微机培训 1 人，物资管理培训 2 人，初级筑路机修培训 2 人，道班班长培训 6 人，施工班长培训 2 人，按期完成了公路局下达的各项指令性任务。

1993 年，把岗位培训作为职教工作的重点，采取分层次、多类型地进行定向培训和业余短期培训，提倡岗位学习、岗位成才、岗位奉献，鼓励职工走自学成才的道路。全年共培训工人 96 人，其中岗位资格培训 21 人，技术等级培训 75 人；培训各类干部 32 人，其中岗位职务培训 6 人，专业学历培训 11 人，适应性培训 15 人。向外地大中专院校选送定向培训 2 人，全面完成了全年职工培训任务。

1994 年，进行科学文化教育，包括市场经济知识教育和岗位培训等，以提高整个队伍的文化素质和实用技术能力。职工教育工作共完成干部培训 79 人，工人岗位培训 200 人，总段还选送干部工人到各类大、中专院校学习深造，鼓励职工参加电大、函大和专业技术学校学习，为造就跨世纪的人才创造了良好条件。

1995 年，选送 48 人到各类院校和函大、电大学习深造，技术工人通过考试的 600 多名，超额完成了省局下达的职工培训计划。通过学习培训，使职工队伍的文化业务素质和实用技术能力有了明显提高，为实现科学化养路打下了良好基础。

1996 年，全面落实"科学技术是第一生产力"的重要思想，通过岗位培训、举办学习班、学历教育、吸引外来人才等形式，不断提高职工的业务技能和科学文化水平。共培训干部 18 人，技术工人 19 人，学历教育 40 人，毕业 15 人，引进各类大专院校学生 14 人，改善了职工队伍的文化结构，有 73 人评聘晋升了技术职务，增强了全段人才的后备力量。

1997 年，党委专门召开会议，安排部署学习贯彻十五大精神，党政主要领导除参加省交通厅举办的学习十五大学习班外，均参加在总段举办的副科级以上干部和机关党员干部学习十五大文件学习班，请省委、市委党校的教授、讲师辅导学习。7 名县级干部和各单位的党政主要负责人在大会上交流学习体会。并组织支部书记、政工干部赴张家港参加十五大精神学习班。组织全段干部职工学习十五大文件答题竞赛活动。

1998年，共培训干部34人，完成省局下达计划26人的130%。其中，路政管理人员7人，秘书1人，会计软件管理18人，组织人事管理干部1人，经管国家秘密事项干部1人，机务管理干部1人，继续教育5人。培训工人（岗位培训）140人，完成省局下达计划127人的110%，大大提高了职工队伍素质和整体业务工作能力。

同时，按照有关规定对57名老职工进行了退休顶替，对顶替上岗的57名新职工进行了集中岗位培训，按照以老带新的办法，使他们基本适应了新的工作岗位。

1999年，年初计划培训干部24人，全年实际完成干部培训30人，占计划的120%（有6名科级干部参加了脱产进修，2名县级领导干部参加在职学习），对基层党支部书记、工会主席、统计报表、财务票据管理、计算机软件、教育管理的专业干部进行了脱产培训，完成学历教育培训5人，在职学历学习的13人，工人培训121人，占计划的112%，全面超额完成了培训任务。

2000年，按照学历教育，在职教育和岗位培训等各渠道提高的原则，全年共完成干部培训45人，占计划的204.5%；工人培训349人，占计划的363.3%，超额完成了培训任务。

同时，积极鼓励干部自学成才，努力抓好学历教育、在职教育和岗位培训，全年有15名干部参加各类院校的学历教育，28名干部参加了在职教育，完成各级各类干部和专业人员培训84人次。

2001年，职工教育按照学历教育、在职教育和岗位培训等各渠道提高的原则，认真抓好落实。全年共完成干部培训50人，工人培训120人，干部继续教育18人，90名职工参加各类学历教育，超额完成了培训计划，职工队伍的理论文化素质和专业技术水平不断得到提高。

2002年，努力加强职工队伍的学历教育、继续教育和岗位培训，并按照多渠道提高的原则，认真抓好落实。全年共完成干部适应性培训28人，干部继续教育21人，工人适应性培训309人，占职工总数的三分之一多。职工自学成才蔚然成风，有90多名职工参加各类院校的函授学习，占职工总数的10%。

2003年，努力支持抓好职工的学历教育、继续教育和岗位培训，制定《白银公路总段资职工培训及学历教育管理办法》，并按照多渠道提高的原则，认真抓好落实。克服"非典"和经费紧张等困难，全年共完成干部适应性培训33人、工人182人，干部继续教育16人，工人资格培训2人，冬训期间培训和完成适应性培训工人696人，组织两级机关管理人员211人参加了"管理年"学习提高阶段的闭卷考试，为不断提高职工队伍素质提供了条件。

2004年，努力支持抓好职工的学历教育，继续教育和岗位培训，举办了7个培训班，全面提高全段党员干部的专业技术水平和管理水平。全年共完成干部适应性培训58人、工人106人；干部继续教育20人；工人资格培训164人，全段共有5人通过经济系列资格考试；冬训期间培训和完成适应性培训560人。通过培训，全面提高了职工队伍的综合素质。

2005年，为了认真抓好学习人员、时间、内容的落实，总段党委加强了理论学习的检查督查，组织有关人员经常深入基层单位进行检查，有力地推动和促进了全段政治理论学习。

2006年，认真坚持立党为公、执政为民，组织全体党员、干部和广大职工重点学习了"三个代表"重要思想、科学发展观、执政能力建设、《党员权利保障条例》、社会主义荣辱观、构建社会主义和谐社会、《江泽民文选》等理论，举办了学习贯彻《党章》、社会主义荣辱观专题讲座，邀请市委党校教授作生动讲解，增强了党员的党性修养。总段举办了路政执法、统计知识、安全管理和"党的基本知识"四个培训班，129 名路政人员、统计员、安全管理和入党积极分子参加了培训，有效地提高了岗位技能水平，增强了安全防范意识、文明服务意识和规范执法意识；有 38 人次参加了省厅、局举办的 10 个培训班。积极鼓励支持干部职工参加学历教育，提高科学文化素质。全段共有 59 人取得成人大专学历，17 人取得成人本科学历；有 60 人申请参加学历教育；78 人参加了国家专业技术职务任职资格考试；8 人通过了国家工程造价人员甲、乙级资格认证考试；在组织人事部门认真开展了岗位练兵活动。

2007 年，坚持立党为公、执政为民，组织全体党员、干部和广大职工加强政治理论学习。认真学习"三个代表"重要思想、科学发展观、社会主义荣辱观、构建社会主义和谐社会等党的最新理论成果，加强了理想信念、宗旨意识、民主集中制、廉洁从政和党内法规的教育，不断提高领导干部思想政治素质。邀请市委党校教授举办了加强作风建设专题讲座，增强了党员的党性修养。举办了路政执法、收费知识、桥梁养护和"党的基本知识"四个培训班，共培训路政员、收费员、桥梁工程师、技术人员和入党积极分子 129 人。组织 150 名干部职工观看了电影《我的长征》和《甘肃精神》。

2008 年，为营造浓厚的行业文化氛围，积极实施公路职工文化技能素质提升工程和参加了各类文体竞赛活动，由工会牵头组织参加了省局组织的筑养路机械操作技能竞赛、节能减排活动、"安康杯"竞赛活动和"学习型组织、知识型职工"争创等活动，均取得了较好的成绩和成效。全段完成省局下达干部职工学习培训 102 人次，参加大专以上学历教育 45 人。

2009 年，白银公路总段深入贯彻落实省公路局《公路系统文化建设实施纲要》和总段《公路文化建设实施规划》，在巩固公路文化建设活动成果的基础上，大力弘扬公路行业精神，积极营造浓厚的行业文化氛围，大力实施公路职工文化技能素质提升工程，由工会牵头组织开展了筑养路机械操作技能竞赛筹备工作、节能减排活动、"安康杯"竞赛活动和"学习型组织、知识型职工"争创等活动，进一步营造了学习先进、团结向上、积极进取的和谐工作氛围，全段完成干部职工外出学习培训 43 人次，参加大专以上学历教育 54 人。

2010 年，开展多种形式的在职培训、学历教育、职称考试、岗位练兵、技术比武等活动，不断提高干部职工的科学文化素养和业务技术水平。

2011 年，强化了职工培训教育工作，共完成专业技术等各类人员培训 48 人次，新晋升

白银公路总段预防职务犯罪警示教育讲座

专业技术职务 45 人、技师及高级工 20 人。

2012 年，完成继续教育培训计划专业技术类 15 人、养护类 265 人、机械操作类 78 人；新晋初级职称 11 人、中级职称 30 人、高级职称 5 人；养护类新晋高级工 81 人、技师 22 人。同时，为开阔干部职工视野，按照厅局有关省外学习交流计划安排，外派职工参加财务、安全、招投标、机械管理、新闻宣传等学习班 52 人次。

2013 年，根据厅党组统一安排部署，总段党委在全段 12 个党支部、280 多名党员中扎实开展党的群众路线教育实践活动，按照"照镜子、正衣冠、洗洗澡、治治病"的总要求，彻底查找并整改在形式主义、官僚主义、享乐主义和奢靡之风方面存在的突出问题，切实转变工作作风，提升了工作效率和服务水平。

2014 年，推行持证上岗制度，组织职工进行分类培训、统一考核和资格认证。安排单位自主培训计划和目标，进一步提升了全局干部职工的业务水平。

2015 年，按照厅党组开展"三严三实"专题教育的要求，局党委高度重视，迅速响应，制定了实施方案，明确了需要整改的"6 个问题"以及力争达到的"4 个促进"，按照阶段要求扎实开展讲党课、研讨交流和专题学习，确保了"三严三实"专题教育切实起到改变思想

《网络安全法》视频会议

认识，转变工作作风的目的。

2016 年，局党委坚持把"两学一做"学习教育作为全年党建工作的龙头任务，组织全局 13 个基层党组织、317 名党员，认真开展"两学一做"学习教育，确保了党支部战斗堡垒作用和党员先锋模范作用得到充分发挥。

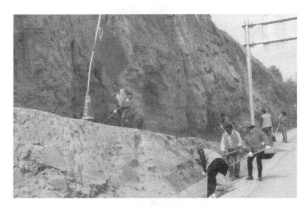

开展"两学一做"示范引领活动

## 第二节　技术比武与劳动竞赛

三十多年来，甘肃省白银公路管理局（2014 年 1 月前称白银公路总段）为调动全体干部职工，特别是青年职工的积极性、创造性，以"养好公路、保障畅通"为使命，以"岗位技术创新"为切入点，广泛动员全体职工以强烈的主人翁意识，持续掀起了一轮又一轮"学业务、钻技术、促生产，争当岗位能手"的劳动热潮，全面拉开白银市公路交通领域经济社会发展的序幕，助推了公路服务保障能力的持续提升。

1986 年，白银公路总段深入开展"双文明"竞赛活动，成立领导小组，段与段、道班与道班、个人与个人开展了竞赛活动，把评比条件，措施具体化、目标化。采取机关领导包路线，干部包道班的办法，具体抓落实。省上"双文明"大会后，白银段、景泰段党支部，

对照先进找差距，提出竞赛条件。

1987年，各级团组织带领团员青年在双增双节、公路养护、筑绿色万里长城活动中发挥了骨干作用，"五四"开展的团的知识竞赛中，获全市第二名的好成绩。

1988年，结合中心工作和青年的特点，组织团员青年开展公路养护知识竞赛。

1989年，全体党员配合各级干部开展思想政治工作，抓教育、促生产、保畅通，精心组织开展百日劳动竞赛，自觉坚持生产，较好地完成了生产任务，上半年好路率比计划提高7.92%。

1990年，总段担负的国道改建任务是几年来最多的一年。在公路养护生产、路政管理、安全生产等各项工作要求标准高、经费比较紧的情况下，党委在年初计划下达中，认真分析形势、总结经验教训，保证96%的资金一次下拨到基层。并挖掘内部人、财、物潜力，采取统筹安排力量、强化生产管理，干部深入基层，实行分级承包责任制，保证了国道改建、养护生产的进度和质量。同时，开展安全质量竞赛活动，为保证工作进度和质量，全总段广大干部职工节假日不休息，坚守在工地，使32.9公里国道改建于11月初全面完成。

1991年，以学习雷锋和严力宾贡献在岗位，开展评选双"十佳"和双文明道班、优秀养路工为主要内容开展活动。为了使双学活动扎实有效，总段成立领导小组，各段、道班建立双学竞赛小组，总段印发严力宾事迹70份，下发道班。同时，结合春运竞赛，层层召开动员会，深入进行思想发动，四个段先后召开动员会，讲评会14场次，办墙报专栏143期。各级领导带头学，深入基层和职工一起开展双学竞赛。在春运安全竞赛中，会宁、白银、靖远等段领导和机关干部在每次降雪后深入一线带领职工清扫公路积雪、撒防滑沙。

1992年，在上半年开展的春运安全、百日劳动竞赛活动中，不但健全了组织领导，而且在每项活动前，都要组织党员、干部、道班班长、统计员、工会小组长召开动员会，讲清意义目的和提出具体要求，提出奋斗目标；每项活动结束后，都要组织检查评比表彰，以激励职工再上新台阶。同时，组织广大职工广泛开展岗位一流，班组创先进，企业创效益，百日路面养护劳动竞赛，修复水毁，全面提高路况质量，大干六十天等竞赛活动，在养护生产中比较好的发挥了作用。

1993年，以"养好公路、保障畅通"为宗旨，遵照省厅"养好一大片，改造几条线"的要求，从总段到基层公路段都以一套班子，两套人马，一套抓现有公路的养护，一套抓国道改建。并把竞争机制引入公路养护和国道建设，通过大干一百天和重点工程劳动竞赛活动，抓管理、求质量、促效益、在段与段之间、班与班之间形成了强烈的竞争意识。

1994年，在全总段组织开展以养护为中心的"百日养护竞赛"活动，各公路段结合实际认真安排部署，调动全体职工的积极性，精心修补油路，积极处理路面病害，提高了路况质量。为了保证活动取得良好效果，6月初，在靖远召开现场会，及时交流经验，解决存在的问题。竞赛结束后，总段对上半年的工作进行了检查，表彰奖励了"百日竞赛"先进单位靖远公路段。

在1995年开展的"铜城杯""大干六十天"等竞赛活动中，各级组织动员广大职工开展争先创优、巾帼建功、评选"工人明星"、先进人物、创建职工之家和先进事迹演讲会等活动，鼓舞了士气，促进了生产。

1996年，以竞赛促养护，开展岗位练兵，进行技术比武，召开质量现场观摩会，是总段提高劳动者素质和油路养护质量的一大举措，也是实现公路系统"两个根本性转变"的具体内容之一。5月中旬，全总段在景泰召开油路养护技术比武现场会，接着又召开道班和养护现场观摩会，比质量、比路况、比技术、比干劲。取得了很好的成效，提高了技术技能，锻炼了广大职工，经省局现场观摩评比，总段获全省技术比武陇东片区第一名，受到了省局的嘉奖。

1997年是质量年，总段集中精力抓公路养护质量和工程施工质量，积极推广公路施工机械在公路养护工程中的应用，认真开展油路养护技术比武活动，并在"铜城杯"竞赛期间，进行了油路技术比武竞赛和质量管理现场会，互相交流经验，取长补短，工程施工质量得到了很大的提高。

1998年5月，总段组织油路修补技术比武，会宁段获优胜单位，受到奖励，为公路养护管理起到了积极的推动作用。

1999年，广泛动员广大职工、团员青年、女职工为公路建养管收工作做出新贡献，积极组织开展了"铜城杯百日养护竞赛""技术比武""服务明星""青年文明号""巾帼建功标兵"等竞赛活动。在五月份组织的油路修补技术比武中，白银段获优胜单位，受到表彰奖励。

2000年，以省局开展的"好路杯"竞赛活动为主要内容，深入扎实地开展"铜城杯"百日养护、油路技术比武，修复水毁、修复路况、标准化养路达标等竞赛活动。实行公司化养护试点，按照定额、招标、承包养护分别为4：3：3的比例实施，将原有的道班改制为2个养护管理站，实行大道班养护。

2001年，积极组织开展了"铜城杯"百日养护竞赛、"油路修补技术比武""青年岗位能手""青年文明号""巾帼建功标兵"等竞赛活动。1名同志荣获白银市"十大杰出青年"称号，1名同志获省级"青年岗位能手"，为全面完成年度工作任务做出了积极贡献。

2002年，广泛动员全体职工为公路建养管收工作做出新贡献，积极组织开展"好路杯""新风杯""创业杯""铜城杯"百日养护、"油路修补技术比武""岗位能手""青年文明号""巾帼建功标兵"等竞赛活动，有效地推动了各项工作，为全面完成年度各项工作任务做出了积极贡献。

2003年，积极参与省局举办的军事比武、收费管理知识竞赛活动，3个收费管理所均参加了预赛，并全部取得决赛资格，在决赛中，靖远所取得全省第二名的好成绩。

2004年，不断规范行业管理，认真开展"三学四建一创"活动，为社会提供良好的公路交通运输条件。在公路工程建设、养护管理中开展了"文明施工、争创优质工程""青年岗位能手"和"铜城杯"养护竞赛活动；在路政管理工作中开展了"依法行政、文明执法"活动；在车辆通行费收缴管理工作中开展了"青年文明号""优质文明服务""树立正气、强化管理"等活动。

2005年，认真贯彻交通部三十二字方针，

开展"平安公路全面养护"活动

全面落实"以养护保障畅通,以改造提高公路等级"的养护工作措施,认真开展以"好路杯"竞赛为主要内容的"铜城杯""G109线部级文明样板路创建""大干九十天,迎接全国公路大检查"等竞赛活动。

2006年,在养护单位认真组织开展"铜城杯"养护竞赛活动、在收费单位组织开展"整顿作风、强化管理、提高收费管理水平"和"一优二星"等"窗口"优质服务竞赛活动、在路政执法队伍中开展"文明规范执法、树立良好形象"的文明执法活动等一系列文明优质服务活动,不断增强职工队伍的服务意识,提高了文明服务水平。

2007年,在省局组织的收费职工队伍知识竞赛和队列比武中,白银公路总段代表队均获得第二名的好成绩,较好地展示了全段职工队伍的精神面貌。

2008年,认真组织开展以"处置路面病害、提高路面平整度、全面提高路况质量和服务水平"为主要内容的"铜城杯"公路养护竞赛活动、标准化养护示范路创建活动、水毁预防和修复活动的"三项养护活动"。

2009年,有2名职工参加了全省公路系统筑养路机械大赛,并被省总工会表彰为全省职工技能大赛技术标兵。

2010年,开展沥青混凝土摊铺机械操作工、平地机驾驶员2个工种的技术比武培训,并选拔2名职工参加了白银市计算机操作员技能大赛,取得了第二名的好成绩。

2011年,组织开展"创学习型组织、建学习型行业、做学习型职工"主题活动,认真实施职工职业技能综合素质提升工作,举办养护技术培训班,积极参加省市各项技能比武活动,总段荣获"白银市职工职业技能素质提升活动先进单位",1名领导干部被省委、省政府表彰为"五五普法工作先进个人",并荣获"白银市职工职业技能素质提升活动优秀组织者"称号;高养中心养护工区被市总工会表彰为白银市学习型组织先进集体,2名职工分别被市总工会表彰为职业道德建设十佳标兵、知识型职工先进个人。

2012年,总段工会、团委积极组织开展"青年突击队"'巾帼示范岗"等创建活动,建立"青年突击队"5个。

2013年,坚持以公路养护管理工作为中心,坚持科学养护、精细化管理,扎实开展"平安公路"创建活动,大力实施养护维修工程和安保工程,确保工程质量合格、管理规范、干部廉洁,全面提升管养线路服务社会的质量和水平。

养护现场观摩交流会

2016年白银公路管理局养护现场观摩会

2014年，坚持以公路养护管理工作为中心，坚持科学养护、精细化管理的理念，科学研判形势，落实工作责任，深入组织开展"平安公路质量管理年"百日竞赛和"标准化养护"活动，大力实施养护维修工程，高度重视桥梁养护、水毁抢修和灾害防治工作，强化了质量和安全管理，较好地完成了全年各项目标任务。

2015年，坚持以公路养护管理工作为中心，坚持科学养护、精细化管理的理念，以迎"国检"为动力，扎实组织开展"创建平安公路大干150天"等竞赛活动，大力实施养护维修工程，高度重视桥梁养护、水毁抢修和灾害防治工作，强化了质量和安全管理，有力提升了道路通行保障能力。

2016年，在全省交通运输系统筑养路机械操作比赛中成绩喜人，局高养中心何佳骏同志荣获第三名，并取得参加全国筑养路机械操作比赛参赛资格。

## 白银公路管理局技术比武获奖情况

| 序号 | 获奖单位（个人） | 获奖情况 | 授予单位 | 时间 | 文号 |
|---|---|---|---|---|---|
| 1 | 白银公路总段 | 全省技术比武先进单位 | 省公路局 | 1996 年 | |
| 2 | 负子辉 | 第六届甘肃省职工职业道德十佳标兵 | 省委宣传部　省总工会　省经贸委 | 2001 年 | 甘总工发〔2001〕33 号 |
| 3 | 闫玉仁李文萍 | 甘肃省技术标兵（交通系统） | 省总工会 | 2005 年 | 甘总工发〔2005〕103 号 |
| 4 | 闫玉仁李文萍 | 全省交通职工职业技能比赛优胜选手 | 省交通厅 | 2006 年 | 甘交发〔2006〕12 号 |
| 5 | 周荣斌 | 甘肃省技术标兵 | 省总工会 | 2006 年 | |
| 6 | 周荣斌闫玉仁 | 甘肃省技术标兵 | 省总工会 | 2007 年 | 甘总工发〔2007〕67 号 |
| 7 | 白银公路总段 | 全省开放式二级收费公路第二届军事化比武活动二等奖 | 省交通厅工会 | 2007 年 | 甘交发〔2007〕52 号 |
| 8 | 白银公路总段 | 全省公路系统筑养路机械操作技能大赛获奖单位第三名 | 省交通厅工会 | 2008 年 | 甘交发〔2008〕115 号 |
| 9 | 彭国钱魏周礼 | 甘肃省技术标兵 | 省总工会 | 2008 年 | 甘总工发〔2008〕104 号 |
| 10 | 周荣斌 | 全省交通行业 2007—2008 年度省级青年岗位能手 | 省交通厅 | 2009 年 | 甘交发〔2009〕17 号 |
| 11 | 高爱军 | 甘肃省职工先进技术操作法 | 省百万职工职业技能素质提升活动领导小组 | 2010 年 | |
| 12 | 闫玉仁 | 甘肃省技术标兵 | 省总工会 | 2010 年 | |
| 13 | 庞权 | 甘肃省技术标兵 | 省总工会　省人社厅省工信委　省科技厅省国资委　省交通运输厅 | 2011 年 | |
| 14 | 高小华 | 甘肃省技术标兵 | 省总工会　省人社厅省工信委　省科技厅省国资委　省交通运输厅 | 2011 年 | |
| 15 | 高爱军 | 全国交通技术能手 | 交通运输部 | 2012 年 | 交人劳〔2012〕147 号 |
| 16 | 何家骏 | 甘肃省技术标兵 | 省总工会　省人社厅省工信委　省科技厅省国资委 | 2016 年 | 甘交会〔2016〕53 号 |
| 17 | 李泰年 | 甘肃省技术标兵 | 省总工会　省人社厅省工信委　省科技厅省国资委 | 2016 年 | 甘交会〔2016〕53 号 |

# 第四章　办公、住宿设施

BAN GONG ZHU SU SHE SHI

## 第一节　办公设施

白银公路总段机关位于白银市白银区水川路94号，办公楼砖混结构。总层数：7层（全为地上建筑）；建筑编码：BYGLGLJJG-01；取得类型：自建；取得日期：1991年1月；竣工日期：1990年12月；账面价值：1943184.92元；使用总面积：2660.72平方米；公摊总面积：1224.08平方米。

一楼为白银公路管理局后勤服务中心使用，包括厕所2间，试验室9间，办公室7间，档案室4间。二楼至四楼机关办公用房，二楼包括厕所2间，洗手室1间，应急值班室2间，单身宿舍1间，财务档案室2间，会议室1间，荣誉室1间，招待室2间，财务、党办大办公室4套间，单独小办公室4间。三楼包括厕所2间，洗手室1间，单身宿舍3间，库房3间，阅览室1间，大套间办公室5套间，招待室1间，独立小办公室5间。四楼包括宿舍3间，厕所2间，洗手室1间，会议室2大间，大套办公室2间，库房1间，小办公室10间。五楼由白银公路管理局试验检测服务中心使用（除会议室外）。六楼、七楼为简易结构，每层3间房，作为库房使用。

## 第二节　职工住宿

白银公路总段家属院一处，地址：白银市白银区水川路94号，具体如下：

1号楼。开工时间：1992年3月25日。竣工时间：1992年12月15日。楼层设计：四个单元四层36户，砖混结构。建筑面积2667平方米，造价840000元。

会宁养管站职工宿舍

职工书屋

青江驿养管站职工书屋

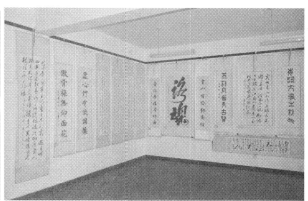

职工书法作品展示

2 号楼。开工时间：1986 年 10 月 5 日。竣工时间：1987 年 10 月 27 日。楼层设计：四个单元四层 36 户，砖混结构。建筑面积 2393.1 平方米，造价 532276.74 元。大套分别为 76.89 平方米、73.29 平方米、77.95 平方米、74.35 平方米。中套分别为 60.90 平方米、59.77 平方米、58.46 平方米。

3 号楼。竣工时间：1998 年。建筑面积 4281.2 平方米，楼层设计：三个单元七层 42 户，砖混结构，造价 4037665 元。

4 号楼。砖混结构，四个单元七层 56 户，分两次完成。1、2 单元竣工时间：2000 年 6 月，建筑面积 2550.3 平方米。3、4 单元开工时间：1996 年。竣工时间：1998 年。建筑面积 2300 平方米，造价 1585359.06 元。

5 号楼。建筑面积 4500 平方米。开工时间：2000 年。竣工时间：2003 年。楼层设计：三个单元七层 36 户，砖混结构。其中一楼车库，建筑面积 513.3 平方米。二至七楼住户。总投资 320 万元。

# 第五章　离退休职工工作

LI TUI XIU ZHI GONG GONG ZUO

1986 和 1987 年，党委先后两次组织老职工分析思想形式，通过回顾八年改革成就，明确大好形势，结合改革、开放带来的新变化，引导老职工认清坚持四项基本原则的重要性和反对资产阶级自由化的紧迫性和长期性。

1988 年，重视解决离退休职工的实际问题。全总段有离退休职工 128 名，其中离休干部 2 名、退休干部 8 名、退休工人 118 名。春节期间，专程去陕西对 1 名离休干部进行了慰问。重阳节期间，总段对 9 名离退休干部、70 岁以上的退休工人进行慰问。各段还召开了退休工人座谈会，征求他们的意见，确立对退休职工的取暖用煤、医疗费都高于在职职工的标准。为离休的 2 名干部订阅了 4 份报纸，各级团组织开展了为老职工做好事送温暖的活动。

1989 年，组织老职工认真学习邓小平同志的讲话和江泽民同志的国庆讲话。

1990 年，解决了部分职工子女就业问题，并对离退休、有病住院的职工进行上门慰问。

1991 年，总段把清房工作和纠纷治理"三乱"当作廉政建设的一件大事来抓，严格按照政策办事。在省厅和市委的指导下，按照要求，成立了以纪委为主的领导小组。总段印发了清理登记表，对住房情况进行登记、掌握情况、进行分析，按照政策规定对几户有私房住公房的进行了清退。

1992 年，结合公路养护建设实际，总段组织老职工学习宣传十三届八中全会精神、十四大会议精神和全国交通工作会议精神，加强宣传全总段养护生产、国道建设方面的先进经验及新技术、新材料方面的应用情况。

1993 年，总段根据近年来职工队伍"退休的多，新上岗的多"的具体情况，把工作重点放在新老职工交替过程中，一方面妥善安置老工人退养，解除后顾之忧交好班；另一方面积极做好新工人的思想教育和岗前培训，接好老一辈的班。

1994 年，根据省厅劳动就业会议精神，新招收职工子女就业 87 名，解决了职工的后顾之忧，促进了养护生产。

1995 年，为 54 名生产一线职工办离、退休手续，对符合招工条件的 49 名子女解决了顶替招工和就业。

1996 年，组织部分老职工参观了会宁会师纪念塔、长征胜利景园，瞻仰了会师历史博物馆，并捐款 10000 元支援会师爱国主义教育基地建设，弘扬长征精神。组织观看了主旋律电影《孔繁森》。

1997 年，年末组织慰问了困难职工和离退休老干部。

1998 年，在"元旦""春节"期间筹资 5100 元，同有关部门慰问特困户 13 家，离退休老干部 26 名。

2000 年，按省厅改革要求实行了内部退养，全总段共内退职工 60 名，其中干部 7 名，工人 53 名。

2001 年元旦、春节期间，工会筹措资金 11300 元慰问特困职工和退休老职工，并建立了特困职工档案。

2002 年，筹资建设了总段离退休职工活动中心、总段机关、白银段职工住宅区安全文明小区基础设施，进一步完善了职工的工作、生活条件。

2003 年"元旦""春节"和生产大忙季节，总段主要领导带队筹资 8 万余元，组织看望慰问了离退休职工、特困户和重大病人家庭 21 户，一线生产人员 635 人。

2004 年"元旦""春节"和生产大忙季节，总段党政工领导组织看望慰问离退休职工、特困户、军属等和住院病人 36 户（人），一线生产人员 500 余人；组织看望省外退休职工 22 名。

2005 年，离退休职工党支部组织开展"老有所为"奉献奖和"五好家庭"评选活动，并坚持长期定时开放健身房和文化娱乐室。根据慰问离退休人员三年规划，慰问了省内、市外离退休人员 35 名。

2006 年，党委召开专题会议讨论全段离退休职工工作中存在的困难和问题，继续认真落实《白银总段离退休职工三年慰问计划》，筹措资金近 6 万元，由党政工领导带队，分 4 个小组组织慰问了居住在白银市的 379 名退休职工，详细了解他们的生活和身体状况，并向离退休职工通报全省交通发展和全段公路发展的情况。坚持长期定时开放健身房和文化娱乐室。为庆祝第十九个重阳节，组织 30 余名退休职工到会宁参观中国工农红军胜利会师纪念馆和三军会师塔，庆祝红军长征胜利会师 70 周年，重温了工农红军艰苦卓绝的长征历史。

同年，总段被省厅评为"离退休职工工作先进单位"，总段长被评为"重视离退休职工工作领导"，2 名司志被评为"离退休职工工作先进工作者"，受到了省厅的表彰。

2007 年重阳节，组织 50 多名退休人员游览了榆中兴隆山。坚持长期定时开放健身房和文化娱乐室，建立健全了活动室管理制度，做到职责明确、责任到人。

2008 年重阳节，组织 50 多名退休人员游览了天水麦积山；3 名青年职工、2 名老职工被省厅分别表彰为敬老助老先进个人和老有所为先进个人；修缮了活动室，增加了器械设备。

2009 年，党政领导深入离退休职工当中调查研究，听取意见，召开党委会专题讨论和部署全段离退休职工管理工作，研究解决热点、难点问题。

2010年重阳节，总段组织机关离退休干部职工和基层退休干部40多人，参观了白银、靖远、景泰段所、高养中心和总段机关的发展新貌，并倾听老同志对总段发展的意见建议。

2011年，投入资金2.3万余元，为总段活动室更新了跑步机、按摩椅、运动自行车等健身器材3台，更新增设了棋牌室、学习室各类规章制度和字画共12块。重阳节，两级组织召开了离退休职工座谈会。1名领导被省厅表彰为"重视支持离退休工作领导"，2名同志被表彰为"优秀离退休工作人员"，2个基层单位被表彰为"离退休工作先进基层单位"。总段离退休职工活动室被授予"全省交通运输系统示范型离退休职工活动室"。

2012年，"七一"期间组织总段机关离退休职工党员参观了白银公司爱国主义教育基地"露天矿二采场"，开展走访慰问"四老"人员活动。

2013年，开展送温暖慰问活动，重点走访慰问了2名省部级退休劳模和25名离退休困难

重阳节慰问离退休职工

职工。

2014年，开展敬老爱老和"敬老文明号"创建活动。"重阳节"前夕走访慰问离退休干部职工47人次，组织离退休职工进行体检。开展离退休职工和困难职工慰问工作。

2015年，局党委印发《关于组织好"三严三实"专题教育学习研讨的通知》，邀请部分老职工参加学习研讨。

2016年，针对职工反映家属区水暖设施老化、供暖差的问题，筹措资金及时组织更换维修，保障了职工的冬季供暖问题。

# 第六章 职工运动会

ZHI GONG YUN DONG HUI

## 第一节 白银公路总段第一届暨迎春职工运动会

2005年1月9日，白银公路总段在白银公司文化宫举办了第一届暨迎春职工运动会。这是白银公路总段恢复建段近二十年来举行的一次参加范围广、比赛项目多、全段广大职工最为关注的体育盛会。

省交通工会主任王毓周，白银市总工会副主席欧志军，白银市体育局局长侯江田，白银公路总段党委书记陈富诗、总段长石培成、副总段长刘芳俊、工会主席贠子辉，总段离退休老领导杨临泉、郭隆万、陈自润、张鸿寅、总段机关各部门负责人，段属各单位的领导出席了开幕式。

这次运动会由总段党委书记陈富诗任组委会主任、总段长石培成任组委会副主任。

参加这次运动会的运动员有210名，有公路养护一线的养路工、收费职工，有机关干部和领导干部，有退休老同志，年龄最大的61岁。在本届运动会开展的篮球、羽毛球、乒乓球、中国象棋、拔河、自行车慢骑等七个项目的比赛中，各代表团和运动员坚持"参与、健身、团结、奋进"的宗旨，顽强拼搏，奋发努力，赛团结、赛友谊、赛风格、赛出了好的成绩，展示了公路职工的风采，增强了凝聚力和团队精神，树立了良好的体育道德风尚，向全社会展示了广大公路职工与时俱进、开拓创新、艰苦奋斗、自强不息、团结协作、顽强拼搏的精神。

为期三天的运动会于1月11日结束。白银公路总段第一届暨迎春职工运动会组委会对获得比赛前三名的代表团和个人进行了表彰。

## 第二节　白银公路总段第二届
## 暨迎春职工运动会

2007年1月22日至24日，白银公路总段举办了第二届暨迎春职工运动会，白银市政府、省公路局工会、市交通局、运管处、征稽处、银冠集团公司及总段领导参加了开幕式。

来自总段各基层单位、机关科室和部门的270名运动员参加了三人制篮球、乒乓球、羽毛球、中国象棋、围棋、自行车慢骑、拔河共七个项目的比赛。经过角逐，分别产生了精神文明奖、优秀组织奖和个人单项奖前三名，并受到了表彰奖励。

本届运动会树立了良好的体育道德风尚，展示了全段职工的精神风貌。

第六篇

# 综合资料

# 撰　文

## 文明创建

三十年来，全局行业文明创建工作坚持践行社会主义核心价值观，不断加大文明创建工作力度，不断丰富文明创建载体，多层次开展各类文明创建活动，组织实施素质提升、提质增效、安全保障、文化提升和文明示范"五大工程"，不断巩固和提高全局行业文明创建工作水平。

### 一、实施素质提升工程

（一）加强党员干部队伍建设。严格落实党委（支部）理论中心组学习制度和政治理论学习制度，不断提升党员干部队伍的思想政治素质。扎实开展"三讲"教育活动、"三个代表"重要思想学习教育活动、保持共产党员先进性教育活动和学习实践科学发展观等。尤其是党的十八大以来，深入开展党的群众路线教育实践活动、"三严三实"专题教育和"两学一做"学习教育。深入学习党的路线方针政策、党章党规党纪和习近平总书记系列重要讲话精神，不断增强"四个意识"，保证了两级领导班子和党员干部在思想上、政治上、行动上始终与以习近平同志为核心的党中央保持高度一致，认真贯彻执行党和国家的各项方针政策。深入开展理想信念、社会主义核心价值观和形势政策教育活动，不断增强干部职工的文明争创意识、创新进取意识和履职担当意识，促使全局干部职工加强学习、增强能力，认真履职、推动发展。不断加强干部队伍党风廉政建设。构建反腐倡廉防控机制，着力构建"不敢腐不能腐不想腐"体制机制，扎实开展廉政警示教育活动，强化监督执纪问责，教育广大党员干部严于律己、廉洁从政。

（二）加强职工队伍素质建设。加强公民道德建设。积极践行社会主义核心价值观，大力弘扬和培育民族精神，引导广大职工树立正确的世界观、人生观、价值观，用社会主义核心价值观引领思想，规范行为，构建和谐的工作氛围。全面落实《公民道德建设实施纲要》，积极倡导"爱国守法、明礼诚信、团结友善、勤俭自强、敬业奉献"的公民基本道德规范。开展"四德"教育，促使职工爱岗敬业，围绕文明礼仪、优质服务等方面，广泛开展培训活动，培养"创一流业绩、树行业形象"的职业操守和文明服务意识。大力开展技能培训。组织开展"技术比武""岗位练兵"等素质提升活动，举办养护技术、桥梁工程师、财会等各种培训班，鼓励和支持干部职工积极参加学历教育，通过多角度、多层次的教育培训、岗位练兵、技能竞赛等活动，优化职工队伍知识结构，提升综合素质。推进各类学习型组织创建活动。制定《白银公路管理局人才队伍建设规划》，开展创建学习型单位、学习型党组织活动，大力倡导自主学习、终身学习理念，进一步搭建学习平台，完善学习激励机制，形成岗位成才、自学成才的良好环境，培育具有事业心、责任感和开拓创新精神的各类专业人才队伍。制定普法工作规划，组织开展普法教育，提高干部职工运用法治思维和法治方式解决问题的能力，提高依法办事的能力，营造浓厚法治氛围。

**二、实施提质增效工程**

（一）健全规章制度，完善工作机制。持续做好各项制度废改立工作，依法修订完善制度办法，建立健全党建、公路养护、预算分解等公路养护和日常管理制度体系，进一步完善岗位职责、绩效考核等管理办法，以制度规范职工的履职行为，进一步形成按制度办事、靠制度管人的工作机制。进一步完善内控制度，建立健全科级干部、重点岗位业务操作流程和责任清单，加强监督制约，及时解决管理中出现的突出问题，提升管理工作的科学化、制度化、程序化、规范化水平。

（二）强化基础管理，提升综合管理水平。

严格财务预算管理。加强预算控制，进一步细化计划编制和预算分解程序，严格预算执行，切实维护预算的严肃性。完善经济活动内部控制机制，加大内部审计监督力度，加强审计意见整改落实，确保财务管理工作规范运行。加强人事劳资管理。严格落实各项人事管理制度，加强日常考勤考核管理，严肃工作纪律，全面落实绩效工资制度。加快信息化智能化建设步伐。积极落实"互联网+"行动推进方案，围绕公路养护决策、日常养护管理、路网运行监测、应急调度指挥及信息化办公等内容，积极推进信息化建设工作，全面推行OA办公系统，加大公路养护管理、安全生产、人事劳资、档案管理等方面信息化建设力度。规范养护维修工程管理。严格落实省公路管理局关于进一步规范养护工程管理工作的通知精神，对所有养护工程全部通过政府公共交易平台以公开招标的方式实施，履行工程计量支付、质量控制、安全监督等监管职责。

（三）落实党务政务公开制度和职代会制度。发挥义务监督员作用，在局机关大厅和网站开辟政务公开专栏，及时公布单位重大事项和职工关心关注问题。落实"三会一课"制度、民主评议党员制度等党内政治生活制度，严格执行"三重一大"集体决策制度，切实提高单位民主管理工作水平。

**三、实施安全保障工程**

（一）落实安全生产责任制。坚持"党政同责、一岗双责、齐抓共管、失职追责"和"三管三必须"责任制，通过加强安全生产培训教育，建立完善各项规章制度，规范安全生产管理程序，加强安全生产隐患排查等举措，不断提高职工安全意识和安全生产工作管理水平，确保安全生产各项目标的实现。

（二）突出重点领域安全监管。严格按照

交通运输部《公路养护安全作业规程》，加大养护作业现场、收费现场、特种机械操作等领域安全监管力度，认真执行养护作业审批制度，规范布置养护作业控制区。建立健全隐患排查治理制度，实行自查自改自报闭环管理。积极实施公路安全生命防护工程和危桥改造工程，继续完善公路沿线安全防护设施，确保行车安全。

（三）建立健全应急保障机制。加强局应急抢险保障中心基础设施建设，建立健全应急预算体系，定期开展应急演练，严格执行事件报告、通报和反馈制度，进一步打造快速应急队伍，不断提升全局公路应急救援保障能力。

（四）做好社会治安综合治理。积极配合公安、消防及社区等，做好安全、消防、卫生和综合治理工作，坚决杜绝职工队伍中发生"黄、赌、毒"现象。认真宣传、执行计划生育基本国策，单位无违反计划生育政策的现象。

**四、实施公路文化提升工程**

（一）开展文化体育活动。弘扬甘肃公路行业精神，结合学习型单位、学习型党组织活动，加强单位党员活动室、图书室、荣誉室等硬件设施建设，开展读书月（日）、道德讲堂、演讲比赛、文化知识讲座等文化活动，用共同的文化价值观引领职工，构建积极向上的文化氛围。组织开展体育比赛、书画展览、好书传读、文艺晚会等文体活动，不断丰富职工精神文化生活。

（二）加强公路文化建设。按照"一路一特色、一路一主题"的工作思路，突出体现白银区域特点、自然景观和人文精神，进一步丰富和拓展公路文化的载体和领域，不断提升单位发展软实力。按照基层班、站管理规范化、标准化建设要求，加大投入力度，进一步健全基层班、站功能，全方位改善基层一线职工的

工作环境和生活条件。开展公路标志标牌布设活动，及时公布路况及天气信息，为社会提供优质服务，塑造公路部门良好形象。

（三）开展道德讲堂活动。定期举办道德讲堂，开展道德经典诵读，将学习传统经典文化和学习道德模范、身边好人相结合，成立道德经典诵读文化志愿者小组，定期开展"进讲堂、诵经典、听故事、讲感悟、勤实践"活动，使其真正成为干部职工净化心灵、提升境界的精神家园。开展"文明有礼培育"活动，制定职工行为规范，在办公区域、公路小区醒目位置设立遵德守礼提示牌，规范职工日常言行举止，提升职工文明素质。

（四）培育绿色环保意识。坚持绿色发展理念，积极推广应用绿色节能养护技术，加大废旧路面材料的回收利用力度，淘汰高耗低效养护设备，加强路域环境治理。倡导低碳绿色出行，深入推进绿色低碳循环发展。树立勤俭节约意识，建设"节约型"机关，提升职工食堂管理服务水平。

（五）开展廉政文化建设。利用互联网、廉政文化讲座、宣传专栏等形式，在广大干部职工中倡导廉洁自律意识，推进廉洁文化建设，增强廉洁文化的渗透力。推进诚信教育，促使职工自觉讲诚信、讲道德、讲品行，倡导爱岗敬业、诚信守法、行为规范、道德高尚的廉洁文化。

**五、实施文明示范工程**

（一）大力开展群众性精神文明建设活动。利用节庆假日，积极开展丰富多彩、健康向上的各种寓教于乐、寓教于文的文化体育活动，陶冶情操，振奋精神，增进情谊。深化"学、树、创"活动和开展养护、收费技术比武活动，开展全省公路系统"十佳"先进事迹巡回演讲报告会，坚持用身边人和事来教育职工，

强化典型的示范引领作用，大力弘扬公路行业正能量。充分利用互联网、微信、手机等平台，积极传播文明新风尚。

（二）深入开展行业文明单位（集体）达标晋级活动。按照省公路管理局进一步完善行业文明上星晋级和摘星降级的考评机制，各单位在原有创建成果的基础上积极申报创建，实现全局行业文明水平的显著提升。

（三）积极参与社会公益活动。组建学雷锋志愿服务队，定期组织职工开展学雷锋活动、志愿服务活动等，积极参与各种志愿服务、爱心奉献活动，热心社会公益、社会援助和文明共建活动，增强职工社会责任感与使命感，展示和传播文明之风，展现公路职工良好精神风貌。

（四）全员参与文明单位创建活动。大力宣传创建文明单位的重要意义，坚持开展全国、省市县各级别文明单位创建活动，按照标准，严格考核，进行年度复查评比，文明单位、文明职工数量逐年增加，不断夯实全局文明创建工作基础，促进单位文明程度大幅提高。

三十年来，全局行业文明创建工作取得了累累硕果：获得国家级先进集体荣誉称号 12 项、省部级先进集体荣誉称号 34 项；4 名干部职工获得国家级荣誉称号，44 人获得省部级荣誉称号。

（局党委办公室）

# 纪检工作

## 一、1986年至2012年纪检监察工作

自白银公路总段恢复建制以来，总段纪委认真学习贯彻中纪委、省纪委和厅党组历年党风廉政建设工作会议精神和重大决策部署要求，坚持"标本兼治、综合治理、惩防并举、注重预防"的方针和"党委统一领导，党政齐抓共管，纪委组织协调，部门各负其责"的工作机制，加强反腐倡廉惩防体系建设，认真抓好党风廉政建设目标责任制的贯彻落实。

（一）抓反腐倡廉宣传教育。按照廉政建设"立足于教育，着眼于防范"的要求，不断加强党性党风党纪教育。以两级领导干部为重点，坚持党委（支部）中心组学习制度，及时传达学习中央、省委、市委党风廉政建设会议精神，组织开展了《党内监督条例》《中共中央关于严格禁止利用职务上的便利谋取不正当利益的若干规定》《中国共产党领导干部廉洁从政若干准则》等党规专题学习教育。开展专题讲座、观看廉政警示教育片，组织全段科级以上干部和机关人员参观全国检察机关惩治和预防渎职侵权犯罪展览活动及廉政文化进机关、进班站、进工地等活动，切实做到了廉政建设警钟长鸣、长抓不懈，不断筑牢党员干部拒腐防变的思想防线。

（二）抓党风廉政建设责任制落实。总段党委坚持党风廉政建设工作与养建管收各项工作相结合，与行业文明建设相结合，着重把握好任务分解、责任落实和检查考核三个环节，推动党风廉政建设责任制的落实。每年召开党风廉政建设工作会议，安排部署全段党风廉政建设工作，同段属党支部签订《党风廉政建设目标责任书》，下发任务分解表，加强对全段党风廉政建设和公路工程建设中的廉政建设工作的检查，促进党风廉政建设工作任务的落实。

（三）抓权力规范运行。坚持执行民主集中制原则和集体领导下的分工负责制，严肃两级领导班子党政议事规则和工作规则的贯彻落实，建立健全"三重一大"事项集体决策制度和党政情况通报、情况反映、重大决策征求下级意见等制度，有效规范和约束了领导干部用权行为。建立党委、纪委联席会议制度，严把干部选拔任用和机关管理人员的推荐关、考察关、决定关，规范基层领导班子和关键岗位工作人员调整、交流和补充的各项程序，不断提高干部选拔任用和人事管理工作的透明度。加强财务监管和内部审计工作，建立了财务、审计、监察内联机制，开展治理"小金库"活动和厉行节约八项要求活动。深入开展工程建设领域突出问题专项治理。推行党务段务公开制度，对干部年度考核结果、劳动用工、评选先进、发展党员、材料采购及职工关心关注的热点、难点问题及时进行公示。

（四）抓惩防体系建设。在巩固落实原有公路养护、路政管理、通行费征收、工程建设、行业文明和各项基础管理制度的基础上，总段进一步制定完善一系列管事、管权、管人的管理制度，开展廉政风险防范工作，推行内控机制建设，加强对议事决策、工程建设、干部人事、财务审计、投标招标、材料采购、路政执法、收费管理等重点岗位和重点环节制度落实情况的监督检查，有效推进管理规范、运转协调、公开透明、竞争高效的奖惩机制和工作运行机制的建立。

（五）抓政风行风建设。督促积极履行公路养护、路政管理、公路建设、二级收费公路通行费征收管理职责，加大路容路貌专项整治

力度，巩固治理公路"三乱"成果，规范路政执法行为；积极创建收费文明"窗口"，落实鲜活农产品运输"绿色通道"和应急抢险救灾物资运输全免通行费政策。加强对工程建设中安全生产劳动保护和农民工工资支付情况的监督检查，有效防止了损害群众利益行为的发生。积极参与白银市"政风行风热线直播"活动，真诚倾听群众的呼声，认真解决和答复群众关注的突出问题和政策咨询。

（六）抓信访举报工作。总段纪委高度重视群众信访举报工作，不断拓宽信访渠道，变职工上访为主动下访，深入基层和职工座谈交流，征求意见，对职工群众反映的每个问题，本着慎重负责的态度，进行认真调查了解，澄清反映问题，做到件件有答复，事事有回音。

（七）加强纪检监察干部自身建设。组织开展了创先争优、"做党的忠诚卫士和职工群众的贴心人"等活动，按照"政治坚强、公正清廉、纪律严明、业务精通、作风优良"的要求，加强纪检监察干部自身建设，加大教育培训力度，不断提高纪检监察工作的专业化水平。

**二、党的十八大以来纪检监察工作**

党的十八大以来，白银局纪委全面贯彻党的十八大和十八届中央历次全会精神，深入学习贯彻习近平总书记系列重要讲话精神，认真学习贯彻落实中央纪委、省纪委、市纪委历次全会精神和厅党组、局党委历年党风廉政建设工作会议精神，主动适应党风廉政建设工作的新常态，坚持全面从严治党、依规治党，忠诚履行党章赋予的职责，落实"转职能、转方式、转作风"要求，聚焦主责主业，强化监督执纪问责，推动全面从严治党、党风廉政建设和反腐败工作全面深入开展。

（一）强化"两个责任"，严格落实党风廉政建设责任制。局党委高度重视，每年年初专题研究党风廉政建设工作，坚持把党风廉政建设工作与中心工作同部署、同落实、同检查、同考核，把全面从严治党主体责任扛在肩上。局纪委在党委领导下，把监督责任抓在手里，积极履行监督责任。全局不断完善以上率下、上下联动、齐抓共管的工作格局，深入推进"两个责任"的落实。

强化组织推动。制定落实《关于落实纪委党风廉政建设监督责任的意见》。紧紧牵住党风廉政建设主体责任"牛鼻子"，协助党委安排部署全局党风廉政建设工作，每年制定印发《纪检监察工作要点》，明确目标任务，推动工作责任落到实处。

强化学习辅导，通过开展"两个责任"专题学习、编发《落实党风廉政建设"两个责任"提醒手册》等，督促两级领导班子明责、知责、履责、尽责。

强化压力传导，逐级签订党风廉政建设目标责任书，组织开展科级干部集体约谈、签订廉政承诺书、廉政表态等，层层传导压力。

强化督查考核，制定《党风廉政建设责任制检查考核办法》，并配套制定年度考核细则，组织对基层支部开展季度督查、半年和年终专项检查考核，通报考核结果，督促认真整改，强化考核结果运用，推动主体责任落地生根。

强化"一岗双责"，两级领导班子成员认真履行"一岗双责"要求，定期研究、布置、检查分管范围内的廉政工作情况，把廉政建设要求融入分管业务工作中，完善管理措施，加强风险防控。

强化责任追究，对履行"两个责任"不力的4名基层主要领导干部进行了责任追究，并对责任党支部在全局进行通报批评。认真完成了省厅第二巡查组反馈意见整改落实工作。

落实定期报告制度。认真落实主体责任和监督责任定期报告制度，督促各党支部每季度将主体责任落实情况向局党委报告的同时也向局纪委报备，要求各单位纪检委员每季度按时向纪委报告监督责任履行情况。

强化全面从严治党，召开局第一次党代会，明确了今后五年全面从严治党工作的总体目标和重点任务，为全局各项工作的顺利开展提供了坚实的政治保障。

（二）落实中央八项规定精神，开展专项治理，持之以恒纠正"四风"。编发《落实中央八项规定精神提醒手册》，督促严格贯彻执行中央八项规定、省委"双十条"规定和厅党组改进作风八项规定精神，进一步改进文风会风，厉行勤俭节约，全面规范公务用车、办公用房和公务接待管理，要求局机关工作人员下基层缴纳伙食费，坚决纠正"四风"问题。紧盯元旦、春节、五一、中秋、国庆等重要时间节点，以文件形式重申纪律要求，坚决落实严禁公款送月饼、送节礼、公款吃喝旅游、公车私用、滥发津贴补贴、违规操办婚丧喜庆事宜等一系列纪律要求，节中开展明察暗访，坚决正风肃纪。坚持中央八项规定精神贯彻落实情况监督检查常态化，切实把深入纠正"四风"的压力和责任传导延伸至基层单位，督促各单位每月报送查处"四风"问题情况统计表。深入开展效能风暴行动、整风肃纪专项整治、不作为慢作为整治行动，着力解决效能低下、作风不实等问题。开展公职人员违规经商办企业专项整治，开展清理办公用房、"小金库""吃空饷"等专项治理。深入开展群众路线教育实践活动"7+4+10"专项整治任务、"九个严禁、九个严查"专项行动及"三公"经费、机关食堂、公款吃喝、违规发放津补贴福利"四项"整治活动等，坚决纠正"四风"问题。

大力开展政风行风和机关作风民主评议活动，推进政风行风建设。

（三）严明党的纪律，加大纪律审查工作力度。严明政治纪律、组织纪律、廉洁纪律、群众纪律、工作纪律、生活纪律，把严明政治纪律和政治规矩放在首位，坚持在路线、方针、政策上自觉同党中央保持一致，坚决贯彻落实中央、省委和省厅局的决策部署，做到令行禁止，政令畅通。积极探索实践"四种形态"，制定《新任科级干部廉政谈话实施办法》《纪委约谈科级干部办法》等制度。局领导班子成员采取集体谈话和个别谈话等方式，分层次积极开展谈心谈话、工作约谈、提醒谈话等，推进咬耳扯袖、红脸出汗常态化。坚持把纪律规矩挺在前面，加大对党员干部违反党纪政纪、涉嫌违法行为审查和处置力度，坚决惩治腐败。认真开展清理2011年以来涉刑人员纪律处分执行情况工作，给予2人党内警告处分、2人"双开"，给予1人开除党籍和降低岗位等级处分，并调离原岗位。加大安全生产事故责任追究，给予18人通报批评和不同程度的经济处罚，给予3人政纪处分。严肃工作纪律，给予1人免职处分，并调离岗位。认真做好信访举报受理工作，畅通信访渠道，及时受理、回复、办结各类信访件，做到有腐必反、有贪必肃。学习运用问题线索四类处置方式，着力提高纪律审查的质量。规范函询、诫勉谈话内容、程序，制作谈话约谈登记表，增强纪律审查的严肃性。坚持抓早抓小，对发现的问题要求及时整改，加大函询、诫勉谈话力度。2012年以来，共收到来访信件和上级转办件15件，其中初核2件，谈话函询2件，立案1件。坚持有错必究，有责必问，针对发现的问题及时责令整改，并责令责任单位领导班子、责任领导向局党委做出书面检查，对2个基层党支部进行通报批评，诚勉谈话 4 人。

（四）加强反腐倡廉宣传教育，进一步增强领导干部廉洁自律意识。及时传达学习中央、省市、厅党组反腐倡廉的新精神新要求，推进纪律学习常态化。印发《党风廉政建设制度文件汇编》《党风廉洁知识手册》和《"学思践悟"系列文章汇编》，组织"敬畏法律"、预防职务犯罪、学习贯彻"问责条例"等专题讲座，开展《作风建设永远在路上》《永远在路上》等反腐倡廉专题片集中观看活动，认真开展中央纪委通报的典型案例学习活动，组织全局副科级以上干部到白银监狱和市纪委警示教育基地实地开展警示教育。近年来，组织全局科级干部每年初参加廉政法规知识测试，以考促学。坚持"凡提必考"，组织新提拔干部参加廉政法规知识考试。认真开展"两学一做"学习教育，组织党员干部认真学习《党章》《中国共产党廉洁自律准则》《中国共产党纪律处分条例》《中国共产党问责条例》《中国共产党党内监督条例》《关于新形势下党内政治生活的若干准则》等，开展专题讲座解读，举办"学党章、守党规、强党性"党章党规知识竞赛，着力提升党员干部纪律规矩意识。

（五）加强监督制约，进一步规范权力运行。加强党内监督，通过查阅资料、现场参与等形式，重点督促各单位认真落实"三会一课"制度、组织生活会制度、谈心谈话制度、民主评议党员制度和个人重大事项汇报请示制度，严肃党内政治生活。对两级领导班子执行民主集中制情况、"三重一大"事项集体决策制度落实情况等进行监督，对有关问题提出意见和建议。加强干部选拔任用监督，认真落实省厅局科级干部任职备案、交叉任职制度，开展公开选拔工作，促进选人用人的公开、公平、公正。推行干部选拔任用前纪检监察部门

出具廉洁意见书制度，严防干部"带病提名""带病考察"，认真把好干部提拔"第一道关口"。加强财务监督，严格执行财务预算管理和财务报账制各项规定，细化财务管理程序，实行报销发票基层党政负责人联签制度。规范工程建设和大宗材料设备招标管理。规范工程计量支付、按合同价款结算和资金拨付程序，加强养护工程关键环节的监督制约，确保资金安全运行。严格内部审计监督，坚持做好领导干部任期及离任经济责任审计和财务审计，重点加强日常资金运行和所属企业债权债务、资金收支情况的审计监督，及时纠正违规行为，保障单位资产安全。调整交流财务审计岗位工作人员，降低岗位风险。实行党务局务公开，提高权力运行的透明度。强化干部监督管理，组织基层党政、机关科室主要负责人向局党委"三述"，并进行民主测评，切实增强监督实效。强化廉政风险防控管理。梳理权力事项104 项，绘制权力运行流程及风险点分布图 89 个，查找风险点 287 个，制定防控措施 285 条，汇编形成《白银公路管理局廉政风险防控手册（试行）》。

（六）积极落实"三转"，加强纪检监察干部队伍建设。推进监察审计科职能分离，围绕党章赋予的职责，转职能、转方式、转作风，成立纪检监察室，配备专职工作人员，明确职责定位，逐步规范纪检监察工作程序，严格执行《中国共产党纪律检查机关监督执纪工作规则（试行）》，强化监督执纪问责职能。严格落实"两个为主"要求，积极推进纪检监察工作双重领导体制具体化、程序化、制度化。积极落实纪委书记不再分管与纪检监察业务无关工作的要求，及时调整纪委书记的分工。调整充实纪律检查委员会委员，在基层党支部配备了纪检委员，执纪监督力量进一步增强。加

强纪检干部自身建设，强化培训学习，提升业务水平和履职尽责能力。加强内部监督管理，着力增强纪检监察干部纪律规矩意识，严格执行请示报告和回避、保密等制度，严守工作程序。

（顾雪梅）

# 组织工作

白银公路管理局组织工作全面贯彻落实中央、省、市组织工作会议精神，紧紧围绕加强两级领导班子建设和干部队伍建设这条主线，不断探索干部选任工作的新途径，为局党委选任干部提供了客观依据，较好地完成了预定的各项工作任务。

**一、坚持标准，保证干部选拔任用工作质量**

坚持德才兼备、以德为先的用人导向，严格遵守省交通运输厅党组、省公路管理局党委干部调整有关规定，认真贯彻执行《党政领导干部选拔任用工作条例》和中组部《党委（党组）讨论决定干部任免事项守则》，以及厅党组《关于加强厅属单位干部选拔任用工作监督检查的意见》《甘肃省交通运输厅领导干部交流办法》《甘肃省交通运输厅关于培养选拔优秀年轻干部工作的意见》等干部人事管理制度，严格按照《党政领导干部选拔任用工作条例》规定的标准和程序选拔任用干部，严格落实干部交流、回避和有关事项报告及任前档案审核等规定，干部选任前全部征求纪检监察部门意见。坚持党管干部原则，坚持德才兼备、任人唯贤、群众公认、注重实绩的原则，严格选拔标准和程序，规范选拔任用科级干部，提高了选人用人质量，树立了正确的用人导向。根据全局养护管理工作需要，积极为局党委当好参谋助手，认真做好干部考核调配。

共选拔科级干部 80 余名，其中正科级 40 余名，副科级 40 余名，共交流科级干部 260 人次。对基层单位党政主要领导、局机关科室主要负责人在同一岗位连续任职满 5 年的科级干部全部予以交流调整，全局科级编制为 73 名，现有科级干部 69 名（其中正科级 27 名、副科级 42 名）。

配合省人社、编办、交通厅等完成原白银公路总段机构改革和人员编制等工作，圆满完成局第一次党代会换届工作。一是突出"三个注重"高标准推荐干部。注重以德为先。坚持把政治坚定、原则性强、清正廉洁、品德高尚的干部优先推荐给局党委提拔使用。注重工作实绩。坚持把在工作中取得实实在在的成绩作为衡量干部德才的重要标准和选拔任用的重要条件，对长期在养护生产一线工作的干部予以重点推荐。注重群众公认。坚持把民主推荐、民主评议、民主测评结果作为确定考察人选、选拔任用干部的重要依据，真正把群众公认度高的干部及时推荐到领导岗位。二是严把"四关"履行干部任用程序。严把民主推荐关。坚持会议投票推荐与个别谈话推荐相结合，认真履行民主推荐程序，把好选拔任用干部的提名关。严把组织考察关。采取考察预告、民主测评、个别谈话、实地了解等手段，全面真实了解被考察者的情况，防止考察失真失实。严把酝酿审核关。对拟任用的干部在民主推荐和考察的基础上，广泛征求意见，进行充分酝酿。一方面在领导层酝酿，另一方面将拟提拔干部名单交局纪委、人劳、党办及其他有关部门进行审查沟通、征求意见，对需要征求上级业务主管部门意见的干部按要求征求上级部门意见。严把讨论决定关。严格按照《党政领导干部选拔任用条例》等有关规定办事，做到没有经过民主推荐、组织考察的不上会，局党委人数未达到三分之二以上的不上会，对部门和群众反映干部问题没查清的不上会，应征求而未征求有关部门意见的不上会。

**二、注重培养，树立正确用人导向**

干部选拔任用工作事关全局公路事业的健

康发展，是局党委一项重要工作。白银局党委牢牢把握"抓培养、抓选拔、抓使用"三个环节，培养了一批熟悉党政工作、公路养护、工程技术工作的复合型人才，建立了一支与全局养护生产发展相适应的干部队伍，取得了良好效果。

（一）健全制度体系，提高干部选拔任用工作规范化。按照《党政领导干部选拔任用工作条例》规定，白银局党委坚持完善科级干部选拔任用工作制度体系，结合全局工作实际制定了《新任科级干部廉政谈话制度实施办法（试行）》《关于对科级干部实行廉政法规知识考试的暂行规定（试行）》《科级干部选拔任用工作全程纪实办法（试行）》和《推进领导干部能上能下管理办法（试行）》等多项管理制度，建立完善了一整套干部选拔任用和监督制度，不断增强干部选拔任用工作的透明度。

（二）严格选拔程序，加大干部交流力度。局党委紧密结合基层单位领导班子建设状况、科级干部年度考核结果和实际工作状况，强化基层领导班子的研判和动态管理。对工作不力、团结不力的班子坚决予以调整。凡出现空缺职位需要提拔干部时，局党委广泛征求班子成员意见，明确选拔标准及任职条件，制定选拔任用工作方案，严格按照民主推荐、民主测评、组织考察、党委会议讨论决定、公示、任前谈话、任职的程序，规范选拔科级干部。依据《甘肃省交通运输厅领导干部交流办法》精神，2015年来，局党委对重要岗位连续工作5年以上的科级干部，根据其能力特长、工作环境、班子结构等方面因素全部进行调整交流，共调整交流科级干部54人次，推动干部在不同岗位、环境锻炼成长，切实做好廉政风险防控工作。2017年4月，根据省厅党组关于做好技术干部挂职地方交通运输部门工作的通知精神，局党委在全局范围内抽调了5名技术精、作风硬的优秀技术干部挂职白银市交通运输部门工作。

（三）落实"三定"方案，合理调整配备干部。按照省厅《关于印发甘肃省白银公路管理局主要职责内设机构和人员编制规定的通知》精神及具体规定，局党委严格按照内设机构和人员编制规范调整了局机关内设机构、基层单位的名称，设立了应急抢险保障中心、试验检测技术服务中心、后勤服务中心。2015年3月对局机关各科室、各部门、应急抢险保障中心、试验检测技术服务中心、后勤服务中心单位领导干部按照工作要求予以规范任命，共任免（聘任）科级干部25名；根据省厅有关精神，在应急保障中心配备了专职副书记，协助党支部书记开展党建工作；未出现超职数、超规格、超范围配备干部和乱设领导职务、乱立机构名目等"三超两乱"问题。2017年，根据省厅局公路系统事企分离改革工作相关要求，迅速启动事企分离改革工作，组建成立了白银新世纪路业有限责任公司，经党委研究，于3月份对公司董事长、总经理、副总经理、监事和工会主席等4名科级干部进行了任命，并结合《公司法》等相关法律法规对新成立单位工作提出了具体要求。

**三、提高素质，扎实推进干部教育培训**

从全局改革和发展的实际需要出发，在全局党员和干部中开展了大规模干部教育活动。十年来，陆续举办科级干部培训班、党支部书记培训班、政工干事和组织工作培训班及干部档案业务培训班、新闻宣传、公文写作培训班等各类培训班50余期，培训干部700余人次，为全局公路养护管理工作的快速发展提供了良好的思想保证和智力支持。

（一）做好干部教育培训基础性工作。针对干部培训需求，制订每年的干部教育计划，建立健全干部培训情况反馈制度，将干部培训情况与干部年度考核挂钩，作为评优评先的依据。

（二）加强年轻干部队伍建设，着力培养年轻干部。采取"养护一线"锻炼、"基层锻炼""走出去"实践锻炼等方式培养年轻干部，选派一定数量的优秀年轻干部到局属各单位，使年轻干部进一步积累工作经验，丰富工作阅历，增长才干，提高解决实际问题的能力和规范化工作水平。此外，还通过公开选拔副科级领导干部、抽调干部到机关工作等选拔活动，有效地提高了年轻干部干事创业的热情和组织部门选人用人的公信度。

（三）着眼素质要求，丰富干部教育的内涵。不断拓宽渠道，实现干部教育培训由空泛型向主题型转变，主要是做到三个突出：一是突出理论素质的提高。先后举办"三个代表"重要思想培训班，"三严三实""党的群众路线教育实践活动"，党的十七大，十七届四中、五中、六中全会精神培训班，党的十八大，十八届三中、四中、五中、六中全会精神学习培训班等专题理论培训班，全面提高全局各个岗位党员干部政策理论水平。二是突出干部队伍素质的提升。先后举办科级干部培训班、青年干部培训班，通过开展职业礼仪、计算机知识、办公 OA 自动化、法律知识、廉洁从政等培训，极大地提高全局党员领导干部的能力。三是突出专业技能的提高。先后举办公路养护、收费管理、道路桥梁、小修保养、机械设备、财务劳资培训班，各部门干部的业务技能水平得到明显提高。

**四、夯实基础，统筹推进各项常规工作**

（一）档案管理工作稳步推进。白银局不断强化干部人事管理工作，建立健全科级干部和职工管理台账，规范办理各类手续。严格按照干部职工退休政策相关规定，对达到退休年龄的职工一律提交会议研究，及时办理退休手续。对调动职工及时办理党员组织、工资关系等各种转移手续，建立管理台账。同时，规范整理干部人事档案，确保档案内容齐全、真实可信。落实"三定"方案以来，严格按照厅人事劳资处的要求，重点加强了科级干部档案整理工作，从档案的收集、整理、审查、管理等环节入手，对归档材料进行认真审查，甄别材料的真伪，确保归档材料对象明确、齐全完整、文字清楚、内容真实、填写规范、手续完备，确保"三龄两历一身份"信息真实准确。

（二）干部基本信息工作稳步推进。根据干部调整情况及时修改一般干部及副科级以上人员名册、干部审批表，并将各项信息逐一查档核对，力求做到不重、不漏、不错。

（三）强化监督管理，落实领导干部重大事项报告制度。根据厅党组相关文件精神，局党委高度重视，对领导干部个人事项报告情况进行了认真自查，如实填写了《领导干部个人有关事项报告表》，局领导干部全部按照要求如实汇报个人事项，能够按照规定向厅领导及人事处请假。制定并落实白银局《领导干部请假及外出报告制度》，严格科级干部请假报告手续，全局科级干部请假、年休假及周末离开单位休假由局分管领导、党政主要领导审批。认真落实从严治党主体责任，对履职不力和违纪违法的 7 名干部分别予以降级降职、免职、调整岗位、行政警告及开除党籍等，确保党员干部队伍的忠诚干净担当。

（四）不断完善审计制度。根据有关领导干部离任审计制度要求，对负有经济责任的局属单位领导干部，因工作变动、退休或其他原因不再担任本岗位职务的，进行任期经济责任审计。局党委确定审计对象和时间，审计科负责组织实施，审计结果报局党委，近年来实现干部离任审计的全覆盖。

（局党委办公室）

# 普法教育

1986年白银公路总段恢复建段，也正是全国"一五"普法的全面启动之年。30年来，经过先后六个五年普法教育规划的实施，全局干部职工的法治意识不断增强，依法决策、依法管理、依法办事的能力和水平及依法维权意识不断提高，为做好公路养护管理工作提供了坚强的法治保障。

## 一、简要回顾

1997年，甘肃省白银公路总段转发省交通厅《1997年全省交通系统普法工作安排》的通知（甘交体法〔1997〕5号），总段按照通知要求，组织全段职工学习邓小平同志关于社会主义民主与法治建设的理论和江泽民同志关于搞好法治教育、领导干部要带头学好法律知识等问题的论述，深入学习宣传宪法和与交通工作密切相关的法律法规。

2003年，白银公路总段在认真总结"三五"普法的基础上，根据中央、省、市和省交通厅、省公路局"四五"普法的安排，研究制定《白银公路总段关于开展法治宣传教育的第四个五年规划》，对指导思想、普法目标、主要任务、普法对象、工作要求、方法和步骤、组织领导、保障措施及普法学习内容做了具体安排。

2006年，白银公路总段按照省交通厅、白银市《关于开展法治宣传教育第五个五年计划》的具体要求和部署，结合工作实际，制定白银公路总段"五五"普法规划，明确"五五"普法的指导思想、普法目标、主要任务、普法对象、工作要求、方法和步骤、组织领导、保障措施等；成立总段"五五"普法领导小组、办公室及依法行政工作领导小组，将普

法工作与养护、管理、建设、收费各工作紧密联系起来。

2011年，白银公路总段制定印发《白银公路总段法治宣传教育第六个五年规划》，全段启动"六五"普法教育，突出学习宣传宪法、深入学习宣传社会主义法治理念、中国特色社会主义法律体系和国家基本法律，深入学习宣传促进经济发展、保障和改善民生、社会管理及与公路交通管理相关的法律法规，加强反腐倡廉法治宣传教育、积极推进社会主义法治文化建设、继续深化"法律六进"主题活动、深入推进依法治理。

## 二、工作特色

（一）健全组织领导，推进法治单位建设。认真学习贯彻国务院、省政府关于推进依法行政和普法教育的规划部署和实施纲要，根据省交通运输厅、白银市政府关于依法行政和普法宣传教育工作的有关要求，就法治宣传教育、全面推进依法管理工作，每年制定相应的年度普法教育和依法治理的工作要点，制定具体办法和配套措施，将依法行政工作的要求体现在公路养护、路政管理、通行费征收等各项具体管理工作中，做到有计划、有安排、有措施、有总结。同时，根据单位人事变动情况，适时调整普法依法治理工作领导小组，并多次召开会议研究部署普法依法治理工作，加强对全局普法依法治理工作的指导、督促和检查。逐步健全完善行政管理、行政执法、行政决策和行政监督，增强依法行政观念，提高领导干部运用法律手段管理公路工作的能力，法治意识明显增强，依法行政、依法管理、依法办事的能力全面提高，确保各项工作得到落实。

（二）完善工作机制，加强依法行政建设。先后制定和修订《白银公路管理局工作规则》《行政议事规则》《职工代表大会提案工作制

度》等决策议事制度，做到有法可依、有制可循。切实规范决策程序，严格按照《甘肃省交通运输厅重大行政决策程序实施办法》的法定程序，明确各程序的责任主体、承办单位、内容、期限等要求，推进决策的科学化、民主化、法治化。认真落实坚持民主集中制，凡是关系人民群众和干部职工切身利益且容易引发社会问题的重大决策事项，一律严格按照集体领导、民主集中、会议决定的原则，在深入调查研究、广泛听取意见和充分论证的基础上经局相关会议集体研究决定。在人事管理方面，建立健全了《干部选拔任用管理办法》《科级后备干部管理办法》《机关工作人员管理办法》等管理制度，严格按程序选拔任命干部。在招投标管理方面，对机械设备购置和大宗物品材料采购实行多方考察、实地论证、公开招标或政府集中采购，对公路养护大中修工程、专项工程等工程项目实行公开招投标，并严格落实施工合同、廉政合同、安全合同、材料采购合同等，加强对关键环节的监督制约。在财务管理方面，加强对公务接待、车辆使用、办公用品发放等费用管理，坚持开展财务管理常规审计和领导干部经济责任、离任审计，大额资金开支、分解由段务会或领导办公会集体研究决定。此外，建立完善法律顾问制度，聘请了法律顾问，为依法决策和依法管理提供了有力保障。

（三）加强普法教育，推进依法管理建设。近年来，白银公路管理局将普法教育活动作为一项基础性、长期性的工作来抓，在普法实践中健全领导干部学法用法、干部职工法律知识培训等制度，不断深化"法律七进"主题宣传教育活动，使法治宣传教育深入到了养护、收费和工程建设一线，着力提升全局干部职工的法律素质以及依法决策、依法管理和依法办事

的能力，提高全局法治化管理水平。强化领导干部学法守法用法，注重提高依法管理能力。把法治教育纳入领导干部理论学习规划，健全完善并落实党委（党支部）中心组集体学法、局务会议会前学法、法治讲座、法治培训、法律知识考试考核等制度，推进领导干部学法用法的经常化和制度化。重点组织学习国家新出台或新修订的、与实际工作密切相关的法律法规、基本法律制度、重要政策以及反腐倡廉法治知识等。提高领导干部的依法决策、依法行政和依法管理能力。强化全局干部职工法治教育，全面增强法治意识。将法治学习教育作为提高干部职工法律意识和增强依法护路、依法收费能力的主要举措，坚持以《公路法》《收费公路管理条例》《公路安全保护条例》《劳动法》《事业单位人事管理条例》《事业单位工作人员处分暂行规定》等法律法规为主，通过集体学习与个人自学相结合，开展多种形式的法治宣传教育活动，做到了法治教育全覆盖。利用一年一度的冬训时机，每年举办 1~2 期法律知识专题培训班和法治讲座，外聘专家律师，重点培训了廉洁自律有关规定、劳动用工、人事管理等法律知识，并坚持普法与公路养护、党的建设、精神文明建设以及反腐倡廉建设等工作有机地结合起来，进一步增强了全局职工的法治意识。加强施工企业管理人员的法治宣传教育，注重提高依法经营能力。加强对国道改建工程、养护维修工程施工企业、劳务队伍等的法治宣传教育工作，在施工企业定期开展涉及有关宪法知识，尤其是有关公民权利、义务和社会公德、劳动用工、社会保障、安全生产等法律法规以及与企业管理相关的法律法规的培训工作，增强企业管理人员诚信守法、依法经营的观念和规范劳动用工、自觉维护职工合法权益的意识，促进了社会和单位的

和谐稳定。

（四）全面推进局务公开。在严格执行"三重一大"事项集体决策的基础上，对于单位年度发展目标、中长期发展规划、财务预决算执行情况以及职工工资分配方案等涉及职工利益的事项，都能够通过会议、文件、简报、公示栏等形式积极予以公开。对于局务会议研究事项，全部通过会议纪要形式下发局属单位和部门予以公开。资金管理方面，重点对工程招投标、大宗材料设备采购、合同协议签订、工程结算、财务管理运行程序和"三公"经费的公开。在单位人事管理方面，主要抓好干部任免、职称评聘、工资晋升、民主评议干部、职工考核、人员录用、调动、奖惩等的公开。对车辆通行费征收管理工作，做到收费站点审批机关、收费用途、收费标准、收费单位、收费期限和监督电话进行"六公开"，并通过收费站电子显示屏、发放传单等形式，将国家鲜活农产品减免通行费以及节假日小客车免费通行等政策积极予以公开，保障收费工作有序运行。

（五）开展主题法治宣传，营造良好社会舆论环境。每年利用"12·4法制宣传日"等法治宣传教育活动，以《宪法》《公路法》《劳动合同法》《安全生产法》《公路安全保护条例》《收费公路管理条例》《甘肃省公路建设工程质量安全监督管理条例》《甘肃省公路路政管理条例》等法律法规为法治宣传教育的重点，通过利用电视台、电台、报刊宣传，在公路沿线及各收费站张贴墙体标语、设立宣传牌以及利用电子显示屏滚动播放信息、散发宣传资料等方式，积极向社会公众宣传、普及中国特色社会主义法律体系和公路交通行业法律法规，做到法治宣传深入人心，营造良好的社会舆论环境。

（办公室）

# 安全管理

## 一、工作回顾

1986 年白银公路总段恢复成立后,安全工作的职责由劳资科承担。当时,国民经济逐年增长,经济建设从农村向城市转移,其中交通运输建设成为国家"七五"计划的重点工作,公路建设在国民经济发展的关键时期全面铺开,为社会经济发展奠定了良好的基础。安全生产作为保护和发展生产力、促进社会和经济持续健康发展的基本条件,是社会文明与进步的重要标志。在白银公路管理局三十年的发展历程中,安全管理始终与公路建、养、管并行。

从 1986 年建段至今,白银公路管理局始终响应党中央、国务院和省交通运输厅的号召,不断加强公路养护建设中的安全生产管理。1996 年,交通部下发《公路养护技术规范》(JTJ 073-96),对公路养护作业区的布设进行了规范。白银公路总段严格落实执行规范,把安全生产放在养护作业的第一位,减少了养护作业安全事故的发生。2003 年,国务院成立安全生产委员会,进一步制定"安全第一、预防为主、综合治理"的安全工作方针,白银公路总段制定相应的安全管理措施及奖惩办法,协调和指导全段安全工作,为白银公路建设提供了保障。2004 年 9 月 1 日,交通部下发《公路养护作业规程》(JTJ H30-2004),进一步对养护作业进行规范,对高速公路养护作业区布设提出更为严格的安全要求。白银公路总段在交通部及省交通厅的领导下,建立健全相应的安全生产措施,增加安全投入,使经济和安全协调统一。党的十六大以来,随着国家对安全监管、监察体制的改革创新和加大安全生产法治建设力度,白银公路总段积极落实安全管理职责,劳动安全科在总段的领导部署下,建立完善安全生产责任体系,严肃认真地查处各类安全事故,厉行行政问责;对事故多发、频发的重点要害部位进行持续不断的隐患排查治理;制定和实施了关于生产责任、安全投入、安全科技、安全人才培养等一系列安全生产措施;加强了安全应急能力建设,制定《白银公路总段突发事件信息报送与处理管理办法》《白银公路总段突发事件应对工作管理办法》《白银公路总段突发事件应急演练实施办法》《白银公路总段 2010 年度省养公路安全畅通应急预案》《白银公路总段公路桥梁事故限时报告及应急抢修制度》等一系列制度和办法,有效地应对和处置公路突发事件,减少损失。同时,不断加强安全文化建设,通过开展"安全生产月"等专项活动,加大安全教育宣传工作,营造社会关爱生命、关注安全舆论的氛围。可以说,安全管理始终伴随着白银公路管理建设事业的健康发展,安全管理在白银公路发展历程中,同样是生产力,而且是重要生产力。

## 二、安全管理

2014 年 1 月,根据《甘肃省交通运输厅关于印发〈甘肃省白银公路管理局主要职责内设机构和人员编制规定〉的通知》(甘交人劳〔2014〕45 号)要求,进行体制调整,把安全管理工作再次提高到新的高度,其职责从劳动安全科分离,成立安全管理科(加挂应急办公室牌子)。工作职责也从原来保障公路安全细化为贯彻落实安全生产的方针政策、法律法规,负责安全生产管理,应急保障体系建设及应急值守、保障等工作,进一步完善了安全管理体制,确立安全管理指导思想,制定安全工作方针,细化安全工作责任分工,其做法如下：

（一）坚持安全管理原则。依据安全管理工作的理论原理，建立系统的、完整的、规范的安全工作管理体系，做到预防为主、防治结合、常抓不懈，牢固树立"安全第一"的思想，全面提高职工的综合素质，通过全员参与，全过程控制，全方位管理，为达到连年无重大安全责任事故而努力。

（二）落实安全工作责任。坚持"安全第一、预防为主、综合治理"的安全生产方针，按照"党政同责、一岗双责、齐抓共管、失职追责"安全生产责任体系的要求和"管行业必须管安全、管业务必须管安全、管生产经营必须管安全、管项目必须管安全""谁主管、谁负责"的原则，层层制定责任清单，确保责任全面落实到位，落实到人，使安全生产责任体系落地生根。

（三）强化安全管理目标。以公路养护管理工作主体为中心，使安全工作体系为各项管理工作提供基础和动力，以安全生产零隐患、零事故为目标，切实强化安全管理工作，确保不发生生产安全责任事故。

（四）落实安全工作措施。认真落实甘肃省公路养护作业"八不准"，对养护作业和施工作业职工配备了反光养护服和马甲，进行岗前培训和安全交底，同时根据养护和施工需要，及时更新安全标志牌。积极开展"安全生产月""平安交通专项整治""平安交通"等活动，从源头上减少了安全生产事故的发生。

同时，以"全覆盖、零容忍、严督查、重实效"为要求，以"查隐患、抓整改、防事故"为重点，认真细致地排查作业现场、生产设备、安全防护、安全操作等方面存在的安全隐患，有效预防养护生产工作中的安全管理漏洞。不断加强值班值守，严格执行领导带班和24小时值班制度，特别是"两会"和节日期间严格落实应急值班工作，认真落实应急信息的收集、传递、上报工作，确保信息上报及时准确，修订完善各类应急预案，积极开展春运道路安全保畅，应对道路积雪结冰和突发事件，确保了道路安全畅通。

（五）制定安全工作规定。先后制定了《白银公路管理局突发事件信息报送及处理管理办法》《白银公路管理局应急抢险设备物资储备指导方案》《白银公路管理局安全生产管理办法》《白银公路管理局突发性事件应急演练实施办法》《白银公路管理局安全生产目标管理责任考核实施细则》《白银公路管理局公路桥梁突发性事件安全应急专项预案》《白银公路管理局地震灾害应急专项预案》《白银公路管理局应对冰雪灾害专项预案》《白银公路管理局防汛抢险应急专项预案》《白银公路管理局特种设备安全事故应急专项预案》《白银公路管理局安全生产职责》《白银公路管理局标本兼治遏制重特大事故工作实施方案》《白银公路管理局突发事件应急处理预案（试行）》《白银公路管理局安全教育培训制度》等一系列制度和管理办法。

（六）强化安全管理培训。加大对《安全生产法》《中共中央国务院关于推进安全生产领域改革发展的意见》《甘肃省安全生产条例》《公路养护安全作业规程》《公路工程施工安全技术规范》《甘肃省公路建设工程质量安全监督管理条例》等法规及制度的学习力度。制订年度安全培训教育计划，采取管理局集中培训与各单位自主培训相结合的方法，通过邀请老师进行集中培训，派出安全管理人员分期分批参加省厅局组织的培训学习。同时，建立整体安全管理模式，实现安全管理模式的转换，推行统一领导、分级实施、职责明确、管理规范的整体管理模式。

（七）开展安全工作探索。在安全工作基础理论研究中，确立认真对待当前，侧重单个，归类结合，更重视整体的开发研究，把在安全工作基础理论中探索得到的经验和方法，运用到安全工作中实践，为创导全新的安全监管模式奠定了坚实的理论基础。

正确处理工作主体和安全管理工作的辩证关系，找准全局安全管理工作的重心，掌握安全工作诸多规律和方法，树立全局性的整体安全观念和高科技时代的新型安全观，为防范和避免工作误区，积极有效地开展全局安全管理工作，找到了一条科学管理的道路。

（陈国斌）

# 科技工作

## 一、简要回顾

1986年，甘肃省白银公路总段下发《关于成立阳离子乳化沥青推广应用科研小组的通知》（白总段生技〔1986〕114号）文件，标志着总段成立以来的第一个科研项目正式启动，也标志着科技工作迈出第一步。

1993年，白银公路总段引进建立统计、工程概预算、劳资档案等方面的数据库，把微机技术应用于公路工程管理中，确保信息的系统性、一致性和准确性，极大地方便了数据处理和报表生成，减少手工劳动，提高了工作效率，是一次信息化技术方面的巨大飞跃。

1995年至1998年，白银公路总段进行多项路基方面的科研，其中景泰铁路立交公路引线盐渍土路基处置项目对景泰白墩子铁路立交工程大部分路段（引道）穿越盐渍土地区进行研究处置，保证了工程的质量；省道207线会宁硝沟坪路基改善加固项目研究在省道207线会宁硝沟坪路基改善工程中应用土工合成材料和锚定板组合挡土墙技术，以减少路基工程量及少占耕地问题；土工（塑料网格栅）处置黄土路基沉陷项目，采用塑料网格栅处置提高了路基的承载能力，减少或消除了包括沉陷在内的病害，格栅在路基土中起到了加筋骨架网格作用，使用塑料格栅比玻纤格栅可大幅度降低工程造价。这些科研项目的实施对白银公路管理局路基方面养护工作提供了丰富的实践依据。

1999年，由省筑机专业委员会牵头，以省道308线施工现场为依托开展高等级路面机械化施工工艺研究，以选型、配套、施工工艺规范为主要内容，研究适合我省公路等级与装备水平的施工工艺，充分发挥机械技术性能，达到路面结构最佳值，提高沥青路面施工质量，降低成本，取得了良好的经济效益，为全省高速公路组织较大规模的路面机械化施工奠定基础。

2003年至2004年，白银公路总段对沥青路面冷补技术进行了应用研究，结合公路养护生产，研究针对性地解决沥青路面常年养护问题，经研究决定最终选定在会宁公路段国道312线等线路上进行试验，分别在深秋、初冬和春融季节在国道312线开展冷补技术试点。2004年7月23日，由省公路局组织的专家鉴定委员会在白银公路总段召开"沥青路面冷补技术"应用研究成果鉴定会，与会专家一致认为：该项科研课题研究取得了成功，在今后的沥青路面养护中可推广应用。该项技术与常规热补法相比，具有方便快捷、实用性强、施工操作简单等特点，能及时处理公路病害，改善路况质量，减轻养护职工劳动强度，具有明显的社会效益和经济效益。

三十年间，白银公路总段开拓创举、不断奋进，一个又一个的科研项目进行研究，一项又一项的"四新"技术得到推广应用，硕果累累，曾多次获得省厅、局的表扬和表彰。1992年至1994年实施的国道109线1641公里+900米处桥体抗酸腐蚀加固工程和1993年国道312线改建工程桃花山路基松动控制爆破，均在1995年1月获得省公路局优秀科技成果二等奖，同年5月被省交通系统科技奖评审委员会评为科技进步三等奖。1993年靖天公路K1+100—460祖厉河防护工程，在1995年1月获得省公路局优秀工程三等奖。1994年用抗剥落剂改善黑色路面沥青与酸性矿料粘附性能科研项目，在1995年获得省交通厅科技进步三等奖。1996年至1997年国道312线翟所滑坡勘察试验研究，在1999年3月获得省公路局优秀科技成果三等奖。

## 二、科技工作的创新与应用

### (一)"四新"技术在路面养护中的应用与创新

#### 1. 路面材料再生利用技术

2014年,依托国道109线18公里养护维修工程,确定应用沥青路面全深式就地冷再生底基层设计方案,并成立沥青路面冷再生课题研究小组,对此项目进行更进一步的理论研究。通过对冷再生底基层实施过程中各项技术指标的控制,再生效果符合规范及设计要求,达到保护环境和材料循环利用的目的。鉴于其经济、实用、环保的优点,2015年、2016年先后在省道201线、国道109线、省道308线养护维修工程油路重铺项目和部分路面病害处置中,采用了全深式就地冷再生技术,达到保护环境、节约资源、降低工程造价、提高路用性能的效果。

2013年8月,在省公路管理局的支持和长安大学的配合下,采用沥青路面场拌热再生技术铺筑完成了省道207线K0+000—K2+000段2公里5厘米AC-16再生沥青混合料下面层的科研项目。为了保证该项目的顺利实施,设备主要采用福建铁拓RBLZ-600型热再生设备及西安路泰RAP料二次破碎筛分设备,同时在检测环节,通过加强试验,确保再生混合料技术指标不低于全部使用新料拌制的沥青混合料,另外,渗水、车辙等路用性能指标满足使用要求。经过一年多时间的跟踪观测,实验路段质量稳定,效果良好。

#### 2. 路面防水新技术的应用和推广

在G6高速公路路面及干线公路桥面坑槽修补中运用了高分子聚合物双面贴及SBS路面防水材料,有效地预防了坑槽壁新旧混合料粘结不紧密、接缝处混合料脱落、坑槽周围出现新的裂缝和渗水等问题的出现,起到了密封、防渗漏的作用,提高了路面修补质量。

#### 3. 路面预防性养护施工工艺的应用和推广

近年来,在国道109线、312线、省道217线、207线、201线、308线大规模实施了同步沥青碎石封层技术,该技术的应用使原路面具有较强的防水防滑性,路面裂缝的封闭效果良好,且能耗较低、操作方便、工艺简单,非常适合国省干线公路预防性养护。对于在高速公路养护中出现的路面裂缝和早期各种病害,管理局采用的雾封层、微表处、稀浆封层等预防性养护措施,对减少网裂、提高抗滑防渗性能、修复路面老化、改善路面外观质量等起到了良好效果。

#### 4. 新路面纵缝防治技术

为了解决在养护维修工程中由于半幅施工造成基层产生的纵向裂缝,采用玻纤格栅纵缝防治技术,即沿路面纵缝方向铺设60厘米宽的玻璃纤维网格栅,防止路面纵缝的开裂。经过一年的观测,路面纵向中缝无裂缝产生,效果良好。

### (二)"四新"技术在桥涵养护与加固中的应用

#### 1. T梁横隔板加大截面法施工工艺

T梁横隔板加大截面法施工方案的合理应用,有效解决了横隔板下缘开裂造成梁体单板受力的难题。其工艺为:在横隔板界面上钻孔植筋,布设钢筋骨架网,该方案操作简单,效果良好,是一项值得推广和应用的桥梁加固工艺。

#### 2. 采用AC坑洞修复剂、聚合物砂浆、裂缝封闭胶、AC-CRG防水防盐保护剂、粘贴碳纤维布等新材料、新技术,解决了桥梁日常养护中出现的梁板裂缝渗水、局部混凝土破损、梁板抗拉强度不足等问题,以上技术具有现场

操作性强、施工工期短、维修成本低等优点。

### 3. 植筋锚固方案

对于空心板、T型梁、工字梁等桥型在使用过程中所产生的铰缝及铺装层破坏病害，制订植筋锚固方案：在铰缝处设置钢垫板压浆锚固，绞缝纵向钻孔植筋，敷设钢筋网，浇筑混凝土。通过观测，单板受力病害得到有效解决。

### 4. 圆管涵全截面加固法

针对圆管涵漏筋、表面混凝土脱落等病害，采用圆管涵全截面加固维修的施工工艺，改变了传统的管涵维修施工方法。

（三）"四新"技术在生命安全防护中的创新与应用

### 1. 滑动式防撞护栏

2013年8月，在国道109线K1637+350猩猩弯路段急弯陡坡处安装一处滚轴式滑动防撞护栏，系2013年安保工程科研项目，其主要作用是在车辆失控情况下，减轻车辆碰撞造成的损失，经过一年多的跟踪观测，效果较好。

### 2. 双组份道路标线

在2013年高速公路养护维修工程中，路面标线材料采用了双组份道路标线漆，该标线外缘顺直、薄厚均匀，反光效果较好。

（四）新设备的推广应用

一是在全局养护维修工程及小修保养中大力推广应用维特根WR2000XL型就地冷再生设备，该设备技术成熟、操作简便，有效降低工程成本，达到保护环境、节能减排的目的。二是建成布局合理、功能齐全的改性乳化沥青生产车间，配备相应的生产设备，通过科技攻关，不断研发，生产出适合本地区气温特点的乳化沥青材料，并广泛应用于高速公路及干线公路养护生产中。

## 三、科技工作实力与人才的培养

（一）每年按照管理局公路科技工作研讨办法，积极号召广大职工撰写科技论文，充分调动职工参与公路科技理论研究、理论实践创新的积极性与主动性，近十年来共征集科技论文400多篇，评选奖励优秀论文100多篇，其中部分论文入选全国性论文作品集，为提高公路养护技术水平奠定了理论基础。

（二）每年组织召开桥涵养护、路面修补"四新"技术推广应用观摩交流会，组织各养护单位互相学习和交流，进一步传导压力，增强动力，相互借鉴，取长补短，推陈出新。

（三）加强各类技术人员培训教育。根据省厅、局下达的各项职工培训计划安排，并结合全局公路养护实际，及时分解下达培训计划，按照不同岗位举办安全管理、养护机械操作、公路养护技术等各类培训班，有针对性地进行多层次、多方式的实用性培训学习。每年冬训期间，通过论文评审、PPT现场交流、专家讲座等方式，组织专业技术人员进行技术交流。

（四）养护设备投入。近年来，不断加大对养护生产机械设备的投入力度，着力提升养护机械化水平。一是投资建设了会宁甘沟养护料场、景泰养护料场；二是为高养中心养护工区配备了三一重工LB2000E型沥青拌合站、维特根铣刨机、热再生拌和系统、乳化沥青生产车间等；三是为甘沟养护料场配备了三一重工LB2000E型沥青拌合站，为各养护单位配备了移动强制式沥青搅拌设备3台、平板拖车4台、稳定土厂拌设备1台及铣刨机、压路机等养护施工设备。

（丁进忠　李树波）

# 财务资产管理

## 一、财务资产管理历史沿革、职责变化及岗位设定

（一）按照公路养护资金来源，白银公路管理局财务管理工作以 2009 年为分水岭

2009 年以前，经费来源为交通厅征稽部门收取的养路费（对在普通公路上行驶的车辆征收的专用于普通公路修建养护的行政事业性收费），属于自收自支性质。

（二）按照沿用的会计制度，可以分为三个阶段

1. 第一阶段：1986 年至 1996 年。1989年，财政部发布《关于事业单位财务管理的若干规定》（财政部 2 号令），初步建立起相对独立、相对统一的事业单位财务制度体系。在此期间，财务核算以省交通厅编订的制度（俗称黄皮书）为准。

2. 第二阶段：1997 年至 2011 年。《国务院关于〈事业单位财务规则〉的批复》（国函〔1996〕81 号）发布后，省交通厅修订完善了原会计制度，形成了较为严密的核算办法及财务管理制度（俗称蓝皮书）。

3. 第三阶段：2012 年以后。财政部第 68号令公布了修订后的《事业单位财务规则》，省交通运输厅结合实际，制定《甘肃省交通系统会计核算办法》，一直使用至今。

（三）主要职责及变革

初期，财务资产科主要承担资金收付记账、报账、决算编制、资产监管等工作任务，负责局属单位财务资产管理工作的监督、检查和指导，负责全局重要财务制度制定、财务人才培养等工作。从 2013 年开始，财务科肩负二级收费公路业务管理工作。费改税后，财务科承担人员及公用经费预算编制、预算分解工作。

（四）岗位设定及人员配备

财务资产管理科设科长、副科长、养护会计、通行费会计、基建会计、预算管理、资产管理、出纳等岗位，各基层单位设立主办会计、材料会计、出纳岗位（收费所同时设立票据管理、收款岗位）。2014 年"三定"编制明确，财务资产科编制 1 名科长，2 名副科长。

## 二、各项工作成效

（一）财务管理方面

1. 多年来，财务科不断提高财务管理水平，健全各项财务制度，严格审核程序，严肃财经纪律。在公路日常小修保养、大中修工程、桥梁加固维修工程、基础设施建设等项目支出方面，坚持"先预算后有支出"的原则，完全按照预算审批的分项进行财务支出，没有预算坚决不予支出。在政府采购管理方面，严格执行政府采购制度，积极推进政府采购工作，依据当年部门预算实施计划，对纳入政府采购目录的货物、工程项目，依程序规定，适时上报政府采购实施计划，及时做好单位政府采购。根据实际工作需要及时申报与采购办公设备、电器设备和车辆等，从而较好推进了政府采购规范化、制度化管理。在会计核算方面，严格按照《甘肃省事业单位会计核算办法》设置会计科目，进行账务处理。养护经费、通行费经费、基建项目经费各独立设置账套，单独核算。局属各单位开设账套独立核算，并分经费来源分别核算。

2. 为了全面贯彻落实《行政事业单位内部控制规范（试行）》《行政事业单位内部控制报告管理制度（试行）》，2017 年 6 月 26 日局务会议研究通过了《白银公路管理局关于推进

内部控制建设工作的实施方案》。以制约权力运行为主线，以单位内部管理为基础，强化内部流程控制，重点规范财政资金分配使用、国有资产监督、政府采购、公共工程建设等的权利运行流程和制约监督措施，建立健全权责对等、制衡有效、运行顺畅、执行有力、管理科学的内部控制体系，进一步提高全局内部治理水平和权力运行效能。

（二）国有资产管理方面

1. 严禁资产流失，防止配置超标、资源浪费、信息失真。一是明确各种资产的归口管理以及明确资产使用和保管责任人，落实资产管理人员的各项责任。二是按照"先预算、后计划、再采购"的工作流程，合理编制年度资金购置预算，经批复同意并录入采购计划后，方可实施采购。三是按照国有资产管理相关规定，明确资产的调剂、租借、对外投资、处置程序、审批权限和责任。

2. 严禁货币资金体外循环以及私设"小金库""账外账"现象的发生。一是加强出纳人员管理，确保具备从事出纳工作的职业道德和业务能力。二是严格管理印章，严禁一人保管收付款项所需的全部印章。三是认真履行授权审批。建立了货币资金授权制度和审核批准制度，明确审批人对货币资金的授权批准方式、权限、程序和责任，规定经办人办理货币资金业务的职责范围和工作要求。严格开支范围和标准，确保支出行为合规、票据真实有效、审批手续和附件齐全。四是加强货币资金核查。定期抽查盘点库存现金，抽查银行对账单、银行日记账及银行存款余额调节表。确保账实相符、账账相符。

（三）财务管理信息化建设情况

1. 1997 年，甘肃省交通厅自行组织研发财务软件，率先实行会计电算化，将财务核算由手工记账顺利过渡到计算机处理日常业务。会计电算化的实施，首先促进会计职能的转变。通过实行会计电算化，财会人员摆脱了繁重的手工操作，使大量的会计信息得以及时的记录、汇总和分析，从而使得这些信息快速地转变为能够预测前景的数据，会计的职能得到了充分的发挥。其次是减轻了财会人员的劳动强度，提高了会计核算质量。电算化解决了会计手工核算中的计账不规范和大量重复劳动极易产生的错记、漏计、错算等错误，保证了准确、及时地提供会计信息。不仅为财务人员节约了时间，提高了工作效率，而且使财务工作上了一个新的台阶。

2. 2002 年至 2011 年，使用用友 U 系列财务软件，由于财务系统的更新改进，使得财务工作效率及工作质量进一步提升。

3. 2012 年至今，使用用友 NC 资金监管系统。明确资金监管职责，分级管理，各负其责，加强监管；以资金的安全性、使用的合法合规性、预算执行的严肃性为监管重点，规范单位财务管理；在全面推行绩效评价的同时，加强资金监管的考核，公开考核结果，奖优罚劣，以考核促进财务管理水平的提升。

4. 2013 年起，固定资产录入政府资产管理信息平台，实现了固定资产管理信息化目标。

5. 路业公司在 2002 年实现会计电算化，先后使用安易、U8 等单机版财务软件。2014 年，公司建设了财务管理网络平台，使用 BS 架构用友畅捷通管理软件，实现了异地互联网接入、材料管理无缝隙衔接等功能。个别基层养护单位探索建设了材料管理系统，实现了养护材料管理的信息共享、自动统计分析等功能。

（四）会计从业人员情况

三十年来，会计从业人员层次快速提升。

初期，会计从业人员大部分没有专业学历，部分主办会计没有取得会计从业资格证书。目前全局拥有会计从业资格证人员达到 50 余人，在岗财会人员 38 人中，第一学历为本科文化程度并是财会相关专业的 12 人。职称评聘方面，在岗财会人员高级会计师 1 人，高级统计师 1 人；会计师 4 人，经济师 6 人；助理会计师 14 人。

### 三、财务管理发展趋势

一是遵照国家有关财务规章制度，结合单位实际，制定切实可行的财务管理制度和会计核算流程，对财务计划的制定和实施、资金的收支、预算的编制执行、监督评价要建立准确而具体的定位。二是完善建立单位内部控制制度，约束经济行为。三是强化资产管理，完善制度，多措并举，健全和完善职权明确、相互协调、相互制约的资产管理工作体制，将国有资产管理工作监管责任落实到位。四是近几年财政部连续发文力推管理会计，将管理会计作为中国会计改革发展的重点方向。

（周荣斌　李　影）

# 审计工作

## 一、内部审计工作回顾

1986年白银公路总段成立，机关设置财务科等职能机构，财务科主要负责预算的执行和财务收支的核算，为加强会计监督和保证资金的安全使用，强化内部监督成为管理者必然的需要。为适应现实状况，此时的财务科会计人员兼职履行审计职责，按年度对预算执行情况和财务收支进行监督检查，并出具审计意见。随着中国特色社会主义市场经济体制的不断完善，以及经济全球化和科学技术的迅猛发展，内部审计作用的发挥得到广泛认可，工作空前发展，国家法律法规明确规定"依法属于审计机关审计监督对象的单位，应当按照国家有关规定建立健全内部审计制度"。省交通厅相应制定了本行业的内部审计规定，极大促进了公路系统内部审计工作。白银公路总段于2013年单独设立审计科，负责内部审计工作。2014年省交通运输厅下发《甘肃省白银公路管理局主要职责内设机构和人员编制规定》，审计科成为独立的内设机构，定编3人。履行拟定审计工作计划，组织实施财务收支审计，预算执行审计、公路养护及建设项目实际、经济责任审计及专项审计等工作职责。

## 二、内部审计工作成绩

内部审计作为组织治理的重要组成部分和实施组织内部控制、管理和监督的重要手段，为加强风险管理、完善内部控制、改善治理结构和流程、推进廉政建设，促进组织科学管理，降本增效，实现目标有着不可替代的重要作用。审计科成立以来，有专职审计人员2人，兼职数人。在局党委的领导和上级部门的指导下，认真履行职责，努力完成年度预算执行和财务收支审计、专项工程项目竣工验收审计、主要领导经济责任审计等审计任务。累计完成审计项目58个，审计总金额559704万元。通过开展各项审计，使之形成提出意见建议、落实审计整改、运用审计结果的规范流程，以问题为导向的整改思路贯穿始终，促进了局属各单位近几年在预算资金的管理和使用上，能够按照预算资金来源和经济类项合规合法地实施和使用；会计监督和责任意识逐步增强，能够贯彻执行中央"八项规定"精神，严控"三公"经费开支；规章制度的执行力度逐步加大，内控制度逐步完善，严明了会计核算过程的监督职能，财务管理逐步走向精细化。领导干部遵纪守法意识增强，照章办事、廉洁自律意识明显增强，为全局公路养护生产的健康发展发挥了重要作用。

（马进川）

# 机械管理

## 一、概况

近十年来，白银公路管理局不断加强养护机械化的管理和投入，维持设备完好的技术状况，降低设备运行成本，延长设备使用寿命，促进管理工作进一步规范化、制度化。尤其随着高速公路属地养护后，全局养护公路里程增加，公路等级提高，公路养护任务越来越重，社会对公路服务水平期求越来越高。为此，积极采取多种渠道和方式筹措资金，加强养护装备建设，有计划地实行机械设备的优化组合、合理配套；进一步转变养护生产方式，积极推广规模化、专业化、机械化养护模式；建立健全各项规章制度，努力提高公路养护质量和路网服务水平，使全局公路养护基本实现了机械化，有力促进公路养护的良性循环和可持续性发展。

截至 2005 年底，总段共有养护机械车辆 140 台（辆），已经实现了班班有汽车，养护材料实现了装载机装料、小型自卸车运输，沥青混合料实现了滚筒拌和机拌和，路面挖补从原有的锹挖、镐刨等以人工为主的生产模式逐步向半机械化转变。但养护技术装备刚刚起步，职工劳动强度仍然很大，大部分养护机械技术含量较低，存在技术落后、效率低下、维修费用高、养护质量难以保证的问题。

为了提高公路技术状况、满足高速发展的公路运输需要，增强公路养护竞争力，促使职工摆脱繁重的体力劳动，提高职工的生活水平和质量；真正实现传统养护向现代养护的转变；积极争取上级部门扶持投入、管理局及各管养单位积极自筹等方式解决公路养护机械配套的资金问题。2013 年至 2015 年，自筹资金

3100 多万元，购置机械设备及车辆 27 台套，主要设备为三一重工 2000 型沥青拌合站、沥青改性设备、ENH 进口沥青乳化设备、维特根冷再生机、平板拖车、养护工程车等，大部分养护车辆予以报废更新。

截至 2017 年 6 月，管理局共拥有大中小型机械 154 台（包括小型机具和附属设施）、生产及管理车辆 120 台，共计资产 10548 万元。机械的总功率、综合养护能力和机械化程度均大大提升，配备机械设备的动力性、稳定性、经济性、操作舒适性都大幅度提高，既提升了养护生产效率和质量，又降低了养路职工的劳动强度。

## 二、实现程度

十年间，公路养护机械化的重点是使公路大中修施工、路面病害处理和路基路面压实等主要工序实现机械化，预防性养护分阶段逐步实现机械化。管理局贯彻"以人为本"的指导思想，为改善职工的工作条件、降低劳动强度和提高养护质量，淘汰小四轮拖拉机、部分农用自卸车和技术落后的压路机、拌和机，进行养护机械大换装。本着"实用、经济、可靠"和大、中、小型机械相结合的原则，以技术含量较高的大、中型机械设备为主体，配置技术含量较高的乳化沥青加工设备、冷再生设备、沥青砼拌和设备，并且为了方便职工上下班，配置了较为安全舒适的客车及养护用的皮卡、东风小霸王客货车，使养护机械配置趋于合理，机械养护的灵活性、机动性和综合作业能力得到全面提升。具体是：

（一）实现了公路大中修工程施工从上料、拌合、运输到摊铺、压实全过程机械化作业。

（二）实现了公路养护翻浆处置，水毁恢复机械化作业，做到对重点路段派专人进行看守，遇有水毁阻车情况立即汇报。挖掘机、拖

板车、综合养护车、挖掘装载机时刻处于应急状态，24小时进行值班，一旦发生水毁，立即开展水毁恢复工作。利用挖掘装载机，清理水毁现场，养护作业车拉运滑坡泥土，回填砂砾，夜间利用综合养护车发电照明，将水毁损失降到最低，保持公路正常通行。

（三）实现了高速公路养护从路面壅包、波浪、车辙等病害处理到沥青洒布、碎石洒布和水泥路面清缝、嵌缝、灌缝全程机械化作业。

（四）实现了高速公路路面清扫机械化作业，为过往车辆提供了良好的行车环境。京藏高速刘白段分布着靖远煤电集团的大小煤矿十多家，大型运输车辆较多，造成路面洒料、浮煤较重，往往前面刚刚保洁清扫过后，后面又重新堆积，人工清扫工作量大，且存在安全隐患；2016年管理局为高养中心配备了一辆中联重科的多功能路面清扫车1台，采取一天一清扫的模式，配合小型运输车进行彻底的清运，取得明显的效益。

（五）实现预防性养护广泛应用，稀浆封层机和沥青石屑撒布机进行路面表面处理，改善路面的老化、开裂，并提高防水、抗滑能力，从而延长路面的使用寿命。

（六）实现了高速公路防撞护栏抢修、护栏板校正、清洗机械化作业。

（七）实现了废旧材料循环利用，保护和改善环境，防治污染，推进生态文明建设进入快速阶段。措施如下：

1. 废料再利用，解决沥青路面废旧料堆放问题，实现节约资源和保护生态环境的目标，2013年购置福建铁拓热再生拌和附楼及旧筛分设备，并在省道207线进行2公里的改造铺筑，取得了良好的经济和社会效益。

2. 促进材料循环利用，提高施工质量与速度。2014年管理局自筹资金700多万元先后购置维特根就地冷再生机两台，引进冷再生技术并在G109线养护维修工程中大力推广，此项技术节约集料和沥青，节约了大量的养护和建设资金，减少废旧混合料对环境的污染。

3. 加大料场管理力度，减少粉尘排放。加强拌和除尘器的检查，特别是除尘布袋，加大检查与清洗的频率，保持良好的技术状态；对新购置的福建铁拓2台沥青拌和机加装了布袋除尘系统和废粉加湿装置。平川段导热油锅加装水除尘设备实现了排放达标和废粉的有效处置；高养中心新建沥青拌合站和沥青加工车间的加热系统全部采用燃油燃烧器，废粉的收集实现全密封防止粉尘污染，并在上料仓增设防尘罩，有效防止上料时扬尘扩散。

4. 实现了场地硬化处理，材料分类堆放、各养护单位石料堆放均实现棚内堆放，减少了粉尘的飘散，减低能源消耗。料场坚持定期洒水，始终保持场区清洁、无扬尘。

5. 在公路养护及施工中对沥青、稳定土成品混合料采取覆盖运输，避免抛洒污染路面。

在已有成绩的基础上，管理局将机械化重点转移到公路正常养护作业上，将逐步增加割灌机、清扫车、多功能作业车、桥梁养护设备、标志标牌清洗车等机械设备，使养护生产步入全面机械化的轨道。

**三、管理状况**

为了养护机械化的顺利实现和机械化最大效能的充分发挥，管理局一是强化机务管理，建立和完善机械设备的技术档案、台账、卡片、使用维修记录等资料，加强机械设备的基础管理和质量管理。二是加强机驾人员的业务培训，培养机械化养护管理和操作人才。2014年以来，联合会宁腾龙工程机械职业技能培训学校对91位局特种设备操作人员开展操作技能培训，使其全面掌握设备操作规程，提升安全生产、设备维修、职业道德等方面的能力，并做到持证上岗、证机相符、一人一证的原则。三是积极寻找养护机械信息化、网络化管理方法，已完成机械设备电子台账、电子卡片和简单的机械设备数据库，逐步实现养护机械计算机网络化动态管理。四是开展公路筑养路机械操作技能竞赛，提升公路养护职工机械操作水平和精神风貌，提高机械设备的安全使用、结构维护、故障诊断水平。

（王继承）

# 工会工作

## 一、主要工作开展情况

（一）深入实施"建功立业"工程，动员广大职工在推进公路事业科学发展中发挥主力军作用

紧紧围绕公路养护中心工作，广泛开展创建"工人先锋号""我为节能减排做贡献""安康杯"竞赛以及"平安公路"百日竞赛活动，充分调动职工群众的工作积极性和主动性，推动各项工作任务的完成。结合工作岗位特点，组织职工广泛开展合理化建议、先进操作法总结推广和以小发明、小创造为内容的"五小"活动等群众性建功立业活动，实现岗位练兵与技能比赛相融相促，选树一批行业技术操作能手，带动广大职工形成钻研业务、提高技能水平的良好氛围。以践行社会主义核心价值观、深入开展"中国梦·劳动美"教育实践活动为契机，大力弘扬工匠精神和劳模精神，教育引导广大职工牢固树立劳动最光荣、劳动最崇高、劳动最伟大、劳动最美丽的观念，立足本职、扎实工作，自觉做到"敬业、精业、奉献"，为养护生产工作建功立业。

（二）深入实施"权益维护"工程，履行维权职责，构建和谐劳动关系

认真贯彻落实《甘肃省职工代表大会条例》，着力提高职代会质量，每年组织召开职工代表大会。会议精心筹备、严格组织程序，审议并通过各项工作报告，解答职工代表提案，表彰奖励先进典型，职工民主参与、民主管理和民主监督的权利得到了充分发挥。不断健全民主管理、局务公开工作制度，对涉及职工切身利益的先进评选、职称评定、年度考核结果、困难职工救助等及时通过公示栏、白银局门户网站公开公示，真正让职工群众享有知情权和监督权。坚持义务监督员和职工代表常任制度，义务监督员每两年聘任一次，每半年落实监督情况，召开义务监督员座谈会，切实发挥义务监督员在日常工作中沟通上下、联系左右的作用，进一步推进民主管理进程，有力促进了职工队伍稳定和单位和谐稳定。

（三）深入实施"关心关爱"工程，强化服务工作，维护职工队伍稳定

建立健全困难职工档案，每年组织开展困难职工调查摸底活动，严格把关，摸清实情，将真正有困难的职工及时纳入档案，并实施依档帮扶精准帮扶。将已脱困的职工，及时注销档案，确保困难职工档案动态化管理。坚持每年开展"冬送温暖""夏送清凉"走访慰问活动，由领导亲自带队，深入各基层养管站、养护工区、养护工作现场等，为职工发放慰问金或慰问品，将组织的关怀和温暖送到职工心中。组织开展"金秋助学"活动，根据省交通工会和白银市总工会要求，对生活有困难且子女参加高考的职工开展调查摸底，为符合条件的困难职工子女发放助学金。适时组织开展"五一"劳模慰问、"六一"儿童节慰问，对省部级劳模、困难单亲女职工、留守儿童开展慰问，实现了工会帮扶工作常态化、制度化。

（四）深入实施"引领引导"工程，强化培训教育，推动公路职工文化建设

深入开展学习宣传和贯彻落实党的群团工作会议精神，开展好社会主义核心价值观教育、"四德"教育和劳模精神教育，针对新的政策形势和单位发展的客观要求，以基层、一线为重点，充分发挥网络、微信、微博等新媒体的导向作用，传递新精神、新动态、正能量，培养职工正确的人生观、价值观和道德观。大力加强职工普法教育，结合"六五"

"七五"普法教育,邀请法律工作者为干部职工做法律讲座,团结和引领广大干部职工为全局公路事业改革发展提供强大内在动力。坚持利用重大节庆日组织开展职工文体活动,组队参加了省厅、局及白银市举办的各类文体活动,组织参加职工书画、摄影、手工作品展,组织开展职工羽毛球、乒乓球选拔赛,为参加省厅职工运动会选拔优秀选手,拍摄反映职工积极向上良好精神风貌的微电影,配合省厅拍摄宣传我局劳模白建胜先进事迹的宣传片,进一步推动了公路职工文化建设。加强基层班站建设,深入开展"职工之(小)家"达标晋级活动,加强绿色班站建设、软环境建设,大力改扩建"职工书屋",在两级机关、班站建立完善了职工活动室和荣誉室,职工工作生活环境得到进一步提升。

(五)深入实施 "达标创优"工程,加强自身建设,提高工会工作水平

按照工会组织规范化、标准化建设要求,以深化"建家达标创优"活动为载体,进一步健全"双亮双诺双评双争"工作机制,组织开展职工民主评议活动。加强局工会、基层工会、班站工会小组"小三级"组织网络,突出"六有"目标,推进基层工会规范化建设。不断加强工会基层组织管理,各工会委员会及时选举、增补工会委员,明确工会委员分工,推动工会工作有效落实。紧紧围绕工会自身建设问题,坚持每年组织开展工会调研活动,征集调研报告,全面掌握全局工会基本情况,对推动工会工作发展提供了可靠依据。不断深化"面对面、心贴心、实打实"服务职工活动,开展工会会员缴纳一元工会会费、重温一次入会申请、提交一个提案建议的"三个一"活动,激活工会"元素",增强工会活力。充分发挥工会委员会的

作用,对工会重要工作事项经工会委员会集体讨论民主决定。切实加强工会干部培训,结合冬季培训工作任务和要求,邀请市总工会领导为工会干部讲授工会工作实务,选派工会干部参加市总工会举办的全市工会领导干部研究班。不断加强工会干部作风建设,树立"服务本位"的思想,加强工会干部联系基层、联系职工群众,倾听职工呼声、了解职工期盼,从党政所需、职工所急出发,扎扎实实为职工群众做好事、办实事、解难事。

**二、取得的主要成绩**

(一)职工干事创业热情高涨。通过开展各种形式的劳动竞赛、技能大赛,职工干事创业的积极性和主动性有了进一步的提高,职工把认真履行岗位职责、圆满完成工作任务作为自己实现人生目标和价值的重要途径,在推动全局各项工作落实、公路工作和谐稳定发展中,广大职工群众做出了积极的贡献。建成景泰段劳模创新室1个。

(二)职工合法权益得到有效维护。坚持每年组织召开职工代表大会,认真落实局务公开民主管理、义务监督员工作制度,积极采纳职工各项合理化建议,有效保障了职工知情权、参与权、监督权。

(三)服务职工水平和能力进一步提升。通过困难职工档案动态化管理、困难职工精准帮扶工作,工会帮扶工作形成常态化和制度化。每年坚持开展走访慰问活动,职工深切感受到白银局党政的关怀和温暖,凝聚人心,汇聚公路改革发展力量。

(四)职工文化氛围浓厚。通过不断加强职工书屋建设,广泛开展职工读书活动,利用重大节假日庆祝节点,组织开展职工书画、摄影、手工艺作品展等文体活动,丰富了职工的精神文化生活,为职工搭建了一个学习交流的平台,

形成了浓厚的文化氛围。目前,全局建成全国职工书屋示范点2个,市级职工书屋2个。

(五)职工工作学习环境得到进一步改善。通过基层班站双化建设、职工之(小)家创建活动,各基层养护管理段、养管站结合实际、因地制宜、合理规划,绿化美化工作环境,增强职工凝聚力和归属感,展示了公路行业新形象。全局共创建全国模范职工之家1个,全国模范职工小家1个,市级模范职工之家9个,全国模范职工小家 3个,市级模范职工小家11个,市级先进职工小家3个。

(刘文燕)

# 女工工作

## 一、工作开展情况

**（一）深入实施女职工素质提升建功立业工程，为推动公路事业发展做出积极贡献**

结合行业和女职工特点，深入开展多种形式的女职工创先争优建功立业活动，动员广大女职工积极参与"中国梦·劳动美""工人先锋号""巾帼建功立业"和"安康杯"主题竞赛活动，激发广大女职工参与各项工作的积极性。养护生产一线女职工充分发扬吃苦耐劳、顽强拼搏、无私奉献、勇创一流的精神，克服重重困难，同男职工一样，出色地完成了各项工作任务，展现了良好的精神风貌。充分发挥工会"大学校"作用，全面提升女职工综合素质。深入开展"三德"教育，以开展一封家书、读书活动等为载体，引导和培养广大女职工遵章守纪、爱岗敬业、夫妻和睦、勤俭持家、亲情和谐的优良品质，树立健康向上的家庭新风，推动职工家庭关系更加平等和睦友爱，家庭生活方式更加健康文明科学，以家庭和谐促进单位的和谐稳定。以提高科学文化素质和业务技能水平为目标，以"创建学习型组织，争做知识型职工"活动为载体，充分发挥职工书屋的作用，大力鼓励和支持女职工参加业务技能培训，广大年轻女职工考职称、练技能、求进步，在工作学习中培育和增强"四自"精神，在工作生活中更好地发挥了"半边天"作用。

**（二）抓好女职工维权和帮扶工作，为推进劳动关系和谐稳定发挥作用**

认真贯彻《甘肃省职工代表大会条例》，在召开的职工代表大会中，保证女职工代表的名额比例，有效维护女职工民主管理、民主参与、民主监督的权利。督促落实女职工"五期"保护规定，养护单位在同工同酬的情况下尽量减小女职工的劳动强度，有效维护女职工的特殊权益。

落实一年一次妇科病检查工作，做到早发现、早预防、早治疗，使女职工能够健康愉快地工作。关心女职工生活，各基层女职工组织做到女职工生病住院和家庭有困难必访，尽力帮助解决困难、反映困难；家庭有矛盾和邻里有纠纷必访，劝说化解，使她们安心工作，顺心生活，把组织的关怀和温暖送到女职工的心坎上。开展困难女职工档案精准识别建档立卡工作，进一步了解和掌握困难女职工生活状况，重点是对单亲女职工开展调查摸底，摸清困难女职工底数，摸清致困原因和帮扶需求，为开展帮扶活动奠定基础。

**（三）加强女职工组织建设，提高女职工工作水平**

建立健全女职工组织，女工组织与工会组织同时换届、同时选举，配备好女工干部。在工会换届选举或人员发生变化时，及时对女工组织进行调整，注重把那些热爱女职工工作和熟悉女职工工作的同志选为女工干部，保证女工工作力量不减，工作正常开展。坚持每年组织开展庆祝"三八"妇女节活动，进一步丰富女职工业余文化生活，激发广大女职工热爱生活、享受生活、热爱工作、干好工作的热情，充分展示公路女职工的风采。

## 二、取得的主要成绩

一是女职工整体素质得到提升。通过大力实施女职工素质提升工程，动员女职工积极参与各类劳动竞赛、女职工建功立业活动、读书活动等，引导女职工树立自尊、自信、自立、自强精神，全面提高女职工的思想道德、科学文化、业务技能和健康素质，培养造就"知识型、技术型、创新型"的高素质女职工队伍。

二是女职工合法权益得到有效维护。通过加强女职工对《工会法》《妇女权益保障法》和《女职工劳动保护规定》的学习宣传，积极落实女职工权益保护各项措施，女职工维权意识增强。通过对女职工的关心关爱，着力解决涉及女职工合法权益和特殊利益的突出问题，帮助她们解决实际困难，使女职工能够有足够的时间和精力投入到工作中，对促进全局公路工作和谐稳定发展做出了积极的贡献。

（刘文燕）

# 共青团工作

## 一、坚持思想建团，加强团员青年思想政治建设

（一）加强团员青年思想政治教育。全局两级团组织坚持把思想政治教育作为团员青年思想政治建设的首要任务，通过参加各类理论学习、专题报告会、理论考试等形式，结合开展深入学习实践科学发展观活动、创先争优、两学一做等活动，进一步深化了广大团员青年对科学发展观等党的最新理论成果的理解和把握，有力地提升了广大团员青年的政治理论素养、政治敏锐性和鉴别力。在思想政治教育中注重做到与国家大政方针、公路行业发展、本单位工作实际和团员青年的思想状况的紧密联系。在提高广大团员青年自身素质的同时，进一步增强了青年职工在新经济发展形势下，运用理论分析和解决问题、正确认识公路交通事业发展、找出自身差距和潜在优势的能力，有力地统一了思想，增强了凝聚力和向心力，坚定了青年职工在公路行业干事创业的决心和信心。

（二）加强团员青年理想信念教育。以培养"四有"青工队伍为目标，进一步加强团员青年社会公德、职业道德、家庭美德"三德"教育，引导广大团员青年树立正确的世界观、人生观和价值观，争做遵纪守法、敬业爱岗、助人为乐、文明礼貌、尊老爱幼、诚实守信的实践者。近年来，局团委在广大团员青年中大力倡导"团结协作、创新进取、敬业奉献、甘当路石"的甘肃公路行业精神，坚持在重大节日举办和参与各类理想信念教育活动，组织团员青年积极开展学习先进事迹活动，通过各种活动的开展，进一步激发广大团员青年"路好我荣、路坏我耻"的责任感、使命感，"抢抓机遇、加快发展"的紧迫感、危机感，"热爱公路、甘当路石"的荣誉感、归属感，"立足岗位、建功立业"的自豪感、成就感，从而增强了公路行业的凝聚力和吸引力。

（三）加强团员青年普法教育。以开展普法教育活动为契机，结合行业实际，在强化国家各类基本法律法规常识学习的同时，重点突出对《公路法》等行业性法律法规的学习，有效地增强了全局团员青年职工的法律意识。广大团员青从自身做起、从身边的事做起，积极参与社会治安综合治理活动，认真落实各项防范措施，为白银局的稳定发展创造了良好的治安环境。

（四）加强团员青年志愿服务工作。局团委在上级团委的统一部署下，号召全局团员青年一如既往地做好团员青年志愿服务工作，成立了白银公路管理局青年志愿者服务队，坚持每年开展"3·5青年志愿者日活动"，组织团员青年广泛开展行业法律法规宣传咨询、义务献血等志愿服务活动。同时，开展了向灾区、孤寡老人、贫困学生爱心捐助活动。

（五）加大青工业务培训工作。管理局大力支持和重视青年职工培训工作，通过岗位培训、学历教育、技术比武等形式，不断提高青工队伍业务技能，先后举办了文秘写作、财务管理、机械设备、收费管理、劳资、办公自动化等10多个培训班，使青工队伍的整体素质和业务技能进一步提高。

## 二、坚持创建促团，发挥青年突击队和生力军作用

（一）强化团员青年文明创建活动。局团委充分发挥团员青年在文明创建活动中的主力军作用，在巩固以往创建成果的基础上，紧密结合"学树创""精神文明建设推进年"等活

动的开展，积极开展"青年文明号""五四红旗团委（支部）""青年岗位能手"等文明争创活动。2008年，靖远公路管理段三滩养管站被命名为"市级青年文明号"。2009年，局团委被团市委表彰为"五四红旗团委"和"信息工作先进集体"；2010年，白银公路管理段团支部被团省委表彰为"五四红旗团支部"，会宁公路管理段团支部被团市委表彰为"五四红旗团支部"；2012年，景泰收费站和靖远黄河大桥收费站被团市委表彰为青年文明号；2015年，景泰收费站被团市委评委五四红旗团支部。

（二）深化青工学技练功活动。局团委以"青年岗位能手"争创和青年创新创效活动为总抓手，调动广大团员青年积极参加"铜城杯"公路养护竞赛、标准化养护示范路创建、职工技能大赛、文明执法、文明收费等活动，充分发扬青年职工敢于吃苦、勇于拼搏、乐于奉献的时代精神，有效体现了青年突击队的主力作用。通过岗位培训、岗位练兵、技术比武、导师带徒、总结推广应用新技术等有效手段，大力培养了一批业务技能过硬的青年才俊。近十年来，1人被表彰为全国交通运输系统先进工作者，1人荣获全国交通运输系统"金桥奖"，1人荣获"甘肃省先进工作者"称号，1人荣获"甘肃省技术标兵"称号，1人的"技术操控法"被命名为甘肃省职工先进技术操控法，4人授予市级青年岗位能手，1人被表彰为全市共青团信息工作先进个人。

（三）深入开展文体娱乐活动。全局两级团组织除了在节庆日开展一些寓教于乐的文体活动之外，重点组织团员青年职工参加省厅局、白银市组织的各种文艺汇演、歌咏比赛、演讲比赛、先进事迹报告会等，进一步展示了公路青年职工的形象，丰富了青年的精神文化生活，增强了青年职工团结协作的意识，促进了各项工作的健康发展。

**三、坚持基础强团，提高团组织的战斗力**

（一）强化团组织及队伍建设。局团委针对公路行业点多线长、人员相对分散、团工作开展较难的实际，着力从加强团组织和团员队伍建设入手，要求各基层团支部及时换届，建立团干部直接联系青年的工作机制，录入团市委1+100青年联系网络格局。截至2016年底，全局共有团员63人，35岁以下青年职工198人。

（二）坚持党对团组织工作的领导。始终坚持"党建带团建"的工作方针，认真贯彻局党委对团工作的要求，通过加强管理，倡导学习，提高素质，增强能力，规范基础性工作，加大宣传力度，使团自身建设不断加强。在全局两级党政的大力支持下，各团支部都订阅了各类青年刊物，健全了活动场所，有力地保证了团组织活动的开展。

（李静洣）

## 科学管理促发展
## 与时俱进谱新篇

1986年，甘肃省白银公路总段成立。2014年，更名为甘肃省白银公路管理局。甘肃省白银公路管理局成立以来的三十年，是白银市经济和社会事业迅速发展的三十年，也是白银公路管理局顺应时代发展要求，各项工作取得突破性创新发展的三十年。在省交通运输厅、省公路管理局的正确领导下，白银公路管理局各部门、各单位认真贯彻邓小平理论和"三个代表"重要思想，全面落实党的十一届三中全会以来的路线、方针、政策，紧紧围绕全省公路养护事业发展的各项目标，取得了丰硕成果。

三十年来，白银公路管理局认真抓基层、打基础。成立之初，共有45个道班承担着兰包、慢靖、唐红等七条国省干线的养护工作，经过多年的发展，这四十几个道班在2001年正式撤班建站，变为养护工作更专业、管理更系统的养管站（工区）。至2014年平川公路管理段成立时，全局共设置养管站（工区）17个，分别为：白银段2个，靖远段3个，会宁段6个，景泰段3个，平川段2，高养工区1个。

三十年来，全局认真开展保洁、巡查、修补等公路日常养护工作，打造干净、平整、美观的路容路貌；积极开展桥梁预防性养护、危桥加固工程等桥梁养护工程，确保管养路段内的车辆通行安全；在路面质量状况比较差的路段，积极开展重铺改建、路面碎石封层、微表处、开普封层等公路养护维修工程，确保养管范围内的公路路面技术状况、公路桥梁技术状况保持在良好的范围内；在易发生危险的急弯、陡坡处省道308线、国道109线严格按照规范修建避险车道、防撞护栏等应急设施，认真开展生命安全防护工程，逐步完善全局管养线路的生命安全防护设施，确保管养线路内的车辆通行安全，真正做到"平安公路"。

**一、恪守本职，加强公路日常养护工作**

全局公路养护工作发展迅猛，三十年来全局普通干线公路养护里程由1986年的711.9公里发展到2016年的991.193公里。自国6京藏高速公路白兰段、刘白段建成通车并移交至白银管理局养护管理以来，管理局组建白银高等级公路养护管理中心，下设白银高速养护工区，扎实开展国6京藏高速公路白兰段、刘白段的养护管理工作。2017年1月，白银公路管理局又接管了白银境内的青兰高速、营双高速。

局属各公路管理段、高养中心严格按照及时处置沉陷、及时修补坑槽、及时封灌裂缝、及时修复构造物、及时校正标志牌等沿线设施、及时清理边沟、及时疏通涵洞、及时处置桥涵病害、及时清扫路面"九个及时"的要求，认真做好公路巡查、保洁及路面灌缝、油路修补、沉陷处置等日常养护工作，保持了良好的路况质量和路容路貌。高度重视公路病害维修质量，逐步加强了施工工艺、材料应用等方面的控制，对路面修补由原来的人工铣刨，逐步转变为采用铣刨机铣刨拉毛、切割机接茬切缝等工艺，严格按照油路修补技术规范，把好"划线、开槽、清底、洒油、铺油、压实、养护"等关口，油路修补水平稳步提升，基本达到了密实平整、接茬平顺、形状规则的标准。

深入开展示范工程创建活动、深化养护路政联动机制。严格按照《甘肃省普通干线公路示范工程创建活动实施方案》要求，认真安排部署，组织各养护单位在管养路段全线开展路容路貌整治活动，清理路面垃圾、抛撒物、路侧废弃物、碎落台杂物和高速公路中央隔离带、路肩杂草，清除边坡、急流槽、排水沟中堆积的垃圾杂物，完善、调整公路标志、里程碑、百米桩及安全设施，使公路路容路貌得到了有效提升。认真落实《甘肃省公路管理部门协同联动工作规定》，进一步深化养护路政联动机制，加强与白银路政执法处的联勤联动，并联合开展路域环境整治活动，有效维护了公路养护成果。

大力加强养护新技术、新工艺、新材料推广应用力度，重视养护机械设备的引进更新，加强了养护料场的建设。逐步完善会宁甘沟、景泰大水闸养护料场和白银高养工区的建设，引进和购买的大型拌合设备在各项养护维修工程中发挥了重要作用；白银高养工区安装的2000型沥青拌合设备和改性、乳化沥青生产设备主要承担了白银市辖区多项养护维修工程的沥青混合料和乳化沥青供应任务。

**二、高度重视，积极开展桥梁养护工作**

桥梁养护是公路养护工作的重中之重，白银公路管理局自成立以来始终坚持"养桥与养路并重""预防为主，防重于抢"的原则，每年都在养护材料费中安排固定比例资金作为桥涵维修专项资金，积极开展桥涵及防排水构造物病害的整治维修工作，保证了桥涵的安全运行，延长了桥梁的使用寿命。

各公路管理段桥梁工程师积极组织开展桥梁经常性检查和定期检查，组织单位职工定期清扫桥面、清理桥下垃圾，及时疏通伸缩缝、排水孔的堵塞现象，在经常性检查中发现的桥梁裂缝、铰缝脱落、铺装破损等病害，认真详细记录，定期跟踪观测病害演变情况并及时上报白银局进行桥梁维修加固工作。

对于正处于发展过程中的桥梁病害，积极开展病害研究，与科研机构开展课题探讨，制定了一系列的桥梁预防性养护方案。比如，对正处于发展过程中的桥台、梁板裂缝实行注胶封闭、在梁板底部粘贴碳纤维板进行梁板加固、涂抹防腐涂装等，有效遏制了病害的进一步扩展，提升了桥梁的通行质量。

对于桥梁技术状况指标低、通行状况差的桥梁，大力开展危桥加固工程，更换桥梁梁板、更换支座、重做伸缩缝与桥面铺装等，2016年底在全局管辖范围内彻底消除了四类桥、五类桥。

在危桥加固维修与桥梁预防性养护施工中，积极采用AC-K5坑洞修复剂、聚合物砂浆、裂缝封闭胶，AC-CRG防水防盐保护剂、粘贴碳纤维布、体外预应力、套拱法等新材料、新技术，解决了桥梁养护中出现的裂缝、桥面铺装破损等问题，提升了桥梁养护工作的效率与质量。

**三、强化养护工程管理，确保施工质量**

针对管养范围内部分路段通车时间久、车流量严重超出设计值导致的路面质量状况差、严重威胁路面通行安全的路段，白银公路管理局认真勘察路面状况，积极向省局申请维修资金，自1986年至今，总共实行路基、路面养护工程80余项，从最初的油路罩面、薄层封面，到路面的重铺、改建，通过一项项的养护工程，年久失修的部分路段渐渐焕发新生。

针对养护工程时间紧、任务重的实际，在接到施工任务后，从统筹调配人员设备、成立项目管理机构、细化施工任务、明确施工组织方案、完善管理制度到组织材料采购招议标等，都经局务会和领导办公会议认真研究，分管和主管领导亲自统筹、协调，保证了各项工程的顺利实施和按期完工。在施工管理中，严格实行精细化管理，坚持做到材料把关到位、工序交接到位、试验检测到位、作业现场管理到位、组织协调到位，集中统一调度局属单位主要机械设备，并通过协调当地交警和路政人员加强施工路段交通管制、在施工路段两头设置车辆劝返点、对施工路段设置钢管围栏进行半幅封闭、采用土工膜覆盖养生 7 天等措施，有效保证了施工作业秩序和工程质量。

在总结历年沥青路面养护维修经验的基础上，近年来先后在国道 312 线改建工程、国道 109 线、省道 308 线、省道 217 线重铺工程中大规模推广应用了就地冷再生、场拌热再生等技术，在国 6 高速、国道 109 线、省道 201 实施了微表处、碎石封层、开普封层等预防性养护技术；在国道 312 线改建工程中开展了黄土路基湿陷机理及防治技术推广应用课题研究。

健全管理制度，规范项目管理，狠抓关键环节，严格质量控制，我局近年来从施工技术与质量管理、进度管理、文明施工、劳务用工、试验检测、工程监理、计量支付、资金管理、安全管理等方面出台了《项目建设管理办法》《项目安全管理办法》《工程质量违约处理实施细则》等制度，为各项工作的开展奠定了基础。严格建设、监理报验、签认、审批程序，加强施工过程控制，所有分项工程开工必须报请监理工程师检查验收，符合要求后方可开工。严把原材料质量关，对检测不合格材料坚决不予进场。充分发挥各级工地试验室的作用，坚持以试验数据指导施工。严把施工现场质量管理，保证路面质量；对坝式路堤沉陷路段采用深挖、强夯处理后，用羊角碾进行分层碾压，保证了沉陷路段处置质量。开展已完工工程实体质量"回头看"活动，对排查出的质量缺陷，督促施工单位选择业务素质好、操作熟练的施工队伍进行缺陷修复，并派责任心

强、施工经验丰富的技术人员现场组织施工，做到处理措施不当不放过、处理质量不达标不放过，确保整改一处成功一处。

加强工程调度管理，确保项目有序推进。积极组织召开生产调度会议，及时总结管理经验，研究解决存在的问题，明确工作思路，落实工作措施，保障了工程的顺利开展。

**四、积极开展生命安全防护工程**

白银局管辖范围内几条国省干线途经山区，坡大弯急，交通事故频发，给人民群众生命财产安全造成了重大损失。白银公路管理局多年来通过多次实地查看调研，通过多方努力加大对人、财、物的投入进行综合治理，成效明显，路况得到明显改善，安全系数不断提高。

2001 年以来，针对省道 308 线弯大坡急的现状，景泰公路管理段不断加大安全宣传力度，先后在醒目位置设置警告标志牌、标语等16 处。2003 年，白银公路总段又投资近百万元对省道 308 线 K209+800—K210+600 路段进行了改善，开挖土方，铺筑路面，将路面曲线放缓，通视状况得到改善。2004 年，又在K212—K224 路段修建了失控车辆自救车道，并由景泰公路管理段坚持定期养护，保证避险车道始终处于良好的技术状态，避险车道的修建与养护极大程度上减少了该路段的交通事故发生率，保证了沿途驾驶人员的生命财产安全。

多年来，白银公路管理局组织实施多项生命安全防护工程，对管养路段存在的安全隐患以及沿线群众反响大的安全问题，及时增设安全防护设施、增设路标、高速公路增设防眩板等措施，全力保障了管养路段的安全通行。

（张兴绪 邵亚虎）

## 勤勉敬业献青春
## 无私奉献公路人

2017年5月31日凌晨，甘肃省政府还贷二级公路全面停止收费，白银公路管理局从1995年开始的收费工作自此画上了圆满的句号。回顾这22年，是白银公路管理局收费管理工作不断探索的22年，不断总结的22年，不断奋进的22年，也是不断奉献的22年。22年来，全局通行费征收管理工作在局党委的正确领导下，在上级业务部门的指导下，紧紧围绕通行费征收这一中心工作，以依法征费为目标，以规范管理为重点，以队伍建设为基础，以文明创建为载体，广大干部职工精诚团结，勤勉敬业，与时俱进，务实创新，工作成效显著，22年累计征收通行费10.6亿，为公路建设和养护融资发挥了不可代替的作用，有力促进了全省公路交通运输网络的不断完善。同时，精神文明创建也硕果累累，胡小萍、赵岁凤因工作表现突出，荣获全省公路系统"十佳收费员"称号，各收费所均多次获得全省先进收费单位和管理局"双文明先进单位"。

### 一、重视并优化领导班子配备

针对收费所的职能以及领导岗位所要求的政治理论素养、职业素质和专业管理能力，局党委在选配收费所领导班子成员时，在坚持德才兼备、以德为先的基础上，认真把握两个原则：专业特长与单位特点匹配原则、人才互补原则。不仅注重领导班子成员个体的能力素质，也注重班子的整体结构，如工作能力、性格特点、兴趣爱好等，实现优化配置。领导班子配备到位后，通过实绩考核、年度考核和干部考察，分析领导班子效能和领导班子成员履行职责的行为效果，以及领导班子运用集体的

智慧和力量在工作中产生的群体性的综合效能，验证领导班子结构化配备效果。通过分析论证，查找原因，在保持班子相对稳定的前提下，本着"因人而异、扬长避短、人尽其才、才尽其用"的原则，有针对性地进行调整，始终保持领导班子结构处于最优状态，促使领导班子充满活力和动力。

### 二、加强职工队伍建设

注重加强收费职工队伍建设，一是把分配来的军事和政治素质过硬的复转军人安置在收费单位，充实收费队伍力量。二是大力加强职工教育。充分利用各类教育资源，通过集中培训与自学成才相结合、岗位轮训与素质培训相结合等方法，多方位、多渠道、多角度地对职工进行思想政治、业务技能、操作技能、安全技能、廉政建设等培训，并结合实际情况举行业务技能竞赛和军事化训练，大力倡导"爱国守法、明礼诚信、团结友善、勤俭自强、敬业奉献"的基本道德规范，增强职工辨别美丑、是非、曲直、荣辱的能力；引导全体人员树立正确的人生观、价值观和荣辱观，时刻保持清醒头脑，认真贯彻落实依法收取通行费的政策和法律规定。三是体现单位对职工的关怀，让职工感受到集体的温暖，从而赢得人心、凝聚人心。收费所适时开展形式多样、丰富多彩的文体活动，活跃职工文化生活，把枯燥乏味的日常收费工作融入丰富多彩的文体活动中去，激发职工的主人翁意识、全局意识、大局观念，培养职工增强集体荣誉感，引导广大职工互相帮助、互相照顾、互相配合，为集体的目标而共同努力，形成了团结、紧张、严肃、活泼的良好氛围，有效促进了收费管理工作的提高。

### 三、以收费为中心，强化内部管理，确保收费任务圆满完成

收费任务的完成情况是收费管理工作的重

要考核指标，为确保收费任务圆满完成，管理局将收费管理工作列为中心工作之一。一是强化目标管理，针对省局下达的征收任务，将任务层层细化分解到收费班组，落实到人，使得全体职工个个有目标，人人有动力，为完成收费任务奠定了坚实基础。二是规范收费秩序，采取现场稽查、录像调阅等方式，查看职工劳动纪律、流程操作、微笑服务等内容，查看查找问题，总结反馈。明确月票办理程序，严把月票办理审核关，对不符合办理条件的车辆坚决不予办理，防止权力滥用和贪污行为的发生。三是严格规范管理，以贯彻规章制度为着力点，抓好规章制度的贯彻落实，提高制度的执行力；以严格考勤考核为抓手，严肃劳动纪律，让劳动纪律时刻牢记在心；以强化激励机制为契机，营造良好的争先创优氛围。四是强化监督检查，建立内外结合的稽查监督管理体系，采取不定时、不定点的随机督查方式，以明察、暗访、专项督查等各种方法，全方位监督收费站的工作纪律、文明服务、特殊业务处理等环节，规范收费业务操作，提升文明服务水平。五是建立征收分析月报制度，按月汇总、分析当月收费情况，预判收费形势，为加强收费管理、研究制定收费政策提供了可靠依据，提高了通行费征收精细化管理水平。

### 四、坚持文明服务，树立公路窗口形象

收费站是展示公路文明的窗口，收费人员的一举一动、一言一行直接代表着公路部门的管理水平和行业形象。管理局按照"创文明行业、建文明窗口"活动要求，坚持内强素质、外树形象，规范征费行为，优化征费环境，将为司乘人员提供优质文明服务作为通行费征收管理工作的一项重要内容，常抓不懈。推行手礼服务，将扬手问候、接递规范、挥手道别的文明服务手势与收费操作有机结合，把文明服务融于收费工作口；推行微笑服务，表情自然得体，态度亲切热情，营造温馨和谐的收费环境；推行规范服务，仪容仪表整齐规范，言谈举止大方得体，业务操作标准流畅；推行便民服务，路况、天气、交通等信息服务及时周到。

### 五、强化安全管理，注重落实，时刻紧绷安全之弦

收费站是交通系统的窗口单位，每天通过成千上万的车辆，安全管理在日常工作中显得尤为重要。管理局始终把安全工作当作重中之重来抓，深入贯彻"安全第一，预防为主"的安全生产方针，从"思想、组织、责任、投入"上对安全管理工作进行具体部署。一是思想上高度重视。成立安全工作领导小组，明确安全生产目标，构筑安全管理体系，通过工作例会，增强每位职工对安全的认知感和责任感，让职工深深体悟到安全的重要性。二是行动上措施到位。签订安全生产责任书，分解量化安全生产指标，将安全责任层层落实到人，形成齐抓共管的良好格局；积极开展职工喜闻乐见，易于参与，寓安全性、知识性、实用性于一体的安全教育活动，营造安全氛围。组织进行突发事件应急演习，切实提高收费员的应急意识和处理突发事件的实战能力。积极从形式到内容上狠抓落实，实现了安全生产每一天。四是积极开展以"治理隐患，防范事故"为主题的"安全生产月"活动，对收费站消防、监控设施进行改造和更新。五是认真落实领导带班制度，及时发现和处理收费过程中出现的问题，确保收费工作安全有序运行。

### 六、大力整顿收费环境

一是充分利用广播、电视、报纸、网络等媒体，全方位、多渠道地宣传征收政策规定。在网站上转发征收政策和相关信息，在《行风

热线》专题节目中，和听众朋友进行直接交流，在收费站向广大过往的司乘人员发放宣传资料，让公路收费取之于车、用之于路的观念深入人心。二是紧紧依托当地政府，主动与所在地公安派出所、交警等职能部门沟通和联系，深入开展收费环境综合整治活动。针对恶意闯关、寻衅滋事等不法行为进行重点治理，形成紧密型的预警联动共建机制，有效化解在收费区域发生的矛盾和纠纷，保证收费工作的正常进行。另外，在收费站设立警务室，建立应对处置各类偷逃漏费行为的长效机制。三是坚持教育与处罚相结合，妥善处治偷逃漏费行为。对于不愿缴费的当地车，收费所耐心做好收费政策宣传解释工作，让其明白缴纳通行费是为了更好地筹集公路建设资金，是守法公民

应尽的义务，进一步赢得对方的理解支持与配合。对于强行冲卡逃费车，无理取闹、恶意堵塞收费车道拒不缴纳通行费的人员，果断交由公安部门处理，起到打击一起、教育一片、震慑一方的作用。

2017年，甘肃省全面取消政府还贷二级公路收费工作，管理局按照"秩序不乱、任务不减、标准不降、人心不乱"的要求，围绕收费队伍稳定和收费秩序井然两项重点工作，在全体收费人员齐心协力下，提前并超额完成了半年收费任务，为22年通行费征收工作画上了圆满句号，140名可爱可敬的收费职工在管理局党委的精心安排下，投入了新的工作岗位。

（李　莉）

# 历经风雨跨险阻
# 恪尽职守勤护路

白银公路总段公路路政管理工作以邓小平理论为指导，深入贯彻落实科学发展观，认真遵照全省交通工作会议、全省路政管理工作会议精神，以依法保护路产路权为中心，以全面推行规范化管理为手段，以强化队伍整体素质为根本，以文明执法优质服务为保障，确保了路政管理工作的顺利进行。

## 一、规范化建设积极开展

### （一）整章建制，夯实基础

总段路政支队对原《行政执法责任制实施方案》《行政执法责任制考核评议制度》《路政执法公示及监督制度》《路政执法与办案程序》等15种制度进行修订，制定了《依法行政工作方案》《推行交通行政执法责任制实施细则》等，并经总段段务会议通过汇编成册，为加强路政执法责任制、规范执法行为奠定了基础。

### （二）开展评查，规范案卷

坚持开展路政执法案卷评查评比活动。制订《案卷评查评比活动计划》和《白银公路总段路政执法案卷评定标准》，遵循"主体合法、程序合法、实体合法"的原则，分事实、证据、定性、处理、程序、文书、时效、法律法规、收费、职权10个方面进行评比打分，抽查各路政大队（监控站）已办结的行政处罚、路政许可、路产损坏赔（补）偿案件案卷。及时纠正了个别案卷存在的问题，完善了路政执法案卷评查制度，进一步推进了总段的交通行政执法责任制建设。

### （三）查纠并举，突出预防

为深入开展路政管理规范化建设，加大路政管理力度、规范路政执法行为，2008年10月，开展了路政管理"三查一纠"（查安全，查纪律，查规范，纠正工作中的差错）活动。"查安全"主要是检查路政巡查、治超现场、执法专用车辆与专职驾驶情况；"查纪律"主要是检查仪容仪表、行为规范、请销假制度和案件处理情况；"查规范"主要是检查执法执勤、内务管理、政务公开、学习宣传情况；"纠正工作中的差错"主要是针对三个方面存在的突出问题，达到查纠并举。10月22日，省路政管理总队批转《白银公路总段在路政管理工作中开展"三查一纠"活动的通知》，对这一活动给予充分肯定，认为这项活动是紧紧围绕路政管理规范化建设目标要求、转变工作作风、加强队伍建设、全面提升路政工作水平的重要举措，符合路政管理工作实际，对全省路政行业规范化建设有着积极的借鉴意义。

### （四）认真审计，加强监管

根据总队安排，总段认真开展路政财务专项审计活动，制定《路政管理内部审计工作方案》，成立审计工作领导小组，明确内部审计的对象、内容、步骤和要求。制定《审计工作计划》，以路政经费与路产赔（补）偿费、超限补偿费的收缴、使用、管理等为审计重点，规范财务管理，控制了成本费用。制定了《公路路产损坏维修告知与恢复验收管理办法》，印制《公路路产损坏维修告知书》《公路路产恢复验收单》，路政支队、养护、路政大队三方现场验收，确认损坏公路设施的恢复情况，加强了对赔偿费返还划拨和路产损坏维修的监管。此外，加强对路政票据的管理，要求各基层单位领取路政票据必须持介绍信、由单位财务人员统一办理领取手续，路政人员不再办理票据领交业务，加强了单位内部的监管、制约，从源头上堵塞了各种管理漏洞。

（五）夯实内业管理工作

2009年，下发《关于加强和改进路政内业管理的通知》《关于印发甘肃省白银公路总段路政许可业务规范的通知》，对路政管理文书的整理归档顺序、报表填报、护送超限车辆、路政巡查记录填制责任、内业外业职责划分、赔补费返还款使用、票据管理等做出规范要求；对路政许可的项目、申请条件、申请条件的依据、申请方式、申请材料、受理、初审、时效做出明确规定。为做好迎接部检工作，总段路政支队还就整理路政资料提出了初步的指导意见。

严格路政案件承办制度。按"谁办理、谁承办、谁负责"的原则，严把办案质量关，按执法与办案程序处理案件，提高了路政案件的结案率。此外，按路政信息化普及和路政案卷规范化的要求，大力推广案卷制作的微机化，启用了新式的路政许可文书，专业人员及时进行业务指导，各大队互相学习、互相借鉴、共同提高，为路政信息化打下了良好基础。

**二、治超工作扎实有效**

一是认真学习贯彻全国、全省治超工作电视电话会议精神，落实九部委《全国车辆超限超载长效治理实施意见》，坚持治超工作"固定与流动相结合、科学与规范相结合、长效治理与专项整治相结合"的原则，形成了综合运用政治、法律、行政、舆论等手段、建立长效治理机制的总体工作思路。为完善治超监控网络，新墩监控检测站与宁夏中宁公路分局、兴仁收费站、高速公路中宁交警大队和刘寨柯收费站等单位负责人召开联席会议，对开展治理超限超载车辆、打击逃避收费、暴力抗法等行为，实行部门联动、信息共享等达成了共识。为保护X323线的山区公路、遏制大吨位车辆

行驶公路，会宁段路政大队与定西总段通渭路政大队联合在华家岭设立劝返点，坚持劝返，取得较好效果。针对超限车辆逃避计重收费、绕道行驶，对G109线养护工程和S207线改建工程造成损害的情况，总段安排新墩监控检测站在非计重收费路段实施流动治超，并与会宁、白银两大队沟通信息、配合工作，确保工作到位、减少空档，配合了计重收费工作的顺利实施。2009年6、7月中旬，全省高速公路和白银公路总段三个二级公路收费站分别实施计重收费。为做好计重收费期间的路政管理工作，总段转发省路政总队《关于做好近期公路安全保畅工作的紧急通知》，下发《关于做好二级公路计重收费路政管理工作的通知》，要求各路政执法机构与收费单位建立联系协调机制，路政支队全部下到基层，路政大队人员到收费站驻站、协助维持收费秩序；并携带装备、文书、票据，保持通讯、信息畅通。各单位加强领导，靠实责任，确保了路政管理安全保畅工作责任落实到每个小组、每个路政人员身上，实现了"确保人员人身安全、车辆安全，确保公路畅通，确保不发生突发事件和群体事件"的目标。在全段路政人员的共同努力下，高速公路和二级公路计重收费工作整体秩序良好、工作运行平稳。

二是积极开展治超站建设工作。2008年，针对白墩子工业集中区修建专用道路、避开白墩子监控站原选址的情况，制订了新的建站方案，并得到总队同意，使白墩子监控站由原定的K18+253移至K12+600，避免了大量超限车辆从专用道路绕行带来的被动。截至2009年底，新墩、白墩子超限检测站二期工程建设均完成设计、预算，并报总队审批；白墩子一期工程建设完成土建工程，机电设施建设由于天寒地冻施工困难、无人看管等原因，结转至

2010 年执行。

三是路面执法工作全面开展。从 2008 年 8 月起开展"百日集中治超"活动，结合实际制订《集中治超方案》，从会宁、白银段路政大队抽调人员，协助新墩监控站、白墩子临时站的治超工作。新墩监控站等单位及时掌握 G109 线、S201 线、S308 线等公路的路况信息和超限运输车辆流量等情况，对 G109 线三滩收费广场、刘白高速公路新墩、响泉站、刘寨柯入口的超限车辆加强检测，对靖远电厂附近短途运输电煤的超限车辆加强监控。治超人员将正常上班和节假日突击稽查、定时稽查和临时稽查、固定检测和流动检测、抽查和重点稽查、日查和夜查结合起来，提高了治超成效。新墩站建立健全了超限车辆登记、证件登记保管、稽查员奖惩办法等制度，制作《超限车辆登记表》，做到超限车辆信息、检测设备、补偿费票据记录相一致，并重新校验检测设备，确保了检测的准确；在治超现场，治超人员均整齐着装、戴头盔、穿反光背心，定点执勤，避免追车和近距离正面强行拦车，确保了现场工作人员、车辆的安全。

四是严明治超纪律。总段、治超站对超限补偿费票据管理、人员安排、安全保障、交接班、收费标准等做出严格细致的要求，并确保鲜活农产品"绿色通道"和抗震救灾"黄色通道"畅通无阻。新墩站充分发挥白银市"青年文明号"的表率作用，提出班子、服务、队伍、环境、业绩"五个一流"的口号，从一个标准的敬礼、一声热情的问候等细节做起，树立了公正执法、热情服务的良好形象。认真组织治超人员学习"五不准""十不准""八条禁令"等工作制度和工作纪律，落实"六公开"，建立目标责任制，接受群众举报；路政支队也对治超情况进行明察暗访，增强工作透明度，为规范治超提供了保证，推进了依法治超和精神文明建设的协调发展。

五是开展治超执法队伍专项整顿活动，严格工作程序。如：要求治超、收费两人以上，佩戴工作牌或向当事人亮证；实行检测、开票、收款分离，所有超限车辆必须经称重设备检测后方能认定，不得凭目测或经验认定；称重设备必须定期校验并经技术监督部门检验合格后方能使用。各单位认真总结治超工作中的困难，关注治超工作的新情况、新问题，学习外单位的成功经验，积极撰写治超工作方面的论文、案例，统一思想，深化认识。

### 三、路政外业管理大力加强

各路政大队严格落实路政值班、交接班制度，认真落实高速公路 24 小时巡查值班和国省干线"五四"巡查制度，及时查处各类路政案件，并将路产损坏情况及时告知养护单位，提高了公路设施恢复的效率。

一是加强对外联动工作。2007 年，白银段路政大队利用白银区黄河流域主要污染物减排工作的契机，积极联系城建、环保部门，联合制定治理方案，彻底解决了星奥化工有限公司在 G109 线倾倒化工废料污染公路的"老大难"问题；针对沙河井大桥两侧排污堵塞河道的情况，景泰大队多次与地方政府、村委会等进行协调，反复向当地群众宣传政策法规，终于说服群众疏通了河道。

二是全面清理非公路标志牌。各路政大队实行责任包线、任务到人，按照"新老有别、公私有别、有主无主有别、管理和经营有别"和"统一规划、统一审批、统一经营、统一管理"的原则，对非公路标志牌广泛调查，认真摸底，查验手续，掌握实据，做到了线路、位置、面积、设置、时间、数量准确。2008 年，白银段路政大队清理非公路标志牌 83 块，靖远段路政大队查处非公路标志牌 299 块；各单位及时修复移位、缺损的安全标志，重新喷涂公路宣传牌、宣传标语，改善了路容路貌，为群众安全、便捷出行提供了服务条件。

三是以村镇路段为重点，开展"退市还路"整治活动，对过境路段公路街道化、占路为市、乱堆乱放、乱倒垃圾等违法行为进行重点整治。2008 年，白银段路政大队调动装载机、翻斗车等设备，对 G109 线 K1614—K1621、K1625—K1627、S217 线 K48—K65.227 等处的垃圾进行清理、掩埋，改善了行车环境，提高了公路的通行能力。

四是各路政大队在沿线村镇密集路段开展"路政管理文明村镇""爱路护路文明户"创建活动，会宁段路政大队开展了"二送""三清""四到位"活动（即送普法餐、送平安，沿线住宅占用面积清，建筑控制区清，公路用地清；上门宣传法规政策到位，督促落实护路义务到位，向路政大队反馈公路信息到位，与住户签订管理协议到位）。各路政大队对外公布举报电话，争取群众支持，建立健全监控网络，加大了对侵害路产路权行为的查处力度，调动了沿线群众参与路域环境综合治理的积极性。

**四、文明执法形象进一步提升**

一是完善政务公开制度。总段制定《政府信息公开指南》《行政职权目录》等，在"白银公路网"上公开政策法规、办事程序、工作流程。整理路政支队、平川高速路政大队、新墩监控站等单位的简介、职责范围、机构设置、相关法律法规、承诺等八项内容，并将部分内容在"白银公路网"上公示。路政支队、大队（监控站）将公路赔（补）偿标准、工作职责、工作纪律、法律法规、许可事项、办案程序、举报电话等上墙，积极、自觉地落实政

务公开制度，接受群众和社会监督。

二是实现外观标识、公示制度的统一。按省路政总队 VI 系统的要求，支队、大队统一制作了岗位职责、规章制度、执法公示栏、执法依据、收费标准等公示标牌 33 种 123 块，制作 2006 年至 2010 年的档案标签近 1500 套，制作各种记录本 404 册。

三是路政人员紧密配合养护、交警等部门，坚持雪雾天气的路政巡查，主动协助养护部门除雪、打冰、防滑，及时处置各类突发事件，力所能及地救助交通事故中受伤的人员、车辆。各单位制作便民服务联系卡，路政车上携带便民服务工具箱、医药箱等，拓展了便民服务的形式和内容。

**五、应急保障能力持续加强**

为提高防范、应对突发事件的能力，路政支队修订、完善《高速公路突发事件应急预案》《治超工作突发事件应急预案》《迎奥运圣火、保传递畅通工作方案》等，制定《干线公路路政管理突发事件应急预案》，明确应急工作的启动范围、工作原则、报告、处置、善后措施等，为形成指挥统一、协调有力、安排有序、决策科学、行动高效、参与广泛的应急管理机制奠定了基础。

根据不同时段、路段的特点，有针对性地加强保畅工作。路政人员加强对山区公路、急弯、陡坡、背阴路段、大桥、危旧桥等重点防护路段的巡查，及时全面地掌握路况信息；路政大队与交警、收费所建立联系，保持沟通和协调渠道的顺畅，建立、健全公路交通管理联动机制，提供优质便捷的公路通行条件。进一步建立健全与养护、收费、交警、运营等部门的联动机制，在重要保障任务上形成合力。2008 年 11 月，总段与靖远县政府、县交通局、县城建局、兰州铁路局兰西工务段等单位召开

专题会议，针对靖远黄河公铁两用大桥存在的部分安全隐患问题进行研究，达成一致意见，并采取准确控制 2.5 米限高高度、设立县交警队执勤点等措施。在冰雪灾害和汶川特大震灾期间，路政支队、大队（监控站）领导和值班人员保持 24 小时手机开通，人、车随时待命。路政支队不分节假日，坚持每天向总队传真《抗震救灾期间路政管理情况统计表》近两个月，直到该项工作结束。震后，各路政大队及时、全面调查、统计了公路路面、桥梁、涵洞等设施的情况，做到了防患于未然。2008 年 5 月，护送内蒙古自治区公路局抗震救灾抢险队一行 120 多人安全离开白银境内；奥运前夕又数次护送奥运保障车辆从高速公路安全通过。2009 年 11 月，受冷空气影响，出现降雪天气，刘白高速公路多处路面积雪结冰。平川高速路政大队立即通报养护中心、高速交警、收费单位，并立即启动应急预案，出动执法车辆 3 台，上路 15 人，对交通事故进行现场处置。平川路政大队连续奋战 11 小时，配合高速交警处理大小交通事故 11 起，配合养护部门铺撒防滑材料 1100 立方米，并与交警一起，将滞留在现场的近百台车辆从新墩匝道分流至 109 国道，保证了高速公路的正常通行。

**六、路政队伍素质稳步提升**

根据省路政总队《甘肃省公路路政人员管理规定》《关于开展全省公路路政管理人员续（新）聘工作的通知》精神，总段严格做好路政人员续（新）聘工作，采用基层党支部推荐审核、总段党委会确定、报省路政总队审批的程序，严把路政人员聘用关，通过层层把关，落实了路政人员准入和动态管理制度，调整了部分路政人员的岗位。

路政支队开展以"学习案例、研究案例、以典型案例核定裁量区间"为主要内容的路政执法精准化活动。一是用典型案例指导执法工作，在深入学习法律法规、联系实际工作的基础上，发动路政人员分析、研究、撰写案例，通过交流经验、答疑解难、举一反三，解决工作中的实际问题。二是认真学习《甘肃路政》等报刊上的理论文章，从理论上研究、探讨限制和规范自由裁量权、提高执法效率、节约管理成本、促进执法公正等问题，为执法实践提供理论依据。三是结合"政风行风热线"直播节目，解决执法中存在的突出问题，在集中组织路政人员收听省交广台、省交通厅"交通规费征收与路政管理执法"专题节目后，总段路政支队迅速梳理、归纳听众集中反映的问题，对路政执法中的自由裁量问题进行深入研究，并在治超、收取赔偿费等工作实践中对路政大队（监控站）统一要求、严格规范，提高了路政执法的严肃性。

2007 年 3 月，组织交管路政区队 14 人到景泰收费所，进行为期一周的艰苦训练，参加省路政总队 3 月 14 日汇报表演。2007 年 7 月，路政支队参加全省公路路政内业管理规范化工作培训会；8 月，参加白银市（北部片区）依法行政培训班；新聘的 18 名路政员参加总队的集训，熟悉政策法规，提高业务水平。2008 年 4 月，组织为期一周的第三轮行政执法证件换证培训班，78 名路政人员顺利通过了省法制办、省交通厅组织的综合法律知识、交通专业法律知识闭卷考试。2009 年 11 月，总段对路政管理机构负责人进行了以法律文书制作为主要内容的业务考试，共有 11 名同志参加考试。通过培训考试，提高了路政管理机构负责人业务水平，促进了全段路政管理工作的规范化、制度化、法制化。

2008 年 1 至 4 月，开展路政集中排查整治活动。第一阶段深入学习宣传交通部《行政执法忌语》和《行政执法禁令》。第二阶段以执法用语、执法行为规范情况为重点，结合学习进行对照和排查，将整治与路政管理规范化建设、完善制度、文明服务、文明创建等结合起来，促进了路政管理、文明服务上台阶。开展警示教育活动，要求各单位以厦门马巷超限检测站集体受贿案和河南盐津县运管人员违规执法事件为反面教材，开展自查自纠，增强文明执法、以人为本、热情服务的思想观念，树立良好的行业形象。围绕全省路政管理工作会议上提出的"五抓"（抓规范、抓提高、抓整治、抓服务、抓协调）要求和创建"和谐机关"的目标，制定《路政支队请销假制度》，从自身做起，从细节抓起，端正工作作风，提高了办事效率和服务水平。

### 七、文明建设积极推进

结合总段开展的"讲党性、重品行、作表率""当主心骨、做贴心人"，观看抗震救灾英模事迹报告会，"学先进典型、创一流业绩"等主题实践活动，以抗震救灾英模和身边的先进典型为学习榜样，引导路政人员深入学习实践科学发展观，提升管理水平、培养过硬作风。2009年，根据白银市委、总段党委关于第二批深入学习实践科学发展观活动的要求，从3月份开始，路政支队认真开展了学习实践活动。在学习调研阶段，成立学习实践活动领导小组，制订《开展学习实践活动实施方案》，召开动员大会，对支队学习实践活动做了具体、系统的安排；把科学发展观的要求转化为谋划科学发展的正确思路、领导科学发展的实际能力、促进科学发展的具体措施、增强党性修养提高思想觉悟的自觉行动，推动了路政管理工作的科学发展。

努力培育路政文化。积极开展"学、树、创""做党的忠诚卫士、当群众的贴心人"、

争创五"十佳"等主题实践活动，深入开展"公路文化发展年"、读书学法等健康有益的活动，积极向总段《公路文苑》和总段网站"公路文化"栏目投稿。会宁段路政大队连续两年坚持每月自办一期《路政员学习天地》小刊物，为路政人员互相学习、交流提供了平台。积极参与总队、总段举办的摄影比赛、政研论文征集、"公路文化"征文比赛、安全生产知识竞赛、职工运动会等丰富多彩、健康有益的文体活动，路政人员的综合素质也在活动中得到了锻炼、提高。开展了"路政管理宣传月"等活动，主动向沿线村镇、机关、厂矿、学校和过往车辆驾驶员宣传路政管理法律法规，做到了"六进"（进机关、进乡村、进社区、进学校、进企业、进单位）。路政支队、平川高速路政大队、白银段路政大队、靖远段路政大队在白兰高速公路白银西收费站联合宣传《甘肃省高速公路管理条例》的活动在白银电视台播出。

2007年，刘白大队耿建军同志之子耿博霄因脑瘫到山东做康复治疗，高额的治疗费使其一家陷入困境，得知这一情况后总段工会发放了2000元困难补助金，路政支队发出倡议书，号召全段路政人员"送温暖，献爱心"，有76名同志慷慨解囊，共捐款8840元。汶川特大震灾发生后，路政人员踊跃向灾区捐款，仅路政支队和平川高速大队职工就捐款3205元，自愿缴纳"特殊党费"650元，其他路政人员也积极参加了所在单位组织的捐款捐物、缴纳"特殊党费"等活动，向灾区人民奉献了一份爱心。

总段十分关心支持路政管理工作。总段领导多次深入基层调研，实地了解、研究、解决路政人员在工作生活等方面的困难，为全段路政人员办理意外伤害保险；针对高速大队派驻

工作中的特殊困难，总段从理顺关系、财务管理、人员工资发放、"三金"到车辆的维修、加油、驾驶员配备等方面，都给予了大力的支持和帮助，凝聚了人心、鼓舞了士气，促进了工作的平稳、顺利开展。

　　总之，在上级的关心和支持下，在总段、各公路管理段党政领导的大力支持和帮助下，在全段路政人员的共同努力下，2004年至2009年的路政管理工作取得了显著的成绩。六年的历程，是白银公路总段路政管理工作不断标准化、规范化、制度化的过程。

（刘　疆）

## 情满戈壁征途坦
## 艰苦奋斗谱新篇

自20世纪80年代以来，省道201线实现了路面黑色化，省道308线通过上级的支持和景泰公路管理段职工的共同努力，1991年9月前全部改造成为油路。二级公路从无到有，从少到多。以1996年7月和9月竣工的大水磆、白墩子、大格达公铁立交计3.87公里二级公路引线建成为契机，借"西部大开发"的东风，景泰公路踏上了公路建设的快车道。1998年至1999年，建成省道308线白墩子至大岭段、省道201线营盘水至景泰段共78.289公里的二级收费公路。2001年至2002年，开工建设景泰至郭家窑段65公里二级收费公路改建工程。2010年至今，先后完成危桥加固27座；完成沥青碎石封层260.1公里，完成罩面18.1公里，完成重铺10.8公里。

公路建设不仅极大地改善了景泰县交通面貌，在营造"三个环境"中发挥了举足轻重的作用，而且在建设公路的同时，为地方建设做出了突出贡献。在省道201线营景段和省道308线白大段改建时，景泰县适时提出上沙沃镇的开发和705路（省道201线原名）景泰过境段的全面开发。在建设文化广场的道路、公园路和建设路过程中，白银公路总段无偿投资100多万元，支援地方基础设施建设，修筑城市道路计45600多平方米，以前破旧不堪的道路变成了崭新宽阔的柏油大马路，为人民群众工作、生活提供了良好的出行条件。随着省级文明样板路创建活动的推进，路外形象的整修，美观大方的公路和造型新颖的各式城市建筑相互辉映，使戈壁新城呈现出日新月异的现代化气象。而在景郭段公路改建工程中，白银

公路总段充分考虑地方经济建设发展的需要，将城南出口到兴泉长达9公里的公路设计标准由原来的12米加宽到17米，使沙漠洋芋、农副产品等纷纷在路边安家落户，寻找发展商机。国家级农业开发示范区喜泉示范点正好位于加宽公路带内。如此，与景泰县北面的上沙沃、长城、龚家湾商贸区、寿鹿山水泥、石膏、建材开发区遥相呼应，形成一条长达30公里的完整的路域经济带。公路建设促进经济建设的巨大推力突显无疑。

公路发展在拉动地方经济建设方面做出突出贡献的同时，也为景泰公路管理段公路职工带来诸多实惠。景泰公路创建之初，景泰段老职工是"天当房，地当床"。两只铁桶搭一块木板就是一张铺；和好的面平摊铁锨头上，用火烤熟就是一顿饭；就地挖个坑，上面搭些木柴棍，就是工棚。红柳条编成大抬筐，胳膊粗的木棒就是扁担，抬筐里装满土或者沙，两个人抬上走百八十米不在话下……如今，景泰公路管理段的职工，住在集洗浴、健身、娱乐为一体的公寓化楼内，用上了电冰箱，看上了装备卫星接收器的电视，听的是VCD加高保真音响，上下班有通勤车接送，工作中配备了小型压路机、切割机、沥青洒布机、农用翻斗车等小型养护机械。工作条件、生活环境、文化程度的不断提高，大大改善了公路养护职工的外在气质和内在素质，职工整体呈现出自强、自立、艰苦奋斗、开拓进取的时代精神风貌。

20世纪80年代后期，景泰公路管理段率先进行公路养护经济责任制的改革，以道班为单位，下达计划目标，将职工工资总额的35%作为浮动工资，考核评比，奖优罚劣。20世纪80年代90年代中期，该段逐步进行公路养护大包干承包责任制，增强职工的紧迫感、危机感，树立优胜劣汰的市场竞争意识；近年来，

该段全面推行公路养护体制改革，实施"因事设岗、按岗定人、竞争上岗""能者上、庸者下、优者胜、劣者汰"的用人机制，在公路养护中实行"定额养护""招投标养护"，取得了良好的经济效益，在"国路民养"的体制改革中迈出了关键一步。同时，也为管理段由过去养护三级公路向养护高等级公路积累了丰富的经验。

2010年以来，管理段按照"根据季节重点养，突出干线精心养，水毁路段突击养，区别病害科学养，待建路段不失养"的思路，重点以"处置公路病害，提高养护维修工程、安保工程质量，抓好桥涵构造物圬工维修，做好水毁预防，恢复路容路貌，促进整体路况上升"为目标，推进养护标准化和精细化进程，全力打造景泰公路"畅、洁、绿、美"新形象。针对公路养护任务重、人员高度分散、小修保养点多、面广的情况，按照"工作千头万绪、安全始终第一"的原则，层层签订安全目标管理责任书，通过狠抓重点部门和薄弱环节，严格执行安全操作规程。严肃兑现安全考核，保证了各项工作的顺利进行，全段安全形势平稳，未发生安全责任事故。坚持质量、安全、廉政"三个责任重于泰山"的原则，正确处理质量、进度、效益三者之间的关系，始终把工程质量放在首位。承建工程合格率达100%。同时在抗击公路冰雪天气、公路水毁抢修等公路突发事件应急保畅工作中，强化科学管理，实行整体联动，建立信息传送、服务和处置保障机制，最大限度地保障了交通大动脉和运输生命线的安全畅通。

景泰段党支部在省厅、公路局、白银局党委的正确领导下，以党建为引领，建设五项文化工程，求真务实，打造党建品牌亮点，发挥党员的先锋引领作用和支部的战斗堡垒作用，

为顺利完成公路养护中心工作任务打下了坚实的政治基础，提供了可靠的组织保证。

加强领导班子建设，严格自律，讲团结，作表率。支部领导班子将党建工作摆上重要日程，明确目标，分解任务，强化措施，层层落实。一是高度重视政治理论学习。每月政治理论学习计划明确具体，与中心工作同安排、同部署。重点学习了《党章》《中国共产党纪律处分条例》《党委会的工作方法》、习总书记重要论述等。二是积极开展两学一做学习教育。开展以"严守党章党规、规范党员日常言行、增强看齐意识""用习近平总书记系列讲话精神武装头脑""践行四讲四有，做合格党员"为专题的讨论；开展学习笔记展评、党建知识答题活动，进一步激发广大干部职工学习党章、党规和党史的热情。三是在日常工作中，大事讲原则，小事讲风格。团结协作，锐意进取，三重一大事项全部上会集体研究决定；领导干部划线包段，带头参加劳动，为全段干部职工做出了表率。

加强党员干部队伍建设，转变观念，强素质，创佳绩。一是严格组织生活。全面从严治党，严格落实"三会一课"、组织生活会、谈心谈话、民主评议党员、按时缴纳党费等组织生活制度。实行痕迹化管理，确保基础资料精细化、规范化、标准化。二是加强形势政策教育。从维护改革发展工作大局的高度，抓好职工队伍思想教育。通过举办道德讲堂、选树道德模范等活动，开展理想信念、行业核心价值观和形势政策教育活动，教育引导广大干部职工深刻认识公路工作面临的形势任务，崇尚职业荣誉、珍惜本职岗位、自觉将思想和行动统一到推动公路养护管理中心工作上来。三是开展"学、树、创"活动。以先进党员为榜样，开展"党员先锋岗""党员示范路"活动，引

导党员积极投身公路养护工作。以"转作风、争先锋、促改革"为主题，通过邀请专家教授讲党课，教育广大党员积极转变观念，顺应改革发展的需要。

加强基础管理工作，创造环境，增实力，促发展。一是重视党建制度和行政管理制度的"废、改、立"。制定《党支部议事规则》和《行政议事规则》等各项制度12项，制定绩效考核办法，经工会会员大会审议通过后实施，在提质增效上取得良好效果。二是对车辆保险办理、材料采购、机械车辆维修、施工劳务队选用通过竞争性谈判的方式确定了商家和企业，规范了程序，降低了廉政风险。三是积极推广应用四新技术。在油路修补中运用贴缝带、抗裂贴，有效地保证了修补质量。采用PVC塑钢改造传统百米桩、里程碑，示警桩采用反光包膜技术，取得了良好的效果。将三轮扫路机改造成打草机，设计改造了车载式撒盐机，提高了生产效率，减轻了一线养路工的劳动强度。制作防滑料储备仓放置，减少防滑料的清理堆放重复工作。四是加强安全生产管理。购买社会公众责任险和聘用劳务人员意外保险。加强机械车辆管理，健全单车台账，及时维修保养。全年安全生产无事故。五是强化新闻宣传工作。加强与主流新闻媒体沟通协调，精心做好各阶段重点工作宣传策划，围绕平安公路竞赛、全国文明单位创建、养护体制改革、专业化养护、先进典型选树等重点开展宣传。多次被白银局评为新闻宣传先进单位。

打造五项党建文化工程，结合实际，推品牌，树亮点。支部创造性地开展工作，积极探索新形势下基层党建工作的新思路、新方法、新途径，以管理局争创"全国文明单位"为动力，践行社会主义核心价值观，丰富创建载体，谋划特色亮点，提升全段文明创建水平，

多次被白银局评为"双文明"建设先进单位。一是传承红色文化。组织党员干部观看电影《党的女儿》《邓小平登黄山》；参观景泰"红西路军"一条山战役纪念馆。二是建设廉政文化。冬训期间组织机关全体干部职工到景泰县人民检察院警示教育基地参观学习；在段机关建设廉政文化走廊。三是建设制度文化。根据实际工作的需要，修订完善了党建制度和行政管理制度，形成具有本单位特色的制度文化。四是加强群团文化。工会组织了"庆元旦迎新春"段所联谊文体活动和庆"三八"座谈会暨猜谜活动；团委开展了青年志愿者活动和诗朗诵活动，策划实施了为小学生捐赠书包的活动。五是提炼形成"五个一"的文化成果。制作了一面段史墙，一本文明创建活动剪影，一本"创建平安公路"报道集，一部"两学一做"专题片，建成了一条"两学一做"党建文化走廊。

围绕养护管理中心工作，凝聚合力，提质量，增效益。整合养护资源，调配各类专业化养护机械设备，组建路基路面、桥涵及交通设施专业化养护队，形成专业化养护管理模式。进一步明确管理段、养护队的职责，优化养护资源，理顺工作机制，严格工作考核，推行"专业化养护队+养管站"的养护作业方式。建成白建胜劳模创新工作室，团队成员积极开展技术创新活动，目前共有打草机改造、车载式撒盐机、40型拌合机除尘器改造、反光示警桩、PVC百米桩、拌合站废尘处理、导热油锅炉"双电源转换开关"、拌合站溢料口改造等8项技术创新，在提高公路养护质量和综合效益上取得了较好效果。

景泰公路管理段紧紧围绕管理局党委确定的目标任务，坚持以党的最新理论统领公路养护事业发展全局，以构建和谐公路、打造公路

文化、服务地方经济建设为己任，不断加大公路行业改革力度，努力拓展公路养护管理工作深度，认真探索精神文明建设新思路。求真务实、励精图治，取得了三个文明建设协调发展的喜人成果。景泰公路管理段被中共甘肃省委、省政府评为"精神文明建设先进单位"，连续多年被中共白银市委、市政府命名为"文明单位标兵"；被白银市精神文明建设委员会、白银市委宣传部确定为"精神文明建设示范点"；景泰公路管理段职工之家被省总工会授予"模范职工之家"称号；被省公路局命名为"行业文明单位"和三星级文明单位。兴泉养管站先后被中华全国总工会授予"全国模范职工小家""全国五一劳动奖状"荣誉称号；兴泉养管站站长白建胜被交通部表彰为"模范养路工"。

（赵　云　路誉中）

## 再提升服务水平
## 强管理保障畅通

三十年来，白银公路管理段在省交通运输厅、省公路管理局和白银公路管理局的正确领导和亲切关怀下，经历了经济责任制养护、承包责任制养护、定员养护、定额养护、科学养护、专业养护和路域经济改革、"一分局四实体"改革、事业单位分类改革。在不断发展、深化、提升的过程中，认真贯彻"公路建设是发展，养护管理也是发展，而且是可持续发展"的理念；认真贯彻"更好地为公众服务的服务宗旨和价值取向"；认真贯彻"畅通主导、服务需求、安全至上、创新引领的发展方向和重点内容"；认真贯彻"改革攻坚、养护转型、管理升级、服务提质"的公路养护工作方针。坚持物质文明建设与精神文明建设双轮驱动，齐抓共管，使养护管理工作得到了长足发展和全面加强。铜城公路人始终牢记"养好公路、保障畅通"的理念，以修好路、养好路、管好路，服务地方经济发展为己任，为区域内公路安全畅通做出了突出贡献。

### 一、管养服务水平明显提升

白银公路管理段不断深化公路养护体制改革，坚持全面养护和管理服务并重，把日常养护与季节性养护、全面养护与重点养护、精细化养护与机械化养护紧密相结合，逐步实现了普通干线公路养护标准化、日常养护常态化的目标。坚持"防治结合、预防为主"的方针，突出预防性养护，做到治早治好、防患于未然，对危桥、生命防护工程、路面裂缝、松散、桥涵跳车、构造物破损、防排水设施不畅等病害及时进行处置，提高公路通行能力。建立养护与路政协同联动机制，开展路域环境整治，加强公路巡查，保持良好的路容路貌。建立健全各类应急预案，开展水毁、防汛、落石、塌方、消防、交通事故救援等应急演练，坚持24小时领导带班制度和应急值班制度，加强应急物资储备，使公路应急保畅能力得到全面提升。积极推广应用养护"四新"技术，在养护实践中，通过广泛实施抗裂贴、稀浆封层、微表处、碎石封层、开普封层、喷洒路面沥青养护剂、AC-K5坑洞修复剂、桥改涵等预防性养护技术，有效延缓了路面病害的发展，改善了公路路况质量。

### 二、养护竞赛活动助力生产

三十年来，白银公路管理段以开展竞赛活动为载体，相继开展了"双增双节""百日路面养护优胜杯""铜城杯""新风杯""创业杯""管理年""大干100天劳动竞赛""创建平安公路百日竞赛""创建示范路段"等公路养护竞赛活动，形成站与站之间的路段赛、个人与个人之间的对手赛，全面提升了职工的养护技术水平和业务操作技能，为精细化、专业化、科学化公路养护奠定了基础。

### 三、安全综治形势保持稳定

三十年来，白银公路管理段始终坚持"安全为了生产，生产必须安全"的总则，严格落实"尽职照单免责、失职照单问责"，靠实安全生产责任，强化安全保障措施，全面履行安全管理职责，确保全段安全生产形势持续稳定。在全面抓好公路养护工作的同时，十分重视安全生产，认真落实安全规章制度，强化安全防范措施，突出养护现场安全布设，加强岗前安全培训教育，开展安全检查工作，扎实有效地将安全生产从思想、组织、责任、制度、措施上落实到位，通过层层签订目标责任书，扎实开展"安全生产月""反三违月""千日安全无事故""安全生产陇原行"等系列活动，强化安全培训教育，在全段上下形成了"安全促生产，生产保安全"的良好工作氛围。

**四、事业单位改革落地见效**

紧紧围绕全国公路养护管理工作"改革攻坚、养护转型、管理升级、服务提质"十六字方针，立足单位实际，坚持问题导向，着力推进养护管理改革和单位转型发展，努力实现工作机构科学顺畅、整体结构优化升级、工作质量效率显著提升。一是认真开展专业化养护探索工作。按照全省公路养护管理工作会议提出的专业化和市场化养护改革的方向，及时调整养护管理思路，在保持养管站日常养护的基础上，相继成立路面养护队、桥涵构造物养护队和路面清扫队，实施专业化养护。积极推行市场化管理途径，通过政府公共交易平台，引入竞争机制参与材料供应。二是推行绩效工资制度。根据事业单位实施绩效工资政策，讨论制定印发了《白银公路管理段绩效工资考核分配暂行细则》，对考核对象实行科学分类，逐岗逐类制定绩效考核标准，全面落实绩效考核制度。三是规范机构设置工作。根据省厅、省局机构编制相关规定，按照管理局机关及局属单位主要职责、内设机构和人员编制规定，完成了依编制定部门、定人员、定职责工作。通过调整部分人员和岗位结构，细化完善部门和岗位工作职责，规范工作流程，解决了职责交叉重叠等问题，进一步提高了工作质量和效率。

**五、基础管理工作稳步扎实**

一是严格预算和财务管理。本着"预算平衡、确保重点"和"量入为出、适度从紧"的原则，开展了国有资产清查工作，坚持财务报销支付程序，有效保障了各项工作任务的顺利开展。二是深入开展纪律作风整治活动。认真落实中央八项规定精神，开展效能风暴行动和"三公经费"、职工食堂、公款吃喝、违规发放

津补贴或福利"四项"整治活动，严防"四风"问题反弹。三是坚持依法管理，强化制度建设与落实。将法治思维和法治方式贯穿到管理工作的全过程，做决策、办事情都以事实为根据，以法律制度为准绳，组织对全段的内部管理制度进行查漏补缺，逐步规范了日常管理工作。四是强化工作落实机制。不断创新督查检查机制，实行工作督办制度，对于重点工作，开展明察暗访活动，由相关部门下发督办通知，明确责任人、办结时限以及目标要求，并采取"四不两直""两随机一公开"等方式，加大对重点工作推进情况的监督检查，有效保障了各项工作的落实。

**六、党建文明创建持续推进**

多年来，白银公路管理段认真开展"三讲"教育、科学发展观、社会主义荣辱观、党的群众教育路线、"三严三实""两学一做"学习教育等活动，严格执行中央"八项规定"，转变工作思路，积极适应新常态。一是加强政治理论和业务知识学习。坚持开展"建学习型班子、创学习型单位、做学习型职工"活动，落实每月1~2次（支部）中心组学习制度和每周1次职工学习制度，充分利用职工冬训，全面提高干部职工的政治理论素质和业务技能素质。二是加强班子建设。按照局党委"抓班子、带队伍，抓机关、强作风，抓管理、促和谐"的工作要求，全面落实党要管党、从严治党，认真贯彻民主集中制原则和"三重一大"决策制度，细化班子工作分工和工作任务落实。强化单位管理制度建设，扎实开展"先锋引领""党员示范岗""党员固定活动日""三亮三比三评""先进基层党组织"等创建活动，认真落实"三会一课"制度，定期召开班子民主生活会和党员组织生活会，全面加强党支部的阵地建设、制度建设、班子建设和党

员队伍建设。三是加强党风廉政建设。按照"一岗双责"要求，查找管理漏洞，分析廉政风险，认真落实党风廉政建设各项规定，持续纠正"四风"。对超标办公用房进行了清理，规范公务用车和公务接待。适时组织党员干部观看反腐倡廉警示教育片，学习各级纪委通报案例，不断增强党员干部的廉政意识和法治观念，使党员干部筑牢廉政防线。四是加强制度建设。对党政议事规则、职工请销假、材料采购、车机管理等管理办法进行修订完善，形成了依法按制度管理的良好工作氛围。五是关心职工生产生活。为激发全段职工的工作热情，增强团队合作意识，组织职工开展了春游爬山、健步走、职工运动会、"庆三八、展风采"联谊会、纪念五四青年节、七一建党等活动。坚持每年组织离退休及在职职工进行体检，提高健康指数。加强班站"双化"建设，维修办公设施设备，改善职工生产生活条件。购置清扫车、"两头忙"、铣刨机等养护机械设备，降低职工劳动强度；利用重大节日慰问住院、困难职工党员，落实离退休职工"两项待遇"，开展"夏送秋凉""金秋助学"等活动，送去组织的关心和温暖。六是加强文明创建工作。坚持以"学、树、创"为突破口，深入开展了文明单位、行业文明单位、模范职工之（小）家、"青年文明号""青年岗位能手"、先进基层党组织、"建功白银·共圆梦想"等创建活动。

白银段先后荣获市级"文明单位"，被白银公路管理局评为先进党组织和"双文明"先进单位、安全生产先进单位。2005年3月被人事部交通部授予全国交通系统先进集体；2004年5月被白银市总工会授予模范职工之家；2009年2月被共青团甘肃省委授予甘肃五四红旗团支部（总支）；2011年1月被中华全国总工会授予职工书屋示范点达标单位；2011年9月被厅授予全省交通系统离退休工作先进基层单位；2009年8月被市委、市政府授予白银市6·30军警民联合应急演练组织奖；2009年12月被市精神文明办环保局授予市级绿色机关创建活动先进单位。

（王晓宁）

# 乌兰山下保畅通
# 丹心一片铸辉煌

## 一、公路养护

三十年来，特别是近十年来，靖远公路管理段在巩固成绩的基础上，把日常养护工作作为重中之重。为了使养护工作切实取得实效，全段广大干部职工以创建和谐交通为奋斗目标，积极贯彻上级主管部门提出的"抓好主业"（以国省干线公路养护管理为主业），强化"三个抓手"（即抓各项管理、抓作风转变、抓文明创建）的要求，努力完成各项工作任务。一是结合靖远段实际，深入分析当前公路养护管理中存在的问题，扎实细致地做好各项工作，力争取得好成绩。二是进一步抓好上下班等各项管理制度的落实，强化对养管站和机关的考核管理。并且按照省局出台的《甘肃省普通干线公路标准化养护实施细则》的八项具体要求，对《白银公路总段小修保养作业定额》和《工效考核办法》严格进行落实，实施《靖远公路管理段公路养护工效考核实施细则（试行）》，加大了对机关和各养管站的考核力度。进一步落实了责任，调动了各方积极性，实行了目标责任考核及工效挂钩的绩效工资制。

同时，以"严、实、细"的工作作风，对国省干线，特别是将国道109线吴唐段、省道308线红唐段作为文明创建路段，按照公路养护工作和养护竞赛活动的具体目标任务，思想高度重视，工作突出重点，措施落实到位，责任明确到人，从维修路面病害、清理边沟、维修桥梁涵洞构造物、清扫路面抓起。并结合"铜城杯""大干一百天"养护竞赛活动，积极动员，认真准备，统一思想，提高认识，全方位展开。通过加强领导，精心组织，分阶段、分步骤，紧张有序地完成了各项养护工作任务。段上成立了工地试验室，派专人加强检测工作，坚持用第一手数据说话，完成了国道109线部分公里油路重铺任务，并顺利通过总段的验收。同时，对安保工程进行认真安排，整个施工过程进度快、质量好。

在"铜城杯"养护竞赛期间，广大职工加班加点，大干苦干，段领导经常坚持深入生产一线，督促、检查指导工作；小养技术员坚守工作岗位，严把工程质量关；机关人员认真负责，提高办事效率，主动为养管站热情服务。为了使竞赛活动切实取得成效，全段广大职工克服养护人员少、养护里程长、养护资金困难等问题，放弃节假日，加班加点，及时抓住气温升降特点，严抓油路修补、路面灌缝、桥涵构造物维修等工作，使修补油路和其他工作紧张而有序地进行。油路修补质量和速度较往年也有很大提高。汛期，靖远段及时启动水毁应急预案，在向白银公路管理局汇报的同时，迅速行动起来进行修复，确保了道路的安全畅通。

随着大吨位超载车辆的日益增加和"5·12"大地震的影响，靖远段公路桥涵受损较为严重，在保证车辆安全通行的条件下，积极克服资金不能及时到位等诸多困难，对所管养路段的桥涵构造物及排水设施进行全面清查，建立养护档案，对损坏严重的桥涵进行维修。检查中发现问题，积极组织技术员对照问题进行认真分析，及时研讨处置方案。同时，在认真做好各项工作的同时，掀起"大干一百天"养护竞赛活动，保证了公路的安全畅通，圆满完成了确定的各项工作任务。

## 二、公路建设

公路建设方面，三十多年来，靖远段相继

完成了靖定路维修改造、过国道 109 线大中修、平川和靖远街区铺筑等工程。一是完成了国道 109 线吴唐路 K1559—K1574 段 15 公里沥青碎石封面工程和对国道 109 线 K1471—K1491 段 20 公里进行沥青碎石封面。二是完成县道 322 线唐家台至靖远公路维修改造项目建设工程。施工中严把工程质量关，牢固树立"质量就是工程生命"的理念，高标准、严要求，严把工程预算控制关、沥青、水泥、砂石等原材料进场关，自筹资金安装了 100 吨电子秤一台……严把施工工艺工序关，路基翻浆处置和路面重点病害处置关，把压实度、平整度控制和接缝处理作为质量控制的重点，对每批材料按规定进行实验和检测，用真实数据说话，严禁盲目开支。同时，签订了机械租赁和人工使用合同，严格按工期进行安全施工，并且做好施工自检和各工序之间的交接验收工作，上道工序验收不合格不允许进行下道工序，确保了工程的质量和施工任务的圆满完成。

### 三、班站建设

三十多年来，靖远段根据白银公路管理局班站"两化"建设精神，不断完善基础设施，提高班站建设水平，着力改善了一线职工的生产、生活条件。同时，根据乌兰、三滩等养管站所处的地理位置，有重点、分步骤地加快班站建设步伐。在内容上力求创新，在质量上力求上档次、上水平。"职工之家"建设别具一格，环境优雅舒适，各种图报表全部规范上墙，各种文件装订有序。一是继续加大班站绿化力度，补栽花木，做到了管理局制订的"春有花、夏有荫、秋有果、冬有青"的总体要求。二是庭院环境和站容站貌有了明显变化。楼院卫生干净整洁，窗明几净，院落四周围墙宣传文化气氛浓厚。三是职工生活质量逐步得

到改善和提高。食堂内配有冰柜、洗衣机、煤气灶，职工就餐实行食谱制，每天做到饭菜多样化，生活质量丰富化，保证职工按时就餐。四是职工的精神面貌发生了很大变化。由于班站环境的改善，进一步激发了职工们干好工作的热情。同时，段机关加大了对文明住宅小区的管理，自筹资金，按照段上的总体规划进行了庭院硬化、绿化、美化工作，受到了大家的好评。同时对三滩料场进行了维护。三滩养管站被授予全国 "模范职工小家"的光荣称号，靖远公路管理段的班站建设得到省交通厅、省公路局等有关领导的高度评价。

### 四、安全管理

一是根据白银公路管理局对安全工作的要求，结合"千日安全无事故"活动及"安全生产月"活动，靖远段加强了安全组织领导，实行安全岗位责任制，做到管生产的必须管安全。推行安全责任追究制，完善《靖远公路管理段安全生产管理办法》，激发了每个职工的安全生产责任感，从上到下，形成了人人抓安全、管安全、重视安全的良好局面，切实将安全管理工作落到了实处。二是加强组织领导，实行安全岗位责任制，推行安全责任追究制。同时，建立健全规章制度，加强防范措施，完善安全设施，和各养管站签订了安全管理目标责任书，实行安全生产"一票否决制"。三是坚持不懈地开展安全宣传教育工作。"安全生产月"期间，发动广大干部职工积极参与安全生产管理工作，在公路沿线散发传单，张贴安全横幅，购置安全标志服、安全锥筒、反光背心、警示灯，并对各养管站进行重点安全检查落实，及时整改，消除事故隐患，切实提高了职工的安全意识和自我保护意识。四是加强了机驾操作人员和管理人员的整体素质教育。完善《靖远公路管理段车辆机械管理办法》，实

行"三定"原则和单车核算，严把机械维修和油料关，并且要求各类驾驶操作人员必须持证上岗，严禁擅自出车、超速行驶、疲劳驾驶、酒后驾车，切实将违章行为消灭在萌芽状态。五是进一步加强了对重点部位的安全管理，严格锅炉的检查审验。对机械车辆进行安全检查，克服了侥幸心理。六是落实值班制度，在节假日实行值班制，加强安全保卫，对办公楼、家属区等重点部位加强管理，进行经常性的安全检查，对重要文档、财务票据、现金等做到严格管理，确保万无一失。七是加强财务管理及劳动工资的管理，严格按总段的相关政策办事，完成了合同工的养老清查工作。八是执行段务公开，重大事项会议讨论，科学决策。九是强化监督自觉性，积极配合总段对前任行政主管领导的财务离任审查，积极开展了清理"小金库"工作自查。十是严格计划管理，厉行节约，杜绝计划外项目，规范管理行为，制定《靖远公路管理段沥青使用管理办法》。十一是加强资产管理工作，段工会完成了对原道班房屋、土地进行清查、登记造册和核查租赁，签订租赁合同。特别对年久失修的道班房，明确安全责任，签订安全合同。

**五、精神文明**

靖远段切实增强广大干部职工学习实践科学发展观的自觉性和坚定性，推动公路事业的又好又快发展。积极弘扬伟大的"抗震救灾"精神，组织、动员广大干部职工捐款，并积极缴纳"特殊党费"。认真学习党的重要会议精神及党章党规等。深入开展"学、树、创"活动、"讲文明、树新风"活动和公路文化建设"发展年"活动，大力倡导公路行业精神。陈海同志被省公路局评为"十佳养路工"之一，并进行了巡回演讲。还开展整顿机关作风，加强机关建设活动。以创建服务型、学习型、效率型机关为目标，不断创建良好的工作环境，树立行业精神风貌，为公路养护生产和建设提供了精神动力和政治保证。加强党风廉政建设工作，进一步落实了建设责任制。加强廉政教育，完善监督制约机制，严把工程建设、公路执法等事项的廉政关，认真抓好项目透明、队伍优选，施工管理、竣工验收等工作环节，切实把廉政建设贯穿于工程建设的全过程，继续保持了良好的廉政态势。不断创造良好的工作环境，充分发挥党员先进模范带头作用，为公路养护生产和建设提供了精神动力和政治保证，增强了职工队伍的凝聚力。同时，用正确的方法和途径做好老职工的思想政治工作。从贯彻落实科学发展观的高度出发，真心为职工办实事、办好事、多办事，进一步增强了单位的凝聚力。靖远段还以开展"坚持共产党员先进性""两查一看""群众路线""三严三实"等各种形式的活动为载体，充分利用各种教育途径，加强了职工的素质教育、普法教育、形势教育和主旋律教育。

（魏　明）

# 月河夕阳筑路忙
## 国省干线换新装

### 一、公路养护

平川公路管理段自 2014 年 6 月底成立以来，以党的十八大精神为指导，按照白银公路管理局的整体安排和部署，突出公路养护主题，做好各项工作。一是做好日常养护工作。对所管养线路进行路况调查，建立公路、桥梁技术档案，以标准化养护为目标开展公路日常养护。二是努力克服困难，完成油路修补工作。按照局安排，管养路段油路修补任务由平川段实施，在无任何设备的困难条件下，迅速组建油路修补队伍开展施工。三是加强桥涵构造物养护，及时消除桥梁安全隐患，保证公路桥涵始终处于良好的技术状态。四是加强防汛值班和雨中巡路，认真做好水毁预防抢修工作。五是注重质量，组织好养护维修工程施工，完成省道308线 10 公里碎石封层施工任务。六是及时储备材料，为冬季养护做好准备。

2015 年，维修桥梁 11 座，更换 21 座桥梁栏杆系，完成省道 308 辖古线安全隐患治理 25.146 公里。养护路线总里程 114.156 公里，全部达到了总体养护目标。优良路率目标为 70.9%，年终实际为 76.17%，提高 5.27%。在省道 308 线 K37+000—K38+000 落石路段采用主动防护网和被动防护网相结合的办法加固石质边坡；省道 308 线实施了乳化沥青灌缝。

日常养护实现常态化。坚持公路日巡查制度，加强特殊气候条件下的特殊巡查，及时清理道路抛弃物，及时疏通排水设施，保持路容路貌整洁常态化。

完成党家水桥、大营水 2# 桥、水泉上砂河桥等七座危桥加固工程，年度危桥改造率达到 100%。养护路线总里程 114.156 公里，全部达到了总体养护目标。优良路率目标为 76.2%，年终实际为 80.71%，提高 4.51%。

2016 年，平川段对所养管路段的里程碑、百米桩及警示桩使用新型涂料进行粉刷。一是国道 109 线、省道 308 线通过实施养护维修工程，路况质量大幅提高，省道 308 线 K37+800—K38+100 落石路段安装了防护网，安全隐患得到有效解决。二是桥梁养护有了新成效。对 11 座存在安全隐患的桥梁进行维修加固，保证了桥梁的安全运行，对国道 109 线 21 座桥梁的栏杆系进行更换，桥梁外观质量有了较大改善。三是油路修补质量明显提高。完成的油路修补，经组织验收，返修率为零。四是机械化养护实现零突破，添置 40 型沥青混合料拌和机 1 台、水泥砼拌和机 1 台、铣刨机 1 台、压路机 1 台、巡查车 2 辆。

### 二、基础设施建设

平川段成立后，坚持厉行节约原则，购置了必要的桌椅、电脑等办公设施，接通电话和网线。维修了办公楼、锅炉房、餐厅等，完成水暖管道、锅炉房等改造；安装窗户，楼道、会议室吊顶，完成锅炉房、餐厅外墙粉刷和屋面防水处理；在水泉镇下堡村租用土地 20 亩建设拌和场。

2015 年，平川段完成机关大门改造工作。对办公院内因地基沉陷已成危房的旧车库进行了拆除，粉刷了两座六角亭；对墩墩滩道班已倒塌的土围墙新砌筑了砖墙，工作环境有了较大改善。水泉料场设沥青拌合设备 1 套，安装 40 型沥青拌和设备 1 套，水泥砼拌和机 1 台、砂石料简易储料仓 4 个。建成沥青混合料生产区、材料储备区、小型混凝土预制区、机械设备停放维修区、职工简易生活办公区等功能区域。料场于 5 月初投入使用，运行良好。

2016 年，主要完成办公院内建造面积为 624.5 平方米的综合材料机械库房，修缮单位院内菜园。对菜园周围的破损路缘石及人行道砖全部拆除，重新进行了铺设，总计新栽路缘石 849 米、新铺人行道砖 762 平方米。同时，完善了职工日常生活设施。对职工食堂进行了改造，实行分餐制，在办公楼加装了淋浴间，在办公院内新建了篮球场、羽毛球场，丰富了职工的业余生活，为加强机关及职工生活安全，在办公院内及办公楼上安装监控设施，全单位监控摄像无死角。职工办公、生活环境得到改善，把院内废弃的草坪改造成了菜园，为各办公室购置花卉，在各宿舍、会议室安装了电视，职工宿舍配备了衣架、鞋架、脸盆架、桌椅，更新了床单被罩，为食堂添置了桌椅。

### 三、安全生产

自建段以来，平川段始终把安全工作放在首位，坚持"安全第一，预防为主，综合治理"的方针，搞好安全生产工作。一是完善各项安全生产制度，落实安全岗位责任制，做到管生产必须管安全，把安全责任落实到班组，落实到个人。二是加大安全投入，购置安全工作服、橡胶锥筒、养护作业标志牌。三是与劳务队人员签订安全合同，为劳务人员购买意外伤害保险。四是加强了机驾操作人员的安全教育，并与机驾人员签订安全目标责任书。五是落实值班制度，在双休日、节假日实行值班制，加强安全保卫，对办公楼等重点部位加强管理，进行经常性的安全检查，对重要文档、财务票据、现金等做到严格管理，确保万无一失。

### 四、财务管理

一是修订和完善《平川公路管理段经费支出审批流程》和《平川公路管理段内部财务资

产管理办法》，确保财务资产支出和管理规范化。二是做好日常核算与监督工作。日常工作中，月、季报表均能准确无误地及时上报，做到了账证、账账、账表相符。经费支出严格执行审核审批制度，加强了对各部门经费支出的管理和控制，减少了非生产性开支，有效缓解了资金短缺的状况。三是做好重点工程的资金核算工作。工程建设资金做到专项核算、专款专用，认真核算每一笔业务，积极督促管理局拨付工程款。四是做好财会监督管理工作。积极配合上级单位对财务工作的督察，以及按照上级的规定，杜绝"小金库"，设立举报电话，并认真查账、填表、签订承诺书，接受社会监督。

### 五、精神文明建设

该段全面贯彻落实公路工作会议精神，深入开展"创建平安路，大干 150 天"活动，努力提升公路养护服务水平，不断加强基础设施建设、行业精神文明等各项工作。认真开展"三严三实"专题教育、"九个严禁、九个严查"等活动，全段整体工作稳步推进。

一是认真学习党的十八大精神以及党章等，积极开展"学、树、创"活动，以提高党支部的创造力、凝聚力和战斗力，更好地密切党群、干群关系，促进了全段各项工作又好又快发展。二是组织职工参加党史知识竞赛和参观屈吴山爱国主义教育基地等，主动把握职工对和谐公路的新期待、新要求，用实际行动密切党群干群关系，实现工作的提升，为谱写"中国梦"的公路新篇章提供坚强保证。三是充分发挥工会、共青团、妇女组织的作用，积极搞好"金秋助学"，帮助职工群众解决工作生活中的困难，积极为职工办实事、好事，组织全段职工体检，维护职工的合法权益，创造良好的工作、生活环境。四是做好党风廉政建设工作，进一步建立健全了党风廉政建设责任制，完善了监督制约机制，切实把廉政工作贯穿于各项工作的全过程，继续保持了良好的廉政形势。

（吕育苗　魏　明）

# 不忘初心铸路魂
# 养好公路保畅通

三十年来，会宁公路管理段全体职工发扬中国工农红军"会师精神"和公路职工"铺路石"精神，始终坚持以"养好公路、保障畅通"为宗旨，认真贯彻执行交通部提出的"三十二字"公路养护方针和甘肃省交通运输厅"九字"公路养护原则，认真贯彻落实甘肃省公路管理局及白银公路管理局的各项工作会议精神，牢固树立"管养并举"思想和"五大发展理念"，全段干部职工不忘初心、勤勉工作，为甘肃公路交通发展和当地经济建设做出了应有的贡献。

## 一、坚持依法治路

会宁公路管理段路政管理工作始终遵循"以管为主"的指导方针，克服点多线长的困难，实行专职路政人员和兼职路政人员相结合，标本兼治，路政管理部门在公路沿线出动宣传车 542 台次，制作宣传牌 251 块，印刷宣传材料 2 万多份，电视宣传 2 次，广泛宣传《公路管理条例》和《公路法》，受教育面达60%以上，提高了公民自觉护路的法律意识。同时，在当地政府和有关部门的支持配合下，依据《甘肃省公路路政管理条例》和《公路法》相关条款对侵占蚕食公路、乱砍公路行道树的行为进行处治。

## 二、强化指令性计划和养管站管理

三十年来，根据不同季节的作业重点，强化养管站养护作业计划管理，充分维护指令性作业计划的严肃性，并结合指令性作业计划的完成情况和每月的浮动工资紧密联系，联产计酬，调动了养路职工的积极性。同时，严肃劳动纪律，对个别出勤不出工或弄虚作假、管理

混乱的养管站，用组织措施和经济制裁相结合的办法进行严肃处理，将消极因素转化为积极因素，显著提高了职工的工作自觉性。

## 三、积极开展劳动竞赛活动

三十年来，相继开展了"百日劳动竞赛""大干六十天劳动竞赛""铜城杯"公路养护劳动竞赛等活动。活动期间，单位党政工团一起抓，通过广泛宣传动员，职工的参赛意识不断提高，形成浓厚的竞赛氛围，声势浩大，效果明显。站与站之间的路段赛、个人与个人之间的包段赛、对手赛等，形式多样，目标明确，责任具体，使活动开展得有声有色。通过各种竞赛活动，路况明显提高，管理制度得到逐步完善，道班管理进一步规范。

## 四、以安全促生产，生产安全一起抓

三十年来，基本实现安全生产无重大安全事故发生，管理段领导始终把安全工作列入头等大事来抓，"严"字当头，严守操作规范，杜绝违章作业、违章操作、违反劳动纪律的"三违"行为，并在各养管站设立了兼职安全员，实行安全工作"四簿一本"制度，对安全事故采取"三不放过"措施，全段上下形成了"安全促生产，生产保安全"的良好氛围和优良传统。

## 五、不断提高公路标准化养护、桥涵科学化维护和施工机械化水平

标准化养护是科学管理的主要内容，《公路养护六条标准》就是科学养护的准则，会宁段将这些标准贴在各养管站会议室里，让职工认真学习、熟练掌握，对各养管站的标准化路段组织技术人员进行经常性检查验收，做到高标准巩固。新材料、新工艺为创新桥涵养护提供了科学依据，推广应用改性环氧树脂灌缝、改性环氧修补砂浆、聚合物砂浆、封缝胶、碳纤维布等新材料，对桥梁构造物混凝土出现的

裂缝、破损、剥落、露筋、腐蚀等缺损部件进行修复加固，取得良好的效果。随着社会经济的不断发展，公路建设突飞猛进，面对养护高等级公路新课题，会宁段加大设施投资力度，先后投资1300多万元，于2015年建设了甘沟沥青拌合料场，2017年建设了张城堡沥青拌合料场，使公路养护水平更加适应现代高等级公路养护的要求。

### 六、改善提高职工生活环境的条件，不断增强队伍凝聚力

在各级领导的关怀和支持下，通过多方筹资，段属六个养管站中，已有四个养管站修建了楼房，职工住进了宽敞明亮的标准化公寓，配备了电视、桌椅、被褥和淋浴等设施。

### 七、充分发挥党支部的战斗堡垒作用

段党支部深入开展"五项争创"活动，设立"党员先锋岗""党员示范岗"，将先锋引领与推进"一线工作法"、改进党员干部工作作风结合起来，鼓励党员立足岗位做贡献。以开展"两学一做"学习教育为契机，定期召开"两学一做"研讨会，谈心得，找问题，抓整改。党支部及党员个人制订具体的学习计划，以"三会一课"制度为载体，运用QQ群、微信群等多种形式，通过个人自学和集体学习相结合，提高党员对"两学一做"学习教育的认识，引导党员增强"四个意识"，以"四讲四有"为标准，切实提高党员的整体素质。积极推荐青年党员参加局党委举办的"学党章、守党规、强党性"党章党规知识竞赛和"中国梦·青春梦·我与公路共成长"主题演讲比赛。发挥红色会宁的政治优势，多次组织全体党员参观红军会师圣地，重温入党誓词，接受爱国主义教育。2016年6月25日，会宁段全体党员在会师公园参加了由甘肃省交通运输厅等五部委联合开展的"纪念中国共产党建党95周年、中国工农红军长征胜利80周年暨'两学一做'，学习教育主题宣传活动会宁闭幕式"活动。会宁段党支部先后六次获得局党委授予的"先进基层党组织"光荣称号，37人次获得局党委授予"优秀共产党员"光荣称号。先后在《甘肃日报》《交通周刊》、白银公路信息网、甘肃公路信息网等媒体发表稿件333篇，编发公路简报等刊物117期。

### 八、积极响应政府号召，认真开展扶贫活动

根据中共白银市委、厅党组、局党委关于的要求，会宁段成立由书记任组长，班子其他成员任副组长，各股室负责人为成员的扶贫工作领导小组，通过村"两委"对帮扶对象进行摸底调查，力所能及地为帮扶对象提供帮助。为12户帮扶对象送价值3.45万元化肥、农具等，投资19万元为两个村拓宽村组道路5公里，筹资1.6万元购买株河北杨树4000余棵，筹资2700元为联系村儿童送去"营养包"，并在节假日给帮扶对象送大米、送清油，探望患病贫困户。在村址建设上，给村委会配置椭圆形会议桌一组，椅子15把、办公桌2套、电脑2套、打印机1台、筹资1万元，加高村址围墙，硬化村门前场地。职工康茂祥同志，在驻村帮扶期间工作踏实，认真负责，被中共白银市委、白银市人民政府授予"2015年全市优秀驻村帮扶工作队员"光荣称号。

### 九、大爱无疆，踊跃为灾区群众和困难职工捐款

"一方有难，八方支援"是中华民族的传统美德。2008年5月12日的汶川地震发生后，会宁公路管理段全体职工，积极为灾区群众捐款捐物。全段职工先后为汶川、玉树、舟曲灾区捐款2万余元，缴纳特殊党费4800元。为本单位患病职工杨建军捐款1万余元。据不完

全统计，三十年来，包括对本单位特殊困难的职工捐款，总额为 5 万余元。

走进会宁公路管理段大门，正前方矗立着"为人民服务"五个大字，时刻提醒会宁公路管理段的全体职工："为人民服务"始终是公路人不懈追求、献身公路养护事业的宗旨。

（康茂祥　魏　芸）

# 文明服务廿载
## 会师精神永存

界嵘段管理所自 1995 年 8 月 1 日挂牌收费至 2015 年 8 月 27 日撤销，以"带好队伍收好费"为中心，全所职工共同努力，较好地完成了各项任务目标。

### 一、工作开展情况

一是认真贯彻上级会议精神。为完成上级下达的各项工作任务，按照上级的安排部署，认真贯彻落实省厅局及管理局公路工作会议精神、职代会精神，并与收费站负责人签订收费管理目标责任书，切实将收费任务分解到每一个班、每一个收费人员，确保收费任务能够按期完成；每年将职工反映的问题以提案的形式积极上报管理局，及时解决职工反映的热点、难点问题。

二是不断提升文明服务水平。收费所结合"收费竞赛活动"的开展，提升收费职工精神面貌、文明服务水平及文明服务质量，从而促进收费任务的完成。在日常收费中，注重仪容仪表、着装、微笑服务、便民服务等细节工作，实行服务承诺制度，严格按照征费规章制度，认真学习了收费礼仪手册，认真宣传收费政策，对发生的突发事件，能够妥善化解，避免矛盾的发生。

三是不断提升收费管理水平。开展文化活动，以争创"四星级基层党组织"为目标，不断适时开展丰富多彩、贴近实际、形式多样的精神文明创建活动，形成领导重视、职工参与的自觉行动。一是积极开展"百日收费无差错""规范化服务标兵""微笑服务示范岗""五比五赛"等活动，"三个一"（一个善意的微笑、一声温馨的问候、一个规范的手势）

的服务标准。二是扎实开展"学习焦裕禄、做时代先锋"主题实践活动。每年在"七一"前夕组织全体党员重温党史，提高党性修养。三是开展健康向上、丰富多彩的文体活动，设立职工活动室，增添职工活动器材，利用休息时间，组织形式多样的文体活动。四是积极组织岗位练兵活动。以提高收费队伍整体素质为主，开展了军训、岗位培训、标准化作业培训，特殊车情、突发事件应急演练，办公自动化系统学习等。根据实际工作需要，收费站组织职工进行业务知识学习、标准化制度学习、治理抗逃通行费方法等内容的集中培训。通过多种形式的岗位练兵，创建了一支政治合格、业务过硬、纪律严明、作风优良的高标准征收队伍和管理团队，为全面提高收费管理水平打下了坚实的基础。

### 二、主要做法

一是坚持"以人为本"理念。在 20 年的工作过程中，把服务职工、过往车主的理念贯穿工作始终。在日常工作中，所领导班子始终把关系到职工一枝一叶的细小问题都放在心上，在每年年初召开的收费管理工作会议上，提出为职工办实事的承诺，在政策允许的范围内逐一对照实现，让广大职工得到看得见、摸得着的实惠。

二是坚持"走群众路线"作风。注重建立一套实用、操作性强的措施，用制度建设来保证各项工作的务实开展。围绕职工关心、关注的热点难点事情，按照"五个好、五带头"标准，制定措施，细化目标，健全考核制度，把问题找准，把困难想清，把思路理好，集中力量出实招、办实事。同时建立科学的职工监督评价机制，及时宣传活动进展情况，对活动中评选的先进集体及个人及时进行公示并表彰奖励，主动接受职工监督，不断完善。

三是坚持推出"实干、能推广"典型。注重把培养典型作为工作的着力点之一，推出"职工信服、党员敬佩、组织信赖"的先进个人，打造实干、能推广的先进典型，全方位、多角度、持续性地进行宣传推介，以一个优秀带动一批优秀，用一个创新做法推动整体创新，使干部职工学有榜样、干有方向、赶有目标。同时坚持奖惩制度，对相对后进、暂时落后的职工实施好帮带工作，让先进者更加先进，优秀者更加优秀，让后进者迎难而上，落后者奋起直追，实现以一带多。

四是坚持"开拓创新、不断完善"的工作模式。既不折不扣落实上级"规定动作"，又量体裁衣，做好各自"自选动作"。针对不同班组情况，设计出特色鲜明、务实管用的主题活动，不因省心省事而照搬照抄，不因创新困难而墨守成规，让每个职工在各自工作岗位上充分展现个性和特色。

### 三、工作亮点

二十年来，扎实推进收费工作，使各项活动真正发挥成效。

一是以人为本，锻造高素质收费队伍。思想教育方面，建立周二例会、中心组学习制度，有计划地组织职工学习政治理论、规章制度和业务知识，及时传达贯彻上级各项会议和文件精神，提高职工素质。对于个别工作责任心不强、屡教不改的职工，在坚持思想教育的基础上，辅以制度约束，及时制止不规范行为，确保职工队伍稳定。业务培训方面，开展车型辨认、内务整理、标准化作业培训和特殊车情、突发事件应急演练等内容的学习，并结合机电系统设备的更新改造等阶段性工作，对收费、监控、票据等进行岗位培训，确保收费工作有效运行。二十年来，全所涌现出获得县级以上单位表彰的业务标兵、服务标兵、明星

收费员等先进个人共计 158 人次。其中胡小萍因在收费工作岗位表现突出，荣获 2012 年全省公路系统"十佳收费员"称号。

二是文明服务，打造优质服务品牌。在做好收费工作的同时，收费所紧紧围绕"提升服务、奉献社会"这一宗旨，积极发挥党员团员先锋模范作用，深入开展精神文明创建活动，努力营造优美的行车环境。收费所成立志愿者服务队，在收费站设置了便民服务岗，同时实行社会承诺制，接受司乘和社会监督，搞好行风测评问卷调查。坚持把"司乘满意"作为优质服务标准，全心全意为司乘人员提供优质服务，为过往司乘人员推车、修车提供开水和药品等好人好事屡见不鲜。

三是应征不漏，确保收费任务完成。严格执行收费政策和收费标准，加大对"本地车""大吨小标车"、假冒绿通车等车辆的通行费征收力度，严查车辆证件及吨位，做到堵漏增收。认真开展"收费环境专项整治行动"，对冲卡逃费、强行推杆及损坏收费设施的车辆积极联合公安、交警、路政等执法部门进行专项集中整治，对损坏的收费设施执法部门按照法律条款要求车主赔偿并补缴车辆通行费。加大稽查监控力度，实行"一周一小节、一月一通报、一月一奖罚兑现"的"三个一"管理，监控人员对发生的违规违纪行为及时提醒、纠正并详细如实做好监控记录。稽查人员能够及时上站，协助收费人员做好车辆查验、交通疏导等工作，并对每天的录像资料随时进行抽查并进行"回头看"，对职工违规违纪、贪污票款和私放人情车等现象，根据管理所《通行费征收管理稽查考核办法》严肃处理，全面规范岗位行为。

四是确保稳定，加强安全生产工作。全面加强职工的安全意识和防范意识教育，专题研

究解决苗头性问题和潜在隐患，做到及时发现问题，及时解决问题，防患于未然。加强日常检查，对重点部门和部位，制订防范措施和工作预案，切实提高了解决突发事件的应变能力。深入开展"平安公路""安全生产月""安全隐患排查治理""安全应急演练"等一系列活动，在重大节会期间，做好保畅服务工作，积极营造了"关注安全、关爱生命"的安全生产氛围，增强职工的安全生产意识，并以此为契机，对安全设施全面检查，排查隐患，为安全生产提供了有力保障。加大安全投入，为收费广场增设警示报闪灯、安全锥、防撞筒、灭火器等安全设施，刷新了标志、标牌、标线，确保安全生产工作顺利开展。

五是规范管理，严肃财经纪律。严格控制经费开支，做到账清、手续全，量入为出，节支增效，无乱开支现象。规范财务审批程序，按照管理局财务报账制的规定，对大额支出一律报管理局审批，日常报销全部经所领导办公会议审定。严格票据管理，存放票据做到"三专、六防"；票据请领、核销及时、规范、账务清晰；票据票款、报表班清日结，专款专用、不坐支、挪用、截留和平调，收费数据每日按时上报，通行费上解率达到100%；"开放式收费公路网络日报系统"数据与月报数据、财务报表、实际收费数据一致。

六是文明建设，营造良好工作氛围。提高职工"有病早治、无病早防"的意识，每年组织全所职工进行体检，并建立了职工电子健康档案。每年为帮扶户开展送温暖活动，解决帮扶户的实际困难。凡单位的职工及职工家属生病住院，单位都会组织人员前去慰问。加强"双化"建设，美化办公环境及收费环境。对收费雨棚、机房等屋面进行防水处理。

七是廉政建设，提高拒腐防变能力。加强领导班子自身建设，认真开展党的群众路线教育实践活动及整风肃纪专项整治工作。严格执行中央八项、省委"双十条"，厅党组八项规定等各项规定，认真落实党风廉政建设主体责任制，提高领导班子拒腐防变的能力。实行党务政务公开制度，凡属重要事项、资金使用及涉及职工利益的事项，全部提交支委会或所务会或领导办公会讨论研究，坚决杜绝"一言堂"现象。严格执行节假日廉洁自律与作风建设，坚决刹住公款吃喝、公款送礼等不正之风。积极做好办公用房清理工作，并通过了甘肃省事业单位登记与管理局的验收。

（康茂祥）

# 营造良好环境
# 争当文明标兵

景泰收费所针对收费管理工作社会性强的特点，以"内强素质、外树形象"为宗旨，对外加大稽查力度，深挖费源，确保足额完成通行费征收任务；对内大力推行半军事化管理，全面落实"以人为本、以车为本"的服务理念，践行文明服务承诺，为过往司乘人员提供最优质的服务。通过全所职工的共同努力，景泰所连续多年都超额完成收费任务，树立了良好的甘肃公路"窗口"形象，先后被中共白银市委、市政府授予"文明单位标兵"称号，连续多年被省公路局评为"全省通行费征收管理工作先进单位""公路系统行业文明单位"；2008年，被中共甘肃省委、省政府评为"省级精神文明建设工作先进单位"；2010年，被中共甘肃省委、省政府评为"省级文明单位"；大水碥收费站先后获"2006年度全国学习型先进班组""市级青年文明号"、甘肃省公路系统"文明示范窗口"、全省交通系统"巾帼文明岗"等殊荣。

## 一、多项举措抓落实，确保收费任务顺利完成

坚持以"带好队伍收好费"为中心，不断优化征管措施，严格按照政策规定，保障通行费的足额征收。一是明确工作目标，逐级靠实责任。根据管理局每年下达的通行费征收计划任务，将全年收费任务按月分解下达到各站、班组及收费员个人，层层签订目标责任书，做到目标明确、责任明确。二是强化费源管理，确保足额征收。面对通行费征收任务重、环境差等问题，在堵漏增收上挖潜力，在挖掘费源上下狠招。对外积极进行政策宣传，引导广大

司乘人员自觉提高缴费意识；对内严格执行收费政策和收费标准，加大对"本地车""大吨小标车"、假冒绿通车等车辆的通行费征收力度，严查车辆证件及吨位，确保通行费足额征收。三是多方联合整治，优化收费环境。与当地政府、公安、交警、路政等部门积极联系，广泛争取外部力量联合开展收费环境集中治理，进一步优化通行费征收外部环境，维护稳定、有序的收费环境。同时加大通行费追缴力度。对偷逃通行费次数多、情节恶劣的车辆统一汇总，依法追缴通行费。

## 二、严格管理强教育，全力打造优质收费队伍

按照管理严、形象优、队伍强的目标，不断加强制度建设，强化纪律管理，努力打造"业务精、效率高、服务优"的收费队伍。一是加强职工思想教育。充分利用每周集中学习和平时个人自学，有计划地组织职工开展政治理论、规章制度和业务知识的学习，不断提高干部职工素质。二是加大制度建设。通过不断修订完善各项规章制度，不断推进各项工作的规范化、制度化，做到各项工作有章可循、有据可依，有效推动各项收费管理工作顺利开展。三是强化内部管理。严明工作纪律，严格考勤和请（销）假、替班制度，严格履行请销假和报备手续，规范病（事）假程序，坚决杜绝迟到早退和无故旷工现象。四是加大稽查监控力度，实行周小结、月通报制度，监控人员对发生的违规违纪行为及时提醒、纠正并详细如实做好监控记录。稽查人员及时下站协助收费人员做好车辆查验、交通疏导、联合整治等工作，并对发生的职工贪污票款和私放人情车等违规违纪现象依据稽查考核细则严肃处理，规范职工行为。五是深入开展形式多样的"收费竞赛活动"，努力营造比作为、学表率、赶

先进、帮后进、超目标的良好氛围，全面提升收费职工的精神面貌、文明服务水平及文明服务质量，营造和谐文明的收费环境。在日常收费工作中，要求收费人员注重仪容仪表、微笑服务、便民服务等细节工作，并组织职工认真学习收费礼仪、收费政策及如何处理突发事件。同时，不断深化文明服务内涵，设立便民服务台，为过往司乘人员提供修车工具、急救药品等，全面提升文明服务水平。

### 三、强化意识排隐患，确保安全生产形势稳定

高度重视安全生产管理工作，将安全生产管理作为一切工作的重中之重，坚持做到安全管理时时讲、会会提、处处抓。一是严格落实安全生产责任制。坚持"党政同责、一岗双责、失职追责"和"管生产必须管安全"的安全生产责任制，逐级明确安全监管责任、逐岗确定安全标准，全面提升安全生产管理水平。二是强化职工安全防范意识。坚持安全例会分析、安全生产大检查、安全生产学习，切实将安全生产的理念贯穿于整个收费管理工作始终，做到安全工作警钟长鸣、常抓不懈。三是定期进行安全隐患排查。坚持隐患排查月检查、季督查、重大节假日随时抽查，对收费站区配电室、收费硬件设施、机房等重点要害部位坚持定期检查，及时发现和消除潜在的各类安全隐患。四是加强应急演练活动，通过积极组织开展火灾扑救、防汛防灾、地震应急等形式多样的应急演练活动，进一步提高应急救援的反应能力、指挥水平和实战能力。五是加大安全投入，为收费广场增设警示报闪灯、安全锥、防撞筒、灭火器等安全设施，刷新标志、标牌、标线，确保安全生产工作顺利开展。

### 四、丰富生活聚人心，全面促进职工团结稳定

坚持"以人为本、职工第一"的发展理念，不断满足职工文化生活需求，丰富职工业余生活，本着"贴近职工、贴近基层、贴近群众"的工作宗旨，竭力搭建职工之间相互沟通、相互交流的桥梁。一是充分利用元旦、三八、五一、十一等节日，积极组织开展丰富多样的文体活动，进一步丰富职工的业余文化生活，增强职工队伍的凝聚力和向心力，为收费管理各项工作的有序开展提供了坚强保证。二是积极开展标准化、规范化收费站建设活动，根据统一、标准、美化、整洁的原则，加大硬件建设的投入力度，规范化布置会议室、站长室、职工书屋、职工宿舍、收费票亭、收费广场，达到美观大方、协调一致、卫生清洁的效果，全力改善职工工作生活环境，激发职工工作热情。三是推进职工帮扶工作，通过建立困难职工档案、开展"金秋助学""夏送清凉、冬送温暖"、职工健康体检等活动，让职工群众真切感受到组织的关怀和温暖。

### 五、依法理财守制度，严格规范财务票据管理

严格执行财务票据管理制度和各项财经纪律，加强对会计人员的基础管理工作，严格执行财经预算，严格遵守财经纪律，不断提高资金的使用效率。一是严肃财经纪律。财务报销、车辆维修和物资采购等开支事项严格按照流程进行，按照管理局财务报账制的规定，进一步规范了财务审批程序，对"三重一大"事项上支委会讨论决定，日常报销全部经所领导办公会议审定，并要求纪检委员随时跟踪资金流向，提高科学决策和事前谋划能力。二是严格票据管理。认真做好票据的申领、保管、领用、发放，规范废票核销程序，严格废票、弃

票管理，对废票及时核销存档，弃票统一集中销毁，加强长短款管理，做到票据票款、报表班清日结，及时足额解缴。多年来，景泰收费所通行费上解率达到100%；"开放式收费公路网络日报系统"数据与月报数据、财务报表、实际收费数据一致。

**六、加强党建工作，全面提高拒腐防变能力**

不断加强党组织建设和党风廉政建设工作。一是加强领导班子建设。班子成员能够积极加强思想政治理论学习，认真贯彻执行党的各项路线、方针、政策，严格贯彻落实党风廉政建设的相关规定，保持清正廉洁本色。班子成员之间坚持大事常讨论，工作常碰头，思想常交流，落实常互补，问题常提醒，做到工作上相互理解、相互配合、相互支持，增强了班子的凝聚力、战斗力，有效维护了班子团结。二是认真贯彻民主集中制原则，对"三重一大"事项均进行集体研究、民主决策，坚决杜绝"一言堂"。严格落实"三会一课"等党的组织生活制度和党务公开、政务公开制度，及时公布重大事项决策和职工群众关心关注问题的办理结果，着力营造了务实、从严、规范的组织生活新常态。三是坚持开展廉政教育和警示教育。班子成员全面履行廉政约谈恳谈责任制，充分利用各种会议、党政活动、工作监督检查等形式对财务、后勤、通行费征收等关键风险岗位的工作人员进行经常性的廉洁教育，常敲"警示钟"、常打"预防针"，引导干部职工正确行使手中权力，在各自岗位上忠于职守、廉洁履职。四是全面贯彻落实中央"八项规定"、省委"双十条"规定，坚持从班子成员做起、从机关抓起，坚持不懈反对"四风"，严格执行《党政机关厉行节约反对浪费条例》，严格控制"三公"经费支出，严格执行公务接待和办公用房标准，严格规范公车管理，严禁公车私用。

(段玉玲)

## 塑造窗口形象
## 情满黄河岸边

靖远收费所建所近二十年来，以"带好队伍，收好费"为宗旨，以创建文明单位为目标，以塑造行业"窗口"形象为重点，全所干部职工以创建文明单位为动力，立足本职，文明收费、礼貌服务，默默耕耘、无私奉献，获得县级及县级以上各类荣誉18项，多次被评为"双文明"建设先进单位，为公路事业做出积极贡献。在收费所日常建设和管理中坚持以收费工作为中心，不断完善基础设施建设，强化内部管理，大力推进两个文明建设，建立健全各项规章制度，积极推进军事化管理、规范化管理、精细化管理。同时狠抓队伍建设，努力造就一支技术精、作风严，忠于职守、善打硬仗的收费队伍。收费所把目标责任化与绩效工资挂钩，从而使全所各项工作走上了作业程序化、服务规范化、管理科学化、行动军事化的管理轨道。此外，大力开展丰富多彩、积极健康的文化活动，使全所形成了既严肃紧张，又充满朝气的良好工作氛围，职工的整体素质在实践中不断得到提高，站容站貌发生了崭新的变化。

### 一、收费任务完成情况

全所干部职工在省局、白银局的正确领导下，以积极进取、奋发有为的精神状态，适应新形势，研究新情况，解决新问题，把收费管理的各项工作往深里做，往实里做，确保了全所整体工作的稳步推进，健康发展，努力完成通行费征收任务。1999 年至 2010 年，三滩收费站完成通行费征收额 16066.7 万元；2011 年至 2017 年，靖远黄河大桥收费站完成通行费征收额 4516.53 万元（截至 2017 年 5 月 24 日）。

### 二、加强内部管理，促进整体工作稳定持续发展

为确保通行费征收任务的圆满完成，从以下几个方面大力开展工作。一是签订目标责任书，层层分解任务。根据每年收费实际情况，将收费任务细化分解到收费班，落实到个人，做到个个有目标，人人有动力，为完成收费任务奠定了坚实的基础。在收费过程中，严格执行收费政策和收费标准，切实做到应收不免、应免不收。二是加大稽查、监控管理力度，规范收费行为。稽查工作是收费工作正常进行的重要保证，收费所重视稽查工作，对稽查工作从不含糊，将稽查工作放在收费一线，适时进行岗前、岗中、岗后稽查，采取定期与不定期稽查相结合，现场稽查与录像稽查相结合，对工作人员工作纪律、着装仪表、规范化操作、文明服务、工作区域卫生及个人卫生等方面进行全面检查，保证了工作规范有序进行。同时，还通过监控室系统数据检查情况与收费情况进行认真对比、认真分析，发现问题一查到底。对收费员的每项出错都要进行详细分析，在稽查工作中严格落实稽查内容，稽查情况记录详细规范，对于稽查出的问题，严格按照制度处理，出现一次处理一次。三是严厉打击冲卡逃费车辆，狠抓收费外部环境治理。由于收费站地理位置特殊，周边环境复杂，冲卡逃费等行为时有发生，外部收费环境整治工作成为收费所工作内容的重要一项，为防止费源流失，规范收费秩序，积极同公安、交警等部门展开收费环境的综合治理活动，有效地维护和稳定了收费秩序。为维护正常的收费秩序想办法、找出路，根据收费工作实际，积极协调县公安局、运管、路政等部门，建立处理冲逃费车辆治理长效机制，共同治理收费环境，为正

常开展收费工作营造了良好的外部环境。同时，在收费环境整治活动期间，为营造氛围，通过发放宣传资料、悬挂横幅、加强电视新闻宣传报道力度等形式，对过往群众开展收费政策、法律知识等普法宣传工作，取得一定效果。四是强化考核激励机制。为了适应收费工作发展要求，进一步强化内部管理，收费所全面实行绩效考核，通过完善管理及收费人员考核办法，制定详细的考评细则，结合工作实际制定了《靖远收费公路管理所规范化考核实施细则》，对各部门、各岗位职工在工作中容易出现的问题进行细化，对处罚措施进行明确，以此达到规范职工工作行为、激励职工工作积极性的目的。规范化考核实施细则的实施不但强化了日常监督考核，狠抓细节管理，同时打破了在职工中干好干坏一个样的惰性思想，进一步调动了职工的工作热情，提升了工作质量，增强工作责任心，有效树立了窗口优质服务形象，推动全所工作再上新台阶。五是抓好文明服务，提高服务质量，树立良好的窗口形象。收费窗口单位，形象问题至关重要，为规范行业行为，全面提升工作人员的文明服务意识和服务水平，把仪容、仪表、着装、环境卫生、文明用语、招手礼的使用等作为对每位一线工作人员最基本的要求落到实处，为稽查人员配备反光背心、头盔，为女职工配束发带、统一皮包，耐心解释司乘人员的每一个问题，规范文明用语和招手礼，实行唱收唱付。以服务树形象，以微笑献真情，充分展示窗口形象。同时不断创新文明服务的形式和内容，积极做好服务拓展工作，切实做到为民、便民、利民服务，在收费区设便民服务台，为过往群众提供热水、简易维修工具、食品和常用药品等便民物品，耐心回答司乘人员的咨询，主动为过往群众提供力所能及的帮助。

### 三、加强精神文明建设，巩固行业文明形象

一是加强领导班子建设和职工队伍建设。收费所领导班子始终坚持不断探索，以建设学习型班子，提高班子的整体素质；建设团结型班子，形成整体合力；建设创新型班子，开创工作新局面；建设廉洁型班子，树立班子良好形象；建设实干型班子，推进各项工作稳步发展为目标。在实践中提高，不断研究新情况，解决新问题，谋求新发展，不断加强职业道德建设，提高服务水平，发扬勤勉敬业、廉洁自律、文明高效的作风，抓好稳定，促进发展。

二是加强制度建设，推进精细化管理。始终按照"抓管理、打基础、抓服务、创文明"的指导思想，坚持以人为本的管理模式，重视制度建设，结合有计划、有考核、有总结的工作机制，规范内部管理。在全所上下统一制定了各个岗位的工作职责，并结合工作实际制订完善了《规范化管理考核实施细则》等一系列规章制度，狠抓落实，严格制度管理，做到有章可循、有据可依，促进了各项工作的顺利开展。认真推行政务公开制度。凡是涉及职工切身利益，如奖励、处罚、表扬、通报等事项，都经所领导会议集体研究决定，不搞"一言堂"，力求秉公办事。在资金使用上，严格执行集体议事纪律，尤其是大笔资金的使用，都经支委会、领导办公会议研究，集体讨论，民主决策。强化监督机制。在机关大厅、收费广场，设置收费政策公开栏、政务公开栏、收费六公开栏、绿色通道公开栏、月票办理流程等，公示投诉电话，设立意见箱，将全体职工的照片、工号等信息悬挂在机关大厅醒目位置，接受社会监督。管理人员工作岗位职责按照标准统一上墙，统一设置党员示范岗、岗位监督牌，等等。

三是加强新闻宣传报道工作，为收费工作呐喊、鼓劲。宣传报道在收费工作中起着动员、导向、激励和监督作用，为了做好这项工作，每年分解任务，明确年度工作目标、宣传重点，建立激励机制，保证了新闻宣传工作有章可循。通过信息宣传开展的各类活动情况，工作中涌现出的好人好事，宣传和推广工作中的好经验好做法。在《甘肃经济日报》《甘肃工人报》《甘肃法制报》《交通周刊》《白银日报》"人民网""中国甘肃网"等媒体共发表稿件300余篇，其中省级30余篇、市级80余篇，有力地宣传了工作中取得的成绩。

### 四、加强工会和共青团建设，活跃职工业余文化生活

工作中推行人性化管理，从全体职工的切身利益出发，为职工提供宽松和谐的工作氛围，确保职工无后顾之忧。一是健全工会、团组织，完善工会、团组织生活制度，制订实施方案和学习计划，配备完善各种活动器具和学习资料。为拓宽职工的知识面，开展丰富多彩的活动来激发职工的工作热情。结合工作实际，所里建起了"职工活动室、图书阅览室"等设施，安排专职人员管理，全天候开放，使广大职工可以随时学习、娱乐、健身，使得职工下班有去处，去了有学头，极大地提高了职工的精神面貌。二是丰富职工的业余文化生活。收费工作相对单调，为妥善安排职工业务文化生活，所里先后安装了有线闭路电视、宽带网络，配备了羽毛球、象棋、跳棋、篮球等文娱用品，建立标准化篮球场、羽毛球场，受到职工欢迎。工会和团组织还坚持节假日组织职工开展各种文娱活动，进行跳绳、拔河、各种球类、棋类比赛等文娱活动，为单调的收费工作增添色彩。三是狠抓"双化"建设，改善收费环境。多年来，收费所坚持硬件、软件建设一手抓的原则。着重在工作和生活环境整治上下大功夫。按照规范化建设要求，先后投资数十万元，改善了基础配套设施，在以前"双化"建设基础上，开展机关站院环境综合整治，狠抓卫生清洁和食堂工作，解决了职工的后顾之忧；搞好绿化，每年春季都要对机关和收费站区的花卉、树木进行更新补种，使站区环境达到"四季常青，三季有花"，为职工创造了良好的工作生活环境。四是从实际工作出发，从关心职工生活入手，把职工利益放在心上，建立完善困难职工档案，定期走访，努力解决职工在工作和生活上的困难，开展"三八节"女职工进行慰问，节假日召开职工座谈会，年底为困难职工送上慰问品，还定期组织职工进行健康检查，职工家中有变故、婚事、生病住院等，都会组织人员前去慰问，努力为职工排忧解难，不仅把"大家"的温暖及时送到职工手上，而且稳定了职工思想，使有困难的职工放下"包袱"轻装上阵，解决职工的后顾之忧，为收费工作做出更大的贡献。

（师亚玲）

# 表　格

## 白银公路管理局 2017 年公路养护里程统计表

| 单位 | 路线编号及简称 | 管养起讫桩号 | 里程(km) | 按公路等级分 | | | | 按路面等级分 | | 单位 | 其中收费公路 | | | 小计(km) |
|---|---|---|---|---|---|---|---|---|---|---|---|---|---|---|
| | | | | 高速 | 二级 | 三级 | 四级 | 高级 | 次高级 | | 路线编号及简称 | 起讫桩号 | 里程(km) | |
| 会宁段 | G22 青兰高速 | K1693—K1741 | 48 | 48 | | | | 48 | | | | | | |
| | G309 荣兰公路 | K1978.183—K2104.793 | 126.61 | | | 126.61 | | | 126.61 | | | | | |
| | G312 沪霍公路 | K1913.548—K1975.535 | 61.987 | | 61.987 | | | 61.987 | | 界巉所 | | | | |
| | K76—K136.416 | 60.416 | | | 60.416 | | | 60.416 | | | | | |
| | S207 靖天公路 祖厉河连接线 | K130.74—K132.06 | 1.32 | | 1.32 | | | 1.32 | | | | | | |
| | X076 界红公路 | K14.335—K65.695 | 51.36 | | | 51.36 | | | 51.36 | | | | | |
| | X323 会慢公路 | K0—K30.5 | 30.5 | | | 30.5 | | | 30.5 | | | | | |
| | 小计 | | 380.193 | 48 | 63.307 | 268.886 | | 111.307 | 268.886 | | | | | |
| 平川段 | G109 京拉公路 | K1471.01—K1556 | 84.99 | | 84.99 | | | | 84.99 | | | | | |
| | S308 辏古公路 | K22.742—K47.888 | 25.146 | | 25.146 | | | | 25.146 | | | | | |
| | Y489 红白公路 | K0—K4.02 | 4.02 | | | 4.02 | | | 4.02 | | | | | |
| | 小计 | | 114.156 | | 110.136 | 4.02 | | | 114.156 | | | | | |

续表

| 单位 | 路线编号及简称 | 管养起讫桩号 | 里程(km) | 按公路等级分 | | | | 按路面等级分 | | 单位 | 其中收费公路 | | | |
|---|---|---|---|---|---|---|---|---|---|---|---|---|---|---|
| | | | | 高速 | 二级 | 三级 | 四级 | 高级 | 次高级 | | 路线编号及简称 | 起讫桩号 | 里程(km) | 小计(km) |
| 靖远段 | G109 京拉公路 | K1556—K1579 | 23 | | 23 | | | | 23 | 靖远所 | S207 靖天公路 | K16.606—K136.416 | 119.81 | 119.81 |
| | S207 靖天公路 | K16.777—K76 | 59.223 | | 4.693 | 54.53 | | 4.864 | 54.359 | | | | | |
| | S207 靖远黄河大桥 | K16.7—K23.925 | 7.225 | | 7.225 | | | | 7.225 | | | | | |
| | X322 唐靖公路 | K0—K19.194 | 19.194 | | 19.194 | | | | 19.194 | | | | | |
| | Y498 红白公路 | K0—K17.021 | 17.021 | | 17.021 | | | 17.021 | | | | | | |
| | Z316 黄专公路 | K0—K2.08 | 2.08 | | | | 2.08 | | 2.08 | | | | | |
| | 小计 | | 127.743 | | 71.133 | 54.53 | 2.08 | 21.885 | 105.858 | | | | | |
| 白银段 | G109 京拉公路 | K1579—K1639.988 | 60.988 | | 60.988 | | | | 60.988 | | | | | |
| | S207 靖天公路 | K0—K16.777 | 16.777 | | 16.777 | | | | 16.777 | | | | | |
| | 217 景白公路 | K31.4—K65.232 | 33.832 | | | 33.832 | | | 33.832 | | | | | |
| | 小计 | | 111.597 | | 77.765 | 33.832 | | | 111.597 | | | | | |

续表

| 单位 | 路线编号及简称 | 管养起迄桩号 | 里程(km) | 按公路等级分 | | | | 按路面等级分 | | 其中收费公路 | | | | |
|---|---|---|---|---|---|---|---|---|---|---|---|---|---|---|
| | | | | 高速 | 二级 | 三级 | 四级 | 高级 | 次高级 | 单位 | 路线编号及简称 | 起迄桩号 | 里程(km) | 小计(km) |
| 景泰段 | G2012营双高速 | K322—K384.9 | 62.9 | 62.9 | | | | 62.9 | | 景泰所 | S201营兰公路 | K0—K104.577 | 104.58 | 159.847 |
| | S201营兰公路 | K0—K104.577 | 104.577 | | 104.577 | | | 64.49 | 40.087 | | | | | |
| | S201过境段 | K32.93—K42.24 | 9.31 | | 9.31 | | | 9.31 | | | S201过境段 | | 9.31 | |
| | S217景白公路 | K0—K31.4 | 31.4 | | | 31.4 | | | 31.4 | | | | | |
| | S308辘古公路 | K186.981—K224.378 | 37.397 | | 37.397 | | | | 37.397 | | S308辘古公路 | K186.981—K224.378 | 37.397 | |
| | X336上景公路 | K39.65—K48.21 | 8.56 | | | 8.56 | | | 8.56 | | X336上景公路 | K39.65—K48.21 | 8.56 | |
| | 小计 | | 254.144 | 62.9 | 151.28 | 39.96 | | 136.7 | 117.444 | | | | | |
| 高养中心 | G6京藏高速 | K1423—K1557.4 | 134.4 | 134.4 | | | | 134.4 | | 说明：1. 我局管养 G309 线在定西境内 252 公里。2. G109 线城管路段 K1611+000—K1623+000 共 12 公里。3. 高速公路：G6 连接线 11.503 公里，匝道 16.176 公里，共 27.679 公里。G2012 匝道 5.408 公里。全管理局含高速连接线、匝道共计 1155.32 公里。 | | | | |
| | 小计 | | 134.4 | 134.4 | | | | 134.4 | | | | | | |
| 总计 | | | 1122.233 | 245.3 | 473.625 | 401.228 | 2.08 | 404.292 | 717.941 | 收费公路合计 | | | | 279.657 |

## 白银公路管理局养护路线简称对照表

| 单位 | 现路线编号及简称 | 管养起讫桩号 | 里程（km） | 原路线简称 |
|---|---|---|---|---|
| | C22 青兰高速 | K1693—K1741 | 48 | |
| | G309 荣兰公路 | K1978.183—K2104.793 | 126.61 | 7201 工程（战备公路）、宜兰公路 |
| | G312 沪霍公路 | K1913.548—K1975.535 | 61.987 | 西兰公路 |
| 会宁段 | S207 靖天公路 | K76—K136.416 | 60.416 | 靖会公路 |
| | | 祖厉河连接线 K130.74—K132.06 | 1.32 | |
| | X076 界红公路 | K14.335—K65.695 | 51.36 | 西兰公路 |
| | X323 会慢公路 | K0—K30.5 | 30.5 | |
| | 小计 | | 380.193 | |
| | G109 京拉公路 | K1471.01—K1556 | 84.99 | 兰宁、兰包公路 |
| 平川段 | S308 辏古公路 | K22.742—K47.888 | 25.146 | 海古公路、唐红公路 |
| | Y489 红白公路 | K0—K4.02 | 4.02 | |
| | 小计 | | 114.156 | |
| | G109 京拉公路 | K1556—K1579 | 23 | 兰宁、兰包公路 |
| | S207 靖天公路 | K16.777—K76 | 59.223 | 靖会公路 |
| 靖远段 | | 靖远黄河大桥 K16.7—K23.925 | 7.225 | |
| | X322 唐靖公路 | K0—K19.194 | 19.194 | 唐家台—靖远 |
| | Y498 红白公路 | K0—K17.021 | 17.021 | |
| | Z316 黄专公路 | K0—K2.08 | 2.08 | |
| | 小计 | | 127.743 | |

**续表**

| 单位 | 现路线编号及简称 | 管养起讫桩号 | 里程（km） | 原路线简称 |
|---|---|---|---|---|
| 白银段 | G109 京拉公路 | K1579—K1639.988 | 60.988 | 兰宁、兰包公路 |
| | S207 靖天公路 | K0—K16.777 | 16.777 | 靖会公路 |
| | S217 景白公路 | K31.4—K65.232 | 33.832 | |
| | 小计 | | 111.597 | |
| 景泰段 | G2012 营双高速 | K322—K384.9 | 62.9 | |
| | S201 营兰公路 | K0—K104.577 | 104.577 | 705 工程（战备公路）、705 公路、皋营公路 |
| | S201 线过境段 | K32.93—K42.24 | 9.31 | |
| | S217 景白公路 | K0—K31.4 | 31.4 | |
| | S308 辙古公路 | K186.981—K224.378 | 37.397 | 古景公路、海古公路 |
| | X336 上景公路 | K39.65—K48.21 | 8.56 | 古景公路、海古公路 |
| | 小计 | | 254.144 | |
| 高养中心 | G6 京藏高速 | K1423—K1557.4 | 134.4 | |
| | 小计 | | 134.4 | |
| 总计 | | | 1122.233 | |

## 白银公路管理局历年科研项目统计表

| 序号 | 科研成果题目 | 简介 | 主要科研人员 | 获奖情况 | 实施年份 | 备注 |
|---|---|---|---|---|---|---|
| 1 | 阳离子乳化沥青推广应用 | 阳离子乳化沥青是一门铺筑路面的新技术。具有节约能源40%～45%，节省沥青10%～20%，提高工效20%～30%，延长施工季节1～3个月，改善施工条件，减少环境污染的优点。特别是在油路养护中具有独特的优越性。 | 李昌伟 包月泰 高伟龙 高维仓 唐世章 程树山 白吉润 | | 1986年 | 总段成立后的第一个科研项目。 |
| 2 | 旧桥承载能力鉴定、加固改造 | 此项课题省局下达各段，通过普查各省养公路现有桥梁的结构类型、荷载等级，设计洪水频率，跨径，桥苑等技术状况，为承载能力测试及改造加固课题提供基础数据。 | | | 1987年 | |
| 3 | 旧油皮再生利用技术 | 从1983年在草营线K109—K110处进行旧油皮再生利用试铺至今，在此基础上总结施工工艺，逐步推广旧油皮再生利用的施工技术。 | 石培成 | | 1983年—1989年 | 各段普遍推广，景泰段重点推广。 |
| 4 | 关于延长旧油路使用年限的几点做法 | 进行路面调查，提供科学养路，掌握病害规律，总受操作规程，抓住养护重点；根据病害的不同情况，采取不同的养护方法，必须与标准化养路相结合，重点要解决好延长渣油路使用寿命；做好路面排水工作。 | 曾海珊 | | 1989年 | |
| 5 | 会宁土路段公路水毁的调查及防治措施的探讨 | 会宁段管养荣兰、靖天、会慢公路，水毁对公路养护威胁最大，每年要投入全总段70%的水毁抢修费，才能基本维持雨季交通畅通。通过对历年公路水毁工程的深入调查分析，基本摸清和掌握了湿路性黄土地质山岭地形路段涵洞出水口，急流槽，填方路基边坡，弯顶内侧路堤边坡被毁的原因，逐步总结出了一些因地制宜、行之有效的防治措施，每年可减少水毁损失15%，增强了公路防洪治灾能力。 | 王建省 曾明春 | | 1989年—1992年 | 省局甘交公路〔1992〕017号文安排，为1992年科技进步项目。 |
| 6 | 贯彻"以提高路面平整度为中心，疏通排水系统为重点"方针的几点做法 | 注重调查研究"对症下药"；严格按《公路养护技术规范》和其他有关规范要求操作；严把路面用料质量关，延长油路使用寿命。 | 郭隆万 | | 1989年 | |
| 7 | 油路养护经验的研究，采用稀浆封层 | | 高伟隆 曾海珊 | | 1990年 | |

续表

| 序号 | 科研成果题目 | 简介 | 主要科研人员 | 获奖情况 | 实施年份 | 备注 |
|---|---|---|---|---|---|---|
| 8 | 景泰段土暖气的应用 | 1990年，的土暖气实验项目下达景泰段后，景泰段相关同志赴酒泉总段学习、参观，得到了热情指导和大力支持，景泰段同志们带回了两台自然循环式锅炉。为了更好地发挥"土暖气"的使用效果，经技术论证，景泰段结合本段道班分布地理位置，将两台锅炉分别安放在气候寒冷的双墩和英武道班，供采暖面积为272.16平方米。通过技术人员的艰辛努力，当年冬季投入使用。根据同志们的观察和体验：可一炉多用，清洁卫生，效益好，采暖面积大，操作方便，节约燃料（与火炉采暖比较可省煤47%，一个采暖期可节约煤炭费855元），且造价低；但温度偏低，为了更好地发挥土暖气的效力，经改进，在原来的土暖气自然循环的基础上，加上一个循环水泵，解决了这一问题。1991年，白银总段共安装土暖气20个，加上已有的2个，占道班总数的50%。 | 石培成　高启正 | | 1990年—1991年 | 1992年继续推广应用，省局甘文公路〔1992〕017号文安排，补助4千元，景泰段新安置了一处土暖气（兴泉道班）为1995年科技进步项目。 |
| 9 | 北拉公路病害调查与分析 | 白银段管养的北拉线58.5公里，其中90.6%路段是"七五"期间新建油路，9.4%是1984年改建，使用期间，油路出现大量病害，随着使用年限的推移病害还在增加，这是养护工作中存在的一个突出问题。油路病害主要有：松散、网状龟裂、沉陷、拥包、翻浆等油路病害产生的原因除面层用油量不足或偏大，油层老化三大指标不符合要求，基层强度不够和施工不按操作规程"稳土、强基、薄面"，质量标准不够，但从已改建的路段中来看，部分路段未达到一标准，路基用料不当，基层面层出现病害，个别路段排水不畅，渗水，积水。为了巩固和提高现有油路的使用质量和寿命，白银段因地制宜，重视养护技术，精心养护。精心施工，加强全面养护。与1991年之前相比较，巩固并提高了国道改建成果。今年油路修补质量好于往年，北拉路好路率一直保持100%。 | 李玉海　李宁 | | 1990年—1992年 | |

**续表**

| 序号 | 科研成果题目 | 简介 | 主要科研人员 | 获奖情况 | 实施年份 | 备注 |
|---|---|---|---|---|---|---|
| 10 | 建、养公路两不误探讨 | 白银总段通过总结五年来所承担的国道 109 线改建和公路养护的经验教训，探讨研究公路建设与养护工作两不误的方法和措施，要做到两副重担一肩挑，进行全面安排，集体领导，统一协调，分工负责，正确处理好两者的关系，完成管养道路的改建和养护任务指标。 | 孙学苏　高维隆<br>郭隆万 | | 1991 年 | |
| 11 | 预制块修补油路 | 白银总段 1991 年推广了沥青混凝土预制块修补油路 | 曾海珊　李卫东 | | 1991 年 | |
| 12 | 桥体抗酸腐蚀加固 | 通过对国道 109 线 K1641+900 三孔 4.6 米板桥受工业废水酸腐蚀损坏实施的五种加固措施，为在城市附近和工业集中地区受环境污染杂物的公路工程在设计和养护方面的探索 | 王　鹏　李玉海<br>李　宁 | 1995 年 1 月获得省公路局优秀科技成果二等奖 | 1992 年 | 省局甘交公路〔1992〕025 号文安排，补助 1 万元。(包括抢修费)。 |
| 13 | 109 线 K1641+900 桥体抗酸腐蚀加固工程 | 工业污染对环境及公路工程的侵蚀损坏日益严重，该项目为在工业集中地进行公路工程的施工、养护提供一定的治理措施和经验。 | 王　鹏　李玉海<br>李　宁 | 1995 年 5 月省交通系统科技奖评审委员会评为科技进步二等奖。 | 1992 年—1994 年 | 投资 1 万元。 |
| 14 | 靖天公路 K1+100—460 祖厉河防护工程 | 该工程属相厉河靖远附近沿河防护工程，原有防护于 1992 年 8 月被毁，路基受洪水冲刷，路面不断沉陷，有断路的危险。工程竣工后从根本上解决了可能中断交通的后顾之忧，也终止了每年耗费大量养路费处理沉陷，修复路基的损失，具有一定的经济效益和社会效益。 | 曾海珊　李卫东<br>樊仲贤　张　铭<br>魏兴安　徐兆怀<br>曾明春 | 1995 年 1 月获得省公路局优秀工程三等奖。 | 1993 年—1993 年 | |

**续表**

| 序号 | 科研成果题目 | 简介 | 主要科研人员 | 获奖情况 | 实施年份 | 备注 |
|---|---|---|---|---|---|---|
| 15 | 国道312线改建工程桃花山路基松动控制爆破 | 洞室松动爆破作为一门先进生产技术，首先在施工安全，爆破技术方面取得了较好的成绩。爆破控制了飞石、地震、空气冲击波、塌气、山坡坍滑等影响因素。根据设计资料，纵横设计资料，完成地质勘查，洞室设计开挖，导洞，装药，回填导洞等完成这次大爆破任务，会宁公路段在全长860米的山坡路段施工3个月，共用33吨炸药完成了12.6万方米土石方工程，炸药消耗平均为0.26千克/平方米。此项新技术的应用在甘肃省公路系统尚属首例。 | 彭永恒 孙杰 邝隆均 钟兵 负子辉 张廷才 黄日德 | 1995年1月获得省公路局优秀科技成果二等奖；1995年5月省交通系统科技奖评审委员会评为科技进步三等奖。 | 1993年—1993年 | |
| 16 | 微机开发应用 | 建立统计、工程概算、劳资档案等方面的数据库，微机技术应用于公路工程管理中。 | 吴廷相 郭隆万 | | 1993年 | |
| 17 | 用抗剥落剂改善黑色路面沥青与酸性矿料黏附性能 | 1994年以来，结合312国道建设通过对国产高分子有抗胺PA-1型沥青抗剥落剂的使用和推广，成功解决了沥青与酸性矿料黏附性能差的难题，提高了油路的热稳定性和耐久性能。同时，由于能就地利用分布广泛的酸性矿料，降低了工程利养护成本，经济效益明显。 | 王鹏 吴廷相 吕文全 李俊升 | 1995年获得省交通厅科技进步三等奖。 | 1994年 | |
| 18 | 景泰铁路立交公路引线盐渍土路基处置 | 景泰白墩子铁路立交工程大部分路段（引道）穿越盐渍土地区为保证工程质量需对其盐渍土路基进行研究处置。 | 王鹏 曾明春 樊仲贤 李俊升 | | 1995年—1996年 | |
| 19 | 省道207线会宁硝沟坪路基改善加固 | 研究在省道207线会宁硝沟坪路基改善工程中应用土工合成材料锚定板组合挡土墙技术，以减少路基工程量及少占耕地问题。 | 郭隆万 王鹏 | | 1996年—1996年 | |
| 20 | G312翟所滑坡勘察试验研究 | 通过对翟所滑坡的详细实地勘察，取得了丰富的基础资料，确定了滑坡的类型、特征。进行滑坡变形趋势分析，查明了滑坡的形成条件、作用因素和发育特征，划分研究了滑坡的可能灾害范围及危害程度并提出了综合治理滑坡的建议和措施。 | 王鹏 吴廷相 贺德荣 李兵 陈跃云 | 1999年3月获得省公路局优秀科技成果三等奖。 | 1996年—1997年 | 1997年12月通过省厅组织的专家鉴定。 |

续表

| 序号 | 科研成果题目 | 简介 | 主要科研人员 | 获奖情况 | 实施年份 | 备注 |
|---|---|---|---|---|---|---|
| 21 | 土工（塑料网格栅）处置黄土路基沉陷 | 塑料网格栅处置提高了路基的承载能力，减少或消除包括沉陷在内的病害，格栅在路基土中起到了加筋骨架网格作用；使用塑料格栅比玻纤格栅在效果相同的情况下，可大幅度降低工程造价。 | 王 鹏 李 兵 周建军 | | 1997年—1998年 | 1999年课题效果观察及现场观测阶段性工作通过省厅专家的鉴定。 |
| 22 | 格栅加筋防治沥青路面裂缝 | 白银公路总段结合1998年公路小养油路重铺工程，在X322线K40—K41段的三个工点为课题的研究进行了工程实施，铺筑面积999平方米，长度共185米。 | 王 鹏 沈凌云 | | 1998年—1999年 | 1999年课题效果观察及现场观测阶段性工作通过省厅专家的鉴定。 |
| 23 | 应用旧沥青再生复合剂铺筑再生油路 | | | | 1998年 | |
| 24 | G312瞿所滑坡综合治理措施研究 | 通过对国道312线K1973附近瞿所滑坡的推力计算、综合治理方案讨论、综合治理工程设计，综合治理方案适宜性的论证和比选、工程投资效益分析，系统阐述了公路沿线滑坡灾害综合治理滑坡方案的优缺点和适宜性，为公路建设和养护中的滑坡灾害防治提供了依据，对保障黄土滑坡地区的公路通畅有积极意义。 | 王 鹏 李 兵 贺德荣 | | 1998年—1998年 | 1999年9月通过省厅组织的专家鉴定。 |
| 25 | 高等级路面机械化施工工艺 | 由省筑机专业委员会牵头，在S308线开展了课题研究，充分发挥了机械技术性能，大道路面结构最佳，提高沥青路面施工质量，降低成本，创造了良好的经济效益。 | | | 1999年 | |

**续表**

| 序号 | 科研成果题目 | 简介 | 主要科研人员 | 获奖情况 | 实施年份 | 备注 |
|---|---|---|---|---|---|---|
| 26 | 高等级路面机械化施工工艺研究 | 以承山段、S308 线、天岘段施工现场为依托，从选型、配套、施工工艺规范为主要内容，研究适合甘肃公路等级公路机械化施工工艺，为全省高等级路面组织机械化施工提供指导性文件，为全省高速公路组织较大规模的路面机械化施工奠定基础。 | 马明炎 王永忠 刘吉成 苏明贵等 | | 1999 年 | |
| 27 | 沥青路面冷补技术应用研究 | 根据省公路局要求，2003 年白银公路总段成立课题小组，结合公路养护生产，研究针对性地解决沥青路面常年养护问题，经研究最终选定在会宁公路段 G312 等线路上进行试验。2003 年秋到 2004 年春，白银总段应用北京科宁冷补技术在深秋、初冬和春融季节三个不同季节，G312 线会宁县城附近实施冷补作业取得成功。2004 年 7 月 23 日，由省公路局组织专家鉴定委员会，在白银公路总段召开 "沥青路面冷补技术" 应用研究成果鉴定会，与会专家一致认为：该项科研课题研究取得成功，在今后的沥青路面养护中可推广应用，以推动全省的公路养护进一步提高。该项技术与常规热补法相比，具有方便快捷、实用性强、施工操作简单等特点，能及时处理公路病害，改善路况质量，减轻养护职工劳动强度，具有明显的社会效益和经济效益。 | 王 鹏 石培成 李 渊 | | 2003 年—2004 年 | 省公路局甘公科教〔2003〕13 号文件批复，省局补助资金 5 万元，从 2003 年度局科研经费中支出。 |
| 28 | 公路沥青路面再生利用技术的应用研究 | 主要研究内容及考核指标：1. 旧沥青路面材料的评价研究；2. 旧沥青路面的再生评价研究；3. 旧沥青路面再生设备的研究；4. 旧沥青路面的施工工艺及质量控制研究；5. 再生沥青及混合料的再生恢复研究；6. 再生沥青路面的技术经济评价研究；7. 再生沥青混合料的路用性能评价。 | | | 2007 年—2009 年 | 省公路局甘公科教〔2008〕2 号。 |

492

续表

| 序号 | 科研成果题目 | 简介 | 主要科研人员 | 获奖情况 | 实施年份 | 备注 |
|---|---|---|---|---|---|---|
| 29 | 沥青路面场拌热再生技术 | 2013年，根据省局要求，在长安大学的技术支撑和指导下，管理局开展了沥青路面场拌热再生技术科研项目，采用北京加隆公司 CL-1500 型沥青拌合楼、福建铁拓 RLB-1000 型再生设备及西安路泰公司生产的 RAP 料二次破碎筛分设备等，在 S207 线 K0+000—K2+000 段铺筑再生沥青混合料下面层 14000 平方米/2 千米。该项目利用白兰高速公路养护维修工程中回收的旧路面材料，分别以再生料 15%、20%、25%的掺配量与新集料、新沥青拌制成再生沥青混合料，划分为三个试验路段铺筑沥青路面下面层，使废旧沥青路面的利用率达到了 25%。在项目实施的过程中，管理局严格控制施工质量技术关键，在前期及施工过程中，进行了大量的试验检测工作，以确定各种材料的性能、用量、物理力学技术指标等，确保技术指标不低于全部使用新料拌制的沥青混合料，路用性能满足路面的使用要求。该项目在 2013 年底进行交工验收时，各项检测指标均符合验收标准要求。2014 年 7 月、11 月，局试验室两次对项目路段进行了路面平整度、路面渗水性能、路面摩擦系数等项指标检测，各项指标稳定，符合要求，表面平整、密实、无油迹、无车辙等。经过一年多时间的跟踪观察检测，场拌热再生路面质量稳定、效果良好，充分证明了热再生技术是一门成熟的路面材料循环利用技术。 | | | 2013 年 | |
| 30 | 滑动式防撞护栏 | 2013 年 8 月，管理局在国道 109 线猩孛段急弯陡坡处安装了长 96 米的新型滑动式防撞护栏。其原理为：一是利用了撞击后滑动导向消能的运动原理，当车辆与滑动护栏发生碰撞时，首先通过护栏上设置的滑动转子矫正车辆的行驶方向，使其恢复到正常行驶轨道，避免冲击反弹，造成二次事故；二是利用在互动护栏上设置的高位、高强度抗震保护横梁，有效阻止车辆翻出路面，造成重大落崖事故，从而对车辆、人员提供有效保护。安装路段适用于山区急弯路段，发生事故时对车辆的拦截作用明显。经跟踪观测警示效果强、陡坡悬岩路段。 | | | 2013 年 | |

493

**续表**

| 序号 | 科研成果题目 | 简介 | 主要科研人员 | 获奖情况 | 实施年份 | 备注 |
|---|---|---|---|---|---|---|
| 31 | 全深式就地冷再生技术 | 2014年，G109线K1517+000—K1525+000、K1545+000—K1550+000、K1596+000—K1601+000段养护维修工程油路重铺项目中，引进WR2000XL型就地冷再生机，采用沥青路面全深式就地冷再生技术铺筑基层，共铺筑20厘米厚的就地冷再生底基层118910平方米/18千米，旧路面材料回收利用率达到了100%，再生后路面各项指标达到设计要求，工程质量达到合格。在沥青路面就地冷再生技术的实施过程中，我局严格控制试验检测、重要工序、技术关键等各个环节，通过对再生后的路段进行现场压实度、无侧限抗压强度、弯沉、现场钻芯、检测等一系列试验，结果均满足规范及设计要求，达到了再生的目的和要求。再生效果符合规范设计要求，再生后的效果和目的良好，再生实施路段经一年多的跟踪观测，在行车荷载作用下，路面平整密实无车辙，路况良好。2014年实施路段经一年多的跟踪观测，路面平整密实无车辙，路况良好。 | | | 2014年 | |
| 32 | 黄土路基湿陷机理及防治技术推广应用 | G312线改建工程 | | | 2014年—2015年 | |

白银公路管理局筑养路机械设备统计表

| 序号 | 设备名称 | 规格型号 | 工作能力 | 生产厂家 | 购置价格（万元） | 数量（台） | 购置年限 | 使用单位 | 状况 |
|---|---|---|---|---|---|---|---|---|---|
| 1 | 振动压路机 | CA25D | 15T | 苏州机械厂 | 19.78 | 1 | 1991 年 | 会宁段 | 较差 |
| 2 | 拌和设备 | DHB25T（沥青） | 60T | 河南南阳 | 37 | 1 | 1986 年 | 会宁段 | 较差 |
| 3 | 静碾压路机 | 3Y12/15 | 12/15 | 苏州机械厂 | 16.52 | 1 | 1991 年 | 会宁段 | 较差 |
| 4 | 静碾压路机 | YE14A | 14T | 徐工 | 22 | 1 | 1997 年 | 景泰段 | 一般 |
| 5 | 划线机 | 车载式 | | 兰州金路 | 6.2 | 1 | 1997 年 | 会宁段 | 较差 |
| 6 | 平地机 | PY160C | 160 型 | 天津中外建设公司 | 48.2 | 1 | 1998 年 | 新世纪路业公司 | 较差 |
| 7 | 摊铺机 | LT1200 | 1200 型 | 西安筑路机械厂 | 257 | 1 | 1998 年 | 新世纪路业公司 | 一般 |
| 8 | 静碾压路机 | YE14A | 14T | 上海 | 24.6 | 1 | 1998 年 | 景泰段 | 一般 |
| 9 | 切割机 | CR400B | | 日本 | 1.15 | 1 | 1999 年 | 景泰段 | 较差 |
| 10 | 平板夯 | GP3000 | | 日本 | 2 | 1 | 1999 年 | 会宁段 | 较差 |
| 11 | 发电机 | ATY3300 | 17KW | 日本 | 6.81 | 1 | 1999 年 | 会宁段 | 较差 |
| 12 | 发电机 | 15KW（柴油） | 15KW | 福建福安制造厂 | 0.49 | 1 | 1999 年 | 会宁段 | 较差 |
| 13 | 发电机 | 15KW（柴油） | 15KW | 福建福安制造厂 | 0.49 | 1 | 1999 年 | 会宁段 | 较差 |
| 14 | 拌和设备 | JZC350（混凝土） | | 兰州机械厂 | 1.5 | 1 | 2000 年 | 会宁段 | 较差 |
| 15 | 拌和设备 | JZC350（混凝土） | | 兰州机械厂 | 1.5 | 1 | 2000 年 | 会宁段 | 较差 |
| 16 | 拌和设备 | WCB-500（稳定土） | 500 型 | 南方路机 | 77 | 1 | 2001 年 | 新世纪路业公司 | 较差 |
| 17 | 摊铺机 | ZLTLZ45B | 4.5M | 镇江华晨 | 30.5 | 1 | 2001 年 | 景泰段 | 较差 |
| 18 | 开槽机 | LK-1 | | 辽宁鞍山 | 7 | 1 | 2001 年 | 景泰段 | 较差 |
| 19 | 灌缝机 | LGJ-300 | | 辽宁鞍山 | 12 | 1 | 2001 年 | 景泰段 | 较差 |
| 20 | 拌和设备 | LOYM-30（移动式） | 沥青砼 | 泉筑 | 48.6 | 1 | 2001 年 | 景泰段 | 较差 |

续表

| 序号 | 设备名称 | 规格型号 | 工作能力 | 生产厂家 | 购置价格（万元） | 数量（台） | 购置年限 | 使用单位 | 状况 |
|------|----------|----------|----------|----------|------------------|------------|----------|----------|------|
| 21 | 冲击夯 | TV75NK | | 日本大旭 | 1.9 | 1 | 2001年 | 景泰段 | 较差 |
| 22 | 振动压路机 | YZC12 | 12T | 中联重科 | 46 | 1 | 2001年 | 景泰段 | 良好 |
| 23 | 切割机 | CK400 | | 日本大旭 | 1.6 | 1 | 2001年 | 会宁段 | 一般 |
| 24 | 胶轮压路机 | YL20-3 | 20T | 常林 | 21 | 1 | 2001年 | 白银段 | 良好 |
| 25 | 碎石洒布机 | SS3500 | | 西安达刚 | 13 | 1 | 2001年 | 白银段 | 一般 |
| 26 | 沥青洒布车 | CTT5091GLQ | 5T | 成都通途 | 20.06 | 1 | 2002年 | 靖远段 | 一般 |
| 27 | 切割机 | QG500 | | 北京四新 | 0.89 | 1 | 2002年 | 靖远段 | 良好 |
| 28 | 多功能机 | S300 | | 英格索兰山猫 | 70.15 | 1 | 2003年 | 白银段 | 良好 |
| 29 | 冲击夯 | TV75NK | | 日本 | 1.9 | 1 | 2003年 | 会宁段 | 良好 |
| 30 | 摊铺机 | T2TAN423 | 12M | 陕西建筑机械股份有限公司 | 290 | 1 | 2003年 | 新世纪路业公司 | 良好 |
| 31 | 发电机 | | | 日本柏山 | 1.46 | 1 | 2003年 | 白银段 | 良好 |
| 32 | 振照架灯 | | | 日本柏山 | 1 | 1 | 2003年 | 白银段 | 良好 |
| 33 | 拖式扫路机 | SSB1500D | | 北京永朋金诺 | 2.38 | 1 | 2004年 | 白银段 | 良好 |
| 34 | 平板夯 | RP652 | | 日本柏山 | 1 | 1 | 2004年 | 白银段 | 良好 |
| 35 | 摊铺机 | RP4502 | 4.5M | 徐工 | 27.8 | 1 | 2005年 | 会宁段 | 一般 |
| 36 | 扫路机 | SSB1500D | | 北京永朋 | 2.38 | 1 | 2005年 | 会宁段 | 良好 |
| 37 | 振动压路机 | YZC12（双钢轮） | 12T | 中联重科 | 51.6 | 1 | 2005年 | | 良好 |
| 38 | 摊铺机 | 2LTLZ4.5E（沥青） | 4.5M | 镇江华晨 | 28.2 | 1 | 2005年 | 白银段 | 一般 |
| 39 | 开槽灌缝机 | SS125D | | 科来福 | 45.8 | 1 | 2005年 | 白银段 | 良好 |
| 40 | 振动压路机 | YZC12（双钢轮） | 12T | 中联重科 | 51.6 | 1 | 2005年 | 高养中心 | 良好 |

续表

| 序号 | 设备名称 | 规格型号 | 工作能力 | 生产厂家 | 购置价格（万元） | 数量（台） | 购置年限 | 使用单位 | 状况 |
|---|---|---|---|---|---|---|---|---|---|
| 41 | 打拔桩机 | | | 南京金长江 | 6.3 | 1 | 2005 年 | 高养中心 | 良好 |
| 42 | 护栏板矫正机 | | | 南京金长江 | 10.5 | 1 | 2005 年 | 高养中心 | 良好 |
| 43 | 发电机 | | | 日本柏山罗宾 | 1.46 | 1 | 2005 年 | 靖远段 | 良好 |
| 44 | 拖式扫路机 | SSB1500D | | 北京永朋金诺 | 2.38 | 1 | 2005 年 | 高养中心 | 良好 |
| 45 | 移动式可变信息显示屏 | 柏山 NKY42TVE | | 日本柏山 | 4.98 | 1 | 2005 年 | 高养中心 | 良好 |
| 46 | 静碾压路机 | 4135-3Y | 10T | 河南洛阳 | 5.08 | 1 | 2005 年 | 靖远段 | 差 |
| 47 | 切割机 | 三笠 MCD012 | | 日本三笠 | 1.6 | 1 | 2007 年 | 靖远段 | 一般 |
| 48 | 振动压路机 | 常林 YZ18J-3 | | 江苏常林 | 29 | 1 | 2007 年 | 靖远段 | 一般 |
| 49 | 划线车 | KF-ZRHX-150/200 型 | | 北方交通 | 30 | 1 | 2007 年 | 高养中心 | 良好 |
| 50 | 探照架灯 | | | 日本柏山 | 1 | 1 | 2007 年 | 靖远段 | 良好 |
| 51 | 综合养护车 | PM400-48-TRK | | 南京英达 | 240 | 1 | 2007 年 | 白银段 | 良好 |
| 52 | 小型挖掘机 | WLY60-6 | | 山东鲁振 | 6.6 | 1 | 2007 年 | 景泰段 | 良好 |
| 53 | 小型挖掘机 | WYL60-6 | | 山东鲁振 | 6.6 | 1 | 2007 年 | 会宁段 | 良好 |
| 54 | 小型挖掘机 | WLY60-6 | | 山东鲁振 | 6.6 | 1 | 2007 年 | 白银段 | 良好 |
| 55 | 小型挖掘机 | WLY60-6 | 0.3m³ | 山东鲁振 | 6.6 | 1 | 2007 年 | 靖远段 | 良好 |
| 56 | 平板夯 | GP3000 | | 日本 | 2 | 1 | 2007 年 | 景泰段 | 一般 |
| 57 | 静碾压路机 | 2Y8-10T | 10T | 河南洛阳 | 5.07 | 1 | 2007 年 | 白银段 | 差 |
| 58 | 静碾压路机 | 2Y8-10T | 10T | 河南洛阳 | 5.08 | 1 | 2007 年 | 白银段 | 差 |
| 59 | 装载机 | 柳工 50C | | 广西柳州 | 28.7 | 1 | 2007 年 | 白银段 | 一般 |
| 60 | 装载机 | 常林 ZLM50E-2 | | 江苏昆山 | 26 | 1 | 2007 年 | 会宁段 | 一般 |

**续表**

| 序号 | 设备名称 | 规格型号 | 工作能力 | 生产厂家 | 购置价格（万元） | 数量（台） | 购置年限 | 使用单位 | 状况 |
|---|---|---|---|---|---|---|---|---|---|
| 61 | 振动压路机 | 常林 YZ18J-3 | 18T | 江苏昆山 | 29 | 1 | 2007 年 | 会宁段 | 一般 |
| 62 | 沥青喷洒机 | LSA-1000A | | | 0.34 | 1 | 2007 年 | 会宁段 | 一般 |
| 63 | 发电机 | ATY3300 | | 兰州发电机厂 | 6.8 | 1 | 2007 年 | 靖远段 | |
| 64 | 装载机 | 夏工 50 | | 夏工装载机厂 | 33.8 | 1 | 2007 年 | 景泰段 | 一般 |
| 65 | 发电机 | 75GF | | 兰州发电机厂 | 10.8 | 1 | 2007 年 | 景泰段 | 一般 |
| 66 | 划线机及附属设备 | 41J-6 型 | | 兰州金路 | 6.34 | 1 | 2007 年 | 靖远段 | 差 |
| 67 | 拌和设备 | DHB25（沥青） | | 福建泉州筑机厂 | 37 | 1 | 2007 年 | 景泰段 | 一般 |
| 68 | 多功能机 | S300 | | 英格索兰山猫 | 63 | 1 | 2011 年 | 景泰段 | 良好 |
| 69 | 多功能机 | S300 | | 英格索兰山猫 | 63 | 1 | 2011 年 | 高养中心 | 良好 |
| 70 | 稀浆封层机 | MP-12B | | 美国 VSS | 236 | 1 | 2007 年 | 高养中心 | 良好 |
| 71 | 挖掘装载机 | 580MC | 挖掘斗容 0.2m³<br>装载斗容 0.75m³ | 凯斯 | 62 | 1 | 2008 年 | 高养中心 | 良好 |
| 72 | 路面铣刨机 | W1500 | 铣刨宽度 1.5M | 维特根 | 320 | 1 | 2008 年 | 高养中心 | 良好 |
| 73 | 装载机 | 50C | | 徐工 | 31.6 | 1 | 2008 年 | 高养中心 | 良好 |
| 74 | 发电机 | EC6500CX2 | 5KW | 闽东本田 | 0.96 | 1 | 2009 年 | 高养中心 | 良好 |
| 75 | 液压动力站 | HP13-20 | | INTNCA | 5.25 | 1 | 2009 年 | 高养中心 | 良好 |
| 76 | 液压动力站 | HP13-20 | | INTNCA | 5.25 | 1 | 2009 年 | 靖远段 | 良好 |
| 77 | 液压动力站 | HP13-20 | | INTNCA | 5.25 | 1 | 2009 年 | 景泰段 | 良好 |
| 78 | 液压动力站 | HP13-20 | | INTNCA | 5.25 | 1 | 2009 年 | 会宁段 | 良好 |
| 79 | 小型振动压路机 | YZC-3 | 3T | 江苏骏马 | 9.75 | 1 | 2009 年 | 白银段 | 良好 |
| 80 | 小型振动压路机 | YZC-3 | 3T | 江苏骏马 | 9.75 | 1 | 2009 年 | 靖远段 | 良好 |

续表

| 序号 | 设备名称 | 规格型号 | 工作能力 | 生产厂家 | 购置价格（万元） | 数量（台） | 购置年限 | 使用单位 | 状况 |
|---|---|---|---|---|---|---|---|---|---|
| 81 | 小型振动压路机 | YZC-3 | 3T | 江苏骏马 | 9.75 | 1 | 2009年 | 景泰段 | 良好 |
| 82 | 小型振动压路机 | YZC-3 | 3T | 江苏骏马 | 9.75 | 1 | 2009年 | 会宁段 | 良好 |
| 83 | 发电机 | KGE12E | 10KW | 开普 | 3.54 | 1 | 2009年 | 高养中心 | 良好 |
| 84 | 沥青砼搅拌站 | 1500型 | | 北京加隆 | 329.8 | 1 | 2009年 | 高养中心 | 良好 |
| 85 | 摊铺机 | DTU90SC | 9m | 三一 | 155 | 1 | 2009年 | 高养中心 | 良好 |
| 86 | 地磅 | 静态 | 100T | 兰州三原 | 6.7 | 1 | 2009年 | 高养中心 | 良好 |
| 87 | 轮胎压路机 | XP261 | 26T | 徐工 | 35.5 | 1 | 2009年 | 靖远段 | 良好 |
| 88 | 破冰除雪机 | HQ-50 | | 山东汇强 | 21.2 | 1 | 2009年 | 会宁段 | 良好 |
| 89 | 轮胎压路机 | XP261 | 30T | 徐工 | 37 | 1 | 2010年 | 高养中心 | 良好 |
| 90 | 推雪板 | | | 濮阳市盛旺 | 2.48 | 1 | 2010年 | 高养中心 | 良好 |
| 91 | 推雪板 | | | 濮阳市盛旺 | 2.48 | 1 | 2010年 | 景泰段 | 良好 |
| 92 | 沥青同步碎石封层车 | SX5225STBS | | 西安达刚 | 139 | 1 | 2010年 | 会宁段 | 良好 |
| 93 | 双钢轮轮压路机 | YZC12 | 12T | 三一 | 62 | 1 | 2010年 | 白银段 | 良好 |
| 94 | 胶轮压路机 | CLG626R | 26T | 柳工 | 36.8 | 1 | 2010年 | 会宁段 | 良好 |
| 95 | 滑移装载机 | HD440 | | 凯斯 | 62.8 | 1 | 2010年 | 会宁段 | 良好 |
| 96 | 滑移装载机 | HD440 | | 凯斯 | 62.8 | 1 | 2010年 | 靖远段 | 良好 |
| 97 | 胶轮压路机 | CLG626R | 26T | 柳工股份 | 35.8 | 1 | 2011年 | 高养中心 | 良好 |
| 98 | 胶轮压路机 | CLG626R | 26T | 柳工股份 | 35.8 | 1 | 2011年 | 景泰段 | 良好 |
| 99 | 应急照明灯 | ZM400-4 | 1600KW | 兰州同济 | 2.2 | 1 | 2011年 | 高养中心 | 良好 |
| 100 | 应急照明灯 | ZM400-4 | 1600KW | 兰州同济 | 2.2 | 1 | 2011年 | 高养中心 | 良好 |

续表

| 序号 | 设备名称 | 规格型号 | 工作能力 | 生产厂家 | 购置价格（万元） | 数量（台） | 购置年限 | 使用单位 | 状况 |
|---|---|---|---|---|---|---|---|---|---|
| 101 | 路面灌缝机 | COLAER-A400 | | 江苏宿迁市科路技 | 17 | 1 | 2011年 | 高养中心 | 良好 |
| 102 | 胶轮压路机 | LTP1826H | 26T | 洛阳路通 | | 1 | 2011年 | 景泰段 | 良好 |
| 103 | 综合养护车 | PM500-48-TRK | | 南京英达 | | 1 | 2011年 | 高养中心 | 良好 |
| 104 | 切割机 | | | 南京英达 | | 1 | 2011年 | 白银段 | 良好 |
| 105 | 切割机 | | | 南京英达 | | 1 | 2011年 | 靖远段 | 良好 |
| 106 | 切割机 | | | 南京英达 | | 1 | 2011年 | 景泰段 | 良好 |
| 107 | 切割机 | | | 南京英达 | | 1 | 2011年 | 会宁段 | 良好 |
| 108 | 路面开槽机 | CR-18 | | 南京英达 | | 1 | 2011年 | 景泰段 | 良好 |
| 109 | 路面开槽机 | CR-18 | | 南京英达 | | 1 | 2011年 | 高养中心 | 良好 |
| 110 | 路面开槽机 | CR-18 | | 南京英达 | | 1 | 2011年 | 高养中心 | 良好 |
| 111 | 路面开槽机 | CR-18 | | 南京英达 | | 1 | 2011年 | 高养中心 | 良好 |
| 112 | 双钢轮压路机 | YZC13 | | 中联重科 | 61 | 1 | 2012年 | 会宁段 | 良好 |
| 113 | 挖掘装载机 | GLG766 | | 柳工 | 36 | 1 | 2012年 | 靖远段 | 良好 |
| 114 | 路面清扫机 | QS1500E | 26KW | 河南高远 | 14.85 | 1 | 2012年 | 会宁段 | 良好 |
| 115 | 路面清扫机 | QS1500E | 26KW | 河南高远 | 14.85 | 1 | 2012年 | 靖远段 | 良好 |
| 116 | 路面清扫机 | QS1500E | 26KW | 河南高远 | 14.85 | 1 | 2012年 | 景泰段 | 良好 |
| 117 | 路面清扫机 | QS1500E | 26KW | 河南高远 | 14.85 | 1 | 2012年 | 白银段 | 良好 |
| 118 | 路面清扫机 | QS1500E | 26KW | 河南高远 | 14.85 | 1 | 2012年 | 高养中心 | 良好 |
| 119 | 路面清扫机 | QS1500E | 26KW | 河南高远 | 14.85 | 1 | 2012年 | 高养中心 | 良好 |
| 120 | 路面清扫机 | QS1500E | 26KW | 河南高远 | 14.85 | 1 | 2012年 | 高养中心 | 良好 |

续表

| 序号 | 设备名称 | 规格型号 | 工作能力 | 生产厂家 | 购置价格（万元） | 数量（台） | 购置年限 | 使用单位 | 状况 |
|---|---|---|---|---|---|---|---|---|---|
| 121 | 沥青拌合站 | LB2000E | | 三一重工 | 468 | 1 | 2012年 | 会宁段 | 良好 |
| 122 | 热再生附楼 | RZB-600 | | 福建铁拓 | 139.5 | 1 | 2013年 | 白银段 | 良好 |
| 123 | 旧油皮破碎系统 | PSR-80 | 140KW | 西安户县筑机厂 | 63 | 1 | 2013年 | 高养中心 | 良好 |
| 124 | 振动压路机 | YZC13H | | 三一重工 | 62 | 1 | 2013年 | 高养中心 | 良好 |
| 125 | 改性沥青设备 | | | 山东大山 | 175 | 1 | 2013年 | 高养中心 | 良好 |
| 126 | 稳定土厂拌 | WBSC500 | | 江苏华通动力 | 76 | 1 | 2014年 | 新世纪路业公司 | |
| 127 | 装载机 | LW50KN | 162KW | 徐工 | 33.2 | 1 | 2014年 | 高养中心 | 良好 |
| 128 | 小型振动压路机 | YZC-3 | 3T | 江苏骏马 | 13.86 | 1 | 2014年 | 高养中心 | 良好 |
| 129 | 冷再生设备 | WR2000XL | | 维特根 | 358 | 1 | 2014年 | 新世纪路业公司 | 良好 |
| 130 | 振动压路机 | XD132E | 13T | 徐工 | 58 | 1 | 2014年 | 平川段 | 良好 |
| 131 | 灌缝机 | MG150-500 | 5KW | 长沙明贤 | 21.8 | 1 | 2014年 | 高养中心 | 良好 |
| 132 | 移动强制式沥青搅拌设备 | QLB-40 | | 福建铁拓 | 111 | 1 | 2015年 | 会宁段 | 良好 |
| 133 | 移动强制式沥青搅拌设备 | QLB-40 | | 福建铁拓 | 111 | 1 | 2015年 | 平川段 | 良好 |
| 134 | 沥青拌合站 | SLB2000B | | 三一重工 | 460 | 1 | 2015年 | 高养中心 | 良好 |
| 135 | 清移装载机 | 山猫S770 | | 斗山 | 71.3 | 1 | 2015年 | 平川段 | 良好 |
| 136 | 乳化沥青设备 | ENH | 15T/H | ENH | 393 | 1 | 2015年 | 高养中心 | 良好 |
| 137 | 冷再生设备 | WR2000XL | | 维特根 | 350 | 1 | 2015年 | 新世纪路业公司 | 良好 |
| 138 | 铣刨机 | W100H | | 维特根 | 95 | 1 | 2016年 | 靖远段 | 良好 |
| 139 | 压路机 | Yzc-13 | | 中联重科 | 65 | 1 | 2016年 | 靖远段 | 良好 |
| 140 | 摊铺机 | PR903 | | 徐工 | 158 | 1 | 2015年 | 高养中心 | 良好 |

**续表**

| 序号 | 设备名称 | 规格型号 | 工作能力 | 生产厂家 | 购置价格（万元） | 数量（台） | 购置年限 | 使用单位 | 状况 |
|---|---|---|---|---|---|---|---|---|---|
| 141 | 装载机 | CLG855N | 162KW | 柳工 | 33.50 | 1 | 2015年 | 会宁段 | 良好 |
| 142 | 摊铺机 | PR903 | | 徐工 | 165 | 1 | 2016年 | 景泰段 | 良好 |
| 143 | 摊铺机 | PR903 | | 徐工 | 165 | 1 | 2016年 | 靖远段 | 良好 |
| 144 | 沥青拌合站 | CL-1500 | | 北京加隆 | 308 | 1 | 2016年 | 靖远段 | 良好 |
| 145 | 沥青拌合站 | CL-1500 | | 北京加隆 | 308 | 1 | 2016年 | 白银段 | 良好 |
| 146 | 扫路车 | ZLJ5164TSLE4 | | 中联重科 | 72.88 | 1 | 2016年 | | |
| 147 | 沥青拌合机 | QLB-40 | 40T/H | 福建铁拓 | 116.8 | 1 | 2016年 | 靖远段 | 良好 |
| 148 | 导热油锅炉 | | 100万大卡 | 兰州黄河制罐厂 | 65.6 | 1 | 2016年 | 高养中心 | 良好 |
| 149 | 沥青储存罐 | | 500T | 兰州黄河制罐厂 | | 1 | 2016年 | 高养中心 | 良好 |
| 150 | 沥青加热罐 | 50吨 | 50T | 兰州黄河制罐厂 | 24 | 2 | 2016年 | 高养中心 | 良好 |
| 151 | 铣刨机 | W100H | 铣刨宽度1m | 陕西启盛（维特根） | 89 | 1 | 2016年 | 会宁段 | 良好 |
| 152 | 单钢轮压路机 | JM626H | 26T | 江苏骏马 | 69.99 | 1 | 2016年 | 应急中心 | 良好 |
| 153 | 胶轮压路机 | SR30T-3 | 30T | 山推 | 39.77 | 1 | 2016年 | 平川段 | 良好 |
| 154 | 双钢轮压路机 | XG613DH | 13T | 夏工 | 48.8 | 1 | 2016年 | 景泰段 | 良好 |

## 白银公路管理局高级职称统计表

| 序号 | 姓名 | 职务 | 出生年月 | 籍贯 | 性别 | 民族 | 文化程度 | 参加工作时间 | 政治面貌 | 职称 | 资格取得时间 | 聘任时间 |
|---|---|---|---|---|---|---|---|---|---|---|---|---|
| 1 | 吴廷相 | | | | | | | | | 副高级工程师 | | 已退休 |
| 2 | 郭隆万 | | | | | | | | | 副高级工程师 | | 已退休 |
| 3 | 李淑英 | | | | | | | | | 副高级政工师 | | 已退休 |
| 4 | 王鹏 | | | | | | | | | 副高级工程师 | | 已退休 |
| 5 | 苏培钟 | | | | | | | | | 副高级政工师 | | 已退休 |
| 6 | 燕天宁 | 党委书记 | 1963年7月 | 定西 | 男 | 汉 | 大学 | 1981年7月 | 党员 | 高级政工师 | | 2016年8月 |
| 7 | 汪生忠 | 局长 | 1971年11月 | 临洮 | 男 | 汉 | 研究生 | 1992年7月 | 党员 | 副高级工程师 | | 2017年6月 |
| 8 | 贺得荣 | | 1959年10月 | 景泰 | 男 | 汉 | 大学 | 1980年9月 | 党员 | 正高级工程师 | 2016年5月 | 2016年8月 |
| 9 | 罗继东 | 副局长 | 1969年5月 | 白银 | 男 | 汉 | 大学 | 1989年7月 | 党员 | 正高级工程师 | 2017年5月 | 2017年6月 |
| 10 | 汪小东 | 副局长 | 1978年10月 | 会宁 | 男 | 汉 | 研究生 | 1998年7月 | 党员 | 副高级工程师 | 2012年12月 | 2012年12月 |
| 11 | 张廷才 | 应急抢险中心主任 | 1970年9月 | 会宁 | 男 | 汉 | 大学 | 1992年7月 | 党员 | 副高级工程师（兰外有效） | 2008年12月 | 2009年2月 |
| 12 | 魏兴发 | | 1959年4月 | 皋兰 | 男 | 汉 | 大学 | 1984年7月 | 党员 | 副高级工程师 | 2004年12月 | 2005年3月 |
| 13 | 丁进忠 | | 1963年11月 | 榆中 | 男 | 汉 | 大学 | 1987年7月 | 党员 | 副高级工程师 | 2007年12月 | 2008年2月 |
| 14 | 吴文岗 | 应急抢险中心党支部书记 | 1971年4月 | 白银 | 男 | 汉 | 大学 | 1992年7月 | 党员 | 副高级工程师（兰外有效） | 2008年12月 | 2009年2月 |
| 15 | 沈凌云 | 工会副主席 | 1970年11月 | 景泰 | 女 | 汉 | 大学 | 1993年7月 | 党员 | 副高级工程师 | 2009年12月 | 2009年12月 |
| 16 | 贺得娜 | | 1963年10月 | 景泰 | 女 | 汉 | 大学 | 1980年9月 | 党员 | 副高级工程师 | 2009年12月 | 2009年12月 |
| 17 | 李仲臣 | 平川段段长 | 1969年6月 | 靖远 | 男 | 汉 | 大学 | 1989年6月 | 党员 | 副高级工程师 | 2009年12月 | 2009年12月 |
| 18 | 白吉润 | | 1963年5月 | 榆中 | 男 | 汉 | 大学 | 1984年8月 | 党员 | 副高级工程师 | 2003年11月 | 2010年12月 |

续表

| 序号 | 姓名 | 职务 | 出生年月 | 籍贯 | 性别 | 民族 | 文化程度 | 参加工作时间 | 政治面貌 | 职称 | 资格取得时间 | 聘任时间 |
|---|---|---|---|---|---|---|---|---|---|---|---|---|
| 19 | 闫受驾 | 技术科科长 | 1972年11月 | 会宁 | 男 | 汉 | 大学 | 1991年7月 | 党员 | 副高级工程师 | 2010年12月 | 2010年12月 |
| 20 | 吴世兴 | | 1972年9月 | 靖远 | 男 | 汉 | 大学 | 1996年7月 | 党员 | 副高级工程师 | 2010年12月 | 2010年12月 |
| 21 | 李宁 | | 1965年9月 | 山东 | 男 | 汉 | 大学 | 1986年7月 | 党员 | 副高级工程师 | 2010年12月 | 2010年12月 |
| 22 | 柴建政 | 试验检测中心主任 | 1967年9月 | 会宁 | 男 | 汉 | 大学 | 1991年9月 | 党员 | 副高级工程师 | 2010年12月 | 2010年12月 |
| 23 | 罗维昆 | | 1971年4月 | 景泰 | 男 | 汉 | 大学 | 1995年6月 | 党员 | 副高级工程师 | 2010年12月 | 2010年12月 |
| 24 | 牛彩霞 | 应急抢险中心副主任 | 1974年9月 | 会宁 | 女 | 汉 | 大学 | 1995年7月 | 党员 | 副高级工程师 | 2010年12月 | 2010年12月 |
| 25 | 张晓明 | 会宁段党支部书记 | 1974年8月 | 靖远 | 男 | 汉 | 大学 | 1997年7月 | 党员 | 副高级工程师 | 2011年12月 | 2011年12月 |
| 26 | 曾潮武 | | 1972年11月 | 靖远 | 男 | 汉 | 大学 | 1996年7月 | | 副高级工程师 | 2011年12月 | 2011年12月 |
| 27 | 蒋玉霞 | 安全科科长 | 1974年6月 | 平凉 | 女 | 汉 | 大学 | 1995年7月 | 党员 | 副高级工程师 | 2011年12月 | 2011年12月 |
| 28 | 高启正 | 试验检测中心副主任 | 1964年7月 | 白银 | 男 | 汉 | 大学 | 1988年7月 | 党员 | 副高级工程师 | 2011年12月 | 2011年12月 |
| 29 | 刘明辉 | 应急抢险保障中心副主任 | 1974年7月 | 靖远 | 男 | 汉 | 大学 | 1998年7月 | 党员 | 副高级工程师 | 2009年12月 | 2011年12月 |
| 30 | 闫利平 | 人劳科科长 | 1975年7月 | 蒙古 | 男 | 汉 | 大学 | 1995年7月 | 党员 | 副高级工程师 | 2012年12月 | 2012年12月 |
| 31 | 马仲虎 | 平川段副段长 | 1977年11月 | 靖远 | 男 | 汉 | 大学 | 1997年7月 | 党员 | 副高级工程师（单位有效） | 2012年12月 | 2012年12月 |
| 32 | 张兴绪 | 养护计划科科长 | 1971年8月 | 会宁 | 男 | 汉 | 大专 | 1996年8月 | 党员 | 副高级工程师 | 2012年12月 | 2012年12月 |
| 33 | 魏久刚 | | 1964年11月 | 靖远 | 男 | 汉 | 大专 | 1985年7月 | 党员 | 副高级工程师 | 2012年12月 | 2012年12月 |
| 34 | 王明锏 | 高养中心副主任 | 1978年11月 | 靖远 | 男 | 汉 | 大学 | 2002年7月 | 党员 | 副高级工程师 | 2012年12月 | 2012年12月 |
| 35 | 郭利利 | | 1974年9月 | 会宁 | 女 | 汉 | 大学 | 1996年8月 | | 副高级工程师 | 2012年12月 | 2012年12月 |
| 36 | 朱世杰 | | 1968年10月 | 河南 | 男 | 汉 | 大学 | 1991年9月 | 党员 | 副高级工程师 | 2012年12月 | 2012年12月 |
| 37 | 任开伟 | 路业公司副董事长兼总经理 | 1979年11月 | 江苏 | 男 | 汉 | 大学 | 2002年9月 | 党员 | 副高级工程师 | 2012年12月 | 2014年1月 |

续表

| 序号 | 姓名 | 职务 | 出生年月 | 籍贯 | 性别 | 民族 | 文化程度 | 参加工作时间 | 政治面貌 | 职称 | 资格取得时间 | 聘任时间 |
|---|---|---|---|---|---|---|---|---|---|---|---|---|
| 38 | 杨永军 | 靖远段协理员（正科） | 1961 年 11 月 | 靖远 | 男 | 汉 | 大专 | 1980 年 9 月 | 党员 | 副高级工程师（单位有效） | 2014 年 3 月 | 2014 年 4 月 |
| 39 | 张启成 | 试验检测中心副主任 | 1964 年 1 月 | 会宁 | 男 | 汉 | 中专 | 1983 年 12 月 | 党员 | 副高级工程师（单位有效） | 2014 年 3 月 | 2014 年 4 月 |
| 40 | 彭恩奎 | 会宁段协理员 | 1968 年 4 月 | 会宁 | 男 | 汉 | 大专 | 1989 年 4 月 | 党员 | 副高级工程师 | 2014 年 3 月 | 2014 年 4 月 |
| 41 | 杨丽君 | 靖远段党支部书记 | 1975 年 5 月 | 靖远 | 女 | 汉 | 大学 | 1998 年 7 月 | 党员 | 副高级工程师 | 2014 年 3 月 | 2014 年 4 月 |
| 42 | 孙守迪 | 高养中心副主任 | 1976 年 7 月 | 会宁 | 男 | 汉 | 大学 | 1997 年 7 月 | 党员 | 副高级工程师 | 2014 年 3 月 | 2014 年 4 月 |
| 43 | 杨富生 | 应急中心工会主席 | 1977 年 10 月 | 永登 | 男 | 汉 | 大学 | 1998 年 7 月 | 党员 | 副高级工程师 | 2014 年 3 月 | 2014 年 4 月 |
| 44 | 李宁 | | 1980 年 6 月 | 河南 | 女 | 汉 | 大学 | 2002 年 7 月 | | 副高级工程师 | 2014 年 3 月 | 2014 年 4 月 |
| 45 | 卢昌琪 | 会宁段段长 | 1976 年 9 月 | 景泰 | 男 | 汉 | 大学 | 1997 年 7 月 | 党员 | 副高级工程师 | 2014 年 12 月 | 2015 年 1 月 |
| 46 | 王京京 | | 1977 年 11 月 | 南京 | 男 | 汉 | 大学 | 1996 年 8 月 | | 副高级工程师 | 2014 年 12 月 | 2015 年 1 月 |
| 47 | 俞建勋 | 高养中心副主任 | 1971 年 10 月 | 永登 | 男 | 汉 | 大学 | 1993 年 1 月 | 党员 | 副高级工程师 | 2014 年 12 月 | 2015 年 1 月 |
| 48 | 王煜寿 | 养路计划科副科长 | 1981 年 11 月 | 靖远 | 男 | 汉 | 大学 | 2004 年 6 月 | 党员 | 副高级工程师 | 2014 年 12 月 | 2015 年 1 月 |
| 49 | 张琳宣 | | 1980 年 11 月 | 靖远 | 女 | 汉 | 大学 | 2004 年 7 月 | 党员 | 副高级工程师 | 2014 年 12 月 | 2015 年 1 月 |
| 50 | 李守华 | | 1977 年 7 月 | 靖远 | 女 | 汉 | 大学 | 1993 年 5 月 | | 副高级工程师 | 2014 年 12 月 | 2015 年 1 月 |
| 51 | 刘觅江 | 应急抢险中心副主任 | 1980 年 5 月 | 景泰 | 男 | 汉 | 大学 | 2003 年 7 月 | 党员 | 副高级工程师 | 2015 年 12 月 | 2016 年 5 月 |
| 52 | 庞权 | 新世纪路业公司副总经理 | 1982 年 12 月 | 会宁 | 男 | 汉 | 大学 | 2003 年 7 月 | 党员 | 副高级工程师 | 2015 年 12 月 | 2016 年 5 月 |
| 53 | 丁遨佳 | 新世纪路业公司副总经理 | 1982 年 1 月 | 益阳 | 男 | 汉 | 大学 | 2003 年 7 月 | 党员 | 副高级工程师（单位有效） | 2015 年 12 月 | 2016 年 5 月 |
| 54 | 郭鹏 | 养路计划科副科长 | 1981 年 10 月 | 河北 | 男 | 汉 | 大学 | 2004 年 7 月 | 党员 | 副高级工程师 | 2016 年 12 月 | 2017 年 3 月 |
| 55 | 王琴 | | 1978 年 10 月 | 靖远 | 女 | 汉 | 大学 | 2000 年 4 月 | 党员 | 副高级工程师 | 2016 年 12 月 | 2017 年 3 月 |

**续表**

| 序号 | 姓名 | 职务 | 出生年月 | 籍贯 | 性别 | 民族 | 文化程度 | 参加工作时间 | 政治面貌 | 职称 | 资格取得时间 | 聘任时间 |
|---|---|---|---|---|---|---|---|---|---|---|---|---|
| 56 | 高松安 | | 1964年2月 | 白银 | 男 | 汉 | 大专 | 1988年7月 | 党员 | 副高级工程师（单位有效） | 2016年12月 | 2017年3月 |
| 57 | 马炳苹 | | 1980年9月 | 会宁 | 女 | 汉 | 大学 | 2003年7月 | 团员 | 副高级工程师（单位有效） | 2016年12月 | 2017年3月 |
| 58 | 冯学苹 | | 1981年7月 | 益阳 | 男 | 汉 | 大学 | 2003年7月 | 党员 | 副高级工程师（单位有效） | 2016年12月 | 2017年3月 |
| 59 | 李昱辰 | 高养中心党支部书记 | 1972年9月 | 会宁 | 男 | 汉 | 大学 | 1995年10月 | 党员 | 高级经济师 | 2008年12月 | 2009年3月 |
| 60 | 苏俊霞 | 人劳科副科长 | 1971年6月 | 靖远 | 女 | 汉 | 大学 | 1992年12月 | 党员 | 高级经济师 | 2013年1月 | 2013年1月 |
| 61 | 杨雪峰 | 景泰段段长 | 1977年8月 | 天水 | 男 | 汉 | 大学 | 1998年8月 | 党员 | 高级经济师 | 2013年12月 | 2014年1月 |
| 62 | 宋耀花 | 白银段工会主席 | 1972年1月 | 景泰 | 女 | 汉 | 大学 | 1995年7月 | 党员 | 高级经济师 | 2013年12月 | 2014年1月 |
| 63 | 杨爱萍 | 高养中心工会主席 | 1973年3月 | 民勤 | 女 | 汉 | 大学 | 1996年7月 | 党员 | 高级经济师（单位有效） | 2013年12月 | 2014年1月 |
| 64 | 王宝成 | 白银段党支部书记 | 1972年9月 | 静宁 | 男 | 汉 | 研究生 | 1995年7月 | 党员 | 高级经济师 | 2014年12月 | 2015年1月 |
| 65 | 顾雪梅 | | 1980年12月 | 白银 | 女 | 汉 | 大学 | 2004年7月 | 党员 | 高级经济师 | 2014年12月 | 2015年1月 |
| 66 | 俞建华 | | 1965年10月 | 永登 | 男 | 汉 | 大专 | 1989年11月 | 党员 | 高级经济师（单位有效） | 2014年12月 | 2015年1月 |
| 67 | 闫玉仁 | 办公室主任 | 1983年11月 | 会宁 | 男 | 汉 | 大学 | 2001年7月 | 党员 | 高级经济师 | 2016年12月 | 2017年3月 |
| 68 | 李 莉 | 财务资产管理科副科长 | 1968年2月 | 河南 | 女 | 汉 | 大学 | 1991年7月 | | 高级统计师 | 2005年12月 | 2007年1月 |
| 69 | 宋进卫 | | 1971年2月 | 景泰 | 男 | 汉 | 大专 | 1997年11月 | 党员 | 高级会计师 | 2016年12月 | 2017年3月 |

## 白银公路管理局在职职工现有文化程度统计表

| 单位 | 研究生 | | 本科 | | 大专 | | 中专 | | 高中 | | 其他 | | 合计 |
|---|---|---|---|---|---|---|---|---|---|---|---|---|---|
| | 男 | 女 | 男 | 女 | 男 | 女 | 男 | 女 | 男 | 女 | 男 | 女 | |
| 局机关 | 1 | 1 | 28 | 14 | 7 | 2 | | | | | | | 53 |
| 靖远段 | | | 9 | 11 | 20 | 9 | 1 | 2 | 8 | 2 | 36 | 7 | 105 |
| 白银段 | 1 | | 13 | 31 | 14 | 27 | 1 | 2 | 17 | 5 | 20 | 9 | 140 |
| 景泰段 | | | 12 | 9 | 51 | 40 | 4 | 2 | 11 | | 5 | 3 | 137 |
| 会宁段 | 1 | | 23 | 16 | 34 | 22 | 3 | 2 | 14 | 2 | 62 | 9 | 188 |
| 平川段 | | | 15 | 9 | 8 | 6 | 2 | 1 | 6 | 1 | 16 | 1 | 65 |
| 高养中心 | | | 24 | 11 | 16 | 3 | 2 | | 10 | | 1 | | 67 |
| 应急中心 | | | 15 | 9 | 7 | 7 | 1 | 1 | 6 | | 1 | | 47 |
| 检测中心 | | | 9 | 5 | 3 | 3 | 1 | | | | | | 21 |
| 后勤中心 | | | 5 | 2 | 5 | 1 | | | 6 | | 1 | | 20 |
| 路业公司 | | 12 | 1 | 1 | | 2 | | 1 | | | | | 17 |
| 合计 | 3 | 13 | 154 | 118 | 165 | 122 | 15 | 11 | 78 | 10 | 142 | 29 | 860 |

# 图　片

# 甘肃省交通厅文件

甘交人〔1986〕5号

关于成立白银公路总段的通知

省交通厅公路局:

根据省交通厅八五年十二月二十三日第七次厅务会议 ■■ 讨论决定:成立省白银公路总段。为了便于开展工作,由李昌伟、王志贵、周日新等同志组成省白银公路总段筹备组,组长由李昌伟同志担任,有关接交等宜由厅公路局组织办理。

一九八六年 月 十日

抄送:兰州市委、白银市委、武威、定西、平凉、陇南地委,兰州、平凉、定西、武威、陇南公路总段、白银总段筹备组、厅长、副厅长

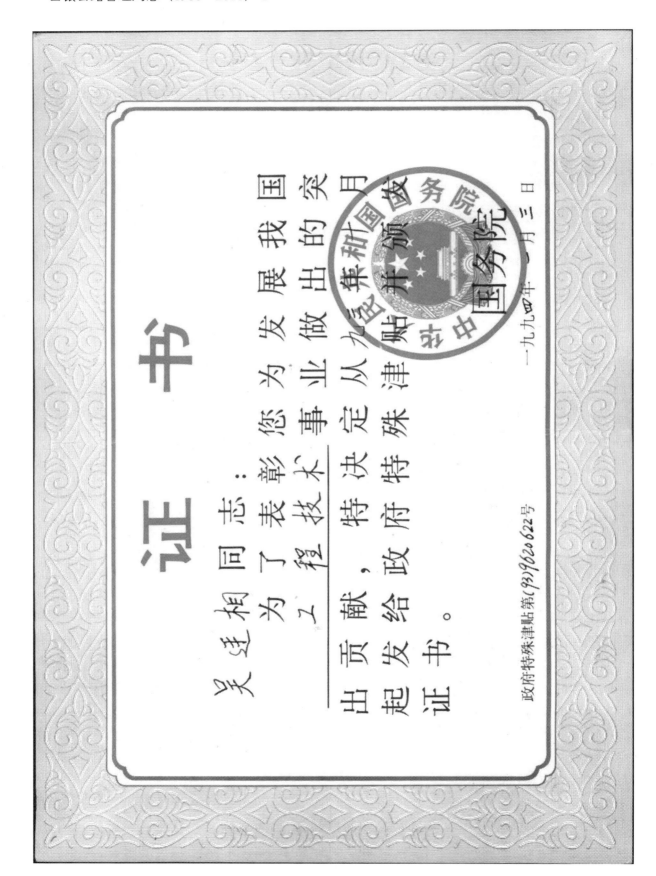

证　书

关逵相同志：

　　为表彰您为发展我国

工程技术事业做出的突

出贡献，特决定从一九九

起发给政府特殊津贴

证书。

中华人民共和国政务院颁发

中国务院

一九九四年一月三日

政府特殊津贴第(93)862o622号

# 事 例

**一、交通部原副部长王展意视察国道312线**

1997年3月17日，交通部原副部长、全国道桥协会名誉会长王展意一行在省交通厅厅长胡国斌、副厅长庹述芬、公路局局长徐超杰等的陪同下，视察了国道312线界巉段的公路管养及收费管理工作，并给予了赞扬。

他说，会宁地区条件艰苦，在会宁工作的同志很辛苦，道工们奉献精神强，路养得好、管得好。收费窗口坚持文明收费、文明服务，赢得了社会信誉。在视察青江驿养护管理站时，他说像这样的班站应该在我们公路上多修建一些，设施多配套些，以逐步改善养路工人的工作生活条件。

王展意一行还参观了爱国主义教育基地红军长征第一、二、四方面军会师纪念馆。

**二、交通部副部长胡希捷来白银视察工作**

1998年8月5日，交通部副部长胡希捷在省交通厅厅长徐栓龙、省政府副秘书长白学林等陪同下视察国道109线的公路养护、管理和建设情况。

胡希捷详细察看了白银境内的公路养护、路政管理和公路工程建设的施工情况。在靖远三滩黄河大桥施工现场，胡希捷听取了省交通厅公路工程处、承建大桥的交通部二局二处负责同志关于桥梁工程施工进展情况和大桥整体结构介绍的汇报。之后，亲自察看了施工作业现场，慰问了奋战在施工现场的全体员工，对施工、管理单位的工作成绩给予了充分肯定。他强调指出，黄河大桥施工难度大、工程质量要求高，施工单位和管理部门一定要高度重视，加强安全管理，做到时间、质量、效益三结合，高标准、严要求，确保施工质量，加快工程进度，圆满完成大桥建设任务，要为甘肃的公路建设做出贡献。胡希捷视察国道109线刘寨柯至唐家台段的养护管理和水泉至唐家台路段的改建施工现场，称赞"白银公路总段养护工作搞得很好，标线清晰，路面平整，行车舒适，施工路段标志明显，施工规范，材料堆放整齐"。要求施工要注意安全，要高度重视施工任务，并对养路职工表示慰问。

### 三、中国海员工会、中国公路运输工会主席张士辉在白银公路总段调研

1999年7月18日至19日，中国海员工会、中国公路运输工会主席张士辉、办公室主任张发明一行，在省交通厅纪检组长王吉祥、省交通工会主任王毓周及白银公路总段党委书记胡振琦、工会主席陈自润的陪同下，沿国道109线进入白银，先后看望、慰问了旱平川大道班、甘沟驿机械化养护队、界嶷段管理所、青江驿养护站的职工。

张士辉一行每到一处，都和养路职工、收费人员亲切攀谈，详细了解班站基本建设，以及工作管理、文化生活等方面的情况，询问班站建设存在的困难、职工队伍的思想状况，并与职工合影留念。经过两天的调研，张士辉对白银总段班站建设与管理方面取得的成绩，给予充分肯定。他说：旱平川等几个班站虽然组建迟，但起步很好。要保持取得的成绩和荣誉，做出样板，起到示范作用。

张士辉与职工座谈时指出：一是要珍惜岗位。在公路交通大发展的新形势下，在目前企业不太景气的情况下，养路职工要努力工作，珍惜养路工作岗位。二是要养好路，在艰苦的条件下，养路职工要努力学习业务知识，提高业务水平，增强改革意识和安全意识，进一步提高公路养护水平和质量，以饱满的精神状态，展现公路交通行业两个文明建设成果。

### 四、交通部副部长李居昌视察国道109线，看望慰问养路职工

1999年8月12日，交通部副部长李居昌、公路管理司副司长王玉、巡视员夏月超一行在省政府办公厅主任谢庆昌、公交处副处长徐志昉和省交通厅长徐栓龙、副厅长韩国杰、办公室主任宁润田以及白银市交通局长曾锡庭、白银总段党委书记胡振琦、总段长的陪同下，视察了国道109线甘肃路段公路养护管理工作情况。

在靖远公路管理段旱平川大道班，李居昌看望、慰问了养路职工。与养路职工亲切交谈，询问了解组成人员、养护里程、养护作业工具、机械化程度、养护管理水平等情况，并深入职工宿舍了解居住生活环境、文化娱乐设施。最后李居昌要求：公路养护单位要提高机械化养护水平，提高劳动生产率，降低工人劳动强度，降低养护成本，走减员增效的路子；进一步深化改革，加强管理，促进公路交通事业的健康发展。

### 五、交通部部长黄镇东深入旱平川养管站考察指导工作

2000年9月8日，交通部部长黄镇东、交通部总工程师凤懋润、综合规划司司长董学博、公路司司长冯正霖一行考察甘肃公路建设。省委副书记陆浩、省纪委主任邵克文、省政府秘书长白学林、省交通厅厅长徐栓龙、副厅长王志贵及白银市委书记冯云海、副市长卢克诚等省市领导的陪同下，深入白银公路养护生产一线靖远公路管理段旱平川养护管理站进行考察。

在旱平川养护管理站，黄镇东一行及省、市领导看望了生产一线养路职工，与养路职工亲切交谈，了解情况，并查看了养管站的各种统计图表和精神文明建设宣传栏。当黄镇东看

到养路职工能有这样一个良好的工作、生活环境时，感到很高兴，随后与站上的养路职工及省、市领导和相关单位的负责同志一起合影留念，接着又风尘仆仆沿国道109线驱车赶往兰州。

## 六、三滩黄河大桥建成通车

2000年9月8日，西北地区跨径最大的桥梁——靖远三滩黄河大桥竣工通车，结束了靖远三滩黄河过往行人和车辆船渡的历史。它的建成，是甘肃交通建设的又一硕果，对改变白银地区交通状况，发展路域经济，疏通东西大通道，具有极具重要的意义。靖远三滩黄河大桥是甘肃省"九五"期间重点建设项目国道109线吴唐段的关键工程，主桥为三向预应力混凝土连续钢构结构，其主跨长140米，是西北地区同类结构目前跨径最大的桥梁。整个工程通过采用一系列新工艺、新技术、新材料，提高了施工技术能力，保证了质量。

吴唐段公路及三滩黄河大桥工程于1996年9月开工兴建，施工总工期4年，共计完成投资1.37亿元，其竣工通车，标志着该段22.2公里二级收费公路正式投入运营。通车典礼上，省人大常委会秘书长胡国斌、交通厅厅长徐栓龙、副厅长王志贵、纪检组长王吉祥，白银市领导郭培根、卢克诚、王民强，以及省交通规划勘察设计院、省交通基建工程质监站、交通部二局等单位的主要负责人，靖远县、平川区的主要领导出席典礼并为大桥通车剪彩。

## 七、白银公路总段顺利通过"省级文明单位"的达标验收

2000年9月16日，省精神文明建设指导委员会办公室主任周文武、调研处长思登明及白银市文明办主任蒋伟、区宣传部长马俊明一行对白银公路总段创建省级文明单位工作进行了全面检查验收。验收座谈会上，检查组成员听取了总段党委书记胡振琦关于创建省级文明单位情况的汇报和市、区文明办负责同志及总段长就创建工作的意见后，周文武宣布，白银公路总段顺利通过"省级文明单位"的达标验收。

## 八、全省交通工会工作会议在白银召开

2004年4月28日，为期两天的全省交通工会工作会议圆满完成各项议程后在白银落下帷幕。省交通厅党组书记、厅长徐栓龙出席会议并讲话。会议期间，省总工会副主席宋奋吉、省交通厅纪检组长王吉祥到会祝贺并讲话。省交通工会主任王毓周主持会议并做工作报告。白银市总工会主席徐沛福及厅属单位分管工会工作的负责同志出席了会议。

徐厅长首先对去年工会工作取得的成绩予以肯定。2003年，全省各级工会组织克服自然灾害、财力紧张带来的困难，积极帮助职工群众解决工作、生活中的困难，并通过开展多种形式的文娱活动，丰富了职工的文化生活，提高了凝聚力与战斗力。同时，对职工的培训与教育工作也卓有成效，很好发挥了桥梁与纽带作用，为交通的改革与发展做出了贡献。

徐厅长对交通工会如何做好今年的工作提出了要求。他指出：交通工会要认清形势，抓住机遇，围绕中心工作，服务大局，继续为交通可持续发展做出贡献。今年，交通行业仍然面临加快发展、改革与转变、向现代化发展的形势，面临怎样全面、持续、协调发展的问题。各级工会组织的同志要对形势有准确的认识与判断，紧紧围绕党委的中心工作，搞好服务。

徐厅长指出，各级工会组织要明确重点，扎实工作，确保全年各项任务目标的落实。为此，他要求今年要具体抓好六个方面的工作。一是继续兴起学习"三个代表"重要思想新的

高潮，坚持用科学的发展观统领工会工作；二是工会的同志要切实参与各项改革方案的制定与落实，工会工作要和各单位的改革结合起来；三是要按照以人为本的思想维护职工的合法权益，帮助困难职工解决实际问题，多办实事、好事；四是要继续积极参与开展"管理年"活动，发挥好工会的民主监督作用，搞好政务公开工作；五是采取多种形式，开展群众性的文化活动；六是交通工会要率先掀起学习许振超和徐广辉两位同志典型事迹的高潮，学习他们服务人民、奉献社会的精神。

徐厅长最后指出，今年的任务十分艰巨，要顺利完成全年的各项任务目标，离不开广大职工群众的积极配合与支持。因此，各级党委要加强对工会工作的领导与支持，在涉及职工切身利益的问题上，要请工会参与讨论，并且要在资金、时间、人员上予以保障，支持工会开展好各项活动。

会议期间，省交通厅还与厅属单位工会的负责同志签订了《省交通工会重点工作目标责任书》。

### 九、全省公路系统公路养护管理培训班学员观摩考察三滩养管站

2005年3月3日，省公路局组织全省公路系统公路养护管理培训班80多名学员观摩考察了白银公路总段靖远公路管理段三滩公路养护管理站。省公路局副局长孙孝珠、省养处处长陈旭升一行在总段党委书记陈富诗、总段长石培成、工会主席贠子辉、副总段长姚志明等陪同下，与学员一道观摩考察了三滩养管站的"两化"（标准化、规范化）建设和基础管理工作。

三滩养管站建于1999年，地处靖远县三滩乡的黄河之滨，现有职工22人，其中青年职工占90%，大中专学历3人，担负着国道109线52.68公路的养护管理任务。在讲解员的带领下，学员们先后参观了职工食堂、养护物资采备库、职工宿舍、阅览室、图书室、会议室，观看了三滩养管站电视光盘资料介绍。观摩人员被这眼前矗立的四层综合大楼、干净整洁规划有序的庭院、富有生活气息的职工食堂、优雅舒适配置一流的公寓化管理宿舍、规范标准很有特色的"职工之家"、图书阅览室及职工良好的精神面貌所打动，不时发出称赞声。

观摩结束后，省公路局副局长孙孝珠在讲话中充分肯定了白银总段班站的"两化"建设，认为三滩养管站基础管理很有特色，规范化、标准化水平比较高，他希望学员们把好的做法带回去，结合实际，因地制宜，把班站"两化"建设搞得更好，做到班站室内配置合理规范、生活气息浓厚、整洁舒适，图表色调统一，以优异成绩迎接交通部全国公路大检查。

### 十、白银公路总段召开建段二十周年大会

2006年1月5日上午，总段在市会展中心召开大会，隆重庆祝建段20周年。省交通厅党组成员、纪检组长王吉祥，省交通厅党组成员、副厅长康军，市委常委、白银区委书记袁崇俊，市人大常委会副主任张国庆，副市长火统元，市政协副主席冯理忠及省交通厅有关处室和厅属有关单位的负责人到会祝贺。在总段工作生活过的老领导、老同事，全段副科级以上干部、段属单位演出人员参加了庆祝大会。庆祝大会由总段党委书记陈富诗主持。

副厅长康军在讲话中对总段20年所取得的成绩给予了充分肯定和高度评价。对今后的工作提出了希望和具体要求。他要求总段在新的起点上，以科学发展观统揽全局，进一步增强责任感、紧迫感和危机感，抢抓机遇，乘势

而上，努力提高公路养护质量和水平，加快公路建设步伐，加强队伍建设，树立良好形象，构筑和谐行业，不断向更高目标迈进，为白银发展再立新功。

副市长火统元在讲话中代表市委、市人大、市政府、市政协向总段表示热烈的祝贺，向长期战斗在公路一线的广大干部职工表示亲切的慰问。他指出，20年来总段以发展白银市公路交通事业为己任，紧跟全市经济社会发展步伐，围绕全市经济建设工作大局，抓机遇，强管理，夯基础，促发展，不断加强全市三县两区公路建设、养护、管理工作，极大地改善了全市道路交通条件，为全市经济持续快速健康发展做出了积极贡献。他希望总段认真贯彻落实市委五届九次全委会议暨市委经济工作会议精神，坚持以发展为第一要务，以项目建设为重点，在实施"十一五"规划的伟大实践中，进一步推动公路交通事业的改革和发展，不断探索新时期公路交通建设的新路子、新办法，进一步夯实基础管理，不断促进公路建设、养护等各项事业的向前发展；进一步提高公路养护质量和技术等级，促进国省干线公路上等级上水平，各项工作再上新台阶。

省公路局副局长孙孝珠代表省公路局宣读了贺信，对总段20年发展取得的成就表示祝贺。

总段长石培成在讲话中回顾了总段20年走过的光辉历程，总结了在实践中取得的宝贵经验，并代表总段党政工团，向20年来为总段发展奉献智慧、倾注心血的所有建设者、劳动者、管理者，向所有关心、支持、牵挂总段发展的人们表示最崇高的敬意和衷心的感谢。同时，他号召全段广大干部职工，在省交通厅、公路局、白银市的正确领导下，全面落实科学发展观，认清前进道路上的困难和挑战，

进一步提高公路养护质量和技术水平，加快公路建设步伐，在脚踏实地中加快发展，在与时俱进中追求卓越，努力开创总段更加辉煌灿烂的明天。

庆祝大会结束后，与会者观看了由职工们表演的《再创辉煌》文艺节目。

### 十一、参加白银市平安建设试点工作现场会议的代表来白银公路总段观摩

2006年8月21日上午，参加白银市平安建设试点工作现场会的市委常委、白银区委书记袁崇俊，市委常委、政法委书记贾承世，市政府副市长，市公安局局长杨成堂及市上有关单位、部门和三县两区的有关负责同志共70多人来白银总段观摩平安建设试点工作情况。

白银总段是全市平安建设试点工作五个现场之一，与会人员先后了解了公路小区、办公楼、世纪宾馆的平安建设情况，与白银总段做了"综合治理推动平安建设，群防群治构建和谐环境"的交流。总段开展平安建设活动的主要做法是：突出平安单位和平安小区"两个创建"，把深入排查和调处各类矛盾纠纷、路政人员依法行政、收费单位文明收费、项目建设劳务用工，防止"法轮功"、黄赌毒、刑事案件的发生作为重点，加大小区硬件设施的建设，安装电子防盗门、监控系统、健身器材，倡导健康文明的生活方式。落实"人防""物防"和"技防"三个防范，坚持保安24小时轮流值班和来客芡访人员登记制度，做到全天电视监控全方位覆盖办公区、住宅小区，切实提高了单位内部防范控制能力。强化平安建设与宣传思想政治教育工作相结合，使职工树立正确的"三观"，提高职工思想道德水平，抵御不良思想侵蚀；强化平安建设与社会治安综合治理工作相结合，将全年的综治任务目标进行分解落实，在半年、年终进行检查总结，预

防了各类违法犯罪的发生；强化平安建设与全段安全管理工作相结合，突出养护、施工、收费、路政执法、生活"五个现场"及车辆机械的管理，为职工、小区居民配发了《安全工作指南》手册，形成了安全稳定的良好态势和长治久安的局面；强化平安建设与信访民事调解工作相结合，重视信访工作，倾听职工群众的意见、建议和困难，做好对基层职工和离退休职工的慰问，促进了和谐单位、和谐小区、和谐家庭的创建，形成了群防群治、齐抓共管的局面，推进了平安建设活动的深入开展。

### 十二、白银公路总段组织召开全段公路养护路政管理现场观摩会

2007年5月21日至25日，总段组织召开全段公路养护、路政管理桥梁维护"质量年"活动现场观摩会。总段长石培成、副总段长贺得荣带领养计科、路政支队、总段桥梁工程师、两办人员及各公路管理段段长、副段长（桥梁工程师）、路政副大队长、新墩监控站站长共22人，先后现场观摩了景泰段S217线、S201线桥涵台背跳车处置、油路修补、危旧涵洞加固、罩面施工现场、S308线安保工程，白银段G109线红嘴子桥加固工程、白兰高速公路施工现场，靖远段三滩养管站班站建设、桥梁加固，会宁段G309线甘沟驿桥梁加固工程、碎石封面工程，各段路政行业及内业资料，以及总段S209线、G212线及兰临高速公路养护、管理情况。在观摩过程中，大家认真察看，互相借鉴学习、取长补短，对一些新技术、新工艺、好做法及时总结交流。

现场观摩结束后，总段召开总结座谈会。各公路管理段段长、副段长（桥梁工程师）、路政副大队长畅谈了4天来现场观摩的感想和体会。大家认为：一是这次现场观摩会形式非常好，直观明了，印象深刻，开阔了视野，增长了见识，深受启发。二是公路养护方面，各段都有亮点。景泰段油路修补质量好；白银段白兰高速公路养护施工现场管理规范、机械化程度高；靖远段三滩养管站"两化"建设标准高、环境美；刘白高速公路养护路面保洁到位；会宁段G309线碎石封面工程比较好。三是按照桥梁养护质量年活动的要求，加大桥梁的规范养护和危旧桥梁加固，各段的桥涵加固工程较好，白银段G109线红嘴子拱桥板预制规范、质量好，会宁段G309线甘沟驿桥加固采用了新技术、新工艺，现场管理规范。四是路政管理方面，景泰段违章建筑控制得比较好；白银段路政人员有力地配合维护了养护施工现场管理；靖远段路政巡查坚持得好；会宁段创新意识强，内业资料管理达到一流。五是与会人员表示，要把这次学习到的好经验、好做法带回去，应用到具体工作中，以优异成绩迎接省局、总段半年检查。

总段科室负责人针对这次观摩情况进行了意见反馈并提出了要求。副总段长贺得荣要求：一是要把这次观摩学习到的好经验、好做法应用到具体工作中，特别是注重新技术、新工艺、新设备的应用。二是抓好公路养护汛期边沟开挖、标志、示警桩粉刷，高度重视高速公路养护，确保清扫到位、科学修补，在半年检查中取得好成绩。三是路政管理方面，会宁段内业管理是亮点，各段自行组织去学习，路政车要做到专车专用不出辖区，切实维护好路产路权。最后，总段长石培成讲话指出：一是从这次现场观摩会看，各段都有各自的工作亮点，要相互借鉴学习长处和优点，要学习兄弟单位勇于克服困难提高路况的精神，要把学到的好的做法积极推广应用。二是要开阔视野，提高认识，在精细化管理和高标准上下功夫，美化好环境，构建和谐公路。三是要统一思

想，增强大局意识，工作上要按照总段的安排，高标准，严要求，做好各项工作。四是要以新的理念积极推广应用新技术、新工艺、新材料，向管理、质量和新科技上要效益。五是工作上要做到"严、细、实"，加强每道工序、每个环节的管理，按制度严格管理，抓好落实。六是要进一步加强桥涵构造物的养护，提高油路修补质量，做到学以致用、用有实效，体现亮点，以崭新的面貌迎接省局半年检查。总结会上，与会人员还从八个方面对各段今年以来的工作进行了打分排名。

## 十三、全省公路系统先进典型事迹报告团来白银公路总段做报告

2007年7月2日上午，全省公路系统先进典型事迹巡回报告团在白银公路总段举办了一场精彩的报告会。报告团的带队领导有省公路局党委副书记、纪委书记郭培英同志，局工会副主席张守谦同志。总段机关和在银基层单位职工共100多人参加了报告会。

报告团宣讲的六个先进典型是全省公路系统近年来涌现出来的酒泉总段马鬃山段、甘南总段王格尔塘养管站、白银总段青江驿养管站、平凉总段崇信段段长信旭峰同志、陇南总段宕昌段城关养管站站长牛小平同志、兰州总段榆中段李培荣同志。报告团的演讲人员声情并茂、真挚感人地讲述了六个先进典型的感人事迹，与会的广大干部职工纷纷表示，这是一场感人至深的精彩报告会，并表达了今后要向先进典型学习，更加努力工作，不断地改造、完善、充实和提高自我，在更好地服务社会中体现自己的人生价值。

报告会由总段党委书记李玉海主持，总段工会主席负子辉代表总段致欢迎词。省公路局党委副书记、纪委书记郭培英在报告会结束时讲话。郭书记在讲话中进一步强调了省局开展

学习先进典型的重要意义，指出在全系统举办这次巡回报告会，是省局党委进一步落实科学发展观，实现甘肃公路"三个服务"理念、践行社会主义荣辱观、构建和谐甘肃公路的重大举措，是通过在本系统树立自己的先进典型，更好地起到用身边人和事教育身边人的作用。总段全体职工要进一步认清公路事业发展的形势和要求，积极掀起一股"学先进、赶先进"的热潮，要用先进典型的事迹教育、凝聚人心，与时俱进，创新发展思路，从而推进全省公路事业又好又快发展。

## 十四、交通部公路文化课题组来白银公路总段调研工作

2007年7月11日至12日，由新疆维吾尔自治区交通建设局党委副书记、纪委书记孙建华同志任组长，区交通厅办公室、公路局、征稽局、勘察设计院等部门、单位领导一行5人组成的交通部公路文化课题组第三小组来到白银总段，对公路文化建设情况进行了为期两天的实地考察调研，总段党委书记李玉海、总段长石培成等领导陪同调研。

公路文化课题调研组此次考察主要采取问卷调查、召开座谈会、现场考察、资料收集等四种形式，重点参观了白银总段获得"全国五一劳动奖章"荣誉的景泰公路管理段兴泉养管站、景泰收费公路管理所大水闸收费站，对白银公路总段基层站所文化建设活动情况进行观摩检查，沿线察看了S217线的路容路貌。12日上午，在总段召开了由总段领导、养护、路政、收费、精神文明、宣传、共青团、工会等部门负责人参加的座谈会，听取了总段就公路精神文化、物质文化、行为文化、制度文化、文化网络建设等方面的专项汇报，检查并收集了公路文化建设方面的有关资料，对总段公路文化建设的氛围及建设成效给予了充分肯定。

同时，调研组领导还参观了总段荣誉室、阅览室等文化设施，组织总段80多名干部职工进行了公路文化建设研究调查答卷。

### 十五、副省长张晓兰检查验收白银公路总段"五五"普法工作

2010年5月18日上午，副省长、省依法治省工作领导小组副组长张晓兰率领省"五五"普法检查验收第三检查组到白银公路总段检查指导工作，市上领导陪同检查。

在召开的汇报会上，总段党委书记石培成汇报了单位基本情况、开展"五五"普法依法治理工作的具体措施、取得的成效、存在的问题以及今后的工作打算。张晓兰在听取汇报后认为总段普法工作扎实，资料翔实，措施到位，成效明显。

自2006年以来，白银总段"五五"普法工作紧紧围绕省、市"五五"普法规划提出的工作任务和目标，精心组织，周密部署，扎实推进各项工作。一是抓组织领导，成立"五五"普法领导小组和办公室，制定《总段"五五"普法规划》，明确了"五五"普法工作的指导思想、总体目标、主要任务、教育对象、基本要求、方法步骤、经费投入，每年与各科室、基层单位签订目标责任书，保障机制得到加强。二是抓学习培训，将两级领导班子、路政执法人员作为普法教育重点对象，多次举办法律知识培训班和法律知识讲座，同时利用冬训加强职工的法律知识培训，提高职工队伍的法治意识。三是抓宣传教育，开展"一学三讲"（学法律、讲权利、讲义务、讲责任）活动，利用"路政管理宣传月""12·4法制宣传日"，重点宣传《公路法》等法律法规，仅路政部门2006年至2009年就张贴布告、宣传画36103份，制作宣传标牌223块，喷刷宣传标语563幅，营造了良好的社会舆论环境。四是

抓规范管理，制定了《政务信息公开指南》，梳理了34条政务信息公开目录、25条行政职权目录、41种办事程序和工作流程；制定了《党委议事规则》《行政议事规则》，规范权力运行；实行"阳光执法"，统一制作了路政管理岗位职责、规章制度、执法公示栏、执法依据、收费标准等公示标牌33种123块，大力完善监督机制。五是通过多种形式的普法宣传活动，广大干部职工法律意识逐步增强，依法行政的能力明显提升，各项事业的法治化管理水平不断提高，普法宣传和依法治理工作取得了明显成效。

### 十六、白银公路总段向舟曲人民捐款献爱心

2010年8月7日20时许，甘南藏族自治州舟曲县境内突降暴雨，引发重大泥石流灾害，造成重大人员伤亡和财产损失。为帮助舟曲公路段职工及家属战胜灾害，渡过难关，白银公路总段组织全段职工开展向舟曲人民、公路段职工及家属捐款献爱心活动。捐款仪式上，全体人员首先向舟曲灾区遇难同胞表示深切哀悼，党委书记石培成讲话，号召全段广大干部职工，发扬"一方有难，八方支援"的传统美德，向灾区伸出援助之手，奉献关爱之情，向灾区群众捐款献爱心，以实际行动帮助灾区人民渡过难关、重建家园。全段广大职工捐款38987元，其中党员捐款18486元。同时，总段为灾区捐款50000元，共计捐款88987元。总段党委还向甘南总段党委发去慰问电。

总段党委的慰问电如下：

惊悉8月7日晚22时许，甘南藏族自治州舟曲县境内突降暴雨，引发重大山洪泥石流灾害，造成舟曲公路段重大人员伤亡和财产损

失，我们深感悲痛。在此，我们谨代表白银公路总段全体职工向你们、并通过你们向全段职工表示深切的慰问！

我们相信，在各级政府和省交通运输厅、省公路局的正确领导、关心和支持下，你们一定能够坚定信心、渡过难关、战胜灾害、重建家园！

中共白银公路总段委员会

2010 年 8 月 10 日

**甘南公路总段向我段发来感谢电：**

甘肃省白银公路总段：

舟曲县遭遇"8·7"特大泥石流灾害后，贵段致电对我舟曲公路段重大人员伤亡和财产损失表示了深切悲痛，对我段全体职工表达了诚挚的慰问。同时，对舟曲灾情变化、受灾职工生活和我段的抢险救灾工作给予了极大的关注与大力的支持！在此，谨代表甘肃省甘南公路总段党、政、工、团及全体职工对贵段党、政、工、团及全体职工的大力支持和深情厚谊表示衷心的感谢

舟曲"8·7"特大泥石流灾害的发生，对舟曲当地和我舟曲公路段造成了重大人员伤亡和财产损失，引起了党中央、国务院及全国人民的广泛关注和大力支援，在党中央、国务院、省委、省政府和当地各级坚强领导和各兄弟省份有关部门及全国人民的大力支援下，舟曲人民化悲痛为力量，团结一心、共克时艰，积极投身到抢救灾工作中，目前，抢险救灾工作正在紧张有序进行。在省交通运输厅、省公路局的正确领导和各兄弟单位及全交通职工的大力支持下，我段抢险救灾工作进展顺利。

衷心祝愿甘肃省白银公路总段全体职工及家属身体健康、工作顺利、阖家欢乐、幸福吉祥、扎西德勒！

中共甘南公路总段委员会

甘南公路总段

2010 年 8 月 12 日

第七篇

重要会议

# 第一章　历次党代会

自1986年1月白银公路总段恢复成立到更名为白银公路管理局，分别于1989年4月、1994年3月、1999年5月、2004年11月、2016年11月召开党代会5次。

## 第一节　中共白银公路总段委员会党代会

### 一、中共白银公路总段委员会第一次党代会

白银公路总段第一次党员代表大会，于1989年4月18日至20日在白银召开。应到正式代表26名，实到24名，请假2名。

会前，白银公路总段根据《党章》规定和上级党组织的要求，并经总段党委1989年3月31日会议研究，于4月5日下发《关于选举出席中共白银公路总段第一届党代会代表的通知》（白总党发〔1989〕11号），规定了代表产生办法和名额分配方案。

代表由各支部党员直接选举产生，总段县级党员干部参加机关支部选举，实行差额选举。

代表名额按党员总数（80名）的30%左右产生。应选出代表26名。

会宁段党支部实有党员19名，应选代表6名；靖远段党支部实有党员13名，应选代表4名；白银段党支部实有党员10名，应选代表3名；景泰段党支部实有党员9名，应选代表3名；征稽所党支部实有党员8名，应选代表2名；机关党支部实有党员21名，应选代表6名；因县级干部全部参加机关支部选举，另增加2名代表名额，共8名。

候选代表基本条件：

必须严格遵守《中国共产党章程》《中国共

产党廉洁自律准则》，认真执行党的十一届三中全会以来的路线、方针、政策，贯彻执行党的十三大精神，坚持党的四项基本原则，积极学习、宣传、贯彻改革、开放、搞活的方针，对共产主义事业有坚定的信念，工作积极肯干，出色完成任务，廉洁奉公，带头开展批评与自我批评，发挥模范作用比较突出。

要求各支部对选举出的代表必须认真填写《中国共产党白银公路总段第一次代表大会代表登记表》，于4月10日前报总段组织科。

同日，总段党委向中共白银市委上报《关于召开中共白银公路总段第一届党员代表大会的报告》（白总党发〔1989〕12号），除再次说明代表名额产生的办法和条件外，特别说明预备党员不能当选代表；受留党察看处分的不能当选代表。

大会主席团拟由杨临泉、庹述芬、孙学苏、陈自润、魏付芳等5人组成，由代表选举产生。

经研究，第一届委员会由4人组成，候选人拟定5人，直接采用候选人多于应选人数的差额选举。第一届纪律委员会由3人组成，因监察科尚未组建，委员暂空缺1人，候选人拟定杨临泉、魏付芳等2人。

大会通过会议议程：

1. 听取审议中共白银公路总段委员会的工作报告；

2. 听取审议中共白银公路总段纪律检查委员会的工作报告；

3. 讨论通过关于加强廉政建设的决定；

4. 选举产生中共白银公路总段第一届委员会和中共白银公路总段第一届纪律检查委员会。

大会以无记名投票的方式选举产生：

1. 中共甘肃省白银公路总段第一届委员会

由庹述芬、杨临泉、陈自润、孙学苏组成。

经第一届委员会第一次全委会选举，庹述芬任党委书记；陈自润任党委副书记。

2. 中共甘肃省白银公路总段纪律检查委员会由杨临泉、魏付芳、张鸿寅3人组成。杨临泉任纪委书记。

**二、中共白银公路总段委员会第二次党代会**

白银公路总段第二次党员代表大会，于1994年3月9日至10日在白银召开。

出席这次大会的应到正式代表48名，实到48名。大会主席团15人：马志义、王世泰、米成山、刘耀昌、李淑英（女）、李生华、吴廷相、狄中伟、陈自润、周继瑜、胡振琦、郭隆万、郭武军、高明书。大会秘书长：郭武军。

吴廷相致开幕词；胡振琦代表中共白银公路总段第一届委员会作题为《深化改革、加快公路建设的步伐，为白银市的经济发展做出新贡献》的工作报告；李淑英代表中共白银公路总段第一届纪律检查委员会作题为《努力做好新形势下纪检监察工作，为改革开放和公路建设服务》的工作报告。会议选举产生中共白银公路总段第二届委员会和第二届纪律检查委员会，审议通过党委、纪委工作报告，审议通过《中共白银公路总段委员会关于加强领导班子思想作风建设的决定》。

经大会选举，厅党组讨论并征得中共白银市委同意：

1. 中共白银公路总段第二届委员会由李淑英、吴廷相、陈自润、胡振琦、郭隆万6人组成。

经第二届委员会第一次全委会选举：胡振琦为中共白银公路总段党委书记，李淑英为副书记。

2.中共白银公路总段纪律检查委员会由李淑英、刘耀昌、马智义、狄中伟、俞润堂等5人组成。

经纪委第一次全委会选举：李淑英任纪委书记。

### 三、中共白银公路总段委员会第三次党代会

中共白银公路总段委员会第三次党员代表大会，于1999年5月在白银召开。

大会总结了过去五年的工作，提出了"改善、增加、提高"的工作思路；提出了今后五年的工作指导思想、工作方针、工作原则、工作任务和奋斗目标；提出了各项改革工作要本着"有利于公路事业发展，有利于调动职工生产工作积极性，有利于提高职工收入"，按照"积极稳妥，依靠群众，创造效益，发展自己"的原则，积极推进，稳步实施。

### 四、中共白银公路总段委员会第四次党代会

白银公路总段第四次党员代表大会，于2004年11月1日至3日在白银召开。

大会主要议程：

1.听取和审议中共白银公路总段第三届委员会工作报告；

2.听取和审议中共白银公路总段纪律检查委员会工作报告；

3.选举中共白银公路总段第四届委员会；

4.选举中共白银公路总段纪律检查委员会。

总段长石培成致开幕词后，党委书记陈富诗作题为《深入贯彻党的十六大精神，抓住机遇，深化改革，求实创新，加快发展，努力推进全段公路事业再上新台阶》的报告，李淑英作题为《践行"三个代表"，以求真务实的精神落实反腐倡廉工作》的纪委工作报告，通过了选举办法及候选人建议名单，陈富诗致闭幕词。

大会通过差额预选和等额选举的办法，选举石培成、刘芳俊、李淑英、贠子辉、陈富诗5人为中共白银公路总段第四届委员会委员。第四届委员会第一次全体会议选举陈富诗为书记、李淑英为副书记。

大会选举王成斌、王朝锋、齐林军、李淑英、雒天瑞5人为中共白银公路总段纪律监察委员会委员。总段纪律检查委员会第一次会议选举李淑英为书记。

## 第二节　中共白银公路管理局委员会党代会

### 中共白银公路管理局委员会第一次党代会

2016年11月18日，中共白银公路管理局委员会第一次代表大会在局高养中心召开，来自局属各单位的73名正式代表、4名列席代表和1名特约代表参加了会议，局长陈旭升主持大会。

局党委书记燕天宁代表党委向大会作题为《践行新理念、开启新征程，为实现公路养护事业"十三五"新跨越而努力奋斗》的工作报告。报告全面回顾了2012年以来所取得的成绩：一是公路服务保畅能力稳步提升；二是通行费征收工作不断加强；三是管理体制机制日趋合理；四是单位综合实力明显增强；五是文明创建工作富有成效；六是基层党组织建设全面加强；七是党风廉政建设不断加强。报告分析了管理局工作发展面临的形势，提出了未来五年总体工作要求：高举中国特色社会主义伟大旗帜，以马克思主义、毛泽东思想、邓小平理论、"三个代表"重要思想和科学发展观为指导，全面贯彻党的十八大和十八届三中、四中、五中、六中全会精神，深入学习贯彻习近

平总书记系列重要讲话精神，统筹推进"五位一体"总体布局和"四个全面"战略布局，牢固树立"五大发展理念"，以改革攻坚、养护转型为主线，以智能管理、提质增效为目标，以从严管党治党为保障，践行新理念，开启新征程，协调推进公路养护、通行费征收、行业文明创建及党风廉政建设，不断提高党建规范化水平，实现公路养护事业"十三五"新跨越。紧紧围绕全局转型发展的实际，提出了五项具体奋斗目标，即单位综合实力大幅增强；公路养护体制改革稳步推进；养护管理逐步实现智能化；行业文明建设取得新突破；基层党组织建设不断加强。坚持以创新、协调、绿色、开放、共享五大发展理念为统领，重点抓好七项工作：强化基础管理，着力提升养护管理水平；构建智能化管理模式，实现养护转型发展；优化收费环境，全面提升收费管理水平；严格责任追究，提升安全应急保障水平；坚持依法管理，提升管理效能；弘扬社会主义核心价值观，加强行业文明创建工作；坚持党要管党、从严治党，全面加强党的建设。

局党委委员、纪委书记汪小东代表局纪委向大会作题为《坚持全面从严治党，强化监督执纪问责，深入推进党风廉政建设和反腐败工作》的工作报告。报告回顾了局纪委五年来的主要工作，总结了五年来工作的经验和体会，提出了未来五年纪检监察工作的指导思想、工作目标和主要任务，以及主要抓好七个方面的工作：一是执纪必严，违纪必究，坚决维护党规党纪的严肃性；二是传导压力，强化问责，推动责任落地生根；三是持之以恒，常抓不懈，深入落实中央八项规定精神；四是注重预防，强化引领，深化反腐倡廉宣传教育工作；五是注重治本，科学预防，完善惩防体系建设；六是运用"四种形态"，加强纪律审查，强化"不敢腐"的氛围；七是深化"三转"，从严管理，建设忠诚、干净、担当的纪检监察干部队伍。

大会严格按照《中国共产党章程》等有关规定，制定并审议通过《大会选举办法》，应到会正式代表 78 人，实际出席正式代表 78 人；发出党委委员、纪委委员选票各 78 张，收回选票各 78 张。经与会代表充分酝酿讨论，差额选举产生了中共白银公路管理局第一届委员会和第一届纪律检查委员会。大会选举燕天宁、陈旭升、李新虎、罗继东、王斌、汪小东 6 人为中共白银公路管理局第一届委员会委员；选举汪小东、魏周军、李昱辰、李金铭、马进川 5 人为中共白银公路管理局第一届纪律检查委员会委员。随后召开的中共白银公路管理局第一届委员会第一次全体会议和第一届纪律检查委员会第一次全体会议，选举产生了白银公路管理局党委书记，纪委书记、纪委副书记。

2016 年 11 月 18 日，中共白银公路管理局第一届委员会召开第一次全体会议，应到会委员 6 人，实到会委员 6 人；以等额选举的方式，选举燕天宁为中共白银公路管理局委员会书记。同日，中共白银公路管理局第一届纪律检查委员会召开第一次全体会议，应到会委员 5 人，实到会委员 5 人；以等额选举的方式，选举汪小东为中共白银公路管理局纪律检查委员会书记，魏周军为副书记。

# 第二章　历次职工代表暨工会会员代表大会

LI CI ZHI GONG DAI BIAO JI GONG HUI HUI YUAN DAI BIAO DA HUI

## 第一节　白银公路总段工会委员会
筹备期间

经白银公路总段党委 1986 年 12 月 9 日研究决定，成立白银公路总段工会委员会筹备领导小组：

组　长：杨临泉

成　员：聂振麒、张鸿寅、李沛富、俞润堂、周继瑜、曹思俊

## 第二节　白银公路总段历次职工代
表暨工会会员代表大会

### 一、白银公路总段第一届职工、工会会员代表大会

白银公路总段第一届职工代表、工会会员

代表大会，于 1988 年 1 月 31 日至 2 月 2 日在白银召开。会议代表 68 人，其中正式代表 64 人，特邀职工代表 4 人。

会议讨论通过了总段长庹述芬所做的行政工作报告；讨论通过了《甘肃省白银公路总段职工代表大会条例实施细则》《白银公路总段职工职业道德规范》等；杨临泉做《总段工会筹备领导小组工作报告》；会议选举产生甘肃省白银公路总段第一届工会委员会。

经总段党委审查，报经白银市总工会批准，陈自润、周继瑜、张鸿寅、聂振麒、李沛富、高伟龙、包涞、蔡炳香、陈兆福 9 人为白银公路总段第一届工会委员会委员，陈自润任主席，周继瑜任副主席（副科级）。

曹思俊、尤淑珍、蔡炳香 3 人为经费审查委员会委员，曹思俊任主任。

## 二、白银公路总段第二届职工、工会会员代表大会

白银公路总段第二届职工代表、工会代表大会，于1990年3月6日至7日在白银召开。会议代表74人。

杨临泉致开幕词后，会议听取并审议了总段长庹述芬所做的行政工作报告。报告对1988年以来两年的工作进行了回顾，对1990年的工作做出了安排：一是认真贯彻落实十三届四中全会、五中全会精神。二是落实省养公路计划会议精神，报告提出要全面完成各项任务，第一要切实加强对养护工作的领导；第二要开展好"四个"竞赛活动；第三要继续落实和完善公路养护经济责任制；第四要落实"深挖沟，广修面，缓改线"的养护原则，加强基础管理；第五要加强工程质量管理；第六要加快国道改建工程进度，保质保量地完成国道施工任务；第七要坚持文明生产，确保生产安全；第八要加强路政管理，确保路产路权完好率；第九要加强财务管理和内部审计工作；第十要发扬自力更生、艰苦奋斗的精神，深入开展"双增双节"活动；第十一要开展多种经营，改善职工生活；第十二要搞好职业道德教育，抓好廉政建设。

大会听取和审议了陈自润所做的工会工作报告；审议了总段1989年财务决算和1990年财务预算情况报告；审议了总段工会财务工作报告；讨论通过《关于认真学习贯彻党的十三届五中全会精神的通知》和《发挥工会组织的作用，进一步推动公路管护和建设的决议》；民主评议总段领导干部和各部门负责人。

大会选举产生第二届工会委员会和经费审查委员会委员；听取提案落实情况的说明。选举产生了白银公路总段第二届工会委员会、女工委员会。经总段党委审查同意，报经白银市总工会批准，陈自润任工会主席，周继瑜任副主席。（1992年1月，因周继瑜工作调动，经基层、总段工会推荐、总段党委研究同意，报经白银市总工会批准，滕文凯任工会副主席）

## 三、白银公路总段第三届职工、工会会员代表大会

**第三届一次代表大会** 1994年3月18日至3月21日在白银召开，会议代表93人，其中正式代表87人，特邀离退休老职工代表6人。大会主要内容是：听取和审议总段行政和生产工作报告；审议并通过总段工会第二届委员会工作报告；听取和审议总段1990年至1993年财务决算和1994年财务预算情况报告；审议并通过总段工会财务工作报告；讨论通过《向包起帆学习，开展各种形式的劳动竞赛，把公路养护和建设推向前进的倡议》；讨论通过《经济责任制试行办法》；讨论通过职工教育的有关管理办法；讨论通过《甘肃省白银公路总段精神文明建设建设规划》；选举产生白银公路总段第三届工会委员会，由陈自润、滕文凯、王朝峰、丛景荣、包海、刘耀昌、李俊生、李维珍、孟昌春、聂振麒、曹思俊、寇世续、蔡炳香13人组成。经总段党委审查同意，报经白银市总工会批准，陈自润任工会主席，滕文凯任副主席。

经费审查委员会由曹思俊、蔡炳香、王朝锋3人组成，曹思俊任主任。

会议听取了提案落实情况的说明；表彰了1993年度养护生产先进单位和个人，优秀工会工作者，工会积极分子和"巾帼建功"活动先进个人。

**第三届二次代表大会** 1995年3月19日至3月21日在白银召开，会议代表95人，其中正式代表85人，列席代表10人。大会主要内容是：党委书记胡振琦致开幕词；听取和审

议总段长吴廷相所做的题为《认清形势、统一思想、深化改革、求实创新，全面完成公路养护和管理任务》的行政工作报告。会议认为：白银公路总段在省厅、局的直接领导下，1994年度的工作主要取得了八个方面的成绩，圆满地完成了各项工作任务。报告中安排部署了1995年的工作，明确了指导思想和目标任务。会议要求：全总段要在党委和行政的领导下，坚决贯彻十四届三中、四中全会精神，坚持以公路养护为中心，两个文明建设一起抓，团结全总段职工，同心同德、大胆创新、开拓进取、艰苦奋斗、自力更生、无私奉献，全面完成1995年的各项工作任务指标，把公路养护管理和建设提高到一个新水平。

会议听取和审议了总段财务决算执行情况报告；调整了白银公路总段职代会工会委员会各专门工作小组和委员会部分人员；讨论通过了经济责任制试行办法和职工教育的有关管理办法；听取了提案落实情况的说明；表彰奖励了1994年度"双文明"建设先进单位、先进集体、先进个人。副总段长致闭幕词。

**第三届三次代表大会**　1996年3月6日至3月9日在白银召开，会议代表91人，正式代表79人，列席代表12人。大会主要内容是：胡振琦致开幕词；听取和审议总段长吴廷相所做的题为《齐心协力，狠抓落实，扎扎实实做好1996年的各项工作》的行政工作报告，会议认为：白银公路总段在省厅、局的直接领导下，1995年度的工作主要取得了八个方面的成绩，圆满地完成了各项工作任务。报告中安排部署了1996年的工作指导思想，明确了目标任务。大会听取和审议总段财务决算执行情况报告；传达全省交通工作会议精神；民主评议总段领导干部；听取提案落实情况的说明；表彰奖励1995年度"双文明"建设先进单位、

先进集体、先进个人和先进职工小家；陈自润致闭幕词。

**第三届四次代表大会**　1997年3月10日至3月12日在白银召开，会议代表79人，其中正式代表70人，列席代表9人。

会议认真学习传达了省交通工作等四个会议的文件，学习传达了省交通厅领导、省公路局领导的讲话精神，并讨论部署了贯彻落实全省几个重要会议的具体意见和要求。

会议听取和审议了总段长吴廷相题为《认清形势、同心同德、服从大局、稳中求进》的行政工作报告，报告回顾和评价了全总段1996年"双文明"建设取得的成绩；同时，分析了存在的薄弱环节。报告对1997年的工作做出具体安排：一是继续坚持以养护为中心，努力提高路况质量，全力以赴迎接全国公路检查；二是抓安全、抓质量、抓进度、促效益，集中力量完成重点工程建设任务；三是加大依法治路力度，开创路政管理工作的新局面；四是扎扎实实开展好"质量年"活动，强化质量管理措施，提高工程、养护质量；五是坚持文明收费，保障通行费收缴工作健康发展；六是认真贯彻科技兴交战略，加强职工教育，推动科技兴路；七是强化管理，搞好服务，提高管理水平；八是坚持以公路养护管理为主，全面发展的方针，促进公路事业发展；九是坚持两手抓，大力加强社会主义精神文明建设。

财务工作报告认真分析了过去一年的财务形势，明确解释了财务运转的情况，提出了1997年财务工作计划。

参加会议的代表们认真讨论了省厅、局会议精神，认真讨论了两个报告（行政和财务工作），并提出了很好的建议和意见，总段将进一步研究落实。

大会宣布了省交通厅、省公路局表彰"双

文明"建设先进单位、公路养护先进单位、集体、个人的决定。表彰了总段1996年度"双文明"建设先进单位、先进集体，"双文明"建设标兵、先进个人。

总段党委书记胡振琦对大会进行了总结，就如何学习贯彻这次会议精神，落实全年各项工作任务提出了具体要求：一是要认清形势，同心同德，克服困难，确保养护生产任务的完成；二是服从大局，稳定大局，统一思想，统一认识，稳中求进；三是坚持实事求是原则，要有强烈的事业心和政治责任感，推进两个文明建设顺利发展。他要求党、政、工、团齐抓共管，齐心协力，紧紧围绕公路养护管理这一中心工作，开拓进取，努力工作。各级都要坚持"两手抓，两手都要硬"的方针，认真学习贯彻十四届六中全会精神，用邓小平建设有中国特色社会主义理论武装干部、职工头脑，讲学习、讲政治、讲正气，把精神文明建设放在更加突出的地方，认真开展好"三学一创"活动，努力实现本年度各项奋斗目标，全面完成。

**第三届五次代表大会** 1998年3月12日至3月13日在白银召开，会议代表79人，其中正式代表74人，列席代表5人。

大会主要内容是：听取和审议总段长吴廷相所做的题为《巩固成绩、深化改革、稳中求进、再谱新篇，不断开创两个文明建设的新局面》的行政工作报告，报告对过去一年的工作进行了回顾，对1998年的各项工作进行了安排：一是继续坚持交通部24字方针和"修养管并重，以养管为主"的指导思想，将公路养护工作作为重中之重来抓；二是继续树立"质量兴路"的思想，强化质量管理工作力度，实现养护质量和工程质量的新提高；三是继续加大依法治路力度，开创路政管理工作的新局

面；四是继续加强收费公路的收、管、养工作，进一步规范收费管理，提高服务水平，牢固树立"文明窗口"形象；五是继续加强科技进步和职工培训教育，不断提高公路养护管理工作的科技含量；六是继续加强各项基础管理，为生产搞好服务，推动全面工作的顺利开展；七是以提高效益为目标，逐步深化改革，继续坚持一业为主，全面发展的方针，开拓创新，推动施工企业和第三产业的发展。八是继续坚持"两手抓，两手都要硬"的方针，大力加强行业精神文明建设。

大会还听取和审议了总段财务决算执行情况报告；评议总段领导干部；讨论通过总段行业文明建设规划；讨论通过递补总段工会委员会委员；听取总段长吴廷相作提案落实情况的说明；宣布表彰奖励1997年度"双文明"建设先进单位、先进集体、先进个人的决定。党委书记胡振琦做了题为《认真学习贯彻十五大精神，解放思想，转变观念，全面完成九八年度各项工作任务》的总结讲话。工会主席陈自润宣布大会闭幕。

**四、白银公路总段第四届职工、工会会员代表大会**

白银公路总段第四届职工代表、工会会员代表大会，于1999年3月11日至3月14日在白银召开。参加本次大会的人数为86人，正式代表84人，特邀代表2人。

大会主要内容：听取和审议总段行政工作报告；听取审议了总段1994年至1998年财务决算和1999年财务预算的报告；听取和审议总段工会委员会工作报告；听取和审议总段财务工作报告；关于第三届第五次职代会、工代会提案落实情况的说明；审议《白银公路总段第四届会员代表大会选举办法》；选举总段第三届工会委员会、经费审查委员会和各专门工

作小组；评议总段党委领导班子和县级领导干部；表彰 1998 年度"双文明"建设先进单位、先进集体和先进个人。

大会根据《中国工会章程》和《工会基层组织选举工作暂行条例》的有关规定，并报经总段党委同意，进行了换届选举。经民主协商、差额选举产生了白银公路总段工会第四届委员会：

主　席：陈自润

副主席：雏天瑞

委　员：王天岷、朱世杰、刘耀昌、李俊升、李善勇、陈银瑞（女）、张继承、高明书、曹思俊、蔡炳香（女）、谭东霞（女）

经费审查委员会：

主　任：曹思俊

委　员：蔡炳香（女）、王朝锋

**五、白银公路总段第五届职工、工会会员代表大会**

**第五届一次代表大会**　2003 年 3 月 17 日至 3 月 19 日召开。会议代表 91 人，其中正式代表 87 人，特邀离退休老职工代表 4 人，实到代表 86 人，因事请假 1 人，列席代表 13 人。

省交通厅党组成员、纪检组长王吉祥，省公路局党委书记赵志福，白银市人民政府副市长刘天明，白银市人民政府副秘书长郭均涛，白银市总工会副主席欧志军、组织部长胡秉花，白银市交通局副局长徐太宇，白银养路费征稽处副书记张照义出席了会议。省交通宣传调研中心、白银日报社、白银电视台等新闻单位的领导和记者出席了会议。

白银公路总段党委书记陈富诗致开幕词，省交通运输工会、省公路局工会发来了贺电。省交通厅党组成员、纪检组长王吉祥、白银市人民政府副市长刘天明作了讲话，讲话对大会

的召开表示祝贺，对总段 2003 年的工作提出了新的要求。

会议听取审议了总段长石培成所做的工作报告，陈自润做的工会工作报告，齐林军做的财务工作报告，陈银瑞做的工会财务工作报告。

报告总结了总段四年来的工作，肯定了成绩，总结了经验。报告对 2003 年的工作做出安排，明确了指导思想和工作任务。

会议依照工会章程和大会通过的选举办法，经与会代表充分酝酿讨论，选举产生了白银公路总段新一届工会委员会。

会议表彰了总段 2002 年度"双文明"建设先进单位、先进集体和先进个人，表彰了 2002 年度先进通讯报道组及优秀论文作者，对获奖单位、集体和个人颁发了奖牌、奖状及奖金。

会议要求，全段广大职工认真学习贯彻党的十六大精神，深入实践"三个代表"重要思想，在省厅党组、总段党委的正确领导下，解放思想，与时俱进，励精图治，开拓创新，圆满完成全年各项任务，为实现白银总段公路事业跨越式发展而努力奋斗。

会议历时两天，圆满完成了各项议程，负子辉代表白银公路总段第五届工会委员会致闭幕词，并宣布大会胜利闭幕。

**第五届二次代表大会**　2004 年 3 月 18 日至 3 月 19 日在白银召开，会议代表 79 人，其中正式代表 74 人，列席代表 5 人。

会议的主题是：以邓小平理论和"三个代表"重要思想为指导，全面贯彻党的十六届三中全会精神，全面落实全省交通工作会议和公路工作会议精神，充分发挥职工代表大会的民主管理、民主监督的职能作用，动员全段广大干部职工高举发展改革的旗帜，团结奋进，开

拓创新，为实现交通公路事业跨越式发展献计献策。

省交通厅副厅长翟文祥，白银市委副书记何水清，白银市政协副主席赵德琮、白银市总工会副主席欧志军，省交通厅法规处、白银市交通局、运管处、征稽处的领导，厅宣传调研中心、白银日报社、白银电视台等新闻媒体的领导、记者出席了会议。

翟文祥、何水清向大会致辞并作讲话。

会议在雄壮的国际歌声中隆重开幕。党委书记陈富诗致开幕词，总段长石培成做工作报告。报告回顾总结2003年工作，报告指出，过去的一年，在省交通厅、省公路局和白银市的正确领导和大力支持下，总段坚持以邓小平理论和"三个代表"重要思想、党的十六届二中全会为指导，全面贯彻落实了全省交通工作会议和公路工作会议提出的各项目标任务，在抗击突如其来的"非典"疫情和严重自然灾害的严峻形势下，总段的公路养护、路政管理、通勤费收缴、公路建设、产业开发、安全生产都取得了好的成绩，受到了省厅、局的表彰，赢得了当地党政及社会各界的赞誉，为地方经济的发展做出了贡献。

报告对2004年工作作出安排。报告指出，2004年是我国实现"十五"计划的关键一年，也是深化改革、扩大开放、促进发展的重要一年。总段工作的总体思路是：以党的十六届三中全会和"三个代表"重要思想为指导，紧紧围绕厅党组提出的以加快发展为主题、以项目建设为重点、以结构调整为主线、以深化改革为动力，走"创新体制、加强科技、健全法制、发展产业"的"四轮驱动"的路子，坚持以人为本，树立全面、协调、可持续的发展观，坚持抓项目促建设、抓创新促改革、抓管理促效益、抓行业促发展的原则，积极推进公路建、管、养、收、养护运行机制改革，加强行业管理，提高行业文明建设水平。

报告提出2004年的主要任务是：一要突出重点，加强养护，全面提高路况质量；二要立足发展，狠抓项目，全力加快公路工程建设；三要加大力度，建好队伍，努力完成收费任务；四要加强管理，实现突破，切实维护路产路权；五要抓好重点，拓展项目，努力促进产业开发和路域经济新发展；六要加强领导，重点突破，积极推进养护运行机制改革；七要整章建制，规范管理，深入扎实地开展"管理年"活动；八要创新求实，促进推广，努力提高公路科技含量；九要转变观念，求真务实，加强行业文明建设。

工会主席负子辉向大会报告了五届一次会议以来的工会工作；财务科长齐林军向大会报告了2003年总段财务执行情况；评议总段领导干部；讨论通过总段行业文明建设规划；讨论通过递补总段工会委员会委员；听取提案落实情况的说明；表彰奖励2003年度"双文明"建设先进单位、先进集体、先进个人。

会议最后号召全段广大干部职工要在党的十六届三中全会精神指引下，在省交通厅党组和白银市委、总段党委的正确领导下，进一步统一思想，明确任务，振奋精神，真抓实干，为全面完成今年的各项工作任务，为实现公路改革发展事业的顺利推进而努力奋斗。

**第五届三次代表大会** 2005年3月9日至3月11日，白银公路总段五届三次职工暨工会会员代表大会在白银召开。白银市委副书记何水清、省交通厅党组成员、纪检组长王吉祥、白银市政协副主席冯理忠、省交通工会委员会主任王毓周、市政府副秘书长郭均涛、市交通局局长曾锡庭、市运管处处长刘景生、市交通征稽处处长强生武、市总工会组织部部长胡秉花，以及白银日报社、白银电视台等新闻单位领导、记者出席了会议。总段职工代表、工会会员代表、特邀离退休职工代表、列席代表共110人（其中正式代表93人，特邀代表5人，列席代表12人）出席了会议。

大会在雄壮的国歌声中隆重开幕，总段党委书记陈富诗致开幕词。会议听取并审议了总段长石培成做的行政工作报告，听取并审议了工会主席贠子辉作的工会委员会工作报告，听取并审议了财务科副科长马进川做的2004年度总段财务执行情况报告，会议听取了总段副县级以上领导干部年度工作述职，并对副县级以上领导干部进行了评议。副总段长刘芳俊对职工提案作了解答。会议讨论通过了行政工作报告、工会工作报告和财务工作报告。对2004年度的"双文明建设""安全生产""新闻宣传""管理年"活动、"科技论文""县际公路建设竞赛"中涌现出的先进单位、先进集体、先进个人进行了表彰奖励。总段工会主席贠子辉致闭幕词。

**第五届四次代表大会**　2006年2月22日至2月24日，白银公路总段第五届四次职工暨工会会员代表大会在白银召开。应邀出席会议的有白银市委副书记刘天明、白银市人大常委会副主任吴查、白银市政协副主席冯理忠、白银市政府市长助理杨重存。省交通厅规划处、法规处、交战办、人事处的有关领导和白银市征稽处、交通局、运管处的领导出席了会议。总段职工代表、工会会员代表、特邀离退休职工代表、列席代表共106人（其中正式代表92人，特邀代表6人，列席代表8人）出席了会议。

大会在雄壮的国歌声中隆重开幕，总段党委书记陈富诗致开幕词。会议听取并审议了总段长石培成做的行政工作报告，听取并审议了

工会主席贠子辉做的工会委员会工作报告，听取并审议了财务科科长马进川做的2005年总段财务执行情况报告，听取并审议了养护计划监理科科长曾明春做的2006年养护计划说明。各位代表听取并评议了总段长石培成、副总段长刘芳俊所做的任期三年述职报告。副总段长刘芳俊对职工代表的提案做了解答说明。

会议讨论并通过了行政工作报告、工会工作报告和财务工作报告。会上，总段对2005年度涌现出的"双文明建设""安全生产""新闻宣传""政务信息""科技论文"先进单位、先进集体、先进个人进行了表彰奖励。

总段工会主席贠子辉致闭幕词。

**第五届五次代表大会**　2007年2月7日至2月9日在白银召开，参加本次大会的人数为106人，其中正式代表92人，特邀代表6人，列席代表8人。大会主要内容是：听取和审议总段行政工作报告；听取和审议总段工会工作报告；听取和审议总段2006年财务决算报告；评议总段领导干部；解答代表提案；表彰奖励2006年度先进单位、先进集体、先进个人。

会议认真听取和审议了石培成同志所做的《行政工作报告》，会议充分肯定了总段过去一年的工作，同意报告提出的今年主要任务和工作部署。

会议认为，过去的一年，在白银市委和省交通厅党组的正确领导下，经过全段广大职工的团结奋斗和共同努力，总段"三个文明"建设取得了显著成绩，步入了新的发展阶段，实现了我段"十一五"规划的良好开局。

会议要求，新的一年，要牢固树立科学发展观，牢牢抓住历史机遇，抓好公路建养管收各项工作，进一步强化管理，不断提高行业文明建设程度，按照全省交通工作、公路工作会

议精神，真抓实干，积极进取，全面完成全年各项工作任务。

会议号召，全段广大干部职工在总段党委的正确领导下，以邓小平理论和"三个代表"重要思想为指导，全面落实科学发展观，认真贯彻党的十六大和十六届六中全会精神，求真务实，锐意进取，艰苦努力，扎实工作，为开创全段公路事业又好又快发展，为全面构建和谐交通和白银地区小康社会建设做出新的贡献！

**六、白银公路总段第六届职工、工会会员代表大会**

**第六届一次代表大会** 2008 年 3 月 31 日至 4 月 2 日在白银召开，应到代表 87 人，实到 87 人。大会主要内容是：听取和审议总段行政工作报告；听取和审议总段工会第五届委员会工作报告；听取和审议总段 2003—2007 年财务决算报告；听取和审议总段工会财务工作报告；选举产生第六届工会委员会和经费审查委员会；表彰奖励 2007 年度"双文明"建设先进单位、先进集体、先进个人。

大会通过无记名投票等额选举产生了第六届工会委员会。同时选举产生了女职工委员会和经费审查委员会。

大会选举马进川、王廷、王宝成、负子辉、李金铭、李恒春、李渊、杨爱萍（女）、陈银瑞（女）、高明书、梁林、蒋玉霞（女）、谭东霞（女）、滕文凯、薛强 15 人组成白银公路总段第六届工会委员会。选举负子辉为工会主席。

大会选举，谭东霞、蒋玉霞、杨爱萍、郭育勤、宋军利 5 人组成白银公路总段第六届女职工委员会。谭东霞为女职工委员会主任。

大会选举马进川、马玉莲、蒋玉霞 3 人组成白银公路总段第六届经费审查委员会。马进川为经费审查委员会主任。

**第六届二次代表大会** 2009 年 3 月 4 日至 3 月 5 日在白银召开，会议代表 104 名，其中正式代表 89 名，特邀代表 6 名，列席代表 9 名。大会主要内容是：听取和审议总段行政工作报告；听取和审议总段工会工作报告；听取和审议 2008 年总段财务执行情况报告；评议领导干部；解答代表提案（代表提案 27 件 39 条）；表彰奖励 2008 年度先进单位、先进集体、先进个人。

总段长李玉海做了题为《团结求实、奋力拼搏、强化责任、狠抓落实，努力促进全段公路事业持续健康发展》的工作报告，全面回顾总结了 2008 年各项工作，分析了面临的形势，确定了 2009 年工作思路、工作重点及措施。会议提出 2009 年白银公路总段公路工作的总体要求：以党的十七大精神和科学发展观为指导，全面贯彻落实省厅党组提出的"四个着力""以路为本、以路为业"的决策部署和省局提出的围绕"一条主线"、加强"两项建设"、突出"六个重点"、实现"三个创新"的总体工作要求，以实现科学养护、预防性养护为目标，精心实施养护维修、危旧桥加固改造和安全保障工程，抢抓机遇，狠抓落实，统筹兼顾公路养护、建设、管理、收费等各项工作协调发展，以奋发有为的精神，争创一流工作业绩，努力推进公路事业持续健康发展。

**第六届三次代表大会** 2010 年 3 月 9 日至 3 月 10 日召开，会议代表 109 名，其中正式代表 93 名，特邀代表 3 名，列席代表 13 名。大会主要内容是：听取和审议总段行政工作报告；听取和审议总段工会工作报告；听取和审议 2009 年总段财务执行情况报告；评议领导干部；解答代表提案（代表提案 27 件 35 条）；表彰奖励 2009 年度先进单位，先进集体，先进个人。

会上，总段长李玉海做了题为《凝神聚气、开拓创新、争创佳绩，努力推进全段公路事业快速高效安全发展》的工作报告，全面回顾总结了2009年各项工作，确定了2010年工作思路："围绕一个中心、突出两个重点、实现三个转变、构建四个体系、落实五个确保、抓好六项工作"：即以加强公路养护管理、更好地为公众服务为中心；突出迎接全国公路大检查和全国公路系统职工思想政治研究会两个重点；加快实现养护理念、管理方式、生产方式三个转变；积极构建精细化养护、质量管理、工效考核、应急保障四个体系；落实道路畅通、安全生产、质量达标、廉政建设、维稳工作五个确保；抓好养护生产、收费管理、路政执法、产业开发、基础管理、行业文明六项工作，全面提升工作质量和水平，促进单位整体协调快速安全发展。

根据《白银公路总段职工代表大会条例实施细则》的有关规定，经总段六届工会委员会第三次全体会议表决通过，增补续金文、杨丽君、魏涛、来耀花、俞建勋、常宏、高启正7人为六届工会委员会委员。

**第六届四次代表大会**　2011年2月15日至2月16日召开，会议代表109名，其中正式代表90名，特邀代表3名，列席代表、特邀代表16名。

会议全面回顾总结"十一五"及2010年公路各项工作，深入分析面临的新形势，安排部署"十二五"及2011年公路工作主要任务，讨论审议了总段长李玉海所做的《统一思想、科学谋划、狠抓落实、奋发进取，为开创全段公路工作科学发展新局面努力奋斗》的行政工作报告、工会主席杨向军所做的《凝聚力量、服务大局、振奋精神、履行职能，团结动员广大职工为实现总段"十二五"良好开局贡献智

慧和力量》的工会工作报告、2010年度财务预算执行情况报告，听取了职工代表提案说明。

会议指出，2011年全段公路工作将以科学发展观为指导，认真贯彻落实全省交通运输工作、公路工作会议精神，紧紧围绕省厅、局的安排部署，以迎接交通运输部全国公路养护管理检查为契机，继续深入推进科学养护，加大养护机械化力度，提高管理信息化水平，继续推进执法规范化，加强站所标准化，坚持服务人性化，全面提高公路养护管理水平，努力改善公路整体服务质量，为"十二五"公路事业科学发展创造良好开局。

省交通运输厅纪检组长艾玉德在讲话中肯定了总段"十一五"及2010年公路各项工作，并就做好2011年公路工作强调五点意见：一是提高认识，统一思想，增强做好今年公路工作的责任感和紧迫感；二是突出重点，强化措施，着力抓好各项工作任务的落实；三是加强领导班子建设和干部职工队伍建设，为公路交通事业发展提供坚强的政治保障；四是充分发挥工会组织的桥梁纽带作用，维护职工队伍稳定；五是加强行业文明建设和党风廉政建设，促进各项工作健康和谐发展。

会议还宣读了2010年度先进典型表彰决定，进行了颁奖仪式。

**第六届五次代表大会**　2012年3月14日至15日召开，会议代表106名，其中正式代表84名，特邀代表5名，列席代表16名。白银市副市长齐永刚，省厅相关处室负责人及白银市总工会、市交通运输局等单位领导应邀出席了会议。

会议客观总结了总段2011年所做的工作和取得的成绩，安排部署了2012年主要工作任务，讨论审议了总段党委书记贺得荣所做的《强化管理、科学养护，推动全段公路事业安

全和谐发展》的行政工作报告；工会主席李新虎所做的《围绕大局、服务大局、凝聚力量、履行职能，团结动员广大职工为推动总段公路事业科学发展做出新的更大贡献》的工会工作报告；听取和审议了 2011 年度总段财务预算执行情况报告；听取了职工代表提案说明；听取和审议 2011 年总段财务执行情况报告；讨论《白银公路总段职工代表培训计划》；评议领导干部；解答代表提案；表彰奖励 2011 年度先进单位、先进集体、先进个人。

会议要求，2012 年全段上下要按照"围绕一个中心，抓好三项工作，实现六个提升"的总体目标，重点做好八个方面的工作。一是坚持科学养护，全面提升公路路况质量；二是强化收费队伍建设，努力打造和谐收费环境；三是加强安全管理，不断提升公路安全保障能力；四是加快信息化建设，提升科技创新能力；五是强化基础管理，提升单位综合管理水平。六是坚持以人为本，大力改善职工生产生活条件；七是坚持文化引领，扎实推进行业文明建设和党风廉政建设；八是改进工作作风，落实好"联村联户、为民富民"行动各项任务。

会上，交通厅领导在充分肯定白银总段2011 年公路工作取得的成绩后，对 2012 年的工作提出了四点要求，一是认清形势、抢抓机遇，推进公路事业科学发展；二是强化管理，从严要求，提升公路养护工作水平；三是以人为本，关注民生，提高公路职工生活质量；四是凝心聚力，团结协作，谱写公路事业新的篇章。

白银市副市长齐永刚在讲话中指出，市委、市政府对白银总段过去一年的工作和所取得的成绩是满意的，要求总段进一步增强做好公路工作的责任感和使命感，进一步巩固和发展好公路管养成果，不断推进公路体制改革，推动全市公路工作又好又快发展。

**七、白银公路总段第七届职工、工会会员代表大会**

**第七届一次代表大会** 2013 年 2 月 24 日至 2 月 25 日，白银公路总段七届一次职工代表大会召开。会议应到代表 102 名（其中正式代表 88 名，特邀代表 2 名，列席代表 12 名），因事因病请假 3 人，实到代表 97 名。大会主要内容是：听取和审议总段行政工作报告；听取和审议总段工会工作报告；听取和审议 2012 年总段财务执行情况报告；选举产生第七届工会委员会和经费审查委员会；讨论并通过《白银公路总段加强职工劳动纪律规范工资待遇管理办法》《白银公路总段职工团体意外伤害责任保险办法》《白银公路总段安全生产检查奖罚办法》，表彰奖励 2012 年度先进单位、先进集体、先进个人。

大会选举产生了第七届工会委员会和经费审查委员会：白银公路总段第七届工会委员会由李新虎、魏兴发、李昱辰、王宝成、马进川、张建中、金兴恒、来耀花（女）、蒋玉霞（女）、陈银瑞（女）、罗晓芳（女）、俞建勋、梁林、续金文、魏久刚 15 名同志组成，李新虎同志任工会主席，魏兴发同志任工会副主席。

白银公路总段第七届工会经费审查委员会由马进川、包玉芬（女）、张晓梅（女）3 名同志组成。

## 第三节　白银公路管理局第一届职工代表暨工会会员代表大会

**一、白银公路管理局第一届一次代表大会**

2014 年 2 月 20 日，白银公路管理局召开一届一次职工代表大会。来自局属各单位的 85

名职工代表、11 名列席代表和 2 名特邀代表参加了会议。

大会的主要内容：听取和审议管理局行政工作报告；听取和审议管理局工会工作报告；听取和审议 2013 年度财务执行情况报告；关于代表提案的说明；表彰奖励 2013 年度先进单位、先进集体、先进个人。

会上，局长贺得荣做了题为《改革创新、务实高效、努力推动全局各项工作稳步健康发展》的工作报告，全面回顾总结 2013 年各项工作，分析面临的形势，确定了 2014 年工作思路、工作重点及措施。会议听取了工会工作报告、2013 年度财务预算执行情况报告，开展了民主评议领导干部工作，解答了职工代表提案，表彰奖励了 2013 年度先进典型。

会议指出，2014 年是全面深化改革的开局之年，是全省交通运输转型发展改革的起步之年，也是全省公路工作实现新跨越的关键一年。工作的总体思路是：深入贯彻落实全省交通运输工作、公路工作会议精神，坚持巩固基础、稳中求进，以深化改革为动力，以科技创新为支撑，以改进作风为保障，围绕一个中心，突出两项工作，建立三项制度，抓好四项工程，提高五个能力，改革创新，务实高效，不断提升公路专业化养护管理水平，努力推动全局各项工作稳步健康发展。

会议强调，2014 年是全面贯彻落实党的十八届三中全会精神的一年，也是全力推进公路养护管理体制改革的一年。各单位、各部门要增强责任感和使命感，尽快把会议精神传达到广大干部职工中，让全体职工真正把思想统一到今年确定的各项奋斗目标上来。要全面抓好工作责任落实，细化管理措施，靠实责任，切实做到人人肩上有担子、个个心中有目标，确保全年各项工作任务的圆满完成。要大力弘扬

团结协作、艰苦奋斗、开拓创新、锐意进取的精神，各单位、各部门要充分调动和激发广大干部职工的工作热情，团结动员全体职工同心同德，恪尽职守，扎实工作，团结奉献，为促进公路事业的稳步健康发展再建新功。

会议号召，全局广大干部职工要坚定信心、锐意进取，敢于担当、真抓实干，努力为我省加快建设综合公路交通、品质公路交通、平安公路交通、智能公路交通、满意公路交通而不懈奋斗。

**二、白银公路管理局第一届二次代表大会**

2015 年 2 月 9 日，白银公路管理局召开一届二次职工代表暨工会会员代表大会，来自局机关及局属各单位的 83 名代表、14 名列席代表和 3 名特邀代表参加了会议。大会审议并通过了管理局行政工作报告、工会工作报告、2014 年度财务预算执行情况报告；通报了提案办理情况和本次职代会提案审查情况；表彰奖励了 2014 年度先进典型。

局长贺得荣在会上做了题为《适应新常态、打好攻坚战，推动全局各项工作持续健康发展》的工作报告，全面回顾总结了管理局 2014 年各项工作，分析了经济发展新常态下公路养护工作所面临的新机遇新挑战新要求，确定了 2015 年工作思路：以党的十八届三中、四中全会精神为指导，全面贯彻落实全省交通运输工作和公路工作会议精神，团结拼搏，攻坚克难，努力实现"1123"工作目标。即：坚持以"养好公路"为中心，以迎"国检"为契机，以强化国道 312 线、247 线改建工程项目管理工作为抓手，主动适应经济发展新常态，全力打好公路养护建设攻坚战，更加注重公路养护和应急保畅工作，着力提升公路安全通行能力；更加注重改革创新和基础管理工作，着力提升行业综合管理能力；更加注重干部职工

队伍建设、行业文明建设和党风廉政建设工作，着力提升领导干部履职能力和服务社会能力，努力推动全局各项工作持续健康发展。

会议强调，2015年既是"十二五"规划的完成之年，也是奠定"十三五"规划顺利开局的基础之年。各单位、各部门要组织广大干部职工认真学习会议精神，进一步增强责任感和使命感，真正把全局干部职工的思想统一到会议精神上来，统一到全局的总体工作部署上来。要按照会议确定的总体工作目标和要求，把贯彻会议精神和实际工作结合起来，细化管理措施，抓好任务落实，求真务实，攻坚克难，确保全年各项工作任务的圆满完成。要大力弘扬团结协作、艰苦奋斗、开拓创新、锐意进取的精神，充分调动和激发广大干部职工的工作热情，扎实工作，团结奉献，为促进全局各项工作持续健康发展再建新功。

会议号召，全局广大干部职工要在省厅、局和白银市委、市政府的正确领导下，坚定信心，振奋精神，锐意进取，扎实工作，全力推进公路养护、建设各项工作，为服务白银经济社会发展和人民群众便捷出行做出新的更大的贡献！

### 三、白银公路管理局第一届三次代表大会

2016年3月29日，白银公路管理局召开一届三次职工代表暨工会会员代表大会，来自局机关及局属单位的89名代表、24名列席代表和3名特邀代表参加了会议。会议还邀请了白银公路路政执法管理处18名干部职工列席会议。

会上，传达全省交通运输工作、公路工作、"创建平安公路桥隧涵养护专项整治"百日竞赛活动、局管二级收费公路工作会议精神；陈旭升局长向大会作了行政工作报告，局工会主席李新虎作了工会工作报告，副局长罗

继东作了提案工作报告，局纪委书记汪小东作了2015年度领导班子廉洁自律报告；听取并审议关于一届二次职代会提案办理情况和一届三次职代会提案审查立案情况的报告；签订2016年公路工作目标管理责任书、通行费征收目标管理责任书和安全生产目标管理责任书。会议对2015年度"双文明"建设、安全生产、新闻宣传工作先进单位、集体、个人进行了表彰奖励。

陈旭升从"综合发展、公路养护、科技创新、安全管理、依法收费、从严治党"六个方面对"十二五"工作进行了全面回顾；提出围绕打造"五型公路"（平安公路、品质公路、高效公路、智能公路、绿色公路）的"十三五"工作思路，努力实现在改革发展、公路服务水平、科技创新、基础建设和行业文明建设方面取得新突破的工作目标；并针对2016年具体目标任务提出了要求。一是坚持以"创建平安公路桥涵养护专项整治"百日竞赛活动为契机，全面推行精准养护和精细化作业，在局平川、景泰公路管理段试点专业化养护；二是准确研判通行费征收新形势，从争取地方政府理解与支持、联合公安、交警部门开展收费环境专项整治活动、强化内部稽查等方面精准发力，坚持依法依规收费，做到应收不免、应免不征；三是树立"互联网+"思维，推进互联网与公路养护、安全监管、综合管理等深入融合；四是加强公路应急保障能力建设，健全以应急保障中心为核心、局属单位应急救援队伍为支撑的应急网络，进一步提升安全应急管理水平；五是聚焦补齐短板，夯实基层基础，进一步加强养护料场搬迁、扩建和升级工作，加大机械设备投入，大力推进公路养护机械化；六是加强统筹协调，积极推进专业化养护，全面深化事企脱钩、人事用工、绩效工资改革；

七是加强财务预算、局管项目、国有资产管理、职工培训培养及文化生活和精准扶贫工作；八是坚持从严治党，强化执纪问责，凝聚干事创业正能量。

### 四、白银公路管理局第一届四次代表大会

2017年2月28日，白银公路管理局召开一届四次职工代表暨工会会员代表大会，来自局机关及局属单位的88名代表、16名列席代表和3名特邀代表参加了会议。会议还邀请了白银公路路政执法管理处18名干部职工列席会议。

大会传达了全省交通运输工作、公路工作会议精神，听取和审议了管理局行政工作报告、工会工作报告、一届三次职代会提案办理情况暨一届四次职代会提案审查立案情况报告以及2016年财务预算执行情况报告、领导班子述责述廉工作报告，审议通过了《白银公路管理局绩效工资考核分配暂行办法》《白银新世纪路业公司按有限责任公司进行改制的议案》和《白银公路管理局关于局属企业改制资产整合的议案》。会议表彰奖励了2016年度先进典型，签订了各项目标管理责任书。

局长陈旭升向大会做了题为《树牢新理念、坚持总基调、聚力促发展，以改革创新促进养护管理提质增效》的工作报告。报告全面总结回顾了全局2016年工作，分析了面临的形势和存在的问题，提出了2017年全局工作的指导思想、主要目标和工作措施。一是顺应公路养护体制改革，努力提升养护质量和效率；二是坚持稳定为主，推进二级公路收费工作平稳过渡；三是坚持统筹兼顾，继续推进各项改革工作；四是坚持创新驱动，加快推进智能公路和绿色发展。五是以安全生产零隐患、零事故为目标，切实强化安全管理工作；六是统筹做好全局各项工作，推动管理升级服务提质；七是坚持全面从严治党，以廉洁从政新成效推动全局工作。

会议强调，全局广大干部职工要在省厅局和局党委的正确领导下，以党的十八届六中全会、习近平总书记系列重要讲话精神为指导，全面贯彻落实全省交通运输工作、公路工作会议精神，认真执行大会决议，努力实现大会确定的各项目标任务。会议要求局属各单位、机关各部门要准确把握新要求，主动调整和转变工作思路，科学谋划、认真部署，强化管理、真抓实干。广大干部职工要积极适应新常态带来的新变化，顺应公路养护体制改革，大力弘扬艰苦奋斗、锐意进取的精神，坚定信心、敢于担当、不辱使命，为推动全局工作再上新台阶多添动力、多做贡献、多创佳绩。

# 第三章　历次团代会情况简介

LI CI TUAN DAI HUI QING KUANG JIAN JIE

## 第一节　共青团白银公路总段 委员会筹备期间

经白银公路总段党委 1986 年 12 月 9 日会议研究决定，成立共青团白银公路总段委员会筹备领导小组：

组　长：李淑英

成　员：李玉海　高明书　王朝锋　蔡炳香　陈宏伟

## 第二节　白银公路总段召开的 七次团代会

### 一、共青团白银公路总段委员会第一次代表大会

共青团白银公路总段第一届代表大会，于

1987 年 5 月 4 日在白银召开。

出席这次会议的有团员、青年和特邀列席代表共 20 名，总段党委书记杨临泉、总段长庹述芬、副总段长孙学苏到会祝贺并讲了话。

会议期间，与会代表认真学习了上级团组织的有关文件，审议通过了共青团工作报告和今后工作的意见，选举产生了共青团白银公路总段第一届委员会。会上全体代表向广大团员青年发出了倡议。

经共青团白银公路总段第一届代表大会民主选举，报请共青团白银市委批准，总段党委会研究同意，共青团白银公路总段第一届委员会由（按姓氏笔画）：王朝锋、白吉润、李淑英、陈全林、高明书、蔡炳香等 7 人组成，李淑英任团委书记（兼职）。

## 二、共青团白银公路总段委员会第二次代表大会

共青团白银公路总段第二次代表大会，于1989年8月30日在白银召开。共有团员67名，代表名额以团员总数的30%产生，出席会议的正式代表22名，列席代表5名，代表由各支部团员大会直接选举产生。

会议听取和审议了李淑英代表第一届团代会所做的题为《在建设和改革的新时代搞好团的工作》的工作报告。报告指出，总段团委1987年5月经共青团白银公路总段第一次代表大会选举产生，下设五个团支部，七个团小组，有团员67人，青年174人，其中28岁以下的青年122人，28以上35岁以下的青年52人，团员青年占职工总数的42.4%。在总段党政领导的关怀下，在共青团白银市委的直接领导下，总段团委认真贯彻落实党的十三届四中全会精神和共青团十二大精神。教育青年全面理解党的基本路线，坚持"一个中心、两个基本点"，深刻认识党中央提出的"治理经济环境，整顿经济秩序，全面深化改革"的战略决策，引导广大团员、青年发扬艰苦奋斗的爱国主义精神，围绕党的中心工作开展团内活动，发挥了共青团组织的助手作用和广大青年的突击队作用。

会议选举产生了共青团白银公路总段第二届委员会。第二届委员会由7人组成。经各支部民主推荐，提出候选人8人，采取无记名投票的方式，实行差额选举。第二届委员会，设专职副书记一名。

经总段第二次团代会选举，共青团白银公路总段第二届委员会由7人组成（按姓氏笔画为序）：

王朝锋、李进红、陈宏伟、郭武军、郭育琴、曾明春。

郭武军任团委副书记。

## 三、共青团白银公路总段委员会第三次代表大会

共青团白银公路总段委员会第三次代表大会，于1995年6月28日—29日在白银召开。共有团员129名，出席会议的正式代表32名，列席代表6名，特邀代表2名，代表由各支部团员大会采取无记名投票方式选举产生。

会议议程有3项：

1. 审议共青团白银公路总段第二届委员会工作报告；

2. 通过白银公路总段1995年—1997年团员发展规划；

3. 选举产生共青团白银公路总段第三届委员会。

第三届委员会由7人组成：王廷、李进红、吴文岗、张妍琼、姚兴华、蔡炳香、魏中。

共青团白银公路总段第三届委员会设副书记1名：吴文岗。

## 四、共青团白银公路总段委员会第四次代表大会

共青团白银公路总段委员会第四次代表大会，于2000年12月21日在白银召开。

第四届委员会由王廷、马宝荣、王朝忠、王永宝、张玉梅、李菁、赵其俊、俞建玲、袁莉莉9人组成。

王廷任团委副书记。

## 五、共青团白银公路总段委员会第五次代表大会

2004年8月26日，共青团白银公路总段委员会第五次代表大会在白银召开。来自基层各单位的42名代表听取审议了共青团白银公路总段第四届委员会的工作报告，提出了今后工作的指导思想和奋斗目标，按照选举程序选举产生了共青团白银公路总段第五届委员会。

这次会议的召开是全段团员青年政治生活中的一件大事。工会主席负子辉向大会致贺词并作重要讲话，他向全段各级团组织和团员青年提出希望和要求：一是要认真学习和贯彻党的十六大和团的十五大精神，按照科学发展观的要求，在公路各项工作中努力践行"三个代表"重要思想；二是要充分发挥先锋突击队作用，在实现我段公路事业的新发展中建功立业；三是求实进取，改革创新，把共青团自身建设提高到一个新水平。

总段党委书记陈富诗代表党委向新当选的共青团白银公路总段第五届委员会表示热烈的祝贺，向第四届委员会表示诚挚的感谢。他指出，这是一次动员的大会，鼓劲的大会，团结向上的大会，会后要认真抓好贯彻落实。他强调了两点意见：一是要以邓小平理论和"三个代表"重要思想为指导，进一步加强团的建设，尤其是作风建设。在新的时期，两级团组织要紧紧围绕总段党委的中心工作，严格纪律，严密组织，树立形象，扎实开展好各种教育活动，把共青团建设成为有凝聚力、战斗力、富有朝气的先进组织；二是努力提高服务青年的能力和水平，把竭诚服务贯穿于团的工作和团的建设的始终，更好地发挥共青团作为党的助手、作为党联系青年的桥梁和纽带的作用，把广大青年团员团结在党的周围，巩固党的青年群众基础。

大会表彰了四年来在团的工作中做出突出成绩的组织和个人，并向全段青年团员发出了倡议书。

根据《团章》规定，并报总段党委和团市委同意，共青团白银公路总段第五次代表大会等额选举产生了共青团白银公路总段第五届委员会，委员会由王胜龙、王朝忠、闫利平、闫玉仁、卢伟祖、张玉梅、李登耀、俞建玲、袁莉莉、强彦明、魏涛等11人组成。

经共青团白银公路总段第五届委员会第五次会议选举，王胜龙为团委书记（副科）。

## 六、共青团白银公路总段委员会第六次代表大会

共青团白银公路总段第六次代表大会于2008年4月29日召开，大会应到代表31名，实到代表31名。闫利平致开幕词，杨雪峰代表共青团白银总段第四届委员会做工作报告，王廷致闭幕词。

大会采取无记名投票等额选举产生了共青团白银公路总段第六届委员会委员。杨雪峰、常宏、卢伟祖、陈鹏仁、魏明、祁正莲、杨骞、李江、张亚宏等11名同志当选为共青团白银公路总段第六届委员会委员。

共青团白银公路总段第六届委员会第一次会议同日召开，应到委员11名，实到委员11名，会议采取等额选举办法选举产生了共青团白银公路总段第六届委员会书记：杨雪峰。

## 七、共青团白银公路总段委员会第七次代表大会

共青团白银公路总段委员会第七次代表大会于2011年4月29日召开，大会应到代表25名，实到代表23名。

会议审议通过了魏周军代表共青团白银公路总段第六届委员会所做的工作报告；大会采取无记名投票等额选举方式产生了共青团白银公路总段第七届委员会委员。魏周军、王晓宁、闫玉仁、张亚军、张亚宏、李峰、李静洙、杨骞、陈兴明、陈鹏仁、郭武、郑军红、康平、魏明等14名同志当选为共青团白银公路总段第七届委员会委员。会议采取等额选举办法选举产生共青团白银公路总段第七届委员会书记：魏周军（副科级）。

附 录

# 一、白银公路管理局副县级以上领导名录

（一）白银公路总段成立（1961 年 5 月—1963 年 11 月 1 日）

**总 段 长：** 施玉麟

（二）白银公路总段恢复建制后（1986 年 1 月—2017 年 8 月）

筹备组：李昌伟、王志贵、周日新

组　　长：李昌伟　1986 年 1 月—7 月

## 1. 党委书记

杨临泉　1986 年 8 月—1989 年 4 月

庹述芬　1989 年 5 月—1991 年 12 月

胡振琦　1993 年 5 月—2003 年 2 月

陈富诗　2003 年 2 月—2006 年 3 月

李玉海　2006 年 4 月—2007 年 8 月

石培成　2007 年 8 月—2010 年 9 月

贺得荣　2010 年 11 月—2012 年 4 月

张志芳　2012 年 4 月—2016 年 7 月

燕天宁　2016 年 7 月至今

## 2. 局（总段）长（2014 年 1 月白银公路总段更名为白银公路管理局，总段长改称局长）

庹述芬　1986 年 8 月—1991 年 12 月

孙学苏　1991 年 12 月—1993 年 3 月

吴廷相　1993 年 3 月—1998 年 9 月

石培成　2003 年 2 月—2007 年 8 月

李玉海　2007 年 8 月—2012 年 2 月

贺得荣　2012 年 4 月—2016 年 2 月

陈旭升　2016 年 2 月—2017 年 4 月

汪生忠　2017 年 4 月至今

### 3. 党委副书记

庹述芬　1986 年 8 月—1989 年 4 月

陈自润　1989 年 5 月—1993 年 3 月

李淑英　1991 年 12 月—2008 年 9 月

苏培钟　2008 年 10 月—2010 年 11 月

### 4. 副局（副总段）长（2014 年 1 月白银公路总段更名为白银公路管理局，副总段长改称副局长）

孙学苏　1986 年 8 月—1991 年 12 月

郭隆万　1991 年 12 月—1999 年 4 月

李玉海　1998 年 9 月—2003 年 7 月

贺得荣　1999 年 8 月—2003 年 2 月

　　　　2005 年 12 月—2008 年 5 月

刘芳俊　2003 年 2 月—2010 年 11 月

姚志明　2004 年 4 月—2005 年 12 月

贠子辉　2008 年 6 月—2012 年 10 月

罗继东　2014 年 1 月至今

王　斌　2015 年 9 月—2017 年 7 月

汪小东　2017 年 8 月至今

### 5. 纪委书记

陈自润　1987 年 1 月—1989 年 5 月

杨临泉　1989 年 5 月—1993 年 7 月

李淑英　1994 年 1 月—2008 年 9 月

苏培钟　2008 年 10 月—2010 年 11 月

汪小东　2013 年 12 月—2017 年 8 月

### 6. 工会主席

陈自润　1988 年 1 月—1993 年 3 月

　　　　1994 年 1 月—2003 年 2 月

贠子辉　2003 年 2 月—2008 年 6 月

杨向军　2009 年 7 月—2011 年 7 月

李新虎　2011 年 8 月—2017 年 6 月

### 7. 总工程师

郭隆万　1991 年 8 月—1991 年 12 月

王　鹏　1991 年 12 月—2008 年 4 月

罗继东　2008 年 9 月—2014 年 1 月

### 8. 调研员

李文斌　1998 年 7 月—2005 年 7 月

吴廷相　1998 年 9 月—1999 年 8 月

郭隆万　1999 年 4 月—2000 年 2 月

陈自润　2003 年 2 月—2003 年 3 月

王　鹏　2008 年 4 月—2010 年 4 月

李淑英　2008 年 9 月—2009 年 7 月

苏培钟　2010 年 11 月—2014 年 10 月

### 9. 局应急抢险保障中心主任（副县级）

张廷才　2016 年 2 月至今

# 二、白银公路管理局科级干部名录

（一）内设科室科级干部名录（按任职时间先后次序排列）

1. 1986 年—1990 年

| 科室名称 | 职务 | 姓名 |
|---|---|---|
| 办公室 | 主任 | 王大林　刘耀昌 |
| 养路计划科 | 科长 | 郭隆万 |
| 工程技术科 | 科长 | 高维龙 |
| 财务科 | 科长 | 曹思俊 |
| 劳动工资科 | 科长 | 唐余荡 |
| 职工教育科 | 科长 | 张鸿寅 |
| 房建办公室 | 主任 | 唐世章 |
| 组织科 | 科长 | 李淑英（女） |
| 宣传科 | 科长 | 苏顺林 |
| 工会 | 副主席 | 周继瑜（副科级） |
| | 女工主任 | |
| 团委 | 书记 | 李淑英（女，兼）　郭武军（副） |

2. 1991 年—2003 年

| 科室名称 | 职务 | 姓名 |
|---|---|---|
| 行政办公室 | 主任 | 刘耀昌　金杰水（副）　王　廷（副） |
| 养路计划科 | 科长 | 郭隆万　李玉海　贺得荣　曾明春　罗继东（副） |
| 工程技术科 | 科长 | 李俊生　樊仲贤 |
| | 主任工程师 | 魏兴发 |
| 财务科 | 科长 | 曹思俊　张国强　齐林军 |
| 劳动工资科 | 科长 | 唐余荡　雒天瑞　王朝锋　周大军（副） |
| 职工教育科 | 科长 | 张鸿寅　俞润堂　狄中伟　杨树忠<br>雒天瑞（代）　贾富章　王宝成（兼，副）　李维珍 |
| 设备材料科 | 科长 | 宋天庆　李生华 |
| 监察科 | 科长 | 张鸿寅　俞润堂　王廷仕　李维珍　雒天瑞 |
| 路政管理科 | 科长 | 李沛富　贾富章（副）　郭武军　李进红（副） |
| 发展办 | 主任 | 唐世章　包寿乾（副） |
| 党委秘书室（含党委办公室） | 主任 | 王成斌 |

**续表**

| 科室名称 | 职务 | 姓名 |
|---|---|---|
| 工会 | 副主席 | 滕文凯　雒天瑞 |
|  | 女工主任 | 蔡炳香（女）　谭东霞（女） |
| 团委 | 书记 | 郭武军（副）　蔡炳香（女，副，兼）　吴文岗（副）　王　廷（副） |
| 组织科 | 科长 | 李淑英（女）　狄中伟　俞润堂　王廷仕 |
| 宣传科 | 科长 | 苏顺林　高明书（副）　狄中伟（兼）　周继瑜　王宝成（副） |
| 老干部科 | 科长 | 王廷仕（兼）　李锦海（副） |

### 3. 2004 年—2013 年

| 科室名称 | | 职务 | 姓名 |
|---|---|---|---|
| 党委办公室（加挂离退休干部职工管理科牌子） | | 主任 | 王成斌　蔡炳香（女，副）　王宝成（副）　魏涛（副）　樊仲贤（兼） |
| | | 协理员 | 王成斌 |
| 行政办公室 | | 主任 | 王　廷、杨雪峰（副）　王朝锋　王宝成 |
| | | 协理员 | 刘耀昌　王朝锋 |
| 劳动安全科 | | 科长 | 周大军　杨雪峰　闫利平 |
| 财务资产管理科 | | 科长 | 齐林军　马进川　周荣斌（副） |
| 科学技术教育科（加挂总工办牌子） | | 科长 | 白吉润　罗继东　丁进忠　蒋玉霞（女） |
| 养路计划监理科 | | 科长 | 曾明春　罗继东（副）　李　渊　李　莉（女）　任开伟（副）　沈凌云（女，副）　张兴绪 |
| 监察审计科（与纪委合署办公） | | 科长 | 雒天瑞　王宝成　张晓梅（女，副） |
| | | 协理员 | 王天岷 |
| 工会 | | 副主席 | 魏兴发 |
| | | 女工主任 | 谭东霞（女）　杨爱萍（女）　蒋玉霞（女） |
| | | 协理员 | 谭东霞 |
| 团委 | | 书记 | 王　廷（副）　王胜龙　杨雪峰　魏周军　段宝清 |
| 路政支队 | 支队 | 副支队长 | 王朝锋　郭武军 |
| | 审理科 | 科长 | 郭武军 |
| | 稽查科 | 科长 | 李生华　吴文岗 |
| | 综合办 | 主任 | 刘　疆（副） |
| 收费公路管理处 | | 处长 | 张廷才　樊仲贤 |

**4.2014 年—2017 年 7 月底**

| 科室名称 | 职务 | 姓名 |
|---|---|---|
| 办公室 | 主任 | 王宝成　闫玉仁 |
| 党委办公室 | 主任 | 李昱辰　苏俊霞（女，副）　魏周军 |
| 养路计划科 | 科长 | 张兴绪　陈　龙（副）、王煜寿（副） |
| 财务资产管理科 | 科长 | 李金铭　李　莉（女，副）　杨富生（副）周荣斌 |
| 人事劳资科（加挂离退休职工管理科牌子） | 科长 | 闫利平　苏俊霞（女，副） |
| 安全管理科（加挂应急办公室牌子） | 科长 | 魏兴发　蒋玉霞　曹彦祥（副） |
| 审计科 | 科长 | 马进川　张晓梅（女，副）　李惠华（女，副） |
| 技术科 | 科长 | 蒋玉霞　丁进忠　刘明辉（副） |
| 监察室 | 主任 | 樊仲贤　魏周军 |
| 工会 | 副主席 | 沈凌云（女） |
| | 女工主任 | 沈凌云（女） |
| 团委 | 书记 | |

（二）下属单位科级干部名录（1986 年 1 月—2017 年 6 月底，按任职时间先后次序排列）

**1.局属单位**

（1）靖远公路管理段

| 职务 | 姓名 |
|---|---|
| 党支部书记 | 李　秀　滕文凯（副）　李生华　高明书　滕文凯　张晓明　魏　中　魏久刚　杨丽君（女） |
| 段长 | 曾海珊　陈金山　滕文凯　樊仲贤　张廷才　张晓明　柴建政　刘兴武 |
| 副段长 | 聂振麒　魏久刚　陈金山　姚兴华　杨永军　李　渊　张启成　杨丽君（女）　滕学军　魏　中（兼）　李仲臣　牛彩霞（女） |
| 工会主席 | 聂振麒　李卫东　高明书（兼）　吕　广　杨雪峰　杨丽君（女）　罗晓芳（女） |
| 路政大队副大队长 | 续金文　滕学军 |
| 主任工程师 | 张　铭　曾海珊　魏久刚 |
| 协理员 | 聂振麒　滕文凯　吕　广　杨永军 |

（2）白银公路管理段

| 职务 | 姓名 |
|---|---|
| 党支部书记 | 王廷仕　刘耀昌（副）　周继瑜　王成斌　李维珍<br>蔡炳香（女）　魏兴发　李昱辰　蒋玉霞（女）<br>张廷才（副，兼）　罗维昆（副，兼）　王宝成 |
| 段长 | 郭隆万　王廷仕　王建省　白吉润　王　孝　魏兴发<br>张廷才　罗维昆　魏　中 |
| 副段长 | 李沛富　李玉海　魏兴发　王建省　曾明春　张兴绪<br>蒋玉霞（女）　沈凌云　高松安　张建中（兼）<br>陈　龙　王煜寿　吕彦平 |
| 工会主席 | 李沛富　李维珍　蔡炳香（女，兼）　赵兴祖<br>蒋玉霞（女）　魏　涛　王子育　金兴恒　来耀花 |
| 路政大队副大队长 | 张永宏　冯作平 |
| 主任工程师 | 曾明春　高松安 |
| 协理员 | 白吉润　王子育 |

（3）景泰公路管理段

| 职务 | 姓名 |
|---|---|
| 党支部书记 | 俞润堂　米成山（兼）　王朝锋　魏　中（副）　薛　强<br>李进红　杨爱萍（女）　吴世兴（副，兼）　王　明（副）<br>郑建军（副） |
| 段长 | 石培成　米成山　丁进忠　罗继东　罗维昆　吴世兴<br>杨雪峰 |
| 副段长 | 米成山　贺得荣　曾明春　樊仲贤　白吉润　丁进忠<br>罗继东　薛　强　高启正　任开伟　马仲虎　卢昌琪<br>郑建军　高　飞 |
| 工会主席 | 米成山（兼）　王朝锋　张继承　魏　中（兼）　陈金山<br>俞建勋　来耀花（女）　杨爱萍（女） |
| 路政大队副大队长 | 王玉军　朱国钰 |

（4）会宁公路管理段

| 职务 | 姓名 |
|---|---|
| 党支部书记 | 张鸿寅　贾富章　李生华　郭武军　负子辉　张继承（副）<br>孙作义　李善勇　梁　林　柴建政（副，兼）　张晓明 |
| 段长 | 陈富诗　王建省　彭永恒（代）　贺得荣　郭武军<br>负子辉　李　渊　汪小东　柴建政　卢昌琪 |
| 副段长 | 王建省　负子辉　王天岷　贺得荣　李　兵　吕文全<br>孙进玲　闫守笃　金兴恒　张晓明　彭恩奎　李仲臣<br>梁　林（兼）　王彦科　王百林　李世东　何立强 |
| 工会主席 | 孟昌春　李善勇　柴建政　梁　林　续金文　李世东 |
| 路政大队副大队长 | 孟　军 |
| 养管站站长 | 金兴恒（副科）　孙作义（副科）　张胜利（副科） |
| 协理员 | 张胜利　姚兴华　彭恩奎 |

（5）平川公路管理段

| 职务 | 姓名 |
|---|---|
| 党支部书记 | 杨丽君（女，副）　滕学军（副） |
| 段长 | 闫守笃 |
| 副段长 | 马仲虎　张治中 |
| 工会主席 | 王　虎 |

（6）高等级公路养护中心

| 职务 | 姓名 |
|---|---|
| 党支部书记 | 闫利平　魏　中　李昱辰 |
| 主任 | 汪小东　吴世兴　陈　龙 |
| 副主任 | 金兴恒　李仲臣　张启成　孙守迪　王明铜　俞建勋 |
| 工会主席 | 金兴恒　高启正　闫利平（兼）　杨爱萍（女） |

（7）局试验检测技术服务中心

| 职务 | 姓名 |
|---|---|
| 党支部书记 | 王朝锋　张建中 |
| 主任 | 任开伟（副）　张启成（副）　柴建政 |
| 副主任 | 张启成　高启正　庞　权　丁越佳　张建中（兼） |

（8）局后勤服务中心

| 职务 | 姓名 |
|---|---|
| 党支部书记 | 蒋玉霞（女）　魏　涛 |
| 主任 | 魏　涛（副）　马世军 |
| 副主任 | 王　虎　蒋玉霞（女，副　兼）　王　明 |

（9）局应急抢险保障中心

| 职务 | 姓名 |
|---|---|
| 党支部书记 | 吴文岗　张廷才　吴文岗（副） |
| 主任 | 张廷才 |
| 副主任 | 罗维昆　周荣斌　刘明辉　刘宽江　马志远　牛彩霞（女）　常　宏 |
| 工会主席 | 杨富生 |

（10）白银新世纪路业有限责任公司

| 职务 | 姓名 |
|---|---|
| 董事长　总经理 | 任开伟 |
| 监事　工会主席 | 梁　林 |
| 副总经理 | 刘宽江　庞　权　丁越佳 |

## 2. 撤并单位（截至 2017 年 6 月底）

（1）国道 312 线界岘段管理所

| 职务 | 姓名 |
|---|---|
| 党支部书记 | 王成斌　王天岷　李善勇　李金铭　梁　林 |
| 所长 | 王成斌　张国强　王天岷　孙作义　柴建政　李金铭　马世军 |
| 副所长 | 邓辉昌　张国强　张廷才　王天岷　姚兴华　绫金文　刘兴武　李金铭　曹彦祥　李世东 |
| 工会主席 | 王天岷　张永宏　李金铭　绫金文 |

（2）靖远收费公路管理所

| 职务 | 姓名 |
|---|---|
| 党支部书记 | 李锦海　高明书　闫利平　魏　中　刘兴武　魏周军（副）　滕学军（副） |
| 所长 | 吕文全　李锦海　顾文峰　李进红　魏　中　刘兴武 |
| 副所长 | 姚兴华　李恒春　马世军　曹彦祥　刘兴武（兼）　杨永军　张治中　来耀花（女）　常　宏 |
| 工会主席 | 张建中　李恒春　魏久刚 |
| 协理员 | 孟　军 |

（3）景泰收费公路管理所

| 职务 | 姓名 |
|---|---|
| 党支部书记 | 王朝锋　张建中　李进红　刘兴武　常　宏（副）　杨爱萍　郑建军（副） |
| 所长 | 王朝锋　魏　中　张建中　常　宏　马世军 |
| 副所长 | 陈金山（正科）　赵兴祖　郑建军　段宝清　杨爱萍（女，副，兼）　陈　云　曹彦祥　杨富生 |
| 工会主席 | 马进川　杨爱萍（女）　俞建勋 |

（4）白银公路总段劳动服务公司、白银公路总段机械化工程公司（总段劳动服务公司 1988 年成立，1999 年 10 月更名为白银公路总段机械化工程公司）

| 职务 | 姓名 |
|---|---|
| 党支部书记 | 樊仲贤　贾富章 |
| 经理 | 李　秀　金杰水（副）　樊仲贤　武和谦　孙进玲　刘明辉 |
| 副经理 | 李沛富　李俊生　金杰水　吴和谦　王大银　王　孝　孙进玲 |
| 机械管理中心主任 | 吴文岗　闫利平（副） |
| 总会计师 | 张文刚 |

（5）白银新世纪路业公司

| 职务 | 姓名 |
|---|---|
| 党支部书记 | 金杰水（副）　王大银　王宝成　张兴绪　罗维昆（副，兼）　吴文岗 |
| 经理 | 包寿乾　武和谦　孙进玲　王子育　罗维昆 |

**续表**

| 副经理 | 罗维昆　王子育　吴世兴　李小军　张兴绪（兼）<br>孙守迪　王彦科　吴文岗　刘明辉　刘宽江 |
|---|---|
| 工会主席 | 闫利平　常　宏 |
| 总会计师 | 周荣斌 |
| 世纪宾馆经理 | 贾富章　李兴国 |

（6）白银新世纪产业开发公司

| 职务 | 姓名 |
|---|---|
| 党支部书记 | 王天岷　薛　强（薛淳天）　王宝成（兼）<br>白吉润（副，兼） |
| 经理 | 汪小东　吴世兴　白吉润　罗继东（兼） |
| 副经理 | 高启正　任开伟 |
| 监理公司 | 吴世兴　张启成（副） |
| 试验室主任 | 吴世兴　蒋玉霞（女）　庞　权（副） |

（7）白银新世纪公路工程勘察设计所

| 职务 | 姓名 |
|---|---|
| 所长 | 闫守笃　罗继东　吴世兴　丁越佳（副） |

（8）总段三产办

| 职务 | 姓名 |
|---|---|
| 主任 | 唐世章　陈金山 |
| 副主任 | 包寿乾 |

（9）总段机关后勤服务中心

| 职务 | 姓名 |
|---|---|
| 党支部书记 | 金杰水（副）　顾文峰（副）　魏　涛（副） |

（10）离退休党支部

| 职务 | 姓名 |
|---|---|
| 党支部书记 | 蔡炳香（女） |

（11）新墩超限监控检测站

| 职务 | 姓名 |
|---|---|
| 党支部书记 | 高明书　李恒春 |
| 站长 | 吴文岗　张永宏　景保明 |
| 副站长 | 吕　广　滕学军　景保明　李恒春　张亚宏 |
| 协理员 | 高明书 |

（12）刘白高速公路路政管理大队

| 职务 | 姓名 |
|---|---|
| 党支部书记 | 刘岩铭 |
| 大队长 | 李进红 |
| 副大队长 | 王玉军 |

（13）平川高速公路路政管理大队

| 职务 | 姓名 |
|---|---|
| 党支部书记 | 刘岩铭 |
| 大队长 | 李进红 |
| 副大队长 | 冯作平　王玉军 |

# 三、白银公路管理局获省部级以上先进单位（集体）名录

## 国家级先进集体名录

| 单位名称 | 授予部门 | 称号 | 授予时间 |
|---|---|---|---|
| 白银公路总段 | 国务院、中央军委交通战备领导小组 | 交通战备工作正规化建设合格证 | 1991年 |
| 景泰公路段兴泉道班工会小组 | 中华全国总工会 | 全国模范职工小家 | 1995年 |

**续表**

| 单位名称 | 授予部门 | 称号 | 授予时间 |
|---|---|---|---|
| 景泰公路管理段<br>兴泉道班 | 中华全国总工会 | "五一劳动奖状"<br>（先进班组） | 1997 年 |
| 会宁公路管理段<br>青江驿养管站 | 中华全国总工会 | 全国模范职工小家 | 2001 年 |
| 甘肃省白银公路总段<br>大水磆收费站 | 全国创争活动领导小组 | 2006 年度全国学习型<br>先进班组 | 2007 年 |
| 会宁公路段<br>青江驿养管站 | 中华全国总工会 | 2006 年度全国<br>"安康杯"竞赛优胜班组 | 2007 年 |
| 靖远公路管理段三滩养管站 | 中华全国总工会 | 全国模范职工小家 | 2008 年 |
| 白银公路管理段 | 中华全国总工会 | 全国工会"职工书屋"示范<br>点达标单位 | 2011 年 |
| 白银公路总段工会 | 中华全国总工会 | 全国模范职工之家 | 2011 年 |
| 会宁公路管理段<br>会宁养管站 | 中华全国总工会 | 全国五一巾帼标兵岗 | 2013 年 |
| 景泰公路管理段工会小组 | 中华全国总工会 | 全国模范职工之家 | 2013 年 |
| 甘肃省白银公路管理局 | 中华全国总工会、国家安<br>全生产监督管理总局 | 2013 年度全国<br>"安康杯"竞赛优胜单位 | 2014 年 |

## 省部级先进集体名录

| 单位名称 | 授予部门 | 称号 | 授予时间 |
|---|---|---|---|
| 白银公路总段 | 中华人民共和国交通部 | 交通系统两个文明建设<br>先进单位 | 1991 年 |
| 景泰公路段 | 中华人民共和国交通部 | 交通系统两个文明建设<br>先进单位 | 1991 年 |
| 靖远公路段石板沟道班 | 甘肃省总工会 | 先进集体宿舍 | 1991 年 |
| 白银公路总段 | 中华人民共和国交通部 | 路政管理工作先进单位 | 1993 年 |
| 景泰公路段兴泉道班 | 甘肃省总工会 | 模范职工小家 | 1993 年 |
| 会宁公路管理段<br>青江驿养管站 | 共青团中央、交通部 | 全国交通系统<br>"青年文明号" | 1997 年 |
| 白银公路总段 | 《中国交通报》报社 | 先进报道组 | 1997 年 |

**续表**

| 单位名称 | 授予部门 | 称号 | 授予时间 |
|---|---|---|---|
| 白银公路总段 | 交通部 | 1996年和1997年度交通部公路工程"三优"评选获奖单位 | 1998年 |
| 白银公路总段青江驿养管站 | 甘肃省委宣传部、省总工会、省经贸委 | 全省职业道德建设先进单位 | 1998年 |
| 白银公路总段工会 | 甘肃省总工会 | 全省"模范职工之家" | 1998年 |
| 白银公路总段 | 甘肃省委宣传部、省总工会、省职工职业道德建设协调小组 | 甘肃省职业道德建设先进单位 | 1998年 |
| 青江驿养管站 | 甘肃省精神文明建设委员会 | 全省"文明之光"精神文明建设先进单位典型 | 1999年 |
| 白银公路总段 | 中共甘肃省委、甘肃省人民政府 | 省级文明单位 | 2000年 |
| 白银公路总段 | 甘肃省委、甘肃省人民政府 | 第五批精神文明建设文明单位 | 2001年 |
| 青江驿养管站 | 中华人民共和国交通部 | 全国交通系统"文明示范窗口单位" | 2001年 |
| 景泰公路管理段 | 甘肃省总工会 | "全省模范职工之家" | 2003年 |
| 国道109线吴唐段、省道201线营景段 | 中共甘肃省委、甘肃省人民政府 | 省级文明样板路 | 2003年 |
| 白银公路总段工会 | 甘肃省总工会 | 全省工会财会工作先进单位 | 2003年 |
| 白银公路管理段 | 中华人民共和国人事部、交通部 | 全国交通系统先进集体 | 2005年 |
| 白银公路总段 | 中华人民共和国交通部 | 创建全国交通文明行业先进单位 | 2005年 |
| 会宁公路管理段青江驿养管站 | 中华人民共和国交通部 | 全国交通行业文明示范"窗口" | 2005年 |
| 白银公路总段 | 甘肃省精神文明建设指导委员会、省广播电影电视总台（集团） | "甘肃电投杯"树立社会主义荣辱观教育知识竞赛优秀奖 | 2006年 |
| 靖远公路管理段三滩养管站工会 | 甘肃省总工会 | 甘肃省模范职工之家 | 2006年 |
| 白银公路总段工会 | 甘肃省总工会 | 全省工会干部教育培训工作先进集体 | 2006年 |

续表

| 单位名称 | 授予部门 | 称号 | 授予时间 |
|---|---|---|---|
| 白银公路总段工会 | 甘肃省总工会 | 全省工会财务工作先进单位 | 2007 年 |
| 景泰收费所 | 甘肃省委、省政府 | 全省精神文明建设工作先进单位 | 2008 年 |
| 白银公路总段 | 甘肃省厂务公开领导小组办公室 | 甘肃省厂务公开民主管理先进单位 | 2009 年 |
| 景泰收费所 | 甘肃省委、省政府 | 省级文明单位 | 2010 年 |
| 白银公路总段总工办 | 中国海员建设工会全国委员会 | 2010 年度"全国交通建设系统工人先锋号" | 2010 年 |
| 会宁公路管理段会宁养管站 | 中国海员建设工会全国委员会 | 全国公路交通系统优秀"五型班组" | 2010 年 |
| 三滩养管站 | 全国安康杯竞赛组委会 | 2010 年全国"安康杯'竞赛优胜班组 | 2011 年 |
| 三滩养管站 | 交通运输部、中国海员建设工会 | 全国模范道班 | 2011 年 |
| 兴泉养管站 | 中国海员建设工会全国委员会 | 全国交通基础设施重点二程劳动竞赛优胜班组 | 2014 年 |
| 高等级公路养护管理中心白银工区 | 中国海员建设工会 | 全国公路交通系统"模范班组" | 2015 年 |

# 四、白银公路管理局获省部级以上先进个人名录

## 国家级先进个人名录

| 姓名 | 性别 | 籍贯 | 授予单位 | 称号 | 授予时间 |
|---|---|---|---|---|---|
| 彭永恒 | 男 | 甘肃会宁 | 中华全国总工会 | 全国优秀科技工作者、"五一劳动奖章" | 1991 年 |
| 吴廷相 | 男 | 甘肃酒泉 | 国务院 | 享受国务院特殊津贴 | 1994 年 |
| 贠子辉 | 男 | 甘肃会宁 | 中华全国总工会 | 全国工会系统"四五"普法先进个人 | 2005 年 |
| 周荣斌 | 男 | 甘肃会宁 | 全国创争活动领导小组 | 2008 年度全国知识型职工先进个人 | 2009 年 |

## 省部级先进个人名录

| 姓名 | 性别 | 籍贯 | 授予单位 | 称号 | 授予时间 |
|---|---|---|---|---|---|
| 彭永恒 | 男 | 甘肃会宁 | 甘肃省总工会 | 读书自学积极分子 | 1989 年 |
| 庹述芬 | 男 | 四川合川 | 中华人民共和国交通部 | "全国交通系统劳动模范"获得者 | 1991 年 |
| 郭隆万 | 男 | 江西万安 | 兰州军区交通战备领导小组 | 兰州军区"911 会议"交通保障工作先进个人 | 1991 年 |
| 曾海珊 | 男 | 甘肃靖远 |  |  |  |
| 李生华 | 男 | 甘肃会宁 |  |  |  |
| 郭武军 | 男 | 甘肃会宁 | 甘肃省委、甘肃省人民政府 | 全省法制宣传教育工作先进个人 | 1996 年 |
| 胡振琦 | 男 | 甘肃会宁 | 甘肃省委、甘肃省人民政府 | 第四批精神文明建设先进工作者 | 1998 年 |
| 王朝锋 | 男 | 甘肃景泰 | 甘肃省总工会 | 全省文明家庭 | 1998 年 |
| 王桂淑（王朝锋家属） | 女 | 甘肃景泰 | 交通部、中国海员工会、中国公路运输工会 | 全国交通系统公路职工"贤内助" | 1999 年 |
| 陈自润 | 男 | 甘肃会宁 | 甘肃省总工会 | 甘肃省优秀工会工作者 | 2000 年 |
| 张国强 | 男 | 甘肃会宁 | 甘肃省精神文明建设委员会 | 创建国道 312 线甘肃段文明样板路先进个人 | 2000 年 |
| 金兴恒 |  | 甘肃榆中 |  |  |  |
| 贠子辉 |  | 甘肃会宁 |  |  |  |
| 李文萍 | 女 | 甘肃靖远 | 甘肃省总工会 | 先进女职工 | 2000 年 |
| 贠子辉 | 男 | 甘肃会宁 | 甘肃省委宣传部、甘肃省总工会、省经贸委 | 第六届甘肃省职工职业道德十佳标兵 | 2011 年 |
| 吕文全 | 男 | 甘肃靖远 | 甘肃省通县公路建设领导小组 | 全省国债路网建设先进个人 | 2003 年 |
| 闫玉仁 | 男 | 甘肃会宁 | 甘肃省总工会 | 甘肃省技术标兵 | 2005 年 |
| 李文萍 | 女 | 甘肃靖远 | 甘肃省总工会 | 甘肃省技术标兵 | 2005 年 |
| 周荣斌 | 男 | 甘肃会宁 | 甘肃省总工会 | 甘肃省技术标兵 | 2006 年 |
| 陈银瑞 | 女 | 甘肃庄浪 | 甘肃省总工会 | 全省工会财会先进工作者 | 2007 年 |
| 闫玉仁 | 男 | 甘肃会宁 | 甘肃省总工会 | 甘肃省技术标兵 | 2007 年 |
| 陈银瑞 | 女 | 甘肃庄浪 | 甘肃省总工会 | 全省工会经审工作先进工作者 | 2007 年 |

**续表**

| 姓名 | 性别 | 籍贯 | 授予单位 | 称号 | 授予时间 |
|---|---|---|---|---|---|
| 谭东霞 | 女 | 河南镇平 | 甘肃省总工会 | 甘肃省"五一"巾帼奖 | 2008 年 |
| 周荣斌 | 男 | 甘肃会宁 | 甘肃省总工会 | 甘肃省"创建学习型组织、争做知识型职工"活动先进个人 | 2008 年 |
| 彭国钱 | 男 | 甘肃会宁 | 甘肃省总工会 | 甘肃省技术标兵 | 2008 年 |
| 魏周礼 | 男 | 甘肃白银 | 甘肃省总工会 | 甘肃省技术标兵 | 2008 年 |
| 李玉海 | 男 | 甘肃靖远 | 甘肃省厂务公开领导小组办公室 | 推进厂务公开民主管理先进个人 | 2009 年 |
| 负子辉 | 男 | 甘肃会宁 | 甘肃省总工会 | 甘肃省优秀工会工作者 | 2009 年 |
| 闫玉仁 | 男 | 甘肃会宁 | 中华人民共和国人力资源和社会保障部 | 全国交通运输系统先进工作者 | 2009 |
| 谭东霞 | 女 | 河南镇平 | 中国海员建设工会 | 全国公路交通系统第九届"金桥奖" | 2009 年 |
| 白建胜 | 男 | 甘肃民勤 | 甘肃省委、省政府 | 甘肃省先进工作者 | 2010 年 |
| 高爱军 | 男 | 甘肃靖远 | 甘肃省百万职工职业技能素质提升活动组委会办公室 | 甘肃省职工先进技术操作法 | 2010 年 |
| 闫玉仁 | 男 | 甘肃会宁 | 甘肃省总工会 | 甘肃省技术标兵 | 2010 年 |
| 张启成 | 男 | 甘肃会宁 | 中国海员建设工会全国委员会 | 2010 年重点工程劳动竞赛先进个人 | 2010 年 |
| 白建胜 | 男 | 甘肃民勤 | 中共甘肃省委、甘肃省人民政府 | 甘肃省先进工作者 | 2010 年 |
| 李玉海 | 男 | 甘肃靖远 | 中共甘肃省委、甘肃省人民政府 | 2006—2010 年全省法制宣传教育先进个人 | 2011 年 |
| 白建胜 | 男 | 甘肃民勤 | 交通运输部、中国海员建设工会 | 全国模范养路工 | 2011 年 |
| 庞　权 | 男 | 甘肃会宁 | 肃省总工会、省人社厅、省工信委、省科技厅、省国资委、省交通运输厅 | 甘肃省技术标兵 | 2011 年 |

**续表**

| 姓名 | 性别 | 籍贯 | 授予单位 | 称号 | 授予时间 |
|------|------|------|----------|------|----------|
| 高小华 | 女 | 甘肃景泰 | 甘肃省总工会、省人社厅、省工信委、省科技厅、省国资委、省交通运输厅 | 甘肃省技术标兵 | 2011年 |
| 高爱军 | 男 | 甘肃靖远 | 交通运输部 | 全国交通技术能手 | 2012年 |
| 闫利平 | 男 | 内蒙古阿左旗 | 中国海员建设工会全国委员会、交通运输部精神文件建设办公室 | 全国公路交通系统金桥奖 | 2012年 |
| 焦淑霞 | 女 | 甘肃会宁 | 甘肃省城镇妇女"巾帼建功"活动协调领导小组 | 甘肃省巾帼建功标兵 | 2015年 |
| 何家骏 | 男 | 甘肃白银 | 省总工会、省人社厅、省工信委、省科技厅、省国资委 | 甘肃省技术标兵 | 2016年 |
| 李泰年 | 男 | 甘肃景泰 | 省总工会、省人社厅、省工信委、省科技厅、省国资委 | 甘肃省技术标兵 | 2016年 |

# 五、白银公路管理局获地市级以下先进单位（集体）

## 1987 年

甘肃省交通厅表彰靖远公路段黑城子道班、景泰公路段小甘沟道班为全省公路系统优秀班组

甘肃省交通厅公路局表彰白银公路总段为省养公路先进单位

白银公路总段党委表彰 1986 年"双文明"竞赛先进公路段、先进道班名单：

先进公路段：景泰公路段、白银公路段、会宁公路段

先进道班：兴泉道班、红水道班、孙寨柯道班、黑城子道班、二十里铺道班、墩墩滩道班、康家河道班、六十里铺道班、马家堡道班、张家坪道班、范家窑道班

白银公路总段党委表彰白银公路段红库托道班为 1986 年"双文明"竞赛抢救国家财产突出单位

## 1988 年

白银市委表彰景泰公路段党支部为先进党支部

白银市总工会表彰景泰公路段工会为"先进职工之家"

共青团白银市委表彰景泰公路段为"筑绿色万里长城"先进单位

甘肃省交通厅公路局表彰奖励全优路段道班：会宁公路段六十里铺道班、靖远公路段黑城子道班、景泰公路段双墩道班、小甘沟道班

白银区人民防空委员会表彰白银公路段为人防工程维护管理先进单位

白银公路总段表彰景泰公路段为"百日"路面养护竞赛"优胜杯"获得者

白银公路总段党委、白银公路总段表彰 1987 年先进公路段、先进班组名单：

先进公路段：会宁公路段

先进班组：黑城子道班、二十里铺道班、墩墩滩道班、党家水道班、康家河道班、六十里铺道班、张家坪道班、马家堡道班、北庄道班、小甘沟道班、红水道班、范家窑道班、白银段机修组

白银公路总段工会表彰白银公路段后长川道班工会小组为先进工会小组

## 1989 年

甘肃省交通厅表彰景泰公路段双墩道班、白银公路段后长川道班为 1989 年道路、水路春运先进集体

甘肃省交通厅公路局表彰奖励会宁公路段为 1988 年优良公路段；六十里铺道班、窑沟道班、双墩道班、小甘沟道班、黑城子道班为优良道班

白银市总工会授予景泰公路段工会为"先进职工之家"

白银公路总段党委表彰景泰公路段党支部为先进党支部

白银公路总段党委、白银公路总段表彰 1988 年先进公路段、先进班组名单：

先进公路段：会宁公路段、景泰公路段

先进班组：小甘沟道班、康家河道班、六十里铺道班、马家堡道班、黑城子道班、二十里铺道班、墩墩滩道班、范家窑道班

白银公路总段工会表彰景泰公路段工会为先进基层工会

白银公路总段工会授予康家河道班、马家堡道班、黑城子道班、旱平川道班、后长川道班、白银道班"先进职工之家"称号

## 1990 年

甘肃省交通厅表彰白银公路总段为 1989—1990 年度"双文明"建设先进单位

白银市委表彰景泰公路段党支部为先进党支部

甘肃省交通厅公路局表彰全省公路系统学雷锋先进单位：白银公路总段；先进集体：会宁公路段六十里铺道班

甘肃省交通厅公路局表彰白银公路总段为 1989 年省养公路先进单位

甘肃省交通厅公路局表彰白银公路总段为 1989 年财务决算报表先进单位

甘肃省交通厅公路局表彰 1989 年优良公路段：会宁公路段；优良道班：窑沟道班、六十里铺道班、黑城子道班、双墩道班、小甘沟道班

甘肃省交通厅公路局表彰景泰公路段为设备管理先进集体

白银公路总段党委、白银公路总段表彰 1989 年先进公路段、先进班组名单：

先进公路段：会宁公路段、景泰公路段

先进班组：六十里铺道班、康家河道班、窑沟道班、梅岔道班、兴泉道班、黑城子道班、吴家川道班、后长川道班

白银公路总段党委表彰景泰公路段党支部为 1989 年先进党支部

## 1991 年

甘肃省交通厅表彰景泰公路段为"双文明"先进集体

甘肃省交通厅、省总工会、共青团甘肃省委等六家单位联合表彰"学雷锋、学严力宾，春运安全优质服务竞赛活动"先进集体：后长川道班、荔峡道班、双墩道班、大水道班

甘肃省交通厅公路局表彰白银公路总段为 1990 年省养公路先进单位

甘肃省交通厅公路局表彰白银公路总段为路政管理先进单位

甘肃省交通厅公路局表彰 1990 年度优良公路段：会宁公路段；优良道班：梅岔道班、窑沟道班、马家堡道班、兴泉道班、英武道班、双墩道班、六十里铺道班、黑城子道班

甘肃省交通厅公路局表彰会宁公路段六十里铺道班为"双十佳"道班

白银市总工会表彰"先进职工之家"名单：

白银公路总段工会、会宁公路段工会

白银市总工会表彰白银公路总段工会为工会信息工作者先进单位

白银市总工会表彰白银公路总段工会为工会信息工作先进单位

共青团白银市委表彰会宁公路段桥工组为优秀青年班组

共青团白银市委表彰白银养路征稽所团支部为"争创"活动优秀团支部

白银市集体企业管理局、白银市就业服务局、白银市二轻局、白银市工业联社联合表彰白银公路总段劳动服务公司为1990年先进企业

白银市集体企业管理局、白银市二轻局、白银市工联联合表彰白银公路总段劳动服务公司为1991年统计工作先进企业

白银公路总段党委表彰先进党支部名单：会宁公路段党支部、景泰公路段党支部、白银征稽所党支部

白银公路总段表彰1990年省养公路先进单位名单：会宁公路段、景泰公路段

白银公路总段表彰奖励1990年先进班组名单：康家河道班、大路道班、六十里铺道班、小湾道班、黑城子道班、二十里铺道班、范家窑道班、大水道班、英武道班

白银公路总段表彰1991年"百日养护竞赛"优胜段、先进集体名单：

优胜段：会宁公路段

先进集体：六十里铺道班、康家河道班、黑城子道班、二十里铺道班、白银道班、双墩道班

## 1992 年

甘肃省交通厅表彰安全生产先进单位：白银公路总段；先进集体：靖远公路段；先进道班：白银道班、荔峡道班

白银市委、白银市人民政府表彰白银公路总段为全市社会主义劳动竞赛先进单位

白银市委、白银市人民政府表彰白银公路总段为"两个满意在白银"先进单位

白银市委、白银市人民政府表彰白银公路总段劳动服务公司为发展城市经济先进企业

白银市委、白银市人民政府表彰景泰公路段为"社会治安综合治理"先进集体

白银市总工会表彰白银公路总段工会为工会财务先进单位

甘肃省交通厅公路局表彰1992年春运安全优质服务竞赛先进集体：大水道班、荔峡道班

甘肃省交通厅公路局表彰白银公路总段为1991年省养公路养护生产先进单位

甘肃省交通厅公路局表彰白银公路总段为1992年省养公路先进单位

甘肃省交通厅公路局表彰1991年优良道班：会宁公路段

优良道班：梅岔道班、窑沟道班、马家堡道班、六十里铺道班、兴泉道班、英武道班、二十里铺道班、双墩道班、黑城子道班、范家窑道班

甘肃省交通厅公路局表彰白银公路总段为1991年公路系统机务管理先进单位

甘肃省交通厅公路局表彰白银公路总段为1991年统计工作先进单位

白银公路总段党委表彰景泰公路段党支部为1991年先进党支部

白银公路总段党委表彰会宁公路段为1991年公路养护生产先进单位

白银公路总段党委、白银公路总段表彰1991年"双文明"道班、先进班组名单：

"双文明"道班：六十里铺道班、英武道班、小湾道班

先进道班：黑城子道班、张坪道班、小湾道班、范家窑道班、窑沟道班、白银道班、兴泉道班、英武道班

## 1993年

甘肃省交通厅表彰景泰公路段为经济责任制工作先进集体

白银市委、白银市人民政府表彰白银公路总段为帮县帮乡扶贫先进单位

白银市委、白银市人民政府表彰白银公路总段为白银市先进单位

白银市委、白银市人民政府表彰白银公路总段劳动服务公司为1992年发展城市集体经济县先进企业

白银市总工会表彰白银公路总段女工委员会为女工先进集体

白银市公安局表彰会宁公路段机运班为交通安全先进集体

甘肃省交通厅公路局表彰1993年春运安全先进集体：后长川道班、石板沟道班

甘肃省交通厅公路局表彰1992年省养公路系统优良公路段：会宁公路段

优良道班：马家堡道班、窑沟道班、六十里铺道班、梅岔道班、双墩道班、英武道班、红水道班、兴泉道班、范家窑道班、二十里铺道班、黑城子道班

白银公路总段党委表彰1992年先进党支部名单：白银征稽所党支部、景泰公路段党支部

白银公路总段表彰1992年公路养护先进公路段、先进道班名单：

先进公路段：会宁公路段、景泰公路段

先进道班：六十里铺道班、康家河道班、荔峡道班、白土岇道班、黑城子道班、二十里铺道班、砂梁道班、兴泉道班、大水道班、范家窑道班

白银公路总段、白银公路总段工会表彰"百日路面养护竞赛"先进单位、先进集体名单：

"百日赛"先进单位：会宁公路段

"百日赛"先进集体：康家河道班、黑城子道班、范家窑道班、大水道班

## 1994年

甘肃省交通厅表彰国道重点工程建设先进单位：白银公路总段；先进集体：白银公路总段劳动服务公司

甘肃省交通厅表彰全省交通系统"双文明"建设先进集体：景泰公路段、会宁公路段六十里铺道班

甘肃省交通厅表彰白银公路总段为1993年财务决算编报先进单位

白银市委、白银市人民政府授予靖远公路段"文明单位标兵"称号

白银市委、白银市人民政府表彰白银公路总段劳动服务公司为1993年发展城市集体经济先进企业

中共白银市委、白银市政府表彰先进企业（单位）：甘肃省白银公路总段劳动服务公司

白银市职工政治思想研究会表彰白银公路总段政研会为"优秀政研会"

白银市总工会表彰白银公路总段工会为女职工先进单位

甘肃省交通厅公路局表彰白银公路总段为"百日养护竞赛"先进单位

甘肃省交通厅公路局授予白银公路总段全省公路系统"爱祖国、学英模、立足岗位做贡献"演讲比赛团体组织奖称号

甘肃省交通厅公路局表彰会宁公路段燕岔道班为安全生产先进集体

甘肃省交通厅公路局表彰1993年省养公路系统优良公路段：会宁公路段

优良道班：梅岔道班、小湾道班、白土岘道班、六十里铺道班、马家堡道班、窑沟道班、双墩道班、兴泉道班、英武道班、红水道班、石板沟道班、黑城子道班、二十里铺道班、砂梁道班、来家窑道班、后长川道班

白银公路总段党委、白银公路总段表彰1993年双文明建设先进单位：景泰公路段

优良公路段：会宁公路段

先进集体：景泰公路段大水道班、白银公路段范家窑道班、靖远公路段黑城子、石板沟道班、会宁公路段六十铺、梅岔、白土岘道班、总段机关工程科、财务科

白银公路总段党委表彰先进党支部名单：景泰公路段党支部、白银征稽所党支部

白银公路总段表彰靖远公路段为"百日"竞赛养护优胜单位

白银公路总段表彰白银公路段为财务管理先进集体

## 1995 年

甘肃省交通厅表彰白银公路总段为全省交通安全工作先进单位

甘肃省交通厅表彰白银公路总段为1994年财务决算编报工作先进单位

甘肃省交通厅表彰全省交通安全工作先进集体：景泰公路段兴泉道班、会宁公路段燕岔道班、靖远公路段砂梁道班

甘肃省交通厅授予国道312线二级公路改建工程桃花山路基松动控制爆破技术科技进步三等奖（主要完成单位：会宁公路段）

甘肃交通报社表彰白银公路总段为《甘肃交通报》发行工作先进单位

甘肃省建设委员会正式核定白银公路总段为"公路二级企业"

中共白银市委、白银市政府表彰1994年度发展城市集体经济先进企业：白银公路总段劳动服务公司

中共白银市委、白银市人民政府表彰靖远公路段、景泰公路段为文明单位标兵

白银市委表彰白银公路总段与白银电视台联合录制的电视专题片《道班、路和家》为白银市党员教育专题片一等奖

白银市总工会授予白银公路总段工会"模范职工之家"称号

白银市总工会表彰白银公路总段工会为劳动保护先进单位

白银市总工会授予靖远公路段黑城子道班工会小组"模范职工小家"称号

白银市总工会表彰白银公路总段工会为工会财务工作先进单位

共青团白银市委、白银市经济贸易委员会、白银市劳动局表彰白银市青年文明号：靖远公路段黑城道班、会宁公路段白土岇道班

共青团白银市委、市经贸委、市劳动局表彰白银公路段团支部为"红旗团支部"

甘肃省交通厅公路局表彰白银公路总段1993—1994年度获奖科研项目：

a. 国道109线K1641+900《桥体抗酸腐蚀加固》获优秀科技成果二等奖

b. 国道312线公路改建桃花山路基松动控制爆破获优秀科技成果二等奖

c. 省道207线K1+100—460防护工程获优质工程项目三等奖

甘肃省交通厅公路局表彰白银公路段为路政管理工作先进集体

甘肃省交通厅公路局表彰1994年省养公路系统优良公路段：会宁公路段

优良道班：梅岔道班、小湾道班、白土岇道班、马家堡道班、窑沟道班、六十里铺道班、石板沟道班、砂梁道班、二十里铺道班、黑城子道班、来家窑道班、后长川道班、双墩道班、兴泉道班、英武道班

白银公路总段党委、白银公路总段表彰奖励1994年度双文明建设

先进单位：会宁公路段

先进集体：白银公路总段养路计划科、会宁公路段六十里铺道班、会宁公路段康家河道班、会宁公路段大沟道班、靖远公路段孙寨柯道班、靖远公路段黑城子道班、白银公路段后长川道班、景泰公路段大水道班

白银公路总段党委表彰国道109线文明建设样板路先进集体：靖远公路段孙寨柯道班、白银公路段白银道班、路业公司工程处

白银公路总段党委表彰1994年先进党支部：景泰公路段党支部、白银征稽所党支部

白银公路总段党委表彰先进报道组：会宁公路段报道组、白银公路段报道组、白银养路费征稽所报道组

白银公路总段表彰靖远公路段为1995年上半年公路养护先进单位

## 1996 年

甘肃省干部下农村帮扶工作办公室表彰白银公路总段帮扶工作队为全省干部下农村帮扶工作先进集体

甘肃省交通厅表彰靖远公路管理段为"二五"普法先进集体

甘肃省交通厅表彰会宁公路管理段、墩墩滩道班为1996年春运安全优质服务竞赛活动先进集体

甘肃省交通厅表彰白银公路总段为新闻宣传工作先进单位

白银市总工会表彰白银公路总段工会为劳动保护先进单位

白银市总工会表彰白银公路总段工会为工会财务工作先进单位

甘肃省公路局表彰 1995 年优良公路管理段：景泰公路管理段

优良道班：双墩道班、英武道班、大沟道班、兴泉道班、白土岇道班、马家堡道班、窑沟道班、北庄道班、梅岔道班、石板沟道班、黑城子道班、二十里铺道班、孙寨柯道班、来家窑道班、范家窑道班

甘肃省公路局表彰白银公路总段为油路养护技术比武优胜单位

甘肃省公路局表彰白银公路总段为 1995 年公路路政管理工作先进单位

甘肃省公路局表彰白银公路总段为 1996 年上半年省养公路养护工作先进单位

白银公路总段党委、白银公路总段表彰奖励 1995 年度公路养护管理工作

先进单位：景泰公路段

路政管理工作先进单位：白银公路段

双文明建设先进集体：总段养路计划科、财务科，景泰公路段大水道班，白银公路段范家窑道班，靖远公路段石板沟道班、黑城子道班、二十里铺道班，会宁公路段荔峡道班、窑沟道班、康河道班

白银公路总段党委、白银公路总段表彰油路技术比武

优胜单位：白银公路管理段

白银公路总段党委表彰先进党支部：景泰公路管理段党支部、白银养路费征稽所党支部

白银公路总段党委表彰奖励 1995 年度先进报道组：白银公路管理段、景泰公路管理段、白银征稽所

白银公路总段党委、白银公路总段表彰 1996 年上半年暨"铜城杯"竞赛先进单位：

"金杯"获得者：白银公路管理段

"银杯"获得者：会宁公路管理段

通报表扬单位：国道 312 线界嶷段管理所

白银公路总段工会授予白银公路管理段后长川道班"先进职工之家"称号

## 1997 年

甘肃省交通厅授予景泰公路管理段兴泉道班、会宁公路管理段青江驿养管站为全省交通系统"模范职工小家"称号

白银市委、白银市人民政府表彰 1996 年"精神文明单位标兵"：白银公路段、靖远公路管理段、景泰公路管理段、白银交通征稽处

白银市委宣传部、白银市精神文明建设委员会表彰景泰公路管理段为精神文明建设示范点

白银区委、白银市精神文明建设委员会表彰白银公路管理段为 1996 年社会治安综合治理先进单位

共青团白银市委、市经贸委、市劳动局授予靖远公路管理段石板沟道班、国道 312 线界嶷段管理所收费西站"青年文明号"称号

共青团白银市委表彰国道 312 线界嶷段管理所团支部为"五四"红旗团支部

甘肃省公路局表彰白银公路总段为 1996 年路政管理工作先进单位

甘肃省公路局表彰公路系统"双文明"建设省养公路养护管理工作先进单位：白银公路总段

先进公路段：景泰公路管理段

先进集体：六十里铺道班、石板沟道班

甘肃省公路局表彰景泰公路管理段为 1996 年优良公路管理段

甘肃省公路局表彰白银公路总段为 1997 年上半年全省公路养护先进单位

甘肃省公路局表彰 1996 年优良道班（管理者）名单：兴泉道班、英武道班、范家窑道班、后长川道班、来家窑道班、旱平川道班、砂梁道班、石板沟道班、孙寨柯道班、黑城子道班、青江驿养管站、六十里铺道班、二十里铺道班

甘肃省公路局表彰甘沟驿养管站为公路系统行业文明单位

白银公路总段党委表彰先进党支部：景泰公路管理段党支部

白银公路总段党委表彰先进通讯报道组：总段机关、景泰公路管理段、白银公路管理段

白银公路总段党委、白银公路总段表彰奖励 1996 年度双文明建设双文明建设先进单位：景泰公路管理段

双文明建设先进集体：总段养路计划科、宣传科、大水道班、范家窑道班、后长川道班、石板沟道班、砂梁道班、二十里铺道班、青江驿养护管理站、六十铺道班、荔峡道班、小湾道班、312 国道界嶷段管理所收费西站

白银公路总段表彰 1997 年上半年"铜城杯"竞赛先进单位：

"金杯"获得者：景泰公路管理段

"银杯"获得者：白银公路管理段

白银公路总段表彰安全生产标准化道班名单：兴泉道班、英武道班、白银道班、后长川道班、旱平川道班、双墩道班、青江驿道班、石板沟道班、六十里铺道班、来家窑道班、红库托道班、张坪道班、黑城子道班、康河道班、蒋家大路道班、新堡子道班、甘沟道班、桃花山养管站

## 1998 年

甘肃省交通厅表彰青江驿养管站为全省交通系统"行业文明单位"

甘肃省交通厅表彰白银公路总段为 1997 年新闻宣传工作先进单位

甘肃省交通厅表彰白银公路总段为发展多种经营先进单位

甘肃省交通厅表彰景泰公路管理段为 1995—1997 年度全省交通系统安全生产先进单位

甘肃省交通厅表彰公路养护先进道班（养护管理站）：青江驿养管站、兴泉道班、英武道班

甘肃省交通厅表彰白银公路总段劳动服务公司为发展多种经营先进集体

白银市委表彰会宁公路管理段为双拥模范单位

白银市总工会授予会宁公路管理段青江驿养管站、甘沟道班"模范职工小家"称号

共青团白银市委表彰共青团白银公路总段团委为先进团委

白银市集体企业管理局表彰白银公路总段劳动服务公司为全市先进城市集体企业

中国交通报驻甘肃记者站表彰白银公路总段通讯组为 1997 年先进通讯报道组

甘肃省公路局授予景泰公路管理段全省公路系统"行业文明单位"称号

甘肃省公路局表彰白银公路总段为省养公路"百日"养护竞赛先进单位

甘肃省公路局表彰景泰公路管理段为 1997 年优良公路管理段

甘肃省公路局表彰 1997 年优良道班（管理站）名单：青江驿养管站、兴泉道班、英武道班、红库托道班、双墩道班、来家窑道班、旱平川道班、石板沟道班、砂梁道班、孙寨柯道班、六十里铺道班、会宁养管站

白银公路总段党委、白银公路总段表彰 1997 年度双文明建设先进单位：景泰公路管理段

先进集体：总段养计科、宣传科、财务科、兴泉道班、后长川道班、孙寨柯道班、旱平川道班、石板沟道班、青江驿公路养护管理站、甘沟驿道班、荔峡道班、界嶷段管理所收费西站

白银公路总段党委表彰 1997 年度先进通讯报道组：景泰公路管理段报道组，白银公路管理段报道组

白银公路总段表彰 1998 年"铜城杯"百日养护竞赛优胜单位名单：

"银杯"获得者：会宁公路管理段

"铜杯"获得者：景泰公路管理段

白银公路总段表彰会宁公路管理段、景泰公路管理段为油路养护技术比武优胜单位

## 1999 年

甘肃省交通厅表彰白银公路总段财务科为先进财会集体

白银市委、市人民政府授予会宁公路管理段"文明单位标兵"称号

白银市总工会授予景泰公路管理段工会"模范职工之家"称号

白银区委、区人民政府表彰白银公路管理段为社会治安综合治理模范单位

中共甘肃省公路局委员会、甘肃省公路局命名 1998 年度甘肃省公路系统行业

文明公路管理段：白银公路总段会宁公路管理段

文明养护道班：白银公路总段来家窑道班

文明收费站：白银公路总段 G312 界嶷段收费管理所东站

中共甘肃省公路局委员会、甘肃省公路局表彰全省公路系统五"十佳"：白银公路总段甘沟驿养护队荣获十佳班站称号

甘肃省公路局表彰白银公路总段为 1998 年省养公路养护管理先进单位

甘肃省公路局表彰会宁公路管理段为 1998 年优良公路管理段

甘肃省公路局表彰国道 312 线界嶷段管理所为 1998 年全省收费公路养护管理工作先进单位

甘肃省公路局表彰国道 312 线界嶷段管理所为 1999 年上半年全省收费公路管理工作先进单位

甘肃省公路局表彰白银公路总段为省养公路"好路杯"养护竞赛活动先进单位

甘肃省公路局授予会宁公路管理段公路系统行业文明单位称号

甘肃省公路局授予会宁公路管理段大沟道班公路系统行业文明集体称号

甘肃省公路局表彰 1998 年优良道班（管理站）名单：兴泉道班、孙寨柯道班、红库托道班、双墩道班、青江驿养管站

白银公路总段党委、白银公路总段表彰 1998 年度双文明建设

先进单位：会宁公路管理段

先进集体：新堡子道班、甘沟驿道班、青江驿养护管理站、黑城子道班、旱平川道班、后长川道班、兴泉道班、界嵝段管理所收费东站、总段养计科、工程科

通报表扬单位：景泰公路管理段、界嵝段管理所

白银公路总段党委表彰先进通讯报道组：景泰公路管理段通讯报道组、白银公路管理段通讯报道组、总段机关通讯报道组

白银公路总段党委表彰会宁公路管理段党支部为先进党支部

白银公路总段党委、白银公路总段 1999 年 9 月表彰 1999 年上半年公路养护先进单位：会宁公路管理段

通报表扬单位：界嵝段管理所

白银公路总段表彰白银公路管理段为 1998 年油路养护技术比武优胜单位

## 2000 年

甘肃省交通厅表彰白银公路总段为 1999 年干部统计报表全优报表先进单位

甘肃省交通厅表彰白银公路总段为全省交通系统安全生产先进单位

甘肃省交通厅表彰白银公路总段机械化工程公司为全省交通系统安全生产先进单位

中共白银市委、白银市人民政府表彰文明单位标兵：会宁公路段、靖远公路段、景泰公路段、白银公路段、白银公路总段

中共白银市委、市政府表彰市级安全文明路段：会宁县公路段青江驿道班

中共白银市委宣传部表彰 1998—1999 年度全市宣传思想工作先进集体：白银公路总段宣传科

白银市企业职工思想工作研究会表彰白银公路总段为优秀政研会

中共白银市白银区委、白银区人民政府表彰 1999 年度社会治安综合治理安全文明小区：白银公路总段小区

中共白银市白银区委、白银区人民政府命名市级文明单位：白银公路总段、白银公路段

中共甘肃省公路局委员会命名表彰 1999 年度甘肃省公路系统行业文明单位

文明公路公里段：靖远公路管理段

文明道班：乌兰道班、大沟道班、燕岔道班

文明收费所：国道 312 线界嵝段收费管理所

文明路政执法机构：靖远公路管理段路政股

甘肃省公路局表彰白银公路总段为 1999 年全省公路养护管理先进单位

中共甘肃省公路局委员会表彰奖励"新风杯"竞赛活动做出突出成绩者：白银公路总段

甘肃省公路局表彰国道 312 线界嵝段管理所为 1999 年全省收费还贷公路管理工作先进单位

甘肃省公路局表彰 1999 年优良公路管理段：会宁公路管理段

优良道班：兴泉道班、来家窑道班、甘沟道班、旱平川道班

白银市企业职工思想政治工作委员会表彰白银公路总段为优秀政研会。

白银公路总段党委、白银公路总段表彰 1999 年度"双文明"建设

先进单位：会宁公路管理段、界嶷段管理所

先进集体：青江驿养管站、甘沟驿机械化养护队、旱平川道班、王岘道班、兴泉道班、界嶷段管理所收费东站、总段养计科、工程科、机械化工程公司

中共白银公路总段委员会、白银公路总段表彰 2000 年上半年公路养护管理先进单位：景泰公路管理段；收费公路管理优胜集体：界嶷段管理所东收费站、上沙沃收费站

白银公路总段党委表彰会宁公路管理段为 2000 年上半年公路养护先进单位

中共白银公路总段委员会表彰 1999 年度先进通讯报道组：白银公路总段机关报道组、景泰公路管理段报道组、白银公路管理段报道组

## 2001 年

甘肃省交通厅表彰白银公路总段为全省交通系统行业文明单位

甘肃省交通厅表彰白银公路总段为 2000 年财务决算报表先进单位

甘肃省交通厅表彰白银公路总段为全国干线公路养护管理检查中做出突出成绩单位

甘肃省建设厅表彰 2000 年甘肃省建设工程飞天奖工程项目名单：

白银公路总段机械化工程公司 FM12（路基）、FMC-2（路面）

白银市委、白银市人民政府授予景泰收费公路管理所为市级"文明单位标兵"

白银市委表彰 2000 年精神文明建设先进单位、文明单位标兵：

白银公路总段、白银公路管理段、会宁公路管理段、靖远公路管理段、景泰公路管理段、白银交通征稽处、国道 312 线界嶷段管理所（新命名）

共青团白银市委、白银市劳动局、白银市经贸委表彰景泰收费公路管理所长城收费站为市级"青年文明号"

白银市委表彰会宁公路管理段党支部为白银市先进基层党组织

白银市委、白银市人民政府表彰会宁公路管理段青江驿养管站所养路段为安全文明路段

白银市委宣传部表彰白银公路总段宣传科为 2000 年精神文明建设先进单位文明样板路段

共青团白银市委表彰白银公路管理段团支部为白银市红旗团支部

共青团白银市委、白银市经贸委、白银市劳动局表彰白银市青年文明号：旱平川养管站、甘沟驿养管站、新村养管站、王岘养管站、长城收费站

白银市总工会表彰白银公路总段工会为工会财务工作先进单位

白银市总工会表彰白银公路总段工会为职工岗位练兵先进单位

白银市城市集体企业管理局表彰白银公路总段机械化工程公司为"九五"期间发展城市集体经济先进企业

景泰县委、景泰县人民政府表彰景泰收费公路管理所为县级文明单位

白银市档案局表彰景泰收费公路管理所为机关档案管理省一级单位

甘肃省公路局党委表彰白银公路总段为 2000 年"新风杯"竞赛先进单位

甘肃省公路局党委表彰会宁公路管理段青江驿养管站为"三星级文明养护管理站"

甘肃省公路局党委表彰 2000 年行业文明集体名单：

新村养管站、燕岔养管站、上沙窝收费站、新墩收费站

甘肃省公路局表彰 2000 年全省收费公路管理工作先进单位：景泰收费公路管理所、靖远收费公路管理所

甘肃省公路局表彰靖远收费公路管理所为全省收费公路"文明收费、优质服务、百日竞赛活动"优胜单位

甘肃省公路局表彰白银公路总段为 2000 年省养公路养护管理先进单位

甘肃省公路局表彰白银公路总段为省养公路"好路杯"养护竞赛活动优胜单位

白银公路总段党委表彰"双文明"建设先进单位：会宁公路管理段、景泰收费公路管理所

先进集体：六十里铺养管站、青江驿养管站、王岘养管站、兴泉养管站、新墩收费站、上沙窝收费站、旱平川养管站、总段机械化工程公司、总段养路计划科、总段路政收费管理科、国道312线界嵎段管理所收费东站

白银公路总段党委表彰 2000 年先进通讯报道组：白银公路总段机关报道组、景泰公路管理段报道组、白银公路管理段报道组、会宁公路管理段报道组

白银公路总段党委表彰景泰公路管理段党支部为先进基层党支部

白银公路总段表彰会宁公路管理段为"铜城杯"养护竞赛活动优胜单位

白银公路总段表彰靖远收费公路管理所为全段收费公路"文明收费、优质服务、百日竞赛活动"优胜单位

白银公路总段景泰公路工程建设项目办公室表彰白银公路总段机械化工程公司 JX2 标段为景泰公路工程建设质量进度先进单位

白银公路总段工会表彰先进职工之家：来家窑养管站、新村养管站

## 2002 年

甘肃省交通厅表彰白银公路总段机械化工程公司为甘肃白银至兰州等六条高速公路建设先进单位

甘肃省交通厅表彰景泰公路管理段为基层离退休、老龄工作先进集体

白银市委表彰 2001 年精神文明建设先进单位（市级）：

白银公路总段（第 6 年）、会宁公路管理段（第 4 年）、靖远公路管理段（第 8 年）、景泰公路管理段（第 7 年）、白银交通征稽处（第 8 年）、白银公路管理段（第 5 年）、国道 312 界嵎段管理所（第 2 年）、景泰收费公路管理所（新命名）

白银市委、白银市人民政府表彰白银公路总段为全市扶贫开发先进单位

白银省委宣传部、白银市精神文明建设委员会表彰景泰收费管理所为白银公民道德建设示范点

白银市总工会表彰白银公路总段工会为工会先进单位

甘肃省公路局党委表彰一星级、二星级文明养管站名单：

一星级文明养管站：新村养管站

二星级文明养管站：甘沟养管站

甘肃省公路局党委表彰 2001 年行业文明先进单位：白银公路管理段

先进集体：三滩养管站、长城收费站

甘肃省公路局表彰白银公路总段为 2012 年全省油路修补任务完戍情况及养护经费落实较好单位

甘肃省公路局表彰景泰收费公路管理所为通行费征收通报表扬单位

甘肃省公路局表彰景泰收费公路管理所长城收费站为文明收费站

甘肃省公路局表彰靖远收费公路管理所为 2001 年全省收费公路管理所工作先进单位

白银公路总段党委表彰 2001 年先进通讯报道组：总段机关报道组、景泰公路管理段报道组、靖远公路管理段报到组、白银公路管理段报道组

白银公路总段党委表彰 2001 年"双文明"建设先进单位：会宁公路管理段、靖远收费公路管理所、总段机械化工程公司

先进集体：甘沟驿养管站、青江驿养管站、旱平川养管站、来家窑养管站、兴泉养管站、三滩收费站、长城收费站、总段养计科、总段财务科、国道 312 线界巉段管理所收费东站

## 2003 年

甘肃省交通厅党组表彰景泰公路管理段新村养管站为全省交通职工职业道德"十佳班组"

甘肃省交通厅表彰白银公路总段为离退休干部工作先进单位

甘肃省交通厅表彰白银公路总段为 2002 年财务决算先进单位

白银市委表彰 2002 年精神文明建设先进单位名单：

白银公路总段（第 7 年）、会宁公路管理段（第 5 年）、靖远公路管理段（第 9 年）、景泰公路管理段（第 8 年）、白银公路管理段（第 6 年）、白银养路费征稽处（第 9 年）、景泰收费公路管理所（第 2 年）、靖远收费公路管理所（新命名）

白银市委、白银市人民政府表彰景泰收费公路管理所为白银市思想政治工作先进集体

白银市委表彰景泰公路管理段党支部为先进基层党组织

共青团白银市委表彰靖远收费公路管理所三滩收费站为市级"青年文明号"

共青团白银市委、市经贸委、市劳动和社会保障局表彰白银新世纪路业公司为白银市创新创效先进集体

甘肃省公路局党委表彰白银公路总段为 2002 年"新风杯"竞赛先进单位

甘肃省公路局党委表彰景泰公路管理段新村养管站为全省公路系统"二星级文明集体"

甘肃省公路局党委表彰靖远收费公路管理所三滩收费站为全省公路系统"十佳班站"

甘肃省公路局党委表彰靖远收费公路管理所三滩收费站为全省公路系统行业文明集体

甘肃省公路局表彰白银公路总段为新闻宣传工作先进单位

甘肃省公路局表彰白银公路总段为2003年全省省养公路养护管理工作陇东片区第二

甘肃省公路局表彰景泰收费公路管理所为全省公路系统通行费征收单位知识竞赛优秀奖

白银公路总段党委表彰先进基层党支部：白银公路管理段党支部、白银交通征稽处党支部

白银公路总段党委表彰2002年先进通讯报道组：

总段机关报道组、景泰公路管理段报道组、靖远公路管理段报道组

白银公路总段党委表彰2002年"双文明"建设先进单位、先进集体：

先进单位：靖远公路管理段、靖远收费公路管理所

先进集体：兴泉养管站、王岘养管站、旱平川养管站、青江驿养管站、甘沟养管站、界巉所收费西站、三滩收费站、上沙窝收费站、白银新世纪路业公司山临高速公路SL5标项目部、总段财务资产管理科、总段养路计划科

白银公路总段表彰2002年车辆通行费征收管理先进单位：

表彰单位：靖远收费公路管理所

表扬单位：景泰收费公路管理所、国道312线界巉段管理所

## 2004 年

甘肃省交通厅表彰白银公路总段办公室为2003—2004年度全省交通政务信息工作先进单位

甘肃省交通厅表彰白银公路管理段为基层离退休职工工作先进集体

共青团市委、甘肃省人民政府国有资产监督管理委员会、省劳动和社会保障厅表彰白银新世纪路业公司为公司创新创效先进集体

甘肃省交通厅表彰白银公路总段档案室为"十五"档案工作先进单位

甘肃省交通厅表彰白银公路总段老干部活动室为先进离退休职工活动室

白银市委表彰2003年精神文明建设先进单位名单：

白银公路总段（第8年）、会宁公路管理段（第6年）、靖远公路管理段（第10年）、景泰公路管理段（第9年）、白银公路管理段（第7年）、白银交通征稽处（第10年）、靖远收费公路管理所（第2年）、景泰收费公路管理所（第3年）

白银市双拥工作领导小组表彰新墩超限运输监控监测站为白银市军民共建单位

白银市总工会表彰模范职工之家名单：白银公路总段工会、白银公路管理段工会、景泰公路管理段工会、靖远收费公路管理所工会、靖远公路管理段工会、会宁公路管理段工会、国道312线界巉段管理所工会

白银市总工会表彰模范职工之家：国道312线界巉段管理所收费东站工会小组、三滩收费站工会小组、三滩养管站工会小组、会宁养管站工会小组、新村养管站工会小组、来家窑养管站工会小组、长城收费站工会小组、上沙窝收费站工会小组

白银市委表彰白银公路总段小区为白银市安全文明小区

白银市委组织部、市委宣传部、市人事局表彰白银公路总段住宅小区 3# 楼为白银市"十大文明楼栋"

甘肃省公路局党委表彰景泰公路管理段为"二星级行业文明单位"

甘肃省公路局党委表彰靖远公路管理段旱平川养管站为"二星级行业文明集体"

甘肃省公路局表彰景泰收费公路管理所为 2003 年全省收费公路逋行费征收管理先进单位

甘肃省公路局表彰白银公路总段为 2003 年全省省养公路养护管理先进单位

白银公路总段党委表彰 2003 年"双文明"建设先进单位：靖远公路管理段、景泰收费公路管理所、白银新世纪路业公司、新墩超限运输监控监测站

先进集体：青江驿养管站、甘沟养管站、旱平川养管站、王岘养管站、条山养管站、长城收费站、临清 LQ7 项目办、刘白 LB5 项目办、总段养计科、总段财务科、总段路政科、总段行政办公室、后勤服务中心

白银公路总段党委表彰新闻宣传工作先进单位：总段机关、景泰公路管理段、会宁公路管理段、靖远公路管理段

白银公路总段党委表彰先进基层党支部：白银交通征稽处党支部、景泰收费公路管理所党支部、白银公路管理段党支部、白银新世纪路业公司党支部

白银公路总段表彰 2003 年安全生产先进单位：白银公路管理段、景泰收费公路管理所、白银新世纪路业公司

先进集体：旱平川养管站、王岘养管站、条山养管站、青江驿养管站、长城收费站、兰海项目部、刘白项目部、新墩监控监测站

白银公路总段表彰白银新世纪路业公司为国债项目（县际）公路建设竞赛活动先进单位

## 2005 年

甘肃省交通厅表彰白银公路总段为老龄工作先进单位

甘肃省交通厅表彰白银公路总段选送的劲舞快板《班站就是我的家》为全省交通职工文艺调演三等奖节目

甘肃省公路局表彰奖励全省公路系统职工文艺调演优秀节目奖：歌伴舞《红旗飘飘》（白银总段选送）

白银市委表彰 2004 年精神文明建设先进单位（市级）名单：

白银公路总段（第 9 年）、靖远公路管理段（第 1 年）、会宁公路管理段（第 7 年）、白银公路管理段（第 8 年）、景泰公路管理段（第 10 年）、景泰收费公路管理所（第 4 年）

白银市总工会表彰白银公路管理段工会为工会财务工作先进单位

共青团白银市委表彰大水磴收费站为"青年文明号"

共青团白银市委表彰"五四"红旗团委、团支部名单：

"五四"红旗团委：白银公路总段团委

"五四"红旗团支部：景泰公路管理段团支部

共青团白银市委表彰白银公路总段为团青工工作先进集体

甘肃省公路局党委表彰白银公路管理段王岘养管站为行业文明集体

甘肃省公路局党委表彰靖远公路管理段为"二星级行业文明单位"

甘肃省公路局党委表彰白银公路总段为省养公路养护管理工作先进单位

甘肃省公路局表彰景泰收费公路管理所为2004年度全省公路系统通行费征收管理工作先进单位

白银公路总段党委表彰2004年"双文明"建设先进单位：

白银公路管理段、景泰收费公路管理所、白银新世纪路业公司、新墩超限运输监控监测站

先进集体：青江驿养管站、乌兰养管站、王岘养管站、兴泉养管站、国道312线界嶷段管理所收费东站、银三角收费站、大水磴收费站、总段路政支队、新墩监控监测站监控室、树徐SX4项目部、刘白LB4项目部、景泰过境段项目部、总段养护计划监理科、总段行政办公室、财务资产管理科

白银公路总段党委表彰新闻宣传工作先进单位：总段机关、景泰公路管理段、会宁公路管理段、白银公路管理段

白银公路总段党委表彰先进基层党支部名单：白银新世纪路业公司党支部、靖远公路管理段党支部、会宁公路管理段党支部、白银公路总段路政支队党支部

山丹至临泽高速公路建设项目办表彰SL5白银公路总段项目部为山临高速公路建设先进单位

白银公路总段表彰2004年安全生产先进单位名单：白银新世纪路业公司、会宁公路管理段、景泰收费公路管理所

白银公路总段表彰"管理年"活动先进单位：白银公路管理段、会宁公路管理段、景泰收费公路管理所

白银公路总段表彰2004年安全生产先进集体名单：青江驿养管站、兴泉养管站、靖远段路面养护队、来家窑养管站、界嶷所收费西站、银三角收费站、长城收费站、刘白项目部、总段试验室、新墩监控监测站监控室

白银公路总段工会表彰大水磴收费站为"合格职工之家"

## 2006 年

甘肃省交通厅党组表彰交通职工职业道德十佳班组：三滩养管站

甘肃省交通厅表彰离退休职工工作先进单位（集体）：白银公路总段

甘肃省公路局表彰全省普通干线公路通行费征收管理工作先进单位：靖远收费公路管理所

甘肃省公路路政管理总队表彰全省公路路政管理工作先进单位：白银公路总段

中共白银公路总段委员会、白银公路总段表彰2005年度"双文明"建设先进单位：靖远公路管理段、靖远收费公路管理所、白银新世纪路业公司

通报表扬单位：会宁公路管理段

"双文明"建设先进集体：会宁养管站、青江驿养管站、三滩养管站、兴泉养管站、来家窑养

管站、界嶮所收费西站、三滩收费站、上沙窝收费站、刘白 LB4 项目部、嘉安 JA9 项目部、路业公司财务部、总段养护计划监理科、收费公路管理处、党委办公室、行政办公室

中共白银公路总段委员会表彰 2005 年度新闻宣传工作先进单位：总段机关、白银公路管理段、312 国道界嶮段管理所、靖远公路管理段

中共白银公路总段委员会表彰先进基层党组织：景泰收费公路管理所党支部、白银新世纪路业公司党支部

白银公路总段表彰奖励 2005 年度安全生产先进单位：白银新世纪路业公司、会宁公路管理段、靖远收费公路管理所

先进集体：来家窑养管站、新村养管站、靖远公路段路面养护队、会宁养管站、大水磁收费站、会宁收费所收费西站、靖远收费所三滩收费站、白银新世纪路业公司河西路改造工程项目部、总段产业开发公司实验室、总段机关养路计划监理科

## 2007 年

甘肃省交通厅、共青团甘肃省委表彰 2005—2006 年度获甘肃省"青年文明号"称号的先进集体：景泰收费公路管理所长城收费站

甘肃省交通厅表彰 2006 年度全省交通政务信息工作先进集体：白银公路总段

甘肃省交通厅表彰劳动工资工作先进单位：白银公路总段

甘肃省交通厅党组表彰全省交通行业十佳先进集体：青江驿养护管理站

甘肃省交通厅表彰离退休职工先进党支部：省白银公路总段离退休党支部

甘肃省公路局表彰全省开放式二级公路收费公路第二届军事化比武活动获奖单位：白银公路总段

甘肃省公路局命名表彰 2006 年度全省公路系统行业文明单位（集体）：景泰收费公路管理所（单位）

公路系统四星级文明集体：青江驿养管站

甘肃省公路局党委表彰全省公路系统职工文艺调演获奖节目：

三等奖：舞蹈《攀登》（白银公路总段）

中共白银市委、白银市人民政府命名表彰白银市 2006 年度精神文明建设先进单位名单：

市级文明单位：会宁公路段（第 9 年）、靖远公路段（第 13 年）、景泰公路段（第 12 年）、景泰收费公路管理所（第 6 年）、白银公路总段（第 11 年）、白银公路段（第 10 年）

白银市总工会、白银市劳动和社会保障局、白银市人事局、白银市经济委员会、白银市人民政府国有资产监督管理委员会表彰白银市百万职工职业技能素质提升活动优秀组织单位：白银公路总段工会

中共白银区人民路街道委员会、白银区人民路街道办事处表彰奖励 2006 年度社会治安综合治理工作先进单位：甘肃省白银公路总段

中共白银公路总段党委、白银公路总段表彰 2006 年度"双文明"建设先进单位：白银公路管

理段、白银新世纪路业公司

表扬单位：靖远公路管理段、312 国道界巉段管理所

"双文明"建设先进集体：会宁养管站、青江驿养管站、旱平川养管站、新村养管站、王岘养管站、三滩收费站、上沙窝收费站、嘉安高速 JA4 项目部、武威国境高速一标二分部、路政支队稽查科、总段党委办公室、行政办公室、财务资产管理科、养护计划监理科、产业开发公司

中共白银公路总段党委表彰 2006 年度新闻宣传工作先进报道组：总段机关报道组、白银公路管理段报道组、景泰收费公路管理所报道组、会宁公路管理段报道组、312 国道界巉段管理所报道组

中共白银公路总段党委表彰先进基层党支部：白银公路管理段党支部、景泰收费公路管理所党支部

白银公路总段表彰 2006 年度安全"生产先进"单位：白银公路管理段、312 国道界巉段收费公路管理

"安全生产"先进集体：兴泉养管站、青江驿养管站、来家窑养管站、靖远段路面养护队、312 国道界巉段收费公路管理所收费西站、银三角收费站、长城收费站、罗定高速公路第十四合同段项目部、总段路政支队审理科、总段行政办公室

## 2008 年

甘肃省交通厅表彰命名全省交通行业文明示范窗口：景泰收费公路管理所大水磣收费站

甘肃省交通厅表彰 2007 年度全省农村公路建设巡回督查工作先进集体：白银公路总段

甘肃省公路局表彰 2007 年度行业文明建设先进单位：白银公路总段

甘肃省公路局表彰奖励全省公路系统筑养路机械操作技能大赛获奖单位：白银公路总段

甘肃省公路局命名二星级行业文明集体：三滩养管站

甘肃省路政总队表彰全省路政行业"十佳路政执法示范单位"：白银公路总段路政支队

甘肃省路政总队表彰 2007 年度全省路政新闻宣传工作先进单位：白银公路总段路政支队

甘肃省公路路政管理总队表彰全省"加强作风建设规范行业管理"活动先进单位：白银公路总段路政支队

甘肃省公路路政管理总队表彰 2007 年度全省高等级公路路政管理工作先进集体：白银总段平川高速公路路政大队

甘肃省路政总队表彰全省路政行业"十佳路政执法示范窗口"：国道 109 线新墩超限运输监控检测站

白银市人民政府表彰 2006—2007 年度依法行政工作先进单位：白银公路总段

白银市总工会表彰白银市模范职工之家模范职工小家：白银新世纪路业公司工会

共青团白银市委表彰白银市 2007 年度"先进团委"：白银公路总段团委

白银团市委、白银市国资委等部门联合授予"白银市青年文明号"称号：三滩养管站

中共白银公路总段党委、白银公路总段表彰 2007 年度"双文明"建设先进单位：会宁公路管

理段、景泰收费公路管理所

"双文明"建设先进集体：青江驿养管站、甘沟驿养管站、旱平川养管站、兴泉养管站、来家窑养管站、312国道界巉段管理所收费东站、三滩收费站、大水闸收费站、新世纪路业公司罗定项目部、平川高速公路路政大队、新墩监控站监控室、产业开发公司试验室、总段机关党委办公室、养护计划监理科、行政办公室

中共白银公路总段党委表彰2007年度新闻宣传先进报道组：白银公路管理段报道组、景泰公路管理段报道组、会宁公路管理段报道组、总段机关报道组

中共白银公路总段党委表彰先进基层党组织：会宁公路管理段党支部、靖远收费公路管理所党支部

白银公路总段表彰2007年度安全生产先进单位：会宁公路管理段、312国道界馋段管理所

安全生产先进集体：新村养管站、会宁养管站、王岘养管站、靖远段路面养护队、312国道界馋段管理所收费西站、银三角收费站、上沙窝收费站、嘉安高速公路JA4项目部、新墩监控站109线监控室、路通物业管理有限公司、总段机关行政办公室

共青团白银公路总段委员会表彰2007年度优秀团支部：白银公路管理段团支部

## 2009 年

甘肃省交通厅党组表彰全省交通系统离退休干部职工队伍思想政治工作先进党支部：甘肃省白银公路总段离退休职工党支部

甘肃省公路局表彰2008年度省养公路养护维修工程质量管理先进单位：白银公路总段

甘肃省公路局表彰2008年度局管二级收费公路通行费征收管理先进集体：景泰收费公路管理所

甘肃省公路局表彰2008年度省养公路养护维修工程质量管理先进单位：白银公路总段

甘肃省公路局表彰2008年度局管二级收费公路通行费征收管理先进集体：景泰收费所

甘肃省公路局表彰2008年度公路系统二星级文明单位：景泰公路管理段兴泉养管站

甘肃省路政总队表彰2008年度全省公路路政管理工作先进单位：白银公路总段路政支队

甘肃省公路路政管理总队表彰全省路政行业十佳路政执法示范单位：白银公路总段新墩治超检测站

甘肃省公路路政管理总队表彰2008年度全省公路路政管理工作先进单位和先进集体：白银公路总段路政支队

中共白银市委、白银市人民政府命名表彰白银市2008年度精神文明建设市级文明单位：白银公路总段（第2年）、靖远公路段（第2年）、景泰收费公路管理所（第8年）、会宁公路段（新命名）、

中共白银市委、白银市人民政府、白银军分区表彰"6·30"军警民联合应急演练先进单位：白银公路管理段

白银市人民政府表彰2008年度依法行政工作先进单位：白银公路总段

白银市总工会表彰2008年度重点工作目标责任书考核一等奖：白银公路总段工会

共青团白银市委表彰2008年度全市共青团信息工作先进集体：白银公路总段团委

中共白银区委、白银区人民政府表彰全区人口和计划生育先进集体：白银公路总段

中共白银区人民路街道委员会、白银区人民路街道办事处表彰奖励 2008 年度人口与计划生育工作先进单位：白银公路管理段

中共白银公路总段党委、白银公路总段表彰 2008 年度"双文明"建设先进单位：景泰收费公路管理所、平川高速公路路政管理大队

"双文明"建设先进集体：青江驿养管站、会宁养管站、旱平川养管站、新村养管站、王岘养管站、上沙窝收费站、平定高速路 14 合同段项目部、路政支队稽查科、新墩监控站监控室、总段试验室、财务资产管理科、养护计划监理科、党委办公室、行政办公室

中共白银公路总段党委表彰先进基层党组织：离退休职工党支部、会宁公路管理段党支部、312 界嶙段管理所党支部

中共白银公路总段党委表彰 2008 年度新闻宣传先进报道组：白银公路管理段报道组、会宁公路管理段报道组、国道 312 界嶙段管理所报道组、总段机关报道组

白银公路总段表彰 2008 年度安全生产先进单位先进集体：白银公路管理段、312 国道界嶙段管理所

白银公路总段表彰全段收费单位"创三优"活动先进单位（集体）：景泰收费所大水砭收费站

白银公路总段团委表彰五四红旗团支部：白银公路管理段团支部、景泰收费公路管理所团支部、靖远收费公路管理所团支部

## 2010 年

团省委表彰 2009 年度甘肃省"五四红旗团支部"：白银公路管理段团支部

团市委表彰 2009 年度白银市"五四红旗团支部"：会宁公路管理段团支部

甘肃省交通厅表彰陇南国省干线公路灾后恢复重建先进集体：白银新世纪路业公司

甘肃省交通运输厅表彰全省交通运输系统老龄工作先进单位：白银公路总段、会宁公路管理段

甘肃交通新闻信息中心表彰 2009 年度《甘肃经济日报交通周刊》报道先进单位：白银公路总段

中共甘肃省国省干线公路地震灾害恢复重建工程项目管理办公室临时委员会表彰国省干线公路地震灾害恢复重建工作先进单位：白银新世纪路业公司

白银市人民政府表彰工作目标完成先进单位：白银公路总段

白银市总工会表彰奖励完成 2009 年重点工作目标责任书单位：白银公路总段工会

中共白银公路总段党委、白银公路总段表彰 2009 年度"双文明"建设先进单位：会宁公路管理段

"双文明"建设先进集体：青江驿养管站、会宁养管站、乌兰养管站、兴泉养管站、王岘养管站、312 国道界嶙段管理所收费东站、银三角收费站、上沙窝收费站、新世纪路业公司江武路JWSG2 项目部、祁成路 QCSG2 项目部、产业开发公司物业公司、高养中心财务资产管理部、平川高速路政大队二中队、新墩监控站监控室、总段财务资产管理科、养护计划监理科、行政办公室

中共白银公路总段党委表彰奖励 2009 年度新闻宣传先进报道组：白银公路管理段、界嵻段管理所、会宁公路管理段、总段机关、景泰公路管理段

中共白银公路总段党委表彰先进基层党组织：白银公路管理段党支部、界嵻段管理所党支部

白银公路总段表彰 2009 年度安全生产先进单位：会宁公路管理段、白银新世纪路业公司、景泰收费公路管理所

先进集体：来家窑养管站、旱平川养管站、条山养管站、新堡子养管站、三滩收费站、大水磲收费站、312 国道界馋段管理所收费东站、高养中心白银养护工区、平川高速路政大队、新墩监控站稽查一中队、白银新世纪路业公司、产业开发公司实验室、总段路政支队稽查科、总段机关行政办

白银公路总段表彰 2009 年度社会治安综合治理先进单位：会宁公路管理段、景泰收费公路管理所、白银新世纪路业公司

## 2011 年

甘肃省交通厅表彰全省交通运输系统职工运动会优胜团队：白银公路总段

甘肃省交通运输厅表彰 2011 年度全省交通运输行政执法评议考核工作优秀单位：白银公路总段景泰路政管理大队

甘肃省交通运输厅表彰全省交通运输系统离退休工作先进基层单位：白银公路管理段、会宁公路管理段

甘肃省交通运输厅为全省交通运输系统示范性离退休人员活动室授牌：白银公路总段离退休人员活动室

甘肃省公路局表彰 2010 年度全省公路工作先进单位：白银公路总段

白银市人民政府表彰 2010 年度依法行政工作先进单位：白银公路总段

白银市人民政府通报表彰 2010 年度行政效能工作取得优异成绩单位：白银公路总段

白银区委、区政府表彰"2010 年度全区城市绿化先进小区"：白银总段公路小区

中共白银公路总段党委、白银公路总段表彰 2010 年度"双文明"建设先进单位：会宁公路管理段、高等级公路养护管理中心、景泰收费公路管理所、新墩监控检测站

"双文明"建设先进集体：青江驿养管站、会宁养管站、三滩养管站、兴泉养管站、王岘养管站、312 国道界嵻段管理所收费东站四班、三滩收费站二班、景泰收费站、祁成路 QCSG2 项目部、产业开发公司监理公司、路政支队审理科、高养中心工程技术部、平川高速路政大队二中队、新墩监控站稽查二中队、总段机关财务资产管理科、养护计划监理科、党委办公室

中共白银公路总段党委表彰奖励 2010 年度新闻宣传先进报道组：靖远公路管理段报道组、靖远收费公路管理所报道组、景泰公路管理段报道组、总段机关报道组

中共白银公路总段党委表彰先进基层党组织：白银公路总段高等级公路养护管理中心党支部

白银公路总段表彰"十一五"新技术推广先进单位：白银公路管理段

白银公路总段表彰安全生产先进单位：会宁公路管理段

白银公路总段团委表彰 2009—2010 年度"五四红旗"团支部：新世纪路业公司团支部

## 2012 年

甘肃省交通厅党组表彰兴泉养管站为全省交通职工职业道德建设"十佳班组"荣誉称号、高养中心白银养护工区为"先进班组"荣誉称号

甘肃省交通运输厅表彰交通运输系统财务会计工作先进单位：白银公路总段

甘肃省公路管理局表彰 2011 年度全省干线公路养护管理工作先进单位：白银公路总段

甘肃省公路管理局表彰 2011 年度全省高等级公路养护工作先进集体：白银公路总段高养中心

甘肃省公路局党委表彰 2011 年度全省公路系统行业文明单位（集体）名单：

行业文明单位（集体）：高养中心白银工区

三星级行业文明单位（集体）：三滩养管站

中共白银市委、白银市人民政府命名表彰白银市 2011 年度精神文明建设先进单位名单：

市级文明单位：白银公路总段（第 5 年），会宁公路段（第 4 年），靖远公路段（第 5 年），景泰公路段（第 3 年），景泰收费公路管理所（第 2 年），白银公路管理段（第 2 年）

中共白银市委表彰 2010—2012 年全市创先争优先进基层党组织：白银公路总段高等级公路养护管理中心党支部

中共白银市委组织部批准创建"五星级"基层党组织名单：白银公路总段高等级公路养护管理中心党支部，景泰收费公路管理所党支部

中共白银市人民政府表彰 2011 年度依法行政工作先进单位：白银公路总段

白银市体育局、白银市直属机关工委、白银市教育局、白银市总工会、共青团白银市委、白银市妇联表彰"白银市 2012 年体彩杯'迎新春'长跑活动"优秀组织单位：白银公路总段

中共白银市委组织部白银市总工会、白银市人力资源和社会保障部、白银市工业和信息化委员会、白银市科学技术局、白银市人民政府国有资产监督管理委员会表彰 2012 白银市职工技能大赛技术标兵优秀组织单位：白银公路总段

白银市工业和信息化委员会表彰 2011 年白银市职工技能大赛优秀组织单位：白银公路总段

白银市总工会表彰奖励完成 2011 年工作目标责任书优秀单位：白银公路总段工会

中共白银公路总段党委、白银公路总段表彰 2011 年度"双文明"建设先进单位：会宁公路管理段、白银公路总段高等级公路养护管理中心、国道 312 线界岘段管理所

"双文明"建设先进集体：青江驿养管站、甘沟养管站、三滩养管站、条山养管站、白银段路政大队、王岘养管站、界岘所收费东站五班、靖远黄河大桥收费站五班、景泰收费站、产业开发公司试验室、路政支队审理科、高养中心养护工程技术部、新墩监控站稽查二中队、总段机关行政办公室、养护计划监理科、党委办公室

中共白银公路总段党委表彰奖励 2011 年度新闻宣传先进报道组：会宁公路管理段报道组、靖远公路管理段报道组、靖远收费公路管理所报道组、景泰公路管理段报道组

中共白银公路总段委员会表彰先进基层党组织：景泰公路管理段党支部

白银公路总段表彰 2011 年度安全生产先进单位：312 国道界巉段管理所、高等级公路养护管理中心、靖远公路管理段

先进集体：来家窑养管站、三滩养管站、兴泉养管站、会宁养管站、靖远收费所车机股、大水磢收费站、312 国道界巉段收费东站、高养中心白银养护工区、白银新世纪路业公司陇南灾后恢复青黄路 HFQH 项目部、产业公司监理公司、总段行政办公室

白银公路总段表彰社会治安综合治理先进单位：靖远公路管理段

先进集体：新堡子养管站、新村养管站、来家窑养管站、综合部、稽查队、综合办公室、巡查二班、稽查三中队、财务部、白银路通物业管理公司

## 2013 年

甘肃省公路管理局表彰全省局管二级收费公路通行费征收管理先进集体：景泰收费公路管理所

甘肃省公路局党委命名全省公路系统示范型基层党组织：高养中心党支部

白银市命名表彰 2012 年度精神文明建设先进文明单位名单：

市级文明单位：会宁公路管理段（第 5 年）、景泰公路管理段（笱 4 年）、景泰收费公路管理所（第 3 年）、白银公路总段（新命名）

中共白银市委组织部命名全市第四批"五星级"基层党组织：高等级公路养护管理中心党支部、景泰收费公路管理所党支部

白银市总工会表彰白银市"模范职工之家"：白银公路总段机关工会

白银市厂务公开领导小组办公室表彰白银市厂务公开民主管理示范单位：白银公路总段

白银市总工会表彰 2012 工作目标管理责任书先进单位：白银公路总段

白银市总工会表彰白银市五一巾帼标兵岗：靖远收费公路管理所黄河大桥收费站

中共白银公路总段党委、白银公路总段表彰 2012 "双文明"建设先进单位：景泰公路管理段、总段高等级公路养护管理中心、景泰收费公路管理所

"双文明"建设先进集体：青江驿养管站、会宁养管站、旱平川养管站、新村养管站、来家窑养管站、界巉所收费东站四班、靖远黄河大桥收费站一班、景泰收费站、高养中心白银工区、临大路三标项目部、产业公司勘察设计所、总段行政办公室、财务科、党委办公室

中共白银公路总段党委表彰 2012 年度新闻宣传先进报道组：312 国道界巉段管理所报道组、会宁公路管理段报道组、总段机关报道组、景泰公路管理段报道组

中共白银公路总段党委表彰先进基层党组织：白银公路管理段党支部、景泰收费公路管理所党支部

白银公路总段表彰安全综合治理工作先进单位：白银公路管理段

先进集体：王岘养管站、乌兰养管站、兴泉养管站、甘沟养管站、大水闸收费站、312 国道界巉管理段收费东站、高养中心设备材料部、路业公司机关、路通物业公司、黄河桥项目部、劳安科

## 2014 年

甘肃省交通工会工作委员会表彰 2014 年全省交通运输系统庆"三八"表彰大会暨远大杯"中国梦、交通情"知识竞赛组织奖：白银公路总段

甘肃省交通工会工作委员会表彰全省交通运输系统五一劳动奖状：景泰公路管理段

甘肃省交通厅表彰全省交通运输系统职工羽毛球比赛优秀组织奖：白银公路管理局

甘肃省公路局命名表彰 2013 年度全省公路系统一星级行业文明单位：白银公路管理局白银段

白银市总工会表彰奖励 2013 年工作目标管理责任书考核一等奖：白银总段工会

中共白银市白银区委表彰社会管理综合治理平安单位（乡镇、街道、社区、村）：白银公路总段

中共白银公路管理局党委、白银公路管理局表彰 2013 年度"双文明"建设先进单位：景泰公路管理段、靖远收费公路管理所

"双文明"建设先进集体：青江驿养管站、会宁养管站、旱平川养管站、条山养管站、王岘养管站、国道 312 界嵘段管理所收费东站四班、靖远黄河大桥收费站六班、景泰收费站、新世纪路业公司兰秦快速通道忠水 ZSLJ4 第一项目部、产业开发公司试验室、万泰公司财务部、局机关行政办公室、党委办公室、劳安科、养计科

中共白银公路管理局党委表彰 2013 年度新闻宣传先进报道组：312 国道界嵘段管理所报道组、局机关报道组、白银公路管理段报道组、会宁公路管理段报道组

中共白银公路管理局党委表彰先进基层党组织：景泰公路管理段党支部、靖远收费公路管理所党支部

白银公路总段表彰 2013 年度安全综合治理工作先进单位：白银公路管理段、312 国道界嵘段管理所

先进集体：白银公路段生产室、乌兰养管站、新村养管站、会宁公路段路面养护队、大水　收费站、312 国道界嵘段收费东所、靖远收费所办公室、新世纪路业公司兰秦快速通道忠水 ZSLJ4 第一项目部、产业开发公司监理公司、局机关行政办公室

## 2015 年

甘肃省公路管理局表彰全国职业技能竞赛活动参赛单位：白银公路管理局

甘肃省公路局命名表彰 2014 年度全省公路系统行业文明集体：景泰收费站

中共白银市委、白银市人民政府命名表彰 2014 年度精神文明建设先进单位：景泰收费公路管理所（第 5 年）、白银公路管理段（第 5 年）、甘肃省白银公路管理局（第 3 年）、景泰公路管理段（新命名）

中共白银市白银区人民路街道委员会表彰奖励 2014 年度先进集体：白银公路管理局

中共白银公路管理局党委、白银公路管理局表彰 2014 年度"双文明"建设先进单位：靖远公路管理段

收费管理工作先进单位：靖远收费公路管理所

"双文明"建设先进集体：王岘养管站、青江驿养管站、甘沟养管站、乌兰养管站、旱平川养管站、兴泉养管站、国道312线界嶙段管理所收费东站一班、黄河大桥收费站五班、应急抢险保障中心兰秦快速通道忠水ZSLJ4第一项目部、高养中心白银养护工区、试验检测中心设计所、局机关办公室养路计划科、人事劳资科、财务资产管理科

中共白银公路管理局党委、表彰2014年度新闻宣传先进单位：白银公路管理局机关、靖远收费公路管理所、会宁公路管理段、国道312线界嶙段管理所、景泰收费公路管理所、靖远公路管理段

中共白银公路管理局党委表彰奖励先进基层党组织：靖远公路管理段党支部应急抢险保障中心党支部

白银公路管理局表彰安全生产管理先进单位：白银公路管理段、312国道界嶙段管理所

先进集体：来家窑养管站、长滩沥青拌合站、孙寨柯养管站、条山养管站、会宁养管站、高养中心综合部、靖远收费所监控室、景泰收费站、312国道界嶙段收费东站、国道109线水泉下砂河桥维修加固工程项目经理部、局试验室、局后勤服务中心

## 2016 年

甘肃省公路管理局党委表彰2015年度全省公路系统行业文明单位：白银公路管理局

甘肃省交通厅工会表彰全省交通运输系统筑路机械大赛优秀组织单位：白银公路管理局

白银市总工会表彰2015年度白银市工会工作目标责任书考核一等奖：白银公路管理局工会

白银市总工会表彰命名白银市模范职工之家：靖远收费公路管理所工会

中共白银公路管理局党委、白银公路管理局表彰2015年度"双文明"建设先进单位：应急抢险保障中心、靖远公路管理段、靖远收费公路管理所

"双文明"建设先进集体：应急抢险保障中心G109线养护维修工程第一项目部、高养中心白银养护工区、试验检测中心实验检测室、来家窑养管站、青江驿养管站、甘沟养管站、长滩料场、旱平川养管站、条山养管站、黄河大桥收费站五班、大水礅收费站、局机关办公室、养路计划科、人事劳资科、财务资产管理科、

中共白银公路管理局党委表彰奖励先进基层党组织：局应急抢险保障中心党支部、局高等级公路养护管理中心党支部、靖远收费公路管理所党支部

中共白银公路管理局党委表彰2015年度新闻宣传工作先进单位：白银公路管理局机关、靖远收费公路管理所、会宁公路管理段

白银公路管理局表彰2015年度安全生产先进单位：景泰公路管理段、会宁公路管理段

安全生产先进集体：王岘养管站、生产技术室、生产技术室、新村养管站、会宁养管站、养护工程技术部、黄河大桥收费站收费一班、大水礅收费站、局应急抢险保障中心S201线养护维修工程项目部、局试验检测技术服务中心安全后勤保障室、局机关后勤服务中心

共青团白银公路管理局委员会表彰2014—2015年度"五四红旗"团支部：高等级公路养护管

理中心团支部

# 六、地市级以下先进个人

## 1986 年

甘肃省交通厅公路局党委、甘肃省交通厅公路局表彰"双文明"建设先进个人：宋钦伟、桂芳国、张得弟、李禄仁

## 1987 年

甘肃省交通厅表彰先进班（组）长：安清万、陈兆福、张得弟、李禄仁

甘肃省交通厅公路局表彰春运生产先进个人：寇世续

甘肃省交通厅公路局表彰先进生产者：李禄仁

白银公路总段党委表彰 1986 年"双文明"先进个人名单：王大林、曹思俊、张得弟、宋钦伟、陈殿莲、张铭、陈宪林、李禄仁、刘自有、王世泰、魏光普、安清万、徐兆怀、李定有、范仲德、喜怀孝、范仲道、王大银、陈兆福、寇世续、贺得荣、芦守元、韩寿山

白银公路总段党委表彰 1986 年优秀共产党员名单：陈兆福、李维珍、李沛富、王世泰

## 1988 年

共青团甘肃省委、甘肃省交通厅表彰全省"筑万里绿色长城"竞赛活动先进个人名单：

绿化标兵：李秀

"青年杯"竞赛先进个人：王朝锋、张平源

甘肃省交通厅表彰国道改建先进生产者：王廷仕

甘肃省交通厅表彰全省交通系统优秀财会人员：曹思俊

甘肃省交通厅表彰节能先进个人：杨在智

甘肃省交通厅公路局表彰全省路政管理先进工作者：李沛富

白银市委、白银市人民政府表彰白银市先进个人：安清万

白银市委、白银市纪委表彰优秀纪检干部：陈自润

白银公路总段党委、白银公路总段表彰 1987 年先进个人名单：庹述芬、唐余荡、郭隆万、包海、刘建民、陈宪林、李禄仁、魏光普、朱耀荣、王世泰、王治和、王连舍、朱宪松、李卫东、安清万、罗立本、魏兴安、范仲德、喜怀孝、王大银、徐克勇、师和光、王廷仕、张得弟、宋钦伟、董晓敏、刘云灿、蒋生林、石培成、贺得荣、陈兆福、韩寿山、寇世续、王之汉

白银公路总段党委表彰 1987 年优秀共产党员名单：孙学苏、唐余荡、石培成、王廷仕、朱耀荣、王世泰、李卫东、许克勇

## 1989 年

甘肃省交通厅表彰 1989 年道路水路春运先进个人：杨霞

白银市总工会表彰优秀工会工作者：李沛富

白银市总工会表彰优秀保险干部：王朝锋

甘肃省公路运输工会表彰优秀工会主席：周继瑜

甘肃省交通厅公路局表彰公路战线工作 30 年者：李沛富

白银公路总段党委表彰优秀共产党员名单：赵福庆、石培成、李沛富、唐余荡、王世泰、安清万、王连舍、赵维杰

白银公路总段党委、白银公路总段表彰 1988 年先进个人名单：庹述芬、郭隆万、唐余荡、包海、韩寿山、魏晋武、刘正浩、寇世续、丁进忠、黄普、范仲德、魏兴安、李森、雒建军、罗立本、安清万、喜怀孝、王世泰、陈宪林、魏光普、李禄仁、李成林、未宪松、王凤荣、彭永恒、许真著、张意芳、赵福庆、魏列忠、杨培礼

## 1990 年

中国公路运输工会、交通部公管司联合授予"全国公路系统优秀养路工"获得者：安清万

甘肃省交通厅公路局表彰 1989 年公路系统推进科技进步先进积极分子：郭隆万

甘肃省交通厅公路局党委、甘肃省交通厅公路局表彰全省交通系统学雷锋先进个人：安清万

白银市总工会表彰 1989 年工会财会先进个人：蔡炳香

甘肃交通报社表彰优秀通讯员：陈自润

白银公路总段党委、白银公路总段表彰 1989 年度先进个人名单：庹述芬、唐余荡、郭隆万、包海、韩寿山、陈兆福、刘正浩、张述林、代华、寇世续、魏光普、康子州、蒋生旺、沈作旺、李维珍、魏列忠、张得弟、张丁文、袁世伟、李成林、张学义、倪大林、李卫东、安清万、叶培和、徐兆怀、樊玉林、李定有、喜怀孝

白银公路总段党委表彰 1989 年优秀共产党员名单：庹述芬、唐余荡、米成山、魏列忠、彭永恒、马金贵、李卫东、戴玑

白银公路总段党委、白银公路总段表彰 1989 年优秀通讯员名单：陈宏伟、苏顺林；

通报表彰通讯员：王朝锋、李维珍、周继瑜、曹思俊、郭武军

## 1991 年

甘肃省交通厅、甘肃省总工会、共青团甘肃省委、甘肃日报、甘肃电视台、甘肃省人民广播电台表彰 1991 年全省交通系统"学雷锋、学严力宾、春运安全优质服务竞赛活动"先进个人名单：魏列忠、郭隆万、寇世续、刘仲贵

甘肃省交通厅表彰"七五"期间公路系统优秀科技工作者：彭永恒

甘肃省交通厅科技进步三等奖获得者：王鹏

白银市委、白银市人民政府表彰白银市"双文明"建设先进个人：安清万

白银市总工会表彰工会积极分子：孙学苏

甘肃省交通厅公路局表彰奖励1990年《甘肃公路》优秀通讯员：陈自润

甘肃省交通厅公路局表彰优秀养路工：安清万

白银公路总段党委表彰优秀共产党员名单：庹述芬、郭隆万、彭永恒、王连舍、李卫东、安清万、石培成、陈兆福、赵福庆、强生武

白银公路总段表彰奖励1990年先进个人名单：庹述芬、唐余荡、郭隆万、包海、贾富章、彭永恒、负子辉、康子州、祁建国、李成林、袁世伟、蒋生旺、马金贵、倪大林、李卫东、安清万、刘仲贵、范仲德、陈文敏、樊玉林、赵福庆、张得弟、王旺风、曾述才、李文华、寇世续、陈兆福、代华、刘建民、常安民、高启正

白银公路总段表彰1991年"百日养护竞赛"先进个人名单：

吴玉杰、康子州、王世泰、马炳忠、魏光普、赵福庆、张得弟、张复发、王旺风、刘仲贵、敬永宝、李定有、魏如元、陈文敏、李森、安清万、李怀智、代华、桂芳国、王海强、寇世续

共青团白银市委授予"新长征突击手"：负子辉

共青团白银市委表彰"一学一比"活动先进个人名单：负子辉、李文华

共青团白银市委表彰"争创"活动优秀团员：樊玉林

白银市集体企业管理局、就业服务局、二轻局、工业联社联合表彰1990年先进企业经理：李沛富

白银市集体企业管理局、二轻局、工业联社联合表彰1991年度统计工作先进个人：刘彩峰

## 1992 年

甘肃省交通厅党组表彰离退休干部优秀党员：陈玉山

甘肃省交通厅表彰安全生产先进个人：孙学苏、包海、杨在智、李成林、陈全权、李登录、张学义

甘肃省交通运输工会表彰先进女职工、女职工工作者名单：

先进女职工：张莲芝

先进女职工工作者：蔡炳香

甘肃省公路运输工会表彰目标管理先进个人、女工先进个人名单：

目标管理先进个人：蔡炳香

女工先进个人：蔡炳香、张莲芝

白银市委、市人民政府表彰发展城市集体经济优秀经理：李秀

白银市总工会表彰优秀工会工作者：刘耀昌、王朝锋

甘肃省交通报社表彰优秀征文作者名单：

《双十佳》征文获奖作者：周继瑜

《我爱社会主义》征文获奖作者：狄中伟、苏顺林

《我为党建做贡献》征文获奖作者：周继瑜

《职工论坛》征文获奖作者：周继瑜

甘肃省交通厅公路局表彰1992年春运安全优质服务竞赛服务标兵：寇世续

先进个人：曾海珊、魏列忠、魏光普、王义

甘肃省交通厅公路局表彰先进科技工作者：李玉海、陈金山

白银公路总段党委表彰1992年优秀共产党员：米成山、彭永恒、安清万、王连舍、强生武、赵福庆、李卫东、李沛富、张继承

白银公路总段党委、白银公路总段表彰1991年优秀养路工、先进个人名单：

优秀养路工：李禄仁、王连舍、安清万、刘仲贵、范仲德、陈文敏、赵福庆、张得弟、魏列忠、李怀智、代华、陈兆福、寇世续、康子州、魏光普

先进个人：庹述芬、郭隆万、曹思俊、师伟华、敬永宝、魏兴安、喜怀孝、魏如元、陈永强、李定有、李兵、彭永恒、马炳忠、王世泰、张启成、韩国义、王孝、马金贵、袁世伟、段生林、刘正浩、李玉海、李维珍、张意芳

白银公路总段党委表彰优秀通讯员名单：

优秀通讯员：周继瑜、李仲臣、曹海平

通报表彰人员：王鹏、郭武军、王朝锋、谢言

白银市总工会表彰工会劳动保护工作先进个人：滕文凯

白银市总工会表彰工会先进财务干部：蔡炳香

白银市总工会表彰工会积极分子：滕文凯

白银市总工会表彰职工生活管理先进个人：敬永宝

白银市路政领导小组表彰白银路政管理先进工作者：李沛富

## 1993 年

甘肃省交通厅表彰交通教育优秀教育工作者：田永林

白银市委、白银市人民政府表彰先进生产者：寇世续、李秀

白银市委表彰优秀共产党员：李生华

白银市委、白银市人民政府表彰发展城市经济先进个人：王大银、刘彩峰

甘肃省交通厅公路局表彰优秀科技工作者：李玉海、陈金山

甘肃省交通厅公路局表彰1993年春运安全先进个人：陆国民、寇世续、魏光普、王义

甘肃省交通报社表彰优秀通讯员：陈自润

白银公路总段党委表彰优秀共产党员名单：安清万、李生华、沈作旺、彭永恒、魏中、米成山、张继承、雒天瑞

白银公路总段党委、白银公路总段表彰1992年双文明先进个人：

景泰段：寇世续、高松安、陈兆福、王明光、韩守山、李怀智、桂芳国、贺得荣、米成山

靖远段：敬永宝、魏国平、安清万、李守根、崔玉荣、李定有、范仲德、田军、姚兴华、李卫东

会宁段：王世泰、韩国义、刘志全、王义、何玉林、马金贵、王希林、王连舍、张国强、李善勇

白银段：徐国栋、张意芳、王旺风、王宁、王廷仕、李永川、周继瑜

服务公司：李秀

总段机关：曹思俊、刘耀昌、金杰水、郭武军、包月泰、吴廷相、李玉海

白银公路总段表彰1992年公路养护先进个人名单：郭隆万、曹思俊、张宏强、武和谦、李兵、负子辉、孙国生、王世泰、段辉忠、袁世伟、韩国义、康子州、王连舍、马金贵、魏光普、安清万、李定有、范仲德、王虎林、敬永宝、李建勇、王玉霞、刘仲贵、喜怀孝、姚兴华、张意芳、王廷仕、张得弟、李永传、许国栋、贺得荣、陈金山、闫遂盈、李怀智、寇世续、曹玉堂

白银市总工会表彰工会财务先进工作者：蔡炳香

白银市公安局表彰交通安全先进工作者：刘耀昌、杨在智

共青团白银市委表彰"争创"活动优秀团员：周大军

白银公路总段工会表彰工会积极分子名单：陈成玉、刘建申、杨绪奎、佘顺平、门小玲、任望月、刘耀昌、王朝锋、王元晖、刘玉珍

## 1994 年

甘肃省交通厅表彰国道重点工程建设先进个人：贺得荣、李秀、武和谦、曹思俊、王大银

甘肃省交通厅表彰全省交通系统"双文明"建设先进个人：

吴廷相、王鹏、寇世续、安清万、张意芳

甘肃省交通厅表彰1992—1993年度离退休干部工作目标管理先进个人：狄中伟

白银市委、市人民政府表彰发展城市集体经济优秀经理：李秀

白银市企业职工政研会表彰优秀政研干部：郭武军

白银市总工会表彰先进女职工工作者：蔡炳香

白银市总工会表彰工会先进财务干部：丛景荣

白银市总工会授予"工人明星"获得者：寇世续

白银市总工会表彰优秀工会工作者：孟昌春

白银公路总段党委表彰优秀共产党员：陈兆福、王旺风、王世泰、张国强、安清万、李卫东、戴玑、张勇、李玉海、雒天瑞

白银公路总段党委、白银公路总段表彰1993年"双文明"建设先进个人名单：

吴廷相、周继瑜、李秀、曹思俊、刘耀昌、金杰水、王廷仕、包月泰、李玉海、寇世续、高松安、陈兆福、王明光、韩寿山、李怀智、桂芳国、贺得荣、米成山、敬永宝、魏国平、安清万、李守根、崔玉荣、李定有、范仲德、田军、姚兴华、李卫东、王世泰、韩国义、刘志全、王义、何玉林、马金贵、汪希林、王连舍、张国强、李善勇、许国栋、张意芳、王旺风、王宁、李永传、郭武军

白银公路总段工会表彰优秀工会工作者：李维珍、孟昌春

白银公路总段工会表彰先进女职工：陈玉梅、谭东霞、刘彩峰、马德玉、耿彩霞、王西兰、杨

丹芳、魏国萍

白银公路总段党委、白银公路总段表彰 1993 年度先进科技工作者名单：王鹏、郭隆万、曾海珊、彭永恒、高明书、李生华、王朝锋、贠子辉、吴和谦、马进川、邓辉昌

白银公路总段党委、白银公路总段表彰 1993 年先进科技优秀论文：

一等奖：《论思想政治工作是经济工作和其他一切工作的生命线》（胡振琦）

《我们是如何开展干部考核工作的》（李淑英）

《天北高速公路的监理工作》（王鹏）

《靖天公路 1K+100—460 祖历河防护工程设计简介》（郭隆万、曾明春）

《谈谈国道改建会计核算中的几个问题》（曹思俊）

《知识分子个性特征分析与调动他们的积极性》（狄中伟）

《薄喷渣油处治龟裂路面》（曾海珊、李卫东）

《G312 线二级公路改建工程大爆破施工总结》（彭永恒、张廷才）

《兰包公路改建工程 K182+500—K220+100 段路面工程施工技术与监理》（武和谦、邓辉昌）

《油路罩面施工的几个技术指标浅谈》（陈金山）

二等奖：《公路工程施工监理的体会》（吴廷相）

《西兰公路青会段国道改建监理工作总结》（包月泰、白吉润）

《有效的设备投入是经济效益的基础和产品质量的保证》（宋天庆）

《西兰公路步龙岔桥施工技术总结》（彭永恒、闫守笃）

《兰包公路"八五"改建工程竣工文件编制工作总结》（李俊生、高启正、罗继东、张启成）

《靖天公路马鞍桥工程施工技术总结》（曾海珊、樊仲贤）

《实施 GBM 护肩墙工程的几点意见》（丁进忠、魏兴发）

《油路路面日常养护中的病害分析及养路措施》（王孝、金兴恒）

《国道油路施工的具体做法》（贺得荣）

《桥头跳车的病害分析与养护对策》（李宁）

《109 国道改建水泉段 K205+560 大桥施工技术总结》（李兵）

《对经济责任制考核的几点意见》（王宗忠）

《一九九三年道班管理工作总结》（王宗忠）

《兰包公路改建工程技术总结》（李秀、吕文全）

《在我段推行责任制会计的构想》（姚兴华）

《桥体抗酸腐蚀加固工程室内试验报告》（李玉海）

《思想政治工作要确保经济建设这个中心》（周继瑜）

《加强女工委工作，提高女工素质》（蔡炳香）

《解放思想与坚持马克思主义》（李维珍）

《职业道德与行风建设的关系》（俞建华）

《对当前思想政治工作的几点粗浅认识》（高明书）

《注重把解决思想问题与解决实际问题结合起来》（郭武军）

《在社会主义市场经济条件下，怎样建立适应新形势需要的工会运行机制》（陈银瑞）

《谈谈学习建设有中国特色社会主义理论的一点体会》（马智义）

《思想政治工作要用科学的理论武装人正确的舆论引导人》（李生华）

《自购自行式平地机的可行性分析》（齐林军）

《职工民主管理工作在股份制企业集团等不同经营方式的实行形式及途径》（滕文凯）

### 1995 年

甘肃省交通厅表彰全省交通安全工作先进个人：王廷仕、包海、彭永恒

甘肃省交通厅表彰优秀新闻宣传工作者：周继瑜

甘肃省交通厅表彰先进会计工作者：马玉莲、姚兴华

白银市委、市政府表彰发展城市集体经济优秀企业经理：李秀

白银市委表彰优秀党委工作者：胡振琦；优秀共产党员：王朝锋

共青团白银市委、白银市经济贸易委员会、白银市劳动局联合表彰白银市"青年岗位能手"：吕文全

共青团白银市委表彰优秀团干部：王明光

共青团白银市委表彰优秀团员：董海银

白银市总工会表彰模范工会小组长：刘建民

白银市总工会表彰"巾帼建功标兵"：马玉莲

白银市总工会表彰劳动保护先进工作者：雒天瑞

白银市总工会表彰劳动保护优秀检查员：刘云灿

甘肃省交通厅公路局表彰路政管理工作先进个人：李沛富

甘肃省交通厅公路局表彰 1993—1994 年度优秀科技领导组织者：王鹏

甘肃省交通厅公路局表彰优秀统计员：赵云、白建胜

甘肃省交通厅公路局表彰 1993—1994 年度优秀科技工作者：曾海珊、彭永恒

白银公路总段党委表彰国道 109 线文明建设样板路先进个人：

靖远公路段：曾海珊、高明书、李卫东、王美武、师和光、魏立新、滕兴亮、王兴智、敬永宝、李森、魏国模、徐兆怀

白银公路段：王成斌、王建省、郭得宝、陈炳志、张复发、丁进忠、张振顺、王旺凤、魏列忠、许国栋

路业公司（含借调人员）：李秀、李兴晖、顾庆仁、高启正、韩卫军、鞠昆明

总段机关：吴廷相、郭隆万、王鹏、周继瑜、李沛富、刘耀昌、李玉海、王廷仕、顾成德、曹思俊、包月泰、孙进玲、邓辉昌、田得淮

白银公路总段党委表彰优秀通讯员：陈自润、周继瑜、郭武军、李善勇、李维珍、王朝锋、俞建华、强生武

优秀论文作者：马智义、胡振琦、陈自润、郭武军、周继瑜

白银公路总段党委表彰优秀共产党员：李玉海、王朝锋、寇世绥、孙永生、安清万、彭永恒、李成武、魏中、金杰水

白银公路总段党委表彰优秀党务工作者：胡振琦、郭武军

白银公路总段党委、白银公路总段表彰奖励1994年度双文明建设先进工作者：郭武军、续金文、张国强、张廷才、周养富、刘志全、马华选、李世东、何玉林、韩国义、李义、李成林、沈作旺、陈金山、姚兴华、李定有、安清万、陈文敏、滕平、王平、黄海、陈永强、赵兴祖、张意芳、魏志德、孙永生、刘东孝、曾明春、寇世续、刘正浩、李怀智、黄音、董永刚、周光玉、王金明、李俊生、谢永霞、包宏伟、张宏强、吕文全、王大银

## 1996 年

甘肃省干部下农村帮扶工作办公室表彰1996年全省干部下农村帮扶工作先进工作者：郭武军

甘肃省交通厅表彰"二五"普法先进个人：周继瑜

甘肃省交通厅表彰新闻宣传工作先进个人：周继瑜

甘肃省交通厅表彰1996年春运安全优质服务竞赛活动先进个人：寇世续、牛万庆、刘东孝、王天岷、滕羽、刘志忠、李莉、郭隆万

甘肃省交通厅表彰全省交通系统"八五"期间节能先进个人：吴文岗

甘肃省交通厅表彰全省交通系统科技进步优秀人员：王鹏、吴廷相、彭永恒

白银市总工会表彰劳动先进个人：雒天瑞、刘云灿

白银市总工会表彰工会财会先进个人：丛景荣

白银市总工会表彰先进女职工：蔡炳香、康莉玲

白银市总工会表彰女职工立功奉献先进个人：张玉梅、庄惠琴、张妍琼、张亚萍、王爱武

甘肃省公路局表彰第二届"公路杯"好新闻作者：胡振琦、陈自润、周继瑜、郭武军

甘肃工人报社表彰第九期"劳动者之歌"征文三等奖作品：《这里有个寇铁人》（王宝成）

白银公路总段党委、白银公路总段1996年3月表彰奖励1995年度公路养护管理工作双文明先进个人：

景泰公路段：米成山、寇世续、李怀智、周光玉、董永刚、刘建明、张树林、袁福宝

白银公路段：吕国森、陈其军、张复发、王旺风、孙永生、张义芳

靖远公路段：安清万、陈永强、敬永宝、樊玉林、李建勇、徐兆怀、王平、崔玉荣、李定有、杨永军、李锦东

会宁公路段：张润成、万俊福、李成武、田建军、何玉林、孙乍义、王义、金兴恒、朱明友、

李金铭、张廷才

界嶩段管理所：邓辉昌、张国强、张亚萍、李文萍

路业公司（服务公司）：吕文全、刘建民

总段机关：刘耀昌、李玉海、雒天瑞、周继瑜、谢永霞、张宏强、高银祖

白银公路总段党委、白银公路总段表彰担任二十年以上道班班长：陈兆福、韩寿山、魏列忠、王旺风、安清万

白银公路总段党委、白银公路总段表彰

优秀班长：寇世续、董永刚、魏列忠、张义芳、何玉林、张润成、李成武、王义、万俊福、孙作义、敬永宝、王平、徐兆怀、安清万、陈永强

优秀工会小组长：刘建民、刘云灿、王建元、田建军、韩国义、王建荣、张桂兴、滕平

优秀统计员：赵云、白建胜、姜安琴、刘东孝、康莉玲、周高彦、张伟、王荣、马世军、孙军仁、范宏涛、李忠义、魏福寿、李寿全、王永强

优秀路政员：刘正浩、魏志德、续金文、孟军、蒲金虎、魏立新、王天荣、李守海

优秀安全员：张树林、董海银、张廷才、彭宗年、沈作旺、李守根、李建勇、滕羽

优秀学习辅导员：李怀智、王旺风、魏国模、孙俊成、王进宝、李登耀、常卫新、张勤

优秀生活料具保管员：周光玉、金锋余、朱明有、余仲清、张志国、樊玉林、李定有、黄海

白银公路总段党委、白银公路总段表彰油路技术比武技术能手：杨少全、刘东孝、夏玉成、高德寿

比武竞赛先进个人：万俊福、董伟、王旺风、张义芳、安清万、敬永宝、刘建明、白建胜

白银公路总段党委表彰奖励1995年度优秀通讯员：王成斌、魏中、王朝锋、王明光、王宝成、李善勇、王廷、吴明严、魏才涛、胡振琦、陈自润

刊发论文：

《前进中的白银公路总段》（胡振琦、吴廷相）

《党要管党，要在思想上从严治党》（周继瑜）

《加强学习，增强党性，搞好基层党组织工作》（王成斌）

《浅谈社会主义市场经济条件下党风廉政建设所面临的几个问题》（李淑英）

《围绕公路养护这个"中心"开展思想政治工作》（周继瑜）

《辛勤耕耘写新闻，功夫不负有心人》（陈自润）

白银公路总段党委表彰1996年优秀共产党员：寇世续、魏中、魏才涛、王旺风、贠子辉、孙作义、汪希林、张国强、安清万、王平、陈自润、王廷仕、李玉海

## 1997 年

甘肃省交通厅表彰重视支持离退休干部工作领导：吴廷相

甘肃省交通厅表彰离退休干部工作先进个人：李锦海

甘肃省交通厅表彰全省交通系统职工技术标兵：刘东孝

甘肃交通政研会表彰胡振琦撰写的《创造良好的公路交通行业思想环境》为 1995—1997 年度优秀政研论文

甘肃省交通职工思想政治工作研究会表彰 1995—1997 年度政研会先进工作者：周继瑜

甘肃交通报社表彰 1997 年通讯报道先进个人：周继瑜、陈自润

白银市委表彰 1996 年优秀共产党员：孙作义

共青团白银市委、市经贸委、市劳动局联合表彰白银市"青年岗位能手"：李莉

共青团白银市委表彰白银市优秀团干部：吴文岗；优秀团员：罗继东

共青团白银市委、市经贸委、市商业局、市劳动局、市青年联合会联合表彰白银市"十大"青年服务明星：李文萍

白银市总工会表彰"技术明星"：滕文凯、刘东孝

白银市总工会表彰工会财务先进工作者：丛景荣

甘肃省公路局表彰全省公路系统"双文明"建设标兵：寇世续

甘肃省公路局表彰全省公路系统"双文明"建设先进个人：李玉海、安清万

甘肃省公路局党委表彰第三届"公路杯"好新闻奖：

一等奖：《为了大动脉畅通》（周继瑜）

优秀奖：《白银总段加大机械化优势》（胡振琦）

《大路通天》（周继瑜）

《这里有个"寇铁人"》（王宝成）

《白银总段精神文明建设扎实推进》（王廷）

白银公路总段党委、白银公路总段表彰奖励 1996 年度双文明建设标兵：寇世续、张述林、张义芳、安清万、敬永宝、孙作义、张润成、李文萍、李玉海

双文明建设先进个人：吴廷相、郭隆万、曹思俊、刘耀昌、周继瑜、王廷仕、王宝成、李沛富、张宏强、樊仲贤、刘建民、张鹏、黄普、董永刚、薛强、周光玉、米成山、王永强、陈海、滕平、陈永强、王平、高川林、崔玉荣、徐兆怀、李渊、吕国森、王玉军、张启成、魏志德、刘东孝、王廷、金兴恒、倪大林、万俊福、何军、朱怀鼎、李树森、吴海席、周荣斌、贺得荣、贠子辉、王天岷、韩卫军、杨亚东、张亚萍、齐林军、王成斌、张国强

白银公路总段党委表彰优秀通讯员：陈自润、胡振琦、周继瑜、王宝成、魏中、俞建华

白银公路总段党委表彰 1996 年度职工思想政治工作研究会发表的论文：

《国道通圣地，高路入云端》（胡振琦）

《浅谈如何提高思想政治工作的有效性》（陈自润）

《公路行业的"五个一"工程》（俞建华）

《为职工群众服务是工会干部的精神支柱》（陈自润 ）

《把讲政治落实到领导干部自身建设中》（胡振琦）

《建设精神文明关键在党》（周继瑜）

1996 年度职工思想政治工作研究会征集论文：

《关于"质量兴路"的思考》（吴廷相）

《思想政治工作要找根班组贴近群众》（陈自润）

《把精神文明建设提高到更加突出的地位——六中全会学习体会》（刘耀昌）

《贯彻六中全会精神，促进公路文化建设》（米成山）

《加强精神文明建设领导干部是关键》（王廷仕）

《认真学习〈决议〉，加强精神文明建设——学习六中全会精神体会》（滕文凯）

《学习党的十四届六中全会精神体会》（王鹏）

《推进精神文明建设，弘扬"铺路石"精神》（樊仲贤）

《加大思想道德建设力度，不断提高职工素质》（蔡炳香）

《按六中全会要求切实加强行业精神文明建设》（雒天瑞）

《深入持久地开展精神文明创建活动》（郭隆万）

《学习六中全会〈决议〉的心得体会》（贺得荣）

《精神文明重在建设——学习六中全会〈决议〉体会》（李玉海）

《以为人民服务为核心，全面加强社会主义道德教育》（郭武军）

《精神文明重在建设，贵在坚持》（王朝锋）

《认真学习，加强教育，努力提高职工队伍的思想道德素质》（王成斌）

《认真学习〈决议〉，搞好精神文明建设》（高明书）

《着力提高人的道德素质——学习六中全会〈决议〉体会》（李维珍）

《学习六中全会〈决议〉体会》（吴文岗）

《精神文明建设要从职业道德建设抓起》（王宝成）

《讲政治最核心的是树立牢固的群众观》（陈自润）

《浅谈以女职工为主体，加强家庭文化建设》（蔡炳香）

《征稽干部讲政治的思考》（魏才涛）

鼓励奖名单：吴廷相、胡振琦、陈自润、郭隆万、王鹏、王廷仕、周继瑜、刘耀昌、雒天瑞、滕文凯、蔡炳香、米成山、李玉海、贺得荣、郭武军、王朝锋、王成斌、高明书、李维珍、吴文岗、王宝成、魏才涛

白银公路总段党委表彰优秀共产党员：曾明春、王颖、汪希林、李金铭、张照义、王朝锋、安清万、刘建民、李玉海

## 1998 年

甘肃省交通厅表彰公路养护优秀养路工：张润成、王平、万俊福、吕国森、安清万、寇世续

甘肃省交通厅表彰 1997 年新闻宣传工作优秀新闻宣传工作者：胡振琦、周继瑜、王宝成、魏中

甘肃省交通厅表彰"重视老龄工作功勋奖"获得者：胡振琦

甘肃省交通厅表彰"敬老好儿女金榜奖"获得者：王朝锋

甘肃省交通厅表彰 1995—1997 年度全省交通系统安全生产先进个人：武和谦

甘肃省交通厅表彰发展多种经营先进个人：樊仲贤

甘肃省交通厅工会表彰先进女职工：蔡炳香

白银市总工会表彰优秀工会干部：刘建民

中国交通报驻甘肃记者站表彰 1997 年优秀通讯员：周继瑜

白银公路总段党委、白银公路总段表彰 1997 年度双文明建设先进个人：曹思俊、李俊生、李玉海、谭东霞、魏涛、张树林、刘泽林、李怀智、寇世续、黄普、董永刚、赵其军、米成山、王孝、梁希学、王建省、龚珍钱、刘东孝、陈其军、魏列忠、王克尚、李渊、徐兆怀、李守根、陈海、夏玉成、魏明、安清万、魏久刚、王永强、王平、敬永宝、马炳忠、吴世兴、孙作义、金兴恒、张胜利、万俊福、吴玉杰、李金铭、王虎、王义、冯作平、李文萍、吕庆荣、魏勇、段怀忠、刘彩锋、李兴晖

白银公路总段党委表彰 1997 年度优秀通讯员：陈自润、周继瑜、魏中、王宝成、王廷、俞建华、刘兴武

白银公路总段工会表彰"双文明"建功立业竞赛先进个人名单：

"双文明"先进个人：卢有琴、李月梅、高俊萍、袁世菊、李莉、刘彩峰、师伟花

建功立业竞赛先进女职工：宋新芝、王西兰、郭怡梅

"双文明"先进女职工：柏延珍、蒋玉霞

## 1999 年

甘肃省交通厅表彰先进财会工作个人：曹思俊

中共甘肃省公路局委员会、甘肃省公路局表彰全省公路系统五"十佳"

十佳路工：王平　白银公路总段靖远段旱平川道班班长

十佳科技工作者：李玉海　白银公路总段工程师、副总段长

十佳思想政治工作者：周继瑜　白银公路总段政工师、宣传科科长

甘肃省公路局、甘肃交通报社表彰"公路杯"摄影赛获奖作品：

二等奖：《界巉段收费所加强收费》（周继瑜）

　　　　《109 线工程调度会》（陈自润、王廷）

甘肃省公路局表彰第四届"公路杯"好新闻名单：

一等奖：《实干家豪情绘蓝图（通讯)》（周继瑜）

　　　　《公路建起职工家（通讯)》（陈自润）

三等奖：《白银总段创行业文明（消息)》（周继瑜）

中共甘肃省公路局委员会表彰 1998 年"公路连万家"优秀稿件：

一等奖：《白银总段大力加强职业道德建设》（周继瑜、王廷）

白银公路总段党委表彰优秀通讯员：陈自润、周继瑜、王廷、王宝成、俞建华、刘疆、魏中

白银公路总段党委表彰优秀共产党员：李玉海、王朝锋、米成山、蔡炳香、强生武、张国强、孙作义

白银公路总段党委、白银公路总段表彰 1998 年度双文明建设先进个人：王义、万俊福、吴海席、马华选、张胜利、魏国锋、李树林、张润成、闫守笃、张海霞、续金文、李金铭、李渊、包玉芬、杨卫东、李守根、高智功、夏玉成、黄舟、陈海、常维东、王平、敬永宝、陈其军、梁希学、吕国森、刘东孝、魏列忠、张成俊、龚珍钱、蒋玉霞、董永刚、祁高升、代元信、赵其军、韩文银、丁进忠、金得寿、赵雪清、陈强、王一虎、王颖、张永宏、王孝、王朝锋、李俊生、李莉、闫利平

## 2000 年

甘肃省交通厅党组表彰离退休干部先进个人：唐余荡、张鸿寅

甘肃省交通厅表彰全省交通系统档案工作先进工作者：郭育琴

中共白银市委、白银市人民政府 2000 年 3 月表彰"城市经济发展年"活动先进个人：贾富章

共青团白银市委员会表彰：

优秀共青团干部：吴文岗

优秀共青团员：吴世兴、师伟花

白银市企业职工思想政治工作委员会 2000 年 10 月表彰优秀政研会干部：贾富章

中共甘肃省公路局委员会 表彰奖励全省公路系统第五届"公路杯"好新闻获奖作品：

一等奖：《大漠深山骆驼草（通讯)》（王宝成）

二等奖：《大路涌动文明风（通讯)》（周继瑜、王廷）

二等奖：《没有驿站只有征途（通讯)》（周继瑜、王廷）

三等奖：《靖远三滩黄河公路大桥施工场面（图片)》（周继瑜）

中共白银公路总段委员会 2000 年 5 月表彰 1999 年度优秀通讯员：陈自润、周继瑜、王廷、王宝成、俞建华、俞建玲、魏中、刘疆、刘兴武

优秀政研论文作者：胡振琦、李淑英、李玉海、陈自润、周继瑜、王廷仕、李维珍、王廷、王宝成、王成斌、蔡炳香

优秀论文及作者：

二等奖：《加强和改进思想政治建设推动公路行业跨世纪改革发展》（胡振琦）

优秀奖：《对当前公路部门政工干部的思考》（王宝成）

白银公路总段党委、白银公路总段表彰 1999 年度"双文明"建设先进个人：贠子辉、孙作义、朱明有、李富宽、李太平、何玉林、汪希林、张润成、李生成、张胜利、李渊、高俊文、包玉芬、徐兆怀、滕羽、王平、黄舟、张其斌、王西兰、许真著、刘东孝、耿建军、丁飞、吕国森、丁进忠、王明光、代元信、白建胜、赵其军、杨斌、王连舍、王颖、陈强、王一虎、吕文全、刘岩铭、李进锋、黄海、李文萍、王朝锋、范玉兰、刘建民、付德军、李玉海、曾明春、张兴绪、顾庆仁、吴和谦、王孝、孙进玲、王大银

中共白银公路总段委员会、白银公路总段表彰 2000 年上半年收费管理岗位能手：王颖、王连舍、王学斌、段怀忠、李文萍、吕庆荣、曾淑荣、杨雪峰、魏永亚、顾宗萍、杨淑玲、马建华、陈云

## 2001 年

甘肃省交通厅表彰 2000 年全省交通系统"公路建设质量年"活动管理先进个人：贺得荣

甘肃省交通厅表彰"全省交通系统工程管理知识竞赛"活动初赛三等奖个人：罗继东

甘肃省交通厅表彰老有所为贡献奖个人：吴廷相

甘肃省交通厅表彰离退休干部工作先进个人：张玲

共青团甘肃省委、省经贸委、省劳动局授予"全省青年岗位能手'获得者：闫利平

白银市委、市政府表彰 2000 年白银市精神文明建设先进工作者：胡振琦

白银市委宣传部表彰 2000 年全市宣传思想工作先进个人：王宝成

白银市委表彰白银市优秀共产党员：王朝锋

白银市委表彰白银市优秀党务工作者：胡振琦

白银市城市集体企业管理局表彰"九五"期间发展城市集体经济先进个人：吴文岗

白银市总工会表彰先进工会工作者：陈银瑞

白银市总工会表彰岗位练兵先进个人：贠子辉

共青团白银市委、市经贸委、市劳动局表彰白银市青年岗位能手名单：李淑玲、闫长学

共青团白银市委表彰白银市优秀共青团干部：马宝荣，优秀团员：魏涛

白银市委组织部、市人事局、共青团白银市委、白银军分区政治部、白银日报社、白银电视台、白银人民广播电台、白银市关心下一代工作委员会办公室、市政协社会和法制委员会、市青年联合会授予白银市"十大杰出青年"获得者：武和谦

白银市委宣传部、市委组织部、市委党校、市委党史研究室表彰白银市纪念建党 80 周年理论研讨暨有奖征文优秀奖作品：

《贯彻"三个代表"重要思想，加强和创新公路交通行业思想政治建设》（王廷）

甘肃省公路局党委表彰全省公路系统第六届"公路杯"好新闻获奖作品：

一等奖：《大陆奉献给远方——白银公路总段双文明建设巡礼》（王宝成）

二等奖：《"窗口"党旗别样红》（白祖文）

《白银总段机械化施工在国道线上大显身手》（王宝成）

白银公路总段党委表彰：优秀党务工作者：张照义、贠子辉、魏中

优秀共产党员：武和谦、强生武、胡淑宏、冯作平、王平、马进川、丁进忠、王连舍、李文华、李玉海、曾明春、吕文全

白银公路总段党委表彰 2000 年优秀通讯员：陈自润、王宝成、魏中、王廷、俞建玲、张宏

白银公路总段党委表彰 2000 年"双文明"建设先进个人：贠子辉、李善勇、冯作平、李生成、孙文选、续金文、柴建政、张润成、张胜利、李渊、袁丽丽、王建荣、滕羽、张其斌、范宏涛、王平、魏永东、张兴绪、蒋玉霞、陈银进、吕国森、贾成聪、张义芳、丁进忠、郑建军、车建安、白建胜、代元信、魏佑宇、张廷才、黄强、马世军、段辉忠、吕文全、张妍琼、李守海、魏玉泉、喜东、王朝锋、孙永生、魏列莲、刘建民、李淑玲、李玉海、曾明春、齐林军、王廷、郭明、罗继

东、王孝、吴世兴

白银公路总段工会表彰 1999—2000 年度"巾帼建功"先进个人：张玉梅、朱国秀、张明淑、李莉、王婷、赵雪琴、李淑玲、樊红丽、吕庆荣、张亚萍、谭东霞、师伟花

白银公路总段工会 1999—2000 年度工会积极分子：孙作义、柴建政、马华选、李太平、魏国强、张明顺、黄青、杨家军、李守根、魏明、金锋余、王辉忠、曾永强、芦守元、曾万祥、王宗忠、杨爱萍、王朝忠、任建辉、黄海、田永蕊、张菊巧、王颖、吴世兴、闫利平、李莉、王廷

白银公路总段工会表彰 1999—2000 年度优秀工会工作者：蔡炳香、李善勇、张永宏、魏中、陈银瑞

## 2002 年

甘肃省交通厅表彰白银至兰州等六条高速公路建设先进个人：武和谦

甘肃省交通厅表彰全省交通行业安全生产先进个人：王孝

甘肃省交通厅工会表彰优秀工会工作者：李善勇

甘肃省交通厅工会表彰工会积极分子：负子辉、丁进忠

白银市总工会表彰先进工会工作者：陈银瑞

全国公路职工思想政治工作研究会第十三届年会表彰二等奖作品：《浅谈公路职工职业道德建设》（王宝成）

白银市监察局、监察学会表彰荣获市监察学会第四次理论研讨会优秀论文：

《从源头上遏制腐败的思路与对策研究》（李淑英）

甘肃省公路局表彰第七届"公路杯"好新闻及作者：

《一路豪情筑大路》（陈自润）

《志存高远创辉煌》（马进川、俞建华）

《白银总段抓改革求发展》（王宝成）

甘肃省公路局表彰甘肃省第二次公路普查先进个人：曾明春、张晓明

白银公路总段党委表彰 2001 年优秀通讯员：陈自润、王宝成、王廷、俞建华、俞建玲、来耀花、刘兴武

白银公路总段党委表彰 2001 年"双文明"建设先进个人：负子辉、孙作义、李太平、李生成、张润成、吴海玺、董伟、余建军、柴建政、陈海、李仲臣、包玉芬、王平、高俊文、李守全、王昆、蔡炳香、吕国森、俞建勋、曾永强、张意芳、戴维翠、金峰欣、王宗忠、丁进忠、魏佑宇、白建胜、戴元信、马世军、魏勇、梁林、段怀忠、李锦海、郭嘉寿、曾枢荣、张勤、李守海、孙永生、寇永香、陈云、李月梅、孙进玲、王大银、王永保、武和谦、李玉海、郭武军、王宝成、李莉、师伟花

## 2003 年

甘肃省交通厅表彰交通系统先进工作者：吴世兴

甘肃省交通厅表彰重视支持离退休干部工作的领导：李玉海

离退休干部工作先进工作者：丁进忠、张玲

甘肃省交通厅表彰 2002 年财务决算先进个人：齐林军

白银市委表彰精神文明建设先进工作者：王朝锋、王宝成

白银市表彰优秀党务工作者：蔡炳香，优秀共产党员：李玉海

白银市委组织部、市人事局、团市委、军分区、白银日报社等十家单位联合表彰白银市"十大杰出青年"获得者：孙进玲

共青团白银市委、市经贸委、市劳动和社会保障局表彰白银市青年带头人：孙进玲

共青团白银市委表彰优秀共青团干部：王廷

白银市总工会表彰工会工作先进个人：谭东霞、陈银瑞、柴转霞

甘肃省公路局党委表彰全省公路系统：

十佳思想政治工作者：王成斌

十佳执法工作者：郭武军

十佳养路工：张意芳

甘肃省公路局表彰优秀新闻工作者：王宝成、俞建华

甘肃省公路局表彰第八届"公路杯"好新闻作品：

《勇闯市场拓新路》（王宝成、高文发）

《青春在实干中闪光》（陈自润、王廷）

《迎风起舞的黑飘带》（俞建华）

《用诚信兑现诺言》（王宝成）

白银公路总段党委表彰 2002 年"双文明"建设先进个人：王宗忠、白建胜、代元信、魏佑宇、郑建军、张意芳、曾永强、郭怡梅、沈凌云、张兴绪、贾成聪、马仲虎、王建荣、敬永宝、王昆、陈海、李守全、王平、滕兴亮、柴建政、李太平、彭恩奎、李生成、张润成、王建明、张胜利、孙作义、张亚萍、闫玉仁、马世军、王颖、高明书、李守海、郭嘉寿、王建军、吕庆荣、何长军、来进卫、马进川、李海涛、陈自润、师伟花、王廷、吕文全、王宝成、曾明春、闫利平、王大银、汪小东、吴文岗、孙进玲、薛强、武和谦

白银公路总段党委表彰优秀通讯员：陈自润、王宝成、王廷、俞建华、魏中、刘兴武、刘疆、来耀花

白银公路总段党委表彰优秀党务工作者：王宝成、魏中、王朝锋

优秀共产党员：王廷、王耀忠、丁进忠、王平、李金铭、马进川、柴转霞、张永宏、钟虎、强彦明、孙进玲

荣获中国《西部理论与发展》学术研究评选活动特等奖论文：《党风廉政建设所面临的几个问题及对策》（李淑英）

白银公路总段党委表彰优秀政研论文作者及作品：

《明确工会工作思路、创新发展工会工作》（陈自润）

《树立严谨务实的工作作风》（陈自润）

《工会应作党与职工的连心桥》（陈自润）

《职工教育怎样适应知识经济时代》（陈春梅）

《思想道德教育要常抓不懈》（陈银瑞）

《浅谈公路养护发展中遇到的新问题》（樊仲贤）

《正确的权力观之我见》（王宝成）

《开创公路改革发展的新局面》（胡振琦）

## 2004 年

甘肃省交通厅表彰 2003—2004 年度全省交通政务信息工作优秀信息员：刘耀昌

甘肃省交通厅表彰"敬老、助老"先进个人：石培成、张玲

甘肃省交通厅表彰全省交通行业 2002—2003 年度安全生产先进个人：刘芳俊

甘肃省交通厅表彰 2003 年会计电算先进个人：齐林军

甘肃省交通厅表彰档案工作先进个人：刘耀昌

甘肃省交通工会表彰"双文明建功立业"先进女职工工作者：谭东霞

白银市委表彰白银市第三届社会科学优秀成果论文三等奖作品：

《浅谈新形势下如何加强和改进公路行业职工思想政治工作》（王宝成）

白银公路总段党委表彰优秀政务信息工作者：刘耀昌、王廷

白银公路总段党委表彰优秀共产党员：石培成、王廷、丁进忠、孙进玲、强生武、王平、李恒春、孙永生、李锦南、俞建玲、张胜利、沈作旺

白银公路总段党委表彰优秀通讯员：王宝成、刘兴武、张宏、张玉梅、俞建华、来耀花、魏中、俞建玲

白银公路总段党委表彰 2003 年"双文明"建设先进个人：张志国、李太平、肖向东、张润成、张胜利、孟军、彭恩奎、樊仲贤、王平、李守全、王丽英、王建荣、范宏涛、陈海、魏永东、李仲臣、金峰欣、陈其军、王宁、曾永强、俞建勋、王玉军、赵云、代元信、王宗忠、魏佑宇、梁林、郭朝祖、段辉忠、王连舍、张建中、郭嘉寿、顾久娟、李守海、任建辉、王朝锋、李海涛、杨林汉、卢有琴、何长军、王大银、孙进玲、张启成、张文刚、闫利平、李莉、齐林军、王廷、师伟花

白银公路总段表彰 2003 年安全生产先进个人：陈其军、卢昌琪、李渊、董伟、杨雪峰、马进川、李和政、梁林、王颖、孙进玲、王大银、顾文峰、魏涛

白银公路总段表彰国债项目（县际）公路建设竞赛活动先进个人：吴世信、朱世杰、王彦科、张兴绪、俞建勋、樊仲贤、张启成、李仲臣、卢昌琪、丁进忠、包鹤岭、彭恩奎、余建军、李金铭

白银公路总段表彰 2003 年优秀科技论文及作者：

科技类一等奖：李莉、闫守笃

科技类二等奖：姚兴华、张廷才、王鹏

社会类一等奖：李田瑞、金兴恒、王宝成、王成斌、李进红、俞建华、王廷

社会类二等奖：孙作义、魏中、李善勇、王朝锋、张宏、张玉梅、张惠霞、刘兴武、杨爱萍、张建中、谭东霞、蔡炳香、来耀花

省级获奖论文：《省道 318 线西峰至镇远段的施工监理工作》（王鹏）

白银公路总段工会表彰"巾帼建功立业"先进女职工：谭东霞、张明琴、陈银花、高军莲、郭兰梅、卢有琴、董海燕、周新华、李菁

## 2005 年

甘肃省交通厅表彰全省车辆通行费竞赛第二名获得者：李文萍

甘肃省交通厅表彰 2003—2004 年度全省交通系统新闻宣传工作优秀通讯员：王宝成

甘肃省交通厅表彰"管理年"活动先进个人：刘耀昌

甘肃省交通厅表彰"老有所为奉献奖"获奖人员：马炳忠、唐余荡

甘肃省交通厅表彰"五好"家庭奖获奖人员：曹国良、曹思俊

甘肃省交通厅表彰全省交通职工文艺调演获三等奖节目：白银公路段选送的劲舞快板《班站就是我的家》

共青团甘肃省委、省国资委、劳动和社会保障厅授予甘肃省"青年岗位能手"获得者：孙进玲

共青团甘肃省委、甘肃省青年联合会、甘肃日报社、甘肃省人民广播电台联合授予第七届"甘肃省优秀青年"获得者：孙进玲

甘肃省交通职工思想政治工作研究会表彰优秀论文作品：

《全面贯彻"三个代表"重要思想，加强基层党的组织建设》（王成斌）

白银市委表彰全市联村联户先进个人：李天瑞

白银市委表彰精神文明建设先进工作者：张胜利

白银市总工会表彰工会财会工作先进个人：陈银瑞

共青团白银市委、市经贸委、市劳动和社会保障局授予白银市"青年岗位能手"获得者：王子育、汪小东

共青团白银市委表彰优秀共青团干部：王胜龙，优秀团员：任于伟

白银市第三届社会科学优秀论文三等奖作品：

《浅谈新形势下如何加强和改进公路行业职工的思想政治工作》（王宝成）

甘肃省公路局党委表彰"我身边的共产党员"有奖征文三等奖作品：

《党性在平凡岗位上闪光——记白银公路总段路政员朱国钰》（魏周军）

甘肃省公路局表彰全省公路系统职工文艺汇演优秀节目奖：白银公路总段选送的歌伴舞《红旗飘飘》

甘肃省公路局表彰"管理年"活动先进个人：刘耀昌

白银公路总段党委表彰 2004 年"双文明"建设先进个人：李渊、张胜利、张润成、李太平、张志国、王国斌、彭恩奎、周荣斌、李仲臣、马仲虎、杨丽君、王平、敬永宝、陈海、王昆、李守全、魏兴发、陈其军、唐亚男、王宁、俞建勋、贾成聪、来耀花、弋元信、魏佑宇、赵云、梁林、

王颖、马世军、沈作旺、曾枢荣、吕爱霞、郭嘉寿、李恒春、张建中、魏中、张成俊、卢有军、周华锋、杨林汉、王朝忠、王大银、孙进玲、王子育、张文刚、吴世兴、吴文岗、景保明、齐林军、曾明春、王廷

白银公路总段党委表彰2004年度新闻宣传工作优秀新闻宣传工作者：王宝成

优秀通讯员：俞建华、李天瑞、张宏、来耀花、杨爱萍、王明、张玉梅

优秀政务信息工作者：王成斌、刘耀昌、王廷

中共白银公路总段委员会表彰优秀共产党员：石培成、曾明春、王宝成、蔡炳香、孙进玲、吴文岗、李渊、张胜利、樊仲贤、张永宏、丁进忠、卢昌琪、刘兴武、王颖、李恒春、王朝忠、戴玑、钟虎、李锦南、展俊英

白银公路总段团委表彰"学先进、创先进、树形象"团员青年演讲比赛获奖名单：

一等奖：孙雅梅

二等奖：刁春梅、顾雪梅

三等奖：任开伟、魏明、张亚宏

## 2006 年

甘肃省交通厅表彰重视支持离退休职工工作的领导和离退休职工先进工作者：石培成

离退休职工工作先进工作者：蔡炳香、李善勇

甘肃省交通厅表彰全省交通职工书画摄影展获奖作者：马继祥

甘肃省交通厅党组表彰全省交通行业十佳服务标兵：闫玉仁

甘肃省交通厅表彰全省交通政务信息工作先进单位和优秀信息员：王　明

甘肃省交通厅表彰全省交通职工职业技能比赛优胜选手：闫玉仁、李文萍

甘肃省公路路政管理总队表彰全省路政执法人员冬训工作先进个人：张清强

白银市总工会、白银市劳动局、白银市经济贸易委员会、白银市人事局、白银市人民政府国有资产监督管理委员会表彰2005年度全市职工职业技能比赛技术标兵：闫玉仁

白银市总工会表彰2005年度全市工会财务工作先进个人：陈银瑞

白银市总工会表彰女职工"双文明建功立业"先进个人：李文萍

白银市总工会经费审查委员会表彰2005年度工会经审工作先进个人：贠子辉、陈银瑞

白银公路总段表彰职工职业技能素质提升竞赛活动先进个人：周荣斌、王丽英、来进卫、董海银、张鹏、彭建国

白银公路总段表彰2005年度收费单位"一优二星"荣誉称号：耿建成、李福智、韩维军、常玉霞、李淑玲、刘银花、郑军红、曹彦祥、张亚平

白银公路总段表彰奖励2005年度安全生产先进个人：吕国森、王宗忠、王平、李渊、杨林汉、李世东、朱国锋、孙进玲、卢昌琪、张宏强

中共白银公路总段委员会、白银公路总段表彰2005年度"双文明"建设先进个人：张胜利、张志国、李太平、孟军、柴建政、张得权、余建军、樊仲贤、李登耀、雒建军、王平、敬永宝、滕

羽、陈海、范宏奎、包鹤岭、郑建军、高飞、白建胜、赵云、张永宏、张义芳、陈其军、蒋玉霞、马德成、曾永强、宋新芝、梁林、马世军、王颖、王连舍、李进红、黄海、郭嘉寿、孙伯平、张淑梅、王朝忠、卢有军、郑军红、张成俊、刘建民、孙进玲、闫利平、吴世兴、王子育、罗维昆、包鹤山、姚志明、曾明春、王成斌、师伟花、张玲

中共白银公路总段委员会表彰 2005 年度新闻宣传工作优秀通讯员：王宝成、李昱辰、魏兴发、魏明、刘兴武、张宏

优秀政务信息工作者：王成斌、王廷、王明、魏周军

中共白银公路总段委员会表彰优秀共产党员：曾明春、李渊、张胜利、马炳忠、续金文、高作学、朱国钰、丁进忠、薛强、王连舍、梁林、王朝忠、孙进玲、卢春生、蔡炳香、吴守虎、强生任、李公深、张春伟

优秀党务工作者：王成斌、张照义

## 2007 年

甘肃省交通厅表彰 2006—2007 年全省交通职工职业技能比赛优胜选手：周荣斌、闫玉仁

甘肃省交通厅表彰 2005—2006 年度全省交通系统优秀通讯员：魏周军

甘肃省交通厅表彰 2006—2007 年度全省交通行业安全生产先进个人：李玉海

甘肃省交通厅表彰全省交通系统"和谐家庭"：柴丽君

甘肃省交通厅表彰离退休职工"和谐家庭""金婚伴侣"和"健康老人"：王廷仕、马建元、宋怀德、曹志忠、杨廷财

甘肃省公路局表彰全省公路系统第十届"公路杯"好新闻获奖作品：

二等奖：《白银总段努力构建和谐单位》（王成斌）

三等奖：《驿路小站》（李昱辰）

《大风起兮云飞扬》（俞建华）

甘肃省公路局表彰奖励优秀研究论文及作者：

一等奖：《关于专业技术人才队伍现状的调查与思考》（李昱辰）

中共白银市委、白银市人民政府表彰白银市先进工作者：曾明春

中共白银市委表彰奖励白银市优秀思想政治工作者：魏中

中共白银区人民路街道委员会、白银区人民路街道办事处表彰奖励 2006 年度人口与计划生育工作先进个人：张明琴

白银公路总段表彰 2006 年度安全生产先进单位、先进集体和先进个人：白建胜、董伟、李世东、田振霞、陈云、吴文刚、罗维昆、郭武军、王廷

中共白银公路总段党委、白银公路总段表彰 2006 年度"双文明"建设先进个人：柴建政、王晓军、李太平、张胜利、张志国、任小军、樊仲贤、敬永宝、郭鹏、杨丽君、王平、陈海、王建荣、范宏奎、高飞、赵云、白建胜、来耀花、张兴绪、张永宏、曾永强、陈其军、蒋玉霞、包玉芬、孙作义、梁林、马世军、王颖、王连舍、黄海、郭嘉寿、李进伟、张春伟、王朝忠、张成俊、

刘建民、卢有军、李兴坤、王子育、吴世兴、周建军、孙守迪、贾真、韩国俊、李仲臣、汪小东、魏涛、李莉、曾明春、蔡炳香

中共白银公路总段党委表彰2006年度优秀通讯员：李昱辰、魏周军、张宏、杨爱萍、马晓丹、顾雪梅、俞建华

优秀政务信息工作者：王廷、王成斌、王明、魏周军

中共白银公路总段党委表彰优秀党务工作者：魏兴发、李昱辰

优秀共产党员：石培成、曾明春、汪小东、卢春生、王宝成、张继承、李渊、张胜利、王平、樊仲贤、张兴绪、赵云、王立刚、贺得娜、王颖、马世军、曹彦祥、张建中、刘建民、唐余荡

白银公路总段表彰奖励2006年度"安全生产"先进个人：樊仲贤、白建胜、董伟、李世东、田振霞、陈云、吴文岗、罗维昆、郭武军、王廷

白银公路总段团委表彰2006—2007年度优秀团干部：张玉梅、闫玉仁、魏明、卢伟祖、袁莉莉、王朝忠、俞建玲、陈鹏仁、魏涛

优秀团员：王煜寿、顾雪梅、李军伟、李进伟、高飞、刁春梅、李敏、温霞、张亚宏

## 2008 年

甘肃省交通厅表彰干部人事档案整理审核工作先进个人：苏俊霞

甘肃省交通厅表彰全省交通系统老龄工作先进单位和敬老助老、老有所为先进个人：张明淑、代吉元、张成梅、马炳忠、唐余荡

甘肃省交通厅表彰全省交通系统"庆五四、迎奥运"青年职工演讲比赛优秀奖获得者：张亚宏

甘肃省交通厅表彰全省交通行业2006—2007年度安全生产先进单位和先进个人：李玉海

甘肃省交通厅表彰全省交通职工"庆五一、迎奥运"运动会女子羽毛球双打第二名：朱国秀、曾枢荣

甘肃省交通厅新闻信息中心表彰优秀政务信息员：魏周军

甘肃省交通厅新闻信息中心表彰特邀优秀通讯员：李昱辰、魏周军

甘肃省公路局表彰第三届公路系统"五十佳"：十佳思想政治工作者：蔡炳香

十佳桥梁工程师：张晓明

十佳养路工：陈海

甘肃省公路局表彰2007年度优秀信息员：王明

甘肃省公路局表彰全省公路系统第三届职工运动会"女子羽毛球"双打第二名：朱国秀、曾枢荣

甘肃省路政管理总队表彰全省路政行业"十佳路政执法标兵"：张永宏

甘肃省路政管理总队表彰2007年度路政行业新闻宣传工作先进个人：来耀花、祁永康、张宏、俞建华、王立刚、王晓宁、俞建玲、刘疆、周艳军、张兴绪、马晓丹、王朝锋、杨国强、郭武军、魏明、范文艳、王明、魏周军

白银团市委表彰白银市青年岗位能手：闫玉仁

中共白银公路总段党委、白银公路总段表彰 2007 年度"双文明"建设先进个人：金兴恒、孟军、张胜利、李太平、张志国、任小军、马仲虎　杨丽君、王平、敬永宝、陈海、王建荣、范宏奎、白建胜、赵云、高飞、李宁、张永宏、朱国钰、马晓丹、张义芳、陈其军、马德成、马世军、王颖、王连舍、孙丽娜、姚兴华、黄海、曹彦祥、刘晓霞、刘建民、卢有军、周华锋、王朝忠、周桂莲、罗维昆、周建军、孙守迪、王久武、王彦科、张小勤、吴文岗、许宝明、张玲、王廷、李渊、李莉、常宏

中共白银公路总段党委表彰 2007 年度优秀通讯员：张宏、俞建华、魏明、杨爱萍、刘疆、魏周军、李昱辰

优秀政务信息工作者：闫玉仁、马晓丹、王明

中共白银公路总段党委表彰优秀党务工作者：王成斌　王宝成、孙作义、闫利平

优秀共产党员：王廷、李渊、吴世兴、冯作平、吴文岗、王子育、张胜利、魏兴仓、王平、雒建军、蒋玉霞、高作学、赵云、王立刚、闫玉仁、康莉玲、魏中、卢有军、刘建民、杨临泉

白银公路总段表彰 2007 年度安全生产先进个人：张启成、王宗忠、汪小东、柴建政、朱国锋、张成俊、张勤、王子育、马玉宏、吴世兴、周大军、陈小军

共青团白银公路总段委员会表彰 2007 年度优秀团干部：李江、魏明、杨骞、王晓宁、卢伟祖、王朝忠、陈鹏仁、常宏

优秀团员：何锦国、王煜寿、郭鹏、李坤、王景南、李敏、闫玉仁、杨军文、罗晓伟、韩国莲、庞权、陈春强、范军、陈兴明

## 2009 年

甘肃省交通厅表彰重视支持离退休职工工作的领导和离退休职工先进工作者：石培成、蔡炳香、孙作义

甘肃省交通厅、共青团甘肃省委表彰 2007—2008 年度全省交通行业省级青年岗位能手：周荣斌

甘肃交通新闻信息中心表彰 2008 年度《甘肃经济日报交通周刊》优秀特约通讯员和优秀通讯员：魏周军、张伟

中共白银区人民路街道委员会、白银区人民路街道办事处表彰奖励 2008 年度人口与计划生育工作先进个人：郭育琴

中共白银公路总段党委、白银公路总段表彰 2008 年度"双文明"建设先进个人：汪小东、余建军、张胜利、李太平、任小军、王晓军、邢耀雄、陈海、魏明、王平、敬永宝、王建荣、魏永平、滕平、杨卫东、王玉军、白建胜、赵云、高飞、陈龙、包玉芬、马晓丹、曾永强、宋新芝、张成芳、王颖、孙丽娜、马世军、张亚平、吕庆荣、王晓琴、刘小霞、李玉芬、刘文燕、周华锋、魏吉鸿、赵其臣、耿建诚、周桂莲、王久武、王彦科、庞权、韩国恒、刘疆、张亚宏、杨文奇、景保明、于引萍、蔡炳香、李莉、苏俊霞、王虎

中共白银公路总段党委表彰 2008 年度新闻宣传优秀通讯员：张宏、闫玉仁、祁正莲、刘文燕、

刘疆、魏周军、李昱辰

优秀政务信息工作者：马晓丹、常宏、王明、王成斌

中共白银公路总段党委表彰优秀党务工作者：王成斌、蔡炳香、孙作义、李善勇

优秀共产党员：王廷、张鸿寅、郭武军、柴转霞、刘岩铭、景保明、 张继承、张宏、杨永军、张启成、马晓丹、王耀忠、任开伟、白建胜、李金铭、康莉玲、刘文燕、卢有军、刘建民、祁正莲

白银公路总段表彰 2008 年度安全生产先进个人：王平、任开伟、张晓明、李世东、朱国锋、陈云、腾学军、王子育、卢春生、马玉宏、丁越佳、魏涛

白银公路总段表彰 2008 年度全段收费单位"创三优"活动先进个人：曲爱花、王爱武、李新、武建功、魏列莲、黄玉霞、孙丽娜

白银公路总段团委表彰青年岗位能手：李江、郭鹏、李建忠、陈明、卢伟祖、卢有军、庞权、丁越佳、康莉玲

优秀团干部：杨骞、王晓宁、祁正莲、闫玉仁、陈鹏仁、张亚宏、常宏

优秀团员：高进利、周万霞、 张成齐、张亚军、李静洙、孙国旭、罗晓伟、滕志祥、杨小梅、温霞、张红梅、陈春强、董会玉、陈兴明

白银公路总段团委表彰表彰"纪念改革开放 30 周年——我看交通发展"青年演讲比赛先进个人：

一等奖：李静洙

二等奖：曹青、温霞、杨骞

三等奖：刘文燕、杨小梅、张红梅

鼓励奖：常宏、闫丽莉、康平、高霞、樊升、廖诚

## 2010 年

甘肃省交通厅表彰陇南国省干线公路灾后恢复重建先进个人：王子育、孙守迪

甘肃省交通厅表彰 2008—2009 年度组织人事信息工作先进个人：苏俊霞

甘肃省公路局表彰 2008—2009 年度全省公路系统安全生产先进工作者：汪小东

甘肃省公路局表彰 2009 年度全省公路信息工作优秀信息员：王明

中共甘肃省国省干线公路地震灾害恢复重建工程项目管理办公室临时委员会表彰国省干线公路地震灾害恢复重建先进个人：孙守迪、王彦科

甘肃交通新闻信息中心表彰 2009 年度《甘肃经济日报——交通周刊》优秀特约通讯员和优秀通讯员：张伟

团市委表彰 2009 年度白银市"优秀团干部"：郑军红

2009 年度白银市"优秀共青团员"：李静洙

中共白银公路总段党委、白银公路总段表彰 2009 年度"双文明"建设先进个人：汪小东、彭恩奎、张宏、周荣斌 、杨国强、邢耀雄、李太平、马强、杨丽君、陈海、敬永宝、王建荣、 魏永平、武治文、聂怀宇、雒建军、罗维昆、白建胜、高飞、杨斌、王宗忠、蒋玉霞、包玉芬、张琳

宣、陈其军、陈明、李晓霞、王颖、康莉玲、任晓玢、闫玉仁、卢伟祖　李进伟　曾枢荣、田震霞、曲爱花、郑建军　魏吉鸿、李兴坤、马景秀、李小军、孙守迪、王久武、王彦科、刘宽江、柴转霞、康泰峰、郭武军、杨文奇、唐江兰、韩国俊、张玲、马进川、李莉、魏周军、金杰平

中共白银公路总段党委表彰奖励 2009 年度新闻宣传优秀通讯员：闫玉仁、俞建华、李昱辰、张宏、张伟、马晓丹

优秀政务信息工作者：王明、刘文燕

中共白银公路总段党委表彰优秀党务工作者：魏周军、闫利平、李昱辰

优秀共产党员：王宝成、王朝锋、李维珍、卢昌琪、刘疆、刘岩铭、张亚宏、张兴绪、王彦科、强晓东、马宝荣、梁林、李林虎、张继承、滕学军、张明顺、蒋玉霞、白建胜、高飞 、柴建政、闫玉仁、李峰、王朝忠、卢有军

白银公路总段表彰 2009 年度安全生产先进个人：魏兴发、张廷才、马仲虎、汪小东、朱国锋、陈云、李世东、徐国栋、李进红、景保明、王彦科、闫丽莉、马玉宏、王朝锋

## 2011 年

甘肃省交通运输厅表彰全省交通运输系统巾帼建功先进工作者：谭东霞

甘肃省交通运输厅表彰全省交通运输系统重视支持离退休工作的领导和优秀离退休工作人员：李玉海、蔡炳香、张晓明

甘肃省交通运输厅表彰"十一五"交通成就有奖征文三等奖作品：

《一个美丽的地方——记白银总段三滩养管站"十一五"以来的发展变化》（作者：魏明）

甘肃省公路局表彰奖励全省公路系统安全生产知识竞赛（预赛）先进个人：何立强

中共白银公路总段党委、白银公路总段表彰 2010 年度"双文明"建设先进个人：汪小东、余建军、董伟、李太平、王彦斌、焦淑霞、李富宽、路进、魏宏明、魏明、杨永军、聂怀宇、狄宗仁、喜军、马彩霞、马仲虎、白建胜、高飞、杨斌、闫团旗、魏兴发 李效红　陈其军　陈明、张成芳、马晓丹、曹彦祥、闫玉仁、王连舍、胡小平、黄海、卢伟祖、曾枢荣、赵岁风、俞建勋　刘建民、卢有军、康平、马景秀、王彦科、刘宽江、王百林、陈春强、冯学军、丁越佳、陈龙、李兴坤、马玉红、李志航、张亚宏、蔡炳香、郑军红、王煜寿、王军吉

中共白银公路总段党委表彰奖励 2010 年度新闻宣传优秀通讯员： 俞建华、魏明、康平、李峰

优秀政务信息工作者：王宝成

中共白银公路总段党委表彰优秀党务工作者：王宝成、李昱辰、魏中

优秀共产党员：魏周军、郭鹏、李登耀、金杰平、蔡炳香、唐余荡、梁治江、许宝明、刘宽江、席小平、彭恩奎、张宏、张继承、魏明、沈凌云、白建胜、李世东、沈作旺、李进伟、俞建勋、魏吉鸿

白银公路总段表彰"十一五"科技研讨会优秀论文：

一等奖：《微表处在高速公路养护中的应用》（席小平）

《刘白高速公路沥青混凝土路面早期病害成因分析及防治措施》（李宁）

《BJ200 无缝伸缩缝新型材料在桥梁加固中的应用》（贺得娜）

二等奖：《总段视频会议系统建设概述》（白吉润）

《浅析采用密封胶灌缝处治白兰高速公路路面裂缝问题》（张琳宣）

《赵家窑双曲拱桥加固改造设计与施工》（沈凌云）

《高等级公路沥青路面预防性养护对策探讨》（闫受笃）

《会宁甘沟驿双曲拱桥加固施工技术》（张晓明）

三等奖：《西巩驿大桥 50 米 T 梁预制安装施工技术研究》（曾潮武）

《公路安保工程实施浅议》（任开伟）

《改性乳化沥青同步碎石封层技术在公路养护中的应用》（吴世兴、丁越佳）

《浅谈 PVC 管在公路排水设施维修中的应用》（陈龙）

《浅谈工程量清单计价规范下施工企业应面对的问题》（王世勇）

《同步沥青碎石封层施工技术》（张廷才、杨丽君）

《关于高速公路养护管理工作的思考》（牛彩霞）

《普通沥青碎石封层技术在公路预防性养护中的应用》（王宗忠）

白银公路总段表彰社会治安综合治理先进个人：汪晓东、冯作平、王明光、罗晓芳、柴建政、张建中、马世军、景保明、马宝荣、王玉军、许宝明、常宏、王明

白银公路总段表彰安全生产先进个人：李文花、腾学军、王宗忠、李仲臣、李进伟、郑建军、柴建政、刘岩铭、景保明、王子育、许宝明、郭武军、李静洙

白银公路总段团委表彰 2009—2010 年度青年岗位能手、优秀团干部和优秀团员：

青年岗位能手：俞建玲、马德成、康泰峰、陈兴明、王彦科、张亚宏

优秀团干部：杨骞、魏明、李江、王晓宁、康平、卢伟祖、闫玉仁、陈鹏仁、张亚军、郑军红

优秀团员：戴陆梅、吕瑞玲、张成齐、卢丽琼、吴晓旭、滕志祥、陈春强、陈全明、张芳梅、张小鹏、程莹.

## 2012 年

甘肃省交通运输厅表彰全省交通政务信息工作优秀信息员：闫玉仁

甘肃省交通运输厅表彰全省交通系统内部审计工作先进个人：张晓梅

甘肃省交通运输厅表彰科技创新先进个人：张启成

甘肃省交通运输厅表彰全省交通运输系统新闻宣传工作优秀特约通讯员：俞建华

甘肃省交通厅党组表彰高爱军、胡小萍为全省交通职工职业道德建设"先进个人"荣誉称号

甘肃交通新闻信息中心表彰 2011 年度《甘肃经济日报交通运输》周刊优秀通讯员：李峰、俞建华

甘肃省公路管理局表彰全省公路系统优秀信息员：孙国旭

甘肃省公路局党委表彰甘肃省公路系统 2011 年度优秀新闻宣传工作者：李昱辰

甘肃省公路局党委表彰优秀通讯员：魏明

甘肃省公路系统第十五届"公路杯"好新闻获奖作品名单：

二等奖：《谁当班长咱们说了算》（王明）

三等奖：《靖远段开展油路修补技术比武》（魏明）

甘肃省公路局党委表彰全省公路系统第五届"十佳"先进个人名单：

十佳收费员：胡小萍

十佳桥梁工程师：贺得娜

十佳段长：张廷才

十佳思想政治工作者：闫利平

中共白银市委、白银市人民政府表彰2012年白银市先进工作者：高爱军

中共白银市委表彰2010—2012年全市创先争优优秀共产党员：张建中

中共白银市委表彰全市"百佳学习型党员"：李昱辰

中共白银市委组织部、白银市总工会、白银市人力资源和社会保障局、白银市工业和信息化委员会、白银市科学技术局、白银市人民政府国有资产监督管理委员会联合表彰2011年白银市职工技能大赛优秀组织者：罗继东

中共白银市委组织部、白银市总工会、白银市人力资源和社会保障部、白银市工业和信息化委员会　白银市科学技术局、白银市人民政府国有资产监督管理委员会联合表彰2012白银市职工技能大赛技术标兵优秀组织者：贺得荣

团市委表彰白银市第六届"十大优秀青年"：王宝成

白银公路总段表彰社会治安综合治理先进个人：汪小东、李生辉、金兴恒、康平、王玉军、张兴绪、吴文岗、张廷才、王晓宁、马世军、曹彦祥、李恒春、许宝明、段宝清

白银公路总段表彰2011年度安全生产个人：冯作义、杨丽君、袁莉莉、李仲臣、李进伟、耿建诚、王连舍、马宝荣、肖向东、常立宪、王子育、丁越佳、马玉宏、张宏强

中共白银公路总段党委、白银公路总段表彰2011年度"双文明"建设先进个人：彭恩奎、余建军、李彬、张志国、曹国雄、魏兴仓、杨丽君、路进、王建荣、敏永宝、陈海、滕平、魏宏明、聂怀宇、朱国钰、王宗忠、朱积魁、刘泽林、段才奎、张琳宣、包玉芬、王琴、马晓丹、陈其军、曾永强、王颖、闫玉仁、张有强、李峰、卢伟祖、曾枢荣、吕庆荣、郑建军、康平、魏吉鸿、李琴、陈淑梅、王京京、王久武、刘宽江、马志远、常生虎、柴转霞、刘疆、李军伟、张清强、张勤、张玲、顾雪梅、郭鹏、孙国旭

中共白银公路总段党委表彰2011年度新闻宣传优秀通讯员：李峰、俞建华、闫玉仁、张宏、康平、王晓宁

优秀政务信息工作者：董伟、强晓东

中共白银公路总段委员会表彰优秀党务工作者：张晓明、李金铭、魏周军

优秀共产党员：董伟、李林虎、文世龙、孟昌春、包玉芬、王晓宁、魏明、闫团旗、高飞、赵云、卢伟祖、李峰、康平、李晓伟、王连舍、康莉玲、刘宽江、卢昌琪、陈龙、刘文燕、唐余荡、

魏涛、张晓梅、闫玉仁、郑军红

## 2013 年

甘肃省交通运输厅表彰全省交通运输行业财务会计工作先进个人：来进卫

甘肃省交通运输厅表彰 2012 年度全省交通运输政务信息工作先进个人：王宝成

甘肃省交通运输厅表彰全省交通系统创先争优劳动竞赛技术标兵和先进工作者：彭恩奎

甘肃省交通运输厅表彰全省交通系统创先争优劳动竞赛技术标兵：彭恩奎

甘肃交通新闻信息中心表彰 2012 年度《甘肃经济日报交通运输》优秀通讯员：李昱辰、闫玉仁、张宏

甘肃省公路管理局表彰 2012 年度全省公路系统优秀信息员：闫玉仁

甘肃省公路管理局表彰科技信息攻坚年活动先进个人：郑军红

甘肃省公路管理局表彰局管二级收费公路"三星级服务之星"：胡小萍、刘晓霞

甘肃省公路管理局表彰科技创新先进科技工作者：李仲臣

白银市厂务公开领导小组办公室表彰白银市厂务公开民主管理工作先进个人：王宝成

白银市总工会表彰白银市优秀工会工作者：顾雪梅

白银市总工会表彰优秀工会积极分子：陈银瑞

白银市总工会表彰白银市五一巾帼标兵：曾枢荣

甘肃省公路局表彰全省公路系统 2012 年度优秀新闻宣传工作者：李昱辰

优秀通讯员：王晓宁

全省公路系统第十六届"公路杯"好新闻获奖作品名单：

二等奖：《白银公路总段实事铺就"双联"路》（李昱辰、魏涛）

三等奖：《靖远收费公路管理所"文化套餐"受欢迎》（李峰）

甘肃省公路局党委表彰纪念建党 92 周年演讲比赛"三等奖"获得者：李静洙

中共白银市委、白银市人民政府表彰 2012 年度全市联扶行动先进个人：魏涛

中共白银市委表彰全市先锋引领"同步小康先锋岗"：张廷才

中共白银区人民路街道委员会、白银区人民路街道办事处表彰奖励 2012 年度人口和计划生育工作先进个人：郭育琴

中共白银公路总段党委、白银公路总段表彰 2012 年度"双文明"建设先进个人：彭恩奎、张伟东、焦淑霞、张宏、张志国、余建军、何锦国、杨丽君、王建荣、敬永宝、陈海、魏明、王丽英、武治文、范宏奎、崔玉荣、喜军、马仲虎、赵云、高飞、杨斌、白建胜、滕志兴、朱世杰、田振虎、王宁、陈其军、沈凌云、刁春梅、马世军、李世东、李小宏、李峰、吕爱霞、李福智、包玉坤、常宏、陈云、刘建民、卢有军、魏吉鸿、杨建新、金兴恒、陈龙、李兴坤、孙亚梅、王彦科、刘宽江、许轩铭、丁越佳、魏涛、顾雪梅、郭鹏

中共白银公路总段党委表彰 2012 年度优秀通讯员：李峰、张宏、闫玉仁、马世军、刘文燕、康平

优秀政务信息工作者：强晓东、董伟

中共白银公路总段党委表彰优秀党务工作者：张建中、李昱辰

优秀共产党员：柴建政、文世龙、高俊文、王晓宁、高飞、沈作旺、李峰、康平、李兴坤、周荣斌、卢昌琪、王宝成、蔡炳香

白银公路总段表彰安全生产先进个人：高松安、种霞、袁莉莉、张得权、马玉山、李金铭、马宝荣、周荣斌、郭明、吴江、张宏强

## 2014 年

中国交通教育研究会表彰三等奖作品：《浅析如何建立和完善公路行业职工培训的长效机制》（魏明）

甘肃省交通运输厅表彰 2013 年度全省交通运输政务信息工作先进个人：王宝成

甘肃省交通运输厅表彰全省交通运输系统　"巾帼建功标兵"：焦淑霞

甘肃省公路管理局表彰 2013 年度全省公路系统优秀信息员：闫玉仁

甘肃省公路局表彰全省公路系统 2013 年度优秀新闻宣传工作者：强晓东

优秀通讯员：张宏

甘肃省公路局表彰第十七届 "公路杯" 好新闻获奖作品：

一等奖：《一条普通干线的质量坚守》（王宝成）

二等奖：《"养" 出平安大道来》（王明、俞建华）

甘肃交通新闻信息中心表彰 2013 年度《甘肃经济日报.交通运输》周刊优秀通讯员：闫玉仁、张宏、王晓宁、张学忠

中共白银公路管理局党委、白银公路管理局表彰 2013 年度 "双文明" 建设先进个人：彭恩奎、张伟东、李年利、张宏、马强、　余建军、王晓军、种霞、朱国秀、路进、王建荣、敬永宝、陈海、高俊文、滕平、王宗忠、赵云、白建胜、杨斌、高飞、张廷才、王琴、刁春梅、陈其军、常海英、马景智、马世军、王彩虹、段辉忠、刘殷华、刘兴武、张治中、包晓芳、赵岁凤、郑建军、陈云、韩满军、彭可忠、刘文燕、杨富生、李兴坤、李惠华、罗维昆、周荣斌、闫受笃、丁越佳、王天岷、罗继东、李金铭、苏俊霞、顾雪梅、郭鹏、李登耀

中共白银公路管理局党委表彰奖励 2013 年优秀通讯员：李昱辰、马世军、王明、闫玉仁、李峰、张学忠、王晓宁

中共白银公路管理局党委表彰优秀党务工作者：梁林、强晓东

优秀共产党员：董伟、杨丽君、高俊文、陈龙、王晓宁、高飞、王颖、黄海、周华锋、席小平、刘明辉、王菊慧、张兴绪、蔡炳香

白银公路总段表彰 2013 年度安全综合治理工作先进个人：卢丽琼、安宗勤、王明光、董伟、王平、李世东、李进伟、梁瑞春、高启正、张兴绪、杨雪峰

## 2015 年

甘肃省交通新闻信息中心表彰 2014 年度《甘肃经济日报交通运输》周刊优秀通讯员：李昱辰、闫玉仁、张宏

甘肃省公路管理局表彰 2014 年度全省公路系统优秀信息员：闫玉仁

甘肃省公路管理局表彰全省公路交通优秀科技工作者：贺得荣、王彦科

甘肃省公路管理局表彰全省职业技能竞赛活动参赛及个人：张明山

甘肃省公路局命名全省公路系统五"十佳"先进典型：

十佳桥梁工程师：吕彦平

十佳段长：柴建政

十佳思想政治工作者：魏周军

甘肃省公路局表彰 2014 年度全省公路系统优秀新闻宣传工作者：李昱辰；优秀通讯员：张学忠

甘肃省公路局表彰第十八届"公路杯"好新闻获奖作品：

二等奖：《白银公路局：全面落实党风廉政建设责任制》（李昱辰）

三等奖：《109 国道白银段维修工程管理一体化》（张学忠）

甘肃省公路职工思想政治工作研究会表彰第一届公路职工摄影大赛获奖作品：

三等奖：《天路十八弯》（王克龙）

优秀奖：《魅力龙湾》（张建中）

甘肃省百万职工职业技能素质提升活动组委会办公室表彰提升活动论文及作者征集评选结果：

优秀奖：《关于深化职工经济技术创新活动的思考》（寇明丽）

《提高职工技能素质的方法探析》（郭娟娥）

《公路系统职工技能素质提升的有效途径探研》（路誉中）

《职工素质教育对当前公路行业发展的影响》（朱国秀）

中共白银公路管理局党委、白银公路管理局表彰 2014 年度"双文明"建设先进个人：陈龙、范军、田振虎、曾永强、陈银花、张汉英、滕志兴、王百林、张维东、马强、焦淑霞、余建军、刘亚军、邢耀雄、张宏、张晓明、王建荣、敬永宝、安宗勤、张学忠、路进、郭健、杨丽君、陈海、高俊文、赵成功、白建胜、高飞、杨斌、董会钰、董万银、马世军、张有强、王彩虹、杨柏玉、魏明、滕志新、李峰、滕志祥、魏吉鸿、王海俊、邱淑萍、唐斌、刘明辉、马志远、王明铜、席小平、张小鹏、张明山、任开伟、周万霞、李金铭、张兴绪、闫利平、魏涛、闫玉仁、杨文婧、李登耀、吕彦平

中共白银公路管理局党委、表彰 2014 年度优秀通讯员：张宏、李峰、闫玉仁、王彩虹、张学忠、刘文燕、王晓宁、王宝成、包淑媛、滕志祥

中共白银公路管理局党委表彰奖励优秀党务工作者：李昱辰、魏中

优秀共产党员：梁林、魏兴仓、王琴、李仲臣、高俊文、高飞、王连舍、魏周军、刘建民、杨富生、马志远、王景南、王宝成、张兴绪

白银公路管理局表彰安全生产先进个人：张廷才、李仲臣、张明维、李守胜、滕平、杨雪峰、袁莉莉、柴建政、董伟、张志国、孙守迪、高俊平、李进伟、马玉山、李世东、吴文岗、冯学军、张启成、王宝成、张宏强

## 2016 年

中共甘肃省公路管理委员会表彰 2015 年度全省公路系统优秀新闻宣传工作者：李昱辰

中共甘肃省公路管理委员会表彰 2015 年度全省公路系统优秀通讯员：闫玉仁

甘肃省交通厅工会表彰全省交通运输系统筑养路机械操作装载机比赛"二等奖"获得者：何家骏

甘肃省交通厅工会表彰全省交通运输系统筑养路机械操作装载机比赛优秀选手奖：李泰年

甘肃省交通厅工会表彰全省交通运输系统筑养路机械操作装载机比赛优秀选手奖：刘云灿

甘肃省交通运输厅表彰省交通运输厅系统干部人事档案管理工作先进个人：苏俊霞

甘肃省人力资源和社会保障厅、甘肃省总工会表彰甘肃省优秀工会积极分子：陈银瑞

中共白银市委表彰白银市优秀党务工作者：李昱辰

白银市总工会表彰 2015 年度白银市优秀工会工作者：梁林

中共白银公路管理局党委、白银公路管理局表彰 2015 年度"双文明"建设先进个人：吴文岗、梁瑞春、胡世江、席小平、李兴坤、高爱军、王朝锋、丁越佳、曾永强、张汉英、陈银花、常海英、王玉霞、陈霞、贾丽、梁林、马强、张维东、文世龙、张旭东、邢耀雄、孙俊仁、张志国、何锦国、余建军、刘亚军、李仲臣、路进、樊玉林、李祯、李守胜、杜延龙、杨卫星、刘进生、张明发、卢昌琪、白建胜、杨斌、赵云、朱积魁、魏东邦、刘兴武、魏明、张彩虹、李峰、滕志祥、李晓伟、姚玉红、魏列莲、顾宗萍、王彦科、刘明辉、常生虎、王宝成、张兴绪、李金铭、闫利平、丁进忠、张晓梅、沈凌云、郭鹏、孙国旭、康平

中共白银公路管理局党委表彰奖励优秀通讯员：李昱辰、闫玉仁、张学忠、康平、李峰、张宏、路誉中、包淑媛

中共白银公路管理局党委表彰奖励优秀党务工作者：吴文岗、魏中、康平

优秀共产党员：闫利平、郭鹏、王耀忠、张晓明、陈文敏、杨斌、何锦国、康茂祥、孙俊成、何立强、杨小梅、任开伟、郭娟娥、李峰、梁志乾、王天岷

白银公路管理局表彰 2015 年度安全生产先进个人：王煜寿、范军、张晓明、韩志立、安宗勤、张维东、杨雪峰、王宗忠、柴建政、董伟、张伟华、焦淑霞、高俊平、李福智、王海俊、周华峰、陈全民、张启成、俞国栋、张宏强、强晓东

共青团白银公路管理局委员会表彰 2014—2015 年度青年岗位能手：王煜寿、路进、杨波、金峰锐

优秀团干部：董会钰、李常丽、张柏、范军、白皓、滕志祥、李峰、程文婕、杨小梅、程莹

优秀团员：贾瑞刚、王玉斌、路誉中、何佳俊、吕育苗、李承纵、魏晋宽、高琳

# 《白银公路管理局志》（1986—2016）编审人员

| 篇　目 | 名　　称 | 编　者 | 审　稿 |
|---|---|---|---|
| | 大事记 | 郭娟娥 | 闫玉仁 |
| 第一篇 | 机构演变 | 王朝锋 | 魏周军 |
| 第二篇 | 公路养护 | 周万霞 | 张兴绪 |
| 第三篇 | 通行费征收 | 郭娟娥 | 李　莉 |
| 第四篇 | 路政管理 | 王朝锋 | 王朝锋 |
| 第五篇 | 文化教育与职工生活 | 魏　明 | 闫利平 |
| 第六篇 | 综合资料 | 王朝锋 | 闫玉仁 |
| 第七篇 | 重要会议 | 魏　明 | 魏周军 |
| | 附　录 | 魏　明 | 魏周军 |

# 后　记

2016年9月，白银公路管理局按照《甘肃省志·公路交通志》编纂方案的要求，经局务会议审议通过了《甘肃省志·公路交通志》分纂、《白银公路管理局志》编纂工作方案。为做好本次修志工作，成立了白银公路管理局修志工作领导小组和编纂办公室（下称"编纂办"），并抽调王朝锋、郭娟娥、魏明、周万霞、强晓东等工作人员开展编纂工作。在局党委的亲切关怀和领导下，编纂办立即进入角色，投入到紧张的编纂工作中。

编纂办深知这次修志工作任务重、时间紧、要求高，克服了资料缺乏、经验不足、时间仓促等诸多困难，科学客观地制订了编纂目录，合理划分了编纂任务，按月、旬时间确定了进度计划。在编纂过程中，遵照"略古详今、古为今用、重点当代"的原则，坚持资料的真实性、系统性，突出志书的时代性、地方性、行业性、综合性，始终坚持公路交通事业发展变化的这条主线，还注意了事实关、文字关、政治关和体例关的把握。2017年3月在完成《甘肃省志·公路交通志》分纂任务的基础上，编纂办将精力全部投入到《白银公路管理局志》的创修中。局党政主要领导和分管领导十分重视编纂工作，多次抽出时间，对编纂工作的篇目设置和书稿撰写进行检查和指导，并提出具体意见和要求，有力地支持和推动了志书的编纂进程。《白银公路管理局志》以志体体例、体裁谋篇布局，重点反映西部大开发以来白银干线公路快速发展的史实，突出行业发展特色，旨在起到"存史、资治、教化"的作用。

创修《白银公路管理局志》既符合广大干部职工多年的期求，又顺应时代的需要，其意义非常深远。因此，编纂办全体工作人员深感责任重大，坚定信念、克服困难，在搜集资料、整理归类、编排撰写等方面付出了不少的心血。局各单位、各科室一边认真做好自己的本职工作，一边利用业余时间为编纂办提供所需资料，体现了可贵的奉献精神。编纂人员在不到一年的时间内完成了《白银公路管理局志》初稿，通过多次修改和有关领导、科室负责人的认真审核，于2017年9月定稿。2018年上半年经甘肃文化出版社审核，使本志书有了全新的提高。本志书90余万字，分图、文、表三大类，内容涉及大事记、机构演变、公路养护、通行费征收、路政管理、文化教育与职工生活、综合资料、重要会议、附录等九部分。《白银公路管理局志》的出版，期望成为全局广大干部、职工喜爱阅读和收藏的工具书，成为我们热爱公路事业、热爱本职岗位和公路文化教育的理想教材，成为今后修志工作借鉴的一个里程碑。借《白银公路管理局志》面世之际，我们在这里谨向为本书编纂付出心血和汗水的有关单位、部门和各位领导、相关人员表示衷心的感谢！

抱憾的是，由于历史的原因，以前未曾修过段志，这次尚属创修，资料缺乏，尤其是机构沿革方面的内容。限于编纂人员的水平，《白银公路管理局志》难免有疏漏和不当之处，竭诚希望读者予以谅解。

《白银公路管理局志》编纂办公室

2018年9月